신국제질서와
한국외교전략

김흥규 엮음

김상배 · 김흥규 · 박재적 · 배기찬 · 부형욱
신범식 · 이상현 · 이수형 · 이승주 · 이왕휘
전봉근 · 전재성 · 최경준 지음

명인문화사

신국제질서와 한국외교전략

제1쇄 펴낸 날   2021년 3월 23일

엮은이   김흥규
지은이   김상배, 김흥규, 박재적, 배기찬, 부형욱, 신범식, 이상현, 이수형,
         이승주, 이왕휘, 전봉근, 전재성, 최경준
펴낸이   박선영
주 간   김계동
디자인   전수연

펴낸곳   명인문화사
등 록   제2005-77호(2005.11.10)
주 소   서울시 송파구 백제고분로 36가길 15 미주빌딩 202호
이메일   myunginbooks@hanmail.net
전 화   02)416-3059
팩 스   02)417-3095

I S B N   979-11-6193-039-8
가 격   30,000원

ⓒ 명인문화사

간략목차

세부목차

도해목차

표

도표

서문

천하를 흔들지도 모를 폭풍우가 몰려오고 있다. 이는 필자들이 '플라자 프로젝트'를 시작할 때, 함께 공유한 문제의식이었다. 2018년 플라자 프로젝트 태동 당시에는 북미관계와 남북관계가 역동적으로 진전되면서 한반도 문제에 있어서 무언가 엄청난 역사적 성과를 달성할 것만 같았던 낙관주의가 팽배할 때였다. 그러나 우리는 밀려오는 엄청난 규모의 먹구름을 보았다. 이 먹구름이 기존의 천하질서를 뒤흔들 수준의 엄청난 먹구름이란 것은 이 연구를 진행하는 과정인 2019년 미중관계가 급격히 악화되면서 확인할 수 있었다.

'미중 전략경쟁'이라는 새로운 구조적 조건속에서 '끼인 중간국'인 한국은 어떤 생존전략을 추구해야 하는가? 한국의 외교안보 정책결정을 위한 생태계는 점점 더 취약해지고 있다. 보수와 진보 간의 극단적인 갈등과 단절이 더욱 심화되었다. 정글과 같은 국제정치 세계에서 단편적이고 정파적인 사고에 머무르거나, 이상에 치우친 실험적 대외정책을 추구하는 것은 너무나 위험천만한 일이다.

'플라자 프로젝트' 구성원들은 전통적인 외교·안보 분야뿐만 아니라, 경제와 군사 분야를 연구하시는 전문가들이 망라되어 있다. 보수와 진보 전문가들이 함께 모여 머리를 맞대었다. 매 2개월마다 모여 그간의 연구 성과를 발표하고 토론하면서 대한민국의 생존전략을 찾아 나갔다. 이 글은 그 첫 번째 성과물이다. 두 번째 성과물들은 현재 유튜브(Youtube)상에 '플라자 프로젝트'라는 동영상으로 올라가 있다. 제1차 성과물은 비록 외교·안보 분야에 집중되어 있지만, 그 안에는 다양한 분야 전문가들의 마르지 않는 토론과 소통의 결실이 녹아있다. 미중 전략경쟁이 심화되면서 전통적 방식인 안보과 경제를 분리하여 대응하는 것이 어려워졌다. 두 분야의 연계관계를 동시에 이해하려는 노력이 필수조건이 되었다. 이 모임은 이미 보수와 진보를 아우르는 다양한 목소리의 전문가들이 같이 작업하면서 "논쟁은 격렬히 하되, 지혜를 얻고, 배척하지 않는다"는 원칙을 실천했다. 이제는 협업이 필요하고 집단지(集團智)가 요구되는 시대다.

대한민국은 대륙과 해양 세력의 중간에 자리잡은 전형적인 '낀' 국가이다. 지정학적으로 세계에서 가장 취약한 국가중 하나이다. 역사적으로 한반도는 역내 강대국들 간의 세력전이나 패권경쟁 혹은 '그레이트 게임(Great Game)'이 벌어질 때마다 대단히 강한 원심력의 영향을 받게 된다. 지정학적 숙명과 같다. 자국의 이익을 추진하기 위한 강대국들의 엄청난 힘과 영향력이 한반도 내부로 투사되어온다. 한반도 내부는 각 외세의 영향을 대변하는 세력들이 '친미', '친중', '친러', '친일' 등의 이름으로 분화되면서 국익이라는 이름으로 치열하게 싸운다. 내부는 이미 분열과 상쟁으로 더 이상 외세 강대국들에 대응할 역량을 소실하게 된다. 결과는 강대국 경쟁의 승자가 한반도를 독식할 가능성이 크다. 아니면 적어도 엄청난 참화를 겪게 된다. 이런 일들이 역사적으로 거의 예외 없이 이 땅에서 반복되어왔다.

현재 진행되고 있는 미중 전략경쟁은 기존의 갈등과는 다르다. 패러다임의 변화를 수반하는 격변을 내포하고 있다. 외세의 영향을 강하게 받는 대한민국이 여전히 외부변화에 무감각하고 대비도 미흡하다. 전략 외교와 자율 외교의 역량과 의지가 약해 보인다. 외교안보 사안은 중요하기는 하지만 대통령 선거에 큰 표가 안된다고 생각한다. 실제 어느 대선 후보도 진지하게 이에 대해 준비를 충실히 하지 않는다. 어쩌면 한반도와 동북아를 넘어선 전략 공간을 놓고 고민해 본 적이 없는 우리의 역사적 DNA가 여기에 내제되어 있을지도 모른다. '북한의 위협'이나 '한미동맹'을 만능의 답으로 전가의 보도처럼 써 먹었던 시절의 유산인지도 모른다. 이제는 그러한 무지와 지적 태만이 더 이상 용납되지 않는다. 시대와 구조가 바뀌었기 때문이다.

외교안보 사안에 대해서는 적어도 내부의 분열을 극복하고, 좀 더 냉정하고 객관적으로, 그리고 '우리의 시각'으로 주변과 천하의 흐름을 읽을 수 있어야 한다. 그래야 그나마 '저항력'과 '회복력'을 담지한 대응책을 찾고, 이를 실행할 에너지의 손실을 최소화할 수 있다.

'낀 중간국'의 한계를 극복하기 위해서는 자의식과 역량을 어느 정도 확보한 '중견국'으로 역할을 다하고, 더 나아가 '강국'으로 나아갈 길을 고민해야 한다. 필자는 '결미연중(結美聯中) 플러스'의 전략을 제시하고 있다. '강국'으로의 길은 여전히 열려있다. 다만, 미중 전략경쟁의 시대에 주어진 시간은 대단히 유한하다. 이 책은 우리에게 단군이래 한번도 걸어본 적이 없는 세계질서를 수립하는 길에 참여할 기회가 열리고 있고, 그 기회를 활용해야 한다고 역설한다. 그러려면 기존의 상상력과 방책들을 넘어서야 한다. 우리 저자들은 '플라자 프로젝트'의 노력이 대한민국 생존전략으로 가는 길을 보여주고 대한민국의 운명을 바꿀 수 있기를 기대한다.

이 글이 세상에 빛을 보게 된 데에는 많은 분들의 배려가 존재했다. 그 가운데에서도 지난 2년여의 기간 동안 기꺼이 재정지원을 해준 플라자 프로젝트의 후원자께 깊은 경의와 감사를 드린다. 이 프로젝트의 산파역으로 나에게 항상 영감과 지혜를 기꺼이 나눠준 전봉근 국립외교원 교수, 신범식 서울대 교수, 이왕휘 아주대 교수께도 특별한 감사를 드린다. 아울러 코로나-19의 영향으로 거의 반년 이상 작업을 할 수 없는 상황에서도 인내를 가지고 기다려주고 글들을 정성스레 편집해 준 명인문화사와 박선영 사장께도 깊은 감사의 말을 올린다.

김 홍 규
아주대 미중정책연구소 소장
2021년 2월

중간국의 생존전략을 찾아서

전봉근(국립외교원), 신범식(서울대학교 정외과), 김흥규(아주대학교 정외과)

1. 서론

국내 외교안보 전문가 그룹은 미국과 중국 사이에서 "누구 편에 서야 하는가"라는 전통적인 진영론적 '줄서기' 논쟁에 빠져있다. 이 질문은 역사적으로 강대국 세력 경쟁의 대상물이 되었던 중소국들이 생존을 위해 한 강대국과 동맹을 맺고 보호를 받아야만 했던 상황을 염두에 두고 있다. 또한 이 질문은 "강대국은 할 수 있는 것을 할 뿐이며, 약소국은 당할 것을 당할 뿐이다 (The strong do what they can and the weak suffer what they must)" 라고 설파한 투키디데스류의 현실주의 국제정치관을 반영하고 있다. 이런 강대국정치 논리에 따르자면, 중소국의 운명은 항상 강대국의 손에 달려있다. 그리고 국제정치에서 설 자리가 별로 없다.

중소국은 과연 국제정치에서 설 자리가 없는가? 동서고금의 역사를 보면, 수많은 중소국과 '중간국'들은 강대국 사이에서 생존하고 번영해 왔다. 누구도 강대국 정치를 일방적으로 받아들이는 피동적 외교에 만족하지 않았다. 오히려 국력 크기, 거리, 세력경쟁관계, 역사, 전략문화의 차이를 반영하여, 균형, 편승, 등거리외교, 고립, 이중 편승, 중립, 집단안보, 집단방위, 공동안보, 초월 등 다양한 외교전략을 적극적이며 효과적으로 구사했다. 특히 성공한 중소 중간국들은 강한 저항력(resistance)과 회복력(resilience)을 갖고 있었다.

한국은 유독 전략 외교와 자율 외교의 역량과 의지가 약해 보인다. 국내 국제정치 전문가들 사이에서는 한미동맹에 기반한 '미국 편승' 전략이 항상 대세다. 그 배경에는 한미동맹의 성공, 남북 분단과 영합적 안보경쟁, 한중관계와 한일관계의 역사적 구원(舊怨)에 따른 안보적 부담 등이 있다. 또한 거의 중국 중심의 천하질서, 일본의 강점, 냉전기와 탈냉전기 미국 중심의 국제질서 속에서 살았기 때문에 한반도에서는 다른 중소·중간국에서와 달리 치열하게 생존을 고민하는 '전략외교'와 '자율외교'의 개념이 미발달된 탓도 있다. 미중경쟁의 시대를 맞아, 한국 외교가 극복해야 할 숙제이다. 최근 미중관계가 영합적(zero-sum) 전략경쟁으로 전환되면서, 미중 사이에 낀 한국도 점차 자율외교와 전략외교의 필요성을 인식하게 되었다.

미중 전략경쟁은 한국뿐만 아니라, 미중경쟁 사이에 낀 모든 '중간국(中間國)'에게 현시대 최대의 외교안보적 숙제이다. 여기서 '중간국'이란 강대국의 세력 경쟁 또는 지정학적 경쟁 사이에 위치한 소위 끼여 있는 국가를 말한다. 이는 약소국에서 벗어났지만, 강대국에는 미치지 못하는 중급 규모 이상의 국력을 가진 국가들을 지칭하는 미들파워 또는 '중견국'과는 차별화된 개념이다. 중간국 중에서도 한국은 지리적·경제적·전략적으로 미중경쟁의 세력 각축의 한 가운데에 위치하여 미중경쟁의 압박을 더욱 크게 느끼고, 따라서 고민도 더욱 크다.

강대국들 사이에 끼인 국가를 지칭하는 지정학적 중간국은 지역 국제정치 구조에서 지정학적 단층대 상에 위치하고 있는지 여부에 의해 조건 지워진다. 그리고 세력권을 두고 각축하는 두 세력 간의 경쟁이 고조되는 지정학적 단층대의 활성화에 의하여 외교상의 딜레마에 노출된다. 다시 강조하자면, 중간국을 결정짓는 가장 중요한 조건은 지정학적 단층대의 활성화이다. 따라서 중소국이나 약소국은 말할 것도 없고 드물게는 강대국도 더 강력한 세력 간의 경쟁이나 충돌이 발생할 경우에 중간국이 될 수 있다.

중간국들은 충돌하는 두 세력 사이의 끼인 국가로서 경쟁하는 강대국 내지 두 세력 사이에서 전략적 딜레마에 봉착하게 된다. 즉 이들은 양대 세력권의 접점에 위치하며 양측의 상반된 요구에 의하여 상충적인 정책적 선택지 사이에서 딜레마 상황에 빠지기 쉬우며, 외교정책적 지향의 선택에 있어서 국내정치적 필요와 대외정책적 요청이 아주 복잡하게 얽히는 정책환경을 경험하게 된다. 따라서 중간국들의 대외전략적 지향성의 결정은 생존과 번영을 위한 아주 긴장도 높은 선택의 과정이 될 수밖에 없으며, 이처럼 지정학적 단층대에 위치한 국가들을 본서에서는 "지정학적 중간국" 혹은 간략히 "중간국"이라 칭한다.

지정학적 중간국의 전략적 가치나 대응 역량은 그 내·외부 환경 및 조건에 의하여 매우 상이하게 나타날 수밖에 없다. 외부 환경적으로 볼 때 지정학적 세력 구도 속에서 각축하는 강대국의 견지에서 그 전략적 가치가 높은 중간국은 강대국들의 전략적 실현의 요충지로서 "중추국"(pivot state)[1] 내지 중추적 중간국이라는 지위를 부여받게 된다. 하지만 가치가 높다고 좋은 것만은 아니다. 그 전략적 가치가 높은 만큼 지정학적 압력이 더해지는 위치에 처하게 되는 것이다. 하지만 중추국으로서의 중간국에게는 적극적인 의미에서는 구사할 수 있는 다양한 카드를 개발할 수 있는 가능성도 높아진다. 또한 강대국은 특정 중간국을 상대와의 갈등을 관리·완화할 목적으로 완충국(buffer state)으로 남겨두기도 한다. 한편 중간국이 구사하는 자율적 전략공간을 창출·확장하기 위한 외교적 노력이 그 '의지'와 '능력'에 의해 현실화될 경우 이 중간국은 명실상부한 '중견국(middle power)'으로 발돋움할 수 있는 것이다. 이처럼 중간국은 적극적 외교전략을 성공적으로 구사하여 중견국의 지위를 획득하기도 하지만, 섣부른 균형점의 변동으로 국가적 위기에 빠지기도 하고, 경쟁하는 강대국들의 전략적 상호작용에 의해 중추국(pivot-state)으로서의 지전략적(geo-strategic) 가치를 부여받기도 한다.

중간국은 일반적으로 균형(balancing), 편승(band-wagoning), 헤징(hedging), 회피(hiding), 초월(transcending), 특화(specializing) 등의 다양한 전략을 선택지로 고려할 수 있다. 이런 전략적 개념은 세분화된 전략적 분화의 과정을 거쳐 외교정책으로 실현된다.[2] 전략적 선택지 중에서 중간국가들은 특히 '편승과 균형 사이의 선택'을 해야 하는 경우를 자주 맞닥뜨리게 되는데, 양자 간 적절한 균형점을 선택하는 것은 실로 고난도의 외교적 과제이다. 냉전 시기 진영 간 대결 구도 하에서 중간국 외교의 선택지는 좁았다. 하지만 탈냉전기에는 동아시아와 남아시아 및 중앙아시아를 비롯한 유라시아 전역에 지정학적 단층대가 이동하거나 활성화되고 있다. 이제 중간국 외교의 선택은 다양한 지역정치적 조건 및 특성과 결합되면서 더욱 복잡한 과제가 되었다. 탈냉전 이후 비교적 넓은 전략적 자율성의 공간을 향유하던 중간국외교의 "기회의 창"은 최근 지정학의 귀환, 미중 패권경쟁의 심화 등과 같은 국제정치적 변동과 함께 다시 좁아지고 있다. 이 같은 변동의 시기에 중간국의 대외전략의 변화를 추적하고 그 동인이 무엇인가를 밝히는 것은 중간국외교의 변화와 국제정치적 변동을 이해하기 위해서 매우 중요하다. 또한 이러한 중간국의 지정학적 위상을 활용하는 중간국 외교의 성공적 수행을 통하여 전략적 자율성의 공간을 확대해 나가기 위한 노력은 성공적인 중견국 외교를 수행하는 국가로 국제정치에서 두각을 나타낼 수도 있다.

따라서 본서에서는 한국의 국제정치적 정체성으로 강대국 사이 및 해양세력과 대륙세력이 각축하고 있는 지정학적 단층대 상의 중간국, 중상 국력을 활용하여 지정학적 자율성의 공간을 확대하고 국가적 위상을 고양하려는 중견국, 그리고 자원 부족과 높은 대외 경제적 의존도를 지닌 통상국가 등의 특징에 주목한다. 한국의 정체성에 대한 이 같은 진단을 가지고 한국

외교·안보 전략을 제시하고자 한다. 이런 문제의식에서 볼 때, 한국의 평화와 번영을 보장하기 위해 평화국가, 세계국가, 통상국가, 교량국가 등은 우리 국가가 지향해 나갈 비전이자 가치를 표현할 수 있는 용어가 될 수 있을 것이다. 이를 종합하여, 미중경쟁 시대 한국의 국가비전은 '글로벌 평화·교량 국가'[3]라고 제시될 수 있을 것이다.

기본적으로 본서는 세기적인 변화를 몰고 오는 미중 전략경쟁의 동향과 특징을 분석하고, 동북아 신 지정학의 형성, 한국의 생존을 위한 신외교전략을 모색하고자 하는 학술적이며 실천적인 기획에서 출발하였다. 이를 위하여 필진들은 지난 1년여 동안 한국의 본연적이고 고유한 위상과 이익을 규정하기 위해, 우선 한국의 지정학적 정체성을 토론하고 규정하였다. 이를 기반으로 하여, 한국의 국익을 설정하고, 외교전략 목표를 도출하고, 외교원칙도 제시하기 위해 지난한 토론을 전개한 결과물로 탄생하였다.

2. '끼인 나라' 한국의 존재론적 고민

국제정치 석학인 존 미어샤이머 시카고 대학교 교수가 '중국의 부상'이 서서히 논란이 되기 시작한 2011년 국내 한 언론과의 인터뷰에서 "전 세계에서 지정학적으로 가장 위험한 위치에 있는 나라가 폴란드와 한국이다"고 지적하였다.[4] "강대국들에 포위된 있는 두 나라가 역사적으로 지도에서 완전히 사라진 적이 있다는 것은 놀랄 일이 아니다"라고 하였다. 그는 우리 국민에게 대한 조언으로 "한국은 한 치의 실수도 용납되지 않는 지정학적 환경에 살고 있다. 모든 국민이 영리하게 전략적으로 사고해야 한다. 생존과 직결된 문제이기 때문이다."라고 덧붙였다. 한국은 오늘 세계 유일의 분단국인 데다, 최근 동아시아에서 미중 전략경쟁이 본격화 되면서 한반도의 지정학적 취약성이 다시 주목받게 되었다.

　현 국제정세에 대한 평가와 한국 외교의 방향에 대해서 평소 동서고금을 넘나들며 긴 호흡으로 한반도 국제정치를 분석한 하영선 교수는 최근 한 포럼에서 현 한국정부가 풀어야 할 최대 외교과제로 "미중 주도의 아태 신질서 재건축에서 제대로 된 내 삶터 마련하기"를 제기했다.[5] 하 교수는 오늘 한반도가 처한 상황을 미중이 세기사적 국제 질서 재건축을 위해 경쟁하는 "문명사적 변환기"로 규정하고, 향후 수년간 한국의 선택이 향후 100년간 한국의 국운을 좌우할 것이라고 단언했다. 하 교수는 이에 대한 대처방안으로 미중경쟁 사이에서 살아남기의 소극적 전략을 넘어 "미국 주도, 중국 주도, 그리고 미중 공생의 3심원의 교집합을 확대하는 적극적 아태전략"을 제기했다.

　오늘 미중 전략경쟁의 근원은 중국의 급속한 국력 신장에 있다. 중국은 2010년 국내총생산(GDP)이 일본을 추월하여 세계 2위 경제대국이 되었고, 2030년까지는 미국도 추월하여 명실상부 세계 1위 경제대국이 될 전망이다. 20세기 내내 압도적인 경제력 우위와 최강 군사력으로 세계 패권을 지켰던 미국은 중국의 부상과 도전에 큰 충격 받았다. 최근 시진핑 정권의 권위주의 체제 강화와 팽창적인 일대일로 구상(Belt and Road Initiative)은 마침내 미국의 본격적인 견제를 촉발했다.

　2017년 말 발간된 트럼프 미국 행정부의 『국가 안보전략보고서』는 중국을 '전략적 경쟁자'로 지목하고 '미중 전략경쟁'을 선언했다.[6] 중국의 부상과 팽창을 저지하기 위해 군사·경제·체제·가치·기술 등 전 전선에서 중국과 경쟁하고 견제하기 시작했다. 이로써 중국과 교류협력을 통해 정치경제체제의 변화를 유도하는 포용(engagement)정책은 공식적으로 폐기되었다. 한때 미중 무역전쟁이 소위 '트럼프 현상'의 일부라는 분석도 있었다. 하지만 오늘 미국 전문가들은 트럼프 행정부 시대 이후에도 장기간 미국정부가 중국과 전략경쟁 기조를 유지할 것이라는 전망에 이견이 없다.

　미중 전략경쟁 시대를 맞아, 한국은 미중 양측으로부터 유혹과 압박을 동시에 받는 곤혹스러운 상황에 봉착했다. 미중경쟁이 치열해지면서 그 압박의 강도도 계속 증가하고 있다. 한미동맹을 강화하면, 중국은 동북아에서 자신의 '핵심이익'이 침해당한다고 본다. 마찬가지로 한중 전략적 협력동반자관계를 강화하면 미국은 한국이 중국으로 경사된다고 의심하고, 한반도에서 자신의 위상과 이익이 손상될 것을 우려한다.

이런 상황에서 한국은 일방에 대한 자신의 행동이 상대방의 반작용과 보복을 초래할 것을 걱정한다. 이런 계산은 한반도가 지정학적으로 미중의 이익권이 겹치는 지정학적 중간지대에 있다는 점을 방증하고 있다. 미중 간 이해가 첨예하게 충돌하는 외교안보 사안으로 한국의 아시아인프라투자은행(AIIB) 참여, 중국 전승절 70주년 기념 열병식 참석, 한국 내 고고도미사일방어체계(THAAD, 사드) 배치, 한미일 군사협력 강화, 한국의 남중국해 자유항행 작전 참여 가능성, 중국의 일대일로 구상 참여문제, 쿼드(QUAD) 플러스 참여문제, 미국 중거리 탄도미사일의 한국 배치 가능성 등이 있다.

박근혜정부 시기에는 미중 양측의 상반되는 요구를 소위 "미중의 러브콜"로 치부하며 여유롭게 대응하던 시기도 있었다. 사실 그렇게 안이하게 대응해서는 안 되었지만, 당시 우리 정부는 "예의 주시"하며 결정을 미루거나, 필요시 최소 반응을 보이는 데 그쳤다. 그리고 전격적으로 사드 도입을 결정하였다. 사드 배치에 대해 중국정부는 한국정부가 예상했던 것보다 훨씬 강경하게 대응했다. 이 사건은 한국정부와 국민에게 미중경쟁과 동북아 지정학의 엄중한 현실을 일깨웠다.

앞으로 미중 전략경쟁이 '뉴노멀'로 장기화될 것으로 전망됨에 따라, 한국의 운명도 기로에 서 있다. 한국은 미중 양쪽으로부터 러브콜을 받고 교량 역할을 하는 '중추국(pivot state)'이 되거나, 또는 동네북처럼 양쪽에서 공격받는 '파쇄지대국가(shatter zone state)'가 될 가능성이 모두 열려있기 때문이다.

한국이 2016년 말 사드 고고도미사일방어체계 도입 결정으로 악화되었던 한중관계가 완전히 회복되기도 전에 2019년 상반기 들어 화웨이 사태가 다시 발생했다. 미국정부가 보안성을 이유로 중국 화웨이의 5세대(5G) 통신장비 구매를 금지하고 한국을 포함한 동맹국에도 공동 대응을 요구했다.

정부는 화웨이 사건에 대해 긴급히 대응 지침을 제시했다. 우선 화웨이 건에 대해 "기업 자율성을 존중하면서, 군사의 통신보안에 영향을 주지 않는 방안을 강구"한다는 입장을 발표했다. 문재인 대통령은 미중 무역전쟁에 대해 미중은 한국의 "1, 2위 교역국으로 모두 중요하므로 한 나라를 선택하는 상황에 이르지 않길" 바란다고 언급했다. 그런데 이런 입장은 임시방편적으로 잠시 시간을 버는데 그칠 전망이다.

그동안 한국은 "안보는 미국, 경제는 중국"을 중시하는 '안미경중(安美經中)' 입장을 견지했다. 그런데 한국이 점차 더 이상 이런 편의적 입장을 견지하기 어렵게 되었다. 미국은 세계질서의 공공재를 자신의 비용으로 지불하는 관대한 패권국가가 더 이상 아니다. 트럼프 미국은 동맹국 한국에게 "안보에 상응하는 경제"와 "경제에 상응하는 안보"를 강하게 요구하였다. 트럼프 대통령은 미국의 세계경찰 역할을 거부하고, 동맹국에 대한 안보공약과 미군주둔에 대해 원칙적인 의문을 제기하였다. 더욱이 시진핑의 중국은 한국에게 "경제에 상응하는 안보적 순응"을 암묵적으로 요구하고 있다. 한국의 사드 도입에 대한 경제보복이 그 대표적 사례이다. 뿐만 아니라, 한미동맹 자체에 대해서 문제를 점차 제기하고 있다. 중국은 한국의 '안미경중'을 넘어서서 새로운 선택을 요구하고 있다.

한편, 한국은 북한의 증가하는 군사위협과 핵위협에 대처하기 위해 한미동맹과 미국 핵우산에 더욱 의존해야 하는 실정이다. 동시에 경제발전과 일자리 창출을 위해서 중국시장은 더욱 중요하다. 하지만 중국은 동아시아에서 미국의 군사적 우위와 한미동맹을 구 냉전질서로 간주하고 이를 점차 배척하려고 한다. 한국은 한미동맹과 한중협력의 사이에서 선택을 강요받는다. 문재인정부도 미중경쟁의 심각성을 인지하고, 「문재인 정부의 국가안보전략」 보고서에서 "미국과 중국의 전략적 이해가 교차"하면서 양국 간 "전략적 경쟁이 표면화"되고 있다고 평가했다.[7] 또한 역내에서 해양세력과 대륙세력이 대립하면서 군사적 긴장과 군비경쟁이 심화되고, 이때 우리의 외교적 활동공간이 위축될 것으로 보았다.

한국 외교 전략의 탐색은 우리의 정체성을 찾는 데서 시작하여야 한다. 한국은 강대국 사이에 끼인 중간국 및 중추국이라는 것이다. 이 연구를 통해 한국의 미중정책과 강대국 외교를 위한 지침과 교훈을 찾아야 한다. 만약 한국이 미중 사이에서 양자택일의 딜레마를 피하려면, 미중경쟁시대와 양립하는 한국의 새로운 국제안보 개념, 나아가 새로운 동북아 안보구도를 찾아야 한다. 이에 대한 충분한 해답을 찾는 작업을 위해서는 국내 외교안보연구자들의 더 많은 연구와 토론이 필요하다.

중간국 또는 중추국 외교전략 연구를 통한 기대효과는 다음과 같다. 우선, 이 연구를 통해 한국형 강국전략 모델을 개발하여, 한국의 강국외교를 위한 정책옵션과 지침을 제공하고자 한다. 이때 우리의 전통적인 외교전략관의 경직성과 고착성에서 탈피하여 유연성을 제고하는 효과를 기대한다. 특히 미중 세력경쟁에 대한 다양한 외교옵션을 개발하여, 한국외교의 선택지를 넓히고 국익외교를 가능케 할 것으로 기대한다.

또한, 중간국 외교전략 연구를 통해 연구 범위를 동북아의 제한된 공간에서 벗어나 전 세계로 넓힘으로써 한국외교의 다변화에 기여한다. 한국과 유사한 외교안보딜레마를 갖는 중간국 및 유사국과 전략대화를 확대하고, '중간국 국제연대'를 구축하도록 한다.

한국은 앞으로 미중 전략경쟁으로 인해 빈번하게 원치 않은 선택을 강요당하는 상황에 직면할 것이다. 이때 한국이 과거와 같이 결정을 미루거나, 매번 임시방편으로 대응하기 어렵다. 사전에 충분한 내부 토론과 합의를 거쳐 도출한 외교목표와 외교원칙이 있다면, 더욱 신속한 결정과 적극적인 대응이 가능하다. 또한 결정 지연, 정책 혼선, 남남 갈등 등으로 인한 정치·외교적 비용이 현저히 줄고, 국익도 효과적으로 보호할 수 있을 것이다.

3. 미중 전략경쟁과 동북아 신(新)지정학의 지형

1) 지정학 및 역사의 귀환에 대한 경고

냉전이 끝나자, 세인들은 프란시스 후쿠야마가 '역사의 종언(The End of History, 1989)'을 선언했듯이 인류 발전의 최종 단계와 영구평화의 시대에 도달했다고 환호했으나. 그러나 일부 현실주의 국제정치학자들은 전쟁의 역사가 반복될 것을 경고했다. 존 미어샤이머 시카고대 교수는 "강대국 정치의 비극(The Tragedy of Great Power Politics, 2014)"에서 중국이 경제발전에 성공하여 지역 강대국으로 부상하면서, 현재 유일한 지역 패권국이며 경쟁국의 등장을 거부하는 미국과 충돌이 불가피하다고 전망했다. 특히 그는 한반도에서 남북 분쟁의 발발 가능성이 있으며, 이에 미중이 개입하게 된다면 세계대전이 발생할 수도 있다고 경고했다.

그는 중국은 '미국식' 지역패권전략을 따를 것으로 전망했다. 아시아 주변국과 국력 차를 극대화하여 역내 경쟁을 배제하고, 동·남중국해에서 미국의 개입을 거부하는 '중국판' 먼로독트린을 선언하고, 중동에 이르는 해상수송로 장악하며, 미국 뒷마당인 서반구에서 반미 기운의 조장을 통해 미국의 대외적 개입을 위축시키는 전략을 따를 것으로 예상하였다. 한편, 이에 대해 미국은 대중 봉쇄전략으로서 중국을 두려워하는 아시아 국가와 대중 균형 연대(balancing coalition)의 구축, 중국의 경제발전 방해와 지연, 해외 친중정부 전복, 중국 내부 혼란 조장 등을 제시했다. 동 조치들은 자강과 동맹을 통해 자신을 강화시키고, 상대국과 상대 진영의 분열을 통해 상대를 약화시키는 세력균형론과 전략론의 보편적인 처방들이다. 이 조치들은 현재 미중정부에 의해 실제 집행되고 있음이 관찰되고 있다.

　21세기 들어 미국의 자유주의 패권 질서가 약화되고 미중 전략경쟁이 심화되자, 전문가들은 강대국이 충돌하는 '지정학의 귀환'과 '역사의 반복'을 전망했다. 20세기 초 핼포드 매킨더(Halford J. Mackinder) 옥스퍼드대 교수가 "역사의 지리적 추축(The Geographical Pivot of History, 1904)"에서 제시했던 현대 지정학이 2010년대 들어 미중경쟁이 심화되자 새로이 주목받고 있다.

　브레진스키(Zbigniew Brzezinski) 전 국가 안보보좌관은 『거대한 체스판 (*The Grand Chessboard: American Primacy and Its Geostrategic Imperatives*)』(1997)에서 동아시아 지역을 '잠재적 정치적 화산'에 비유하고, 급속한 경제성장과 국력 변동, 역내 세력균형의 부재, 강한 민족주의 성향, 지역정치 안보협력 장치 부재, 군비경쟁, 영토분쟁, 분단 한반도 등을 불안정 요소로 제시했다. 그는 미국이 세계패권 지전략(geostrategy)으로 '유라시아 체스판'에서 "지배적이고 적대적인 세력의 등장 거부와 지역 세력균형"을 추구했다고 분석하고, 이에 따라 동아시아에서도 중국과 일본이 지역 패권국으로 등장하는 것을 방지할 것을 제안한바 있다. 마거릿 맥밀런 옥스퍼드대 교수도 "역사의 운율(Rhyme of History: Lessons of the Great War, 2013)"에서 강대국의 집단적 무책임이 제1차 세계대전을 초래했다고 지적했다. 그리고 다가올 세계대전의 재발을 방지하기 위해 강대국들이 세계 평화의 신질서 구축에 나설 것을 촉구했다. 그리고 러시아의 크림 합병과 우크라이나 사태가 발발한 2014년에는 제1차 세계대전 발발 100주년을 맞이하여 이 국제정치적 상황을 제1차 세계대전 전야에 비유하는 경고가 대거 등장했다.

2) 동북아의 미래 시나리오

2030년 한국의 안보환경을 상상해 보자. 개념적으로 3개 시나리오가 가능하다. 첫째, 미중경쟁이 끝나고 상호 서열을 인정하여 안보환경이 개선되는 상황, 둘째, 지금과 같이 전략경쟁의 갈등 국면이 지속되는 상황, 셋째, 위기의 심화로 군사적으로 패권의 쟁패를 다투어 충돌과 분쟁이 발생하는 최악의 상황이 있다. 이 세 개의 상황을 각각 미중의 전략적 적응, 전략경쟁, 전략적 충돌 등으로 표현할 수 있다.

어떤 시나리오가 가장 가능성이 높은가? 지난 20여 년간 한반도와 동북아의 안보환경이 계속 악화됐는데 이런 추세가 갑자기 반전되고 개선될 가능성은 거의 없다. 따라서 2030년 안보 상황은 둘째와 셋째 시나리오의 중간쯤에 위치할 가능성이 높다. 그렇다면 미중 전략경쟁이 더욱 악화된 동북아 정세는 어떤 모습일까?

첫째, 북한은 핵무장력을 늘리고 더욱 공격적으로 될 가능성이 높다. 농축시설을 가동하여 매년 핵무기 수개 이상 분량의 고농축우라늄을 생산하여, 2030년에는 핵무기를 50기 이상 보유하게 될 것이다. 미사일 개발도 더 진전되어, 중장거리 핵미사일을 대거 보유할 것이다. 이때 북한은 사실상 '핵무장국'으로서 주변 강대국의 강압을 거부할 수 있는 핵억제력과 외교적 자율성을 확보하게 된다. 하지만 핵억제력의 확보에도 불구하고 북한의 정세는 더욱 불안정해질 가능성이 있다. 경제문제를 풀어야 하기 때문이다. 권력투쟁이 발생하거나 체제 붕괴 가능성도 있다. 핵무장하고 불안정하고 공격적인 북한은 감당하기 어려운 위협요인이다. 사실 김정은 체제가 안정되어도 문제다. 핵무장국으로서 핵 위협을 일삼게 되면, 한국은 진퇴양난의 곤경에 빠지게 될 가능성이 높다.

둘째, 일본은 미중경쟁과 북한의 핵무장에 대비하여 재무장과 보통 국가화를 촉진하고, 영토·역사 문제에 더욱 강경해질 것이다. 미일동맹을 강화하고 중국과 대치하며, 한국과 북한에 대해서는 등거리 정책을 추진한다. 과거사에 대한 채무 의식이 없는 일본 전후 세대들은 재무장과 우경화를 지지한다.

셋째, 동북아에서 미중의 세력균형이 급변하면서 기존 패권 세력과 신흥 도전 세력 거대 갈등이 분출된다. 중국은 구매력평가 기준(PPP)으로 2014년에 미국을 추월한 데 이어 2028년 정도에는 국내총생산(GDP)도 추월하여, 명실상부한 1위 경제대국으로 등장한다. 중국은 경제력과 자신감을 정치·군사적 패권으로 전환하려고 하고, 미국은 군사력 재배치와 동맹 강화로 이를 저지하려고 한다. 미중 영향력의 지각판의 단층선이 한반도와 동아시아를 통과하면서 불꽃을 튀긴다. 중국의 해양 핵심이익 권역과 미국의 인도-태평양전략이 충돌한다. 미국은 중국의 군사력 팽창에 대해 군사적 절대 우위(military supremacy)를 유지하기 위해 동아시아·서태평양에 중거리 탄도미사일과 미사일 방어체제를 대거 도입할 가능성이 높다.

위 시나리오는 다소 극단적이다. 하지만 만약 현 추세가 지속되면 우리가 직면하게 될 현실이 될 가능성이 높다. 불과 10년 전만 하더라도 중국의 부상, 일본의 우경화, 북한의 핵무장, 러시아의 부활, 미국의 세계적 후퇴를 예견치 못했다. 심지어 박근혜정부가 처음으로 '아시아 패러독스'를 경고하였을 때보다도 주변 상황이 좋지 않다. 나아가 대부분 국내외 전문가들이 앞으로 미중 간 세력 경쟁이 더욱 치열해지고, 또한 한반도와 동아시아 해양지역이 그 격전지가 될 것으로 예상하고 있다. 이때 우리를 둘러싼 외교·안보위기가 더욱 악화되고 장기화될 가능성이 높다.

그동안 우리의 최대 안보위협인 북핵문제의 해결을 위해 미국 및 중국과 협조해 왔는데, 중국이 미중 세력 경쟁에 집착하면서 북핵 문제 해결을 위한 외교적 집중도와 추진력이 현저히 떨어질 전망이다. 심지어 중국이 공공연히 북한을 보호하거나, 한국을 적대시할 가능성마저 있다. 심지어 중국은 자신을 겨냥했다고 생각하는 주한미군의 증강뿐만 아니라, 심지어 북한을 겨냥한 한미동맹의 강화, 전략 자산의 도입과 배치 등에 대해서도 보복할 가능성도 높다. 미국 역시 주한미군의 재조정에 들어가 최대한 배치인원을 줄이려 할 것이다. 집중된 주한 미군은 중국의 공격에 취약하고, 북한의 비대칭적 공격에도 방어하기 어렵기 때문이다. 북핵문제는 더 이상 미국의 주요 관심이 아니다. 이 과정에서 한미동맹의 신뢰 위기가 발생할 개연성이 크다.

이런 시나리오와 위협요인을 예상한다면, 한반도와 동북아가 거대한 미중 간 패권 경쟁의 영향권 내에 들게 됨에 따라 우리 외교·안보정책도 전략 목표와 외교원칙을 재검토해야 하는 변환기에 접어들었다. 그렇다면 미중 경쟁으로 인한 신 지정학 시대에 한국은 어디에 서야 하며, 그 대응 원칙은 무엇이 되어야 하는가?

이와 관련하여 한국은 미중 간 양자택일의 선택이 아니라, 장기적 관점에서 한국의 정체성에 기반한 국익과 국제사회의 보편적인 외교 원칙을 선택해야 할 것이다.

3) 미중관계에 대한 국민인식

흔히 외교·안보 문제는 전문가의 영역이라고 하는데, 최근 여론조사를 보면 현재 미중경쟁의 무게를 국민도 오롯이 체감하고 있는 듯하다. 아직 기억이 생생한 역사적 경험으로 인해 북한 문제와 일본 문제에 국민들이 강한 의견을 갖는 것은 당연하지만, 미중경쟁은 새로운 현상인데도 국민들은 이를 깊게 우려하고 의사 표시를 한 것은 다소 특이하다. 동아시아연구원이 2019년 10월에 실시한 여론조사를 보면 미중경쟁에 대한 국민의 우려가 잘 드러난다.[8]

우선, 현재 한국이 당면한 위협요인에 대한 질문(복수 선택)에서 '주변국 무역·기술 마찰'이 54%, '주변국 사이 군사적 경쟁과 갈등'이 48%, '불안정한 남북관계'가 50% 등으로 대답했다. 평소 북한 문제가 국민들이 느끼는 최대 위협요인인데, 이번에는 미중 무역전쟁, 화웨이 통신 장비 사용중지, 한일 수출 통제, 미중 군사 경쟁, 한일 갈등 등을 국민들이 주요 위협요인으로 보았다.

주변국 위협에 대한 질문에는 북한 핵무기·미사일 개발 66%, 아베 군사 대국화 55%, 미국 자국 우선주의 49%, 중국 중화민족주의 24%로 대답했다. 여기서도 전통적인 북핵 위협에 더해, 일본과 미국의 동향에 크게 우려하기 시작했다.

미중 간 심각한 갈등 시 한국의 선택에 대한 질문에는 중립 70%, 미국 지지 24%, 중국 지지 5% 등으로 대답했다. 한국민은 미중경쟁에서 불가피하게 선택해야 한다면 중국보다 미국을 선호한다. 하지만 무엇보다 미중 강대국 경쟁에 끼지 않으려는 강한 의사를 보였다.

미국의 인도-태평양전략과 중국의 일대일로 구상이 충돌할 때 참여의 선택에 대한 질문에 대해, 양쪽 모두 선택 24%, 양쪽 모두 불참 24%, 미국에만 참여 27%, 중국에만 참여 1% 등 대답했다. 여기서도 위와 마찬가지로 의도적으로 위험 분산(헤징)을 위해 양쪽에 다 참여하거나 불참하는 선택이 48%로 높게 나타났다. 또한 여전히 중국보다 미국을 선택한다. 이는 성공한 한미동맹의 역사와 인접 강대국인 중국에 대한 우려와 두려움이 반영된 것으로 보인다.

한국이 당면한 위협에 대한 대처 방안에 대한 질문에서 한미와 한중의 균형 발전 32%, 한미동맹 강화 30%, 남북 교류 협력 강화 27%, 분열 국론의 통일 26%, 비핵화 협력 23%, 한일관계 회복 19%, 경제협력과 무력 확대 19%, 주변국과 다자안보 협력 강화 15%, 중국과 전략적 협력 강화 7% 등으로 대답했다. 여기서도 한국민이 미중 간 균형, 한미동맹 강화, 경제통상 중시 등을 선호하는 모습을 찾을 수 있다. 국론 통일에 대한 관심이 높았는데, 이는 평소 남남갈등에 더해 2019년 중반기 조국 사태를 둘러싼 국론 분열에 대한 우려도 반영된 것으로 보인다.

비슷한 시기에 발표된 통일연구원의 여론조사에서도 미중관계에 대한 한국민들의 우려와 불개입 성향을 찾아볼 수 있다.[9] 안보 문제에서 미국과 중국 중 누가 더 중요하냐는 질문에 대해 같다 52%, 미국 43%, 중국 5% 등으로 대답했다. 경제문제에서 누가 더 중요하냐는 질문에 대해서도 같다 58%, 미국 31%, 중국 11% 등으로 대답했다. 한편, 한미동맹에 따른 주한미군이 지금 필요하냐는 질문에 대해서 91%가 긍정적으로 대답했다. 통일 후에도 주한미군이 필요하다는 질문에 대해서는 54%가 긍정적으로, 46%는 부정적으로 대답했다. 국제사회의 리더 역할을 누가 잘할 것인가에 대해서는 미국 70%, 중국 18%로 대답했다.

통일연구원 여론조사에 따르면, 미중 간 선택 문제에 대해서는 다수가 선택을 꺼리며, 경제와 안보 분야 모두 같이 필요하다는 입장을 보였다. 동시에 한미동맹과 주한미군의 필요성에 대해서 국민 절대다수가 지지하고 있다. 국민들은 미국과 중국 모두가 우리 안보와 경제를 위해서 필요하다고 간주하면서도, 굳이 선택해야 한다면 미국을 선호한다. 동시에 미국의 리더십에 대해서는 수용성이 높은 데 비해, 중국의 리더십에 대해서는 수용성이 매우 낮다.

상기 두 여론조사에서 미중경쟁과 관련하여 아래와 같은 현상에 주목하게 된다. 첫째, 미중경쟁에 대한 국민의 인식과 경계 수준이 높다. 사실 미중경쟁은 근래 현상이고 아직 전문가들이 주로 논쟁하는 영역이며, 북한 문제나 한일관계처럼 언론이 매일같이 다루는 사안도 아니다. 하지만 국민들은 오랜 역사와 냉전의 기억 속에서 강대국 세력 경쟁으로 인해 입었던 피해를 급속히 되살리며, 강대국 세력 경쟁의 재등장 속에 한국이 끼고, 원치 않는 선택을 강요당할 것을 우려하는 것으로 보인다.

둘째, 더욱 주목해야 할 부분은 국민들이 미중경쟁 사이에 끼는 것을 우려하고 거부하고 있다는 점이다. 미중 갈등에 대해 '중립'을 선호하는 비율 (70%)이 매우 높다. 이런 경쟁으로 인한 위험을 회피하기 위해 때로는 미중

일방에 참여보다는 둘 다 참여 또는 둘 다 거부를 선호하는 현상으로 나타
났다.

셋째, 한국민은 미중 모두가 우리 외교·안보와 경제·통상에 중요하다고
인식하고 있다. 위 통일연구원 여론조사를 보면, 한국민 다수는 외교·안보
와 경제·통상 분야 각각에 대한 질문에서 미중 양국이 모두 우리에게 중요
하다고 대답했다. 미중 양국에 대한 선택을 거부하고, 실제 양국의 협조가
외교와 경제 분야에서 모두 필요하다고 본다. 동아시아연구원 여론조사에
서도 한미동맹 강화를 선호하면서도(30%), 한미관계와 한중관계의 균형 발
전을 지지(32%)했다.

넷째, 한미동맹 유지와 주한미군 주둔에 대한 지지가 여전히 매우 높다
는 점에 주목한다. 주한미군 주둔에 대한 지지가 매우 높고(통일연구원,
91%), 심지어 통일 후 주둔도 다수가 지지하고(54%) 있다. 한미동맹 기간
에 경제발전, 안전보장, 정치발전이 모두 성공했다는 점에서 한미동맹과 주
한미군의 존재에 대한 거부감이 거의 없다. 특히 지난 수년간 북한의 핵무
장과 핵 위협 수준이 증가했다는 점도 주한미군의 필요성을 더욱 절감하게
만든 것 같다. 한편, '중국의 부상'이 주한미군 필요성에 미친 영향은 분명
치 않다. 주한미군을 강력히 지지하면서도, 미중 간 편들기를 거부하며 중
립을 크게 선호(70%)하며, 우리 경제·통상과 외교·안보에 미중 양측이 모
두 필요하다고 말하기 때문이다.

마지막으로, 미중 양국이 우리에게 모두 '필요'하다고 말하면서도, 양국
에 대한 '선호도'는 뚜렷이 차이를 보인다. 미중 갈등 시, 미국 지지(24%)에
비해 중국 지지(5%)가 낮다. 미국의 인도-태평양 구상과 중국의 일대일로
구상에 대한 참여도 미국만 참여(27%)에 비해 중국만 참여(1%)가 크게 낮
다. 미국과 중국의 세계적 리더십에 대한 한국민의 선호도도 미국이 중국에
비해 훨씬 높다. 이런 통계를 보면, 한국민은 미국과 한미동맹을 친숙해 하
거나 선호하는 성향을 보였다. 한편, 중국의 부상에 대해서는 아직 판단을

유보하거나 심지어 두려워한다는 해석도 가능하다.

4. 한국의 국제정치적 정체성과 정체성 기반 국익

1) 중간국가

한국은 지리적·역사적으로 동북아에서 강대국의 지정학적 경쟁에 끼여 안보가 매우 취약한 '중간국가' 또는 '끼인 국가'의 정체성을 갖는다. 한국은 역사적으로 중국 남북조 간 강대국 세력 경쟁과 청일, 러일, 미소 등 대륙세력과 해양세력 간 지정학적 경쟁에 말려들어, 전쟁, 분할, 점령의 고통을 겪었다. 우리 분단의 현실도 강대국 간 지정학적 경쟁의 타협 결과이며, 아직 고통에서 벗어나지 못하고 있다. 21세기 들어 '중국의 부상' 이후 새로이 미중 전략경쟁이 심화되고 있어, 한국의 안위가 위협받고 있다. 과거 역사가 미래를 판단하는 잣대가 된다면 미중경쟁의 가운데에 위치한 한국은 지정학적 '파쇄 국가(shattered state)'가 될지, 또는 '교량국가'이자 '중추국가(pivot state)'가 될지 갈림길에 서 있다.

따라서 우리는 한국이 이런 취약점을 극복하고 중추적 위상을 최대한 이용하기 위해 국가비전으로 '교량국가'와 '평화국가'를 지향할 것을 주장한다. 문재인 대통령의 2019년 8.15 경축사는 아래와 같이 한국의 지정학적 위치에 따른 문제점을 지적하고, 국가비전으로 '교량국가'를 제기했다. 이는 앞서 분석한 한국의 '중간국'적 위치성을 고려한 것으로 보인다.

"(둘째, 한국은) 대륙과 해양을 아우르며 평화와 번영을 선도하는 교량국가가 되고자 합니다. 지정학적으로 4대 강국에 둘러싸인 나라는 세계에서 우리밖에 없습니다. 우리가 초라하고 힘이 없으면, 한반도는 대륙에서도, 해양에서도 변방이었고, 때로는 강대국들의 각축장이 되었습니다. 그것이 우리가 겪었던 지난 역사였습니다. 그러나 우리가 힘을 가지면 대륙과 해양을 잇는 나라, 동북아 평화와 번영의 질서를 선도하는 나라가 될 수 있습니다. 우리는 지정학적 위치를 우리의 강점으로 바꿔야 합니다. 더 이상 남에게 휘둘리지 않고 주도해 나간다는 뚜렷한 목표를 가져야 합니다."

보통 중간국에서 내부 분열, 약한 국력과 군사력 등의 이유로 '세력 공백'이 발생하면 주변 강대국이 해당국을 놓고 경쟁하거나 분할 점령하는 경향이 높다. 반면에 통합되어 강건하고, 실용 외교를 구사하는 중간국들은 '전략적 중추국'이자 '교량국가'로서 평화번영을 구가하기도 했다. 중간국가들은 모두 강대국이 아닌 중소국가들인데 이들은 자체적으로 강대국의 압박과 공격을 독자적으로 견딜 능력이 없다. 따라서 중소 중간국들은 최대한 자체 국력과 국방력을 강화하기 위한 자강 노력을 기울이되, 자력 방위가 불가능하므로 주변 강대국과 동맹이 불가피하다.

동양의 고전은 첫째, 중소 중간국의 동맹전략으로 이이제이(以夷制夷)와 원교근공(遠交近攻)을 제시하고 있다. 이 중에서도 '원교근공'은 주력 군사력이 멀리 있어 자신을 직접 위해 할 가능성이 낮고, 또한 적의 적 또는 적의 배후에 위치하여 '자연 동맹국'에 해당되는 원거리 강대국과 동맹할 것을 요구한다. 둘째, 합종연횡(合從連橫)도 좋은 교훈이 된다. 이는 중소국이 강대국에 의존하여 보호받는 '연횡'의 위험성을 지적하고, 대안으로 유사한 상황에 처한 중소국가들과 연대하여 '합종'으로 강대국으로부터 안전을 도모할 것을 조언한다.

이런 지정학적·역사적 사례와 외교 원칙은 아래와 같은 교훈을 한국 외교에도 적용할 것을 이야기해 준다. 첫째, 한국은 자강해야 한다. 이를 위해 자체 국력과 군사력 증강을 위해 노력하고, 특히 내부 국론통합과 남북관계 개선을 통해 국력의 분산을 방지한다.

둘째, 미중관계에 대한 대응전략을 위해 이이제이와 원교근공 원칙의 교훈, 해양국가가 대륙 국가에 비해 군대 동원의 한계로 인해 상대적으로 영토적 야심이 적다는 지정학적 교훈, 한반도의 역사적 경험 등을 고려한다. 결론적으로, 한국 안보를 위해 한미동맹을 근간으로 하고, 중국과도 선린우호관계를 유지해야 한다.

셋째, 미중 간 세력 경쟁과 지정학적 충돌을 거부하는 호주·싱가포르·베트남·EU 등 유라시아대륙의 중소 중간국가와 '중간국 연대'를 구축하도록 한다. 중간국 연대는 미중 간 서로 동맹 확장을 위한 경쟁을 무력화시키며, 특히 미중 블록의 형성을 완화시키는 효과가 있다. 북한과 일본도 중간국의 정체성을 갖고 있어, 미중경쟁에 대한 대응을 목표로 이들과 협력하는 방안도 그 가능성이 열려있다. 역대 정부에서 추진한 북방정책이나 유라시아이니셔티브 그리고 문재인정부의 신남방정책, 신북방정책, 동아시아철도공동체 등은 미중경쟁에 대비하여 중간국가 연대를 통해 한국 외교의 전략적 공간과 자율성의 공간을 확대해 나가려는 중견 중간국의 외교전략에 해당된다.

2) 중견국가

2010년대 들어 한국이 새로이 찾은 강력한 정체성은 '중견국(Middle Power)'이다. 한국은 전통적인 국력 기준으로 '중소국' 범주에 들지만, 각종 국력 지수로 10위권에 해당된다. 오늘 한국은 G20 참여, OECD 회원국, 국내총생산(GDP) 세계 12위(2018년 기준), 교역액 8위 및 수출액 6위, 군사력 7위(글로벌 파이어파워 지수), 아시아파워인덱스 6위(호주 로위연구소, 미국, 중국, 일본, 인도, 러시아, 한국 순) 등 경제·외교·군사 등 여러 방면에서 중견국의 위상을 유지하고 있다. 돌이켜 보면, 한국은 경제 선진국 집단인 경제협력개발기구(OECD) 가입(1996), 세계적 지도국 모임인 G20 정상회의 참가(2010)와 2010 서울 G20 정상회의 개최, 2012 서울 핵안보정상회의 개최 등을 거치면서 점차 중견국으로 거듭났다. 2000년대부터 이미 경제적으로 발전한 중진국의 위상을 갖게 되었으나, 2010년대 들어 비로소

국제정치와 국민의식에서 명실상부한 '중견국' 위상을 갖게 되었다. 한국이 국제적으로 중견국으로 인정받게 된 배경에는 서울 G20 정상회의와 서울 핵안보정상회의의 성공적인 개최가 있었다.

'중견국' 개념에는 물질적으로 국력 수준이 강대국과 약소국의 중간에 위치한 국가, 또는 규범적으로 강대국 정치를 거부하며 다자주의와 법치의 글로벌 거버넌스를 통해 국제사회를 운영할 것을 선호하는 국가 등 2개가 흔히 혼용된다.[10] 그런데 여기서 중견국은 국력 규모를 참고하면서도, 특히 후자를 중시한다. 따라서 중견국 그룹에는 대부분 유럽 국가, 캐나다, 호주, 싱가포르, 한국, 일본 등이 포함된다. 참고로, 위에서 토론한 '중간국'은 국가 규모와 무관하게 지리적·지정학적으로 강대국 사이에 끼었거나, 해양세력과 대륙세력 사이에 위치하여 중간적 또는 중추적 위치와 역할을 지칭한다는 점에서 중견국가 개념과 차별화된다. 동아시아에서 이런 중간국가 사례로 베트남, 태국, 필리핀, 호주, 한국, 싱가포르 등 대부분의 국가들이 이에 해당된다고 하겠다. 이외에도 유라시아의 지정학적 단층대 상에 위치한 대부분의 중앙아시아 국가들, 북유럽 및 중동유럽의 국가들도 강대국 세력 경쟁에 끼어 있고, 이를 거부한다는 점에서 '중간국' 범주에 든다.

한국은 2013년 한국·멕시코·인도네시아·터키·호주 등 5개 중견국으로 구성된 지역 간 협의체인 믹타(MIKTA)를 주도적으로 발족시켰다. 이들은 경제 규모(GDP)기준 세계 11~19위에 해당하며 자기 지역에서 상당한 영향력을 가진 지역 강국(한국 제외)이다. 그동안 각종 국제회의의 기회에 수시로 별도 믹타 회의를 개최하고, 공동성명과 공동발언도 내었다. 하지만 근래 자유주의 글로벌 거버넌스가 이완되면서, 5개국 간 상호 이질성도 커지고 당초 모임의 취지가 퇴색하였다. 따라서 믹타의 미래도 불투명하다.

한국은 세계 평화와 공영을 위한 다자주의와 현 자유주의 규범 기반 국제질서에서 최대의 혜택을 받고 있는바, 미중경쟁 시대 들어서도 이를 지지하고 참여하는 중견국 외교를 적극적으로 추진하려고 한다. 특히 한국은 분단국, 안보취약국, 경제취약국, 중간국 등 치명적인 약점으로 인해, 이를 보완하고 극복하기 위해서는 다자주의와 법치에 기반한 글로벌 거버넌스를 안정적으로 유지하는 것이 국익 추구를 위한 최선의 방법이다. 이를 위해 국제사회 및 공통 이해관계를 갖는 다른 중견국과 협력하는 중견국 외교를 더욱 활성화할 전망이다.

한편 그동안 우리 외교정책은 한반도에 과도히 집중되었고, 외교체제와 외교역량도 다른 중견국에 못 미치는 문제점이 지적되고 있다. 따라서 한국이 중견국에 합당하는 국제적 참여와 기여를 보장하기 위해서는 외교체제와 역량을 구비해야 하는 숙제가 있다. 이를 위해 정치권과 국민은 한국이 갖는 '세계적 국익'을 명확히 인식해야 하고, 필요한 지원을 제공해야 한다.

3) 통상국가

마지막으로, 한국은 '자원 빈국이자 에너지 빈국'이지만 제조업을 통한 수출기반 경제성장을 통해 성공한 대표적인 사례이다. 오늘날 한국은 명실상부한 경제 선진국의 반열에 들어섰다. 하지만 내부 자원의 빈곤으로 수출입에 과도히 의존하여, 대외경제의존도가 매우 높은 경제적 취약성과 민감성이 공히 높은 특성을 갖는다. 오늘 한국경제는 중견국의 위상에도 불구하고, 경제의 대외의존도(수출입/국민총생산 GNI) 85%, 에너지 수입의존도 97%, 곡물 자급률 24% (식량 자급률 50%) 등 여전히 외부 충격에 매우 민감하고 취약하다.

이런 본연의 취약성을 극복하는 과정에서 한국은 '개방국가·통상국가·세계국가'의 정체성을 갖게 되었고, 또한 이를 주요 국가목표로 추구하고 있다. 높은 대외경제의존도로 인해, 한국민의 안녕과 번영은 세계 경제의 번영, 그리고 국제시장과 자원·에너지 공급지에 대한 안정적인 접근에 달려있다. 따라서 한국은 자신의 경제적 안녕과 번영을 위해 개방적 국제 질서를 지지하고, 경제·통상·에너지·개발외교를 적극적으로 추진해야 한다.

또한 경제통상활동에 대한 최대 위협요인인 지역 분쟁, 내란, 핵확산, (핵) 테러, 해적, 기후변화 등을 방지하는 것도 우리의 사활적 이익이다. 따

표 1.1 한국의 국가 정체성에 따른 국가비전과 주요 정책과제*

정체성	국가비전	국익과 주요 정책과제
중간국가	평화교량 국가	• 주변4국 외교: 역내 양자관계 활성화, 역내 갈등 억제·관리, 역내 소다자대화(한중일, 한미일, 한일러, 남북중, 남북일, 남북러, 남북일러) 추진 • 중간국 협력 확대: (지정학적) 중간국 네트워크 구축, 중간국그룹 결성, 중간국(+중견국) 국제회의(1.5트랙) 개최 • (소지역)동북아 지역협력: 한미동맹과 한중 전략적 협력동반자관계의 조화와 병행, 지역 공동안보·포괄안보대화 가동 및 기구 설립, 동북아 평화협력플랫폼, 원자력협력기구, 동북아 비핵무기지대, 소다자대화 • (중지역)동아시아 지역협력: 신남방정책 지속기반 구축, 한·아세안 특별 전략적동반자관계 추진, 미중 경쟁 완화 공조, 아세안+4(남북중일), 아세안+남북 대화 추진 • (대지역)유라시아 지역협력, 세계 지역협력: 신남방과 신북방정책 연결, 유라시아 평화번영지대, 지역기구·지역협력체 국제회의 가동
중견국가	세계국가	• 중견국 네트워크 구축: 믹타 활성화, 미중경쟁 반대의 중견국 그룹 결성, 중견국(+중간국) 국제회의 개최 • 세계평화 공영 기여: 다자주의와 규범 기반 국제 질서 유지, 유엔외교, 개발지원, 핵 군축·핵비확산·핵안보 강화, NPT 참여, • 세계안보 외교 강화: 수출통제국제레짐 참여, PKO 참여, 국제수송로 보호, 사이버안보
통상국가	통상개방 국가	• 자유무역 국제규범 유지: 자유무역 질서 유지 • 통상네트워크 확장: 신흥시장 확대, 첨단기술 보호자원·에너지협력: 자원에너지 외교 강화, 원전 수출

* 이 표는 전봉근, "미·중 경쟁시대 정체성 기반 국익과 신 외교 원칙 모색," 『주요국제문제분석』, (서울: 국립외교원, 2019), p. 15의 표를 수정· 보완한 것임.

라서 이런 우리의 '세계적 국익'을 보장하기 위해 국제안보 활동에 적극적으로 참여해야 한다. 이렇게 한국의 '통상국가' 외교전략은 세계 평화를 위한 중견국 외교전략과도 중첩된다.

마지막으로, 한국은 '세계국가'로서 국민의 10% 이상이 해외에 거주하며 경제활동을 영위하고 있다. 해외 체류 국민의 생명과 재산의 보호는 국가의 기본적인 책무이다. 이처럼 한국의 국익은 국내적인 국가 안전보장에 한정되지 않고, 세계 평화와 번영에도 기여하는 '세계적 국익'으로 확장되고 있다.

5. 한국의 중강국(中强國) 외교 원칙과 과제

1) 외교 원칙의 필요성

미중 전략경쟁이 치열해지고 역내 모든 국가가 서로 경쟁하는 동북아 신 지정학 시대를 맞아, 한국은 예상치 못한 위협요인에 직면하거나 원치 않는 선택을 강요당할 가능성이 급증하고 있다. 사실 이미 2010년대 중반부터 미중경쟁이 현실화 되면서, 한국은 미중 양측의 눈치 보기를 시작했다. 미국은 공공연히 "줄서기" 선택을 요구했고, 중국은 자신의 이익이 침해당했다고 생각했을 때 경제 보복을 서슴지 않았다. 그러나 어떤 선택도 한미관계, 한중관계, 국내 정치 등에 미칠 충격과 반발이 적지 않을 것으로 예상되어 우리 정부는 미중 양국에 영향이 조치는 상황에 대해서는 매우 조심스럽게 대응하였다.

이런 상황에서 한국의 대응책은 결정 지연과 애매한 입장 견지가 주조를 이루었다. 가끔은 상황 논리와 일방의 요구에 따라 임시방편적으로 결정되기도 했다. 그런데 이런 대응이 한국의 외교 원칙과 부합 여부, 또는 손익의 전략적 계산에 따른 것이라기보다는 단순히 결정을 미루거나, 충분한 전략적 계산과 결과에 대한 대비 없이 이루어졌다는 점에서 바람직한 대응책은 아닌 것으로 보인다. 예를 들어, 만약 사드 배치가 불가피했고 전략적 손익 계산에 따라 결정되었다고 하자. 그랬다면 그 후과를 예견했어야 했고, 또한 자율적 판단의 결과라면 그에 따른 비용과 손실은 감당할 각오와 준비가 되어있어야 했다. 그런데 우리 정부는 그렇지 못했다. 따라서 사드 배치가 진행되었으나, 미국도 중국도 각자의 이유로 불만스러워하고 보복도 가했다. 한국정부도 사드 배치 결정 및 집행 과정에서 계속 허둥대었고, 미중 양 측으로부터 비판받는 사태에 빠졌다.

한편 결정 지연, 결정 거부, 애매한 입장 견지 등도 전략적 결정의 결과 일 수 있다. 심지어 국민 합의의 부재를 이유로 결정을 미루거나 거부할 수 있다. 전략적 모호성의 유지전략이다. 하지만 이때 중요한 것은 그런 입장 은 미리 정해진 원칙에 따르거나, 또는 신중한 전략적 계산 끝에 내린 결정 의 결과라는 점에서 단순히 결정을 미루거나, 결정을 내리지 못하고 우왕좌 왕하는 것과 차별화된다.

이런 딜레마적 상황에서 '외교 원칙'은 주어진 상황에 효과적으로 대처 하는데 필요한 대응 기준과 지침을 제공하게 된다. 또한 '외교 원칙'은 특정 외교적 선택 시 그 선택을 설명하는 명분과 기준을 제공하는 효과가 있다. 이 명분은 특정 조치의 대상국에 대해서뿐만 아니라, 국민과 국제사회 전체 를 향한 설명 논리가 된다.

따라서 '외교 원칙'으로서 자격을 가지려면, 수용성·현실성·미래지향 성·지속성·일관성의 기준을 상당 부분 만족시켜야 한다. 만약 그렇지 못한 원칙이라면 상대 국가에 의해 무시될 수밖에 없다. 또한 상황의 변화 또는 정권교체에 따라 단명하게 된다. 그렇다면 어떤 외교원칙이 이런 기준을 만 족시킬 수 있을까?

첫째, 국가비전, 국가목표, 국익을 반영해야 한다. 매 신정부는 국민의 동의를 획득했다고 생각하는 바를 반영한 국가 안보전략보고서를 발간하고 있어, 이를 참고하면 된다. 둘째, 해당 국가가 처한 역사적·문화적·지정학적·전략적 환경 및 그로 인한 국가 정체성을 반영해야 한다. 국가 정체성을 반영하지 못한다면, 무엇보다 그 외교 원칙에 대한 내부 합의를 만들기 어렵다. 셋째, 세력관계와 자신의 역량을 고려해야 한다. 세력관계를 무시했거나, 또는 자신의 역량으로 감당할 수 없는 원칙이라면 결국 상대방에 의해 무시되기 쉽다. 넷째, 국제사회의 보편성 기준을 충족시켜야 한다. 특히 한국과 같은 중소국이자 중간국은 강대국의 압박에 휘둘리기 쉽기에 다른 중소국 및 중간국 및 국제사회의 지지를 확보하는 것이 필수적이다.

2) 5개 신(新)외교안보 원칙

오늘날 미국의 지도국 역할 후퇴, 중국의 지역 초강대국 부상 등 강대국 역학관계 변동은 새로운 외교 원칙을 요구한다. 사실 그동안 한국 외교는 냉전기 자유 진영과 탈냉전기 미국 패권 질서에 전적으로 속하여 한미동맹 일치, 적응적 대응 등 2개의 묵시적으로 교감 된 외교 원칙으로 만족했다. 하지만 오늘 한국은 미중경쟁의 사이에서 딜레마적 상황에 빠지거나 때로는 원치 않은 선택을 강요받고 있다. 이런 상황에서 한국 외교가 국익 추구의 목표성과 일관성을 잃지 않도록 외교적 선택의 기준과 지침을 제공하는 외교 원칙이 과거 어느 때보다 절실하다.

한국 외교부는 2019년 중반 미국정부가 화웨이 통신장비 사용 금지 문제를 제기한 이후 7월부터 외교전략 조정회의와 조정반회의를 가동하여, 미중경쟁 시대에 대비한 한국의 외교전략을 모색했던 것으로 알려지고 있다. 이와 같은 외교부의 새로운 외교전략 수립을 위한 노력은 바람직한 것이지만, 이러한 노력은 일회적으로 끝나서는 안 된다. 특히 이러한 노력의 과정에는 본서에서 제시하고 있는 바와 같은 새로운 '외교 원칙'도 포함하여 고려할 필요가 있을 것이다. 따라서 본서에서 제기되고 있는 외교 원칙에 대한 논의들은 이런 외교안보 전략의 수립을 위한 작업을 위한 참고 자료로 활용될 필여가 있다.

우리는 크게 5개의 외교 원칙을 제시해 보고자 한다. 이는 미중경쟁 시대에 대응하기 위한 것이지만, 사실 모든 시대에 보편적으로 적용되는 한국 외교의 일반적 원칙이 될 수도 있을 것으로 보인다. 한국이 국제사회의 구성원과 공존과 공영을 위해 최대한 조화로운 관계를 추구한다는 목표에 따라, 국제사회에서 보편적으로 통용되는 외교 원칙을 최대한 활용했기 때문이다. 특히 모든 중소국가 및 중간국가가 채택할 만한 외교 원칙을 중요하게 고려하였다.

첫째, '주권과 영토 존중'의 외교 원칙이 있다. 모든 중소국가, 특히 강대국 사이에 낀 중간국에게 주권·독립·영토 보존만큼 중요한 것이 없다. 이 원칙에 따라 주권침해·영토변경·침략전쟁을 반대하고, 강대국의 강압도 단호히 거부한다. 이 외교 원칙을 지키려면, 명분뿐 아니라 실제 자신을 지키는 데 필요한 힘을 축적해야 한다. 보통 자신을 지키는 힘은 자강, 동맹, 국제연대 등 세 수단으로 구성된다. 따라서 한국도 우선 경제력과 군사력을 길러 자강해야 한다. 자연 동맹으로서 국가이익이 상당 부분 서로 일치하고 혈맹으로서 이미 신뢰가 축적된 한미동맹을 최대한 활용한다. 다만 의존적인 동맹관계에서 벗어나기 위해 호혜성을 더욱 강화해야 한다. 마지막으로 가치공유국, 중소국, 중견국, 지정학적 중간국, 동일 지역 등 다양한 유사성과 공동이익을 찾아 국제연대를 확장해야 할 것이다.

둘째, 평화공존 외교 원칙이 있다. 한국은 분단국이자, 강대국에 둘러싸인 안보취약국으로서 근린국가와 평화공존이 절대 필요하다. 또한 한국은 교량국가이자 통상국가로서 모든 국가와 선린우호하며, 적대국을 만들지 않는다. 그리고 한반도 및 동북아의 평화와 번영을 위해 한미동맹과 한중 전략적 협력 동반자관계를 조화롭게 확대 발전시켜 나간다. 또한 한국은 유엔의 모범 회원국이자 평화애호국으로서 평화공존을 적극적으로 실천한다.

셋째, 지역협력과 국제협력의 원칙이다. 한국은 평화와 번영을 위해 지역협력과 국제협력을 적극적으로 추구한다. 지역협력은 동북아, 동아시아, 유라시아, 세계 등 다양한 공간에서 동시 병행적으로 추구한다. 지역 안보협력을 위해 공동안보와 포괄안보 개념을 적극 지지하고 동북아와 동아시아 지역에 도입되도록 노력한다. 그리고 유럽, 아프리카, 라틴아메리카, 북유럽(노르딕위원회), 중앙아시아, 중동유럽(비세그라드그룹), 아세안 등 세계 지역의 다양한 지역협력체와 대화 및 협력체계를 구축해야 할 것이다. 중앙아시아 등의 비핵무기지대와도 협력하여 동북아에서 비핵무기지대 도입 가능성을 국제적 연대와 지지 속에 모색할 필요가 있다.

넷째, 다자주의와 국제규범의 강화 원칙이 있다. 한국은 중소국가로서 강대국 세력 정치의 폭력에서 벗어나기 위해 유엔과 국제법의 보호막이 필요하다. 따라서 다자주의와 국제규범을 적극 지지하고, 이를 중시하는 국가들과 연대를 강화한다. 한국은 통상국가이자 세계국가로서 자유무역과 자유항행의 규범도 적극 지지한다. 그리고 투명성·개방성·포용성·법치에 기반한 국제규범을 지지하고 적극적으로 실행한다.

마지막으로, 국민 합의에 기반한 외교안보 추진원칙이 있다. 한국은 지정학적으로 해양과 대륙 세력이 각축하는 낀 공간이었다. 이러한 지정학적 영향으로 외교안보의 남남갈등 현상은 위기 시에 더욱 강화되었다. 국론 분열은 곧 국력 분산으로 연결되어, 외교정책의 추진력도 약하다. 따라서 우리는 반드시 국민 합의에 기반한 외교를 추진해야 한다. 이때 남남갈등이 해소되고 국력도 결집되는 효과가 있다. 또한 외부 세력으로부터 국익에 부합하지 않는 선택을 강요당할 때 이 원칙을 외부 압박을 거부하는 명분으로 이용할 수도 있다.

주

1) 중추국(Pivot States)은 지정학적으로 유의미한 자산을 풍부히 보유한 국가로 이해되는데, 본래 매킨더는 특정 국가보다 지정학적 위상에 따른 특정 지역에 대한 관심으로 이 용어를 사용하였다. 이처럼 지정학적 이용가치가 높은 국가 내지 지역에 대한 영향력을 확대하기 위하여 주변 강대국들이 주변을 배회하게 된다는 의미에서 중추국이라고 불렀다. 중추국에 대한 다양한 사례들에 대해서는 다음 사이트(http://stratbase.org/index.php/portfolio-2/pivot-states)를 참조.

2) 가령, 균형 전략은 '내적 균형'(internal balancing), '외적 균형'(external balancing), '제도적 균형'(institutional balancing) 등으로 나뉠 수 있으며, 편승은 양해적 편승, 호선적 편승, 암묵적 편승 등으로 구분해 볼 수 있다.

3) 문재인 대통령은 2019년 8·15 경축사에서 "아무도 흔들 수 없는 나라"라는 비전을 새로이 제시했다. 그리고 이를 달성하기 위해 책임 있는 경제 강국, 대륙과 해양을 아우르며 평화와 번영을 선도하는 교량국가, 평화로 번영을 이루는 평화경제 등 3개의 목표를 제시했다. 여기서 제기된 '글로벌 평화교량국가'는 동 경축사의 '교량국가' 개념을 확장한 것이다.

4) 존 미어샤이머 교수 인터뷰 "한국, 폴란드처럼 지정학 위치 최악, 미·중 갈등 대비를," 『중앙일보』 (2011.10.10).

5) 하영선, "문재인 정부 후반기 4대 외교역량 강화책," EAI 정책토론회 문재인 정부 중간평가: 여론조사 및 후반기 정책 과제 발표 (2019.11.5., 서울)

6) 트럼프 행정부가 2018년 12월 발간한 "국가 안보전략서"의 개요와 한국 외교에 대한 함의 분석은 전봉근, "트럼프 국가 안보전략과 한국 안보에 대한 함의," 『IFANS FOCUS 2017-27』 (서울: 국립외교원, 2019) 참조.

7) 국가안보실, 『문재인 정부의 국가안보전략』 (2018.12), p. 12.

8) 동아시아연구원, EAI 정책토론회(2019.11.5.) "문재인 정부 중간평가: 여론조사 및 후반기 정책과제 발표(한국리서치, 1,000명 웹 조사, 2019.10.24.~29 조사 실시)"

9) 11차 통일연구원 피스포럼(2019.11.6.) 이상신, "동북아 정세와 한국인의 인식(2019년 4월, 9월 2회, 1,000명 대면조사)"

10) 중견국 개념에 대해서는 손열 외 지음, 『한국의 중견국 외교: 역사·이론·실제』 (서울: 명인문화사, 2016)를 참조.

1부

신세계질서와
국제정치
패러다임의 변화

2장

바이든 시대 미중 전략경쟁과 국제정치질서*⁾

김흥규(아주대학교 정외과)

핵심 논지

1. 미중 간 전략경쟁은 장기적인 과정이다. 미국은 현재 고기술과 전략산업의 공급분야를 장악하고 동분야의 탈동조화를 추진하고 있다. 기술냉전으로 치달을 것이다. 중국은 향후 수요 및 시장 규모에서 압도적으로 우위에 있다. 미중 간의 전략경쟁은 더 강화될 것이고 세계 모든 국가들은 선택의 압박에 직면한다.

2. 동아시아, 서태평양 지역은 미중 전략경쟁의 최전선이며 한국은 미국에게나 중국 모두에게 핵심적 전략공간(lynchpin)이다. 그러나 우리에게 기회로 주어진 시간은 제한적이다. 한미동맹과 주한미군 주둔이 상수였으나, 이제는 점차 변수로 전환하고 있다. 북한의 비핵화도 거의 불가능하다. 정글의 세계에서 생존법은 양자택일 선택의 고민보다는 자신의 레버리지를 확보하고, 잘 활용하는 것이 중요하다.

3. 미중 전략경쟁은 '치킨 게임'과 같은 상황이어서 스스로 해법 도출하기 어렵다. 제3자의 역할이 중요한데, 한국의 입장에서는 제3의 외교공간 창출이 절실하다. 한국은 역사상 최초로 천하질서를 수립하는 데 제안자 겸 참여자가 될 기회를 얻고 있다.

1. 미중 전략경쟁 시대의 시작

1) 트럼프의 공세적 대중 정책 추진

미국 트럼프 행정부는 출범한 이후 2017년 12월에 최초로 공개된 "국가안보전략(NSS: National Security Strategy) 보고서"의 내용은 획기적이었다. 이 보고서는 놀랍게도 중국을 미국의 '전략적 경쟁자(strategic competitor)', '현존 국제질서의 도전자(revisionist)'로 공개적으로 규정하였다. 미국은 1979년 중국과 수교한 이후 수많은 갈등과 위기를 겪으면서도 중국을 이처럼 노골적으로 적대적인 관계로 설정한 적은 없었다. 1989년 중국 천안문 사태가 발생한 직후에도 당시 미국의 부시Sr. 대통령은 중국과의 관계 유지를 희망한다는 메시지를 중국에 비밀리에 전달하였다. 1979년 수교이후 그간 40여년을 미국은 중국과 '전략적 협력'이라는 기조에 입각해 대중 전략을 추진해 왔다고 할 수 있다. 21세기 들어 중국 견제를 본격화한 부시Jr. 행정부의 '포용적 견제(hedging)'전략이나 오바마 행정부의 '아시아·태평양 재균형(rebalancing)'전략 역시 그 기조는 '대중 포용'에 있었다.

미국내 여러 논의들을 분석해보면 미국이 유지해 온 대중 포용전략에는 다음과 같은 다섯 가지 전제 혹은 확신들이 존재하였다.

첫째, 중국은 급속한 경제적 부상에도 불구하고 미국을 추월하는 것은 가능하지 않다. 중국은 '중진국의 함정'과 같은 어려운 난관에 직면할 것이다.

둘째, 중국 지도부에 가장 시급한 문제는 중국의 급속한 부상의 결과 산적해 있는 국내 문제이다. 이로 인해 대외정책의 급속한 변화는 감당하기 어렵고, 연속성이 유지될 것이다.

셋째, 중국은 비록 급속히 군사비를 확장하고 있지만, 미중 간의 군사적 격차는 본질적으로 커서 미국에 군사적으로 대항하지 못할 것이다. 설사 중국이 군사적인 도발을 한다고 할지라도 미국의 군사력은 이를 저지할 충분한 역량을 확보하고 있다. 이러한 미국의 우위는 당분간 약화되지 않을 것이다.

넷째, 중국은 현 국제체제의 가장 중요한 수혜자 중 하나라서, 당분간 미국 중심의 현존 자유주의 국제체제의 현상유지 세력으로 남을 것이다.

다섯째, 중국은 경제가 발전함에 따라 정치, 문화, 가치 등에 있어서 점차 서방의 자유민주주의 체제에 수렴할 것이다.

오바마 행정부 2기에 들어서면, 미국 내 주류 전략가들과 중국 전문가들은 이러한 대중 전략의 전제들에 오류가 있다는 것을 분명히 인식하였다. 그러나 복합적인 상호의존의 세계, 세계적인 가치사슬로 얽혀 있는 현 상황에서 중국과의 전면적인 대립은 상상할 수 없었다. 미중은 21세기 들어 자신들이 강화해 온 신자유주의적인 해법에 따라 급속히 진행되어 온 세계화의 결과로 이미 깊은 상호의존관계에 놓여있었다. 따라서 중국의 부상에 대해 미국의 기존 주류 세력들은 획기적인 해법을 제시할 수가 없었다. 미국이 채택하는 헤징전략은 21세기 복합적인 상호의존의 시기에 중국과 전면적인 대립은 상상할 수 없다는 전제를 깔고 있었다.

트럼프는 선거운동 기간부터 반중 정서를 노골적으로 드러내었다. 이는 미국의 대통령 선거기간에는 일상적인 일이었기 때문에, 당시로서는 추후 미중 전략경쟁이 이리 공세적으로 전개될지는 어느 전문가도 예상하지 못하였다. 그러나 2017년 12월 출간된 미국의 "국가안보전략(National Security Strategy) 보고서"는 분명 기존의 주류 대중전략과는 전혀 다른 기조였다. 기존의 '협력과 포용' 위주의 대중전략은 '경쟁과 대립'으로 코페르니쿠스적인 전환을 하였다. 트럼프 대통령은 미중 간 대만의 독립에 반대한다는 묵계, 전면적 무역 분쟁의 두려움, 군사적 충돌의 회피 등과 같은 금기들을 과감히 타파하였다. 트럼프의 적대적인 대중 정책은 미국 국민들의 광범위한 지지를 불러일으켰다. 중국 시진핑이 들어선 이후 강화된 권위주의 체제와 공세적인 외교정책의 추진은 미국민은 물론 서방세계에도 강한 반감을 불러일으켰다. '비자유주의적 패권국가'가 세계를 지배할 지도 모른다는 공포감도 커졌다.

물론 트럼프의 대결적인 대중 전략 방향이 갑자기 나온 것은 아니다. 가까이는 미중 간의 무역역조와 중국의 불공정성에 큰 반감을 지니고 있던 트럼프와 같은 경제 민족주의자, 힘에 의한 평화를 신봉하는 레이건계 정치현실주의자, 부시Jr. 행정부의 주류였던 가치를 중시하면서도 힘을 동시에 투사하려는 신보수주의 네오콘(Neo-con), 그리고 미국 백인사회에 오랜 뿌리가 있는 인종주의/반아시아주의 등 미국 공화당내에 오래 잠재된 정서가 반중노선으로 표출된 것이었다.[1]

트럼프 대통령이 처음부터 전면적으로 대중국 압박과 충돌 전략을 가지고 중국을 대했는지는 의문이다. 그러나 트럼프 주변의 마이크 펜스, 피터 나바로, 매트 포틴저, 마이클 필스버리 등과 같이 과거 비주류의 사고를 지닌 정책결정자와 전문가들은 미중 무역 분쟁을 고립적인 사안이라기보다는 중장기적인 패권 경쟁의 일부로 인식하고 있었다. 처음 미중 무역 분쟁에서 시작되었던 미중 대결은 무역전쟁, 기술전쟁, 금융전쟁으로, 그리고 점차 군비 경쟁, 규범과 제도 갈등, 이념 갈등의 영역으로 전방위적으로 확대되었다. 2020년 말에는 미중 간에 '신냉전'이란 시대가 시작되었다는 주장이 자연스레 회자될 정도였다.

2017년 12월 "국가안보전략 보고서"를 공개한 이후, 미국은 2018년 1월 국방전략 보고서(NDS: National Defense Strategy), 2018년 2월 핵태세 보고서(NPR: Nuclear Posture Review, 2018년 2월), 2018, 2019 및 2020년 각 회계연도 국방수권법안(NDAA: National Defense Authorization Act), 2019년 6월 국방부의 인도태평양전략 보고서(IPSR: Indo-Pacific Strategy Report), 2019년 11월 국무부의 자유롭고 개방된 인도태평양 보고서(A Free and Open Indo-Pacific: Advancing a Shared Vision), 2020년 5월 백악관의 미국 대중국 전략태세 보고서(United States Strategic Approach to the People's Republic of China), 2020년 11월 국무부의 중국 도전 사안들(The Elements of the China Challenge) 등을 연이어 공개하였다.

그 핵심은 중국을 어떻게 압박할 지에 대한 미국 백악관 내부의 고심을 담은 것이었다. 그 내용들을 보면 트럼프 행정부의 대중국 정책에 대한 고심의 진화과정이 담겨 있고, 그 한계도 동시에 보여주었다. 트럼프 행정부는 처음에는 무역역조 시정을 위한 관세부과를 강화하는 조치에서 점차 체제와 이념의 영역까지 전선을 확대하고 있다. 중국 역시 이에 대해 수세적으로 상응하게 대응하는 양태에서 벗어나 2020년 들어서는 미중관계를 아예 '장기전'이라고 규정하고 보다 적극적인 태도로 대응책을 제시하였다.

2) 미중 전략의 충돌

2018년 3월 미국의 대중 관세부과로부터 시작한 미중 무역전쟁은 2020년 말까지 3차례의 정상회담과 15차례 이상의 고위급 협상에도 불구하고 점차 패권전쟁의 전초전처럼 악화되었다. 미중은 이미 부시Jr. 행정부에서 2005년부터 2016년까지 10년 이상 미중 전략대화를 통해 상호 이견을 조율해왔다. 후진타오 시절에는 미국 주도 자유주의 질서에서 하위 역할을 인정하는 순응적 발전 전략이었고 중국 시진핑 1기(2013~2017)의 대미 전략은 역시 대체로 직접적인 패권도전 전략이라기보다는 중장기적인 경쟁의 성격을 띠는 것이었다. 그러나 시진핑 2기(2018~2022)에 들어서는 보다 공세적이고 적극적인 태도로 변화하였다. 세계 제2위의 경제대국으로 부상한 중국의 현실적인 위상을 인정해달라는 요구를 담았다. 미국과 동등한 대우를 요구하는 '신형 강대국관계', 국제정치에서 보다 공평한 질서 수립을 요구하는 '신형국제관계론'을 제기하였다. 더 나아가 미국중심의 기존 국제제도와 질서를 변경하려는 의지 역시 내비쳤다. 대만 통일에 유리한 환경 조성을 위해 미국으로부터의 핵심이익에 대한 존중을 획득하려는 시도로 '살

라미 전술'도 전개하였다. 점차 대만을 국제적으로 고립시키고 대만은 오직 중국과의 관계를 통해 경제를 운용하고 이익을 추구하도록 유도하였다.

2018년 트럼프 행정부의 대중 무역공세가 가시화되었을 때, 중국의 초창기 대미 전략은 대체로 정면으로 충돌하기보다는 트럼프 정부의 공세에 대해 상응하는 대응(Tit-for-Tat)을 추구한 것으로 이해할 수 있다. 중국은 여전히 미국에 비해 군사력을 포함한 종합적인 국가역량에서 뒤떨어져 있고, 점진적인 대미관계의 변화가 중국의 부상에 유리하기 때문이다. 시진핑 체제에서 점차 저하되는 경제성장률, 점증하는 미국의 압박, 권위주의 체제 유지에 필요한 민족주의 강화 등 중국 내외부 요인에 의해 공세적 대외전략과 민족주의의 과도한 팽창이 부각되기 시작하였다.

중국의 강국화 전략의 핵심에는 '일대일로 구상'이 있다. 이는 중국 중심의 글로벌 자유무역지대 건설 전략이라 할 수 있다. 미국에 군사적으로나 외교적으로 열세인 중국은 이에 직접적으로 대항하기보다는 자신의 강점인 풍부한 외자를 활용한 인프라 구축을 통해 세계적으로 영향력을 확대해 나간다는 전략을 수립하였다. 미중 무역갈등이 본격화되기 이전인 2013년 경부터 중국은 육상과 해상을 모두 연결하는 글로벌 차원의 새로운 가치사슬 구축 전략에 들어갔다. 일대일로의 해외진출 전략(走出去)과 [중국제조 2025]에서 추진하는 해외기업 유치(引進來)를 연계하여 산업고도화와 동시에 중국 내 공급과잉 문제를 동시에 해결한다는 전략이다. 2019년 말 현재 중국은 136개국, 30개 국제조직과 일대일로 협력으로 연결되어 있다.2) 일대일로 연선국가들을 기반으로 "중국 주도의 글로벌 가치사슬을 구축"한다는 구상을 실천에 옮겼다. 한 예로, 코로나 바이러스가 한창인 2020년 3~4월 경, 세계 거의 모든 국가들의 인적/물적 교류가 거의 중단되었을 때도, 중국-유럽 간 열차 화물량과 일대일로 연선 국가들과의 교역량은 오히려 확대되었다.

2015년 일대일로 자금을 확충하기 위한 설립한 아시아인프라투자은행

(AIIB)은 미국과 일본이 정면으로 반대하였음에도 성공적으로 실현하였다. 이러한 중국의 일대일로 구상에 대하여 미국은 대단히 비판적이다. 중국이 합법/불법 가리지 않고 절취한 기술로 국내에서 성장, 이를 바탕으로 해외로 진출하겠다는 전략으로서 미국과 세계 기술 및 지적재산권을 위협한다는 것이다.[3] 스리랑카의 부채 문제를 예를 들어, 일대일로 자금지원을 받는 국가들을 부채의 덫에 빠지게 하는 '채무외교(debt diplomacy)'라고 평가 절하하였다. 중국 자체의 평가로는 세계 물류성과지수가 크게 개선되어 일대일로 구상이 세계의 무역발전에 일정한 성과가 있다는 것이다. 일대일로 연선국가들의 GDP중 대중국 수입량 증가, 중국 FDI 의존도가 높게 형성되고 있다. 중국은 현재, 동쪽으로부터 오는 미국의 압력에 대응하여, 직접 충돌보다는 서진전략을 택해 중앙아시아, 남태평양, 중동, 동유럽, 서유럽, 아프리카, 남아메리카, 북극해 등지로 일대일로 협력을 확대해 나가고 있다.

　중국의 '일대일로' 구상에 대응하여 미국 트럼프 행정부는 '인도태평양전략'을 제시하였다. '인도태평양전략'이란 개념은 미국에 저작권이 있는 것은 아니다. 인도태평양을 묶는 전략 사고는 이미 인도, 호주, 일본에서 제시한 바 있다. 그러나 국제정치적으로 이를 유의미하게 추진한 나라는 일본이었다. 중국이 급속히 부상하는 데 따른 압박감을 해소하고자 일본 아베 수상은 오바마 행정부 시절에 이미 미국-일본-호주-인도(QUAD)를 엮어 유대를 강화하는 인도태평양 구상을 제시한 바 있다. 당시 인도는 물론이고 미국 오바마 행정부조차도 그리 적극적이진 않았다. 중국을 노골적 대상으로 하는 정책이 부담스러웠기 때문이다.

　오바마 시기의 '아시아태평양 재균형'정책을 지리적으로 확대하여 '인도태평양전략' 개념을 전면에 내세운 것은 미국 트럼프 행정부이다. 미국 매티스(James Mattis) 국방장관은 2018년 5월 30일 태평양 사령부를 인도태평양 사령부로 명칭을 변경하였다. 폼페이오(Mike Pompeo) 국무장관은 2018년 7월 30일 워싱턴 DC의 미국 상공회의소에서 열린 인도태평양 비즈니스 포럼에서 '인도태평양 경제전략 구상'을 발표하였다. 인도태평양 지역에 기술과 에너지, 사회기반시설 등을 중심으로 1억 1,350만 달러를 투입하는 신규 투자계획을 발표하였다. 중국이 1조 달러를 들여 추진 중인 '일대일로' 프로젝트에 비하면 미미한 액수에 불과하지만 '맞불' 정책을 본격적으로 구체화하기 시작한 것이다. 미국 부통령 마이크 펜스는 2018년 10월 허드슨 연구소에서 미국의 대중정책에 대한 중요한 연설을 하였다.[4] 이 연설은 미중관계를 새로운 냉전 세계로 이끌어 들이는 대문을 활짝 여는 것과 같은 느낌이었다. 펜스는 중국을 노골적으로 '적'으로 규정하였다. 중국이 조지 오웰의 소설 1984년의 세계, 동물농장에서 그린 통제국가를 만들 계획이라고 맹비난하였다.

2019년 6월 1일 국방부가 발간한 보고서는 "자유롭고 개방된 인도태평양 비전"의 목표를 명백하게 제시하였다. 보고서는 공산당이 지배하는 중국이 그들의 이익을 위해 군사력, 영향력, 약탈적 경제를 지렛대 삼아 기존 국제질서를 타파하고자 하는 존재라고 명백히 규정하였다. 중국은 단기적으로는 지역패권을, 장기적으로는 세계패권을 추구하고 있다고도 단정하였다. 지역의 위협인 중국을 견제하기 위해 미국은 압도적 군사력을 확보해야 한다는 것을 강조하고 있으며, 동맹국 및 파트너 국가들과 힘을 합쳐 일을 해야 한다고 제안하였다. 국방부 전략보고서의 함의는 첫째, 미국의 전방위적인(whole-of-government) 대중국 압박 강화 명시하였다. 둘째, 북한 문제와의 연계성 문제를 제기하였다. 동 보고서는 북한을 불량국가(rogue state)로 규정하고, 미중 갈등으로 인해 북한문제는 더 이상 미중 간 협력 사안이 아닐 개연성이 증대하고 있다고 지적하였다. 셋째, 대만문제가 부각되었다. 대만을 마치 국가로 언급하여 하나의 중국 원칙을 부정하는 듯한 인상을 안겨주어 큰 주목을 받았다.[5] 중국의 핵심이익을 존중할 의사가 없음을 공개적으로 천명한 것이라면 향후 미중 간의 군사적 충돌 가능성마저도 전제할 수 있는 중대한 정책의 전환이었다. 바이든 행정부 시기에도 이 정책이 유지된다면 미중은 신냉전으로 들어간다는 명백한 신호가 될 것이다.

2019년 11월 4일 국무부 역시 "자유롭고 개방된 인도태평양" 보고서를 발간하였다.[6] 이는 폼페이오 국무장관이 2018년 7월 30일 워싱턴 DC의 미국 상공회의소에서 열린 인도태평양 비즈니스 포럼에서 발표한 내용을 보다 구체화하면서 향후 미국의 대중 외교의 지침 역할을 할 것으로 보인다. 이 보고서는 인도태평양 지역이 트럼프 정부의 정책 최우선 순위에 있음을 명시하였다. 미국은 다른 국가들과 자유롭고, 공정하며, 상호주의적인 무역 정책과 개방된 투자환경, 좋은 Governance, 항행의 자유 등의 목표를 공유하고 있다고 선언하였다. 중국을 직접 지칭하지는 않았지만, 미국이 권위주의적이고 질서 도전적인 국가(중국)의 야심에 대항하여 추구하는 가치를 네 가지로 정리하였다. 첫째, 모든 국가의 주권과 독립을 지지한다. 둘째, 분쟁의 평화적 해결한다. 셋째, 개방된 투자, 투명한 계약, 연계성에 기초하여 자유롭고, 공정하며, 상호적인 무역을 지지한다. 넷째, 항해와 항공의 자유

표 2.1 미중 전략경쟁 비교

	미국	중국
국제적 지위	패권국	패권 도전국
대응전략	인도태평양전략	일대일로 구상
경제 압박 수단	• 관세, 5G, AI 등 첨단 기술 공급망 차단 • 경제번영네트워크(EPN) 구성	• 쌍순환 전략 • RCEP, 한중일 FTA 등 지역경제협력
군사안보 압박 수단	• Pacific Military Initiative • 중거리 탄도미사일 근접 배치	A2AD (반접근 거부전략)
외교적 압박 수단	QUAD plus	전랑외교
이념적 공세	중국 공산당, 권위주의 비판	미국 독단주의 비판
핵심 이슈 영역	대만의 국가성 인정	필리핀 회유

를 포함한 국제법을 준수한다.

국무부가 2020년 11월 발간한 최근 보고서를[7] 포함한 트럼프 행정부 시기 미국의 보고서와 정책들은 그 뉘앙스의 차이에도 불구하고 중국과의 전략적 경쟁이 불가피하다는 것을 분명하게 보여주고 있다. 중국이 점차 영향력을 강화하고 있던 공간에 대해 새로운 맞불 공세를 가하고 있다. 중국에 대한 대적개념의 강도도 점차 강해지는 추세이다. 특히 2020년 국무부의 보고서는 아주 구체적으로 중국의 일대일로 구상을 겨냥하면서 대응책을 제시하고 있다. 트럼프의 적대적인 대중 정책은 이미 언급한 바대로 트럼프 자신의 구상만은 아니다. 미국의 중국 부상에 대한 무기력함과 분노를 반영하면서 현재 미국 조야가 모두 지지하는 정책이 되었다. 미국 내 여론조사는 70%이상의 미국민들이 적대적 대중정책을 지지하고 있음을 보여준다. 바이든 행정부가 새로운 대중정책을 수립한다 할지라도 중국과의 장기적인 갈등과 경쟁을 전제한 정책을 추진할 것이라는 것은 자명해 보인다.

2. 2020년의 중국외교

1) 코로나19 발발과 중국의 대응

중국 시진핑은 이미 2019년 4월부터, 그리고 9월 중앙당교 연설을 통해 현재 세계는 100년만의 대변혁기이며, 대단히 불안정하고 혼돈스러운 시기라는 정세인식을 드러낸 바 있다. 서구 중심의 국제질서가 크게 흔들리고 있다는 것이다. 이는 어려움도 수반하지만 중국에게는 미국을 추월할 전략적 기회의 시기로 평가하고 있다.[8] 이 혼란스러운 시기 중국외교가 2020년 직면한 최대의 도전은 코로나19(COVID-19)의 발생이었다.[9] 중국의 초기 코로나바이러스 대응 방식은 중국 내는 물론이고 세계적인 비난의 대상이 되었다. 중국의 체르노빌(Chernobyl)로 묘사되기도 하였다. 사회주의의 체제적인 문제가 잘 드러난 폐쇄적 정보운용, 권위주의 체제의 특성으로 인한 문제 감추기로 초기 상황인식 실패, 사후 경직된 대응 등이 비난받았다. 중국의 낙후된 의료체계와 실태도 여실히 보여주었다. 미국 상무장관 로스(Wilbur Ross)가 지적한 바대로 코로나바이러스 사태는 중국에 의존하는 경제가치 사슬에 또 다른 리스크가 존재한다는 것을 부각시켰다. 미국은 세계 가치사슬에서 마치 중국을 완전히 축출할 것처럼 압박하였다. 미국 이외의 서구 주요 국가들과 일본, 호주 등이 이에 점차 동참할 것으로 보였다. 그러나 그런 일은 발생하지 않았다. 가장 먼저 중국 때리기를 시도한 호주는 상당한 곤경에 빠져있다.

코로나19 초기 단계를 지나면서 중국은 코로나19 방역에 빠르게 성공하였다. 지난 2020년 9월 8일 시진핑 중국 국가주석은 코로나19와의 전쟁에서 사실상 승리를 거뒀다고 선언했다.[10] 중국의 권위주의 통제모델이 지닌 장점과 효과성이 오히려 부각되었다. 중국이 1,000만 명에 달하는 우한시 전체를 효과적으로 봉쇄할 수 있었다는 것, 중국 전역으로 확산되는 것을 막을 수 있었던 점, 식료품 등 기초 생활자재의 수급이 이뤄졌다는 점, 우한시에 폭동이나 정치적 소요가 발생하지 않고 안정을 유지했다는 점은 또 달리 주목할 점이다. 중국은 코로나19에 대응하는 과정에서 세계 제4차 산업혁명의 성과를 가장 잘 활용한 국가이기도 하였다. 중국은 2020년도에 세계 주요 경제국 가운데 유일하게 플러스 경제성장을 하는 국가가 되었다.

시진핑 주석은 코로나-19로 인해 타격받은 중국의 이미지를 쇄신하기 위해서 방역물품을 세계로 공급하는 '매력외교'를 펼쳤다. 보건 및 의료 분야에 대한 지원 및 수출을 확대하고, '일대일로' 공동건설이라는 명목으로 '건강 실크로드', '녹색 실크로드', '디지털 실크로드' 등을 추진하였다. 중국은 미국의 힘과 영향력을 약화시키고자 의도적으로 유엔에 힘을 실어주면서, 2020년 9월 22일 UN 사무총장 구스테흐와 화상통화에서 유엔을 존중하고, 코로나 백신이 개발되면 이를 세계의 공공재로 사용하겠다는 의사를 표명하였다. 코로나의 재앙이 확산되는 상황에서 세계 최대의 제조업 국가인 중국에 이 세계가 얼마나 의존적일 수밖에 없는지를 역설적으로 보여주었다. 미국은 과거와 달리 세계적인 리더십은커녕 코로나의 가장 큰 피해자가 되었다 (표2.2). 중국 방역마스크의 질 문제가 대두되었음에도 세계 대부분의 국가들은 중국제를 쓸 수밖에 없었다. 필리핀의 두테르테 대통령은 자신들의 남중국해 해양주권을 포기하면서까지 중국에 방역물품 지원을 요청하였다. 세계가 사용한 방역 마스크의 40%, 미국 사용 마스크의 90%가 중국제였다.

이 시기 중국의 대미 외교 입장을 보여주는 가장 중요한 문건은 2020년 8월 7일 중국 중앙외사공작위원회 판공실 주임이자 정치국원인 양제츠와 국무위원겸 외교부장인 왕이가 신화사에 게재한 글이다.[11] 양제츠는 미중 관계의 역사를 들어 다음 네 가지를 지적하였다. 첫째, 미중은 서로 다른 제도적 차이를 존중한다는 인식하에 세워졌다. 둘째, 미중 경제적 교류는 쌍방의 이익이다. 셋째, 중국의 발전권을 박탈하려는 시도는 성공할 수 없다. 넷째, 중국의 핵심이익을 존중하라. 비슷한 시기에 발표한 왕이 부장의 글

표 2.2 주요국 코로나19 대응 상황

국가	확진자	사망자	완치	사망 (%)	완치 (%)	발생률 (백 만 명)	사망률 (백 만 명)
세계	47,317,800	1,211,241	34,032,911	2.56	71.9	60.70	1.55
미국	9,567,543	236,997	6,171,402	2.48	64.5	288.47	7.15
중국	86,070	4,634	81,045	5.38	94.2	0.60	0.03
한국	26,807	472	24,510	1.76	91.4	5.23	0.09

출처: https://www.worldometers.info/coronavirus/ (검색일: 2020.11.3.). 트럼프 자신마저 2020년 9월 30일에 감염.

역시 현재가 미중관계가 가장 엄중한 국면이라 진단하면서 미중관계 관리를 위한 다음 네 가지 사안을 제안하였다. 첫째, 서로 간에 마지노선을 정하여 충돌을 피한다. 둘째, 미국이 중국을 개조할 수 있다는 환상을 버려야 한다. 셋째, 디커플링을 추구하지 않는다. 넷째, 제로섬 게임 태도를 버리고, 국제사회에서 미중이 공동 책임을 진다. 이는 중국의 가장 권위 있는 입장으로 미중 간의 차이를 서로 인정하고, 미중이 공동으로 협력적으로 국제사회의 문제에 대처하자는 주장이다. 동시에 미국의 어떠한 압력에도 중국은 굴복하지 않으리라는 메시지를 담고 있다. 왕이부장은 실제 7월 28일 프랑스 외교부 장관과의 전화통화에서 미국의 태도에 대해 미국의 행동은 이미 국가 간 교류에 있어서 최소한의 예의나 국제 규범의 기본 마지노선마저 벗어난 적나라한 강권정치를 자행하고 있고 무도한 횡포를 부리고 있다고 비난하였다.[12]

확산되는 코로나 앞에서 속수무책이었던 국제사회는 결국 중국의 지원을 받아들일 수밖에 없었다. 중국은 2020년 9월 현재 세계 126개국에 방역지원을 하였다. 코로나19가 기승을 부리던 3~4월경에 방역물자를 실을 중국-유럽편 열차 운행은 더 활발하게 오갔다. 세르비아, 이태리, 필리핀 등의 지도자들은 중국의 도움에 찬사를 보냈다. 중국은 그 밖에도 동유럽 국가들과의 협력체인 17+1, 상해 협력기구, 10 태평양 도서국과의 협력, 그 밖에 중국이 주도하는 아프리카, 아시아 등지에서의 코로나 방역에 큰 도움을 주었다. 코로나는 그렇게 공고해보였던 미국 트럼프 대통령의 재선을 막을 정도로 강력한 재앙이었지만, 중국에게는 국제무대에서 소프트 파워를 증진시키는 절호의 기회를 제공하였다. 미국 리더십의 부재상황을 적절하게 파고드는 중국에 비해 미국 트럼프의 무기력한 대응과 고립은 크게 대비되는 효과를 보여주었다.[13] 코로나로 인해 '신냉전'이란 표현이 자연스레 회자될 정도로 미중 상호 간의 불신은 극대화되었다.[14]

중국의 입장에서 보자면, 코로나19 사태는 미국의 대중국 공세적인 전략의도를 분명히 보여주었다. 동시에 미국 트럼프 행정부가 국제는 물론 국내도 리더십을 발휘하기 어렵다는 약점을 여실히 드러내었다. 중국외교의 대미 자율성과 자신감은 크게 제고되었다. 동 기간 트럼프의 제재와 압박에도 불구하고, 중국의 대미국 무역량은 증가하였고, 미국의 대미적자도 오히려 증가하였다. 미국의 금융가들은 코로나의 경제적 타격으로 초저금리 상태인 미국과 서방 대신 중국에 대한 투자를 강화하였다. 결국 시장의 힘이 '전략'을 이긴 것이고, 중국의 자신감은 크게 제고되었다.

중국 국무원은 2020년 정부공작보고에서 '일대일로'를 통한 개혁개방 확대를 선언하였다.[15] 2020년 5월 22일, 리커창 중국 국무원 총리는 '보고'에서 개혁개방의 중요한 걸음을 딛겠다면서, "일대일로 공동건설에 있어 새로운 성과를 획득하겠으며, 외국기업의 투자법 실시 조례 마련, 상하이 자유무역시험구 새로운 지역 증설, 외국무역 외자 안정화"를 직접 언급한 바 있다. 리커창 총리는 높은 질의 일대일로 공동건설을 추진을 선언, 시장원칙과 국제규칙에 준수하며, 기업 주도의 발전을 추진하며, 대외투자의 건강한 발전을 추구하겠다고 하였다. 중국은 미중 무역갈등과 포스트 코로나19에서 플랫폼으로서 일대일로 공동건설을 강화할 것으로 보인다. '일대일로 국제협력고위급포럼'을 포함해 미국을 제외한 유럽, 동아시아, 브릭스 등의 지역 내에서 다양한 다자협력플랫폼으로 중국의 역할을 더 확대해 나가려 할 것이다.

2020년 1분기에 중국의 일대일로에 대한 투자는 증가 추세를 유지하였다. 그 추세는 미중 전략경쟁과 코로나19에도 불구하고 멈추지 않았다. 중국 국영기업은 일대일로 연선 52개 국가 비금융영역에 42억 달러를 직접 투자했고, 이는 동기대비 11.7% 증가한 것이었다. 중국 해관총서에 따르면, 금년 1분기 중국 대외무역 수출입 전체는 모두 하락 추세였는데 반해, 중국의 일대일로 연선국가와의 대외무역 수출입 증가세는 유지되어 총 무역액 7.07조 위안, 동기대비 3.2% 증가하였다. 이는 중국 전체 대외무역 증가율과 비교해 9.6%p 높은 수치이자, 전체에서 31.4% 비중을 차지하였다. 2020년 1분기 중국-유럽 블록트레인 물동량도 증가세로 4월에는 역대 물동량 최고 기록을 갱신하였다.[16] 코로나-19로 세계적으로 공항과 항만의 폐쇄 조치가 이어지는 가운데 중국은 일대일로의 상징인 중국-유럽 대륙 철도를 통해 보건 및 방역 분야 물류량을 확대하였다. 2020년 1분기, 중국~유럽 블록트레인의 경우 1,941렬 발차하며 동기대비 15% 높은 수치를 기록, 화물 물동량은 17.4만 TEU로 동기대비 18% 증가하였다.[17]

미중 간의 경제력 격차도 더 빠르게 줄어들었다. 앞서 세계은행 부행장을 역임한 린이푸 베이징대 교수는 베이징대 강연에서 "앞으로 10년간 중국이 5~6%의 성장을 이어간다면 2030년께 미국을 추월할 것"이라고 예상한 바 있다. IMF는 2030년 이전에 중국의 경제 규모가 미국을 추월할 것이라 예측하였다. 유사하게 중국의 가장 핵심적인 경제분석기관인 국무원 발전연구센터 역시 중국이 오는 2032년 미국을 제치고 세계 최대 경제대국으로 부상할 것이라는 전망을 내놓았다. 연구센터는 "중국의 세계경제 점유율은 2019년 16.2%에서 2025년 18.1%로 상승하는 반면 같은 기간 미국은 24.1%에서 21.9%로 낮아질 것"이라고 예상했다. 아울러 2032년께 중국은 미국을 제치고 최대 경제대국이 될 것이라고 전망했다.[18]

중국 국무원 산하 싱크탱크인 중국사회과학원이 "중국이 향후 5년간 적대적 대외환경에 맞서 국내 경제에 초점을 맞춰야 한다"고 제안했다.[19] 황췬후이(黃群慧) 등 중국사회과학원 연구진은 학술지 '경제학 동태'에 최근 발표한 "5개년 계획의 역사적 경험과 '14·5계획'의 지도사상 연구 보고서"를 통해 "향후 5년간 중국이 지난 100년간 보지 못한 주요 변화가 발생할 것"이라고 전망했다. 또 "강대국간 전략게임이 강화하고 국제질서가 재편되면서 향후 5년간 중국의 부상을 도왔던 세계화된 경제가 급변할 것에 적응해야 한다"고 밝혔다.

코로나19를 계기로 미중 협력 체제를 구축되는 대신 미중 간의 갈등은 감정적인 차원에서 이념과 체제 영역의 갈등으로 확대되었다. 중국의 입장에서는 국제적 영향력의 확산과 동시에 미중 경제력 격차 축소라는 성과를 거두었다. 이에 대해 미국은 중국의 핵심이익 영역이라 선포한 대만을 마치 하나의 국가인 것처럼 지원하고 나서면서 전선을 확대하였다. 미중 양국 간의 군사적 충돌이 언제든 가능할 것처럼 고조되었다. 물론 미중 양측이 당장 실제 군사행동에 나서거나 그럴 의지를 가지고 있는 것은 아니다.

2020년 5월 정치국 회의의 결정을 반영하면서 개최된 전국인대 3중전회에서 중국은 미중 전략경쟁의 불가피성을 인식하고 장기적인 대비에 돌입하였다. 중국은 지난 30여 년간 해외 시장 개척을 중심으로 한 전략(走出去)으로 크게 성공하였다. 이제 미국의 탈동조화 압력에 대응하기 위해 국내 소비시장을 중심으로 전략 기술 자립화 집중, 내부적 안정성 중시, 해외 시장을 보조로 한 전략으로 전환한다는 것이다. 7월 30일 정치국 회의에서는 현 국면을 '장기전'으로 규정지었다. 그리고 10월 개최된 19차 당대회 5중전회에서는 경제적 대응전략으로서 '쌍순환'이란 개념을 5개년 경제발전 계획에서 구체화하였다. 결국 그 핵심 내용은 미국으로부터의 의존성을 크게 줄이고 자립하겠다는 것이다.[20] 2035년까지 홍색공급망을 완성하고,

표 2.3 미중 경제성장률 전망

지역	2019년	2020년	2021년	2020~2019년
세계	2.8	−4.4	5.2	−7.2
선진국	1.7	−5.8	3.9	−7.5
미국	2.2	−4.3	3.1	−6.5
중국	6.1	1.9	8.2	−4.2
한국	2.0	−1.9	2.9	−3.9

출처: IMF (2020.10.20). https://www.imf.org/external/datamapper/NGDP_RPCH@WEO/OEMDC/ADVEC/WEOWORLD 2020년 유로지역 −7.3, 일본 −6.2 성장 (KIEP 2020 전망)

2050년에 3만 달러의 국민소득 시대를 달성한다는 목표를 세웠다. 한 가지 주목할 것은 이 쌍순환 전략의 성공은 아마도 동아시아 특히 한국과의 협력, 그리고 일본을 얼마나 포용하느냐에 달려 있다. 미국 중심의 국제질서에서 이들이 지닌 전략적 가치뿐만 아니라 중국이 현재 필요로 하는 반도체와 같은 가장 중요한 산업 기술들을 지니고 있기 때문이다.

2) 공세적인 중국외교

코로나19 갈등과정에서 중국은 자신들의 생존이 미국과의 관계에 굳이 달려 있지 않다는 생각이 강화되었다. 그리고 미국은 중국의 생존을 결정할 역량은 부재하다는 점도 동시에 드러내었다. 중국내 미국의 기업들은 트럼프 정부의 강력한 탈중국화 요구에도 불구하고 80%이상이 중국을 빠져나갈 생각이 없다고 답하였다. 여기에는 세계적인 다국적 기업인 애플과 테슬라가 포함되어 있다. 이들은 미래의 수요와 시장이 중국에 있다는 것을 잘 알고 있기 때문이다. 이에 대해 트럼프는 공급라인을 장악하고 최대한 중국을 압박하면서 그 양보/굴복을 받아내려 하고 있다. 그러나 중국의 대응을 보자면 전혀 굴복할 생각이 없어 보인다. 중국은 전 세계적인 차원에서 '전랑외교'라 부르는 매력외교를 적극 전개하였다. 물론 국제사회는 반드시 이를 긍정적으로만 인식한 것은 아니었다. 세계는 오히려 중국외교가 얼마나 공세적으로 나올 수 있는지를 동시에 경험하였다.

세계는 점차 미중관계가 장기적 대결 체제 혹은 신냉전의 국면으로 접어들과 있다는 생각을 하기 시작했다. 미국의 '중국 대 나머지 세계의 대립 구도'와 중국의 '다극화 전략'이 충돌하고 있다. 즉 미국의 합종 정책과 중국의 연횡정책이 충돌하고 있다. 지정학적으로 미국의 '인도태평양' 전략과 중국의 일대일로 전략이 충돌하고, 외교안보적으로 미국의 태평양안보구상 (Pacific Security Initiative)과 중국의 반접근 지역거부(A2AD) 전략이 충돌하고, 경제적으로는 미국의 경제번영 네트워크 구상과 중국의 일대일로와 결합한 지역경제협력 전략들이 맞서고 있다. 안보·전략·과학·기술 등 모든 분야에서의 미중 간에 갈등과 경쟁이 심화되고 있는 것이다.

코로나19사태로 미중 간의 대립이 더욱 고조되고 불가피해지자 중국외교는 탈동조화의 추이 속에서 독자 강국화 노선을 추구하였다. 거침이 없어졌다. 미국을 비롯한 서방 세계의 반발에도 불구하고 홍콩 보안법을 통과시켜 일국양제에서 '일국'노선을 강화하는 조치를 취하였다. 이는 중국의 주권확보, 서방에 이용될 등에의 사전 제거, 대내 결집 효과 등을 노린 것이었다. 홍콩이 과거와 달리 중국의 경제와 금융에서 차지하는 비중이 현저히 약화된 것도 이러한 정책을 추진할 수 있는 공간을 제공하였다. 우려스런 것은 홍콩보안법 통과 이후 미국을 압박하여 중국이 남중국해, 대만 등지에서 국지적 군사적 마찰정책을 추구할 개연성도 더 커지고 있다는 점이다. 이는 한반도 안보 정세에도 크게 악영향을 줄 것이다.

중국은 이제 미국과의 관계에서 점차 벗어나면서 일대일로 연선 국가들, 동남아시아, 동유럽 및 서유럽 일부 국가, 아프리카로 연결되는 '동반자'의 축을 구축하려 하고 있다. 중동과 같은 지역에서도 미국의 공백을 틈타 더 적극적으로 지역 전략을 모색·전개할 개연성이 커지고 있다. 중국은 향후 미국을 대체하여 더 적극적인 '한반도 안정화 방안'을 제시하고 나올 개연성도 존재한다. 현재로서는 중국 주도의 지역가치사슬을 구현하고자 한중일 FTA를 적극 추진하고 있다. 그간 오랜 세월 중국이 구축하려고 했던 '역내 포괄적 경제 동반자 협정(RCEP: Regional Comprehensive Economic Partnership)'을 11월에 일본을 포함한 15개국과 더불어 타결하였다. 다극화 전략의 가속화속에 아직도 지역 다자경제협력에 동참하기를 주저하는 미국에 대해 선수를 친 셈이다.

3. 2021년 바이든 행정부의 등장과 중국외교

1) 바이든 행정부의 등장

중국외교에서 가장 중요한 양자관계는 당연히 미국과의 관계이다. 미국 대
선 결과 바이든 행정부가 탄생했고 이들의 대외정책 정향, 특히 대중정책의
정향은 대단히 중요한 중국외교의 가늠자가 될 것이다. 당연히 트럼프 행정
부의 대중 정책에 대한 전면적 재검토가 이뤄질 것이다. 트럼프 행정부의
강압적이고 전면적인 대중 대결정책은 중국의 순응을 이끌어내는데 실패했
다고 보았다. 오히려 미국의 중국에 대한 레버리지는 더욱 약화되었다고 평
가한다. 미국의 무역적자, 대중의존도는 2019년 축소되었다가 2020년 다
시 증가하고 있다. 리쇼어링(reshoring)을 통한 미국제조업의 부활은 이뤄
지지 않고 있다. 미국 금융기관은 오히려 중국 자산(주식 및 채권)에 대한
투자를 계속 늘리고 있다. 글로벌 공급망(global supply chain)에서 중국
과 탈동조화(decoupling)도 진전이 잘 이뤄지지 않고 있다. 미국 우선주의
(America First)의 추진으로 동아시아와 유럽의 동맹들과 관계가 소원해졌
고 대중 전선은 크게 분열되어 있다.[21]

바이든의 대중 정책은 트럼프 시기보다 더 원칙에 충실하지만, 실행은
다양한 시나리오를 모색할 것으로 보인다. 많은 전문가들은 부정적인 미국
민의 대중 인식(70% 이상 부정적)과 세력전이라는 상황에 처해있다는 논리
로 바이든 정부시기에도 트럼프 정부의 대중정책 연속성이 강할 것으로 예
상한다. 그러나 예상보다는 그 대중정책의 진동 폭이 클 수도 있다. 바이든
행정부의 인사들은 이미 바이든의 대중 정책은 중국을 적으로 돌리는 정책
이 아니라 다만 전략적인 경쟁자로 인식한다는 점에서 근본적으로 다르다
고 주장한다. 경쟁을 하면서도 세계 기후변화, 질병, 테러, 핵확산 문제 등
에서는 상호 협력을 하겠다는 입장을 분명히 하고 있다. 미중 전략경제대화

(트럼프 행정부에서 포괄적 경제대화로 명칭 변경)도 재개할 가능성이 크다. 동맹국들의 지지와 참여가 저조한 클린 네트워크(clean network)나 경제번영네트워크(EPN)의 추진은 완화된 형태로 다자·제도주의적으로 접근할 가능성이 크다는게 일반적인 예상이다. 바이든 행정부의 대중정책의 보다 본질적인 문제는 대중압박에 대한 의지는 예상보다 더 강하지만, 이를 추진할 수단이나 자원은 예상보다 약하다는 괴리에 있다. 백악관 내 대중정책의 결집도 쉬워 보이지는 않는다.

국내의 많은 보수적 전문가들은 가급적 조속히 미국의 반중정책에 편승하면서 한미동맹에 대한 충성을 보여주는 것이 국익이라 주장하나 이는 잘못된 판단이다. 일본, 인도, 서유럽 국가 어느 국가도 중국을 적으로 규정하는 협약이나 동맹에 나서지 않고 있다. 호주가 우선적으로 나섰다가 그 대가를 단단히 치루고 있음은 반면교사이다. 바이든 정부는 새로운 대중 전략과 백악관 내 진용을 정비하는 데 상당한 시간이 걸릴 것으로 예상된다. 중국은 이 기간을 기회로 삼아 백악관 내 어느 세력이 더 자리 잡는 지에 따라 적극 로비에 들어갈 것이다. 바이든의 주요 지지층이 동서부의 주요 기업집단들이고 이들은 중국과의 전면적인 무역단절이나 충돌을 원하지 않는다. 미국의 다국적 기업들은 바이든 신정부에 기존의 대중 적대정책을 완화하도록 상당한 로비와 압박을 가할 것으로 보인다. 그 결과로 실제 많은 전문가들이 예상하는 트럼프 시절의 대중 압박정책의 연속성이 크게 무뎌질 개연성도 충분히 존재한다.

바이든 행정부는 단독으로 행동하는 대신, 동맹 및 우호적인 국가들과 '뜻을 같이하는 연대(coalitions of the willing)'를 구성하여 중국을 압박하려는 정책을 계속 추진할 것이다. 이들과 더불어 새로운 국제 질서를 위한 규범과 제도의 설립을 시도할 것이다. 중국의 쌍순환(双循环)에 대해 동맹들과 대응책 마련에도 부심할 것이다. 중국이 미국에 대한 의존도를 크게 줄이는 국내 대순환이 성공하면 미국의 대중 압박 수단이 사라지게 된다.

중국의 대미 무역 의존도도 점차 줄어들고 있다. 이미 중국의 전체 무역량에서 대미 무역의존도는 10% 미만에 불과하다.

중국에 대한 압박을 강화하기 위해서라도 바이든 행정부는 한미동맹을 상대적으로 더 중시할 것이다. 주한미군 분담금 문제 역시 보다 우호적으로 타결 하였다. 다만 그만큼 미국의 '중추적 이해당사국'으로서 한국은 미국의 전략적 이해에 부응하라는 증대된 요구에 직면할 것이다. 기존의 대북한 중심의 동맹에서 대중국 중심의 동맹으로 전환하라는 요구도 거세질 것이다. 중국에 대한 군사적 견제를 위해서는 중거리 탄도미사일의 한국 배치, 주한 미군 배치의 재조정 문제가 불거져 나올 수 있다. 이는 한미동맹이나 대중국 관계에서 폭발적인 갈등을 야기할 사안이다. 물론 트럼프보다는 바이든 시대에 이 문제들은 보다 신중하게 다뤄질 개연성이 크다. 북한에 대해서는 오바마 행정부의 '전략적 인내' 정책을 재연할 것이라는 관측도 강하지만, 당시와의 차이점도 주목할 필요가 있다. 북한의 핵미사일이 이미 미국을 위협할 정도로 고도화한 상황에서 미국은 더 이상 인내심을 발휘하면서 지체할 수는 없을 것이다. 바이든 행정부 내 이란 핵 협상이나 군축 전문가들이 많이 포진되어 있어서 보다 적극적으로 북한과 군축협상에 나설 개연성도 크다. 이는 새로이 대중정책을 지휘할 커트 캠벨의 주장이기도 하다. 이 경우 한국의 입장에서는 미국이 북한의 핵을 용인할 가능성에 대해 우려가 커진다.

2) 중국외교의 전략 방향

중국외교는 정권이 더 짧은 주기로 교체되는 자유민주주의 체제 국가들에 비해 더 연속성이 강하다. 최고 지도자의 교체가 보통 10년에 한번 꼴로 일어나기 때문이다. 더구나 시진핑 주석은 2번의 임기를 채운 2022년 제20차 당대회에서도 계속 정권을 유지할 개연성이 높다. 중국외교는 그간 개혁

개방 정책을 채택한 이래 독립자주외교 노선을 추구해왔다. 덩샤오핑에 의해 '도광양회'가 중국외교노선의 기본원칙으로 간주되었다가 시진핑 시기에 이르러 '분발유위'로 전환하였다. 이제 중국외교는 미국과 대등한 관계를 수립하고, 국제 질서를 자신의 이해에 맞추고자 적극 노력하는 국가가 되었으며, 2050년까지는 세계 최고 강대국의 반열에 오르기 위한 분명한 목표를 지니고 있다. 그 대전략으로 채택한 '일대일로'는 계속 추진될 것이다. 그리고 미중 전략경쟁 시대에 대응하여 채택한 '쌍순환' 경제전략과 '장기전' 인식은 지속될 것이다.

2021년 중국의 외교는 대단히 중차대한 기로에 서게 될 전망이다. 중국 공산당 창당 100주년으로서 '소강사회' 달성을 선포하는 해이다. 동시에 미국 대선에서 새로이 당선된 바이든 행정부의 대중 정책을 면밀히 관찰하면서 상응대응(tit-for-tat)전략을 추구할 것이다. 중국 지도부는 바이든의 미국이 보다 체계적으로 국제기구와 우방들을 활용하여 중국을 압박할 가능성에 대해 우려하고 있다. 기술냉전은 이미 현실화 되고 있다. 중국은 바이든 행정부가 백악관과 대중정책을 정비할 기간 동안 미국과의 관계를 관리하면서 최대한 시간을 벌어야하는 입장이다. 내부 경제체제를 정비하고, 국제적으로는 전 지구적인 동반자관계를 적극 발전시키면서 일대일로와 같은 실질적인 수단을 활용하여 조용히 자신들의 영향력을 확대하는 노력을 기울일 것이다. 특히 동아시아 국가들에 대한 접근을 강화할 것이다. 아시아 태평양 지역의 다자협력에 대해서도 적극적이다.

중국의 향후 외교 방향에 대해서는 중국외교의 수장인 양제츠가 지난 11월 30일 인민일보 기고문에서 엿볼 수 있다. 그는 추후 14차 5개년 계획시기(2021~2025)의 국제정세 전망과 중국외교의 방향에 대해 논하였다.[22] 세계는 100년 이래 대변혁의 시기를 맞이하고 있고, 이 불확실성과 불안정성속에서 중국은 이를 기회로 삼아야 한다고 하였다. "세계 다극화 추세는 가속화될 것이고, 세계 경제는 새로운 조정이 불가피하다. 이 과정에서 국제체계와 안보는 여러 어려움에 직면할 것이다. 이념 문제도 더 돌출될 것이다"라고 지적하였다. 여러 어려움에도 불구하고 평화와 발전이 시대정신이며, 다자주의로 가는 길목에 있다는 인식을 보여주었다. 중국외교는 "독립자주적 평화노선"에 입각해 인류운명공동체 건립과 상호 공영하는 개방전략을 추진하겠다고 천명하였다. 국제연합을 중심으로 하고, 다자주의를 발전시키면서 국제관계의 민주화를 추동하겠다는 것이다. 동시에 중국의 주권, 안보, 발전이익을 반드시 지키겠다는 의지도 드러내었다. 중국은 이제 세계질서를 능동적으로 바꿔나가고, 이 과정에서 자신의 핵심이익은 수호하겠다는 의지를 분명하게 드러내었다.

시진핑 주석은 그간 일본이 미국을 대신해 주도해오던 포괄적점진적 환태평양경제동반자협정(CPTPP)가입 의사도 내비치고 있다. 이는 그 성사 여부와 관계없이 중국이 자유주의 다자 무역질서에 더 적극적이고 개방적이란 사실을 널리 선전하는 것이다. 현재로서는 이러한 노력에 대응할 미국·시방·일본의 자유민주주의 연대는 갖춰져 있지 않다. 바이든 대통령은 2021년 내에 가치를 공유하는 국가들의 정상회의를 개최하여 역내 리더십을 구축하겠다는 의지를 드러내었다. 그러나 미일 간의 경제협력은 중국에 비하면 아직 대단히 미미한 수준에 머물러 있다. 미국의 정부부채 규모를 고려할 때, 미국은 실제 중국에 대응하여 자금을 지출할 여력이 없어 보인다. 이는 결국 역내 동맹국들과 우호국들에게 그 비용지불을 요청할 개연성이 크다.

미국으로서는 중국의 공세적 외교에 대응할 가장 중요한 수단은 지역 내 군사적 우위를 명백히 확보하는 것이다. 인도·태평양 전략은 향후 보다 구체적인 군사·안보 전략으로 전환되어 중국을 압박할 개연성이 커지고 있다. 미 서태평양 지역에서의 지정학적 경쟁은 불가피하다는 인식이다. 미국은 중국의 지역거부 전략에 대한 군사적 대응책을 가속화하고 있다. 당장 2021년은 아니겠지만 아마도 수년 내에 중거리 탄도미사일의 서태평양 배

치 계획이 공론화될 개연성도 충분히 존재한다. 중국외교는 이를 방지하는
데 집중할 것이다. 실제 이러한 일이 발생할 경우, 동아시아·서태평양 지역
은 극도의 갈등과 긴장 상황에 휩싸이게 될 것이다. 중국발 제2의 쿠바 미
사일 위기가 발생할 개연성도 무시할 수 없다.

  미중 전략경쟁이 강화되는 상황에서 중국은 향후 동아시아에서는 강압
적인 외교보다는 포용에 기초한 유인과 접근 전략을 유지할 것으로 판단된
다. 이는 서구에서 '전랑외교'로 명명한 공세적인 외교와는 다른 형태이다.
동아시아 지역에서의 강압적인 방식은 역효과를 낳는다는 것이 '대만에 대
한 군사적 위협'이나, 한국에 대한 '사드보복'에서 명백히 드러났다. 다만,
중국외교에 있어 '보복' 개념은 분명하다. 중국에 적대적인 국가나 불이익
을 주는 국가에 대해서는 이에 상응하는 대응을 하겠다는 민낯을 보여주는
데 이제는 결코 주저하지 않는다. 최근 호주에 대한 중국의 무역 보복을 보
자면 대단히 직접적이고, 집요하며, 정교하다.

4. 국제정치질서의 지속성과 연속성

현 미중 전략경쟁 상황은 기존의 규범, 관행, 원칙에 입각해서는 예측하거
나 설명할 수 없는 현상들이 광범위하게 나타나는 패러다임의 변화로 해석
해야 한다. 하영선 교수의 표현에 따르자면 '운명사적 변환기'이다.[23] 미중
전략경쟁이 본격화되면서 20세기 말 이후 탈냉전과 세계화의 추세 속에서
급격히 영향력이 감소하던 지정학의 부활 현상이 명확해지고 있다. 현재 미
중을 제외한 세계의 나머지 국가들은 주변화하거나 미중 전략경쟁에 끼인
중간국의 처지에서 선택의 압박에 내 몰리고 있다. 대부분의 국가들은 신중
한 관망 속 각자도생의 대안모색을 추구하는 정책을 유지하고 있다.

  현재 진행되고 있는 미중 전략경쟁은 4차 산업혁명 분야와 같은 전략적

기술 산업부문에서는 세계적인 차원에서의 가치 사슬을 해체하고, 지역적인 가치사슬로 재편하는 추세를 강화할 것으로 보인다. 바이든 행정부에서 중국과 지구적인 공공재에 대해서는 협력을 할 수 있다고 하지만, 과학기술 영역에서만큼은 탈동조화(decoupling)를 강하게 시도할 것이다. 미중은 다같이 이의 불가피성을 인정하는 듯이 보인다. 중국은 향후 국가의 전력을 기울여 기술자립 정책을 추구할 것이다. 이 기술 과학전쟁에 한국은 끼인 중간국이 된다. 다만 다소 위안이 되는 것은 바이든 시대에 미중이 기존 냉전과 같이 완전에 가깝게 세계를 분할하는 것은 불가능하다는 것을 잘 인식하고 있다는 점이다. 핵무기 시대, 미중의 군사력과 그 규모는 열전의 시대로 들어가는 것을 억제할 것이다.

바이든의 등장은 국제정치에 보다 예측 가능한 안정성이 증가할 것이라는 기대치를 높여주고 있다. 그럼에도 불구하고 미국 국내정치의 혼란상과 이미 트럼프 시대에 확대된 상호 불신으로 인하여 그 실현 가능성은 여전히 미지수이다. 미국 의회의 ‘미중 워킹그룹’ 공동의장인 릭 라슨 의원의 말을 빌리자면, 미국 의회 내에도 대중 처벌주의자. 탈동조주의자, 협력 모색주의자들이 공존한다고 한다.[24] 이들 사이에 대중 정책에 대한 방법과 목표에 대한 공감이 아직 이뤄지지 않고 있다. 그럼에도 불구하고, 분명한 것은 바이든 정부와 미국 의회는 중국에 대해 ‘가치’ 및 ‘인권’의 문제에 대해 집요하게 문제 제기할 것이다. 기술경쟁도 더욱 심화될 것이란 점이다. 이는 바이든 시대 미중관계가 더욱 접점이 얇아질 수도 있다는 것을 의미한다. 대만문제는 대단히 폭발성이 강하다.

미중 전략경쟁 시대에 동아시아에 대한 시나리오에서 북한은 중국의 완충지대이자 안전판이고, 한국은 중국이 반드시 타개해야 할 린치핀(lynchpin)이 될 것이다. 한국이 노골적으로 반중전선에 서지 않은 한 당분간 중국은 한국과의 관계를 개선하기 위한 노력을 지속할 것이다. 미국이 한국 내에 중거리 탄도미사일을 배치하려한다면, 한중관계나 한미관계 모두 파탄으로 이르는 전환점이 될 수 있다. 중국은 일본과의 관계도 개선을 위한 노력도 지속할 것이다. 일본은 중국이 필요로 하는 기술을 보유하고 있고, 미국 태평양 지역 영향력의 보루이다. 일본 역시 국제정세의 변화에 대단히 민감하게 반응하고 있어서 중국을 적대적으로 대하는 모양새를 갖추지 않으려 대단히 노력하고 있다. 특히 2021년 중반에 도쿄올림픽을 개최하려 하는 일본의 입장에서는 중국의 관계에 신중하다. 이는 최근 중국 화웨이에 대한 '클린 보안네트워크'를 구성하자는 미국의 제안을 '특정 대상'을 적으로 하는 국제연대에는 참여할 수 없다는 이유로 불참한데서 잘 알 수 있다. 다만, 중기적으로 동아시아는 여전히 불안정하고, 불확실하다. 미중은 미중 전략경쟁의 최종 목적지에 대한 정리된 전략이나 공감대가 없는 실정이다.

우리는 변화하고 있는 미중관계와 그 불확실성에 모두 대비해야 한다. 상수는 이제 미중 전략경쟁의 시대라는 것이다. 바이든 역시 중국의 빠른 부상과 영향력 확대를 견제하려 할 것이다. 트럼프처럼 요란하지는 않지만, 동맹과 우방국들의 힘을 결집하고, 다자주의적이고 규범적으로 중국을 더욱 옥죄이려 할 것이다. 또 다른 상수는 미중 전략경쟁의 시기에 북한은 핵 역량을 결코 포기하지 않으려 할 것이라는 점이다. 세 번째 주목할 점은 이 미중 전략경쟁의 세계가 기존의 냉전과는 다르다는 점이다. 미중 어느 누구도 세계를 양분할 정도로 충분한 정치, 이데올로기, 경제 역량을 구비하고 있지 않다. 미중은 설사 냉전적 인식과 대결 의지를 지니고 있다 할지라도 세계의 나머지 국가들은 이러한 구도에 흔쾌히 몰입하고 싶어 하지 않는다. 다시 과거의 미국 패권에 기초한 자유주의 국제질서로 돌아가기는 어려워 보인다. 미중관계가 전략적 경쟁과 전략적 파국의 사이에서 요동치면서, 혼돈과 불안정, 그리고 새로이 형성해야 할 국제질서 사이에서 중간국들은 전례 없는 압박을 받고 있다.

주

*) 이 글은 국립외교원 주관 『중국 정세보고』 중간발표에서 발표한 「2020년 중국외교와 2021 전망」글에 약간의 수정을 한 것 입니다.

1) 이에 대한 설명은 졸고, "미국의 대중 정책 변환과 새로운 냉전의 시작?" 『국제정치논총』 제58집 3호 (2018). 백악관내 세력분포에 대한 중국 측 분석은 吳心伯, "論美中戰略競爭," 『世界經濟與政治』 2020年 第5期.

2) https://www.yidaiyilu.gov.cn/xwzx/gnxw/102792.htm (검색일: 2020.10.07).

3) 미국 부통령 펜스(Mike Pence)의 2018년 10월 4일 허드슨연구소(Hudson Institute)에서의 연설. 그 풀 동영상은 https://www.youtube.com/watch?v=mYAHPPXmcts (검색일: 2019.12.07).

4) 그 번역본은 http://blog.koreadaily.com/view/myhome.html?fod_style=B&med_usrid=asiabridgeus&cid=1114820&fod_no=354 (검색일: 2020.10.07).

5) 이에 대한 국방부 입장은 '실수'였다는 것이다. 이후 이러한 언급은 자제하고 있다. 그러나 이는 현 미국의 속내를 보여주는 것으로 해석하는 것이 일반적이다.

6) Department of State, *A Free and Open Indo-Pacific* (4 November 2019).

7) Department of State, *The Elements of the China Challenge* (November 2020).

8) 이러한 인식이 張蘊嶺의 주장으로 인민일보 사설에 처음 제기된 것은 2019년 3월 15일자 "人民日報人民要論: 在大变局中把握发展趋势," (http://opinion.people.com.cn/n1/2019/0315/c1003-30976769.html). 이 글의 언급은 https://www.sohu.com/a/308279153_120059339. 시진핑의 중앙당교 연설은 "习近平在中央党校 (国家行政学院) 中青年干部培训班开班式上发表重要讲话发扬斗争精神增强斗争本领 为实现两个一百年奋斗目标而顽强奋斗," (http://www.xinhuanet.com/2019-09/03/c_1124956081.htm)

9) 코로나19 사태 이후의 국제정세에 대한 잘 정리된 분석은 국립외교원 외교안보연구소 (편), 『코로나19 이후 국제정세』(서울: 국립외교원 외교안보연구소, 2020). 특히 중국에 대해서는 같은 책에서의 김한권 글과 김한권, 『COVID-19발생 이후 중국외교정책의 현안과 미중관계의 함의』(주요국제문제분석 2020-24) (서울: 국립외교원 외교안보연구소, 2020)를 참조.

10) https://www.seoul.co.kr/news/newsView.php?id=20200908500098

11) 이에 대해서는 이성현, "악화되는 미중관계와 향후 중국의 대미정책 변화 전망," 『정세와 정책』 2020-9월호, 제19호(세종연구소, 2020) pp. 56-58. 원본은 "杨洁篪署名文章: 尊重历史 面向未来 坚定不移维护和稳定中美关系," 新华網, 2020.8.7.(http://www.xinhuanet.com/world/2020-08/07/c_1126339837.htm); "王毅就当前中美关系接受新华社专访," 新华網, 2020.8.5. (http://www.china.com.cn/opinion/think/2020-08/06/content_76351781.htm)

12) 상동 글 발췌. p. 59. 원본은 "王毅: 面对蛮横无理的美国 中国将作出坚定而理性回应" (https://baijiahao.baidu.com/s?id=1673473356044778739&wfr=spider&for=pc)

13) Kurt M. Campbell and Rush Doshi, "The Coronavirus Could Reshape Global Order," *Foreign Affairs* (18 March 2020).

14) 미중관계를 신냉전으로 규정한 보고서는 Alan Dupont, "New Cold War: De-risking US-China conflict," *hinrich foundation* (June 2020).

15) https://www.yidaiyilu.gov.cn/xwzx/gnxw/127157.htm
16) https://www.yidaiyilu.gov.cn/xwzx/gnxw/127157.htm
17) 이창주 박사와의 대화에서 배운 것임.
18) https://newsis.com/view/?id=NISX20200903_0001153063&cID=10101&pID=
     10100
19) http://www.opinionnews.co.kr/news/articleView.html?idxno=33453
20) 독일 Hinrich 재단의 Olsen은 이에 따라 다른 주요 무역 국가들도 상응하게 해외 의
     존성을 줄여나가는 조치를 취할 것으로 평가하였다. 기존 양적인 세계화는 이제 전혀
     다른 질적인 세계화로 진행할 것이고 이는 더 안정된 무역체계를 가져올 것이라는 주
     장도 덧붙였다. Stephen Olsen, "China's dual circulation will bring more sustain-
     able trade" hinrich foundation (14 September 2020). https://www.scmp.com/
     comment/opinion/article/3101125/chinas-dual-circulation-strategy-step-towards-
     sustainable-trade
21) 이러한 문제의식은 이미 바이든이 "외교"(2020년 3/4월)지에 기고한 글에서 잘 드러
     난다. Joseph R. Biden, "Why America Must Lead Again," *Foreign Affairs* (March/
     April 2020)
22) "杨洁篪在人民日報選文: 積極營造良好外部環境," 『人民日報』 11月 30日 https://baijiahao.
     baidu.com/s?id=1684740223685373104&wfr=spider&for=pc (검색일: 2020. 12. 20).
23) 하영선, "문재인 정부 후반기 4대 외교역량 강화책," EAI 정책토론회 문재인 정부 중
     간평가: 여론조사 및 후반기 정책 과제 발표 (2019.11.5., 서울)
24) https://www.csis.org/analysis/online-event-chinas-power-debate-2020-%E2%80%
     93-keynote-address-rep-rick-larsen (검색일: 2020.12.20).

참고문헌

김한권. 『COVID-19발생 이후 중국외교정책의 현안과 미중관계의 함의』 (주요국제문
     제분석 2020-24). 서울: 국립외교원 외교안보연구소, 2020.
김흥규. "미국의 대중 정책 변환과 새로운 냉전의 시작?." 『국제정치논총』 제58집 3호
     (2018).
외교안보연구소 (편). 『코로나19 이후 국제정세』. 서울: 국립외교원 외교안보연구소,
     2020.
이성현. "악화되는 미중관계와 향후 중국의 대미정책 변화 전망." 『정세와 정책』 2020-
     9월호, 제19호 (세종연구소, 2020).

Campbell, Kurt M., and Rush Doshi. "The Coronavirus Could Reshape Global
     Order." *Foreign Affairs* (18 March 2020).
Department of State, *A Free and Open Indo-Pacific* (4 November 2019).
Department of State, *The Elements of the China Challenge* (November 2020).
Dupont, Alan. "New Cold War: De-risking US-China conflict." *hinrich foundation*

(June 2020).

Olsen, Stephen. "China's dual circulation will bring more sustainable trade." *hinrich foundation* (14 September 2020).

"杨洁篪在人民日報選文: 積極營造良好外部環境." 『人民日報』 11月 30日. 출처: https://baijiahao.baidu.com/s?id=1684740223685373104&wfr=spider&for=pc (검색일: 2020.12.20)

吳心伯. "論美中戰略競爭." 『世界經濟與政治』 2020年 第5期.

https://www.csis.org/analysis/online-event-chinas-power-debate-2020-%E2%80%93-keynote-address-rep-rick-larsen (검토일: 2020.12.20.)

http://blog.koreadaily.com/view/myhome.html?fod_style=B&med_usrid=asiabridgeus&cid=1114820&fod_no=354 (검색일: 2020.10.07).

http://opinion.people.com.cn/n1/2019/0315/c1003-30976769.html

http://www.china.com.cn/opinion/think/2020-08/06/content_76351781.htm

http://www.xinhuanet.com/2019-09/03/c_1124956081.htm

http://www.xinhuanet.com/world/2020-08/07/c_1126339837.htm

https://www.yidaiyilu.gov.cn/xwzx/gnxw/127157.htm

https://baijiahao.baidu.com/s?id=1673473356044778739&wfr=spider&for=pc

https://www.seoul.co.kr/news/newsView.php?id=20200908500098

https://www.yidaiyilu.gov.cn/xwzx/gnxw/102792.htm (검색일: 2020.10.07).

https://www.youtube.com/watch?v=mYAHPPXmcts (검색일: 2019.12.07).

정책 제언

1. 바이든 시대 미중 전략경쟁에 대한 한국의 방략은 '결미연중(結美聯中) 플러스'이다. 한미동맹은 기존의 군사동맹 위주에서 경제동맹, 에너지동맹, 기후변화 동맹은 물론이고 새로운 세계질서를 수립하는 데 같이 협력하는 포괄적·호혜적 전략동맹으로 강화해야 한다. 단, 미국이 현재 추진중인 한미동맹을 기존의 대북한동맹에서 대중국동맹으로 전환하는 것은 한미동맹의 이익과 국익의 범위를 넘어서는 것이므로 수용하기 어렵다.

2. 한중 '전략적 협력동반자' 관계는 존중해야 한다. 탈동조화 시기 지역 가치사슬 구축에 이어서 '중국 밖으로' 전략이 아니라 '중국 안으로' 전략이 필요하다. 중국은 현재 우리 무역의 30% 이상을 차지하고 있으며 이에 대한 대체제는 찾기 어렵다. 중국이 향후 세계질서 형성에서도 중요한 행위자라는 것을 인정하고, 양자관계를 전략적 협력관계로 구성해나가야 한다.

3. 새로운 국제질서 형성에 참여하기 위해 제3공간 외교와 국제연대를 적극 추진해 나가야 한다. 조급한 선택이나 편승전략보다는 서유럽의 강대국, 일본 등 다른 유사 환경 국가들의 선례에 맞춰나가는 전략을 권고한다. 제3의 공간 외교에서 아태지역 핵심 축은 한-호주관계, 서유럽은 한-독일 축을 전략 동맹으로 강화해야 하고, 전략적 이해가 유사한 일본과의 협력 관계 복원은 필수적이다.

미국의 신세계전략:
미국 우선주의와 인도태평양전략

이상현(세종연구소)

핵심 논지

1. '미국 우선주의'를 앞세우고 '미국을 다시 위대하게' 만들겠다며 등장한 트럼프 시대 정치는 국내외 할 것 없이 갈등과 분열의 정치가 특징이라고 할 수 있다. 미국의 신세계전략에서 기본적인 상황인식은 현재의 국제질서가 근본적으로 '경쟁적(competitive)'이라고 보는 점이다. 특히 중국과 러시아는 미국의 힘과 영향력, 이익에 도전하면서 미국의 안보와 번영을 잠식하려고 시도하는 대표적 국가들이다.

2. 2017년 트럼프 행정부의 국가안보전략(NSS), 국방전략(NDS), 핵태세검토(NPR), 미사일방어검토(MDR) 등 일련의 전략보고서들은 네 가지 국가안보 목표, 즉 미 본토 방어, 번영 제고, 힘을 통한 평화, 그리고 미국의 영향력 확대를 목표로 한다. 이러한 미국 우선주의 전략이 아시아에 투영된 것이 인도태평양전략이다. 인도태평양전략의 현재 위상은 3개의 축(경제, 안보, 거버넌스)을 아우르는 전략적 접근, 혹은 전략의 준거틀(framework)로 이해된다. 미국의 인도태평양전략과 중국의 일대일로 구상은 아태 지역은 물론

계속 ▶▶

> 인도태평양 지역 곳곳에서 충돌할 가능성이 점증하는 상황이다.
> 3. 한, 일 등 미국의 동맹과 우방은 물론 아태 지역 대부분의 국가들은 미중 간 충돌 상황에 대비하는 한편, 지정학적·지경학적 이익과 갈등의 라인업을 주시하면서 각자의 생존방정식을 도모해야 한다. 한국은 한미동맹을 안정적으로 관리하는 한편 강대국 정치의 리스크를 줄이기 위해 안보와 경제의 회복력(resilience) 증진과 더불어 대외의존도를 줄일 방안을 시급히 마련해야 한다.

1. 서론

미중경쟁 시대에 한국이 처한 외교안보적 도전은 매우 엄중하다. 최근의 국제정세는 '지정학의 부활(return of geopolitics)'이라고 불릴 정도로 혼란스런 양상으로 전개되고 있다. 현재의 국제질서는 군사 차원에서 단극적 질서(military unipolar), 정치외교적으로는 다극질서(political multipolar), 경제적으로는 중상주의적 국익위주(economic supremacy) 시각이 혼합된 질서라 할 수 있다. 그런 가운데 향후 당분간 국제정세는 글로벌 차원과 지역차원 모두 주요국들이 자국의 이익 중심으로 움직이면서 혼란스런 양상이 지속될 전망이다. 특히 중국, 러시아, 이란 등 냉전 종식 이후 정립된 미국 중심의 단극적 국제질서를 변개하려는 현상타파(revisionist) 국가군이 급격히 부상하면서 국제질서가 요동치고 있는 것이다.[1] 여기에다 갈수록 약해지는 미국의 글로벌 리더십, 중국/러시아 등의 공세적 부상, 중동정세 혼란, 글로벌 금융위기의 여파 지속 등이 오늘날의 국제질서를 매우 혼란스럽고 예측을 어렵게 만든다.

2020년 현재 국제질서 최대의 블랙스완은 코로나19 팬데믹이다. 전세계는 지금 코로나19 팬데믹과의 전쟁에 사활을 걸고 있다. 코로나19로 인한 세계적 파장은 BC(Before Corona, 코로나 이전)와 AC(After Corona, 코로나 이후)라는 표현이 등장한 데서 알 수 있듯이, 국제정치적으로 이전에는 상상치 못했던 여러 가지 변화들을 초래하고 있다. 코로나19가 초래한 국제질서의 변화는 매우 다양하지만, 한국의 외교안보 환경에 가장 큰 영향을 미칠 사태로는 미중 간의 패권경쟁 가속화를 꼽지 않을 수 없다. 코로나19는 이미 그 이전부터 진행 중이던 미중 패권경쟁을 더욱 악화시킬 전망이다. 미중 갈등 심화는 글로벌 리더십의 약화와 탈-G2 현상 가속화로 이어질 것이다. 코로나19 발생 원인론을 둘러싼 미중 간 갈등은 기 진행 중이던 무역전쟁에서 환율전쟁, 채권전쟁으로 확전되고, 기술패권경쟁을 넘어 여론전, 심리전 등 전방위적으로 확전되는 양상이다.

동북아 정세 또한 갈수록 긴장의 파고가 높아가는 형국이다. 동북아 안보상황은 역내 각국의 군사력 증강과 북한의 핵·재래식 전력 증강으로 군사안보적 긴장은 점차로 높아가는 추세이다. 동북아 지역은 전통적인 지정학적 갈등, 영토분쟁 잔존, 북핵 위협 상존, 주변국의 군사적 위협 등으로 한국의 안보에서 우선적으로 고려해야 할 지역이다. 중국은 현재 동·남중국해에 항모 2척을 실전배치하고 미국을 겨냥한 '반접근/지역거부(A2/AD)' 훈련을 실시하는 등 '海洋崛起'의 일환으로 해군력 강화에 집중하고 있다. 중국은 2019년 상반기부터 트럼프정부의 대중 무역공세가 미국 전체의 대중 선제 압박이자 전략적인 경쟁이라는 것을 명백히 인식하고 있다. 미국의 현 대중 무역공세가 트럼프정부 차원을 넘어 미국 전반에서 중국의 정권과 체제의 변화를 도모하고 있고, 중국의 중장기적인 발전을 선제적으로 억제하기 위한 지속적인 압박의 시작으로 해석하고 있는 것이다.

일본은 북핵 위기 속에서 '보통국가화' 노선 아래 이미 군사강대국화를 위한 준비를 착실히 해나가고 있으며, 중국의 부상 국면 속에 미일동맹을 강화하면서 군사력 강화를 추진하고 있다. 일본은 북핵 및 미사일 대응책으로 미사일방어를 강화하고 있으며, 그 일환으로 SM-3, 지상배치 PAC-3, 이지스 어쇼어 추가도입을 결정했다. 미국과는 연합훈련을 확대하고 호위함 이즈모, 카가 2척을 항모로 개조해서 F-35B 스텔스 전투기를 탑재하기로 결정하는 한편, 외교적으로 중국과의 관계개선도 시도하고 있다. 일본의 핵능력은 국내외에 플루토늄(Pu) 47톤 보유, 위성발사 기술 구비 등 핵무기 독자개발을 위한 여건이 충분하나 아직까지는 비핵 3원칙을 견지하고 있다. 일본은 미국의 확장억제에 의존하면서 NPT, IAEA 국제규범 준수 등 모범적인 핵비확산 정책을 펴고 있지만 동북아 안보상황이 극단적으로 일본에 불리해질 경우(예를 들면, 북한이 일본을 핵무기로 위협) 핵개발 옵션도 고려할 전망이다.

러시아 역시 미중 패권 경쟁 구도 속에서 중국과의 전략적 협력을 강화하면서 자국의 입지를 단단히 하려는 입장이다. 2014년 중국과 천연가스 공급 협정을 맺는가 하면, 상하이협력기구(SCO) 등을 통한 안보 협력, 화웨이 사태 등 미중 충돌 국면에서 중국을 지지하는 등 다양한 정책을 추구하고 있다. 러시아는 또한 북핵문제를 축으로 한반도 평화프로세스에도 관심을 보이고 있고 향후 한반도 사태의 진전에 따라 남북러 경제협력 등 개입의 여지가 존재한다.

이러한 주변국 정세 중에서도 트럼프 행정부 들어 새롭게 전개되는 미국의 전략은 동맹과 우방국들은 물론 글로벌, 지역적 차원에서 중요한 변수로 작용할 전망이다. 미국 우선주의의 파급 영향은 이미 한국에 대한 FTA 개정과 방위비 분담 압력으로 나타났다. 향후 인도태평양전략이 본격 이행되기 시작하면 아태 지역은 다양한 전략적 고민에 봉착하게될 가능성이 크다. 본고는 미국 우선주의 대외전략과 인도태평양전략 속에서 한국의 전략적 대응을 모색하기 위한 시론이다.

2. 미국의 신세계전략

'미국 우선주의'를 앞세우고 '미국을 다시 위대하게' 만들겠다며 등장한 트
럼프 시대 정치는 국내외 할 것 없이 갈등과 분열의 정치가 특징이라고 할
수 있다. 현재까지 드러난 트럼프 시대는 국내정치는 물론 국제관계까지 판
을 뒤흔드는 좌충우돌 정치라고 평가할 수 있겠다.

트럼프 행정부는 세제 개편과 환경 규제 완화로 친기업 정책을 추진했
고, 이로 인해 최근 실업률은 3.5%로 1969년 이후 50년 만에 최저로 떨어
졌으며, 2019년 미국의 경제성장률은 2.4%로 예상되고 있다. 한마디로 호
황이라고 할만큼 경제가 활발한 움직임을 보이고 있다.[2] 하지만 정치적으로
트럼프 행정부는 2018년 중간선거로 인해 여소야대 구도에 직면하게 되었
고, 트럼프 대통령 본인은 러시아 게이트와 뮬러 특검, 그리고 최근 하원의
탄핵소추안 가결에 이르기까지 살얼음판 정국을 헤쳐왔다.

미국 국내정치에 있어서 트럼프의 등장은 '백인 민족주의(white nation-
alism)'라는 새로운 현상을 바탕으로 한다. 백인 민족주의 정체성 정치가
고개를 들기 시작한 것은 90년대 이래 이주민 노동자들이 빠르게 늘어나면
서 백인 저소득층의 일자리가 급격히 잠식당하기 시작하면서부터이다. 그
중심에는 보다 본질적인 문제로서 남미 이주민 노동자들의 급격한 증가로
인해 미국 사회가 점점 더 고유의 전통적인 가치를 상실해가는 현상에 대한
보수적인 백인층의 불만이 자리잡고 있다.[3] 저소득, 저교육 블루칼라 백인
계층에서 배태되기 시작한 반이민 정서는 트럼프라는 기폭제를 만나 백인
민족주의 정체성 정치로 본격적으로 표출되기 시작한 것이다. 대선 기간은
물론 취임 후에도 트럼프는 마약, 범죄, 강간범 등 매우 극단적이고 자극적
인 언어로 이주민들에 대한 혐오의 감정을 불러일으킬 단어들을 사용했다.
그리고 이러한 문제를 해결하기 위한 상징적이면서도 구체적 방안으로 선
택한 것이 미국-멕시코 국경지대를 따라 장벽을 설치하겠다는 정책이다.

　현재 미국의 대외전략 핵심은 트럼프 대통령이 내세우는 '미국 우선주의', 즉 미국의 국익을 앞세운 대외정책이다.[4] 지금까지 드러난 트럼피즘의 본질은 무엇인가? 주지하다시피 트럼프 시대 외교의 기조는 '미국 우선주의(America First)'이다. 미국 우선주의가 미국 외교에서 처음 등장한 것은 2차 세계대전에 미국의 참전을 막기 위해 고립주의자들이 만들어 낸 개념이었다. '트럼프 독트린(Trump Doctrine)'의 기조는 로널드 레이건의 구상에 연결되며, 그 핵심은 '경제, 군사적 힘에 의한 평화(peace through economic and military strength)'라 할 수 있다. 트럼프 대통령은 갈수록 위험스러워지는 세계에서 미국의 안전을 지키는 최상의 방법은 '위대한 미국의 재건(make America great again)'이라고 생각하며, 그 출발점은 미국 내부의 경제부흥에서 출발한다는 인식을 갖고 있다.[5] 그에 따라 해외 군사개입 축소, 동맹 및 우방의 방위분담 확대, 세계경찰의 역할 대신 미국 국익에 집중하는 고립주의적 노선을 천명했다. 대외경제정책도 같은 맥락에서 미국의 경제이익 극대화에 초점을 두고 다양한 형태로 보호무역주의를 추진하고 있다.

　이러한 미국 우선주의는 우리가 익히 알고 있던 기존 미국의 대외정책 기조와는 사뭇 다르다. 맥마스터 국가안보보좌관과 게리 콘 국가경제위원장은 미국이 더 이상 뒤에서 조용히 리드하는 대신 미국 리더십에 대한 확고한 자신감을 되찾겠다고 주장했다. 이들에 의하면 미국 우선주의는 결코 미국 홀로 하겠다는 것을 의미하지 않는다. 미국 우선주의는 미국의 핵심 이익을 보호하고 증진시키는 동시에 동맹 및 우방과의 관계를 강화하고 협력을 증진시키는 데 중점을 둔다. 트럼프 대통령의 생각에 따르면 세계는 '글로벌 공동체(global community)'가 아니라 국가와 비정부 행위자들, 그리고 기업들이 이익을 위해 서로 관여하고 경쟁하는 무대일 뿐이다. 이것이 국제관계의 본질이며 트럼프 대통령은 이를 분명하게 인식하고 있다는 것이다. 그렇기 때문에 미국과 이익을 공유하는 국가들은 미국을 든든한 우방으로 갖게 될 것이고, 반대로 미국의 이익을 거스르는 국가들은 강력한 저항에 봉착하게 되리라는 것이다.[6]

  트럼프 대통령은 취임 이후 대체로 이러한 자신의 정책기조에 충실한 외교를 해왔다고 평가할 수 있다. 하지만 트럼프 시대에 들어 미국 내부는 물론 국제사회는 많은 혼란과 변화의 과정을 겪고 있다. 변화의 방향성을 잘 보여주는 것은 2018년에 발간된 트럼프 행정부 첫 국가안보전략(NSS) 보고서이다.

1) 2017년 국가안보전략

2017 국가안보전략보고서는 '원칙 있는 현실주의(principled realism)'를 미국 우선주의 국가안보전략의 핵심으로 내세웠다. 트럼프 대통령 자신의 표현을 빌리자면 이번 NSS 보고서를 구성하는 네 개의 기둥은 '원칙 있는 현실주의'로의 복귀에 입각하고 있다. 이 전략이 현실주의적이라고 하는 이유는 현재 진행 중인 글로벌 차원의 경쟁구도를 정확히 직시하고 있기 때문이다. 국제관계의 본질은 결국 파워가 핵심 역할을 한다는 점에 있고, 그런 의미에서 주권국가가 여전히 세계평화의 중심에 있다. 또한 미국의 가치를 고양하는 것이 전세계에 평화와 번영을 확산시키는 관건이다.[7]

  트럼프 행정부 국가안보전략의 기본적인 상황인식은 현재의 국제질서가 근본적으로 '경쟁적(competitive)'이라고 보는 점이다. 특히 중국과 러시아는 미국의 힘과 영향력, 이익에 도전하면서 미국의 안보와 번영을 잠식하려고 시도하는 대표적 국가들이다. 그 뒤를 이어 이란, 북한 같은 불량국가들과 초국가적 테러집단이 미국의 안보에 위협을 가하는 요인들이다. 이러한 대결의 본질은 인간 존엄성 및 자유를 중시하는 측과 개인을 억압하고 획일성을 강요하는 측과의 대결이다. 현 국제질서의 경쟁적 속성은 미국의 과거 정책을 재고하는 계기가 되고 있다. 경쟁자들을 국제체제 속으로 끌어들여

통상 교류를 하게 되면 이들을 협력자와 신뢰할 수 있는 파트너로 변화시킬 수 있다는 전제는 대부분 잘못된 것으로 판명났다. 뿐만 아니라 미국의 경쟁자들은 정치적 선동과 기타 수단을 통해 민주주의를 훼손하고 있으며 반서구적 시각을 확산시켜왔다. 오늘날 미국은 세계 최강의 군사력을 보유하고 있다. 하지만 미국의 경쟁자들이 재래식 군사력 및 핵전력을 현대화하면서 미국의 우위는 점차 사라지고 있다. 정보전 분야의 각축 역시 정치, 경제, 군사적 경쟁을 심화시키는 요인이다. 과거의 역사에서 미국이 얻은 교훈은 미국이 리더십을 발휘하지 않으면 조만간 적대세력이 그 공백을 차지해서 결국 미국의 불이익을 초래하게 된다는 사실이다.

트럼프 행정부의 국가안보전략은 이러한 상황인식에 기초해 네 가지 국가안보 목표를 내세웠다. 미 본토 방어, 번영 제고, 힘을 통한 평화, 그리고 미국의 영향력 확대 등 목표는 네 개의 축(Pillar)으로 명명되었다.

첫째, 미국인과 미 본토, 미국적 삶의 방식 방어이다. 구체적으로, 미국의 국경과 영토를 보전하는 한편 위협의 근원을 추적해 분쇄한다. 사이버 시대를 맞아 핵심 인프라에 대한 방호를 강화하고 각종 위협에 대응하는 탄력성을 제고한다. 북한의 핵과 미사일 위협, 대량살상무기 확산으로 인한 위협 대처도 여기에 포함된다. 이슬람국가(ISIS)나 알카에다 등 지하드 테러조직과의 싸움도 언급되었다.

둘째, 미국의 번영 증진이다. 지난 70년 이상 미국은 상호성과 자유시장, 자유무역 원칙에 입각한 안정된 국제경제체제가 미국의 경제적, 안보적 이익에 부합하기 때문에 이의 유지를 위해 리더십을 발휘해왔다. 그런 이유로 전후 미국은 일련의 국제금융제도와 각종 경제 포럼을 창설해 공정한 룰에 따라 국제경제를 안정화시키려는 노력을 경주해왔다. 오늘날 미국의 안보와 번영은 이러한 룰을 위반하고 속임수를 쓰며 경제침탈을 일삼는 국가들에 의해 위협받고 있으며 이를 더 이상 좌시하지 않을 것이다. 우선 미국 국내경제를 회복시키는 한편 자유롭고 공정하며 호혜적인 경제관계를 확대할 것이다. 또한 기술 연구와 개발, 혁신을 선도하고 에너지 독립을 적극 추진할 것이다.

셋째, 힘을 통한 평화 추구이다. 역사의 변치 않는 연속성은 '힘의 추구(contest for power)'이다. 오늘날 미국은 세 부류의 도전에 직면해 있다. 첫째는 중국, 러시아 등 현상타파 세력이다. 둘째는 이란, 북한 같은 불량국가들이다. 셋째는 지하드 테러조직 같은 초국가적 위협이다. 이들 세력은 글로벌 혹은 지역 차원에서 그들에게 유리한 세력균형을 달성하기 위해 미국과 경쟁 중이다. 이 경쟁은 근본적으로 억압적 체제와 자유로운 사회를 지향하는 세력 간의 정치적 대결이다. 이들 세력에 승리하기 위해서 미국은 정치, 경제, 군사력 등 국력의 모든 요소들을 결합해 사용해야 한다. 미국에 대한 안보위협은 지속적으로 증가했지만 오히려 미국의 군사력은 지난 1940년 이래 최저 수준이다. 미국 군사력 저하는 오래 지속된 무기체계 '획득 공백기(procurement holiday)'뿐 아니라 씨퀘스터의 영향도 크다. 미국은 적들의 군사력 증강에 대처하여 핵전력 현대화, 우주공간의 활용, 외교역량 강화, 경제통상외교 활성화 등을 추진해야 한다.

넷째, 미국의 영향력 확대이다. 미국의 긍정적 영향력은 세계 평화와 번영에 중요한 기여를 한다. 미국의 전통은 개인의 평등과 가치를 존중하고 법치를 고양하는 것이다. 미국은 최선의 아이디어가 발휘될 수 있는 민주주의 체제를 유지하고 있다. 미국은 이러한 가치를 지키고 인간 존엄성을 수호하기 위한 노력을 지속할 것이다. 이를 위해서는 가치를 공유하는 파트너 국가들과의 관계를 확대하는 한편 다자적 포럼을 활용하여 룰과 제도, 가치를 확산시켜야 한다.

대체로 현재까지 제기된 트럼프 행정부의 대외전략에 대해서는 부정적 평가가 우세하다. 가장 심각한 문제는 트럼프 행정부 대외정책에서 '가치외교'의 붕괴라 할 수 있다. 과거의 영광이 되어 버린 인권, 민주주의, 신뢰, 공정한 협상이라는 가치는 미국의 가장 강력한 무기였다. 트럼프는 국익이라

는 명분하에 스스로 미국의 가치를 훼손하고 있는 것이다. 한국이나 일본 같
은 동맹국들에게는 '공약' 대신 '현금화'된 계산을 앞세워 방위비 증액을 압
박하고 있다. 동맹도 이제는 더 이상 '안보공약'이라는 공공재 서비스가 아
니라 유료화된 서비스로 전환되는 추세라는 점을 유념해야 한다. 이러한 가
치외교의 붕괴를 목도한 윌리엄 번즈 전 국무부 부장관은 *Foreign Affairs*
기고문에서 미국 외교가 맥카시즘 이후 지금처럼 심각하게 붕괴한 적이 없
다고 비판했다.[8] 이러한 추세는 트럼프 임기 중에는 조만간 개선될 여지가
적다.

2) 분야별 실행전략

(1) 국방전략

국방전략보고서는 국제 안보환경에 대한 상황인식으로 기본적으로 불안정
한 상황임을 전제하고 있다(U.S. Department of Defense 2018c). 미국
군사적 우위가 감소하고 있는 상황에서, 중국은 군사력 현대화, 영향력 확
대, 약탈적 경제 정책 등을 통해 인도·태평양 지역에서 패권을 추구하고 있
어 원칙과 규범에 근거한 국제질서를 약화시키고 있다고 보는 것이다. 러시
아는 주변국의 경제, 외교 등에 대한 거부권을 추구함으로써 NATO 및 유
럽, 중동의 안보와 경제구조를 자국의 국익에 부합하도록 변화시키고 있다.
그리고 특히 북한과 이란은 대량살상무기 개발과 테러리즘 후원을 통해 지
역질서를 불안정하게 만들고 있다.

미국은 보다 치명적인 합동군의 건설, 동맹강화 및 파트너십 확대, 미사
일방어능력을 강화, 그리고 성과 및 재정능력 향상을 위한 국방부 개혁 등
을 통해 중국 및 러시아와 경쟁하고, 이들을 억제하며, 궁극적으로 승리할
것이며, 이란과 북한의 위협을 해소시킬 것을 강조하고 있다. 국방전략 목
표로는 우선 적으로부터의 본토방어, 글로벌 및 핵심 지역에서 합동군의 군

사적 우위 유지, 적의 사활적 이익 침해 억제, 미국 내 기관들의 미국 영향력 및 이익 실현 지원, 선호하는 지역 내 힘의 균형 유지, 동맹방어, 동반자 관계 공고화 및 공정한 책임의 분담 등을 기술하고 있다. 또한 국가 및 비국가 행위자의 WMD 확보 및 확산 저지, 국내외 테러리즘 예방, 자유롭고 열린 공공영역의 보장, 국방부의 사고방식, 문화, 관리시스템 혁신을 통한 성과 향상, 압도적인 21세기 국가안보혁신 기반 구축을 목표로 제시했다.

동맹국 정책으로는 핵심 동맹 및 동맹국 간 안보관계망을 주축으로 하는 연합과 장기적인 안보 파트너십 지속을 우선시할 것임을 강조한다. '공동 방어를 위한 자원의 공동 이용과 책임분담은 미국의 안보 부담을 경감시킬 것이라는 전제하에, 상호존중과 책임분담을 기반으로 지역협의 메커니즘 및 협력 계획을 확대하고 상호운용성을 심화할 것임을 강조하고 있다. 지역적으로는 인도·태평양 지역에서의 동맹 및 파트너십 확대, 유럽에서의 NATO 공고화, 중동에서의 항구적 연합 형성, 서반구에서의 우위 유지, 아프리카에서의 테러위협 대응을 위한 관계지원 등을 제시했다.

이러한 국방전략은 국가안보전략(NSS)의 큰 틀에서 크게 벗어나지는 않지만, 대체로 트럼프 대통령의 미국 우선주의 기치로 인해 미국 군사력의 국제적 역할이나 대 동맹국 정책에서 '공약(commitment)'의 약화라는 인상을 준다.

(2) 핵태세검토(NPR)

2010년 NPR이 발행된 지 8년만에 발간된 트럼프 행정부의 상황인식은 그 당시에 비해 매우 다르다. 특히 미, 중, 러 등 강대국 관계의[9] 트럼프 행정부의 NPR은 바로 이러한 국가안보전략의 전반적인 상황인식을 바탕으로 하고 있어 강대국간 핵경쟁을 새롭게 유발할 가능성이 크다는 점이다. 2018 NPR은 '유연한 맞춤형 핵억지전략(flexible, tailored nuclear deterrence strategy)' 기조를 바탕으로 핵무기는 쉽게 사용해서는 안 되지만 최악의 경우 실제로 사용될 수 있다는 확신을 줄 수 있어야 억지력을 발휘한다는 인식을 반영하고 있다. 구체적으로 미국 핵전략의 목표로는 네 가지를 제시했다. 네 가지는 첫째, 핵 및 비핵 공격 억지, 둘째, 동맹 및 우방국에 대한 보장, 셋째, 억지 실패 시 미국의 목표 달성, 넷째, 불확실한 미래 대비 능력 확보 등이다.

이러한 목표를 달성하기 위해 전통적 억지력인 핵 3축체제(nuclear triad − 핵잠수함, ICBM, 전략폭격기)의 가치를 재확인하고 오바마 행정부 당시 확정된 현대화 계획을 지속적으로 추진한다고 언급했다. 그와 더불어 핵 지휘통제통신(NC3)체제의 현대화, 그리고 핵무기 인프라 강화를 위한 투자도 천명했다. 트럼프 행정부 핵정책에서 특히 강조된 것은 유연성에 기반한 맞춤형 핵전략으로 억지력을 강화한다는 것이다. 즉, '모든 상황에 두루 통하는(one size fits all)' 억지방안은 없으며, 상황과 맥락에 맞는 대응을 가능케 하는 유연성이 필요하다고 지적하고 있는 바, 이는 곧 저강도 핵무기(전술핵무기) 개발과 배치를 의미하는 것으로 해석된다. 그러면서도 핵무기는 '극단적 상황' 예를 들면, 미국과 동맹, 우방의 사활적 이익 방어를 위해 필요한 경우에만 사용된다는 점을 분명히 하고 있다.

2018 NPR에서 제시된 미국 핵전력 구성과 향후 태세는 다음과 같다. 첫째, 핵잠수함(SSBN) 전력은 현재 14척의 오하이오급 전략핵잠으로 구성되며, 컬럼비아급으로 대체될 때까지 운용의 효율성을 유지하고 여기에 적재된 D5 SLBM은 2042년까지 수명연장 프로그램을 적용하여 계속 배치한다.

둘째, ICBM 전력은 현재 400기의 단탄두 미니트맨 III를 여러 지역 지하사일로에 분산배치하며, 향후 지상배치 전략억지력(Ground-based Strategic Deterrent, GBSD) 프로그램에 따라 2029년부터 미니트맨 교체를 시작, 450개 발사시설을 현대화하고 400기의 ICBM 규모를 유지한다.

셋째, 전략폭격기의 경우 현재 핵무기 적재 B-52H 스트래트포트리스 46대, B-2A 스피릿 스텔스 폭격기 20대로 구성된다. 미 국방부는 차세대 폭격기인 B-21 레이더(Raider) 개발을 시작, 2020년대 중반경 현존 전략폭격기 교체가 시작될 예정이다.

이 외에 비전략 핵무기로는 소수의 B83-1, B61-11 투발형 핵무기가 가용하며, 2020년 B61-11을 B61-12 스마트폭탄으로 개조할 때까지 현재 수준에서 유지할 계획이다. B52-H에 적재되는 공중발사순항미사일(ALCM)은 장거리역외발사(LRSO: Long-Range Stand-Off) 크루즈미사일로 대체될 때까지 수명연장 프로그램을 적용하여 운용한다. 비전략핵무기를 운반하는 NATO군 이중용도 항공기(DCA)는 장차 F-35로 대체된다. 마지막으로, 향후 단기적으로는 기존 SLBM 일부를 저강도 핵탄두로 개조하고, 장기적으로는 현대화된 핵탑재 해상발사크루즈미사일(SLCM)을 개발함으로써 유연성과 억지력을 강화할 계획이다.

핵무기 의존도를 줄이는 데 중점을 두었던 오바마 행정부의 핵태세에 비해 트럼프 행정부의 핵정책은 핵무기를 실제 사용가능한 무기로 간주하고, 이에 입각한 억지력을 강화하려는 것이 특징이다. 트럼프 행정부의 이러한 핵정책은 최근 국제정치의 뚜렷한 추세인 강대국 정치, 혹은 지정학의 부활현상과 맞물려 강대국간 핵군비 경쟁의 재연 가능성을 높이고 있다.

최근 들어 소련 붕괴 후 지난 30여년간 지속된 핵군축의 시대가 끝나고 새로운 핵군비경쟁이 시작되고 있다는 조짐은 여러 곳에서 쉽게 발견할 수 있다. 지난 8월 2일, 미국은 1987년에 소련과 체결한 INF 조약을 최종적으로 파기함으로써 미러 간 전략핵경쟁 재연 우려가 가중되고 있다. INF 조약은 미국과 소련 두 나라만 구속하는 양자 조약으로서 양국은 유럽에 배치된 것은 물론이고 자신들이 갖고 있는 사거리 500km에서 5,500km에 이르는 모든 지상발사 중거리미사일을 폐기하기로 합의해다. 여기에 해상 및 공중발사 미사일은 포함되지 않는다. 1988년에 INF 조약이 발효된 이후 1991년까지 미국과 소련은 총 2,692기의 중거리 핵미사일을 폐기하는 성과를 거뒀다. 표면적으로 미국이 INF 조약을 탈퇴한 것은 러시아의 중거리 미사일 개발 지속이 하나의 요인이 됐으나 사실상 중국의 A2/AD 전력 급성장이 더욱 중요한 요인일 것으로 추정된다. 실제로 러시아는 2008년부터 INF 조약에 위반되는 미사일 시험발사를 실시하기 시작했다. 중국의 중거리 미사일 DF-21, DF-26 등 항모킬러 미사일은 미국에게 큰 위협이다. 미국은 공해전(Air-sea battle) 개념으로 대응했으나 내륙 깊숙이 배치된 중국 중거리미사일을 타격하기는 역부족이기에 지상발사 중거리미사일로 눈을 돌린 것이다.

미국은 이란과의 핵협상 포괄적동시행동계획(JCPOA)도 탈퇴했다. 2009년 출범한 버락 오바마 행정부는 이란과 화해 정책을 구사하며 2015년 핵협상을 타결했다. 이는 미국 뿐 아니라 영국, 프랑스, 독일, 러시아, 중국 등 6개국 등 소위 'P5+1'과 이란 사이에 체결된 것으로 핵 개발을 멈추는 대신 경제 제재 조치를 해제하는 게 골자다. 그러나 트럼프 대통령이 이란과의 핵합의 파기를 선언하고 제재를 복원하면서 이란과의 관계는 급속도로 악화되고 중동정세 전체가 흔들리고 있는 상황이다.

트럼프 행정부의 핵태세는 북핵문제와 관련해서도 여러 가지 함의를 갖는다. 무엇보다도 미국의 새 핵태세는 핵전쟁의 문턱을 낮추기 때문에 위험스럽다는 평가가 많은데, 예를 들면 핵지휘통제 인프라에 대한 재래식 공격에 핵무기로 반격할 수도 있다는 입장은 과거의 NPR과 사뭇 다른 점이다. 저강도 핵무기 개발을 찬성하는 전문가들은 미국이 현재 보유한 핵무기들이 너무 크고 치명적이어서 사실상 사용하기 어려운 무기라는 점을 지적한다. 이러한 주장에 의하면 미국은 사실상 효과적으로 '자기억제된(self-deterred)' 상태이며 적들은 이를 잘 알고 있다. 그런 이유로 미국이 핵무기를 실제로 사용할 수도 있다는 점을 확실히 보여주기 위해 저강도 핵무기를 더 만들어야 한다는 것이다.[10] 상황에 맞게 사용가능한 전술핵무기가 없는 상황에서 적의 도발에 ICBM이나 전략폭격기로 대응하는 것은 핵 전면전을 초래해 인류 공멸을 불러올 가능성이 크다. 이를 피하는 방법은 한 발 물러나 전쟁에서 지고 방위공약의 신뢰성을 스스로 포기하는 것뿐이다. 그렇기 때문에 전략핵무기에 중점을 둔 전통적인 미국의 핵전략 하에서는 '자멸 아니면 항복(suicide or surrender)' 외에는 선택의 여지가 없다. 바로 이런 딜레마를 벗어나기 위해 미국은 제한적 핵공격 역량을 보유해야 한다는 것이다. 그리고 그 대안으로 제시된 것이 잠수함발사 저강도 핵순항미사일 및 탄도미사일 추가 개발이다.

하지만 트럼프 행정부의 NPR에 대한 비판도 만만치 않다. 무엇보다도 이번 NPR은 저강도 핵무기 개발이 왜, 그리고 어떻게 전략적 안정성을 높이고 핵전쟁의 위험을 줄일 수 있는지에 관해서는 논의하지 않고 있다. 트럼프 행정부의 2018년 NPR을 오바마 행정부의 2010년 NPR과 비교해보면, 가장 두드러진 차이점은 세 가지 정도로 요약할 수 있다. 첫째, 현재의 국제안보 환경을 지나치게 가혹하게 평가하고 있다. 특히 러시아의 핵 위협을 과장하며 경쟁적 측면을 부각시키고 있다. 결과적으로 러시아의 위협에 대응하기 위한 역량을 강조함으로써 새로운 핵 군비경쟁의 문을 열었다. 둘째, 핵무기의 역할을 크게 확대하고 있다. 그 결과 협정에 의한 군비통제보다는 핵무기 현대화에 더 큰 비중을 두고 있다. 셋째, 핵 군비통제는 상대적으로 간과되고 있다. 미국 핵억지(nuclear deterrence) 태세의 약점을 강조하고 대통령에게 사용 가능한 추가적인 핵 옵션을 제공함으로써 억지가 강화될 수 있다는 믿음을 견지하고 있다.[11]

(3) 미사일방어검토(MDR)

증가하고 있는 미사일 위협에 보다 효율적으로 미국을 방어하기 위해 불량국가와 지역의 미사일 위협에 포괄적으로 대응하는 차원에서 억제를 위한 공격능력과 방어능력을 통합한다는 것이 골자이다. 포괄적 대응에는 미사일 발사 시점을 포함한 모든 과정에서 요격하는 공세적 방어(active defense), 미사일 공격의 잠재적 효과를 경감시키는 수동적 방어(passive defense), 억제 실패 시 미사일이 발사되기 전 파괴를 위한 공격작전(attack operations) 등이 포함된다.[12]

　우선 미사일 관련 위협 환경에 대한 인식을 보면, 잠재적 적국들(북한, 이란, 러시아, 중국)이 보유 미사일 체계 능력 향상과 새로운 핵탄두 개발에 많은 투자를 하고 있으며, 공격 미사일을 강제적 위협, 군사훈련, 전쟁 계획에 접목시키고 있다고 진단한다. 특히 중국과 러시아는 속도가 빠르고 비행 궤적을 예측하기 어려운 첨단순항미사일 및 극초음속미사일 능력을 향상시키고 있어 현재의 방어체계에 큰 도전이 되고 있다. 동시에 이들은 자체 미사일방어체계를 개발하고 있으며, 따라서 이들의 미사일 위협에 대비해 미국은 압도적 미사일방어능력을 유지해야 한다는 것이다.

　구체적으로 전략의 내용은 우선 본토 방어를 위해 지상배치요격체(GBI: Ground-Based Interceptors)를 40개에서 64개로 증강하고, 외기권요격체(EKV: Exoatmospheric Kill Vehicles)를 개발한다. 해외주둔 미군 및 동맹국 안전을 위해 사드(THAAD), 해상배치 이지스(Aegis Sea-based MD), 이지스 어쇼어(Aegis Ashore), PAC-3 활용 및 요격미사일을 강화하고, F-35 Lighting II 능력 향상을 통해 적의 탄도미사일을 추진 단계(boost phase)에서 요격할 수 있게 발전시킬 것이다. 비용분담 차원에서 동맹국 및 파트너 국가들과 MD 프로그램 협력, MD체계 상호운용성 심화, 통합공중미사일방어체계(Integrated Air and Missile Defense System) 구축도 추진한다. 모든 곳의 미사일을 탐지할 수 있으며, 이동이 용이하고, 초기 발사 단계에서 추적 및 파괴가 가능한 우주기반센서(space-based sensors)를 개발하고, 핵무기를 통한 억제도 고려하고 있다.

3. 인도태평양전략의 부상과 미중관계

트럼프 행정부 NSS와 기존 NSS 사이에서 가장 중요한 차이 중 하나는 지역전략 중 유럽이나 중동에 앞서 인도 및 인도태평양을 언급한 것이다. 인도태평양전략이 NSS에 등장한 가장 중요한 배경은 중국의 점증하는 공세적 태세일 것으로 추정된다. 남중국해에 대한 해양주권 주장이나 일대일로 전략, 북핵문제 등으로 인해 이 지역은 미국의 대외전략에서 핵심 지역으로 부상하고 있다.

주지하다시피 오바마 행정부는 아태 재균형전략에 역점을 두어 추진해 왔다. 재균형은 군사, 외교, 경제를 포괄하는 다층적 접근으로 알려져 있지만 재균형에서 상대적으로 덜 알려진 부분은 지리적 개념의 확대이다. 즉, 처음으로 인도양까지 아태 지역의 지리적 개념을 확대하여 남아시아의 연안지대를 아태 선회의 지리적 범주에 포함하기로 한 것이다. 커트 캠벨 전 동아태차관보에 의하면 태평양과 인도양을 어떻게 전략적으로 연계시킬 것인지가 미국 전략사고의 다음 도전이 될 것이다.[13] 이러한 인식의 변화는 미국의 재균형 정책에서 인도가 매우 중요한 역할을 수행하게 되리라는 인식을 반영한다. 2012년 리언 파네타 미 국방장관은 인도 방문시 인도국방안보전략 연구소(IDSA) 연설에서 인도와의 국방협력이 아태 재균형 구상의 린치핀(linchpin)이라고 강조한 바 있다. 모디 수상 취임 이후 인도는 미국, 일본 쪽으로 뚜렷이 경사하기 시작했고, 인도는 2014년 11월 오바마 대통령을 초청, 미국은 이를 수용해 2015년 1월 25일~27일 오바마의 인도 방문이 실현되었다. 오바마 대통령은 인도 방문 당시 '미-인도 아태 및 인도양 지역에 대한 공동전략비전(US-India Joint Strategic Vision for the Asia-Pacific and Indian Ocean Region)'을 발표하였다. 한편 중국도 인도를 끌어들이기 위해 많은 노력을 기울이고 있으며, 그 일환으로 시진핑 주석도 인도를 방문(2014.9), 향후 5~10년간 중-인 협력관계를 강화하자는 비전을 제시하였다. 이에 따라 양국은 해묵은 국경분쟁을 정치적 결단으로 해결하기로 합의했으며, 모디는 중국 방문(2015)으로 화답했다.

구조주의적 현실주의에 의하면 국제정치의 구조가 변하면 국제정치의 룰도 변하기 마련이라는 점이다. 미국이 국제정치의 압도적 강자였던 시절에는 미국이 주도하는 국제질서가 보편적인 질서로 이해되었다. 하지만 중국의 부상이 급격히 진행되면서 미국과 중국 간에는 누구의 규칙(rule)이 국제관계의 표준이 될 것이냐는 문제를 둘러싸고 주도권 갈등이 불가피할 것으로 보인다. 즉, 미중 양국이 표방하는 규칙 중 어느 것이 국제사회에서 우선시 될 것이냐의 문제인 것이다. 그러한 경쟁은 최근 본격적인 전략경쟁, 혹은 패권경쟁 양상으로 들어서고 있다. 향후 국제질서의 대표적인 불안 요인은 미국과 중국의 거대전략 간 충돌로서, 미국의 '인도태평양전략'과 중국의 '일대일로(一帶一路)전략'이 바로 그것이다.

트럼프 대통령은 2017년 11월 아시아 순방에서 새로운 지정학·지경학적 개념으로서 '인도·태평양'이라는 용어를 새롭게 제시했다. 당시 트럼프 대통령은 APEC CEO Summit 베트남 연설에서 이를 처음으로 언급했다. 그 이후 '자유롭고 개방된(free and open)'이라는 표현은 이제 세간에 널리 알려진 문구가 되었다. 미국의 인도태평양전략의 현재 위상은 3개의 축(경제, 안보, 거버넌스)을 아우르는 전략적 접근, 혹은 전략의 준거틀(framework)로 이해된다. 여기에서 '자유롭다(free)'는 의미는 역내 모든 국가들이 타국의 강압으로부터 주권을 방어할 수 있어야 한다는 의미로서, 국가 내부적으로는 국민들이 기본적인 권리와 자유를 누릴 수 있는 굿 거버넌스(good governance)를 의미한다. '개방된(open)' 인도태평양은 역내 모든 국가들이 해상과 공중을 통한 자유로운 접근이 보장되는 것을 의미이다. 안보 차원에서는 영토 및 해양분쟁의 평화로운 해결을 포함하고, 경제 차원에서는 공정하고 호혜적인 무역, 개방된 투자환경, 투명한 협력, 지역 간 연결성 확대 등이 포함된다.[14]

트럼프 행정부의 '인도태평양' 구상은 2017년 12월 발간된 국가안보전략보고서(NSS)에 공식적으로 명시되었다. 트럼프 NSS 보고서는 인도의 부상을 환영하는 한편, 미-일-호-인도를 연결하는 '4자(quad)' 협력을 강조했다.[15] 트럼프 대통령이 인도태평양전략을 처음 언급한 2017년 11월 아세안 순방 당시 베트남에서의 연설에서 인도태평양전략의 실체와 내용이 무엇인지는 정확히 드러나지 않았다. 일각에서는 트럼프 대통령이 인도태평양을 언급한 것은 미국이 아니라 일본의 아이디어라는 분석을 제기하기도 했다(*The Financial Times*, November 11, 2017; 이대우 2018). 인도태평양 구상은 폼페이오 국무장관 등 고위관료들의 발언을 통해서 보다 구체화되는 양상으로 발전하고 있다. 폼페이오 장관은 2018년 7월 30일 워싱턴 DC의 미국 상공회의소에서 열린 인도·태평양 비즈니스포럼에서 인도·태평양 지역에 기술과 에너지, 사회기반시설 등을 중심으로 1억 1,300만 달러를 투입하는 신규 투자계획을 발표했다.[16] 이와 같은 미국의 투자계획은 중국이 1조 달러를 들여 추진 중인 일대일로 프로젝트에 대한 '맞불' 성격의 것으로 해석되며, 향후 미국이 중국에 맞서기 위해 얼마나 본격적으로 이 지역에 대한 투자에 나설 것인지 주목되는 상황이다. 폼페이오 장관의 연설에서 드러나듯이 현재까지 인도태평양전략은 안보보다는 주로 경제분야에 중점을 두는 것으로 보인다. 경제 분야에서 언급된 세 개의 축은 첫째, 디지털 연결성(digital connectivity), 즉 역내의 정보통신 네트워크의 연계성 강화 및 사이버안보 분야 협력의 강화이다. 이를 위해 이미 2,500만 달러의 예산이 배정되었다. 둘째는 에너지 협력 강화로서, 일명 'Asia EDGE'(Enhancing Development and Growth through Energy)로 불리는 에너지 분야 협력 강화이다. 이 분야에도 5,000만 달러의 예산이 배정됐다. 셋째, 역내 인프라 협력으로서, 인프라 거래 및 지원네트워크(Infrastructure Transaction and Assistance Network) 사업에 3,000만 달러가 배정됐다. 상기 분야 외에도 '개발투자 활성화 개선법(BUILD: Better Utilization of Investment Leading to Development Act)'을 통해 인태 지역의 경제 협력 관여를 위해 즉각 사용가능한 예산 1억 1,300만 달러를 배정하겠다는 것이 트럼프 행정부의 구상이다. 이 과정에서 미 상무부는 액세스 아시아 (Access Asia) 프로그램을 통해 미국 기업들과 인태 지역 시장을 연결해주는 다양한 행사를 개최하고 무역사절단을 파견할 예정이다.[17] 현재까지 미국의 인도태평양전략이 주로 경제분야에 주목하는 것은 일단 동 전략이 중국의 일대일로에 대응하는 성격이 강하다는 점을 시사하는 대목이다. 예를 들면, 민간분야(private sector)의 관여 및 교류를 확대함으로써 역내 비즈니스 환경의 투명성을 제고한다는 강조점이 언급되는 반면, 역내 안보 분야의 투명성에 대해서는 아직 별 논의가 없다는 사실이 이를 방증한다.

트럼프 행정부는 태평양 사령부(USPACOM)의 명칭을 인도태평양사령부(USINPACOM)로 변경하는 등, 인도태평양전략 구체화와 제도화에 착수했고, 마침내 2019년 6월 1일 미국 국방부는 인도태평양전략보고서(IPSR: Indo-Pacific Strategy Report)를 발표했다. 동 보고서는 2017년 12월 발표된 미국의 국가안보전략(NSS)과 2018년 1월 발표된 국가국방전략(NDS)의 하위 전략서로서, 인도태평양 지역에 대한 미국의 전략을 공식 문서로서 비교적 상세하게 밝힌 첫 문건으로서의 의미가 있다. IPSR은 서론, 지역의 전략환경, 미국의 국익과 안보전략, 추진 전략, 그리고 결론 등 다섯 개 장으로 구성되어 있다. 이 전략서의 핵심 추진 전략으로서 군사적 준비태세(Preparedness) 강화, 동맹 및 파트너십(Partnership) 강화, 그리고 역내 경제와 안보의 네트워킹(Promoting a Networked Region) 증진 등을 제시하고 있다.[18] 국무부가 최근에 발표한 인도태평양전략 보고서 역시 비슷한 상황인식과 동일한 전략 원칙을 밝히고 있다. 이에 의하면 미국의 인도태평양전략이 목표로 하는 것은 크게 네 가지이다. 첫째, 모든 국가의 주권과 독립 존중, 둘째, 분쟁의 평화적 해결, 셋째, 공개된 투자, 투명한 협약, 연결성에 기초한 자유롭고 공정하며 호혜적인 무역, 넷째, 항행과 영공의 자유를 포함한 국제법의 준수 등이다.[19] 이들 전략은 '자유롭고 개방된' 인도태평양이라는 표현이 묵시적으로는 중국이 세계를 지배할 경우의 위협에 대비하는 한편, 동맹과 우방의 대중국 협력을 도모하고 그동안 미국이 무심했던 전후 거버넌스 질서의 회복을 지향하고 있다.[20]

트럼프 행정부가 인도태평양전략을 본격적으로 이행하기 시작하면 한국, 일본 등 동맹국들은 물론 우방국들에게 다양한 참여 요구가 닥쳐올 것으로 예상된다. 싱가포르에서 개최된 2019년 샹그릴라 안보대화에서 패트릭 섀너핸 당시 미 국방장관 대행은 "인도태평양은 미국의 최우선 전장"이라면서 미국의 동맹과 파트너 국가들이 자국의 안보를 추구함과 동시에 주변국과의 동맹의 강화하기 위해 각자의 역할을 해줄 것을 당부했다. 섀너핸 장관 대행은 "인도태평양 역내 모든 국가는 자유롭고 개방적인 인도태평양 지역에 일조할 책임이 있으며, 미국은 이 지역에 대한 공약을 변함없이 지키겠지만 동맹국과 파트너 국가들 역시 지역의 자유와 번영을 보장하기 위한 공동의 노력에 합당한 수준으로 기여해야 한다"고 강조했다. 이는 한국과 같은 미국의 동맹국들에게 안보적 기여 강화라는 맥락으로 들린다는 점을 유념할 필요가 있다.[21] 그러한 기여 요구는 인도태평양전략과 중국의 일대일로 전선이 충돌할수록 더욱 구체적으로 다가올 가능성이 크다.

미국의 인도태평양전략과 중국의 일대일로 구상은 아태 지역은 물론 인도태평양 지역 곳곳에서 충돌할 가능성이 점증하는 상황이다. 한, 일 등 미국의 동맹과 우방은 물론 아태 지역 대부분의 국가들은 미중 간 충돌 상황에 대비하는 한편, 지정학적·지경학적 이익과 갈등의 라인업을 주시하면서 각자의 생존방정식을 도모하는 상황이다. 중국 시진핑정부가 야심차게 추진하는 '중국제조 2025'와 '일대일로'는 한 세트로 봐야 하는 정책으로서, 이를 통해 글로벌 가치사슬을 구축한다는 것이 핵심이다. 즉, 일대일로 연선국가들을 중심으로 중국 주도의 공간 베이스 자유무역지대를 창출하고, 그 위에 중국 주도의 글로벌 가치사슬을 구축한다는 구상이다. 그 방식으로 일대일로의 해외진출전략(走出去)과 중국제조 2025의 해외기업 유치(引進來)로 산업고도화와 동시에 공급과잉 문제, 시설과잉(over-capacity) 문제를 동시에 해결한다는 전략이다. 문제는 미국이 일대일로에 대하여 이를 중국이 합법·불법 가리지 않고 절취한 기술로 국내에서 성장, 이를 바탕으로 해외로 진출하겠다는 전략으로서 미국과 세계 기술 및 지적재산권을 위협한다고 비판적으로 본다는 점이다. 미국은 중국의 산업정책을 세계 도처로부터 지적재산권과 기술을 '소개, 소화, 흡수, 재혁신'을 추구하는 것이라고 이해한다. 중국이 이를 위해 흔히 쓰는 방식은 ① 물리적 도용, 사이버 가능 스파이 및 도용, 미국 수출 통제법 회피, 위조 및 해적행위를 통해 중국정부가 지적재산권 도용 후원, ② 중국 시장에 제한적인 접근을 대가로 강압적인 방법으로 외국기업에 기술 이전을 강요, ③ 중요한 원자재 수출 규제와 중국의 단조로운 구매력을 통해 경제적 강압, ④ 공개 소스 수집, 미국의 대학, 국가 실험실, 또는 기타 혁신 센터들에 비전통적 정보 수집가 배치, 사업, 금융, 과학기술 분야 전문가 채용 등을 포함한 정보 수집, ⑤ 중국정부 지원의 기술헌팅 투자 방식 등이 있다.[22] 미중 간 기술패권 경쟁이 집중되는 분야로는 5G, 반도체, 인공지능 분야 등을 꼽을 수 있으며, 미국이 중국에 대해 지적재산권 문제를 지속적으로 제기하는 것은 바로 그 때문이다.

군사적 측면에서 미중 패권경쟁은 군사혁신(RMA: Revolution in Military Affairs) 경쟁의 양상을 띤다. 군사혁신이란 기술무기체계 뿐 아니라 군사전략, 군 조직, 교육체계 등 군사 분야 전반에서 혁명적인 변화가 일어나는 현상을 지칭한다. 군사혁신으로 인해 새로운 군사력 운영 또는 전쟁수행 방식이 출현할 경우 그것이 곧 미래전 양상이 되는 것이다. 중국의 군사적 부상은 단지 경제적 부상의 결과일 뿐 아니라 미국만이 보유하고 있던 첨단기술혁신적인 무기체계와 군사력 운영방식을 중국도 보유 구현하게 된 결과이다. 중국은 미국의 예방전쟁을 두려워하여 미국의 접근을 막는 '배타적 영향권'을 형성하고자 한다. 반면 미국의 패권질서는 미 군사력의 전세계적 접근과 억제력의 행사, 이를 통한 동맹체제의 유지에 기초하기 때문에 미중 간 패권경쟁은 기본적으로 '접근 대 거부'의 양상으로 전개되는 것이다. 중국의 군사전략이 반접근 지역거부 전략(A2AD: Anti-access, area-denial)이라면 이에 맞서는 미 합동군의 전략은 '국제공역에 대한 접근 및 기동을 위한 합동 개념(JAM-GC: Joint Concept for Access and Maneuver in Global Commons)'이다. 미국은 중국에 대한 수적 열세 및 경쟁의 취약성 하에서 군사혁신을 통해 새로운 질적 우위 창출을 시도하는 '제3차 상쇄전략(the Third Offset Strategy)'을 추진하고 있는 바, 상쇄전략이란 '질적 우위'로 '수적 열세'를 상쇄시킨다는 의미이다.[23]

인도태평양전략이 전면에 부상하면서 향후 미중관계는 새로운 불확실성에 직면하게 됐다. 21세기의 두 초강대국인 미국과 중국이 어떤 관계를 설정하는가에 따라 국제정세의 판도가 크게 달라질 수 있기 때문이다. 시진핑 2기정부는 권력집중을 더욱 강화하고 '중화민족의 위대한 부흥'을 재차 강조하면서 2049년을 목표로 '두 개의 백년'을 완성하기 위해 국력을 집중하고 있다. 중국의 일대일로 구상은 트럼프 행정부가 추구하는 인도태평양 구상과 지정학·지경학을 포함하는 아태 지역의 거대전략 측면에서 민감하게 대립하고 있다. 인도태평양 구상의 본질은 중국이 추구하는 동중국해에서 인도양에 이르는 해상주도권 확보 시도가 미국의 국가이익을 제한하는 것으로 판단하고, 경제·안보이익을 지키기 위한 전략공간을 서쪽으로 이동하는 것이다. 그리고 미국과 일본이 주장하는 '자유롭고 개방된 인도태평양(FOIP)'은 궁극적으로 중국의 일대일로와 해양굴기(海洋崛起)에 대한 견제를 목적으로 하는 것이다. 향후 미중관계의 전망은 중국의 이러한 입장에 대해 트럼프 행정부가 어떻게 대응할지에 달려있다. 만일 미국이 NSS 보고서에서 밝힌대로 중국을 미국 주도의 기존 질서에 대한 현상타파 경쟁자로 보고 적극 대응할 경우 아시아에서 지정학적 충돌, 특히 아시아 국가들 간의 대리(代理) 세력경쟁이 부활할 가능성이 있다.[24] 사실상 인도태평양 전략이 나온 배경은 부상하는 중국에 대한 미국과 일본의 견제 의도를 내포하고 있다고 봐도 좋을 것이다. 만일 미중이 인도태평양에서 격돌할 경우 한국의 운신의 폭이 크게 제약받을 것은 분명하다. 이러한 가능성은 특히 중국의 사드 보복을 경험한 한국에게 시사하는 바가 크다.

4. 미중 패권경쟁과 한국의 전략적 대응

미중 패권경쟁은 일시적 현상인가, 아니면 보다 근본적인 구조적 문제인가? 현재의 미중관계를 중국의 급격한 부상으로 인한 국제체제 구조의 변화로 본다면, 미중 패권경쟁은 당분간 피할 수 없는 현상이다. 지금은 미중 간에 변화한 권력관계에 기초한 새로운 룰과 관계설정을 모색하는 전환기라 할 수 있다. 미중 패권경쟁은 국제체제의 세력전이 기간에 발생하는 피할 수 없는 현상이다. 현재의 상황을 새로운 냉전으로 비유하는 지적도 있으나 지금은 과거와 같은 냉전으로 복귀하기에는 이익상관자(stake-holder)의 변화, 국제정치 상황의 변화가 현격한 차이가 두드러진다. 또한 지금은 과거 냉전시대와 같은 진영구조가 더 이상 아니고, 국제질서의 핵심 행위자(major player) 숫자도 늘어난 상황이며, 냉전시대와 같은 대리전쟁 여지도 크게 축소되었다. 그와 더불어 무기체계의 발달로 인한 전쟁의 파괴력 향상으로 인해 강대국간 전쟁은 인류 전체에게 치명적 결과를 초래할 것이라는 우려도 일상화되고 있다. 세계화의 결과 강대국간 경제적 상호의존도 심화되었다. 이러한 정황을 감안하면 미중이 국제정치 구조 변화에 합당한 룰에 합의할 때까지 갈등과 협력이 반복되는 양상이 지속되는 뉴노멀 상태 지속이 가장 가능성 높은 시나리오가 될 것이다. 미중 양국 모두 파국적 충돌은 피하되 자국의 이익을 위한 갈등과 조정은 불가피할 것이다.

미국과 중국의 상호 전략적 인식은 미중관계의 앞날이 상당 기간 전방위적인 패권경쟁의 양상을 띨 가능성이 큰 방향으로 전개될 것임을 시사한다. 코로나19와의 전쟁 와중에 미국 트럼프 행정부는 중국을 상대로 한 미국의 향후 전략 및 정책 방향을 담은 보고서를 공개했다. 동 보고서에서 미국은 중국에 대해 협력보다는 공개 압박과 봉쇄전략 등의 '경쟁적 접근(competitive approach)'을 하겠다는 점을 분명히 함으로써 사실상 양국 간 '신냉전'을 선언했다는 평가가 나온다.[25] 뿐만 아니라 미국은 코로나19에 대한 중국 책임론과 안보 위협 등을 거론하며, 경제번영네트워크(EPN·Economic Prosperity Network)를 비롯해 글로벌 공급망에서 중국을 고립시키기 위한 구상을 가속하며 동맹의 참여를 촉구하고 나섰다. 이에 따라 코로나19를 계기로 미중 간 디커플링 가능성 우려는 더욱 커졌으며 세계는 반중국과 친중국 진영으로 양분될 가능성이 점차 커지는 상황이다.

백악관 보고서에 의하면 오늘날 중국이 제기하는 도전은 전방위적이다. 첫째, 우선 경제적으로는 중국이 취하는 국가주도 보호무역주의와 국가자본주의의 위험성이 있다. 중국은 거래하는 미국 기업에 대해 기술이전 강요, 미국 기업들에 대한 기술규제, 중국 기업들에 대해 미국 기업들로부터의 기술획득 강요, 불법적인 사이버 침해 묵인 및 지원 등 불공정한 관행을 지속하고 있다. 둘째, 미국적 가치에 대한 도전이다. 시진핑 시대 들어 부쩍 강조되기 시작한 '중국특색의 사회주의'는 마르크스-레닌주의 이념에다 민족주의, 일당독재, 국가주도 경제, 공산당에 대한 개인적 자유의 복속 등을 특징으로 한다. 국제적으로는 '인류운명공동체' 건설이라는 미명하에 중국 나름의 글로벌 거버넌스를 추진하려 한다. 셋째, 안보적 도전이다. 중국 공산당은 타국 내정에 대한 불간섭, 분쟁의 평화적 해결 등을 주장하지만 황해(서해), 동·남중국해, 대만해협, 중-인 국경지역 등에서 선제적이고 강압적인 군사·준군사 행동을 실행하고 있다. 뿐만 아니라 민군융합(Military-Civil Fusion)전략에 따라 중국 군대는 민간분야의 자원에 제약 없이 접근이 가능하다. 이러한 중국에 대해 미국은 중국이 자유롭고 개방적인 규칙기

반 국제질서를 더 약화시키려는 추가적인 행동을 용납하지 않을 것이라고
했다.

미국의 대중국 인식의 압권은 폼페이오 미 국무장관의 캘리포니아 요바
린다 닉슨도서관 연설이다. 폼페이오 장관은 '중국이라는 프랑켄슈타인을
만들지 않을까 우려된다'는 40년전 닉슨의 회고까지 인용하면서 중국이 변
해야 세상이 안전해진다는 사실상의 결별을 선언했다.[26) 연설에 따르면 대
중국 관여정책은 중국을 더 협조적인 국가로 변화시킬 것으로 기대됐지만,
실상 중국은 성장하면서 더 위협적인 국가가 됐다. 이제 맹목적인 대중국
관여라는 낡은 패러다임은 더 이상 유지될 수 없다. 미국의 목표는 중국을
변화시키는 것이다. 닉슨 대통령이 역사적인 베이징 방문을 통해 관여전략
을 시작했을 때 미국의 정책결정자들은 중국이 점차 더 번영해지고 개방적
이며 국내에서는 더 자유롭고 세계에는 덜 위협적인 국가가 될 것으로 기대
했었다. 하지만 중국은 오늘날 국내적으로는 더욱 권위주의 체제로 변했고,
세계 도처에서 자유를 위협하는 공격적인 국가가 됐다. 중국공산당은 마르
크스-레닌주의 정권이며 시진핑 주석은 파산한 전체주의 이념의 진정한 신
봉자이다. 폼페이오 장관은 연설 내내 '중국정부' 대신 '중국공산당(CCP:
Chinese Communist Party)'이라는 표현을 썼고, 시진핑은 '파산한 전체
주의 이데올로기의 진짜 신봉자'이며 중국에 대해서는 '세계 패권 장악에
나선 새로운 전체주의 독재 국가'라고 단언했다. 중국공산당이 원하는 것은
글로벌 패권을 장악하는 것으로서, 이러한 중국을 변화시키는 유일한 길은
중국 지도자들의 말이 아니라 행동에 초점을 맞추는 것이다. 레이건 대통령
은 소련에 대해 '신뢰하고 검증하라'고 했지만 중국공산당에 대해서는 '불신
하고 검증하라'는 입장으로 접근해야 한다는 것이다. 중국은 결코 정상적인
국가로 대해서는 안 된다. 중국과의 무역이나 상거래도 정상적이고 법을 준
수하는 국가와의 무역과는 다르다. 그 대표적인 예가 화웨이다. 중국 유학
생이나 기업 근로자 상당수는 미국의 지적재산권을 절취해 중국으로 가져

3장 미국의 신세계전략   **89**

가려는 사람들이다. 그래서 트럼프 대통령은 중국에 대해 공정과 투명성을 요구하는 것이다. 미국이 휴스턴 중국총영사관을 폐쇄한 것도 그곳이 스파이 행위와 지재권 절취의 중심지였기 때문이다. 폼페이오 장관은 중국의 도전에 맞서는 것은 미국 혼자만의 힘으로는 안 되지만 유엔, 나토, G7, G20 등 국가들이 경제, 외교, 군사적 힘을 합치면 충분히 대응할 수 있다고 했다. 1967년에 닉슨 대통령이 '중국이 변할 때까지 세계는 안전하지 않다'고 한 우려를 해소하는 것은 우리 모두의 임무라는 것이다. 폼페이오 장관의 연설은 중국 공산당 정권을 겨냥한 '결별(訣別) 선언'인 동시에 중국 공산당 정권 교체에 미국이 나서겠다는 의지를 분명히 한 것으로 풀이된다. 로버트 오브라이언 국가안보보좌관, 크리스토퍼 레이 FBI 국장, 윌리엄 바 법무장관은 최근 한달여 동안 이념, 간첩활동, 경제 분야에서 각각 중국의 행태와 문제점을 강도높고 상세하게 제기했다.

이러한 상황을 전망한다면 한국은 미중 패권경쟁 시대의 본격적인 도래에 대비하여 우리의 전략적 대응 방안을 마련하지 않으면 안 된다. 미중관계 속에서 우리의 현 상황을 점검해 보자.

우선 한미동맹의 현 상황에 대한 평가를 보면, 크게 보면 한미동맹은 안정적이고, 국무부 등 실무부서는 여전히 동맹을 중시하고 존중한다고 할 수 있다. 지난 오랜 기간에 걸쳐 한미관계는 성숙화, 제도화된 관계로 발전한 결과 동맹의 근간은 안정적으로 평가된다. 미국 행정부와 의회 등 정책결정 써클에서는 초당파적으로 동맹을 여전히 중시하고 존중한다. 하지만 트럼프 시대의 미국 전체로 보면 동맹의 필요성에 대한 인식이 대체로 미흡하며, 워싱턴 내에서의 동맹 관련 저하된 인식은 트럼프 현상의 일부로 여겨진다. 트럼프 개인이 대통령으로서 정부 부처의 의견을 언제든지 뒤집을 수 있다는 점에서 불확실성이 존재하며, 어느 면에서는 대통령 자신이 정책의 가장 큰 불확실 요인이 된 상황이다. 트럼프는 동맹에 대해서도 '돈과 승리' 외에는 별 관심이 없기 때문이다. 한미관계의 펀더멘털이 좋다고 하더라도 트럼프는 한미관계의 세 가지 축인 북핵, 무역, 동맹 이슈를 뒤섞고 연계함으로써 협상력을 극대화하는 전략을 취하고 있다. 예를 들면, 한미FTA 개선을 위해 방위비로 압박하는 식으로, 이는 한국뿐 아니라 다른 동맹국들도 비슷한 상황이다.

트럼프 시대의 특이한 상황으로 인해 워싱턴에서는 오랜 기간 NSC 중심의 정책 조율 체제가 작동했으나 트럼프 시대 들어 제대로 작동하지 못한다는 징후가 나타나고 있으며, 실무선의 정보나 정책제언이 윗선까지 닿지 않는 문제점도 지적된다.[27]

한미간 비핵화 개념에 대한 이해 차이도 분명하다. 미국은 비핵화, 한국은 평화/경제를 앞세우는 우선순위의 문제가 있다. 북미간 싱가폴 정상회담 이후 하노이 정상회담 전까지 미국의 입장은 점차 현실주의적으로 진화해왔다. 예를 들면, 북핵의 완전한 신고에서 일부 신고로 입장이 완화되거나, 스티븐 비건 대표의 스탠포드 연설 등에서 CVID보다 일부 면에서 약간 완화된 입장 감지된 것이 그러한 증거이다. 그런 이유로 워싱턴 전문가 및 한국정부도 하노이 회담에 대해 낙관적이었다. 하지만 하노이 회담 결렬 이후 북미 양측 모두 '내부적 소통 결여(lack of vertical coordination)' 현상이 심각했다는 점이 드러났다. 또한 문재인정부가 자임한 중재자 역할에 대해 미국은 한국이 미북 중간에서 긍정적 측면을 과장하는 경향이 있고, '중재자(mediator)'라는 표현은 한국이 북한이 아니라 미국을 설득하려 한다는 인상을 주기 때문에 안 좋은 용어라고 인식하는 경향이 있다. 한미는 동맹으로서 비핵화 관련 단합된 입장을 가져야 하는데, 마치 중간의 제3자 같은 입장으로 비친다는 것이다.

종합적으로 한미관계의 현황에 대한 평가하자면, 몇 가지 변수로 인해 어려움이 존재한다. 첫째, 트럼프 팩터로서, 트럼프 대통령의 예측 불가성, 기존 관료조직의 결정을 뒤집는 돌발행위 다반사 등으로 인한 불확실성이다. 이는 백악관 내부뿐 아니라 전체 관료조직의 정서적 동요를 초래하며,

통상적인 정책결정 메커니즘의 기능부전을 초래했다. 둘째, 미국 국내정치의 양극화, 매사가 지나치게 정쟁화되는 현상으로 인해 동맹정책 자체에는 별 문제가 없으나 트럼프가 어떤 결정을 내리면 민주당은 당론 차원에서 반대하는 경향이 있다. 셋째, 북한문제에 올인하는 한국정부의 정책으로 인해 북한 이외의 정책 분야는 거의 방치함으로써 초래되는 한국의 리더십 역할 상실이다.

한편, 한중관계는 사드 보복 이후 아직 양국간 전략적 소통의 수준을 회복하지 못한 상황으로 이해할 수 있다. 사드 배치 이후 중국이 한국에 가한 경제보복은 아직 완전히 끝나지 않은 진행형이다. 게다가 미중 무역전쟁 등 강대국 정치의 여파로 한중관계는 언제든지 악화될 수 있다는 점을 상수(常數)로 고려해야 한다. 한러관계 또한 전략적 협력이나 논의에 못 미치는 소극적 관리 차원에 머물고 있다는 평가가 다수의 견해이다.

다가오는 미중 패권경쟁 속에서 한국은 어떠한 전략을 갖고 대응할 것인가?

첫째, 강대국 정치의 리스크에 대비해야 한다. 당분간 미중간 패권경쟁은 구조적 요인이 크기 때문에 피할 수 없는 상황이다. 특히 트럼프 행정부가 중국, 러시아를 경쟁자로 규정함으로써 이미 시작된 강대국 관계의 긴장은 피할 수 없게 됐다. 향후 인도태평양전략을 둘러싼 미중간 경쟁과 대립은 안보는 물론 무역전쟁의 불똥을 예고하고 있다. 아시아 국가들은 미중 패권싸움의 대리 경쟁에 빠질 위험성을 경계해야 한다. 강대국 리스크를 완화하려면 우리 외교와 시장의 포트폴리오 다변화가 필수적이다. 미-일-호-인 4각체제와 협력관계를 구축하는 게 중요하며, 필요하다면 인도퍼시픽전략은 물론 일대일로 프로젝트에도 적극 동참해야 한다. 외교안보 분야의 리스크는 물론 상호확증경제파괴(mutually assured economic destruction)에도 대비하는 한편 신북방, 신남방으로 우리의 지경학적 경계를 적극 확대할 필요가 있다.

둘째, 다자주의 및 국제주의 퇴조에 대비하여 국제적 규범과 룰의 확립, 국제사회의 공동가치를 지향하는 외교를 강화해야 한다. 트럼프의 미국 우선주의는 전후 수립된 규칙기반의 국제질서(rule-based international order) 및 자유주의 국제질서의 약화를 시사한다. 이러한 상황에 대비하려면 생각과 뜻을 같이하는 국가들이 가치와 규범, 룰과 표준을 세우려는 중견국 네트워킹, 소다자주의로 연대하는 것이 효과적인 대응책이 될 것이다. 한국 외교지평과 내용의 다변화함으로써 지나친 미중 편향성, 혹은 의존도를 극복해야 한다. 기존에 한국이 취해온 '안미경중(安美經中)' 접근은 더 이상 타당한 방식이 아니다. 최근에는 중국뿐 아니라 일본도 외교문제를 빌미로 경제보복을 가해오는 상황이 되었다. 이제는 한국외교의 선택지(portfolio)를 다변화하는 노력을 적극 기울여야 한다. 이를 위한 하나의 방편으로 중견국 외교역량 확대도 적극 추진해야 한다. 중견국으로서 좋은 어젠다와 명분을 선점하는 생각의 리더십(thought leadership), 주창외교(advocacy diplomacy) 등을 활용해야 한다. 한국 같은 중견국은 뜻을 같이 하는(like-minded) 국가들과의 연대를 통해 규범, 인프라, 개발 등 분야 등 한국이 잘할 수 있는 분야에 외교안보 역량을 집중해야 한다.

셋째, 한국 대외전략의 근본적 원칙과 우선순위를 확립해야 한다. 이제까지 한국은 남중국해 문제, 사드 배치, 화웨이 사태 등 미중 사이에서 어느 한편을 선택해야 하는 상황에서는 어느 한 쪽을 선택하는 것을 지양하는 전략적 모호성을 유지해왔다. 하지만 미중 패권경쟁이 가열될수록 우리에게는 이제는 전략적 모호성과 전략적 투명성 둘 사이에서 선택해야 할 순간이 도래하고 있다. 강대국 정치에 휘둘리지 않으려면 한국의 생존을 위한 안보, 지역적 혹은 글로벌 차원의 공동 번영, 주권의 상호 존중, 규칙기반 국제질서(rule-based international order) 지지 등 한국외교의 철학과 원칙의 정립이 필수적이다. 이처럼 한국외교의 원칙과 철학에 관련된 사안은 전략적 투명성을 앞세워 선제적으로 대응하는 과감성이 필요한 시점이 되었다.

넷째, 한국 외교안보를 보는 시각과 철학의 준거틀에서 심각한 대북 '쏠림현상'을 극복해야 한다. 현재 한국정부의 대외정책은 남북한 평화 이니셔티브에 베팅해서 국내외의 어려운 상황을 돌파하려는 데 집중돼 있다.[28] 문재인정부의 '외교적 상상력'은 일정 부분 한반도의 전쟁 위험을 없애고 평화를 앞당기는 데 기여한 것으로 평가할 수 있다. 하지만 남북관계 지나친 몰입으로 인해 한국외교의 기본인 4강외교는 거의 방기 상태인 것처럼 보인다. 한미 방위비 분담 협상 이후 한미동맹관리, 한일 징용공 판결 및 레이더 갈등, 일본의 경제보복, 내리막길로 들어선 세계경제 등 한국을 향한 안보의 격랑이 다가오는 상황인데 남북관계만 잘 풀린다고 한국의 국익이 지켜지는가? 한미, 한일, 한중관계, 신북방/신남방, 중견국 외교 등 다양한 우리의 외교안보 前線에 대한 균형 잡힌 관심과 접근이 절실히 필요한 시점이다.

다섯째, 이와 관련된 것으로서 외교안보 사안을 둘러싼 국민적 분열을 극복하고 국민적 지지를 확보해야 한다. 최근 한국 정치에서 이념적 사안을 둘러싼 국민적 분열은 매우 심각한 상황이다. '빨갱이', '친일 잔재', '종북', '김정은의 수석대변인' 등, 정치권이 외교안보 사안을 둘러싸고 온갖 자극적이고 분열적인 언사를 사용하는 것은 자제해야 한다. 정부가 '官製 민족주의'를 부추겨 감정적 대응을 주도하는 것은 국익에 도움이 안 된다는 원로 진보학자의 고언을 경청해야 한다.[29] 먼저 통합의 리더십을 발휘해야 하는 것을 결국 대통령과 정부라는 점을 유념해야 한다.

5. 결론

2019년 국정연설에서 트럼프 대통령은 연설의 약 65%를 트럼프 행정부의 경제정책으로 인해 미국 경제가 성장했음을 강조하였고, 20% 정도를 대외정책에 할애했다. 대외 경제정책과 관련해, 트럼프 행정부는 '상호무역법 (U.S. Reciprocity Trade Act) 제정을 통해 국제사회의 불공정한 관세 부과에 대응할 것을 강조했다. 안보정책과 관련해서는 국방비 증액, 동맹국 및 파트너 국가들에게 공정한 비용분담을 강조하는 한편, 특히 NATO의 1000억 달러 국방예산 증액을 자랑스럽게 언급했다. 그와 더불어 최첨단 미사일 방어 체계 구축, 러시아와의 중거리미사일조약(INF Treaty)에서 탈퇴, 그리고 중국을 포함한 새로운 조약 추진 가능성을 언급했다. 북한과 관련해서는 대북정책이 성공하고 있음을 강조하면서, 2월 27일과 28일 김정은 위원장과의 정상회담을 전격 발표했다. 중동문제를 언급하는 과정에서 이스라엘 수도는 예루살렘임을 강조했고, 시리아 및 아프간에서의 철군 계획도 언급했다. 그리고 대테러정책 지속 의지 표명 및 국가테러를 자행하는 이란에 대한 단호한 조치를 언급했다.[30]

이러한 트럼프 행정부의 정책이 과연 바이든 시기에도 지속가능한지, 그리고 국제질서와 아태 지역에 어떤 파장을 가져올지 아직 가늠하기는 이르다. 하지만 트럼프 행정부의 국가안보전략은 향후 국제정세는 물론 동북아와 한반도에도 다양한 변화의 가능성을 시사하고 있다. 트럼프 행정부의 행보에 대해 지구촌 각국은 여전히 혼란과 기대가 뒤섞인 시선을 보내고 있다. 미국 우선주의를 부르짖는 동안 미국의 국격과 위상은 과거에 비해 약화되었다는 평가가 다수 견해이다. 결국 미국의 영향력은 추락하고 중국의 부상을 촉진하는 역효과가 나고 있지만 트럼프의 열성 지지자들의 지지는 흔들림이 없는 혼란스런 상황이다. 다보스포럼에서는 미국 우선주의를 주창하면서도 그것이 미국 혼자를 의미하지는 않는다고 했다. 이미 탈퇴한 TPP에도 조건만 맞으면 복귀할 수도 있음을 내비쳤다. 강한 달러를 원한다고 발언함으로써 스티브 므누신 재무장관의 달러 약세 옹호 발언을 뒤집기도 했다.[31] 화제가 된 『화염과 분노(*Fire and Fury*)』에서는 스티브 배넌 전 백악관 수석전략가가 트럼프 주니어와 사위 재러드 쿠슈너, 폴 매너포트 등

3인방과 러시아 측 변호사의 회동이 '반역적이고 비애국적'이라고 비판했다는 주장이 제기되는 등 백악관 내부의 혼란상도 드러나고 있다.[32] 트럼프 시대는 미국 국내정치 못지않게 대외정책 차원에서도 심대한 불확실성이 예상된다. 한국은 이 불확실성의 시대에 어떻게 대비할 것인가?

트럼프 행정부가 추진했던 국가안보전략은 앞으로도 글로벌 차원과 지역 차원, 그리고 한반도 차원에서 중요한 고려 요인이 될 것이다. 트럼프 행정부 NSS 발간 이후에도 여전히 혼란스런 미국의 행보와 한반도 주변의 정세를 감안할 때, 우리에게 절실히 필요한 것은 상황을 정확히 꿰뚫어보는 혜안과 명민한 대응전략이다. 그러기 위해서는 국제정세를 묘사하는 내러티브의 변화를 잘 살펴야 한다. 지난 수십년간 가장 중요한 화두는 냉전이었고, 지구상 거의 모든 국가들이 이념적, 정치적, 군사적 투쟁이라는 맥락에서 행동하고 반응해왔다. 공산주의 붕괴 이후 지구촌의 새로운 화두는 세계화가 거대담론의 핵심이었다. 브렉시트 같은 반세계화 움직임 이후 현재의 글로벌 스토리에서는 미국의 영향력 쇠퇴가 지구촌 최대 트렌드라는 지적을 눈여겨 볼 필요가 있다. 미국의 글로벌 리더십이 약화되고 트럼프의 미국 우선주의 기치 아래 전후 구축된 자유주의적 세계질서로부터 자기중심적인 고립 속으로 뒷걸음치기 시작하면서 발생한 힘의 공백을 메울 가능성이 가장 큰 행위자는 바로 중국이다. 지난 70여년에 걸쳐 쌓아올린 미국의 글로벌 영향력을 스스로 포기한 트럼프 행정부의 결정을 통해 이러한 변화는 가속화되고 있다.[33] 그러한 변화를 우리의 생존과 번영을 위한 기회로 활용할지, 혹은 거대한 파도에 휩쓸려 익사할지 선택은 우리가 하기에 달렸다.

코로나19 팬데믹과 미국 바이든 행정부의 등장 앞에서 한국은 그 어느 때보다도 명민한 국가전략의 대응을 모색할 필요가 있다. 우리의 안보는 미국과의 동맹이 여전히 중요하지만 트럼프 이후 미국의 동맹정책도 변화하고 있음을 유의해야 한다. 경제 측면에서는 무역은 중국 중심으로, 금융은 미국 중심으로 이뤄지고 있다는 한국경제의 구조적 리스크를 주의해야 한다. 갈수록 안보와 경제도 얽혀 안미경중(安美經中)은 더 이상 유지 가능한 외교태세가 아니다. 이런 정황을 감안하면 한국의 대응은 미중 사이에서 가능한 한 이슈별로 '포지티브 헤징(positive hedging)' 태세를 취하는 것이 바람직할 것으로 생각된다. 앞으로는 결국 한국도 사안별로, 일방적으로 미국 편을 들거나 중국을 적대하는 것이 아닌, '현명한 국가이익(enlightened self-interest)' 기준으로 선택을 한다는 평판을 만들어가야 한다. 그러한 판단을 내릴 기준이 될 외교의 원칙과 우선순위를 시급히 마련해야 한다.

주

1) Walter Russell Mead, "The Return of Geopolitics," *Foreign Affairs* (May/June 2014).
2) 『한국경제』, 2019년 12월 6일.
3) 손병권, "민족주의 정체성 정치의 등장과 미국 의 미래," 동아시아연구원 EAI 워킹페이퍼 (2019); 정구연, "우파 포퓰리즘과 미국 대외정책에 대한 함의," 『담론201』 제21권 2호 (2018).
4) 이상현, "트럼프 행정부의 대외전략," 이대우(편), 『미국 신정부 출범과 한미현안』 (성남: 세종연구소, 2017).
5) Peter Navaro, "The Trump Doctrine: Peace Through Strength," *The National Interest* (31 March 2016).
6) H. R. McMaster and Gary D. Cohn, "America First Doesn't Mean America Alone," *The Wall Street Journal* (30 May 2017).
7) White House, *National Security Strategy of the United States of America* (December 2017); Donald J. Trump, "A New National Security Strategy for a New Era," (18 December 2017).
8) Willam J. Burns, "The Demolition of U.S. Diplomacy," *Foreign Affairs* (14 October 2019).
9) U.S. Department of Defense, *Nuclear Posture Review*, (February 2018); U.S. Department of Defense, "[News Transcript] News Briefing on the 2018 Nuclear Posture Review," (2 February 2018).
10) Ashley Feinberg, "Exclusive: Here Is a Draft of Trump's Nuclear Review. He Wants a Lot More Nukes," *The Huffington Post* (11 January 2018).

11) Steven E. Miller, "Nuclear Battleground: Debating the US 2018 Nuclear Posture Review," APLN(Asia Pacific Leadership Network) for Nuclear Non-Proliferation and Disarmament, *Policy Brief* No. 63 (June 2018).

12) U.S. Department of Defense, "Missile Defense Review," Office of the Secretary of Defense (2019).

13) Mark E. Manyin and others, "Pivot to the Pacific? The Obama Administration's 'Rebalancing' Toward Asia," *CRS Report for Congress* (28 March 2012).

14) Mike Pompeo, "America's Indo-Pacific Economic Vision," Indo-Pacific Business Forum, U.S. Chamber of Commerce, Washington, DC (30 July 2018).

15) Alyssa Ayres, "More Prominence for India and the Indo-Pacific in the U.S. National Security Strategy," Council on Foreign Relations, Blog Post (19 December 2017).

16) Peompeo (2018).

17) 미 대사관 주최, 월터 더글러스(Walter Douglas) 미 국무부 부차관보 방한시 한국 전문가들의 간담회(2018년 8월 24일)에서 미국 측이 브리핑한 내용에 근거한 것이다.

18) U.S. Department of Defense, "Indo-Pacific Strategy Report: Preparedness, Partnerships, and Promoting a Networked Region," (1 June 2019); 이대우, "미국의 인도·태평양전략과 한반도," 『정세와 정책』 (성남: 세종연구소, 2019).

19) U.S. Department of State. "A Free and Open Indo-Pacific: Advancing a Shared Vision," (4 November 2019), p. 6.

20) Brendon J. Cannon and Ash and Rossiter, "The Indo-Pacific: Regional Dynamics in the 21st Century's New Geopolitical Center of Gravity," *Rising Powers Quarterly*, Vol. 3, Issue 2 (2018).

21) Patrick M. Shanahan, "Acting Secretary Shanahan's Remarks at the IISS Shangri-La Dialogue 2019," (1 June 2019).

22) 이창주, "중국의 일대일로 전개 현황," 외교부 주최 외교정책조정회의 전문가패널 발표자료 (2019.10.08.).

23) 설인효, "미중 군사혁신 경쟁의 구조적 맥락과 미래전," 외교부 주최 외교정책조정회의 전문가패널 발표자료 (2019.10.08.).

24) 성균중국연구소, "2018년 중국 전망: 정치, 외교, 경제, 사회," 성균관대학교 성균중국연구소, 『성균차이나포커스』 제32호 (2018.01.15.), p. 24.

25) White House. "United States Strategic Approach to The People's Republic of China," (20 May 2020). (https://www.whitehouse.gov/wp-content/uploads/2020/05/U.S.-Strategic-Approach-to-The-Peoples-Republic-of-China-Report-5.20.20.pdf); 이상현, "미국의 대중국 전략: '경쟁적 접근' 함의와 파장." 세종연구소, 『정세와 정책』 7월호 (2020).

26) Mike Pompeo, U.S. Secretary of State, "Communist China and the Free World's Future," Yorba Linda, California, The Richard Nixon Presidential Library and Museum, (23 July 2020), (https://www.state.gov/communist-china-and-the-free-worlds-future/).

27) 트럼프 대통령의 황당한 지시에 대해 전문관료 조직이 소극적으로 저항함으로써 이를 무산시킨 여러 사례들이 최근 뮬러 보고서 등을 통해 드러나고 있다. 예를 들면, Peter Finn, *The Mueller Report*, presented with related materials by the Washington

Post, introduction and analysis by reporters Rosalind S. Helderman and Matt Zapotosky (2019) 및 Bob Woodward, *Fear: Trump in the White House* (New York: Simon & Schuster, 2018) 등 참조.
28) Chung-In Moon, "The Next Stage of the Korean Peace Process; Why Seoul Remains Optimistic After Hanoi," *Foreign Affairs* (14 March 2019).
29) 최장집, "문대통령 3·1절 기념사는 이념 대립 부추긴 관제 민족주의,"『조선일보』, 2019년 3월 18일.
30) Donald J. Trump, "State of the Union Address," (February 2019).
31) Donald J. Trump, "Remarks by President Trump to the World Economic Forum," Davos, Switzerland (26 January 2018).
32) Michael Wolff, *Fire and Fury: Inside the Trump White House* (London: Henry Holt and Co., 2018).
33) 파리드 자카리아, "우리 시대의 거대담론,"『서울경제』, 2018년 1월 2일.

참고문헌

설인효. "미중 군사혁신 경쟁의 구조적 맥락과 미래전." 외교부 주최 외교정책조정회의 전문가패널 발표자료 (2019.10.08.).
성균중국연구소. "2018년 중국 전망: 정치, 외교, 경제, 사회." 성균관대학교 성균중국 연구소.『성균차이나포커스』제32호 (2018.01.15.).
손병권. "민족주의 정체성 정치의 등장과 미국 의 미래." 동아시아연구원 EAI 워킹페이퍼 (2019).
이대우. "미국의 인도·태평양전략과 한반도." 세종연구소.『정세와 정책』(2019.7.2.).
_____. "미국의 인도-태평양전략(U.S. Indo-Pacific Strategy)." 세종연구소.『세종 정책브리핑』, No.2018-17 (2018).
이상현. "미국의 대중국 전략: '경쟁적 접근' 함의와 파장." 세종연구소.『정세와 정책』 7월호 (2020).
_____. "트럼프 행정부의 대외전략." 이대우(편).『미국 신정부 출범과 한미현안』. 성남: 세종연구소, 2017.
이창주. "중국의 일대일로 전개 현황." 외교부 주최 외교정책조정회의 전문가패널 발표자료 (2019.10.08.).
이홍구. "냉전 2.0 시대의 한반도 평화는?.."『중앙일보』. 2017.12.30.
정구연. "우파 포퓰리즘과 미국 대외정책에 대한 함의."『담론201』제21권 2호 (2018).
최장집. "문대통령 3·1절 기념사는 이념 대립 부추긴 관제 민족주의."『조선일보』. 2019년 3월 18일.
파리드 자카리아. "우리 시대의 거대담론."『서울경제』. 2018년 1월 2일.

Ayres, Alyssa. "More Prominence for India and the Indo-Pacific in the U.S. National Security Strategy." Council on Foreign Relations, Blog Post (19 December 2017).

Burns, Willam J. "The Demolition of U.S. Diplomacy." *Foreign Affairs* (14 October 2019).

Cannon, Brendon J., and Ash and Rossiter. "The Indo-Pacific: Regional Dynamics in the 21st Century's New Geopolitical Center of Gravity." *Rising Powers Quarterly*, Vol. 3, Issue 2 (2018).

Feinberg, Ashley. "Exclusive: Here Is a Draft of Trump's Nuclear Review. He Wants a Lot More Nukes." *The Huffington Post* (11 January 2018).

Finn, Peter. *The Mueller Report*, presented with related materials by the Washington Post, introduction and analysis by reporters Rosalind S. Helderman and Matt Zapotosky (2019).

Manyin, Mark E., and others. "Pivot to the Pacific? The Obama Administration's 'Rebalancing' Toward Asia." *CRS Report for Congress* (28 March 2012).

McMaster, H. R., and Gary D. Cohn. "America First Doesn't Mean America Alone." *The Wall Street Journal* (30 May 2017).

Mead, Walter Russell. "The Return of Geopolitics." *Foreign Affairs* (May/June 2014).

Miller, Steven E. "Nuclear Battleground: Debating the US 2018 Nuclear Posture Review." APLN (Asia Pacific Leadership Network for Nuclear Non-Proliferation and Disarmament, Policy Brief No. 63 (June 2018).

Moon, Chung-In. "The Next Stage of the Korean Peace Process: Why Seoul Remains Optimistic After Hanoi." *Foreign Affairs* (14 March 2019).

Navaro, Peter. "The Trump Doctrine: Peace Through Strength." *The National Interest* (31 March 2016).

Pompeo, Mike, U.S. Secretary of State. "Communist China and the Free World's Future." Yorba Linda, California, The Richard Nixon Presidential Library and Museum (23 July 2020), https://www.state.gov/communist-china-and-the-free-worlds-future/.

_____. "America's Indo-Pacific Economic Vision." Indo-Pacific Business Forum, U.S. Chamber of Commerce, Washington, DC (30 July 2018).

Shanahan Patrick M. "Acting Secretary Shanahan's Remarks at the IISS Shangri-La Dialogue 2019." (1 June 2019).

Trump, Donald J. "A New National Security Strategy for a New Era." (18 December 2017).

_____. "Inaugural Address." (20 January 2017).

_____. "President Donald J. Trump's State of the Union Address." (30 January 2018).

_____. "Remarks by President Trump to the World Economic Forum." Davos, Switzerland (26 January 2018).

_____. "State of the Union Address." (February 2019).

U.S. Department of Defense. "[News Transcript] News Briefing on the 2018 Nuclear Posture Review." (2 February 2018).

_____. "Indo-Pacific Strategy Report: Preparedness, Partnerships, and Promoting a Networked Region." (1 June 2019).

_____. "Missile Defense Review." Office of the Secretary of Defense (2019).

_____. *Nuclear Posture Review* (February 2018).

_____. *Summary of the 2018 National Defense Strategy of the United States of America: Sharpening the American Military's Competitive Edge* (2018).

U.S. Department of State. "A Free and Open Indo-Pacific: Advancing a Shared Vision." (4 November 2019).

White House. "United States Strategic Approach to The People's Republic of China." 20 May 2020. (https://www.whitehouse.gov/wp-content/uploads/2020/05/U.S.-Strategic-Approach-to-The-Peoples-Republic-of-China-Report-5.20.20.pdf).

_____. *National Security Strategy of the United States of America* (December 2017).

Wolff, Michael. *Fire and Fury: Inside the Trump White House*. London: Henry Holt and Co., 2018.

Woodward, Bob. *Fear: Trump in the White House*. New York: Simon & Schuster, 2018.

정책 제언

1. 미중 패권경쟁에서 오는 강대국 정치의 리스크를 분산시키는 데 주력해야 한다. 강대국 리스크를 완화하려면 우리 외교와 시장의 포트폴리오 다변화가 필수적이다. 한국의 안보와 경제를 특정 국가에 크게 의존하게 되면 한국의 정책적 자율성 공간이 축소될 수밖에 없다. 미-일-호-인 4각체제와 협력관계를 구축하는 게 중요하며, 필요하다면 인도퍼시픽전략은 물론 일대일로 프로젝트에도 적극 동참해야 한다.

2. 다자주의 및 국제주의 퇴조에 대비하여 국제적 규범과 룰의 확립, 국제사회의 공동가치를 지향하는 외교를 강화해야 한다. 이러한 상황에 대비하려면 생각과 뜻을 같이하는 국가들이 가치와 규범, 룰과 표준을 세우려는 중견국 네트워킹, 소다자주의로 연대하는 것이 효과적인 대응책이 될 것이다. 한국 같은 중견국은 뜻을 같이 하는(like-minded) 국가들과의 연대를 통해 규칙기반의 국제질서(rule-based international order) 및 자유주의 국제질서의 유지·강화를 위해 노력해야 한다.

3. 한국 대외전략의 근본적 원칙과 우선순위를 확립해야 한다. 강대국 정치에 휘둘리지 않으려면 한국의 생존을 위한 안보, 지역적 혹은 글로벌 차원의 공동 번영, 주권의 상호 존중, 규칙기반 국제질서(rule-based international order) 지지 등 한국외교의 철학과 원칙의 정립이 필수적이다. 한국외교의 원칙과 철학에 관련된 사안은 전략적 투명성을 앞세워 선제적으로 대응하는 과감성이 필요한 시점이 되었다.

4. 한국 외교안보를 보는 시각과 철학의 준거틀에서 심각한 대북 '쏠림 현상'을 극복하는 한편 외교안보 사안을 둘러싼 국민적 분열을 극복하고 국민적 지지를 확보해야 한다. 외교안보 사안을 둘러싼 남남갈등은 단합된 대응을 불가능하게 한다.

4장

중국의 신세계전략:
중국경제의 부상과 일대일로전략

이왕휘(아주대학교 정외과)

핵심 논지

1. 2007년 세계금융위기 이후 미국의 견제가 본격화되면서, 중국의 대전략은 공세적으로 변화되어 왔다.

2. 중국이 미국과 무역전쟁을 시작한 이후 미중 사이의 전략적 경쟁이 불가피하고 불가역하게 되면서, 냉전 종식 이후 약화되었던 안보-경제 연계성(security-economy nexus)이 다시 강화되고 있다.

3. 중국과 미국의 전략적 경쟁으로 1992년 한중 수교 이후 유지되어온 안미경중(安美經中) — 미국에 안보, 중국에 경제를 의존 — 구조가 약화되어, 한국은 전략적 선택의 기로에 서 있다.

1. 서론: 중국의 부상과 대전략의 변화

1978년 개혁개방 정책으로 고도 경제성장을 시작한 중국은 21세기 들어 명실상부한 경제대국으로 부상하였다. 중국의 명목 국내총생산(GDP)은 2010년 일본을 제치고 세계 2위가 되었으며, 구매력 GDP는 2014년 미국을 추월하여 세계 1위가 되었다. 중국이 향후 경제성장률을 6%로 유지할 경우 2030년을 전후로 명목 GDP에서도 세계 1위가 될 것으로 예측되고 있다.

중국의 경제적 부상은 동아시아는 물론 전 세계적 차원의 세력균형에 심대한 영향을 미치고 있다. 중국은 제2차 세계대전 종전 이후 미국 중심으로 유지되어온 브레턴우즈 체제를 개혁을 추진하는 동시에 브릭스(BRICS) 회원국 — 브라질, 러시아, 인도, 남아프리카공화국 — 과 함께 새로운 국제기구를 설립하였다. 또한 중국은 일대일로 구상(一帶一路 倡议)을 통해 아시아와 유럽을 연결하는 거대한 네트워크를 형성하고 있다. 2015년에 출범한 아시아인프라투자은행(Asia Infrastructure Investment Bank, 亚洲基础设施投资银行)이 1966년 설립된 아시아개발은행(Asia Development Bank)보다 무려 30개국 이상 많은 100개 이상의 회원국을 유치할 정도로 글로벌 거버넌스(全球治理)에서 중국의 영향력은 빠르게 확대되고 있다.

원칙적으로 중국은 미국과 대등한 국력을 성취하기 전에는 개방개혁 정책을 지속하면서 안정적인 성장을 달성하려는 도광양회(韬光养晦) — 빛을 감추고 은밀하게 힘을 기른다 — 를 고수하려고 노력을 해왔다. 세계무역기구(WTO)에 가입한 2001년 이후 경제적 부상이 가속화되었다는 점에서, 중국은 자유주의적 국제질서의 급진적 변혁보다는 점진적 개혁을 추구해왔다. 그러나 "나무는 가만히 있고자 하나 바람이 그치지 않는다(树欲静而风不止)"라는 표현처럼, 미국이 중국을 견제하기 시작하면서 국제정세가 중국이 도광양회를 유지하기 어려운 방향으로 전개되었다. 세계금융위기 이후 미국이 중국을 경쟁자/도전자로 간주하자, 중국의 전략 기조는 도광양회에서 유소작위(有所作为) ─ 필요한 역할은 한다 ─ 로 이행하였다. 중국의 꿈(中国梦)을 국정목표로 하는 시진핑정부는 중국의 대외적 위상을 제고하기 위한 신형대국관계(新型大国关系), 주변외교(周边外交), 일대일로 구상(一带一路 倡议), 인류운명공동체(人类命运共同体) 이념 등을 적극적으로 추진해왔다. 2018년 시작된 무역전쟁이 경제전쟁, 환율전쟁 및 과학기술전쟁으로 비화된 이후, 중국의 대전략은 분발유위(奋发有为) ─ 떨쳐 일어나 해야 할 일을 하겠다 ─ 를 지향하고 있다.

중국이 분발유위를 지속할 수 있는가의 여부는 무역전쟁과 경제성장에 달려 있다. 무역전쟁에서 중국이 미국에 승리하게 되면 중국은 세계질서를 재편할 수 있는 주도권을 확보할 수 있을 것이다. 반대로 패배할 경우, 중국은 미국 패권에 도전할 수 있는 동력과 명분을 상실할 것이다. 승부가 나지 않고 대치할 경우 중국은 미국과 함께 세계질서를 양분할 수가 있다. 다른 한편, 중국이 고도성장을 통해 내수를 확대한다면, 미국의 견제와 보복에 훨씬 덜 취약하게 될 것이다. 반대로 경제성장률 저하로 중진국 함정(middle income trap, 中等收入陷阱)에 빠지게 된다면, 중국의 전략적 자율성은 증가되기 어려울 것이다.

미중의 대립이 경제에서 안보로 확대되면서, 냉전 종식 이후 약화되었던 안보-경제관계(security-economy nexus)가 다시 강화되고 있다. 그 결과 1992년 한중 수교 이후 유지되어온 안미경중(安美經中) ─ 미국에 안보, 중국에 경제를 의존 ─ 구조가 더 이상 유지되기 어렵게 되었다. 안미경중의 해체로 우리는 미국과 중국으로부터 동시에 압박을 받고 있다. 미국은 인도 태평양전략에 동참을 권유하는 동시에 방위비 분담금 인상을 요구하고 있다. 중국은 미국의 종말고고도지역방어(THAAD) 배치를 허용한 이후 다양한 경제보복을 가하였다.

이러한 이중 도전을 능동적으로 극복하기 위해서는 전략적 자율성을 확보해야 한다. 미국이 미국우선주의를 고수하고 중국과 탈동조화를 지속할 경우, 한국은 중국 블록에 편입될 가능성이 높다. 이 문제에 선제적으로 대처하기 위해서는 국내외를 통합하는 전략이 필요하다. 대내적으로는 대외의존도 — 그 중에서도 대중 및 대미 수출의존도 — 를 축소하기 위해서는 내수시장의 규모를 확장하는 동시에 수출시장을 다변화해야 한다. 대외적으로는 안미경중에 의존하는 국가들과 공동으로 대응책을 모색할 수 있는 협의기제를 구축할 필요가 있다. 단 중국의 경제 보복을 피하기 위해서는 중국과 군사적 충돌 가능성이 예상되는 국제적 분쟁에는 개입을 최대한 자제해야 한다.

2. 고도경제성장과 국제적 지위 향상

1949년 중화인민공화국 수립 이후 중국의 대전략은 경제적 발전단계에 조응해서 변화해 왔다고 할 수 있다.[1]

첫 번째는 중국 경제가 무(無)에서 유(有)를 창조했던 국가건설(1949~1977년)이다. 이 기간 중 신생 독립국으로 중국은 국민경제에 필수적인 농업과 산업화를 가속화하기 위해 중화학공업에 집중하였다. 이 시기 동안에 냉전 구조가 지속되었기 때문에 중국의 대외경제는 사회주의권 국가들과 교류에 한정되어 있었다. 따라서 경제발전은 수출보다는 내수에 의해 추동되는 내순환(內循环) 또는 국내대순환(国内大循环)전략에 기반을 두고 있

표 4.1　중국 정치경제의 발전단계

	목표	경제발전전략	국제적 지위
1949~1977년	국가건설	내순환	신생 독립국
1978~2016년	개혁개방	외순환	세계 최대 개발도상국
2017~2049년	사회주의 현대화 강국	쌍순환	초강대국

었다. 미국은 물론 소련과 경쟁할 정도의 경제력을 발전시키 못했으며 대약진운동과 문화대혁명 등 정치적 불안정이 잔존하고 있어, 중국이 독자적으로 대외적 영향력을 행사하기는 어려운 상황이었다.

두 번째는 중국 경제가 소(小)에서 대(大)로 확대했던 개혁개방(1978~2017년)이다. 해외자본을 도입해 건설한 산업시설에서 생산된 제품을 해외로 수출하는 외순환(外循环) 또는 국제대순환(国际大循环)전략은 성공적으로 추진되어, 이 기간 중 중국은 세계 최대 개발도상국으로 부상하였다. 중국의 경제성장은 유례가 없을 정도로 빨랐는데, 1952~2018년 사이 GDP는 174배, 1인당 GDP는 70배, 산업부가가치 생산은 970배, 비금융 해외직접투자(FDI)는 146배, 상품교역액은 무려 2,380배나 증가하였다.

중국이 세계경제 성장에서 기여하는 비중도 비약적으로 상승하였다. 1961~1978년 사이 1.1%에 불과하던 중국의 비중이 1979~2012년에는 15.9%로 비약하여, 미국 다음으로 커졌다. 2013~2018년에는 중국의 비중이 28.1%로 증가하여 미국을 제치고, 세계경제 성장에 가장 큰 기여를 하는 국가가 되었다.[2] 전 세계 제조업의 약 35%를 생산하는 중국은 전 세계 소비의 약 10%를 차지하고 있다. 2019년 중국이 최대 수출국인 국가는 33개,

표 4.2 중국의 경제성장: 1952~2018년

	1952년	2018년	변화
국내총생산(GDP)	679억 위안	90조 위안	174배
재정수입	62억 위안(1950년)	18.33조 위안	연평균 12.5%
산업 부가가치 생산	120조 위안	30.5조 위안	970배
1인당 GDP	119 위안	64,644 위안	70배
비금융 FDI	9.20억 달러(1983년)	1,350억 달러	146배
상품교역액	190억 달러	4.6조 달러	2,380배

출처: 国务院新闻办公室, 『新时代的中国与世界』(2019).

최대 수입국인 국가는 65개였다.[3]

　경제력이 급속히 커지면서, 중국의 대외전략은 수세에서 공세로 전환되었다. 1999년 세계무역기구(WTO) 가입을 결정한 이후에도 중국은 도광양회를 고수하였다. 지구화가 중국적 특색을 가진 사회주의적 시장경제에 부정적 영향을 미칠 수 있다는 우려가 남아있었기 때문이다. 2007년 세계금융위기 이후 미국의 상대적 쇠퇴가 명백해지자 중국에서 유소작위의 필요성에 대한 논의가 시작되었다. 중국정부는 글로벌 거버넌스에 능동적으로 대응하기 위한 방안을 모색하였으며, 중국 기업은 저우추취(走出去) 정책에 따라 해외에 적극적 진출하였다.

　마지막은 대(大)에서 강(强)으로 전환하는 신시대 (2018~2049년)이다. 이 시기 중국은 외순환과 내순환이 상호촉진하는 쌍순환(双循环)을 통해 사회주의 현대화 강국으로 도약을 추구하고 있다. 구매력 GDP에서 2014년 미국을 이미 추월한 중국은 2030년 전후에 명목 GDP에서도 미국을 추월할

도표 4.1　구매력 GDP (2010년 미국 달러화 기준) 장기 전망: 중국·미국·일본·한국

출처: OECD, GDP Long-term Forecast (https://data.oecd.org/gdp/gdp-long-term-forecast.htm)

것으로 예상된다.

신시대의 목표는 두 가지로 구분된다. 하나는 소득과 생활수준의 향상이
다. 지난 40년간 비약적 경제성장으로 풍족한 생활을 누리는 샤오캉(小康)
단계에 진입함으로써 절대적 차원의 빈곤 문제를 해결하는 데 성공을 했지
만, 중국의 1인당 GDP는 선진국 수준에 미치지 못하고 있다. 2049년까지
1인당 GDP를 3만 달러 수준으로 증대시키기 위해서 중국은 중진국 함정을
극복하기 위한 전략을 추진하고 있다. 다른 하나는 기술 수준의 도약이다.
경제성장률의 하락을 지연시키기 위해서는 노동과 자본의 투입보다는 기술
발전이 필요하다. 중국제조(中国制造) 2025, 인터넷+ 등과 같은 산업정책
은 부가가치가 높은 산업을 발전시키는 방향으로 설계되어 있다. 쌍순환 전
략이 성공적으로 추진된다면, 중국 경제는 글로벌 공급망의 하위에서 상위
로 도약하는 것은 물론 첨단 제품의 수입 대체도 달성될 것이다.

사회주의 현대화 강국으로 부상하게 되면, 중국의 대전략은 더 적극적이
고 공세적으로 변환될 것으로 예상된다. 2018년 무역전쟁을 개시한 이후
중국은 분발유위에 따라 미국에 강경한 대응을 하고 있다. 시진핑 주석이
제시한 인류운명공체는 중국적 가치관과 질서의 대외적 투사를 목표로 하
고 있다.

3. 중국의 신세계전략

냉전 종식 이후 중국의 대전략은 유일한 초강대국인 미국과 관계를 중심으
로 전개되어 왔다. 21세기 들어 경제적 규모와 비중의 비약적 성장으로 국
제정치적 위상이 상승한 중국은 대전략 차원에서 미국에 대해 세 가지 선택
을 할 수 있다. 첫째는 중국이 미국 패권에 당장 도전할 능력을 확보하지 않
았기 때문에 미국 중심의 자유주의적 국제질서의 유지를 지원·지지하는 것

이다. 두 번째는 미국이 요구하거나 기대하는 역할을 회피하면서 패권전이의 추이를 살펴보는 것이다. 세 번째는 자유주의적 국제질서의 문제점에 대한 비판과 동시에 천하체계 또는 중국적 국제질서의 모색을 통해 미국의 패권을 훼방하는 역할을 하는 것이다.[4]

개혁개방 이후 중국은 미국과 국력 격차가 존재하는 기간 중에는 도양양회를 유지한다는 입장을 가지고 있었다. 그러나 세계금융위기 이후 중국과 미국 사이의 경제적 격차가 급속히 축소되면서, 미국에서는 중국을 전략적 경쟁자/도전자로 보는 인식이 점점 더 강화되었다. 중국이 경제력을 전략적으로 사용하게 될 경우, 유라시아에서 패권국의 등장을 막는다는 미국의 아시아전략은 사실상 실패하게 된다는 것이다. 따라서 미국에서는 중국의 패권 장악을 막기 위한 방안으로 역외균형은 물론 봉쇄까지 논의되고 있다. 트럼프 행정부는 무역전쟁을 통해 미국이 중국을 적으로 규정하자 중국도 분발유위로 대응하고 있다.[5]

1) 도광양회

세계금융위기 발발 전까지 중국의 대전략은 냉전 시대 소련과 같이 미국과

표 4.3 개혁개방 이후 중국의 대전략: 미중관계와 국제환경

상호인식	중국	미국	국제환경
동반자(차이메리카/ 공동의존)	도광양회(화평굴기/ 화평발전)	개입(책임있는 이익상관자)	WTO 가입
경쟁자/도전자	유소작위(핵심이익)	역외균형(아시아 회귀/재균형)	세계금융 위기
적	분발유위(신형대국관계/ 주변외교/일대일로/ 인류운명공동체)	봉쇄 (미국우선주의/ 인도태평양전략)	무역전쟁

같은 수준에서 경쟁하는 것을 목표로 삼지 않았다. 2000년대 말까지 중국은 미국과 직접적 대결을 회피하기 위해 도광양회를 고수하였다. 1970년대 말 공식수교 이후 미국도 중국을 동반자로 만들 수 있다는 기대 속에서 개입 정책을 추진해 왔다. 이런 이유에서 1999년 미국이 중국의 WTO 가입 신청을 지지하였던 것이다. WTO 가입으로 사회주의적 시장경제가 흔들릴 수도 있다는 우려가 제기되었지만, 중국은 도광양회를 고수하였다. 경제적 부상으로 국제적 위상이 상승하긴 했지만, 중국은 군사 및 외교는 물론 경제에서도 미국과 격차가 엄청나게 컸기 때문이다.[6]

미국을 자극하지 않으려는 중국의 조심스러운 태도는 화평굴기(和平崛起, peaceful rise)/화평발전(和平发展, peaceful development) 논란에 잘 나타나 있다. 2000년대 초반 국가가 강대해지면 반드시 패권을 추구하게 된다(國强必覇)는 중국위협론을 불식하기 위해 중국개혁개방포럼 이사장인 정비젠(鄭必坚)은 화평굴기 개념을 제시하였다.[7] 본래 의도와 달리 화평보다 굴기가 더 주목을 받자, 중국정부는 화평굴기를 폐기하고 화평발전을 그 대안으로 제안하였다. 2005년 '중국의 평화적 발전의 길(中国的和平发展道路)' 백서 발간 이후 화평발전은 화해세계(和谐世界, harmonious world)와 함께 도광양회를 대표하는 개념이 되었다.[8]

이러한 중국의 노력 때문에 미국은 중국을 심각한 경쟁자나 도전자로 간주하지 않았다. 대중 무역수지 적자가 늘어나자 중국에 위안화 평가절하와 시장개방을 요구했지만, 미국은 보복관세와 같은 강압적인 방식을 동원하기보다는 중국이 자발적 변화를 통해 국제규범을 준수하기를 기대하였다. 이런 배경에서 로버트 졸릭 세계은행 총재는 중국이 국제사회에 더 많은 공헌을 하는 책임있는 이익상관자(responsible stakeholder, 负责任的利益相关者)가 되어야 한다고 촉구하였다.[9]

2) 유소작위

세계금융위기 이후 중국의 역할과 위상에 대한 재평가가 이루어졌다. 위기의 발원지로서 미국이 상대적으로 쇠퇴하면서 중국의 경제적 부상이 부각되었다. 2006년 처음 시작된 재무장관 사이의 미중전략경제대화(U.S.-China Strategic Economic Dialogue)가 2009년 국무장관과 재무장관이 동시에 참석하는 미중전략경제대화(U.S.-China Strategic and Economic Dialogue)로 발전하면서, 중국을 미국과 동등한 강대국으로 간주하는 G2 개념이 등장하였다.[10]

중국에서는 G2라는 개념을 적극적으로 수용하지 않았다. 먼저 미국과 동등한 지위를 인정받았을 때 중국에 대한 국제사회의 기대가 커질 수 있다는 부담감이 있었다. 중국은 아직도 개발도상국이기 때문에 선진국과 같은 수준의 공헌을 할 수가 없다는 것이다. 또한 강대국으로 인식될 경우 중국위협론이 재부상할 수 있다는 우려도 있었다. 이런 맥락에서 원자바오(溫家宝) 총리는 중국을 G2로 규정하는 논리를 비판하였다.[11]

미국이 위기의 발생 원인은 물론 극복 과정에서 부담을 중국에 전가하자, 중국의 태도는 공세적으로 변화하기 시작하였다. 저우샤오촨(周小川) 중국인민은행 총재는 위기의 원인이 중국의 과도한 대미 무역흑자에 있다는 세계경제 불균형(global imbalances, 全球不平衡)과 세계적 저축 과잉(global saving glut, 全球储蓄过剩)을 직접 비판하였다.[12] 저우 총재에 따르면, 위기의 원인은 미국을 비롯한 선진국의 과소비와 낮은 저축률에 있다. 이 때문에 저우 총재는 국제통화금융체제의 문제를 해결하기 위해서는 기축통화를 미국 달러화에서 '초주권 준비통화'(super-sovereign reserve currency, 超主权储备货币)로 변경해야 한다고 주장하였다.[13]

미국에서 중국을 겨냥한 아시아 회귀(Pivot to Asia)/재균형(Rebalancing) 전략이 등장하자, 중국의 공세적 태도는 경제 영역에서 안보영역으로 확산되었다. 핵심이익(核心利益) — 국가주권, 국가안보, 영토보전, 국가통일, 중국헌법을 통해 확립한 국가정치제도, 사회의 안정과 경제의 지속 가능한 발전 보장 등 — 을 지키기 위해서는 도광양회가 충분하지 않기 때문에 유소작위가 필요하다는 인식이 제고되었다.[14]

3) 분발유위

미국과 중국 사이의 국력 격차가 줄어들고 중국의 태도가 수세에서 공세로 전환되면서, 미국에서 개입전략에 대한 재검토가 활발하게 진행되었다.[15] 이런 분위기 속에서 세력균형 때문에 강대국들 사이에서 갈등은 불가피하다고 보는 공세적 현실주의가 큰 주목을 받았다.[16] 이런 논리의 연장선상에서 신흥 세력이 기존 패권 국가에 도전하는 '투키디데스 함정'이 미중관계에서도 발생할 것인지에 대한 검토가 이뤄졌다.[17] 중국의 부상을 우려하는 대중 강경론은 세력전이가 발생하기 전에 선제적인 봉쇄전략을 촉구하였다.[18]

시진핑 주석 취임을 전후하여 대전략 기조는 유소작위보다 더 공세적인 분발유위로 전환되었다. 분발유위는 신형대국관계와 주변외교를 통해 중국의 핵심이익을 더 적극적으로 지키는 것은 물론 일대일로 구상과 인류운명공동체 이념을 통해 글로벌 거버넌스에서 중국의 역할을 확대하고 강화하는 것을 의미한다.[19]

2012년 2월 미국을 방문한 시진핑 부주석은 미국과 관계를 재정립하기 위한 방안으로 신형대국관계를 제시하였다. 갈등과 대립의 해소, 상호 존중, 원원 협력이라는 세 가지 원칙에 기반을 둔 신형대국관계는 전략적인 신뢰 향상, 실질적인 협력을 통한 공통된 이해관계 확장, 민간 차원의 다양한 인적·문화적 교류 증대, 국제적 및 지역적인 현안들에 대한 공통의 책임 수행, 아시아 태평양 지역에서 협력의 우선적 고려라는 다섯 가지 방안을 포함하였다.[20]

이와 동시에 시진핑 주석은 미국을 제외한 국가들을 대상으로 하는 주변 외교도 제안하였다. 2013년 10월 주변외교업무좌담회(周边外交工作座谈会)에서는 주변국과 더욱 친하게 지내고, 주변국에 성의를 다해 대하며, 중국의 발전으로 혜택을 주변국과 나누며, 주변국을 더욱 포용하겠다는 친성혜용(亲诚惠容) 원칙이 확립되었다. 중국의 평화적인 발전에 주변 정세의 안정이 필수적이라는 점에서 주변외교는 신형대국관계의 하위 범주가 아니라 동등한 수준으로 간주되었다.[21]

주변외교는 일대일로 구상과 인류운명공동체를 통해 구체화되고 있다. 2013년 시진핑 주석은 육상 및 해상 실크로드 프로젝트를 발표하였다. 이 구상의 목표는 정책소통, 인프라 연계, 무역상통, 자금융통, 민심상통을 통해 중국-파키스탄, 방글라데시-중국-인도-미얀마, 중국-몽골-러시아, 유럽-아시아, 중국-중앙아시아-서아시아, 중국-인도차이나 반도를 연결하는 6개 경제회랑을 건설하는 것이다. 중국이 주도적으로 설립한 신개발은행(New Development Bank, 新开发银行), 위기대응기금(Contingent Reserve Arrangement, 金砖国家应急储备基金), AIIB는 이 구상에 필요한 제도적 기반과 투자 재원을 조달하는 데 기여하고 있다. 6개 회랑을 건설하는 과정에서 이 구상은 환경을 오염시키고, 부채를 증가시키며, 부패를 조장한다는 비판을 받고 있지만, 중국과 연선국가 사이의 외교·경제·문화 교류를 확대시키는 성과를 거두었다. 2019년 4월 제2회 일대일로 국제협력 고위급 포럼에서 보고된 내용을 보면, 2013~2018년 중국의 대(對)일대일로 연선국가 교역액이 전체 교역의 27.4%를 차지하였다.[22]

주변외교와 일대일로 구상은 "네 속에 내가 있고 내 속에 네가 있다(你中有我, 我中有你)"는 인류운명공동체 이념과 연계되어 있다.[23] 2011년 9월 중국의 평화적 발전(中国的和平发展) 백서에 처음 등장한 이 이념은 2015년 보아오포럼에서 일대일로 구상을 설명하는 데 활용되었다. 2018년 3월 11일 제13기 전국인민대표대회 제1차 회의에서 수정된 헌법 서문에 "인류

운명공동체 건설을 추진해야 한다(推动构建人类命运共同体)"는 문구가 포함되었다. 2013년 1월에서 2018년 6월까지 시진핑 중국 국가주석의 국제문제에 대한 85편의 연설이 인류운명공동체 구축을 논한다(論堅持推動構建人類命運共同體)라는 제목으로 중앙문헌출판사에서 발간되었다.

4. 신세계전략의 추진 전망

1) 대전략의 기본 모순: 강대한 국가, 가난한 국민

개혁개방 이후 중국의 경제성장은 그 속도는 물론 규모에서도 세계사에서 유례가 없을 정도로 성공적이었다. 그러나 개인 소득수준을 보면, 중국의 경제적 부상은 아직도 완전하지 않다.[24] 중국의 1인당 GDP는 미국은 물론 일본과 한국에 비해서도 한참 낮다. 도표 4.2를 보면, 중국의 1인당 GDP는 명목 기준 미국의 1/6, 일본의 1/4, 한국의 1/3이며, 구매력 기준 미국의 1/3, 일본과 한국의 1/2 이하이다. 중국에서 소득이 제일 높은 4대 1선 도시인 광저우와 선전은 미국의 1990년대 중반, 베이징과 상하이가 미국의 1980년대 초반 수준에 불과하다.

2) 이중도전

무역전쟁 이후 중국이 공세적 대전략을 추진할 수 대내외 여건은 점점 악화되고 있다. 대내적 차원에서 2020년까지 빈곤층을 없애겠다는 정책을 성공적으로 추진해 왔지만, 중국은 경제성장률 저하와 인구 고령화로 인해 발생할 수 있는 중진국 함정에 빠질 수 있다. 대외적 차원에서는 중국의 부상에 위협을 느끼는 국가들의 반발을 무마해야 하는 과제도 있다. 대전략을 성공

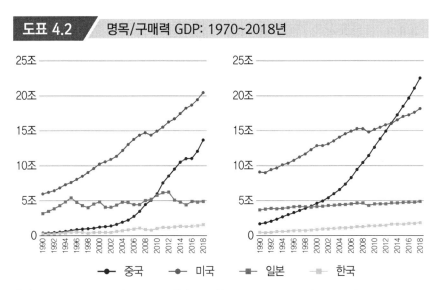

도표 4.2 명목/구매력 GDP: 1970~2018년

출처: World Bank, GDP (current US$) (https://data.worldbank.org/indicator/NY.GDP.MKTP. CD?view=chart); PPP (current international $) (https://data.worldbank.org/indicator/ NY.GDP.MKTP.PP.CD?view=chart)

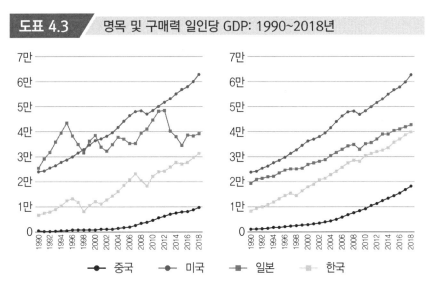

도표 4.3 명목 및 구매력 일인당 GDP: 1990~2018년

출처: World Bank, GDP per capita (current US$) (https://data.worldbank.org/indicator/NY. GDP.PCAP.CD?view=chart); GDP per capita, PPP (current international $) (https:// data.worldbank.org/indicator/NY.GDP.PCAP.CD?view=chart)

도시	1인당 GDP	비교
베이징	18,780 $	1985년 미국, 1986년 일본, 2005년 한국
상하이	18,139 $	1985년 미국, 1986년 일본, 2005년 한국
광저우	26,094 $	1993년 미국, 1990년 일본, 2013년 한국
선전	27,164 $	1994년 미국, 1991년 일본, 2014년 한국

표 4.4   1선 도시의 1인당 GDP (2017년)

출처: 国家统计局(http://data.stats.gov.cn); World Bank(https://data.worldbank.org)

적으로 달성하기 위해서는 중국은 이러한 이중 도전을 극복해야 한다.

(1) 경제성장: 중간소득함정

2012년 18차 당대회에서 공산당 서기장으로 취임한 이후 시진핑은 '중국의 꿈'(中國夢)을 국정 목표로 제시하였다. 이 목표는 '두 개의 백년'(兩個一百年)으로 구체화되었다. 첫 번째 백년은 중국공산당 창당 100주년인 2021년까지 '샤오캉' 사회, 두 번째 백년은 건국 100주년인 2049년까지 중국을 부강한 민주문명과 조화롭고 아름다운 사회주의 현대화 강국 건설을 목표로 한다.

두 번째 목표를 달성하기 위해서는 중국은 중간소득 국가(세계은행 기준 2018년 일인당 국민총소득 1,026~12,375달러)가 고소득 국가(12,376 이상)로 도약하지 못하는 중진국 함정을 극복해야 한다. 19차 당대회 보고에 시진핑 주석이 중간소득층(中等收入群体)을 세 번이나 언급한 것을 보면, 이 문제가 얼마나 중요한 과제인가를 알 수 있다.[25] 2018년 중국의 일인당 GNI는 9,460달러이다.[26]

역사적으로 보면, 저소득국가(1990년 PPP 기준으로 2,000달러)에서 중상소득 국가(1990년 PPP 기준으로 7,250달러)로 성장하는 데 평균 55년,

중상소득 국가에서 고소득 국가(1990년 PPP 기준으로 1만 1,750달러)로 성장하는 데 평균 15년 소요되었다.[27] 지난 1960~2008년간 전 세계의 중간소득 국가와 지역은 101개로, 이중 13개 국가(적도 기니, 그리스, 홍콩, 아일랜드, 이스라엘, 일본, 모리셔스, 포르투갈, 푸에르토리코, 싱가포르, 한국, 스페인, 대만)만이 고소득 경제로 도약하는 성공하였다.[28]

중간소득국가에서 고소득 국가로 도약을 가로막는 문제는 경제뿐만 아니라 정치사회에도 존재한다. 일반적으로 고령화/노령화로 인한 생산가능인구(15~64세) 감소, 산업구조 고도화 실패, 금융시장 발전 지체, 인프라 불충분, 창의적 교육 미흡, 노동시장 개혁 실패 등의 요소들이 복합적으로 경제성장률을 하락시키는 것으로 알려져 있다.[29]

19차 당대회 이후 중국정부는 중진국 함정을 극복하기 위해 방안을 구체화하기 위해 양개백년 사이에 중간 단계를 추가하였다. 제 1단계는 2020년 '전면적 샤오캉 사회' 건설이다. 시진핑 주석은 2020년 신년사에서 1인당 GDP가 1만 달러에 근접하고 중국정부 기준인 연 소득 2,300위안 이하 (세계은행은 2011년 구매력 기준 일일 소득 1.9달러 또는 연 694달러 이하) 빈곤층이 완전히 소멸될 것으로 예고하였다.[30]

제2단계 2035년 '사회주의 현대화' 기본 실현도 어려운 목표가 아니다. 2010년대 평균 6% 이상을 성장해왔던 추세를 볼 때, 특별한 문제가 없다면 향후 18년간 연평균 2.8% 성장은 충분히 가능하다. 만약 연평균 5.8% 성장하면, 이스라엘, 스페인의 1/4 사분위 수준, 6.5% 성장하면 일본, 영국, 핀란드, 프랑스에 다가설 수 있다.

마지막 제3단계인 2050년 '사회주의현대화강국' 건설은 쉽지 않다. 이를 위해서는 향후 33년간 연평균 성장률을 최소 3% 이상 유지해야 한다. 연평균 성장률이 3.4%이면이탈리아, 이스라엘, 스페인의 1/3 사분위 수준, 4.1% 성장하면 일본, 영국, 핀란드, 프랑스의 중앙값, 4.6% 성장하면 호주, 벨기에, 독일의 2/3 사분위 수준에 도달할 것이다.

표 4.5   중국 공산당 19차 당대회 발전 방안

시기	목표	연평균 성장률	비교 대상
2020년	전면적 샤오캉 사회 건설		2016년 구매력 일인당 GDP 기준 미국의 27%, 호주의 32%, 한국의 41%
2035년	사회주의 현대화 기본 실현	5.80%	이스라엘, 스페인의 1/4 사분위 수준 일인당 구매력 GDP 기준 미국의 약 60%
		6.50%	일본, 영국, 핀란드, 프랑스
2050년	사회주의 현대화 강국 건설	3.40%	이탈리아, 이스라엘, 스페인의 1/3 사분위 수준
		4.10%	일본, 영국, 핀란드, 프랑스의 중앙값
		4.60%	호주, 벨기에, 독일의 2/3 사분위 수준

출처: 清华大学中国与世界经济研究中心, 2017年第四季度 中国宏观经济分析与预测: 十九大后的中国经济 2018, 2035, 2050 (2017), pp. 2-5.

계획대로 목표에 달성하기 위해서는 중국은 중진국 함정을 회피한 동아시아 경로를 따라야 한다. 이럴 경우 2050년 중국 GDP는 미국 GDP의 253%가 될 것으로 추정된다. 반대로 중국 경제가 이 함정에 빠진 남미 경로를 따를 경우 중국 GDP는 2030년대 중반 미국 GDP의 127%까지 성장하였다가 2040년대 말에는 97%로 하락할 것으로 예상된다. 1인당 GDP 전망에도 두 가지 가능성이 공존한다. 중국 경제가 동아시아 경로를 따를 경우 2050년 1인당 GDP 기준으로 중국은 미국의 73.4%까지 도달할 것이다. 만약 중국 경제가 남미 경로를 따를 경우 중국의 1인당 GDP는 2030년대 중반 미국의 1인당 GDP의 33.0%로 정점에 이르렀다가 2050년 28.1%로 하락할 것이다.

2010년 대 이후 중국이 도입한 신창타이(新常態), 공급측개혁(供給側改革), 중국제조(中國制造) 2025, 인터넷+ 등은 인구노령화 속에서 생산성을

도표 4.4	중국과 미국의 GDP 및 1인당 GDP 전망(2016~2050년): 동아시아 경로 대 남미 경로

출처: 清华大学中国与世界经济研究中心, 2017年第四季度 中国宏观经济分析与预测: 十九大后的中国经济 2018, 2035, 2050 (2017), p.12.

높여 경제성장률의 하락을 막기 위한 정책이다. 이 정책이 완수된다면 중국 경제의 구조는 수출에서 내수, 제조업에서 서비스업, 국가주도에서 민간주도로 변화하게 될 것이다. 최근까지 경제구조의 재균형 정책은 어느 정도 성과를 거두었다.[31]

무역전쟁 이후 재균형 정책을 추진하는 대내외 여건이 급속하게 악화되었다. 미국의 보호주의 압력 때문에 수출이 줄어 내수와 고용에 피해가 확산되고 있다.[32] 이 문제를 완화하기 위해 중국은 거시경제정책의 기조를 긴축에서 확장으로 이동시켰다. 이 때문에 공급측개혁의 핵심인 부채 및 부실채권의 축소가 점점 더 어려워지고 있다. 또한 미국의 불공정 관행에 대한 개선 요구로 인해 첨단산업을 육성하기 위한 산업정책의 여지가 점점 더 줄어들고 있다. 중국이 이 문제들을 해결하지 못한다면, 두 번째 100년의 목표를 달성하는 데 필요한 경제성장률을 지속하지 못할 수도 있다.

(2) 무역전쟁

2018년 3월 시작된 미중 무역전쟁은 중국의 대전략에 심대한 영향을 미치고 있다. 무역전쟁 이전에도 중국에 대한 미국의 시장개방 압력이 없었던 것은 아니다. 2001년 세계무역기구(WTO) 가입 이후 미국은 중국의 대미 무역흑자(즉 미국의 대중 무역적자)를 축소하기 위해 중국에게 위안화 평가절상 및 시장개방을 지속적으로 요구해 왔다. 이와 동시에 미국은 아시아태평양지역의 통상질서의 주도권을 유지하기 위해 중국을 배제하는 메가 자유무역협정인 환태평양 전략적 경제동반자협약(TPP)을 추진하였다. 미국우선주의를 내세운 도널드 트럼프 대통령의 취임 이후 트럼프정부는 그 범위와 강도에서 이전과 근본적으로 통상 압력을 중국에 가하였다. 2017년 『국가안보 전략』 보고서와 『2018년 무역의제』 보고서에서 통상정책을 국가안보 문제로 규정한 트럼프 행정부는 국제기구에 제소를 통한 법률적 절차보다는 보복관세 부과를 통한 양자 협상을 통해 중국을 압박하였다.

트럼프 대통령의 취임 직후 중국은 미중 갈등이 악화되는 것을 막기 위해 미국과 타협을 시도하였다. 2017년 4월 7일 시진핑 주석은 트럼프 대통령과 첫 번째 정상회담에서 미국의 요구를 대폭 수용한 '100일 행동계획'(100 day action plan, 百日计划)에 합의하였다. 미국이 요구한 5가지 사항은 미국산 소고기 수입 재개, 미국산 유전자조작 농산물 승인절차 가속화, 중국 내 100% 외자 금융서비스 기업에 신용평가서비스 허가, 미국 지급결제서비스 기업 중국 진출 허가, 미국 금융기관의 채권 거래 허가 등이다. 중국도 중국의 미국 LNG 수입 확대, 상하이 청산소 '적용유예' 기간 연장, 중국산 조리 가금류에 대한 수입규제 해제방안 마련, 미국 내 중국은행에 타 외국계 은행과 동등 지위 부여, 일대일로 포럼에 美 고위 당국자 참석 등을 미국에 요구하였다.

이 계획의 종료 이후에도 중국의 대미 무역흑자(즉 미국의 대중 무역적

자)는 줄기는커녕 더 늘어났다. 이에 미국무역대표부(USTR)는 2017년 8월 1974년 통상법(Trade Act of 1974)에 따라 중국의 불공정 무역 관행에 대한 조사에 착수하였다. 이 조사 결과에 의거해 USTR은 중국산 수입품에 대한 관세를 부과하기 시작하였다. 이와 동시에 USTR은 중국에게 외국기업에 대한 기술이전 강요, 외국기업에 대한 차별적 허가 규제, 선진기술 확보를 위한 중국기업의 해외투자 장려, 불법적인 지재권 및 민감 상업정보 침탈, 반독점법, 인력 유출 등을 포함하는 불공정 관행도 협상의제로 지정하였다.

중국은 2018년 3월 23일 "무역전쟁에서 싸우길 원하지는 않지만, 그것을 절대적으로 두려워하지 않는다(中方不希望打贸易战, 但绝不害怕贸易战)"[33]라고 선언하면서, 미국과 무역전쟁에 돌입하였다. 이후 중국은 동일한 규모, 금액 및 강도라는 대등보복원칙(对等报复原则)에 따라 미국이 보복조치를 강화할 때마다 맞대응을 하는 치고받기(tit for tat)로 대응을 해왔다.[34] 대미 수출이 수입보다 훨씬 더 많기 때문에 이 원칙을 엄밀하게 유지할 수 없었지만, 중국은 대두, 수수, 옥수수 등 농작물에 대한 수입을 제한함으로써 농업지대(Farm Belt)에서 트럼프 대통령에 대한 지지도를 약화시키려는 전술을 구사하였다.

2019년 들어 무역전쟁은 환율과 과학기술로 급속하게 전이되었다. 2019년 8월 위안화 가치가 1달러 당 7위안 이하로 붕괴(속칭 破七)되자마자 미국은 중국을 환율조작국으로 지정하였다. 중국이 인공지능(AI), 5세대 통신(5G), 사물인터넷(IoT), 핀테크(fintech) 등에서 세계적 수준으로 발전하자, 미국은 디지털 보호주의(digital protectionism, 数字保护主义)/ 기술민족주의(techno-nationalism, 技术民族主义)의 차원에서 중국 첨단 기업의 활동을 적극적으로 규제하고 있다. 상무부 산업보안국(Bureau of Industry and Security)은 실체 목록(entity list, 实体清单)에 화웨이와 그 계열사를 포함시킴으로써 미국 기업과 거래를 제한하려고 하였다. 재무부 산하, 미국

외국인투자심의위원회(CFIUS)도 중국 기업의 미국 기업 인수 합병을 심사할 때 국가안보 위협 기준을 아주 심각하게 적용하고 있다. 또한 연방수사국(FBI), 교육부 및 과학재단은 중국 출신 과학자들이 첨단기술을 중국으로 유출시키지 못하도록 공동연구를 제한하고 있다.

무역전쟁 발발 후 22개월 동안 13차례의 고위급 회담을 거쳐 2020년 1월 15일 중국은 미국과 1단계 합의에 도달하였다. 중국은 미국 기업들에 대한 기술 이전 강요 금지, 미국 지식재산권의 보호 강화, 금융시장 개방, 및 거시경제정책 환율조작 금지는 물론 농산물, 공산품, 서비스 등 분야에서 2,000억 달러 규모의 미국산 제품 구매 등 미국의 요구사항의 대부분을 양보하였다.[35] 그러나 상호존중, 평등 및 호혜의 원칙에 부합하지 않는다고 주장해온 이행 기제(enforcement mechanism, 实施机制)에 필요한 법률 개정 문제에 대해서는 미국의 입장을 수용하지 않았다.[36]

미국의 요구에 대한 양보가 중국에 불리한 것만은 아니다. 국유기업에 대한 특혜 축소, 금융 자율화 및 자본시장 개방, 지적 재산권 보호 강화 등은 공급측 개혁과 배치되지 않기 때문이다. 1999년 WTO 가입 신청이 개혁개방을 강화하는 데 기여했듯이, 무역전쟁이 경제 및 산업 구조를 수출에서 내수, 제조업에서 서비스업, 국가 주도에서 민간주도로 전환하는 경제구조 재균형을 촉진시키는 계기가 될 수도 있다.

중국이 2단계 협상에서 국가주권을 침해할 수 있는 미국의 요구를 거부할 경우, 중국과 미국의 탈동조화(decoupling, 脱钩)가 가속화될 것이다. 트럼프 행정부는 무역, 투자, 금융 및 생산 모두에서 대중의존도를 축소하기 위한 정책을 강화하고 있다.[37] 시진핑정부도 무역전쟁 이전부터 가치사슬의 고도화를 위해 중국제조 2025, 인터넷 +와 같은 산업정책을 추진해왔다.[38] 무역전쟁이 협상을 통해 종전되더라도 양국이 탈동조화를 추구할 경우, 중국이 미국과 상호이익을 공유하는 차이메리카(Chimerica, 中美国) /공동의존(codependency, 相互依存)로 회귀하기는 사실상 불가능할 것이다.

무역전쟁이 2차 합의에 실패해 장기화될 경우, 양국 모두에서 "호랑이 두 마리가 하나의 산자락에서 함께 살 수 없다(一山不容二虎)"는 결론에 도달할 가능성이 있다.[39] 마이크 펜스 부통령은 인도태평양전략을 통해 중국의 일대일로 구상을 막겠다는 의도를 분명히 하였다.[40] 경제적 탈동조화가 전략적 경쟁과 연계될 경우, 세계가 미국 블록과 중국 블록으로 양분되는 신냉전(또는 냉전 2.0)이 불가피할 것이다.

공식적으로 부인하고 있지만, 탈동조화와 신냉전이 중국에게 꼭 불리한 것만은 아니다. 경제규모가 증대하고 기술수준이 발전하면, 중국의 대외의존도가 낮아지고 대신 나머지 국가들의 대중의존도가 상승할 것이다.[41] 경제성장을 위해 미국 시장에 상품을 수출해야 할 필요가 없어진다면 무역불균형의 원인이 해소되어, 중국은 미국의 압박에 현재보다 훨씬 덜 민감하고 덜 취약하게 축소된다.[42] 이렇게 될 경우, 세계경제에서 중국의 영향력이 증가하는 동시에 미국에 대한 전략적 자율성이 증가할 것이다.[43]

탈동조화와 신쟁전의 위험이 증가하면서, 중국에서 쌍순환 전략에 대한 논의가 시작되었다. '국내대순환을 위주로 국내외 쌍순환이 상호 촉진(国内大循环为主体, 国内国际双循环相互促进)'이 시사하듯이, 이 전략의 핵심은 국제대순환이나 아니라 국내대순환에 있다. 국제대순환은 1987년 국가계획위원회 경제연구소 왕젠(王建) 연구원이 처음 제기한 수출지향 경제발전전략이다. 미국이 중국의 대외진출을 방해하는 상황에서는 중국은 이 전략을 효과적으로 추진하기가 어려운 상황에 직면한 것이다. 이 때문에 중국은 내수 부양을 경제성장의 동력으로 만드는 국내대순환 전략으로 선회하는 것이다. 그렇다고 해서 중국이 국제대순환을 완전히 포기하는 것은 아니다. 글로벌 공급망에서 중국을 배제하려는 미국의 압박에 대항하기 위해, 중국은 기술수준이 높은 한국과 일본은 물론 기술수준이 낮은 동남아시아 국가들을 포괄하는 지역공급망을 구축할 계획을 가지고 있다.[44]

5. 한국에 주는 함의

1992년 공식 수교 이후 한국은 중국의 경제적 부상에 가장 큰 혜택을 본 국가들 중 하나가 되었다. 한국이 수출한 중간재를 중국이 가공, 조립한 완제품을 해외로 수출하는 가치사슬이 형성된 이후 중국의 수출 증가가 한국의 대중 수출 증가로 이어지는 선순환 구조가 확립되었다. 수교 이후 무역전쟁 발발 전인 2017년까지 25년 간 한국의 대중국 수출증가율은 46배였다. 같은 세계 상품교역 증가율이 4.2배라는 사실을 볼 때, 한중 경제관계가 얼마나 상호보완적이었는가를 쉽게 알 수 있다. 그림 4에 나타나 있듯이, 대중 수출이 급속히 증가하면서 한국의 전체 수출에서 중국이 차지하는 비중이 증가하고 미국과 일본의 비중이 하락하였다.

탈냉전 이후 세계금융위기 전까지 미국은 중국을 동반자로 간주했기 때문에 중국의 부상은 미국의 안보 위협으로 인식되지 않았다. 이런 환경 속에서는 한국은 안미경중의 장점을 충분히 활용하였다. 그러나 위기 이후 중

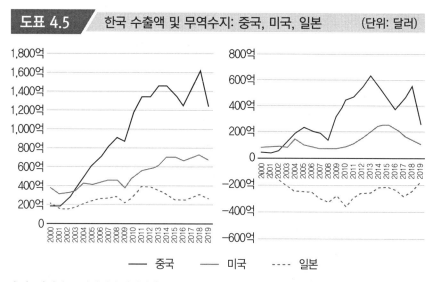

도표 4.5 한국 수출액 및 무역수지: 중국, 미국, 일본 (단위: 달러)

― 중국   ― 미국   ---- 일본

출처: 관세청, 국가별 수출입실적 (https://unipass.customs.go.kr/ets/index.do)

국을 경쟁자/도전자로 인식하면서, 미국은 동아시아 회귀/재균형전략의 연장선상에서 중국을 배제하는 TPP를 추진하였다. TPP 협상에 참여하지 않은 한국은 2012년 발효된 한미 FTA, 2015년 발효된 한중 FTA를 통해 양국과 경제협력을 강화하였다. 중국으로 적으로 규정한 트럼프 행정부가 경제-안보 연계를 더욱 강화하면서, 우리나가 안미경중을 유지하기 어렵게 되어가고 있다. 2016년 7월 미국의 고고도미사일방어체계(THAAD) 배치 허용 결정 이후 중국은 다양한 보복조치를 통해 한중 교류를 제한하였다. 트럼프 행정부는 무역적자 축소는 물론 인도태평양전략 참여 및 방위비 분담금 대폭 인상을 요구하였다.

무역전쟁이 협상을 통해 종식된다면, 안미경중은 완전히 회복되지 않더라도 어느 정도 지속될 수 있다. 그러나 미중의 전략적 갈등이 심화되어 탈동조화와 신냉전이 도래한다면, 안미경중은 더 이상 지속되기 어렵게 된다. 따라서 한국은 새로운 전략을 모색해야 한다.

가장 먼저 고려해야 사항은 국력 격차 및 무역 구조이다. 두 나라는 명목 GDP 기준으로 10~15배 이상 크며 한국은 양국 모두에 대해 흑자를 기록하고 있다. 무역 규모와 지리적 근접성에서는 중국, 군사안보와 정치사회적 제도에서 미국이 유리하다는 점에서는 차이가 있지만, 한국은 양국의 압력에 취약하고 민감할 수밖에 없다.

구조적 비대칭성을 극복하기 위해서는 미국과 중국에 대해서는 양자 차원에서 직접적 대응하기보다는 다자 차원에서 접근해야 더 유리하다. 안미경중의 약화로 피해를 보는 국가들과 공동으로 대응할 수 있는 협의체를 구성하는 것도 고려해볼 필요가 있다. 미국이 주도하는 4개국 안보대화(Quadrilateral Security Dialogue)를 진행하고 있는 일본·인도·호주도 경제적 이익을 포기하면서까지 미국에 협조하지는 않고 있다.

중국이 한국보다 현재 3배 정도 빠르게 경제성장을 하고 있기 때문에, 경제적 격차는 더욱 확대될 것이다. 미국이 미국우선주의에 따라 보호주의를 견지한다면, 한국 수출의 대중의존도는 낮아질 가능성이 높지 않다. 그 결과 한중 교역 관계의 비대칭성 — 한국의 대중 수출의존도 약 25%, 중국의 대 한국 수출의존도 약 4% — 은 약화되지 않을 것이다.

중국에 대한 전략적 자율성을 확보하기 위해서는 경제구조의 재균형과 산업구조의 고도화가 필수적이다. 대외적 취약성을 축소하기 위해서는 수출보다는 내수, 제조업보다는 서비스업, 대기업보다는 중소기업을 더 진작해야 한다. 이와 동시에 중국이 자체적으로 생산하거나 제공하지 못하는 제품과 서비스를 개발해야 한다. 사드 배치 이후 중국의 보복조치에도 불구하고 중국의 첨단산업 발전에 필수적 반도체 수출은 전혀 타격을 받지 않았다.

시장 다변화(diversification)는 조심스럽게 추진되어야 한다. 중국의 경제성장을 대체할 수 있는 경제권이 당분간 등장할 가능성이 거의 없기 때문이다. 유럽과 러시아는 물론이고 동남아시아와 인도는 중국의 대체재가 아니라 보완재로 남을 가능성이 훨씬 더 크다. 또한 한국은 2013년 이후 중국의 최대수입국의 지위를 유지하고 있다. 한국이 선점하고 있는 시장을 스스로 방기하는 것은 자충수에 다름 아니다. 이런 점에서 한국은 중국을 배제하는 '포스트 차이나'(post-China)나 '넥스트 차이나'(next China)은 중국 이외의 시장으로 다변화보다는 중국 시장으로 주변화(marginalization)가 될 공산이 더 크다. 따라서 한국은 중국을 중심에 두고 다른 국가들을 포용하는 '중국 더하기 하나'(China plus One)를 모색해야 한다.

또한 중국이 핵심이익으로 간주하는 문제에 대해서는 개입을 최소화해야 한다. 사드 배치 결정 이후 중국의 보복조치로 한국 경제는 상당히 큰 충격을 받았다. 중국이 반대하는 인도태평양전략에 한국이 공식적으로 참여할 경우, 중국의 반발은 이전보다 더 클 것으로 예상된다. 따라서 한미 군사협력을 한반도 이외의 지역으로 확대하는 경우, 한국은 북한의 무력 도발 억지라는 본연의 목적을 벗어나지 않고 비군사적 활동에 국한되도록 유의해야 할 것이다.

주

1) David Dollar, Yiping Huang and Yang Yao (eds.), *China 2049: Economic Challenges of a Rising Global Power* (Washington DC: Brookings Institution, 2020); Ross Garnaut, Ligang Song and Cai Fang (eds.), *China's 40 Years of Reform and Development: 1978–2018* (Canberra: ANU Press, 2018); Sulmaan Wasif Khan, *Haunted by Chaos: China's Grand Strategy from Mao Zedong to Xi Jinping* (Cambridge: Harvard University Press, 2018).

2) 国家统计局, 国际地位显著提高 国际影响力持续增强: 新中国成立70周年经济社会发展成就系列报告之二十三 (2019年8月29日).

3) Jonathan Woetzel, Jeongmin Seong, Nick Leung, Joe Ngai, James Manyika, Anu Madgavkar, Susan Lund, and Andrey Mironenko, *China and the World: Inside the Dynamics of a Changing Relationship* (McKinsey Global Institute, 2019), p. 28.

4) Randall L. Schweller and Xiaoyu Pu, "After Unipolarity: China's Visions of International Order in an Era of U.S. Decline," *International Security* 36–1 (2011).

5) 朱锋·武海宝, 改革开放40年中国外交战略的两大转型及其内在逻辑, 『理论与评论』 第6期 (2018).

6) Qin Yaqing, "Continuity Through Change: Background Knowledge and China's International Strategy," *Chinese Journal of International Politics* 7–3 (2014).

7) Zheng Bijian, "China's 'Peaceful Rise' to Great-Power Status," *Foreign Affairs* 84–5 (2005).

8) Robert L. Suettinger, "The Rise and Descent of 'Peaceful Rise'," *China Leadership Monitor*, No. 12 (2004).

9) Robert B. Zoellick, *Whither China: from Membership to Responsibility, Remarks before National Committee on U.S.-China Relations* (Washington D C: 21 September 2005).

10) C. Fred. Bergsten, "A Partnership of Equals: How Washington Should Respond to China's Economic Challenge," *Foreign Affairs* 87–4 (2008).

11) Cong Mu, Wen Rules out 'G2' Proposal, *Global Times* (22 May 2009).

12) Ben S. Bernanke, *The Global Saving Glut and the U.S. Current Account Deficit, Remarks at the Sandridge Lecture, Virginia Association of Economics* (Richmond: 10 March 2005); Ben S. Bernanke, *Global Imbalances: Recent Developments and Prospects, At the Bundesbank Lecture* (Berlin: 11 September 2007); Ben S. Bernanke, *Monetary Policy and the Housing Bubble, Remark at the Annual Meeting of the American Economic Association* (Atlanta: 3 January, 2010).

13) Zhou Xiaochuan, "On Savings Ratio" (2009); Zhou Xiaochuan, "Reform the International Monetary System" (2009).

14) Wang Jisi, "China's Search for a Grand Strategy: A Rising Great Power Finds its Way," *Foreign Affairs* 90–2 (2011).

15) Michael D. Swaine, "China Assertive Behavior-Part One: On 'Core Interests'," *China Leadership Monitor*, No. 34 (2011); Thomas J. Christensen, "The Advantages of an Assertive China: Responding to Beijing's Abrasive Diplomacy," *Foreign*

Affairs 90–2 (2011); Alastair Iain Johnston, "How New and Assertive Is China's New Assertiveness?," *International Security* 37–4 (2013).

16) John J. Mearsheimer, *The Tragedy of Great Power Politics*, Updated edition (New York: W. W. Norton & Company; 2014).

17) Graham Allison, *Destined For War: Can America and China escape Thucydides's Trap* (Boston: Houghton Mifflin Harcourt, 2017).

18) Aaron L. Friedberg, *A Contest for Supremacy: China, America and the Struggle for Mastery in Asia* (New York: W. W. Norton and Company, 2011); Michael Pillsbury, *The Hundred-Year Marathon: China's Secret Strategy to Replace America as the Global Superpower* (New York: St. Matin's Griffin, 2015); David C. Gompert, Astrid Stuth Cevallos and Cristina L. Garafola, War with China: Thinking Through the Unthinkable (Rand, 2016).

19) Yan Xuetong, "From Keeping a Low Profile to Striving for Achievement," *Chinese Journal of International Politics* 7–2 (2014).

20) Wang Yi, *Toward a New Model of Major-Country Relations Between China and the United States*, Speech at the Brookings Institution (Washington DC: 20 September 2013).

21) Michael D. Swaine, "Chinese Views and Commentary on Periphery Diplomacy," *China Leadership Monitor*, No. 44 (2014).

22) Belt & Road Portal (https://eng.yidaiyilu.gov.cn/index.htm).

23) Wang Yong, *China's New Concept of Global Governance and Action Plan for International Cooperation*, CIGI Papers No. 233 (2019).

24) David Shambaugh, *China Goes Global: The Partial Power* (Oxford: Oxford University Press, 2013)

25) 习近平, 决胜全面建成小康社会夺取新时代中国特色社会主义伟大胜利: 中国共产党第十九次全国代表大会上的报告 (2017年10月28日).

26) World Bank, Country and Lending Groups: Country Classification (https://data helpdesk.worldbank.org/knowledgebase/articles/906519); GNI per capita, Atlas method (current US$) (https://data.worldbank.org/indicator/NY.GNP.PCAP.CD)

27) Jesus Felipe, Utsav Kumar, and Reynold Galope, *Middle-Income Transitions: Trap or Myth?*, Working Paper No. 421, ADB (2014).

28) World Bank and Development Research Center of the State Council, *The People's Republic of China, China 2030: Building a Modern, Harmonious, and Creative Society* (World Bank 2012), p. 12.

29) Xuehui Han and Shang-Jin Wei, Re-examining the Middle-income Trap Hypothesis (MITH): What to Reject and what to Revive?, *Journal of International Money and Finance* 73 (2017).

30) 习近平, 二○二○年新年贺词, 新华社 (2019年12月31日).

31) Longmei Zhang, *Rebalancing in China: Progress and Prospects*, Working Paper No.16/183 (IMF, 2016).

32) IMF, *World Economic Outlook* (October 2019), pp. 13, 26–27.

33) 商务部, "商务部新闻发言人就美301调查决定发表谈话," (2018年3月23日).

34) 国务院新闻办公室, 「关于中美经贸摩擦的事实与中方立场」(2018); 「关于中美经贸磋商的中方立场」(2019).

35) USTR, *Economic and Trade Agreement Between the Government of The United States of America and the Government of the People's Republic Of China* (15 January 2020).

36) Wang Cong, "China, US Sign Phase One Trade Deal," *Global Times* (16 January 2020).

37) Paul Blustein, *Schism: China, America, and the Fracturing of the Global Trading System* (Waterloo: CIGI Press, 2019).

38) Wei Li, "Towards Economic Decoupling? Mapping Chinese Discourse on the China-US Trade War," *Chinese Journal of International Politics*, 12–4 (2019).

39) Xiaoyu Pu, "One Mountain, Two Tigers: China, the United States, and the Status Dilemma in the Indo-Pacific," *Asia Policy*, 14–3 (2019).

40) Mike Pence, *Remarks by Vice President Pence on the Administration's Policy Toward China* (Hudson Institute: 4 October 2018); *Remarks by Vice President Pence at the Frederic V. Malek Memorial Lecture* (Wilson Center: 24 October 2019).

41) Jonathan Woetzel, Jeongmin Seong, Nick Leung, Joe Ngai, James Manyika, Anu Madgavkar, Susan Lund, and Andrey Mironenko, *China and the World: Inside the Dynamics of a Changing Relationship* (McKinsey Global Institute, 2019).

42) Robert Koopman, Eddy Bekkers, and Carolina Lemos Rego, *Structural Change in the Chinese Economy and Changing Trade Relations with the World*, CEPR Discussion Papers No. 13721 (2019).

43) Aaditya Mattoo and Robert W. Staiger, *Trade Wars: What do They Mean? Why are They Happening Now? What are the Costs?*, World Bank Policy Research Working Paper No. 8829 (2019).

44) 程实·钱智俊, "内外循环演进的顺势之道与制胜之基," 『FT中文网』(2020年9月23日).

참고문헌

Allison, Graham. *Destined For War: Can America and China escape Thucydides's Trap*. Boston: Houghton Mifflin Harcourt, 2017.

Belt & Road Portal. https://eng.yidaiyilu.gov.cn/index.htm

Bergsten, C. Fred. "A Partnership of Equals: How Washington Should Respond to China's Economic Challenge." *Foreign Affairs* 87–4 (2008).

Bernanke, Ben S. *Global Imbalances: Recent Developments and Prospects. At the Bundesbank Lecture*. Berlin: 11 September 2007.

_____. *Monetary Policy and the Housing Bubble. Remark at the Annual Meeting of the American Economic Association*. Atlanta: 3 January 2010.

_____. *The Global Saving Glut and the U.S. Current Account Deficit. Remarks at the Sandridge Lecture. Virginia Association of Economics*, Richmond: 10 March

2005.

Bijian, Zheng. "China's 'Peaceful Rise' to Great-Power Status." *Foreign Affairs* 84–5 (2005).

Blustein, Paul. *Schism: China, America, and the Fracturing of the Global Trading System*. Waterloo: CIGI Press, 2019.

Christensen, Thomas J. "The Advantages of an Assertive China: Responding to Beijing's Abrasive Diplomacy." *Foreign Affairs* 90–2 (2011).

Cong, Wang. "China, US Sign Phase One Trade Deal." *Global Times* (16 January 2020).

Dollar, David, Yiping Huang and Yang Yao (eds.). *China 2049: Economic Challenges of a Rising Global Power*. Washington DC: Brookings Institution, 2020.

Felipe, Jesus, Utsav Kumar and Reynold Galope. *Middle-Income Transitions: Trap or Myth?*. Working Paper No. 421, ADB, 2014.

Friedberg, Aaron L. *A Contest for Supremacy: China, America and the Struggle for Mastery in Asia*. New York: W. W. Norton and Company, 2011.

Garnaut, Ross, Ligang Song and Cai Fang (eds.). *China's 40 Years of Reform and Development: 1978–2018*. Canberra: ANU Press, 2018.

GNI per capita. Atlas method (current US$). https://data.worldbank.org/indicator/NY.GNP.PCAP.CD

Gompert, David C., Astrid Stuth Cevallos and Cristina L. Garafola. *War with China: Thinking Through the Unthinkable*. Rand, 2016.

Han, Xuehui, and Shang-Jin We. Re-examining the Middle-income Trap Hypothesis (MITH): What to Reject and what to Revive?. *Journal of International Money and Finance* 73 (2017).

IMF. *World Economic Outlook* (October 2019).

Jisi, Wang. "China's Search for a Grand Strategy: A Rising Great Power Finds its Way." *Foreign Affairs* 90–2 (2011).

Johnston, Alastair Iain. "How New and Assertive Is China's New Assertiveness?." *International Security* 37–4 (2013).

Khan, Sulmaan Wasif. *Haunted by Chaos: China's Grand Strategy from Mao Zedong to Xi Jinping*. Cambridge: Harvard University Press, 2018.

Koopman, Robert, Eddy Bekkers and Carolina Lemos Rego. *Structural Change in the Chinese Economy and Changing Trade Relations with the World*. CEPR Discussion Papers No. 13721 (2019).

Li, Wei. "Towards Economic Decoupling? Mapping Chinese Discourse on the China-US Trade War." *Chinese Journal of International Politics* 12–4 (2019).

Mattoo, Aaditya, and Robert W. Staiger. *Trade Wars: What do They Mean? Why are They Happening Now? What are the Costs?*. World Bank Policy Research Working Paper No. 8829 (2019).

Mearsheimer, John J. *The Tragedy of Great Power Politics*. Updated edition. New

York: W. W. Norton & Company, 2014.

Mu, Cong. Wen Rules out 'G2' Proposal. *Global Times*, 22 May 2009.

Pence, Mike. *Remarks by Vice President Pence at the Frederic V. Malek Memorial Lecture.* Wilson Center: 24 October 2019.

_____. *Remarks by Vice President Pence on the Administration's Policy Toward China.* Hudson Institute: 4 October 2018.

Pillsbury, Michael. *The Hundred-Year Marathon: China's Secret Strategy to Replace America as the Global Superpower.* New York: St. Matin's Griffin, 2015.

Pu, Xiaoyu. "One Mountain, Two Tigers: China, the United States, and the Status Dilemma in the Indo-Pacific." *Asia Policy* 14-3 (2019).

Schweller, Randall L., and Xiaoyu Pu. "After Unipolarity: China's Visions of International Order in an Era of U.S. Decline." *International Security* 36-1 (2011).

Shambaugh, David. *China Goes Global: The Partial Power.* Oxford: Oxford University Press, 2013.

Suettinger, Robert L. "The Rise and Descent of 'Peaceful Rise'." *China Leadership Monitor*, No. 12 (2004).

Swaine, Michael D. "China Assertive Behavior-Part One: On 'Core Interests'." *China Leadership Monitor* No. 34 (2011).

_____. "Chinese Views and Commentary on Periphery Diplomacy." *China Leadership Monitor* No. 44 (2014).

USTR. *Economic and Trade Agreement Between the Government of The United States of America and the Government of the People's Republic Of China.* 15 January 2020.

Woetzel, Jonathan, Jeongmin Seong, Nick Leung, Joe Ngai, James Manyika, Anu Madgavkar, Susan Lund and Andrey Mironenko. *China and the World: Inside the Dynamics of a Changing Relationship.* McKinsey Global Institute, 2019.

World Bank and Development Research Center of the State Council. *The People's Republic of China, China 2030: Building a Modern, Harmonious, and Creative Society.* World Bank, 2012.

World Bank. Country and Lending Groups: Country Classification. https://data helpdesk.worldbank.org/knowledgebase/articles/906519

Xiaochuan, Zhou. "On Savings Ratio." 2009.

_____. "Reform the International Monetary System." 2009.

Xuetong, Yan. "From Keeping a Low Profile to Striving for Achievement." *Chinese Journal of International Politics* 7-2 (2014).

Yaqing, Qin. "Continuity Through Change: Background Knowledge and China's International Strategy." *Chinese Journal of International Politics* 7-3 (2014).

Yi, Wang. *Toward a New Model of Major-Country Relations Between China and the United States.* Speech at the Brookings Institution. Washington DC: 20 September 2013.

Yong, Wang. *China's New Concept of Global Governance and Action Plan for International Cooperation.* CIGI Papers No.233, 2019.

Zhang, Longmei. *Rebalancing in China: Progress and Prospects.* Working Paper No.16/183, IMF, 2016.

Zoellick, Robert B. *Whither China: from Membership to Responsibility, Remarks before National Committee on U.S.-China Relations.* Washington DC: 21 September 2005.

国家统计局. 国际地位显著提高 国际影响力持续增强: 新中国成立70周年经济社会发展成就系列报告之二十三 (2019年8月29日).

国务院新闻办公室.「关于中美经贸摩擦的事实与中方立场」(2018)

_____.「关于中美经贸磋商的中方立场」(2019).

商务部. "商务部新闻发言人就美301调查决定发表谈话,"(2018年3月23日).

习近平. 决胜全面建成小康社会夺取新时代中国特色社会主义伟大胜利: 中国共产党第十九次全国代表大会上的报告 (2017年10月28日).

习近平. 二〇二〇年新年贺词, 新华社 (2019年12月31日).

程实·钱智俊. "内外循环演进的顺势之道与制胜之基."『FT中文网』(2020年9月23日).

朱锋·武海宝. 改革开放40年中国外交战略的两大转型及其内在逻辑,『理论与评论』第6期 (2018).

정책 제언

1. 중국과 경제적 격차 확대로 인한 전략적 비대칭성의 심화에 대처하기 위해서는 능동적이고 선제적인 국내외 통합전략이 필요하다.

2. 대내적으로는 대외의존도 — 그 중에서도 대중 및 대미 수출의존도 — 를 축소하기 위해서는 내수시장의 규모를 확장하는 동시에 수출시장을 다변화해야 한다.

3. 대외적으로는 안미경중에 의존하는 국가들과 공동으로 대응책을 모색할 수 있는 협의기제를 구축할 필요가 있다.

4. 단 중국의 경제 보복을 피하기 위해서는 중국과 군사적 충돌 가능성이 예상되는 국제적 분쟁에는 개입을 최대한 자제해야 한다.

5장

아태 지역 강대국의 대응전략:
일본과 인도

이승주(중앙대학교 정치국제학과)

핵심 논지

1. 미국과 중국이 일대일로와 인도태평양전략을 기반으로 지역 질서를 재설계하기 위한 전략을 구체화하고 있다. 지역 강대국들은 지역 내 영향력을 유지·확대하기 위해 미국과 중국은 물론, 역내 약소국들과의 관계도 동시에 재설정해야 하는 이중의 도전에 직면하고 있다는 점에서는 공통점을 갖고 있음에도, 대외전략에서 상당한 차별성을 드러내고 있다.

2. 일본의 경우, 아베정부는 보통국가화와 국제협조주의를 외교정책 목표로 내세우고, 모토로 양자 차원에서는 미일동맹의 재조정을 통한 일본의 역할 강화 및 확대를 추구하고 있다. 지역전략과 관련, 일본은 자유롭고 개방된 인도태평양(FOIP: Free and Open Indo-Pacific) 구상을 추진하는 과정에서 다양한 방식으로 미국이 주도하는 인도태평양전략에 적극적으로 호응하는 한편, 포괄적/점진적 환태평양 경제 동반자 협정(CPTPP: Comprehensive and Progressive Agreement for Trans-Pacific Partnership) 체결과 발효 과정에서 나타났듯이, 트럼프 행정부의 TPP 탈퇴에 따른 지역 내 다자주의

계속 ▶▶

질서의 공백을 메우는 전략적 다자주의를 실행하고 있다.

3. 지역전략과 관련, 인도는 일본과 달리 중국 위협을 관리하고 기회를 활용하는 가운데, 미국과의 협력을 양자 수준에서 점진적으로 확대·강화하는 경향을 보이고 있다. 중국에 대한 위협 인식이 높은 반면, 일대일로를 인도의 지속가능한 발전을 위한 기회로 활용해야 한다는 인식이 상당 정도 형성되어 있기 때문이다. 따라서 인도태평양전략에 대해서도 인도는 미국과의 양자관계를 상당 정도 심화·발전시켜왔으나, 중국에 대한 봉쇄라는 시그널을 보낼 수도 있는 협력의 다자화에 대해서는 상당히 신중한 입장을 취하고 있다.

1. 서론

2010년대 미중경쟁이 본격화·장기화됨에 따라 지역 강대국들은 전략적 딜레마에 직면하고 있다. 중국의 일대일로에 대응하여, 미국이 인도태평양전략을 구체화하는 단계로 진행하면서 지역 강대국들에게 전략적 선택의 압박이 가중되고 있기 때문이다. 지역 강대국들은 미국 및 중국과 같은 초강대국들의 경쟁 구도가 격화될수록 전략적 선택의 폭이 좁아지는 가운데, 전통적인 강대국으로서 지역 내 영향력을 유지 또는 확대하는 한편, 지역 질서의 변화 과정에서 약소국들과의 관계를 재구성해야 하는 매우 복합적인 게임을 전개해야 하는 상황에 직면하고 있기 때문이다. 초강대국이 존재하는 가운데, 특히 초강대국 간 패권 경쟁의 전초전이 전개되는 상황에서 지역 강대국의 전략적 선택의 폭이 넓지 않을 뿐 아니라, 전형적인 균형 또는 편승 정책과 같은 단순한 정책의 한계가 명확하다는 점에서 지역 강대국의 전략적 딜레마는 가중될 수밖에 없다.

일본과 인도의 미중경쟁에 대한 인식과 대응은 상당한 차별성을 드러내고 있는 것은 역설적으로 지역 강대국들의 전략적 선택이 그만큼 불확실성을 내포하고 있다는 증거이기도 하다. 일본은 미국과의 양자 및 다자 협력 강화를 통해 중국의 부상과 일대일로에 대한 견제와 지역 아키텍처의 재편을 위해 적극적으로 노력하는 모습을 보였다. 아베정부의 이러한 외교 노선은 과거 정부와 비교할 때 상당한 차별화라고 할 수 있다. 반면, 인도는 중국과 높은 수준의 긴장 관계를 겪고 있음에도 일본과 달리 미국과의 협력에 상대적으로 신중한 접근을 하는 모습을 보이고 있다. 미중경쟁에 대한 인도의 외교적 대응은 중국 위협을 관리하고 기회를 활용하는 가운데, 미국과의 협력을 양자 수준에서 점진적으로 확대, 강화하는 것으로 집약된다.

코로나19의 세계적 확산과 미중 전략경쟁이 상호작용하면서 미국과 중국의 지역전략에도 커다란 영향을 미쳤을 뿐 아니라, 일본과 인도가 미국의 지역전략에 대한 협력을 더욱 강화하는 결과가 초래되었다. 2020년 9월 스티븐 비건(Stephen E. Biegun) 미 국무부 부장관이 쿼드를 국제기구화하겠다는 구상을 밝힌 데서 나타나듯이, 트럼프 행정부가 인도태평양전략의 다자화를 추구하고 있다. 트럼프 행정부가 그동안 추구하였던 양자적 접근을 다자화함으로써 전략의 입체화를 시도하였다는 점에서 인도태평양전략의 진화라고 할 수 있다. 트럼프 행정부는 인도태평양전략을 실행하는 데 쿼드를 활용하기는 하였으나, 이 협력 체제는 기본적으로 미국을 중심으로 한 양자협력의 네트워크적 성격을 띠고 있었다. 트럼프 행정부가 쿼드의 국제기구화를 추진하는 것은 기존의 양자협력 네트워크로부터 전환을 의미하는 것이라고 할 수 있다. 이러한 측면에서 일본과 인도는 호주와 함께 트럼프 행정부가 추진하는 인도태평양전략의 핵심 국가가 될 것이다.

코로나19를 계기로 중국은 지역전략을 포함한 대외전략 전반에서 공세적 성격을 강화하였다. 코로나19의 충격을 먼저 겪은 중국은 비교적 효과적인 대응 능력을 보인 동시에 중국 체제의 구조적 문제점을 드러내기도 하였다. 코로나19에 대한 대응 과정에서 중국은 데이터의 투명성과 개방성에 대한 신뢰에 다양한 문제를 노출하였다. 또한 중국은 코로나19가 세계적으로 확산되자 '마스크 외교(mask diplomacy)'를 적극적으로 펼침으로써 자국의 문제 해결에 주력하던 미국과 차별화를 시도하였으나, 이 역시 지정학적 이익을 투사하려는 시도의 일환이라는 비판에 직면하기도 하였다. 한편, 중국은 코로나19 이후 미중 전략경쟁이 확대·강화되면서 미국의 지역 파트너 가운데 약한 고리에 해당하는 국가들에 대하여 압박과 회유의 양면 전술을 펼쳤다. 이 과정에서 중국의 부상에 따른 서진과 공세적 외교에 위협을 느낀 인도는 인도태평양전략에 더욱 협조적인 태도를 보이기 시작하였고, 그 결과 중국과 인도는 40년 만에 처음으로 총격전을 벌일 정도로 관계가 악화되었다.

　이 글은 다음과 같이 구성된다. 2절에서는 지역 강대국으로서 일본과 인도가 대응 방안을 수립하는 데 결정적 영향을 미치는 전략 환경변화의 성격을 검토한다. 여기에서는 특히 중국의 일대일로와 미국이 주도하는 인도태평양전략이 일본과 인도의 대외전략에 미치는 영향을 중점적으로 고찰한다. 3절에서는 미중경쟁에 대한 일본의 대응을 아베정부의 외교 노선인 보통국가화와 국제협조주의의 시각에서 검토한다. 또한 아베정부가 인도태평양전략의 진행 과정에서 '자유롭고 열린 인도태평양'을 구체화하는 가운데 미국과의 협력을 확대·강화하는 과정을 검토한다. 4절에서는 중국의 부상이 인도에 초래하는 전략적 딜레마와 이에 대한 인도의 선택지를 우선 고찰한다. 이를 바탕으로, 인도가 미국과 중국 사이에서 취하는 외교전략의 기본 방향을 제시한다. 구체적으로 인도정부가 위협 요인인 동시에 기회 요인인 중국에 대응하는 과정에서 미국과의 협력 관계를 어떻게 설정하는지를 검토한다. 마지막으로 5절에서는 일본과 인도의 미중경쟁에 대한 검토를 바탕으로 양국 대응 방식에 나타난 차별성과 그 원인을 규명한다.

2. 인도태평양전략과 일대일로: 전략적 환경의 변화

시진핑정부는 2013년 일대일로를 출범시킨 이래 역내 인프라 건설을 위해 1조 달러를 투입하겠다는 계획을 밝힌 바 있다. 이로 인해 역내 국가들이 일대일로 사업이 연결성의 증진을 통해 미래의 성장을 촉진하는 새로운 동력이 될 것이라는 기대가 커지게 되었다.[1] 그러나 일대일로의 출범 이후 역내 인프라의 건설이 확대되는 과정에서 지정학적 갈등이 증폭되는 결과가 초래되기도 하였다. 중국정부가 공언한 것처럼 역내 인프라 수요를 충당할 자본 수요가 급증하고 있는 것은 사실이나, 중국정부가 국영 은행과 자국 기업들을 동원하여 인프라를 건설하는 데 대하여 다양한 의구심이 지속적으로 제기되어 왔다.[2] 중국 자본이 투입된 프로젝트의 투명성과 거버넌스 문제뿐 아니라 중국이 부채의 덫을 전략적으로 활용한 외교를 펼친다거나 통신 인프라 건설 과정에서 주요 인프라에 대한 안보 취약성 등 매우 다양한 잠재적 위험이 제기되고 있다.[3]

말레이시아 마하티르 모하메드(Mahathir Mohamad) 총리가 재선 후 중국과의 우호적인 관계를 유지, 발전시키기는 노력의 일환으로 5일 간 중국을 방문하기도 하였으나, 동해안철도(ECRL: East Coast Rail Link), 가스 파이프라인, 다제품파이프라인(MPP: Multi-Product Pipeline) 사업 등 일대일로 사업 3개를 취소한 바 있다. 마하티르 총리의 이러한 결정은 일대일로 사업 국가 부채를 증가시킬 것이라는 우려와 일대일로 사업 추진 과정에서 사업비용이 급증하고, 이 가운데 일부가 부채로 전환된 데 대한 우려와 비판을 인식한 것이었다.[4] 구체적으로 중국이 일대일로 사업의 비용을 과대 계상하여 말레이시아정부 기금에 구제 금융을 제공하겠다는 제안을 한 것으로 알려진 바 있다.[5] 중국정부는 물론 이러한 제안을 부인하고 있으나, 사실 여부를 떠나 이 보도는 일대일로 사업의 불투명성을 드러내는 계기가 되었다. 일대일로 사업을 적극적으로 수용한 국가들조차도 그 경제적 부담과

전략적 의미에 대해 재검토하는 변화가 발생하는 것은 이 때문이다.[6]

　미국이 인도태평양전략을 추구한 데는 일대일로에 대한 기대와 우려가 동시에 교차하는 지역 환경의 변화가 작용하였다. 미국 주도하는 인도태평양전략은 초기 단계에는 '주권과 자주에 대한에 대한 존중', '분쟁의 평화적 해결', '개방적 투자, 투명한 협정, 연결성에 기초한 자유롭고, 공정하며, 호혜적인 무역(free, fair, and reciprocal trade based on open investment, transparent agreements, and connectivity)', '항행 및 항공의 자유를 포함한 국제법의 준수'와 같은 가치의 확산이라는 비전과 원칙을 제시하는 수준에 머물렀다.

　2019년 발간된 미 국무부는 보고서에는 인도태평양전략의 두 가지 변화가 발견된다. 첫째, 인도태평양전략이 비전 단계에서 진화하여 역내 개별 국가들과 구체적인 협력 분야를 적시하는 등 구체성을 더해 가고 있다. 미국은 일본과 에너지와 인프라 부문에서의 협력을 특히 강조하는데, '미일전략에너지파트너십(JUSEP: Japan-U.S. Strategic Energy Partnership)'과 '미일전략디지털경제파트너십(JUSDEP: Japan-U.S. Strategic Digital Economy Partnership)'이라는 양자협력의 틀을 통해 인도태평양 지역에서 아프리카 동부까지 방대한 지역에서의 에너지와 인프라 협력을 구체화하려는 의도이다.[7] 미국은 또한 인도를 주요 안보 파트너로서 설정하고, 미국-인도 파트너십을 양자 차원에서 안보 협력은 물론 경제협력까지 포괄하는 제도적 협력의 틀로서 '2+2' 대화의 중요성을 강조하고 있다. 미국이 지역 및 지구적 차원의 '개발 도전(development challenges)'에 효과적인 대응을 하기 위해 인도와의 협력이 긴요하다는 것이다.[8]

　둘째, 인도태평양전략은 초기의 양자적 접근의 단계를 넘어 다자적 관여(multilateral engagement)로 진화하고 있다. 예를 들어, 미국은 인도와의 파트너십을 양자 차원을 넘어 소다자 또는 다자 협력 메커니즘과 통합함으로써 다층적, 다면적 협력으로 발전시켜나가려는 전략을 추구하고 있다.

2019년 장관급 회의를 격상된 '미국-호주-인도-일본 4각 협의체(The U.S.-Australia-India-Japan Quadrilateral Consultations)'가 인도와의 협력을 다층화, 다면화하는 제도적 플랫폼이다. 이 회의에서 4개국은 해양 안보, 고품질 인프라, 지역 연결성을 위한 협력 의사를 확인하는 한편, 대테러 및 사이버 안보 분야의 협력을 위한 우선순위에 대하여 논의하는 등 전통 안보를 넘어 비전통 안보 관련 분야의 협력 방향을 포괄적으로 논의하였다 데 의미가 있다. 미국은 또한 인도와 협력하여 제3국의 모자 보건 개선 위해 협력하는 등 협력의 범위를 다면화하고 있다.

이는 미국정부가 인도태평양전략의 다자화를 통해 규칙 기반의 아키텍처를 구축하려는 시도라고 할 수 있다. 이에 따라, 미국과 중국 사이에는 지역 아키텍처의 재편을 위한 경쟁이 본격화되고 있다.[9] 트럼프 대통령은 중국이 일대일로를 통해 지정학적 영향력을 증대하는 데 대응하여 아시아, 아프리카, 남북미 지역의 인프라를 건설하는 데 소요되는 재원 조달을 보다 용이하도록 하기 위해 대외원조의 대폭적인 확대를 추진하고 있다. 트럼프 행정부가 600억 달러의 자금을 관리하는 미국국제개발금융공사(DFC: The United States International Development Finance Corporation)를 신설하여, 차관, 지급 보증, 보험 등 다양한 방식으로 재정 지원을 제공할 수 있도록 하였다.[10] 이러한 정책은 트럼프 행정부가 취임 전부터 대외원조에 매우 비판적인 자세를 보였던 것을 감안하면 매우 전향적인 정책 전환이라고 할 수 있다.[11] 이러한 정책 전환은 트럼프 행정부의 대외정책 기조 자체의 변화라기보다는 일대일로를 활용하여 인도태평양 지역에 경제적, 정치적, 외교적 영향력을 증대시키려는 중국의 시도에 대한 전략적 대응의 일환이라고 할 수 있다.

3. 일본

1) 아베정부의 외교안보전략: 보통국가화와 국제협조주의

아베정부의 보통국가 추구는 표면적으로 '국제협조주의에 기초한 적극적 평화주의'를 표방하고 있다.[12] 이는 기존의 소극적 평화주의를 넘어 세계 평화와 번영에 보다 적극적으로 기여한다는 의미의 국제협조주의이다.[13] 아베정부의 국제협조주의는 실행 과정에서 역내 국가들과의 전략적 호혜 관계를 구축하고, 보편적 가치에 입각한 지구적 차원의 연대를 추구하는 형태로 나타난다.

한편, 미중경쟁이 본격화되는 데 대하여 아베정부의 외교안보전략은 과거와 달리 적극적이고 공세적으로 대응할 필요가 있다는 국내적 공감대를 바탕으로 재구성되기 시작하였다. 아베정부는 중국의 부상이 가시화됨에 따라 이에 수세적으로 대응하는 데서 탈피하기 위해 다각적으로 노력하였다. 그 핵심은 보통국가화와 미일동맹의 변환으로 요약된다. 이 가운데 보통국가의 추구는 경제적으로는 보편적 가치에 기반한 경제력과 기술력을 갖추고, 외교안보적으로는 전수방위와 비핵 3원칙을 유지하는 가운데 개방적이고 안정적인 해양을 만드는 데 공헌하겠다는 것이다. 이른바 '경제 대국', '해양 국가', '평화 국가'를 실현하는 것이 아베정부의 보통국가론이다.[14] 아베정부는 일본의 역할 확대 추구를 선언적 차원에 그치지 않고 외교 및 군사안보 역량을 안보 법제의 제개정과 국가안전보장회의의 설치 등을 통해 제도적으로 뒷받침하고 있다. 과거의 보통국가론이 주로 목표와 방향 설정 차원에서 논의되었다면, 현재의 보통국가론은 수단과 방법을 구체화하고 있다. 목표와 지향 면에서 보통국가론의 확대 발전, 수단과 방법 면에서 다차원적 접근이라고 할 수 있다.[15]

아베정부가 군사를 포함한 외교안보적 역할을 증대하는 데 미일동맹의 강화는 필수적이다. 미국과 일본은 동맹을 재조정하는 과정에 돌입하였고, 아베정부는 동맹 파트너로서 한층 적극적인 역할을 모색할 수 있는 계기를 마련하였다. "향후 일본은 미국이 주도적 역할을 하는 지역과 세계안보체제를 연결하는 적극적 공헌자가 될 것"이라는 언명이 아베 총리가 지향하는 보통국가의 의미를 담고 있다.[16]

아베정부가 과감한 외교안보정책을 전면에 내세울 수 있는 것은 동중국해와 남중국해에서 중국의 공세가 증가하고, 북한의 핵과 미사일 개발이 지속되며, 러시아의 일본 영공 침투 군사 비행의 증가 등 지역안보 환경이 급격하게 변화하고 있다는 데 미일 양국이 견해를 같이 하고 있기 때문이다. 지역안보 환경이 급격하게 변화함에 따라 미일동맹의 복합성이 증가해왔는데, 이러한 변화는 2015년 미일 방위 가이드라인 개정에 반영되었다. 방위 가이드라인은 '물샐 틈 없고, 강건하며, 유연하고, 효과적인(seamless, robust, flexible, and effective)' 협력을 통해 미일동맹을 한 차원 높은 수준으로 끌어올리기로 합의하였다. 요컨대 일본 외교안보정책의 기본 축인 미일동맹을 외교안보 환경의 변화에 보조를 맞추어 동태적으로 변화시키는 한편, 미일동맹의 발전을 위한 필요조건으로서 보통국가가 필요하다는 점을 역설하고 있다. 이는 아베정부의 보통국가화 노선이 미일동맹의 틀 속에서 진행되고 있음을 의미한다.

2) FOIP의 부상과 진화

일본정부는 보통국가론과 국제협조주의의 연장선에서 인도태평양전략을 추진하였다. 아베정부는 인도태평양전략이 국제사회의 안정과 번영을 위한 일본의 이니셔티브이며, 국제사회의 공공재를 제공하는 데 일본이 적극적인 공헌을 하겠다는 의지를 표명하였다. 아베정부는 '자유롭고 열린 인도태평양(自由で開かれたインド太平洋戦略)'을 표방하며 인도태평양전략을 추

진하기 시작하였다. 아베정부가 추진하는 인도태평양전략의 기원은 10여 년 전으로 거슬러 올라간다. 아베 총리가 1차 집권기 2007년 8월 인도 의회에서 행한 연설에서 '두 대양의 합류(Confluence of the Two Seas)'와 '자유와 번영의 호(arc of freedom and prosperity)'를 주창한 데서 일본이 구상하는 인도태평양전략의 윤곽이 최초로 공개되었다. 이후 2차 집권에 성공한 아베 총리가 2015년 12월 다시 인도를 방문하면서 '일본-인도 비전 2025'를 발표하는 자리에서 '일본과 인도 양국은 자유롭고 개방된 인도태평양전략을 추진할 것'임을 공식화하면서 일본의 인도태평양전략이 구체화되기 시작하였다.[17]

일본과 양국의 공동 선언문의 제목과 부제가 '특별한 전략적 글로벌 파트너십: 인도태평양 지역과 세계의 평화와 번영을 위한 협동'(日印ヴィジョン2025 特別戦略的グローバル・パートナーシップ: インド太平洋地域と世界の平和と繁栄のための協働)인 데서 나타나듯이, 일본은 인도와의 협력을 양자 차원에 머물지 않고, 지역과 지구적 차원의 협력을 위한 교두보로 설정하였다. 이를 바탕으로 아베정부는 인도태평양 전략의 외연을 넓혀나가는 수순으로 나아갔다. 2016년 8월 TICAD에서 '자유', '법치', '시장 경제', '폭력과 강압으로부터의 자유' 등을 내세움으로써 인도태평양전략에 담을 가치와 원칙들을 구체화하기 시작하였다.[18]

FOIP의 추진은 일대일로에 대한 일본의 인식과 밀접한 관련이 있다. 중국정부는 일대일로를 추진하면서 대외적으로는 운명 공동체 형성과 중국 경제와 주변국 경제의 통합이라는 야심찬 목표를 동시에 제시하고 있다. 동시에 중국정부는 일대일로를 통해 이와 더불어 지정학적 이해관계의 유지와 지역 안정, 에너지 안보, 미국(및 일본)과의 경쟁에서 유리한 위치 확보 등 다양한 전략적 효과를 기대하고 있다. 중국의 부상에 대한 위협 인식과 일대일로는 일본이 반응적 외교에서 탈피하여 보다 적극적인 외교전략을 추구하도록 만든 핵심적인 요인이다.[19] 특히 일본은 일대일로의 출범 이후 약화되었던 정치적, 경제적 영향력을 회복하려는 전략적 의도를 FOIP에 투사하고 있다.

FOIP은 국제 공동체의 안정과 번영의 관건은 아시아와 아프리카 대륙의 연결로 인해 창출되는 활력(dynamism)과 불가분의 관계에 있다고 상정한다. 인도태평양 지역에 자유롭고 열린 해양 질서를 수립하는 것은 국제적인 공공재이며, 일본은 이러한 아이디어를 지지하는 모든 국가화 협력하겠다는 것이 FOIP의 기본 입장이다. FOIP은 (1) 법치, 항행의 자유, 자유 무역의 증진과 수립, (2) 연결성의 증진을 통한 경제적 번영의 추구, (3) 해양법 실행 및 인도적 지원과 재난 대응 등 평화와 안정에 대한 노력 등 세 가지 축으로 구성된다.[20] FOIP은 아베정부의 대외정책 기조가 가치뿐 아니라 규칙과 표준에 초점을 맞추고 있다는 점에 주목할 필요가 있다. 일대일로의 불투명성과 차별화하기 위해서는 결국 표준과 규칙을 선점하는 것이 수원국의 호응을 얻을 수 있을 뿐 아니라, 중국과의 경쟁에서 유리한 위치를 확보하는 데 도움이 된다는 판단이다.[21]

FOIP의 일차적인 목적은 아시아, 중동, 아프리카 지역의 연결성을 증진하는 데 있다. 다만, FOIP은 물리적 인프라의 연결을 통해 무역과 투자의 확대를 기한다는 점에서는 일대일로와 유사한 점이 있다. 그러나 일본은 '수준 높은 인프라(QI: Quality Infrastructure)'를 지향하고, 이를 미국이 주도하는 인도태평양전략의 안보 포럼인 4자 안보 대화(Quadrilateral Security Dialogue) 및 인도와의 양자관계와 연계한다는 한다는 점에서 일대일로와의 차별화를 시도하고 있다.[22] 아베정부가 인도태평양을 추진하는 과정에서 중국과 차별화를 위하여 법치, 투명성, 개방성, 높은 수준의 경제 규칙 등을 강조하는 이유는 이 때문이다.

2017년 이후 FOIP은 일본 지역외교정책의 핵심으로 부상하였다.[23] 일본정부는 특히 개발협력을 통해 FOIP을' 신속하기 추진하는 접근을 하였다. 일본정부는 '2017 개발협력중점방침'에서 '수준 높은 인프라(quality infrastructure)'를 추진함으로써 중국의 원조 및 협력 정책의 투명성을 높이는 효과와 인프라 건설 과정에서 부정부패 감소 효과 또한 기대한다고 구체적으로 명시한 바 있다. 특히 일본정부는 '미-일-호주 삼자 투자 이니셔티브(trilateral investment initiative)'를 통해 인도태평양 지역에서 급격하게 증가하고 있는 인프라 수요에 부응하는 데 합의하였다. 미얀마, 스리랑카, 베트남 등이 일본의 새로운 개발협력 전략의 주요 대상국이 될 전망이다. 이 과정에서 2015년 이후 일본의 양허성 차관은 2배 이상 증가한 2조 엔에 달하였다.[24] 일본의 양허성 차관은 개도국의 경제사회 인프라 사업을 위한 재정 지원을 제공하는 것으로 상대국의 발전전략과의 연계를 강화하는 데 우선순위를 부여하고 있다.

FOIP은 위에서 소개한 아베정부의 보통국가론을 실현하는 현실적 수단이라는 의미가 있다. 즉, 일본정부는 FOIP을 통해 '지역 연결성과 적극적 평화주의'를 결합할 수 있게 된 것이다. 일본정부는 인도태평양전략에서 이어 받아 아시아와 아프리카. 인도양과 태평양이라는 방대한 지역을 수준 높은 인프라의 건설을 통해 연결하겠다는 의사를 표명하는 동시에, 2013년 국가안보전략에 최초로 명시된 적극적 평화주의를 FOIP에 포함한 것이다. 이러한 점에서 FOIP은 중국의 부상에 대한 지정학적 반응 이상의 의미를 가졌다. FOIP은 일본 지역 외교 핵심 축이자 미일동맹 강화를 양자 차원을 넘어 지역 차원으로 끌어올린 것이다.

다만, 인도태평양전략이 부상하는 중국에 대한 직접적인 견제를 상정하는 것이라는 국내외적인 의구심이 제기되자, 일본정부는 인도태평양이 구상(vision)일 뿐, 전략(strategy)이 아니라는 점'을 강조하기 시작하였다.[25] 이러한 점에서 일본정부는 인도태평양을 전형적인 현실주의적 접근과 일정한 거리를 두기 위해 노력한 것이라고 할 수 있다. 특히 아베정부는 2019년 7월 오사카 G20 정상회의를 개최 앞두고 대중국 관계 개선을 위한 분위기를 조성하고, 일대일로와 관련하여 중국과 일본의 협력 방안을 탐색하는 등

변화의 모습을 보이기 시작하였다. 이 과정에서 일본정부는 '인도태평양전략'에서 '인도태평양 비전'으로, 다시 '자유롭고 열린 인도태평양'(自由で開かれたインド太平洋: Free and Open Indo-Pacific)이라는 변화된 용어를 채택하였다.[26]

일본은 또한 2018년 4월, 중국과 2010년 이후 처음으로 고위급 (경제) 대화를 재개하였다. 이 대화에서 아베정부는 투명성과 개방성 등 국제 표준을 충족할 경우라는 전제를 달기는 하였으나, 일대일로 사업에 대한 협력 의사를 밝히는 한편, '무역 전쟁이 세계 경제의 성장을 위협하고, 양국이 협력할 것'에 합의하는 등 양국 사이의 공통의 이해를 발굴하려는 모습을 보였다.

3) FOIP과 미일협력

미국은 FOIP의 틀 속에서 '쿼드(Quad)'를 새롭게 복원하기 위해 노력하고 있으며, 4자 전략대화가 그러한 시도 가운데 하나이다. 일본은 미국의 이러한 시도에 적극 호응하는 대표적인 국가이다. 2017년 11월 일본정부는 4자회담(quadrilateral meeting)에서 FOIP을 명시하였을 뿐 아니라, '법치', '투명성', '언론 자유', '책무성' 등 중국의 대외 정책 기조와 차별화되는 가치를 다시 한 번 확인하였다. 국가안전보장국 차장 카네하라 노부카츠(兼原信克)의 표현에 따르면, 일본은 항행의 자유, 해양법 실행, 인프라 업그레이드에 의해 지지되는 자유롭고 열린 인도태평양을 만들기 위해서 '다시 앞장설 준비가 되어 있다'는 것이다.[27]

미국이 '아시아 엣지(AsiaEDGE)' 프로그램을 통해 역내 국가들의 에너지 역량 강화를 위해 5천만 달러를 제공할 의사를 밝히자, 일본정부는 아시아 지역 LNG 개발을 위한 투자 재원으로 100억 달러를 제공할 것을 공식화하였다. 일본은 특히 환경 및 탄소 복원력이 있는 에너지 인프라를 건설에 역점을 두고 있는 것도 같은 맥락이다.[28]

2019년 일본과 인도는 인도태평양 지역의 평화와 번영을 위한 협력의 증진을 위해 '2+2 외교-국방 장관 대화'를 개최하기로 합의하였다.[29] 인도가 미국이 주도하는 인도태평양전략에 신중한 자세를 보이는 점을 감안할 때, 일본이 인도와의 협력을 강화하는 것은 미국이 인도태평양전략을 우회적으로 지원하는 것이라고 할 수 있다.

일본, 인도 양국 외교장관은 특히 일본 해상 자위대(JMSDF: Japanese Maritime Self Defence Force)와 인도 해군이 다자 훈련에 참여하기 위해 공동의 노력을 기울이기로 한데 이어, 미국-일본-인도 삼자 해상 훈련인 '말라바 2019(Malabar 2019)'에도 환영의 뜻을 같이 하였다. 이러한 일련의 움직임은 일본이 미국 중심의 인도태평양전략에 신중한 입장을 유지하고 있는 인도에 대한 우회적인 관여를 지원하는 것이라고 할 수 있다.

FOIP은 아베정부의 대외경제정책과도 연계된다. 2010년대 일본 통상 정책은 기존 정책과 상당한 차별성을 띠기 시작하였다. 일본 통상 정책의 변화의 분수령이 된 것은 TPP 협상 참가였다. 아베정부는 2013년 3월 환태평양경제동반자협정(TPP: Trans-Pacific Strategic Economic Partnership) 협상 참가를 공식 선언한 이래("環太平洋パートナーシップ[TPP] 協定交涉参加に関する件" 2013), 호주 등 농산물 수출국과의 FTA 협상도 타결시켰을 뿐 아니라, 2017년 12월에는 EU와의 협상에도 합의하는 등 과거와는 차별화된 매우 공세적인 FTA정책을 펼치고 있다.

일본 통상 정책의 변화는 단순히 TPP 협상에 참가한 데 그치지 않는다. 일본정부는 더 나아가 트럼프 행정부가 TPP를 탈퇴한 이후에도, CPTPP 협상의 개시, 타결, 발효에 이르는 전 과정을 주도하는 함으로써 지역 경제질서의 재편에 있어서 예외적인 리더십을 보여주었다.[30] 이러한 점에서 아베정부의 통상 정책을 '전략적 다자주의'라고 할 수 있다. 아베정부는 메가 FTA를 통해 FTA 따라잡기에 성공하였을 뿐 아니라, 지역 경제질서 재편의 성격을 변화시켰다는 점에서 전략적 다자주의의 성격을 띤다.[31] 아베정부의 통상 정책 변화가 역내 주요 국가들로 하여금 '경쟁적 조정(competitive adjustment)'을 하도록 하였다는 점에서 일본 자체의 변화를 넘어 지역 경제질서 차원의 체제적 변화를 수반하였다.[32] 더 나아가 아베정부의 통상 정책은 트럼프 행정부의 양자주의로 인해 발생한 리더십 공백을 메우고, 새로운 지역 경제질서를 수립하는 데 있어서 규칙 형성(rule-making)을 주도하며, 동류 국가들과의 협력을 추구하였다는 점에서 전략적 다자주의의 가능성을 보여주었다.

　트럼프 행정부 등장 이후 일본의 전략적 다자주의는 미국의 리더십 공백을 메우는 효과를 초래하였다. 트럼프 행정부가 TPP 탈퇴 결정을 내린 것은 오바마 행정부가 메가 FTA를 추진하는 데 투사하였던 전략적 이익과 경제적 이익을 재구성하고 있음을 상징적으로 보여준다. 트럼프 행정부는 지적재산권 등 TPP에서 합의된 새로운 분야의 규칙을 선도함으로써 자국의 이익을 우선 추구하는 장으로서 양자주의에 대한 강한 선호를 보이고 있다. 중국은 미국의 이러한 움직임에 대응하여 메가 FTA에 대해 과거보다 유연한 자세를 보이는 한편, 일대일로 정책 등을 통해 통상전략을 보다 높은 수준의 대전략과 긴밀하게 연계하는 경향을 드러내고 있다. 구체적으로 아베정부는 미국의 탈퇴 이후 이익의 균형을 다시 맞추기 위해 상당한 리더십을 발휘하였다.

4. 인도

1) 중국의 부상과 인도의 전략적 딜레마

중국의 부상이 본격화된 2010년대 이후 인도와 중국의 관계는 매우 양면적이다. 인도는 국경 분쟁 등으로 인해 중국과 오랜 기간 긴장 관계를 유지해

왔고, 인도-중국관계의 이러한 성격은 근본적으로 해소되지 않은 상태이다. 예를 들어, 2017년 8월, 도클람 지역에서 인도와 중국의 군사적 대치 상황이 전개된 바 있고, 더 나아가 수자원 공유와 무역 불균형에서 국제기구 회원 가입 문제, 중국의 인도 세력권에 대한 영향력 확대, 인도의 아시아태평양 지역에 대한 이해관계 증대에 이르기까지 양국 사이의 긴장과 갈등 관계는 매우 광범위하다. 물론, 인도에 대한 중국의 우려 요인도 존재한다. 특히, 중국의 입장에서 볼 때, 인도양에 대한 중국의 의존이 증가하고 있고, 미-인도 방위 협력이 확대되는 것은 우려할 만한 사항이다.

한편, 2018년 4월 우한 정상회담에서 시진핑 주석과 모디 총리가 중-인 관계의 재조정을 시사한 데서 나타나듯이, 인도는 경제성장의 지속가능성을 제고하기 위해 중국과의 협력 및 지원이 필요한 상황이다. 이러한 측면에서 볼 때, 중국의 부상은 인도의 전략적 환경의 변화를 초래하는 요인으로 작용하고 있다. 인도가 중국에 대하여 경성 균형을 전면적으로 추구하기에는 제약 요인이 많기 때문에, 중국의 부상은 인도에게 전략적 선택의 딜레마로 대두되고 있다.[33]

인도와 중국의 군사비 지출이 1,505억 달러 대 525억 달러로 현격한 차이가 있을 뿐 아니라, 양국의 경제 관계가 비대칭적이고, 파키스탄 문제와 인도양에서 중국의 영향력 강화 등 외교안보적 요인을 고려할 때, 인도가 중국에 대하여 경성 균형을 추구하기는 쉽지 않은 상황이다. 인도의 딜레마는 중국이 인도의 쿼드 협력에 대해 압박할 수 있는 다양한 수단 — 인프라 개발 지원, 국경 지역의 군사적 긴장 조성, 인도양 지역에서 중국의 존재감 확대, 인도의 전통적인 라이벌 파키스탄에 대한 지원 등 — 을 갖고 있다는 점이다.[34] 이러한 구조적 한계는 인도가 미국이 전개하는 중국과의 경쟁을 위한 협력을 전면적으로 확대, 강화하는 데 신중하게 하는 요인이 된다.[35]

그렇다고 해서 인도의 전통적 외교 노선인 비동맹 정책의 중국의 부상이라는 구조적 변화에 맞게 재구성하는 방안 역시 한계가 있다. 이 안은 2012

년부터 인도 내에서 꾸준히 제기되고 있는데, 미국과 중국의 정통성을 약화
시키고(delegitimize), 약소국에 대한 지원을 확대함으로써 인도의 전략적
공간을 확대하려는 구상이다. 일대일로 사업의 취소 또는 중단 사례가 빈발
하는 동시에 아세안이 중국의 분열전략에 대응하는 데 어려움을 겪고 있다
는 점에서 인도가 전략적 공간을 확대할 여지가 있기는 하다. 그러나 이 정
책 역시 인도가 동남아 국가들에게 제공할 수 있는 물질적 지원의 한계가 명
확할 뿐 아니라, 새로운 질서를 구축하는 데 있어서도 선도적 역할을 하기
어렵다는 점에서 상대국들에게 매력적으로 다가가기 어렵다는 한계가 있다.

한편, 미국 대외 정책과의 정합성을 전략적으로 제고하는 방안(alignment
as a strategic option)도 검토 가능한 대안이다.[36] 인도의 입장에서는 미일
과 (유사) 동맹을 추구하는 선택이 중국에 대한 강력한 견제 수단이라는 측
면에서는 매우 효과적이다. 중국의 영향력이 강화됨에 따라 미국과의 협력
강화에 대한 인도 내의 관심이 과거에 비해 증가한 것 역시 사실이다. 뿐만
아니라, 인도가 미 군함 수리를 위한 인도 내 해군 항만 시설 사용을 허용하
고, 미국의 첨단 무기를 구매하는 등 양자 차원에서 미국과 군사 협력을 강
화해왔다. 그러나 인도 외교정책의 역사를 돌이켜 볼 때, 미국과의 협력의
수위를 높일 수는 있을지라도, 이를 동맹의 수준으로까지 격상시키는 데는
상당히 험난한 국내정치적 과정을 거쳐야 할 가능성이 높다. 이러한 국내정
치적 한계를 감안할 때, 이 대안은 중국이 인도의 전략적·경제적 이해관계
를 직접적으로 침해할 경우 선택 가능하다고 볼 수 있다.

이처럼 인도가 직면한 구조적 제약과 그에 따른 전략적 선택의 폭이 제한
적이라는 점을 감안할 때, 인도정부는 하나의 대외 정책을 추구하기보다는
다양한 외교정책의 조합을 추구할 수밖에 없는 상황에 있다고 보는 것이 타
당하다. 인도정부가 중국과의 전면적 갈등을 추구하지 않는 이상, 다면 전
략이 현실적 대안인 셈이다. 따라서 인도정부는 다양한 대외 정책의 스펙트
럼 속에서 채택할 수 있는 현실적 대안들을 상호보완적이면서도 신축적으

로 운용하는 방안을 모색하고 있다.

결국 미중경쟁 속에서 인도정부의 대외 정책은 대내외적 한계로 인해 연성 균형(soft balancing)전략을 추구하는 결과로 수렴된다. 이때 인도의 연성 균형전략은 좁은 의미의 제한적 연성 균형보다는 가능한 한 전략적 선택의 범위를 폭 넓게 사용하는 데 초점이 맞추어진 것으로 보인다. 외교 및 제도적 협력과 제한적 경성 균형과 연합 형성을 혼합하는 형태를 취하고 있다.[37] 즉, 군사적 차원에서는 중국에 대하여 제한적 경성 균형의 경향을 보이고, 외교적 차원에서는 미국, 일본, 아세안 등과 협력을 강화하는 연성 균형의 모습을 보이고 있다. 이러한 측면에서 볼 때, 미국-인도 2+2 대화도 동맹이 아닌 전략적 파트너십의 형태에 가깝고, 일본-인도 협력도 아시아-아프리카 경제성장 회랑 건설을 위한 협력을 본격화한다는 점에서 아직 제한적이기는 하나 일대일로에 대한 외교적 대응전략이라고 할 수 있다.

2) 인도태평양전략과 인도

이러한 관점에서 인도태평양전략에 대한 인도의 시각을 검토할 필요가 있다. 인도는 기본적으로 인도태평양전략이 4자 안보 협력을 강화함으로써 중국을 봉쇄하고 지역 질서를 재구성하는 수단으로서 작용할 가능성이 있다는 인식을 갖고 있다.[38] 인도정부가 일대일로의 하향식 접근에 대한 우려와 불만을 갖고 있는 것으로 알려져 있다. 인도정부는 일대일로가 중국의 지정학적 이해관계를 투사하는 수단이 아니라, 개발 중심의 이니셔티브가 되어야 한다는 입장을 견지하고 있다. 즉, 일대일로가 진정으로 지역 연결성을 향상시키기 위해서는 지정학적 고려를 우선한 사업의 추진보다는 '아시아-아프리카 성장 회랑(AAGC: Asia-Africa Growth Corridor)', 방글라데시-중국-인도-미얀마 경제 회랑(BCIM: Bangladesh-China-India-Myanmar Economic Corridor), '국제 남북 운송 회랑(INSTC: International North-South

Transport Corridor)', '러시아 주도의 유라시아 경제 연맹(EAEU: Russia-led Eurasian Economic Union)' 등 기존 프로젝트를 보완하는 데 우선순위를 부여해야 한다는 입장을 견지하고 있다.

인도는 인도태평양전략이 지역 연결성을 주요 어젠다로 설정하고 있기 때문에, 지정학적, 지경학적 협력을 향상시킬 수 있는 기회로 인식하고 있기도 하다. 트럼프 행정부는 인도태평양전략을 구체화하는 방안 가운데 하나로 DFC 등을 통해 국내적으로 개발협력 시스템을 개혁하고, 개발 재원을 확대, 개선함으로써 인도태평양 지역의 인프라 건설을 위한 자본의 투입 규모를 대폭 증가시킬 것임을 공표한 바 있다.[39]

다만, 트럼프 행정부의 이러한 조치가 환영할 만한 것이기는 하나, 인도 정부는 지역 연결성 강화를 위한 인프라 건설에 있어서 과도한 경제적 접근에 대해서는 경계하는 미묘하면서도 신중한 입장을 견지하고 있다. 역내 인프라 확충이 미국의 경제적 이익 추구 수단이 아니라 자유롭고 개방적인 지역 경제 질서의 형성에 초점을 맞추어야 한다는 것이다. 더 나아가 인도가 처한 전략적 환경이 미국 등과 매우 상이하기 때문에 인도태평양전략에 전면적인 협력적 자세를 취하기 어렵다. 예를 들어, 인도는 전통적인 갈등 관계에 있는 파키스탄이 포함된 인도태평양전략에 적극적으로 동조하기 어려운 현실을 감안할 때, 주요 쟁점들에 대하여 광범위한 컨센서스를 형성할 수 있는 협의 메커니즘이 필요하다는 입장이다.

이러한 점에서 인도는 인도태평양전략의 포괄성에 초점을 맞추는 경향을 보이이고 있으며, 미국과의 동맹을 우선하는 일본과 차별화된다. 인도의 이러한 입장은 미국이 중국에 대한 공세적 접근 등 FOIP을 안보전략으로 확대하는 데 위험성이 있다는 인식을 가지고 있기 때문이다. 즉, 인도정부는 일대일로를 고려하여 반 중국으로 해석될 수 있는 이니셔티브에 참여하는 데 대하여 상당한 부담을 갖고 있다. 인도는 일대일로가 기회인 동시에 문제이기 때문에, 미중 가운데 하나를 선택해야 하는 상황을 원하지 않는다 점은 비교적 명확하다. 인도정부가 미-일-호주 인프라 파트너십(US-Japan-Australia infrastructure partnership)과 거리를 두고, 4자 회담을 장관급 회담으로 격상시키는 데 신중한 자세를 보이는 것은 이 때문이다. 2017년 QUAD 2가 양자, 3자, 4자 등 다양하지만 다소 느슨한 방식으로 진행되는 데는 인도의 신중한 입장과 관련이 있다.

5. 결론

지금까지 지역 강대국으로서 일본과 인도가 미중경쟁의 국면 속에서 구사한 대응전략을 검토하였다. 일본과 인도는 지역 강대국으로서 유사한 위치를 확보하고 있으나, 미중경쟁 구도 속에서 추구한 대외전략에서 상당한 차별성을 드러내고 있다. 일본과 인도는 중국의 부상으로부터 제기되는 위협 인식의 차이, 미국과의 협력에 대한 동태적 재구성, 전통적인 외교안보 노선에 대한 비판적 검토 정도, 국내정치적 제약 등 다양한 원인으로 인해 미중경쟁에 대한 대응 방식에 상당한 차이를 보이고 있다.

중국의 부상과 일대일로와 관련, 일본은 중국의 부상에 따른 위협이 점차 강화될 것이라는 공감대가 국내적으로 비교적 탄탄하게 형성되어 있고, 이에 효과적으로 대응하기 위한 수단으로써 보통국가화와 미일 협력의 강화를 지향하고 있다. 아베정부가 내세우는 보통국가는 국내적 차원에서는 제도적 개혁으로 뒷받침되고 있고, 대외적으로도 국제협조주의를 통해 일본의 적극적인 역할을 모색한다는 특징을 갖는다. 보통국가화와 국제협조주의는 미일동맹의 강화를 고리로 연계된다는 점에서 미일동맹은 일본 외교전략의 핵심 축의 역할을 한다. 따라서 중국의 부상에 대응하는 아베정부의 외교적 대응은 미일동맹을 동태적으로 변화시켜나가는 데 우선순위가 부여된다. 이는 양자 차원에서는 미일동맹의 재조정을 통한 일본의 역할 강화이고, 다자 차원에서는 지역 아키텍처의 재설계 과정에서 트럼프 행정부가 남겨 놓은 리더십 공백을 메우는 작업이다.

일본은 FOIP을 추진하는 데 있어서 단순히 일대일로와 차별화되는 가치를 발신하는 단계에서 벗어나, 투명하고 고품질의 인프라 건설, 대규모 재원의 투입, 새로운 표준과 규칙을 설정 등 다양한 방식으로 미국이 주도하는 인도태평양전략에 적극적으로 호응하고 있다. 대외 경제정책에 있어서도 CPTPP 체결과 발효 과정에서 나타났듯이, 트럼프 행정부의 TPP 탈퇴에 따른 지역 내 다자주의 질서의 공백을 적어도 잠정적으로 메우는 리더십을 행사하였다. 이는 반응적, 수동적 태세를 기본으로 하였던 과거의 일본 통상 정책과 명확하게 차별화되는 전략적 다자주의라고 할 수 있다. 일본이 미국과 양자, 다자 차원에서 적극적인 역할을 행사하는 것이 트럼프 행정부가 인도태평양전략을 위한 핵심 파트너로서 일본에게 기대하는 것이기도 하다는 점에서 미일 협력의 확대, 강화는 예정된 결과라고 할 수 있다.

한편, 인도는 일본과 상이한 전략적 환경에 직면하고 있다. 인도는 2017년 중국과 국경 분쟁을 겪을 정도로 중국에 대한 위협 인식이 높은 반면, 일대일로를 인도의 지속가능한 발전을 위한 기회로 활용해야 한다는 인식이 상당 정도 형성되어 있다는 점에서 대중관계에 있어서 전략적 딜레마 상황에 직면해 있다. 중국의 위협에 대한 견제에만 초점을 맞춘다면 미국과의 양자협력 및 인도태평양전략 등 지역 협력에 대한 정책의 동조화를 통해 문제를 해결할 수도 있을 것이다. 그러나 인도의 비동맹이라는 오랜 외교 전통 때문에 미국 대외 정책에 대한 추수적 동조화에 대해서는 국내정치적 반발이 적지 않을 것으로 예상된다.

인도정부가 직면한 전략적 딜레마는 미국과의 전면적인 정책의 동조화를 추구하지 않는 가운데 중국의 위협 요인을 완화하고, 더 나아가 일대일로를 기회 요인으로 활용할 수 있을 것인가 라는 매우 고차원의 함수이다. 인도의 이러한 딜레마는 미국이 주도하는 인도태평양전략에 대한 대응 방식에 잘 나타난다. 인도는 인도태평양전략과 관련, 미국과의 양자관계는 상당 정도 심화, 발전시켜왔으나, 중국에 대한 봉쇄라는 시그널을 보낼 수도 있는 협력의 다자화에 대해서는 상당히 신중한 입장을 취하고 있다. 대신 인도는 일본과의 양자협력을 미국과의 협력과 병행함으로써 양자협력의 범위를 확대하는 변화를 추구하고 있다. 이는 미중경쟁 속에서 지역 강대국 간 협력의 확대·강화라는 의미를 갖는다.

한편, 코로나19의 세계적 확산은 미중 전략경쟁과 맞물려 미국과 중국의 지역전략에 커다란 변화를 초래하고 있다. 쿼드의 국제기구화 시도에서 나타나듯이, 미국은 인도태평양전략을 추진하는 데 있어서 양자협력에 기반한 네트워크를 구성하려던 전략에서 다자화하는 전략으로 전환하고 있다. 향후 인도태평양전략이 다자화되는 과정에서 일본과 인도는 미국에 대한 협력을 다각화하고, 중국의 지역전략에 대한 대응에 공조를 강화해 나가는 모습을 보일 것으로 예상된다.

주

1) Charles W. Ostrom, Jr. and Dennis M. Simon, "Promise and Performance: A Dynamic Model of Presidential Popularity," *The American Political Science Review*. Vol. 79, No. 2 (Jun., 1985); Marlow, Ian and Dandan Li, "How Asia Fell Out Of Love With China's Belt And Road Initiative," *BNN Bloomberg* (December 10, 2018). https://www.bnnbloomberg.ca/how-asia-fell-out-of-love-with-china-s-belt-and-road-initiative-1.1181199
2) Shah Suraj Bhara, "China's Belt and Road Initiative: Debt trap or hope?," *The Straits Times*, 20 October 2018.
3) *The Strait Times*, 20 October 2018.
4) Blake H. Berger, "Malaysia's Canceled Belt and Road Initiative Projects and the Implications for China," *The Diplomat* (27 August 2018). https://thediplomat.com/2018/08/malaysias-canceled-belt-and-road-initiative-projects-and-the-implications-for-china/; 인도네시아에서도 2018년 9월 대통령 선거 기간 중 자카르타-반둥 고속철도 사업의 효과성, 중국 불법 노동자 문제 등 일대일로에 대한 논란이 제기되었다.

Priyandita(2018). Gatra Priyandita, "Belt and Road investment under fire in Indonesia's presidential elections," *East Asia Forum* (20 November 2018). https://www.eastasiaforum.org/2018/11/20/belt-and-road-investment-under-fire-in-indonesias-presidential-elections/

5) Tom Wright and Bradley Hope, "WSJ Investigation: China Offered to Bail Out Troubled Malaysian Fund in Return for Deals," *The Wall Street Journal* (7 January 2019). https://www.wsj.com/articles/how-china-flexes-its-political-muscle-to-expand-power-overseas-11546890449

6) Jonathan Hillman, "Corruption Flows Along China's Belt and Road," *Reconnecting Asia*. (1 January 2019). https://reconnectingasia.csis.org/analysis/entries/corruption-flows-along-chinas-belt-and-road/

7) Department of State(The US), A Free and Open Indo-Pacific: Advancing a Shared Vision (2019).

8) Department of State(2019), p. 9.

9) Seth Schindler and Juan Miguel, "US sparks new development race with China – but can it win?," The Conversation (25 October 2018). https://theconversation.com/us-sparks-new-development-race-with-china-but-can-it-win-105203

10) Glenn Thrush, "Trump Embraces Foreign Aid to Counter China's Global Influence," *The New York Times* (14 October 2018). https://www.nytimes.com/2018/10/14/world/asia/donald-trump-foreign-aid-bill.html

11) 트럼프 대통령은 취임 직후 대외원조를 약 30억 달러 삭감하고, 해외민간투자공사(The Overseas Private Investment Corporation)에 대한 자금 지원을 대폭 감축하고, 227억 달러에 달하는 원조 예산을 관리하던 국제개발청(the United States Agency for International Development)을 개혁하기 위한 조치를 취한 바 있다. Thrush (2018).

12) 박영준, "일본 아베 정부의 미일동맹 정책과 지구본 외교: "국제협조주의"와 "전략적 자율성"의 사이," 『국방연구』 61(3): 183–201 (2018).

13) 国家安全保障会議決定・閣議決定, 「国家安全保障戦略について」(2013).

14) 国家安全保障会議決定・閣議決定 (2013).

15) 이승주, "21세기 일본 외교전략의 변화: 보통국가의 변환과 다차원 외교의 대두," 『한국정치외교사논총』 35(2): 275–306 (2014).

16) 『毎日新聞』, 2013.12.11.

17) 外務省. 日印ヴィジョン2025 特別戦略的グローバル・パートナーシップ: インド太平洋地域と世界の平和と繁栄のための協働. 2015년 12월 12일. https://www.mofa.go.jp/mofaj/s_sa/sw/in/page3_001508.html; 이후 2016년 8월 케냐에서 개최된 '아프리카 개발회의(アフリカ開発会議, TICAD: Tokyo International Conference on African Development)'에서 아베 총리가 행산 기조연설에서 '자유롭고 열린 인도태평양(Free and Open Indo-Pacific)'을 언급하면서 재확인되었다.

18) 外務省, TICAD Ⅵナイロビ宣言. アフリカの持続可能な開発アジェンダ促進繁栄のためのTICADパートナーシップ, 2016년 8월 28일. https://www.mofa.go.jp/mofaj/af/af1/page3_001784.html.

19) Michael Green, "Japan's "Free and Open Indo-Pacific Strategy" as Grand Strategy." (2018). https://www.japan.go.jp/tomodachi/2018/spring2018/contributed_article.

html

20) 外務省, 自由で開かれたインド太平洋: Free and Open Indo-Pacific (2019). https://www.mofa.go.jp/files/000430631.pdf.

21) Crystal D. Pryor and Brad Glosserman, "A 'Free and Open Indo-Pacific': Approaches to Investment and Infrastructure," 15–16 April 2019. https://www.pacforum.org/events/%E2%80%9Cfree-and-open-indo-pacific%E2%80%9D-approaches-investment-and-infrastructure.

22) Axel Berkofsky, Tokyo's 'Free And Open Indo-Pacific': Quality Infrastructure And Defence To The Fore – Analysis. 21 March 2019. https://www.eurasiareview.com/21032019-tokyos-free-and-open-indo-pacific-quality-infrastructure-and-defence-to-the-fore-analysis/

23) 外務省, 『平成29年版外交青書(外交青書2017)』(外務省, 2017).

24) Sonoura Kentaro, "Japan's initiatives for promoting "Quality Infrastructure Investment"," UN General Assembly High-Level Side Event, *Promoting Quality Infrastructure Investment* (2017).

25) Shinichi Kitaoka, "Vision for a Free and Open Indo-Pacific," Asia-Pacific Review 26–1 (2019), pp. 7–17.

26) 外務省, 自由で開かれたインド太平洋: Free and Open Indo-Pacific (2019). https://www.mofa.go.jp/files/000430631.pdf

27) Kanehara (2018).

28) Pryor and Glosserman (2019).

29) "Indo, Japan to hold 2+2 dialogue on Indo-Pacific cooperation," *The Hindu* (3 September 2019). https://www.thehindu.com/news/national/india-japan-to-hold-22-dialogue-on-indo-pacific-cooperation/article29325311.ece

30) 미레야 솔리스(Mireya Solís)와 사오리 카타다(Saori N. Katada)는 이러한 측면에서 일본을 '예상 외의 추축 국가(unlikely pivotal state)'로 명명하였다. Solís, Mireya and Saori Katada, "Unlikely Pivotal States in Competitive Free Trade Agreement Diffusion: The Effect of Japan's Trans-Pacific Partnership Participation on Asia-Pacific Regional Integration," *New Political Economy* 20(2): 155–177 (2015).

31) Yul Sohn, "The Abe Effect on South Korea's Trade Policy," *Asian Perspective* 39: 461–481 (2015).

32) Solís and Katada (2015).

33) Shivshankar Menon, "China, the World and India," *China Report* 52(2): 129–137 (2016).

34) Mark J. Valencia, "What Does a 'Free and Open Indo-Pacific' Actually Mean?," *The Diplomat* (30 March 2018). https://thediplomat.com/2018/03/what-does-a-free-and-open-indo-pacific-actually-mean/

35) *South China Morning Post*, 2017.11.05.

36) 라자고팔란은 인도가 취할 수 있는 선택의 스펙트럼을 비동맹, 헤징, 독자적 군사력 증강, 지역 파트너십 형성, 중국과 협력, 미국과 협력 등으로 구분하고 있다. Rajesh Rajagopalan, *India's Strategic Choices: China and the Balance of Power in Asia*. Carnegie India (September 2017).

37) T. V. Paul, "How India Will React to the Rise of China: The Soft-Balancing Strategy Reconsidered," (2018).
38) Palit, Amitendu and Shutaro Sano, "The Free and Open Indo-Pacific Strategy and Uncertainties for India & Japan," *Asia-Pacific Bulletin*, East-West Center. Number 442 (2018).
39) Department of State (2019).

참고문헌

박영준. "일본 아베 정부의 미일동맹 정책과 지구본 외교: "국제협조주의"와 "전략적 자율성"의 사이." 『국방연구』 61(3): 183-201 (2018).
이승주. "21세기 일본 외교전략의 변화: 보통국가의 변환과 다차원 외교의 대두." 『한국정치외교사논총』 35(2): 275-306 (2014).

Berger, Blake H. "Malaysia's Canceled Belt and Road Initiative Projects and the Implications for China." *The Diplomat* (27 August 2018). https://thediplomat.com/2018/08/malaysias-canceled-belt-and-road-initiative-projects-and-the-implications-for-china/
Berkofsky, Axel. Tokyo's 'Free And Open Indo-Pacific': Quality Infrastructure And Defence To The Fore – Analysis. 21 March 2019. https://www.eurasiareview.com/21032019-tokyos-free-and-open-indo-pacific-quality-infrastructure-and-defence-to-the-fore-analysis/
Bharat, Shah Suraj. "China's Belt and Road Initiative: Debt trap or hope?" *The Straits Times*. 20 October 2018.
Chong, Ja Ian. ASEAN needs more than an 'outlook' on the Indo-Pacific. *East Asia Forum* (3 September 2019). https://www.eastasiaforum.org/2019/09/03/asean-needs-more-than-an-outlook-on-the-indo-pacific/
Choong, William. "America and Japan's vision of an Indo-Pacific free from Chinese threat runs into deep waters." *South China Morning Post*. 23 May 2019.
Department of State (The US). A Free and Open Indo-Pacific: Advancing a Shared Vision (2019).
Green, Michael. "Japan's "Free and Open Indo-Pacific Strategy" as Grand Strategy." (2018) https://www.japan.go.jp/tomodachi/2018/spring2018/contributed_article.html
Hillman, Jonathan. "Corruption Flows Along China's Belt and Road." *Reconnecting Asia* (18 January 2019). https://reconnectingasia.csis.org/analysis/entries/corruption-flows-along-chinas-belt-and-road/
Hosoya, Yuichi. "FOIP 2.0: The Evolution of Japan's Free and Open Indo-Pacific Strategy." *Asia-Pacific Review* 26-1 (2019).

"India is not about to play the US game of rivalry with China." *South China Morning Post*, 2017.11.05.

"Indo, Japan to hold 2+2 dialogue on Indo-Pacific cooperation." *The Hindu*, 3 September 2019. https://www.thehindu.com/news/national/india-japan-to-hold-22-dialogue-on-indo-pacific-cooperation/article29325311.ece

Kitaoka, Shinichi. "Vision for a Free and Open Indo-Pacific." *Asia-Pacific Review* 26–1 (2019).

Marlow, Ian and Dandan Li. "How Asia Fell Out Of Love With China's Belt And Road Initiative." *BNN Bloomberg*. 10 December 2018. https://www.bnnbloomberg.ca/how-asia-fell-out-of-love-with-china-s-belt-and-road-initiative-1.1181199

Menon, Shivshankar. "China, the World and India." *China Report* 52(2): 129–137 (2016).

Palit, Amitendu and Shutaro Sano. "The Free and Open Indo-Pacific Strategy and Uncertainties for India & Japan." *Asia-Pacific Bulletin*. East-West Center. Number 442 (2018).

Paul, T. V. *How India Will React to the Rise of China: The Soft-Balancing Strategy Reconsidered* (2018).

Perlez, Jane, Paul Mozur, and Jonathan Ansfield. "China's Technology Ambitions Could Upset the Global Trade Order." *The New York Times*. 7 November 2017.

Priyandita, Gatra. "Belt and Road investment under fire in Indonesia's presidential elections." *East Asia Forum* (20 November 2018). https://www.eastasiaforum.org/2018/11/20/belt-and-road-investment-under-fire-in-indonesias-presidential-elections/

Pryor, Crystal D., and Brad Glosserman. "A "Free and Open Indo-Pacific": Approaches to Investment and Infrastructure." 15–16 April 2019. https://www.pacforum.org/events/%E2%80%9Cfree-and-open-indo-pacific%E2%80%9D-approaches-investment-and-infrastructure

Rajagopalan, Rajesh. India's Strategic Choices: China and the Balance of Power in Asia. *Carnegie India*. September 2017.

Sahashi, Ryo. "Indo-Pacific in Japan's Foreign Policy." https://csis-prod.s3.amazonaws.com/s3fs-public/FINAL_Working%20Paper_Ryo%20Sahashi.pdf

Sakhuja, Vijay. "Japan Promotes Indo-Pacific in African Strategic Thinking." 6 September 2019. https://www.vifindia.org/article/2019/september/06/japan-promotes-indo-pacific-in-african-strategic-thinking.

Schindler, Seth, and Juan Miguel. "US sparks new development race with China – but can it win?" *The Conversation*. 25 October 2018. https://theconversation.com/us-sparks-new-development-race-with-china-but-can-it-win-105203

Sohn, Yul. "The Abe Effect on South Korea's Trade Policy." *Asian Perspective* 39: 461–481 (2015).

Solís, Mireya and Saori Katada. "Unlikely Pivotal States in Competitive Free

Trade Agreement Diffusion: The Effect of Japan's Trans-Pacific Partnership Participation on Asia-Pacific Regional Integration." *New Political Economy* 20(2): 155–177 (2015).

Sonoura, Kentaro. "Japan's initiatives for promoting "Quality Infrastructure Investment"." UN General Assembly High-Level Side Event. *Promoting Quality Infrastructure Investment* (2017).

Thrush, Glenn. "Trump Embraces Foreign Aid to Counter China's Global Influence." *The New York Times*. 14 October 2018. https://www.nytimes.com/2018/10/14/world/asia/donald-trump-foreign-aid-bill.html

Wright, Tom, and Bradley Hope. "WSJ Investigation: China Offered to Bail Out Troubled Malaysian Fund in Return for Deals." *The Wall Street Journal*. 7 January 2019. https://www.wsj.com/articles/how-china-flexes-its-political-muscle-to-expand-power-overseas-11546890449

Valencia, Mark J. "What Does a 'Free and Open Indo-Pacific' Actually Mean?" *The Diplomat*. 30 March 2018. https://thediplomat.com/2018/03/what-does-a-free-and-open-indo-pacific-actually-mean/

国家安全保障会議決定・閣議決定. 「国家安全保障戦略について」. 2013.

外務省. 日印ヴィジョン2025 特別戦略的グローバル・パートナーシップ: インド太平洋地域と世界の平和と繁栄のための協働. 2015년 12월 12일. https://www.mofa.go.jp/mofaj/s_sa/sw/in/page3_001508.html

外務省. TICAD VIナイロビ宣言. アフリカの持続可能な開発アジェンダ促進繁栄のためのTICADパートナーシップ. 2016년 8월 28일. https://www.mofa.go.jp/mofaj/af/af1/page3_001784.html

外務省. 『平成29年版外交青書(外交青書2017)』. 外務省, 2017.

外務省. 自由で開かれたインド太平洋: Free and Open Indo-Pacific (2019.). https://www.mofa.go.jp/files/000430631.pdf

정책 제언

1. 미국과 중국이 양자 차원의 경쟁뿐 아니라 지역 질서 재편을 위한 경쟁을 동시에 전개하고 있다는 점을 감안하여, 한국은 미국과 중국은 물론 일본 및 인도와 같은 지역 강대국들과의 관계를 선제적으로 재설정할 필요가 있다. 이는 미중경쟁으로 인해 증폭된 지역 차원의 불확실성에 효과적으로 대응할 수 있는 전략적 수단을 확보한다는 의미가 있다.

2. 미국의 리더십 공백을 메우는 전략적 다자주의를 추구하는 일본과 중국을 위협인 동시에 기회로 인식하는 가운데 미국과 중국 사이의 균형적 접근을 추구하는 인도의 차별성의 원인, 효과, 한계 등을 체계적으로 검토하고, 중견국으로서 한국의 외교에 활용할 수 있는 방안을 모색할 필요가 있다.

3. 일본과 인도는 중국의 부상에 대한 위협 인식, 자국의 외교안보 목표 설정, 이를 실천하는 데 활용할 수 있는 수단 등에서 근본적인 차이를 보이고 있으며, 이러한 본질적인 차이를 반영하여 정책 목표와 수단 사이의 정합성을 확보하는 사례로서 일본과 인도를 참고할 필요가 있다.

2부

한국의
신외교 · 안보전략
구상

6장

한국의 동북아전략 평가와 새로운 동아시아전략

배기찬(민주평화통일자문회의)

핵심 논지

1. 1948년 정부 수립 이후 우리 외교는 크게 '동방'정책과 '북방'정책을 통해 발전해왔다. '동방'정책이 미국, 일본 등 자유세계(해양세력)를 향한 것이었다면, '북방'정책은 공산세계(대륙세력)를 향한 것이었다. 이를 통해 미, 일, 중, 러를 핵심으로 하는 동북아국제관계가 형성되었고, 지난 30년 동안 동북아정책은 한국의 핵심적인 외교정책이 되었다.

2. 문재인정부는 '외교다변화'를 정책기조로 설정하고, 이를 위해 신북방정책과 신남방정책을 정력적으로 추진했다. 이를 통해 우리의 외교정책은 동북아를 뛰어넘어 동아시아, 나아가 유라시아 및 인도태평양으로 범위가 확대되었다. 비록 한일관계가 최악으로 치닫고 한중관계가 제대로 개선되지 못한 한계는 있었지만, 이제 우리는 주변4강이라는 협소한 외교프레임에서 벗어날 수 있게 되었다.

3. 미중이 패권경쟁을 본격화하는 상황에서 우리의 신 동북아전략은 기본적으로 두 개의 단층선을 극복하는 것이 되어야 한다. 한편으로는 휴전선을 가

계속 ▶▶

로지르는, 해양세력과 대륙세력의 동아시아 지정학적 대분단선을 극복해야
하고, 다른 한편으로는 대한해협을 가로지르는, 한일 간의 역사적 분단선
을 극복해야 한다. 이 두 개의 단층선을 극복하는 '다리놓기 전략(bridging
strategy)'은 우리의 생존전략에 필수적이다.

1. 한국외교의 핵심인 동북아전략의 형성과정: '동방정책'과 '북방정책'

지리적인 관점에서 분단정부 수립 이후 지난 70여 년간 한국 외교는 크게
동방정책, 북방(서방)정책, 남방정책 등 세 가지로 나눌 수 있다. 서독의 아
데나워 수상이 '서방정책'을 통해 독일의 정체성을 새롭게 확립하고 라인강
의 기적을 이루었다면, 한국은 자유세계의 리더이자 해양세력인 미·일을
대상으로 한 '동방정책'을 통해 국가체제를 확립하고 한강의 기적을 이루었
다. 한국은 1990년 냉전종식 이후 '북방정책 또는 서방정책'을 통해 구 공
산주의국가였던 소련 및 중국과 국교를 수립함으로써 세계를 무대로 활동
할 수 있었을 뿐만 아니라 대북정책의 새로운 장을 열 수 있었다. 북방(서방)
정책으로 개척된 새로운 시장을 통해 한국은 1990년대 이후 지속적인 경제
발전을 이룰 수 있었다. 또한, 21세기 이후에는 아세안과 인도를 대상으로
한 '남방정책'을 통해 동북아에 과도하게 집중된 경제·외교·안보적 한계를
극복하려 하고 있으며, 이것이 오늘날 가장 핵심적인 외교·경제정책으로
나타나고 있다.

1) 한국의 '동방정책'과 자유·해양 세력인 미국·일본과의 관계발전

1948년 8월 15일 대한민국 정부가 공식적으로 출범했다. 35년간 일제 지배와 3년간 미군정을 겪은 남한에서 대한민국 정부가 공식적으로 출범하는데 가장 큰 역할을 한 나라는 미국이다. 미국은 1948년 8월 13일에 대한민국을 사실상 승인하고, 8월 26일에는 미군정청을 대신해 주한 미국외교대표부를 개설했으며, 1949년 1월 1일에는 한국정부를 정식으로 승인했다. 그리고 한국전쟁에 참전해 한국군의 작전통제권을 이양받은 미국은 공산군을 격퇴하는 데 결정적인 역할을 했고, 정전협정의 체결 당사자였다. 1953년 10월 1일 한국과 미국은 상호방위조약을 체결했는데, 이것은 한국이 외국과 맺은 최초의 군사동맹이자 유일한 동맹조약이다. 이로써 미국은 한국을 일제로부터 해방시킨 해방자이자, 한국군에 대한 작전통제권을 가지고 정전협정을 관리하는 한반도분단의 한 당사자이며, 유일한 군사동맹국으로서 한국의 외교안보 및 대북정책에 절대적인 영향력을 끼치는 나라가 되었다. 한미관계 또는 한미동맹은 지난 70년간 한국의 국가생존과 국가발전의 핵심이었을 뿐만 아니라 국가의 정체성을 규정하는 것이기도 했다.

일본은 1876년 조일수호조규(강화도 조약) 이래 일제가 패망한 1945년 8월 15일까지 한국에 직접적으로 가장 크게 영향을 미친 나라였다. 2차 대전에서 패전한 일본은 한국전쟁 특수로 경제적으로 부흥하고, 1951년에 체결된 미·일 샌프란시스코강화조약으로 정치·외교적으로 회복되며, 아시아 공산세력의 위협에 대한 안보적 대응체제에서 중심적 역할을 하게 된다. 동아시아 반공전선의 보루가 된 일본은 미국의 지원 하에 1952년 대만, 1954년 버마, 1956년 필리핀, 1958년 인도네시아, 1959년 남베트남, 1965년 남한, 1967년 말레이시아 순으로 국교를 정상화했다. 1965년 국교정상화 이후 한일관계는 경제를 중심으로 협력을 강화했다. 그러나 1985년에 나카소네 야스히로 일본 총리가 전후 최초로 야스쿠니 신사를 공식 방문하고 정

부 고위관리가 주기적으로 신사를 참배하자 '역사문제'가 한일관계의 주요
한 갈등사안으로 등장했다. 이때부터 한국과 일본은 경제문제와 역사문제
그리고 독도문제와 안보문제를 둘러싸고 협력과 갈등을 반복한다.

2) 한국의 북방(서방)정책과 소련·중국과의 관계 형성

냉전이 해체되던 1988년에 집권한 노태우정부는 동북아 또는 세계전략의
하나로 과거 공산주의 국가였던 나라와 국교를 수립하고 관계를 개선하는
북방정책을 강력히 추진했다. 노태우 대통령은 서울올림픽을 계기로 "중국
과 소련, 그 밖의 동유럽 국가와의 관계발전을 적극적으로 추진할 것"이며,
"사회주의 국가와의 관계개선을 추진해감에 있어 우리는 우리의 동맹국, 특
히 미국과의 튼튼한 관계를 그 바탕으로 하여 이를 추진할 것이며, 긴밀한
협조를 해 나갈 것"이라고 했다.[1] 이러한 기조 위에서 노태우정부는 1989년
헝가리, 폴란드, 유고 등 동구권 국가들과 수교했고, 1990년에는 체코, 불가
리아, 몽고, 루마니아 그리고 소련과 수교했다. 한국과 소련의 수교는 분단
이후 형성된 한국의 외교안보정책을 근본적으로 뒤흔든 일대사건이었는데,
이로써 동북아에 새로운 외교지형이 형성되었다. 분단정부 수립 이후 한국
은 자유세계의 일원으로서 그 안에서만 외교활동을 전개했고, 동북아에서는
해양으로 열린 공간을 통해 미국, 일본과 관계를 맺었다. 그러나 이때로부터
대륙과 전 세계를 대상으로 하는 외교활동의 새로운 지평이 열린 것이다.

중국은 1971년에 미국과 최초로 정상회담을 개최하고 1972년에는 일
본과 국교정상화했으며, 1978년에는 미국과 국교정상화를 이루었다. 이
후 중국은 본격적인 개혁개방정책을 실시했다. 그 결과 한국과도 경제분야
에서 협력이 강화되는데 1979년 2,000만 달러에 불과하던 양국 간의 교역
이 1980년에는 6억 달러, 1981년 12억 달러, 1985년 10억 달러, 1987년
20억 달러, 1988년 30억 달러로 증가했다. 국교수립 전 중국은 이미 한국

의 네 번째 교역국이었다. 이러한 한중 경제협력의 급속한 진전과 중국의
1988년 서울올림픽 참가, 1990년 한국과 소련의 국교수립, 1990년 한국의
북경아시안게임 참가는 한중수교의 결정적 동력이었다. 그 결과 1992년 9
월 대한민국과 중화인민공화국은 국교를 수립하고, 이후 20년이 지나는 동
안 중국은 한국의 가장 중요한 교역대상국이 된다.

한국과 소련의 수교 및 한중간의 교역 증진은 남북관계의 개선으로 연결
되었다. 노태우 대통령은 1988년 '7·7 선언'을 통해 적극적인 대북정책을
천명했다. 그리고 소련, 중국 등 "북방국가들과의 관계개선을 추구함에 있
어, 우리는 북한을 고립시키려 하지 않을 것"이고, "사회주의 국가들 간의
관계개선이 북한의 개방을 촉진"할 것을 기대했다.[2] 또한, 노태우 대통령은
"북한은 현재와 같은 폐쇄정책을 고수하는데 한계를 지니게 될 것"으로 평
가하면서, 우선 "첫 단계로 개방과 교류, 협력을 통해 남북한이 서로 돕는
동반자 관계를 만들자는 것이고, 상호 신뢰를 되찾아 민족의 동질성을 회복
하는 것"이며, "두 번째는 이를 바탕으로 정치적 통합, 즉 통일을 실현하자
는 것"[3]이라고 북방정책을 설명했다. 이러한 북방정책의 결과 1991년 9월
에 남북한이 유엔에 동시에 가입하고, 10월에는 남북관계발전의 헌장이라
고 할 수 있는 남북기본합의서에 서명했다.

결국 외적으로 냉전의 종식이라는 세계사의 급격한 조류와 내적으로 서
울올림픽 개최로 온 세계에 과시된 국력의 고양이 결합되어 추진된 북방정
책은 큰 성과를 냈다. 이것으로 한국의 외교는 이전의 냉전시기 외교와는
달리 미, 일, 러, 중, 북한 모두를 대상으로 한 외교로 전개된다.

노태우정부에 이어 등장한 김영삼정부는 미국의 세계적 패권과 미국주
도의 세계화가 강력하게 추진되는 상황에서 '세계화'를 국가전략으로 채택
했다. 세계화정책은 탈냉전의 흐름 속에서 구 사회주의권 국가들과의 관계
를 급속도로 개선하고, 경제적으로 관세 및 비관세 장벽을 낮춰서 자유무역
주의에 동참하는 것이었다. 김영삼정부가 세계를 대상으로 하는 국가전략

을 수립하고 추진할 수 있었던 것은 이전 정부가 자유진영을 향한 동방정책을 통해 국가발전의 토대를 마련하고, 구 공산진영을 향한 북방(서방)정책을 통해 새로운 발전의 기틀을 만들었기 때문이었다.

2. 김대중정부의 동아시아정책과 노무현정부의 '동북아시대 구상'

1) 김대중정부의 동아시아정책

1998년에 출범한 김대중정부는 한일관계 개선, 남북관계 개선, 동아시아정책 강화 등 크게 세 가지 측면에서 동아시아정책을 추진했다.

우선, 한일관계 개선과 관련하여 김대중 대통령은 일본의 오부치 수상과 1998년 10월 8일 10개항으로 된 '21세기 새로운 한일 파트너십 공동선언'을 채택했다. 이 공동선언은 "각 분야의 양국 간 협력을 효과적으로 추진해 나가는 기초는 정부 간 교류뿐 아니라 양국 국민간의 깊은 상호이해와 다양한 교류에 있다는 인식하에 양국 간의 문화·인적 교류를 확충해 나간다"는 것이었고, 이에 의해 "한국 내에서 일본문화를 개방"하기로 했다. 이를 통해 한일관계는 새로운 시대로 접어들었다. 김대중정부의 한일관계 개선정책은 1997년 연말에 닥친 '외환위기'라는 미증유의 경제위기를 극복하고자 하는 노력의 일환이었지만, 한일관계 개선이 한미관계 나아가 한국의 동북아 외교의 지평을 넓히고 전략적 지렛대를 강화한다는 통찰력도 작용했다고 할 수 있다.

둘째, 남북관계의 개선을 위해 김대중 대통령은 '햇볕정책(포용정책)'을 강력하게 전개했는데, 그 결과 2000년 6월 분단 이후 처음으로 남북정상회담을 개최하고 '6.15 공동선언'을 채택했다. 1998년 2월 정부 출범 이후 2

년이 지나는 동안 햇볕정책이 "남남갈등을 심화시키고, 군사안보를 약화시키며, 한미동맹 약화시킨다"는 비난을 받았지만, 김대중 대통령은 대북 포용정책을 일관되게 전개했다. 김대중 대통령이 이러한 대북정책을 전개할 수 있었던 것은 대통령 본인의 오래된 대북통일정책에 대한 경륜만이 아니라, 안정된 한미관계 및 한일관계의 토대 위에서 보수적인 김종필 총재의 자민련과 연립정부를 수립한 것도 한 몫을 했다.

셋째, 김대중 대통령은 1998년 아세안+3 정상회담에서 동아시아비전그룹 주창했고, 2000년 동아시아연구그룹 제창을 제창해 동아시아공동체에 대한 새로운 비전을 제시했다. 김대중정부가 출범하는데 외적인 요인이 된 것은 1997년 아시아에 몰아닥친 금융(외환)위기였다. 이것은 동북아의 한국과 동남아의 말레이시아, 인도네시아, 태국의 경제를 위기로 몰아갔다. 동시다발로 발생한 이러한 경제위기는 1990년대 중반 이후 대두되기 시작한 지역주의 흐름과 맞물리면서 동아시아 지역협력의 논의를 활성화시켰다. 한국은 동남아 각국과 양자관계만이 아니라 다자협력의 제도적 기틀을 추진했다. 한국은 치앙마이 이니셔티브(CMI) 등 외환시장 안정을 위한 각종 방안을 마련하고, '아세안+3 재무장관회의' 등 금융정책 협력도 추진했다.

김대중정부의 동아시아정책은 냉전기 동방정책으로 형성된 해양세력과의 관계를 더욱 강화하는 한편, 북방정책으로 형성된 중국·러시아 등 대륙세력과의 관계도 강화하고, 이를 토대로 남북관계를 새로운 차원으로 발전시켰다는 점에서 특징이 있다. 그리고 김대중정부는 동북아 차원의 외교안보정책만이 아니라 동아시아의 금융위기라는 대외적 조건 속에서 동남아와 각종 협력을 새로운 차원으로 강화시켰다는 점에서도 특징이 있다. 세계적인 지역주의 흐름과 일본의 경제대국화, '네 마리 작은 용'의 부상 그리고 중국의 경제적 강대화로 대표되는 동아시아의 경제협력 심화는 아시아태평양경제공동체(APEC)를 낳았을 뿐만 아니라, '아세안+3(한중일)' 협력, 나아가 동아시아공동체에 대한 논의를 발전시켰다. 김대중 대통령은 이러한 논의에서 적극적으로 이니셔티브를 취했다.

2) 노무현정부의 동북아시대 구상[4]

중국이 본격적 부상하고 있었던 2003년에 취임한 노무현 대통령은 '평화와 번영의 동북아시대'를 3대 국정목표의 하나로 제시했다. 노대통령은 "근대 이후 세계의 변방에 머물던 동북아가 이제 세계 경제의 새로운 활력으로 떠올랐다"고 하면서, '동북아시대'가 도래했다고 주장했다. 노무현정부의 동북아시대 구상은 한반도와 동북아를 하나의 운명공동체로 보면서, 한국 및 한반도를 동북아의 평화와 번영의 중심지로 만드는 비전을 제시했다. 이 비전을 달성하기 위한 구체적인 목표로 한반도경제권과 동북아경제공동체 형성, 한반도 평화체제와 동북아다자안보체제의 형성이 제시되었다. 결국 '동북아시대 구상'은 동북아의 조화로운 지역질서와 공동체 형성을 위한 지역전략이자, 한반도의 영속적인 평화체제를 구축하기 위한 한반도전략이며, 국가적 역량과 국제경쟁력 강화 그리고 온 국민의 상호협력과 국민복리를 위한 국가전략'[5]으로 규정되기도 했다.

이상과 같은 상황인식과 비전 그리고 목표와 전략 위에서 노무현정부는 한반도와 평화와 동북아의 평화, 한반도의 통일과 동북아의 통합은 밀접한 관계가 있다고 보고, 동북아의 다자협력과 남북관계의 개선이 선순환 되도록 했다. 그 결과 북핵문제를 해결하기 위한 6자회담이 본격적으로 가동되었고, 2005년 9·19 공동성명이 채택되었다. 이 9·19선언에는 북핵문제 해결만이 아니라 한반도 평화체제 및 동북아다자안보체제에 대한 내용도 담고 있다.

노무현 대통령은 "동북아공동체를 전제하지 않고 동아시아공동체를 말하는 것은 좀 공허하다. … 동아시아공동체가 성공하려면 동북아공동체가 먼저 성공하거나 적어도 병행하여 추진되어야 한다"고 하면서, "유럽연합과 같은 평화와 공생의 질서가 동북아에도 구축되어야 동북아시대는 완성된다"고 주장했다. 결국 EU와 같은 동아시아공동체는 이미 존재하는 동남아국가연합(ASEAN)과 동북아공동체의 통합체로 가능할 것이라고 보았다.

이러한 과정에서 한국의 역할은 '동북아의 중심'을 잡는 역할이라고 주장했다. 노무현 대통령은 "강대국의 틈바구니에서 어디에 기댈 것인가를 놓고 편을 갈라 싸우는"[6]는 것이 아니라 "중국, 일본 어느 한 쪽에 기대지 않고, 우리의 힘으로 우리 길을 가는 것, 적어도 한국이 중심을 잡는 수준으로 가는 것"[7]을 강조했다. 이와 관련하여 주체적 외교안보역량을 강조하는 '자주국방론'과 '동북아균형자론', 지역안보체제인 '동북아다자안보체제론'이 등장했다. 그리고 한국의 국가적 위치를 대륙세력과 해양세력을 잇는 '가교국가', 동북아의 평화와 번영을 위한 아이디어의 중심이자 역내 네트워크의 거점역할을 수행하는 '거점국가', 평화와 번영의 동북아공동체 형성을 위한 '촉매국가' 등의 개념도 등장했다.[8]

노무현정부의 동북아시대 구상에 대해 기존의 한미관계를 훼손하고 가당찮게 동북아의 세력균형자가 되려 한다는 비판, 북핵위기가 심화되고 동북아의 지정학적 경쟁이 심화되는 상황에서 동북아공동체를 논하는 것이 비현실적이라는 비판도 있었다. 그러나 몇 가지의 성과도 있었다. 우선 동북아 세력관계의 급변을 명확히 인식함으로써 현실에 부합하는 진취적인 외교안보정책을 펼 수 있었다. 그 결과 한미FTA체결 등을 통한 한미동맹의 발전, 한중·한러관계의 발전, 유엔사무총장의 배출 등과 같은 성과가 있었다. 둘째 기존의 '강대국 편승론'이 아닌 우리의 머리로 사고하고 우리의 힘으로 전략적 위치를 점하자는 '한국 중심론'은 외교안보정책의 지평을 넓혔다. 그 결과 북핵문제 해결을 위한 6자회담 창설과 그 추진과정에서 우리의 역할을 강화했다. 셋째 남북 협력·통합과 동북아 협력·통합이 동북아시대 구상 속에서 하나로 체계화되어 6자회담과 남북회담이 선순환되었다. 그 결과 2007년 10월 남북정상회담이 개최되었다. 2006년 '9·19 공동성명'과

2007년 '남북관계 발전과 평화번영을 위한 선언: 10·4선언'은 '평화와 번영의 동북아시대 구상'의 구체적 결과물이라고 할 수 있다. 넷째 각종 갈등과 민족주의적 욕구가 분출하는 동북아에 공동체라는 그림을 제시한 것, 구체적으로 2007년 한중일 3국이 '아세안+3'의 형태가 아니라 별도의 3국정상회의를 정례화하기로 한 것도 그 성과이다.[9]

이상과 같은 성과에도 불구하고 노무현정부의 동북아시대 구상은 분출하는 국가주의, 민족주의 문제를 여전히 미해결의 상태로 남겼고, 동북아가 아닌 동아시아를 대상으로 하는 지역전략의 정립 필요성을 과제로 남겼다. 나아가 급속히 강화되는 중국의 영향력에 대해 우호적 관계를 상정한 '플랜A'로서의 '동북아공동체'가 아니라, 비우호적 관계를 염두에 둔 '플랜B'로서의 '견제전략'을 어떻게 수립할지에 대해서는 제대로 제시하지 못했다. 이것은 이후의 과제가 되었다.

3. 이명박정부의 '신아시아 구상'과 박근혜정부의 '동북아평화협력 구상'

1) 이명박정부의 '세계국가', '신아시아 외교'와 동북아정책

이명박정부는 대외비전으로 '성숙한 세계국가(Global Korea)'를 제시하고, 한국이 "세계외교의 중심으로 진입했다"고 평가했다. 즉 세계화의 진전에 따른 안보위협의 다양화와 글로벌화, 국익과 가치의 동시추구 현상, 전대미문의 글로벌 금융위기에 따른 세계경제의 불확실성 증가, 글로벌 거버넌스의 변화 등 중요한 변화가 일어났다는 것이다. 그래서 내부적으로 국력이 신장되고 우리 국민의 해외진출과 교류가 확대되면서 국익의 글로벌화현상이 가속화된 상황에서 국익창출을 위해 우리 스스로가 국제무대의 주체로서 능동적으로 행동해나가는 것이 필요해졌다는 것이다. 그래서 성숙한 세계국가는 우리의 국익을 극대화하고 동시에 세계와의 공존을 도모해나가기 위한 외교비전이자 전략으로 규정되었다. 더 넓은 시야, 보다 능동적인 자세로 전지구적 관심사에 대해 적극 협력하고 세계평화와 발전에 적극적으로 기여하는 세계국가를 지향하자는 것이다.

이러한 이명박정부의 '세계국가(글로벌 코리아)' 외교에 대해 비판도 존재한다. 한국의 글로벌 코리아 외교가 "글로벌 공동체에 대한 한국의 공헌보다 한국이 중견국임을 다른 국가들에 과시하려는 형태로 나타"나기도 했고, "큰 규모의 정상회의를 한국에 유치하는 것을 통해 한국의 위상을 과시하는 정책"이었다는 것이다."[10]

이명박정부는 2009년 3월 지역정책으로 '신아시아 구상'을 발표했다. 핵심 내용은 양자관계를 전략적 동반자관계로 격상하고, 다수의 아시아 국가들과 양자 간 FTA를 체결해 역내 FTA네트워크를 구축하고 이것에서 허브역할을 담당하는 것이다. 이를 위해 2009년에 한-아세안센터 설립, 한-아세안 정상회의를 개최했고, 2010년에는 한-아세안 관계를 전략적 동반자관계로 격상했다. 신아시아외교의 배경은 경제, 자원, 인구 등 각 영역에서 아시아 지역의 중요성이 크게 증대되고, 국제무대에서 우리가 중추적 동반자 외교 역할을 수행할 수 있는 대내외 여건이 성숙되었으며, 갈수록 심화되는 아시아권역별 통합움직임에 적극적으로 대응할 필요가 있었기 때문이다. 결국 신아시아 구상은 경제영토를 기존의 동북아 지역에서 동남아 지역까지 확대하려는 것이었다고 할 수 있다.

신아시아외교는 아시아 국가들과 양자관계를 발전시키려 했고, "지리적 폭을 넓게 잡은 외교 구상"이라는 점에서 의미가 있었다. 그러나 아세안을 넘어 모든 아시아 국가를 대상으로 하여 "초점을 너무 넓게 형성한" 문제가 있었고, "다자적 요소를 철저히 배제하고 양자관계에만 치중"하고, "이 양자관계를 통해 한국이 아시아의 많은 개발도상국에서 어떤 경제적 이익을

얻을 수 있을까에 관심을 둔 중상주의 정책"이었다는 비판도 있다.[11]

이명박정부의 동북아정책에서 가장 특징적인 점은 대미관계만을 중시한 나머지 임기 초에는 대중관계를 악화시키고, 임기 말에는 대일관계를 극도로 악화시켰다는 점이다. 또한 2007년 남북정상이 합의한 '10.4선언'을 파기함으로서 남북관계 또한 냉전 이후 최악의 상황으로 몰아갔다. 그 결과 이명박정부의 대외정책에서 동북아정책은 거의 폐허가 되었고, '글로벌 코리아'와 '신아시아 외교'가 추상적인 수준에서 주창되었다.

2) 박근혜정부의 동북아평화협력 구상과 유라시아 이니셔티브

박근혜 대통령은 후보시기에 "한반도와 동아시아에는 폭발 직전의 화약통과 같은 갈등상태의 존재와 동시에 글로벌 경제를 견인해온 경제성장이라는 두 가지 힘이 상존하고 있다", "아시아 지역은 … 강렬한 긴장이 두드러지고 있다. … 이와 동시에 아시아는 점차적으로 세계경제의 심장에 위치해 있다"고 하여, 한반도와 동아시아, 아시아에서 발생하고 있는 패러독스에 주목했다. 이러한 패러독스를 해결하기 위해 "동북아의 평화와 안보를 위해 더욱 대담하고 창조적인 접근을 시도해야 한다"고 하면서 '동북아 평화협력 구상'을 제시했다.[12]

동북아평화협력구상은 "동북아 지역은 아시아의 그 어떤 지역보다도 패러독스를 압축적으로 내포하고 있기 때문에 동북아에서의 패러독스가 해소되지 않는 한, 아시아의 패러독스 치유도 불가능할 것"이라는 인식에 기초하고 있다. 또한 이것은 "한반도의 안정과 동북아의 평화협력이 구조적으로 연계되어 있고, 특히 동북아에 대한 선택과 집중이라는 전략적 판단은 정책 추진의 효용성과 그에 따른 집중 효과 및 한국의 적극적 역할"이라는 정책적 의지를 담고 있었다.[13]

이 점에서 "박근혜정부의 동북아 평화협력구상은 동북아에 무게 중심이 놓여있는 것은 사실이지만 그럼에도 불구하고 아시아 패러독스에서 언급했 듯이 동북아와 동아시아의 지정학적·기능적 연계를 고려하고 있다. 이것이 의미하는 바는 우선적으로 동북아 패러독스 해소를 통해 향후 아시아 패러 독스를 치유하고자 하는 순차적 접근과 최종적으로는 아시아에 대한 포괄 적 미래 비전을 담고 있다는 점"이다. 이 포괄적 비전의 궁극적 형태는 "유 럽안보협력회의(CSCE)와 같은 동북아판 모습을 보일 수도 있고, 보다 심화 된 동북아 공동체"일 수도 있었다. 박근혜정부는 이러한 비전과 구상을 실 현하기 위한 방법으로 신뢰관계 구축과 평화협력체제 구축을 제시했다.[14] 박근혜 대통령은 신뢰관계구축을 위해 한국, 중국, 일본 3국간의 정확한 역 사인식에 바탕을 둔 대화해가 필요하다고 생각했다. 그리고 동북아 평화협 력체제 구축을 위해서는 미국의 역할이 무엇보다 중요하고, 미래지향적인 미중관계가 매우 중요하다고 보았다.[15]

　박근혜정부의 동북아 평화협력구상은 노무현정부의 '동북아 평화번영구 상'과 유사한 인식에 기초하고 있지만 그 추진과정에는 공통점과 함께 큰 차이가 있다.

　먼저 유사성 및 공통점이라면 한반도문제와 동북아문제가 구조적으로 연계되어 있다고 본 것이다. 이는 노무현정부의 '평화와 번영의 동북아시대 구상'을 계승한 측면이라고 할 수 있다. 또한 미국의 핵심적 역할을 인식하 면서도 G2 수준으로 강대화된 중국의 존재를 중시하는 것이다. 노무현정부 의 동북아시대 구상이 중국의 강대화를 시대적 조류로 인식했던 것과 유사 하다. 그리고 일본과의 역사적 화해에 토대를 둔 일본의 역할, 나아가 한중 일 삼국의 협력이 매우 중요하다고 생각했지만 결국은 일본과의 관계를 제 대로 풀지 못했다는 점에서도 유사한 점이 있다. 노무현정부 시기보다 박근 혜정부 시기에 한일관계가 더욱 악화되었고, 이것에 반비례해 한중관계가 매우 강화되었다는 점은 박근혜정부의 특징이기도 하다.

　반면 노무현정부와 비교하여 박근혜정부에서는 남북관계가 더욱 악화되었다. 근본적으로 3대 세습으로 등장한 김정은이 지속적인 핵실험과 미사일 실험으로 핵무력 완성을 향해 매진했기 때문이지만, 남북관계 개선을 동북아평화협력구상의 핵심요소로 간주하지 않았기 때문이기도 했다. 노무현 정부는 한반도문제를 풀기 위해 동북아 평화번영구상을 전개했지만, 박근혜정부는 아시아패러독스를 풀기 위한 과정으로서 동북아 평화협력구상을 전개했기 때문이기도 하다. 박근혜정부는 한미, 한중관계의 강화를 통해 북한문제를 풀 수 있다고 생각했고, 그렇기 때문에 동북아평화협력구상은 한반도에서의 긴장격화와 함께 공허한 구상으로 귀결되었다.

한편, 박근혜 대통령은 2013년 10월 18일 대외경제정책연구원 주최 '유라시아 시대의 국제협력 컨퍼런스'에서 '유라시아 이니셔티브'를 발표했다. '하나의 대륙, 창조의 대륙, 평화의 대륙'이라는 세 개의 개념을 중심으로 부산에서 북한·중국·러시아·중앙아시아와 유럽을 철도·도로·공항 등 복합물류 시스템으로 연결하는 '실크로드 익스프레스'를 제시하면서 '유라시아 이니셔티브'를 한국의 새로운 대륙지향 외교정책의 비전으로 제시했다. 그러나 유라시아 이니셔티브는 북한의 핵실험과 이에 대한 유엔제재 및 크림반도를 점령한 러시아에 대한 서방의 제재로 인해 성과를 내지 못했다. 2016년 1월 북한이 제4차 핵실험을 실시하자, 2월에 개성공단을 폐쇄했고, 3월에는 나진-하산 프로젝트를 중단시켰다.[16]

박근혜정부의 동북아정책은 대미, 대중관계의 강화와 대북, 대일관계의 악화로 요약할 수 있다. 박근혜정부는 G2인 대미, 대중관계만 잘 풀면 일본은 무시할 수 있고, 대북문제도 풀 수 있을 것이라고 생각했다. 그래서 2015년 3월 윤병세 외교부 장관이 일본과의 관계가 최악이고 남북관계가 파탄난 상황에서 "미중 양측으로부터 러브콜을 받는 상황은 골칫거리나 딜레마가 아니고 축복"이라고 했다. 그러나 이후 1년이 안되어 대일, 대북관계만이 아니라 대중, 대미관계도 파탄 상태에 빠지게 된다. 대일관계를 무시하고 북한을 와해시키기 위해 중국에게 과도하게 접근한 것이 동북아의 전체판을 뒤흔들고 한국외교의 중심을 잃게 만든 것이다.

4. 문재인정부의 '외교다변화'와 '동·남·북아시아정책'

1) 외교다변화 추진

중국의 강력한 사드보복 하에서 출범한 문재인정부는 '외교다변화'를 매우 중요한 외교목표로 설정했다. 문 대통령은 취임 직후에 세계 각지로 대통령 특사단을 파견했다. 5월 29일, 주변 4국만이 아니라 EU·독일, 아세안, 인도·호주에 보낸 특사단들의 보고를 청취하는 과정에서 "(특사단이) 우리 외교를 더욱 다변화하고 외교의 저변을 넓히는데 큰 성과"를 냈다고 치하했다. 또 6월 18일, 강경화 외교부 장관에게 임명장을 수여하며, "우리 외교가 관성적인 4대국 중심 외교에서 벗어나지 못하고 있다"며, "유럽연합이나 아세안국가, 아프리카까지도 외교를 다변화하고 넓힐 필요가 있다"고 강조했다.

문대통령은 2017년 11월 3일, 싱가포르 CNA와의 인터뷰에서 "미국과의 외교를 중시하면서도 중국과의 관계도 더욱 돈독하게 만드는 균형있는 외교를 하고자 한다"고 하면서, "미국과 중국과의 관계가 갈등관계가 아니라 협력하고 공동 번영해 나가는 관계로 매개하는 역할을 한국이 할 수 있다"고 발언했다. 이에 대해 논란이 일어나자 문대통령은 한미정상회담 뒤 기자회견(11.7)에서 "우선 균형외교는 미국과 중국 사이에서 균형외교를 하겠다는 것이 아니다. 우리 북핵문제 해결과 한반도 평화체제 구축을 위해서, 나아가서는 동북아 전체의 평화와 안정 그리고 번영을 위해서 우리 한국외교의 지평을 더 넓히겠다는 것이다. 거기에는 중국도 당연히 포함되고 그리고 아세안, 러시아, EU, 이런 국가들과의 외교관계를 다변화해서 보다 균형있는 외교를 해 나가겠다는 그런 뜻이다."고 설명했다.

그리고 2017년 12월 18일 재외공관장 만찬에서 "국익중심의 외교를 하기 위해서는 우리 외교의 지평을 넓히는 한편, 실시구시하는 실용외교를 하지 않으면 안 된다. … 기존 우방국간의 전통외교를 중시하면서 외교영역을 다변화하는 균형있는 외교를 해야 한다."고 강조했다. 구체적으로 "외교의 지평을 유라시아와 아세안까지 넓히고", "상대적으로 소홀했던 지역에 더 많은 외교적 관심과 자원을 투자해야 한다."고 했다. 이어서 2018년 1월 8일에 있었던 대사 신임장 수여식에서도 문 대통령은 "이제는 외교다변화도 필요한 거죠. 과거에는 우리 한반도를 둘러싼 4대국 중심의 외교를 해왔다면 이제는 남쪽으로는 아세안을 비롯한 남방국가들, 북쪽으로는 러시아를 비롯한 북방국가들, 그리고 EU, 유럽까지 우리 외교를 다변화하면서 우리 외교의 패러다임을 바꿔 나가야 되는 그런 시기"라고 강조했다.

이러한 대통령의 외교다변화 강조는 외교부의 정책에도 그대로 반영되었다. 2018년 1월 2일 강경화 외교부 장관은 시무식에서 "대통령님이 말씀하신 외교다변화를 실현하기 위해 라틴아메리카, 유럽 등 우리 외교를 다양하고 심도있는 방향으로 이끌어 나가야 할 것"이라고 말했다. 그리고 외교부는 2018년 1월 19일 총리께 업무보고하면서 '외교다변화'(우리 외교의 지평 확대 및 국제무대에서의 역할 강화)를 기본방향으로 설정했고, '외교다변화'를 국정과제 98번(동북아플러스책임공동체)과 연결시켰다.

문재인정부 국정과제 98번인 '동북아플러스 책임공동체 형성'은 "동북아 지역 내 지정학적 긴장과 경쟁구도 속에서 장기적으로 우리나라의 생존 및 번영에 우호적인 평화·협력적 환경 조성"이 목적이다. 이를 위해 "평화의 기반을 확대하는 '평화의 축'으로서 동북아 평화협력 플랫폼을 구축하고, 동북아를 넘어서는 남방·북방 지역을 '번영의 축'으로 삼는 신남방정책과 신북방정책을 추진"하기로 하였다. 결국 문재인 대통령이 강조한 외교다변화는 '동북아 플러스'의 '플러스'에 해당하는 신북방정책과 신남방정책으로 구체화되고, 이 정책이 문재인정부의 핵심적인 외교정책이 되었다.

2) 러시아·중앙아시아를 대상으로 한 신북방정책

문재인 대통령은 2017년 9월 12일, 블라디보스토크에서 열린 제3차 동방경제포럼(EEF) 기조연설[17]에서 "임기 중에 러시아와 더 가깝게, 아주 긴밀한 관계를 만들어 내고 싶다"며, "그것을 한국은 신(新)북방정책의 비전으로 갖고 있다"고 강조했다.

구체적으로 문 대통령은 "러시아와 한국 사이에 9개의 다리를 놓아 동시다발적인 협력을 이뤄나갈 것을 제안"하고, "9개의 다리는 가스·철도·항만·전력·북극항로·조선·일자리·농업·수산"이라고 했다. 또한 "신북방정책은 극동지역 개발을 목표로 하는 푸틴 대통령의 신동방정책과 맞닿아 있다. 두 정책이 만나는 지점이 바로 극동"이라며, "러시아가 추진하는 극동개발을 위한 최적의 파트너가 한국"이라고 말했다. 문 대통령은 또 "무엇보다 한국은 보다 견고하고 영속적인 북방협력의 제도적인 틀을 마련하기 위해 러시아가 주도하고 있는 유라시아 경제연합(EAEU)과 FTA를 조속히 추진하기를 희망"하며, "한국은 광역두만개발계획(GTI) 같은 다자간 협력도 강화하기를 희망한다"고 밝혔다.

또한 문 대통령은 한러관계 강화의 일환으로 대통령 직속 북방경제협력위원회를 설치했고, "한국이 북방경제협력 전담기구를 설치한 것은 이번이 처음"으로, "러시아의 극동개발부에 대응해서 한국도 극동개발 협력을 위한 국가체제를 갖췄다"고 말했다. 이 북방경제협력위원회가 "러시아 및 다른 동북아 국가들의 관련기관과 긴밀히 협력해 극동지역 개발을 중심으로 실질적인 협력방안을 마련할 것"이라고 강조했다.

문 대통령이 러시아를 중심으로 하는 북방권과 경제협력을 강조한 것은 그것이 북핵문제 해결에도 도움이 되기 때문이다. 문 대통령은 동방경제포럼에서 "동북아 국가들이 협력해 극동개발을 성공시키는 일 또한 북핵문제 해결하는 또 하나의 근본적인 해법"이라고 했다. "동북아 국가들이 극동에서 경제협력에 성공하는 모습을 보면 북한도 이에 참여하는 것이 이익임을 깨닫게 될 것이고, 그것이 핵 없이도 평화롭게 번영할 수 있는 길임을 알게 될 것"이기 때문이었다.

문재인 대통령은 2018년에도 푸틴 대통령과 두 차례 정상회담을 가지는 등 한러관계를 중시했다. 6월(21~24일)에는 문 대통령이 러시아를 국빈 방문해 하원에서 연설했고, 총 32개항에 달하는 공동성명을 발표했다. 이 것에는 양국관계 발전방향, 미래 성장동력 확충, 유라시아·극동 개발협력 등 다수의 실질협력 강화 방안을 명문화했다. 그리고 정상의 임재 하에 12 개의 문건이 교환되고 7개의 문건이 별로로 서명되었다. 또한 문대통령은 한러 비즈니스 포럼에서 '4대 경제협력 방향'을 제시했다. 11월 14일 동아 시아정상회의를 계기로 다시 한러 정상회담이 개최되었다.

2018년 9월 11~13일에 블라디보스토크에서 열린 제4차 동방경제포럼 에 참석한 이낙연 국무총리는 기조연설[18]을 통해 신북방정책의 성과와 발 전방안을 설명하고 푸틴 대통령과 한반도 평화정착을 위한 협력방안 등을 논의하기도 했다.

문재인정부의 신북방정책은 남북관계의 개선과 맞물려 가교국가론, 한 반도와 동북아의 평화체제론, '동아시아철도공동체', '동북아다자평화안보 체제', 동북아경제공동체론 등으로 발전했다.

우선, 대통령 취임 직후인 2017년 7월 6일 독일 쾨뢰버 재단 초청 연설[19] 에서 남북철도연결이 결국은 코리아를 대륙과 해양을 잇는 가교국가로 만 들 것이라고 주장했다. "군사분계선으로 단절된 남북을 경제벨트로 새롭게 잇고 남북이 함께 번영하는 경제공동체를 이룰 것입니다. 끊겼던 남북 철 도는 다시 이어질 것입니다. 부산과 목포에서 출발한 열차가 평양과 베이 징(北京)으로, 러시아와 유럽으로 달릴 것입니다. 남·북·러 가스관 연결 등 동북아 협력 사업도 추진될 수 있을 것입니다. 남과 북은 대륙과 해양을 잇 는 교량 국가로 공동번영할 것입니다."

그리고 2017년 8월 15일 광복절 경축사[20]에서는 평화를 강조했다. "오늘날 한반도의 시대적 소명은 두말할 것 없이 평화입니다. 한반도 평화정착을 통한 분단 극복이야말로 광복을 진정으로 완성하는 길입니다. 평화는 또한 당면한 우리의 생존 전략입니다. 안보도, 경제도, 성장도, 번영도 평화 없이는 미래를 담보하지 못합니다. 평화는 우리만의 문제가 아닙니다. 한반도에 평화가 없으면 동북아에 평화가 없고, 동북아에 평화가 없으면 세계의 평화가 깨집니다. 지금 세계는 두려움 속에서 분명한 진실을 목도하고 있습니다. 이제 우리가 가야 할 길은 명확합니다. 전 세계와 함께 한반도와 동북아의 항구적 평화체제 구축의 대장정을 시작하는 것입니다."

이어서 2017년 9월 12일 동방경제포럼에서는 교통·물류 인프라 구축이 동북아경제공동체, 나아가 유라시아전체의 번영으로 연결될 것이라고 강조했다. "한반도에 평화가 정착되고 극동에 교통과 물류의 인프라가 구축돼야만, 유라시아의 인적·물적 교류의 기반이 완결될 수 있습니다. 지역 내 협력이 심화돼 언젠가 동북아 경제공동체가 조성된다면, 유라시아 진체의 번영에 직결될 수 있을 것입니다."

문대통령은 2018년 8월 15일 광복절 경축사[21]에서 이러한 생각을 더욱 구체화해 '동아시아 철도공동체'와 이를 토대로 한 '동북아 다자평화안보체제' 구상을 제시했다. "1951년 전쟁방지, 평화구축, 경제재건이라는 목표 아래 유럽 6개 나라가 '유럽석탄철강공동체'를 창설했습니다. 이 공동체가 이후 유럽연합의 모체가 되었습니다. 경의선과 경원선의 출발지였던 용산에서 저는 오늘, 동북아 6개국과 미국이 함께하는 '동아시아철도공동체'를 제안합니다. 이 공동체는 우리의 경제지평을 북방대륙까지 넓히고 동북아 상생번영의 대동맥이 되어 동아시아 에너지공동체와 경제공동체로 이어질 것입니다. 그리고 이는 동북아 다자평화안보체제로 가는 출발점이 될 것입니다."

결국 문재인정부의 신북방정책은 남북관계 발전을 전제로 동북아 다자평화안보체제, 동아시아 철도공동체, 동아시아 에너지공동체, 동아시아 경제공동체라는 공동체적 지향성을 가지며, 유라시아대륙 전체로 확장성을 가지는 것이라고 할 수 있다.

3) 남아시아(아세안·인도)를 대상으로 한 신남방정책

신북방정책이 러시아를 중심으로 한 구소련권(EEA)에 초점을 맞춘 것이라면, 신남방정책은 아세안과 인도에 초점을 맞춘 것이다. 그래서 문재인정부는 해양전략으로서 아세안, 인도와의 관계를 주변 4국 수준으로 강화하는 신남방정책을 강력하게 추진했고, 이에 외교적, 경제적 역량을 집중했다.

2017년 11월 9일 문재인 대통령은 '한-인도네시아 비즈니스 포럼' 기조연설[22]을 통해 사람(people), 평화(peace), 상생번영(prosperity) 공동체 등을 핵심개념으로 하는 신남방정책을 공식적으로 천명했다. 아세안국가들과의 관계를 주변 4국 수준으로 높이고, 상품교역 중심에서 기술·문화예술·인적 교류로 그 영역을 확대하는 내용을 포함했다. 특히 이것은 우리가 중국 중심의 교역에서 벗어나 시장을 다변화하는 등 경제영역을 확장한다는 의미도 담고 있었다.

2018년 7월 16일, 문 대통령은 인도·싱가포르를 순방(7.7~13)을 마치고 "앞으로는 아시아 시대가 열릴 것이라고 확신한다"며, "신남방정책은 선택사항이 아니라 대한민국 번영을 이끌 국가발전전략의 핵심이며, 우리가 담대하게 그리는 신경제지도의 핵심 축"이라고 말했다. 문 대통령은 신남방정책을 실질적으로 조율하고 집행하기 위해 대통령직속 정책기획위원회 산하에 '신남방정책특별위원회'를 8월에 구성했다.

아세안 각국과의 관계를 강화하기 위해 문재인 대통령은 2018년 3월 베트남을 국빈 방문했다. 베트남은 아세안 가운데 교역(639억 달러), 투자(576억 달러), 인적교류(270만 명), 개발협력(16.4억 달러) 분야에서 우리의 1위 협력국이다. 또 7월에는 싱가포르를 국빈 방문하여 첨단산업 분야

협력으로 한-아세안 협력의 모범사례를 구축하기로 했다. 이어서 인도를 국 빈 방문했는데, 이는 대국인 인도와 경제·사회·문화 분야만이 아니라 정 치·외교·안보적 협력을 도모하는 전략적 동반자관계를 발전시키기 위한 것이었다. 그리고 필리핀 정상이 6월에 방한하여 협력을 확대하기로 했고, 인도네시아 정상이 9월에 방한하여 2017년 문대통령이 인도네시아 방문시 수립한 '특별 전략적 동반자 관계'를 내실화하기로 했다. 또한 10월에는 아 셈회의를 계기로 2019년 아세안 의장국인 태국과 정상회담을 가졌다. 11 월 14일에는 싱가포르에서 한-아세안 정상회의에 참석하여 '2019 한-아세 안 특별정상회의'를 한국에서 개최하기로 공식적으로 합의했다.

2017년 5월 취임 이후 2019년까지 문재인 대통령은 아세안 10개국 모 두를 방문했고, 2019년 11월에는 한국에서 '한-아세안 특별 정상회의'를 개 최했다. 이는 문재인정부가 2년 반 동안 신남방정책을 매우 정력적으로 추 진한 증거이자 그 성과가 크다는 것을 보여준다. 그리고 1, 2차 북미정상회 담이 아세안의 일원인 싱가포르와 베트남에서 개최된 것은 아세안이 한국 나아가 코리아에게 경제적으로만이 아니라 외교안보적으로도 중요한 나라 라는 것을 보여주는 것이기도 하다.

5. 한국의 새로운 동북아전략 모색

우리나라에게 오늘날과 같은 동북아 국제관계가 형성된 것은 노태우정부 시기이다. 북방정책을 통해 기존의 한미, 한일관계 외에 한러, 한중관계가 정상화되었고, 남북관계도 기본합의서를 통해 정상화의 기초를 마련했다. 이로부터 약 30년이 지난 지금까지 한국의 동북아정책을 살펴보면 다음과 같은 몇 가지의 특징이 있다.

첫째, 한미관계는 역대 정부 모두에게 중시되었다. 비록 한중, 한러, 남북관계가 개선되고 발전됨에 따라 한미관계가 훼손된다는 반론이 있었지만 한미관계의 중요성을 부인하는 정부는 아무도 없었다. 그러나 한중관계 또는 남북관계가 발전함에 따라 한미관계도 이전과는 다른 새로운 차원으로 발전해야 한다는 점도 분명하게 제기되었다. 특히 오늘날과 같이 미국과 중국이 본격적인 패권경쟁을 벌이는 상황에서 한국의 외교안보정책은 새로운 도전에 직면하게 되었다.

둘째, 한국의 동북아정책에서 가장 큰 변수는 일본이다. 우리의 적이었던 일본은 우리에게 '과거사문제'라는 심각한 갈등요인과 함께 경제적 분업구조라는 협력적 요인도 동시에 안고 있다. 또한 일본은 우리의 유일한 동맹국인 미국에게 아시아 지역 제1의 동맹국이라는 위상을 차지하고 있기도 하다. 지난 30년간 한일관계를 가장 잘 해결한 정부는 김대중정부이다. 김대중정부는 과거사의 갈등을 뛰어넘는 과감한 한일협력을 추구함으로써 한일관계를 새로운 차원으로 발전시켰고, 이것을 통해 한국의 동북아정책에서 새로운 지평을 열었다. 한일관계의 발전은 한국의 동북아정책에서 관건적인 요소이다.

셋째, 한국의 동북아정책에서 결코 무시할 수 없는 것이 북한이다. 노무현정부가 가장 정확하게 파악한 것처럼 북한문제는 단순히 남북의 문제가 아니라 동북아의 문제이다. 따라서 북한문제를 남북 간의 문제이자 동북아의 문제로 인식할 때 한반도와 동북아의 평화와 번영을 위한 새로운 길을 제시할 수 있다는 점을 알 수 있다. 노무현정부에서 6자회담에 의한 '9·19 공동성명'과 '2·13 합의' 그리고 남북정상의 '10·4선언'이 선순환적으로 채택되고 이를 통해 남북 간의 협력만이 아니라 동북아협력이 논의되고 추진된 점은 대표적 사례이다.

이상에서 언급한 것처럼 한미, 한중관계의 동시 고려, 한일관계의 중요성 인식, 그리고 동북아문제로서의 북한문제 인식 등을 염두에 둘 때 다음과 같은 새로운 동북아전략을 고려할 수 있다.

1) 동북아의 지정학적 단층선에 대한 명확한 이해

미국을 중심으로 하는 자유진영과 소련을 중심으로 하는 공산진영 간의 냉전이 시작된 지 70년이 지난 2017년부터 패권국 미국과 도전국 중국의 격렬한 패권경쟁이 시작되었다. 이것은 이제 무역전쟁을 넘어 환율, 기술, 표준전쟁으로 이어지고 정치, 외교, 군사 등 전 영역에서 대립이 격화되고 있다. 그리고 이러한 중국과 미국의 대립은 '일대일로전략'과 '인도태평양전략'이라는 대전략을 통해 접점이 분명해지고 있다. 냉전시기와 탈냉전의 시기 그리고 막 전개되고 있는 미중의 패권경쟁(신냉전)시기에 동아시아에 나타난 세력권과 세력충돌 양상을 그림으로 표시하면 다음과 같다.

우선 ①선은 동아시아의 대륙세력과 해양세력을 가르는 대분단선이자

도표 6.1	동아시아 세력권의 양상과 단층선*

- ⋯⋯⋯⋯ 세계적 강국으로서의 거대중국
- ⋯·⋯·⋯ 지역적으로 지배적인 거대중국
- ➤◄ 잠재적인 세력갈등
- ▰▰▰▰ 미·일 반중 연대 구도

* 브레진스키가 『거대한 체스판』에서 제시한 것을 토대로 배기찬이 『코리아 생존전략』에서 정리한 것에 내용을 추가함.

한반도의 분단선이다. 이 선은 한반도의 38선, 휴전선, 한강-임진강-예성강을 지나는 선인데, 아래로는 대만해협, 그리고 베트남 17선을 지난다. 냉전 시기 이 선을 따라 공산진영과 자유진영으로 나뉘었고, 브레진스키는 '지역적으로 지배적인 거대중국'이 등장하면 휴전선의 이북(북한)과 대만을 중국이 지배하에 둘 것이라고 생각했다.

사실 2018년 3월 남북정상회담과 북미정상회담이 결정되어 북한과 남한 그리고 북한과 미국의 관계가 개선될 조짐을 보이자 다급하게 반응한 나라는 중국이었다. 중국은 남북정상회담과 북미정상회담을 전후하여 1년 만에 5차례나 북한과 정상회담을 개최했고, 이를 통해 한·미(해양세력)와 가까워지는 북한을 중국 쪽으로 확실히 견인했다. 앞으로 중국과 미국의 패권경쟁이 격렬해져 본격적인 신냉전의 양상이 된다면 이 선을 따라 대립과 긴장, 분단이 고착화될 수 있다. 물론 통일된 베트남은 예외이다. 그리고 이 선은 또한 미일의 해양세력과 중러의 대륙세력 간에, 강대화된 중국과 패권국인 미국 사이에 세력갈등이 일어나는 선이기도 하다. 지난 10여 년간 휴전선과 서해, 센카쿠(조어도)와 대만해협 등에서 일어난 갈등은 이 선상에 위치했다.

②선은 동해(독도)-대한해협-대만우측-남중국해(구단선)로 이어지는 선이다. 이 선은 역사적으로 보면 중국 중심의 세계질서 즉, 중화체제의 영향 범위이기도 하다. 이것에 착목해 사무엘 헌팅턴은 『문명의 충돌』에서 이 선을 따라 중국문명과 일본문명을 구분했다. 일본이나 미국이 통일된 한반도가 결국 중국 쪽으로 기울 것이라고 생각하는 근거이자 한일 간의 과거사 갈등으로 한국이 결국 반일친중 노선을 걷게 될 것이라 예측하는 근거이기도 하다. 이것은 또한 브레진스키에 의하면 '세계적 강국으로서의 거대 중국'이 직접적인 영향을 미치는 권역과도 연결된다. 단 이 선 바깥에 있는 필리핀과 인도네시아도 브레진스키에 의하면 세계적 거대강국 중국의 영향권에 포함된다.

군사적으로 보면 이 선은 기본적으로 중국의 600km 단거리 미사일의 사거리 내에 위치하고, 중국이 설정한 제1도련선 내에 위치한다. 이 선을 따라 1950년 미 국무장관 딘 애치슨은 '애치슨라인'을 구상했다. 이 선은 부분적으로 중국의 2,000km 중거리 미사일 사거리 안에 들어가며 중국이 1도련선을 돌파하고 2도련선내에 실질적 영향을 미치는 것과 관계된다. 오늘날 일부 논자들이 '신애치슨라인'을 이야기하며 한국이 미일동맹의 안보 범위에서 제외될 수 있다는 것은 바로 이 선과 연관된다. 이 선 안은 중국의 중단거리 미사일 사거리 안에 들어가므로 중국의 '반접근/지역거부(A2AD: Anti-Access Area Denial) 전략으로 해양세력이 위험에 처할 수 있다. 그리고 미국은 이러한 중국의 전략에 대항해 '다전장영역전투'(MDB: Multi-Domain Battle)의 개념을 발전시키고, 이 개념 하에 미국의 육해군 각 군과 동맹국들의 각 군을 결합시키려 한다. 즉 동맹국들과 고도의 상호운용성을 확보하여 동맹군의 합동성을 강화하려는 것이다.[23]

문제는 신냉전에 준하는 미국의 패권경쟁에 의해 ①선이 대치선이 되면 한반도의 분단이 고착되어 갈등이 심화되고 통일은 불가능하게 된다는 점이다. 이러한 문제를 해결하기 위해 우리가 미일을 중심으로 하는 해양세력의 반중연대를 거부하고 남북, 한중관계를 개선하여 ②선처럼 될 때, 해양세력은 이를 '신애치슨라인'으로 간주할 가능성이 있다. 이 경우 한국은 조선후기처럼 중국의 영향권에 무기력하게 편입되는 위험이 있다. 결국 미국과 중국의 패권경쟁이 심화되면 북한이 중국에, 남한이 미국에 결박될 가능성이 높아진다. 이것을 자연스럽게 받아들이면 분단이 고착화될 위험이 있고, 이것을 거부하면 한미동맹(해양동맹세력)으로부터 방기될 위험이 있다.

2) 지정학적 단층선 극복을 위한 양자관계 개선과 3자 협력 강화

이러한 상태를 극복하기 위해 우리는 지금부터 ①과 ②선을 모두 돌파하거나 이 선들이 대립선 또는 적대선이 되지 않도록 각종 활동을 전개해야 한다.

분단과 전쟁 그리고 냉전으로 형성되고 강화된 ①을 돌파하기 위해서는 남북관계와 한중관계 그리고 한러관계를 지속적으로 발전시켜야 한다. 한반도의 완전한 비핵화와 평화체제를 위해 남북 간의 양자관계만이 아니라 남북미중의 4자회담, 이것에 러시아와 일본까지 포함하는 6자회담체제를 구축할 필요가 있다. 또한 한반도 신경제구상과 신북방정책도 강력하게 추진할 필요가 있다.

그리고 일본침략의 과거사로 인해 형성되고 강화된 ②선을 돌파하기 위해 한일관계를 개선해야 한다. 또한 ①선을 돌파하기 위한 한국의 노력이 미국을 중심으로 하는 해양세력들에게 충분히 신뢰를 얻을 수 있도록 각종 외교적 노력도 강화해야 한다. 결국 남북관계의 발전을 통해 ①선을 돌파하고, 한일관계를 발전시켜 ②선을 돌파해야 한다. 나아가 남북관계가 발전할수록 한일관계가 발전하고, 한일관계가 발전할수록 남북관계도 발전하는 선순환을 이루어야 한다.

나아가 한-중·러의 관계발전(①선 관련)과 한-미·일의 관계발전(②선 관련)도 선순환될 수 있도록 지혜와 노력을 경주해야 한다. 한·중·일, 한·일·러 등의 소다자협력도 이런 맥락에서 더욱 강화해야 한다.

특히 한 동안 중단된 한·중·일 정상회담은 아주 중요한데 이를 계속 발전시키는 데 우리가 주도적인 역할을 할 필요가 있다. 한·중·일 정상회의는 아세안+3를 계기로 1999년부터 시작되어 2008년부터는 한·중·일 정상회의가 별도로 개최되었다. 그리고 2011년에는 한국에 한·중·일 협력사무국(TCS)이 설립되었다. 한·중·일 3국의 협력에 대해 가장 큰 관심을 보이는 나라는 우리나라이고, 협력사무국도 한국에 있지만, 박근혜정부가 출범한 2013년 이후 5년 동안 2015년에 한번 열린 것을 제외하고는 제대로 열리지 않았다. 2018년에 들어서야 다시 일본에서 한·중·일 정상회담이 열렸고 인적교류를 포함한 폭넓은 영역에서의 협력을 증진할 것을 내용으로 하는 공동선언문이 채택되었다. 그리고 2019년 12월 24일 중국 청뚜에서 열린 한·중·일 정상회담에서는 3국 협력기금 출범, 환경·보건·고령화 분야의 협력, 보호무역주의에 대한 대응, 한반도의 비핵화와 항구적 평화를 위한 협력, '향후 10년 3국 협력비전 채택' 등이 이루어졌다.

현재 한·중·일 3국 협력을 저해하는 요인은 3국 협력에 대한 낮은 정책적 우선 순위, 3국 협력의 공통비전 부재, 3국내 양국 갈등과 과거사문제 등이다. 이러한 문제를 해결하기 위해 우선 한·중·일 3국협력과 각 국 지역구상의 접점을 통한 이점을 발굴해야 한다. 그리고 3국 협력이 가능한 의제를 확장해야하는데, 그 의제로는 연성안보, 대기오염, 전염병 예방, 에너지 등만이 아니라 사회문화협력 등도 포함될 수 있을 것이다. 나아가 '한·중·일 협력사무국'이 기존에 해온 한·중·일 언론인 교류프로그램, 청년대사 프로그램, 한·중·일 3국협력포럼 등을 더욱 활성화하고 새로운 교류협력을 구상해내는 것도 필요하다.[24)] 중국과 일본의 지정학적 위치와는 달리 중·일의 중간자적 위치에 있는 한국은 한·중·일 3국협력을 주도하는 의지와 노력이 필요하다.

그리고 이때까지 한 번도 추진되지 않은 한·일·러 3국의 정상회담도 추진될 수 있도록 각별히 노력할 필요가 있다. 예를 들어 매년 9월 블라디보스토크에서 열리는 동방경제포럼에 푸틴 대통령과 아베 수상이 빠짐없이 참석하고 있는 점을 염두에 두면 우리 대통령도 이에 참석하여 한·러 정상회담만이 아니라 한·일·러 정상회담이 개최되도록 주도성을 발휘할 필요가 있다. ①선과 ②선이 건널 수 없는 대협곡이나 험준한 산맥이 되지 않도록 하면서 '다리'를 놓는 창의적 의제발굴과 신뢰형성은 우리의 명운이 걸려 있는 것으로서 매우 중요하다.

또한 동아시아 또는 동북아, 더 좁게는 환동해(일본해)권, 환서해(황해)권 차원의 지방자치단체 교류협력을 활성화해야 한다. 오래전부터 베세토(베이징, 서울, 도쿄)협력이 있었고, 이에 아세안의 수도 나아가 동아시아

(동아시아정상회의 참가국) 각국의 수도까지 포함하는 자치단체협력체를 구상할 수 있다. 또한 2018년 포항에서 한국 및 러시아 극동지역 광역단체 26개 도시가 참가한 제1회 한-러 지방협력포럼이 개최되었고, 환동해 도시 간 네트워크, 환동해 국제심포지움이 지속되고 있는 점을 모델로 하여 소지역차원에서 각국의 지방자치단체들이 각종 협력사업을 펼칠 수 있다.

3) 동북아 다자협력체의 형성

(1) 다자간 경제협력체 형성

'동북아플러스책임공동체'의 형성을 위해서는 앞에서 언급한 양자간, 삼자간의 관계개선에 더해 다자간협력의 방식을 고려할 수 있다. 이 가운데, 다자간 경제협력을 통한 방식에는 ① 동아시아 철도공동체를 통한 방식, ② 동북아 에너지협력체를 통한 방식, ③ 동북아 개발협력을 통한 방식이 있다.

첫째, 문재인 대통령은 앞에서 살펴본 것처럼 2018년 광복절 경축사에서 '동아시아 철도공동체'가 동아시아 에너지공동체와 경제공동체, 나아가 '동북아 다자평화안보체제'의 출발점이라고 강조했다. 이 철도공동체의 구성원은 남북한과 중국, 러시아, 몽골 그리고 일본을 포함한 동북아의 6개국과 태평양 너머의 미국이다. 이러한 구성원은 기존의 6자회담 참가국에 몽골을 더한 것과 같다.

여기서 육지로 연결된 남북과 중국, 러시아, 몽골 등 5개국은 철도공동체를 형성하는 것에 지리적 한계는 없지만, 일본과 미국은 바다로 막혀 문제가 있다. 그렇다고 이들을 빼고 동아시아 철도공동체를 구성하는 것도 무리가 있다. 따라서 일본과 미국에 대한 대책이 필요하다. 일본이 이들 대륙철도와 연결되기 위해서는 한-일 해저터널이나 홋카이도-사할린 철도가 연결되어야 한다. 또한 미국이 동아시아 철도공동체에서 할 수 있는 역할은 자본을 투자하거나 컨소시움에 참여하는 형태가 될 것이다.

남북의 철도연결이 동아시아 철도공동체가 되기 위해서는 북방 대륙 및 남방 열도로의 연결성을 확보해야 한다. 북방의 중국·러시아와는 궤도와 차량의 규격 등의 문제를 해결해야 하고, 남방 열도와의 연결을 위해서는 그 동안 구상으로만 전개된 '한일 해저터널'을 진지하게 검토하는 것이 필요하다. 남방으로의 철도연결 없이 북방으로의 철도연결만 논의되면 대륙 일변도의 정책으로 이해되고, 미·일의 지지를 얻기 힘들어질 것이다. 이는 결국 동아시아 철도공동체 구축에 방해가 될 것이기 때문이다.

둘째, 문재인 대통령이 이야기한 '동북아 에너지협력체'를 통한 방식은 2005년 6자회담의 '9·19 공동성명'과 2007년 '2·13 합의'와 연결되어 있다. 이때 북한에 중유 등의 에너지를 지원하기 위해 '경제 및 에너지협력 실무그룹 회의'가 개최되었고, 여기서 의장국이었던 우리 측 대표는 '북한의 경제적 미래를 넘어 역내 관계발전 및 비핵화 실현을 통해 동북아의 지정학적 상황을 긍정적으로 변화시키는데 기여할 것'이라고 의미를 부여했다. 한편, 노무현정부시기인 2005년 11월, 몽골에서 남북, 러시아, 몽골 4개국이 '정부 간 에너지협의체 고위당국자위원회'를 개최하여 동북아에너지협력 정부간협의체를 공식 결성했다. 문재인정부는 신북방정책의 중점 추진과제의 하나로 '동북아 수퍼그리드 구축'을 제시한 적이 있다. 그 목적은 동북아의 전력망 연계를 통해 청정하고 안정적인 전력공급구조를 마련하고 동북아 평화협력체제 구축의 기반으로 활용하기 위한 것이다.

구체적으로 우선 한국·중국·일본이 몽골에서 풍력·태양광 등 청정에너지로 생산된 전력을 각국으로 연결하는 프로젝트가 진행되었다. 이에 대해 2016년 한·중·일·러의 기업 간 공동연구 MOU가 체결되고, 경제성·기술적 타당성 조사가 이루어졌다. 또한 2017년 한국과 중국 간에 정부 간 협력체결 구성도 합의되었다. 2017년 9월 동방경제포럼에서 한국과 러시아가 동북아 슈퍼그리드사업을 추진할 것을 선언했고, 이로써 러시아-북한-한국을 잇는 전력망 연결사업에 대한 논의가 다시 점화되었다. 이에 더해 러시아의 극동시베리아, 사할린에 매장되어 있는 천연가스의 개발과 공급을 둘러싼 남·북·중·러·일의 협력도 동북아 에너지 협력사업의 하나로 검토할 필요가 있다.

셋째, 동북아 개발협력을 통한 방식인데, 두만강 유역을 다자간 협력으로 개발하자는 것이다. 이 구상은 매우 오래되었지만, 몽골 울란바토르에서 2018년 6월 22일에 개최된 동북아지역 다자간(한국, 중국, 러시아, 몽골) 정부협의체인 광역두만개발계획(GTI) 제18차 총회는 매우 중요한 회의였다. 여기서 회원국들은 GTI를 국제기구로 전환할 것을 재확인하고, 관련 협의를 진전시켜나가기로 합의하였다. 또한, GTI의 프로젝트 수행 역량을 강화해나가기 위해 국제기구와의 파트너십을 바탕으로 한 기술지원 방안을 모색해 나가기로 했다. 또한 지역 경제통합과 공동의 미래 구축을 위해 모든 동북아 국가의 참여가 중요하다는 점을 강조하면서, 2009년 GTI를 탈퇴한 북한의 GTI 재가입을 초청했다.

광역두만강개발계획은 동북아의 협력을 촉진하는데 매우 중요하다. 우리는 이 계획에 북한은 물론이고, 일본과 미국이 참여할 수 있도록 노력할 필요가 있다. 특히 환동해경제권의 일원인 일본이 이 계획에 어떤 형식이든 참여할 때 GTI는 더욱 풍부해질 수 있고, 장기적으로 활력을 띨 수 있다. 이를 위해 한·일·러, 한·일·중, 남·북·일 등 다양한 논의틀을 만들 필요가 있다. 이 과정에서 미국도 다양한 형태로 참여할 수 있도록 유인책을 개발할 필요가 있다.

(2) 동북아 다자평화안보협력체 형성

동북아에서 다자평화안보 논의가 나온 것은 모두 한반도에서의 비핵평화의 가능성이 열린 때였다는 것을 염두에 두고, 추진주체, 추진방식, 구성 및 운영 등을 검토해보자.

우선, 현재의 한반도와 동북아의 상황을 고려할 때, 동북아 다자안보협력의 핵심적인 추진주체는 남북한이다. 오늘날 한반도는 동북아에서 가장 불안정한 지역일 뿐만 아니라 북한(핵)위기로 인해 가장 심각한 전쟁위험을 겪었기 때문이다. 그리고 동북아의 다자평화안보에 대해 가장 큰 이해가 걸려있는 나라는 남북한이기 때문이다. 따라서 남북한은 한반도 평화체제만이 아니라 동북아 평화안보체제를 만들어야 할 핵심 두 주체라고 인식해야 한다. 따라서 우리는 북한도 한반도 평화체제만이 아니라 동북아 평화안보체제에도 깊이 관심을 가지도록 해야 한다. 즉 북한의 체제안정과 한반도의 평화체제, 동북아의 평화안보체제가 상호 유기적으로 결합된 것임을 남북이 각종 공식, 비공식 대화체에서 끊임없이 확인하고, 공동으로 노력할 필요가 있다.

남북한 다음으로 동북아 다자안보협력을 주도할 나라는 일본과 미국이다. 미국과 일본이 미일동맹으로 강고히 결합되어 있고, 다자간의 안보체제를 싫어하지만, 이들 국가의 협력이 없이는 동북아 다자안보협력이 불가능한 것은 분명하다. 특히 일본이 동북아 다자안보협력을 제대로 인식하고 적극 나설 수 있도록 하는 것은 매우 중요하다. 현재 동북아 다자평화안보협력 논의는 한반도 비핵화를 중심으로 전개되고 있고, 동북아의 역내 6개국 중 사실상의 비핵국가는 한국과 일본이다. 따라서 일본은 한반도의 비핵화를 동력으로 한 동북아 다자평화안보협력에 나설 수 있다. 이는 CSCE 창설 과정에 미소의 패권경쟁국이 아니라 독일, 프랑스, 폴란드 같은 일종의 중견국(middle power)이 초기에 매우 중요한 역할을 한 것과도 연결된다. 따라서 한국이 일차적으로 관심을 가지고 협력을 이끌어내야 하는 나라는 일본이다. 일본은 한국과 더불어 미국과 군사동맹을 맺고 있는 나라이자 미국의 동북아 안보구상에 결정적인 영향을 미칠 수 있는 나라이기 때문이다. 최근 일본은 러시아와의 관계도 개선하고 있고, 중국과도 기존의 소원한 관계를 해소하고 있기 때문에 한일 간의 협력은 동북아 6개국의 협력을 촉진하는 촉진제가 될 것이다.

CSCE의 출범은 패권경쟁국인 미소간의 데탕트로 촉발되었다. 이후 미국이 동서유럽 각국의 움직임을 수용한 러시아의 제안을 처음에는 거부했지만 결국은 받아들임으로서 이것이 성립되었다. 동북아 다자평화안보협력도 궁극적으로는 미국이 이를 받아들이도록 하는 것이 필요하다. 미국은 중국의 강대화에 대응해 동아시아 또는 인도태평양판 나토를 구상할 가능성이 높은데, 이러한 구상과 동북아의 다자평화안보체제가 모순되지 않는다는 것을 받아들여야 할 것이다. 미국이 동북아 다자평화안보협력에 동참하게 하기 위한 필요조건은 한국이 일본과 협력하여 동북아 다자평화안보협력을 추진하는 것이다. 이렇게 할 때 미국에게 더 설득력이 있을 수 있다.

러시아와 중국의 협력을 이끌어내는 것도 역시 필요하다. 러시아는 유럽과는 달리 그 동안 일관되게 동북아의 다자평화안보협력에 적극적이었다. 따라서 러시아와의 협력을 매우 중요하다. 중국은 4자회담 과정에서 한반도 평화체제와 함께 유엔사의 해체를 주장했고, 지금도 유엔사가 동북아의 나토가 되는 것을 강력하게 반대하고 있지만, 동북아 다자평화안보체제에 대해서는 기본적으로 찬성하는 입장이다.

둘째, 동북아 다자평화안보협력 추진 방식으로 그 출발점은 사실상, 법률상의 종전선언이다. 한반도에서 전쟁이 끝났다는 것을 사실로, 법적으로 선언하는 것에서부터, 한반도 평화체제만이 아니라 동북아의 다자평화안보체제가 시작된다. 2018년 4월 27일 남북 정상회담과 '9월 평양공동선언'에서 사실상(de facto) 종전이 선언되었다. 이제부터 남과 북은 한반도의 비핵화와 종전선언 추진뿐만 아니라 동북아의 다자평화안보협력을 위한 포석도 두기 시작해야 한다.

규범적인(de jure) 종전선언은 현재의 대립구도를 염두에 둘 때 평화협정처럼, 남북미중 4자간에 진행되는 것이 바람직하나 북미 양자 간에도 가능하다. 북한의 비핵화 진전에 따라 한반도 평화협정 논의가 '남·북·미·중 4자'의 평화체제 협의기구를 통해 구체화될 경우, 우리는 한반도 평화체제와 동시에 동북아 다자평화안보기구를 논의토록 해야 한다. 이를 위해 투 트랙의 논의기구가 필요하다. 하나는 한반도 평화협정을 위한 회담(남·북· 미·중의 4자회담)이고, 또 하나는 동북아 다자평화안보체제를 위한 6자회 담이다. 평화협정의 체결과 동시에 동북아판 CSCE, 즉 '동북아평화안보협 력회의(CSCN: Conference on Security and Cooperation in North East Asia)'가 출범할 수 있도록 로드맵을 짜고 추진할 필요가 있다.

셋째, 동북아평화안보협력회의는 남·북·미·중·러·일 6개국과 몽골을 정회원국으로 해야 할 것이다. 준회원국 또는 대화상대국은 아세안 10개국 이 될 수 있고, 조직체로는 ARF, OSCE, UN 등 국제기구가 될 수 있다. 옵 서버로는 인도 등 남아시아국가, 카자흐스탄 등 중앙아시아국가를 고려할 수 있다.

규범은 유엔의 보편적 규범(침략금지, 내정불간섭, 국경 불가침, 국제법 에 의한 분쟁해결)을 기초로 정할 수 있다. 또한 ARF를 준용하되, CSCE 중 에서 참가국이 동의하는 것을 추가할 수도 있을 것이다. 현재 거론되는 '동 북아 비핵무기지대화'를 규범의 하나로 규정할 수도 있다. 이때의 동북아는 한반도, 일본, 동북3성과 연해주, 몽골, 알라스카 등으로 규정될 것이다.

운영과 관련하여 평화안보협력회의체의 사무국은 한국에 둘 필요가 있 다. 한국과 북한 그리고 일본과 러시아의 주도적 역할이 초기 회의체의 안 착에 매우 중요하기 때문이다. 현재 한·일·중 3국협력 사무국은 서울에, GTI 사무국은 베이징에 있다. 회의 의장은 7개국이 순번으로 맡을 수 있는 데, 운영과 관련된 구체적인 것은 ARF, CSCE를 참조할 수 있을 것이다.

의제로는 연성안보만이 아니라 경성안보문제도 의제로 삼되, 필요에 따 라 동북아 다자간의 경제사회문화협력을 촉진시킬 수 있는 것도 의제가 될 수 있다. 또한 '동북아 비핵무기지대화'의 유지·확산 및 타 비핵무기지대와 의 연대도 의제가 될 수 있다.

추진일정으로 1단계는 실질적, 공식적 종전선언이 이루어지는 시기이다.

이때에 한반도 완전한 비핵화 및 평화체제에 대한 로드맵과 함께 동북아 평화안보협력체 로드맵을 작성해야 한다. 2단계는 종전선언 이후 한반도의 완전한 비핵화와 평화체제 협의기구가 출범하는 시기이다. 이와 동시에 '동북아 다자평화안보협의기구'도 출범시켜야 한다. 3단계는 평화협정이 체결되는 시기로, 한반도 평화협정의 체결과 동시에 '동북아 평화안보협력의정서'를 채택해 '동북아 평화안보협력회의(CSCN)'를 출범시킬 필요가 있다.

이상의 과정을 거쳐 동북아 평화안보협력회의가 출범하고, 앞에서 언급한 동아시아철도공동체, 동북아에너지공동체, 두만강유역의 동북아지역개별협력으로 동북아경제공동체가 이루어진다면 동북아는 책임공동체로 발전하게 될 것이다.

4) 유라시아·인도태평양으로의 지역범주 확장과 세계전략의 필요성

한국이 중점을 두어야 할 지역범주에 대해 그 동안 여러 가지 논의가 있었다. 1948년 분단정부의 수립 이후 우리 한국의 지역범주는 일본-미국으로 이어지는 협소한 태평양 방면에 국한되었다. 그러나 1990년 냉전이 종식되고 북방정책이 추진되면서 우리의 지역범주는 중국과 러시아를 포함한 유라시아 대륙과 아시아태평양으로 확장되었다. 이와 관련해서 역대 정부가 제출한 지역개념을 보면 김영삼정부는 '세계화', 김대중정부는 '동아시아', 노무현정부는 '동북아시대', 이명박정부는 '세계국가'와 '신아시아', 박근혜정부는 '유라시아'와 '동북아'이고, 문재인정부는 '러시아·중앙아시아의 신북방'과 '아세안·인도의 신남방'이다.

지역개념과 관련하여 우리가 고려해야 할 것은 미·중·일·러의 지역구상이다. 글로벌 패권국가인 미국은 기본적으로 전지구적 차원에서 전략을 구사하지만 2017년 트럼프 대통령의 등장 이후 기존의 아시아태평양 중심의 지역전략을 인도태평양으로 바꾸었다. 이것의 상징적인 표시가 태평양사령부를 인도태평양사령부로 바꾼 것이다. 미국이 인도태평양이라는 개념을 아시아관련 지역범주의 핵심으로 설정할 경우 중시되는 곳은 동중국해에서 남중국해 그리고 아세안과 인도양으로 이어지는 항로이고, 아세안이 매우 중요한 위치를 차지하게 된다.

일본도 마찬가지이다. '해양국가'로 자신의 정체성을 규정한 일본은 아시아태평양이라는 개념에 이어 인도태평양이라는 지역범주를 선도적으로 제시하고 구체화시켰다. 인도태평양이라는 지역전략에 의하면 일본의 국가발전방향은 아세안과 인도 그리고 아프리카로 이어지는 인도태평양에 설정된다. 이에 따라 한반도를 중심으로 하는 동북아에는 일본의 관심이 줄어들고, 한국에 대해서도 무시 또는 배제하는 정책적 경향성이 생기게 된다. 일본에서는 1950년에 논의되었던 애치슨라인처럼 오늘날 신애치스라인을 설정할 수 있다면서 한국을 미일안보구상에서 배제할 수도 있다는 생각을 한다.

중국은 일대일로를 국가대전략으로 제창한 2015년 이후 자체의 지리적 조건과 경제·군사·외교적 필요성에 따라 유라시아 대륙전체, 나아가 아프리카 대륙 그리고 중국해를 토대로 한 태평양과 인도양까지 염두에 둔 지역범주를 설정하고 있다. 아직 중국은 대서양 연안까지 지역범주를 확장하지 못했지만, 공산중국 수립 100주년이 되는 2049년까지 인도태평양과 유라시아대륙 및 아프리카대륙에 중점을 둔 국가대전략을 수립했다. 이에 따라 우리식 개념인 동북아에 대한 중국의 관심은 동북3성이라는 성정부 차원의 지역적 관심으로 축소되고 있다.

러시아도 신동방정책을 통해 극동지역을 중시하지만 극동지역의 발전을 위해서는 동북아의 국가들만이 아니라 아세안과 인도의 협력이 긴요하다고 생각한다. 그래서 2019년 제6차 동방경제포럼에는 인도의 모디 총리가 주빈으로 초대되었고, 베트남, 싱가포르 등 아세안 국가의 대표들도 각종 회의에 참석했다.

이러한 상황을 염두에 둔다면 우리도 인도태평양과 유라시아 전체를 염두에 두는 지역범주의 설정이 필요하다. 문재인정부의 신남방정책과 신북방정책은 바로 이러한 지역범주의 확장에 상응하는 것이었다. 문대통령이 2018년 인도·싱가포르 방문 뒤, "앞으로 아시아의 시대가 열릴 것이라고 확신한다"면서 신남방정책이 "대한민국 번영을 이끌 국가발전전략의 핵심"이라고 강조한 것은 이러한 맥락이라고 할 수 있다.

따라서 이제 우리는 중국의 '일대일로 구상'에 적극 협력하기로 한 것처럼, 미국과 일본, 호주와 인도 그리고 영국과 프랑스 나아가 베트남과 인도네시아 등 아세안의 핵심국가들이 협력하고 있는 '인도태평양 구상'에도 우리가 창의적으로 동참할 필요가 있다. 물론 이때의 방식은 일본과 미국 등이 강조하는 것처럼 중국을 봉쇄하고 배제하기 위한 것이 아니라 중국과 더불어 협력하기 위한 것이다. 그리고 일본의 인도태평양 구상이 아프리카까지 염두에 둔 점을 생각할 때 우리도 신남방의 범위를 아프리카까지 확장하는 것을 염두에 두어야 한다.

인도태평양을 염두에 둘 때 우리가 주목해야 할 지역협력체는 '동아시아정상회의'이다. 현재의 '동아시아정상회의(East Asia Summit)'는 원래 ASEAN+3(한중일)을 모태로 하여 인도와 호주, 뉴질랜드가 결합된 ASEAN+6의 형태로 출범했다. 여기에 태평양·대서양 국가인 미국과 유라시아 국가인 러시아가 결합됨으로써 '동아시아정상회의(EAS)'는 동북아(한중일)과 동남아(아세안) 그리고 인도양(인도)과 남태평양(호주, 뉴질랜드) 그리고 유라시아와 태평양을 모두 포괄하는 거대한 지역협력체가 되었다. 정치적 협력체인 EAS는 지리적으로 '아시아-인도태평양'이며, 안보적으로 아세안지역포럼(ARF)과 직결된다.

따라서 새로운 동북아전략은 동북아에 머무는 것이 아니라 동아시아로 확장되는 것이어야 한다. 이러한 관점에서 우리는 아세안과 함께 동아시아정상회의(EAS)를 활성화하는데 앞장서야 한다. 원래 동아시아공동체라는 개념을 주창한 사람은 김대중 대통령이었고, 동아시아정상회의(EAS)

와 관련해 중요한 역할을 하는 동아시아비전그룹(EAVG)은 1998년 아세안
+3 정상회담에서 김대중 대통령이 제안해 출범한 민간조직이다. 2011년에
는 한국주도로 EAVG II가 출범해 '동아시아 경제공동체' 형성을 목표로 제
시했다. 한국은 이제 EAVG III를 출범시켜[25] '동아시아 인문사회문화 협력
체'를 목표로 한 연구를 진행해야 한다. 동시에 김대중 대통령이 1998년에
제안했던 동아시아연구그룹(EASG) 등 동아시아차원에서 민간으로 구성되
는 각종 연구그룹과 네트워킹그룹을 가동하고 활성화하는데 한국이 앞장서
야 한다.[26]

마지막으로 2020년대를 맞이하는 지금, 우리에게는 동북아전략, 동아시
아전략만이 아니라 세계전략이 필요하다. 지난 100년의 수동적 냉전질서
속에서 한국의 국가전략은 한반도를 중심으로 동북아의 지역적 범주를 넘
어서기 어려웠다. 김영삼정부가 냉전종식이라는 국제관계의 대변화 속에서
'세계화'를 국가전략으로 내세웠고, 이명박정부가 '성숙한 세계국가(Global
Korea)'를 외교전략으로 제시했지만 이때까지 우리나라는 제대로 된 세계
전략을 제시한 적이 없다.

새로운 100년을 맞이하고 있는 지금, 우리는 지난 100여 년간 우리의 사
고를 규정한 한반도의 '주변 4강'이라는 '구(舊)4강'의 개념을 확장하여 '신
(新)4강'이라는 새로운 개념을 세계전략의 일환으로 고려할 필요가 있다.
이 '신4강'의 개념은 곧 한국의 세계전략과 연결된다.

"이제 우리는 주변의 구(舊)4강 체제를 뛰어넘어 신(新)4강 체제를 구축
해야 한다. 기존 4강 체제가 우리에게 족쇄로 다가오고, 세계화의 진전으로
지구촌의 거리가 단축되고 관계가 긴밀해졌기 때문이다. … 신4강은 위도
를 기준으로 하면 남방으로는 6억 명의 인구를 가진 아세안과 13억 명 인구
의 인도, 북방으로는 5억 명 인구의 EU와 브렉시트를 단행한, 세계 패권을
행사한 적이 있는 영국(영국 여왕이 국가원수인 캐나다·호주도 포함 가능)
이다. 아세안과 인도가 중국과 일본을 대체 또는 보완할 수 있다면, EU와

영국은 미국과 러시아를 보완할 수 있다. 따라서 이들 신4강에 대해 우리는 주변 4강처럼 무게를 두고 정책을 펼쳐야 한다. … 신남방정책이 아세안과 인도를 넘어 서아시아와 아프리카, 나아가 중남미까지 확장되어야 하는 것처럼, 러시아를 핵심으로 한 현재의 신북방정책은 EU와 영국(연방)을 대상으로 한 정책으로 확대돼야 한다. 그리고 신남방정책과 신북방정책은 남북관계 발전에 따라 '신한반도 구상'과 결합돼야 한다. 이렇게 할 때 우리는 동북아 4강이 만들어내는 숙명적 족쇄에서 벗어나 글로벌 국가로서 자유를 누릴 수 있다. 주변 4강이 우리에게 강고한 4중의 족쇄가 아니라 우리를 태우고 질주하는 4두마차가 되기 위해서는 우리가 한반도, 나아가 동북아의 평화와 번영을 위한 운전자·중재자·촉매자가 돼야 한다. 이에 더해 아세안과 인도, EU와 영국(캐나다+호주)에 대한 우리의 신4강 전략이 성공할 때 비로소 한반도의 운명은 지난 100년 역사와는 다르게 전개될 것이다."[27]

주

1) "노태우 대통령, 유엔총회 방미 중 미국 외교협회, 아시아협회 오찬 연설(1988.10.19)," 김병로 외, 『한국형 발전모델의 대외관계사』 (서울: 인간사랑, 2018), pp. 261-262.
2) 김병로 외 (2018).
3) "유엔총회 방미 중 월스트리트저널과 회견 (1988.10.20)," 김병로 외 (2018), p. 263.
4) 배기찬, "동북아시대구상의 현실과 과제," 『한국과 국제정치』 제24권 제1호 (2008년 봄) 참조.
5) 동북아시대위원회, 『평화와 번영의 동북아시대구상』 (2005), p 7
6) 노무현, "광복절 경축사," (2003.08.15).
7) 노무현, "통일외교안보관련 자문위원 초청 간담회 발언록," (2005.07.22).
8) 동북아시대위원회·NSC사무처, 『평화와 번영의 동북아시대 구상: 비전과 전략』 (2004.7.27).
9) 배기찬 (2008), pp. 173-174.
10) 이기태 외, 『동북아플러스책임공동체 형성방안』 (서울: 통일연구원, 2018), p. 54.
11) 이기태 외 (2018).
12) 이기태 외 (2018), pp. 31-32.
13) 이기태 외 (2018), p. 32.

14) 이기태 외 (2018), p. 33.

15) 이기태 외 (2018), pp. 34-35.

16) 이기태 외 (2018), pp. 43-45.

17) 이하 기조연설 내용은 다음을 참조. http://www.mofa.go.kr/www/brd/m_20053/view.do?seq=366571&srchFr=&srchTo=&srchWord=&srchTp=&multi_itm_seq=0&itm_seq_1=0&itm_seq_2=0&company_cd=&company_nm=&page=7 (검색일: 2019.9.30).

18) http://www.korea.kr/briefing/speechView.do?newsId=132030713&call_from=rsslink ((검색일: 2019.9.30).

19) https://www.yna.co.kr/view/AKR20170706177400001 (검색일: 2019.9.30).

20) https://www1.president.go.kr/articles/524 (검색일: 2019.9.30).

21) https://www1.president.go.kr/articles/4022 (검색일: 2019.9.30).

22) https://news.joins.com/article/22100095 (검색일: 2019.9.30).

23) 다전장영역전투와 관련해서는 강석율, "트럼프 행정부의 군사전략과 정책적 함의: 합동군 능력의 통합성 강화와 다전장영역전투의 수행," 『국방정책연구』 제34권 제3호 (2018년 가을).

24) 최은미, "한중일 3국협력의 전개와 향후 과제," 『국방정책연구』 제34권 제3호 (2018년 가을), pp. 24-31.

25) 배긍찬, 『2018년 ASEAN관련 정상회의 결과분석: 한-ASEAN, ASEAN+3, EAS를 중심으로』 (서울: 국립외교원 외교안보연구소, 2018), pp. 19-20.

26) 김갑식 외, "동북아문화공동체 토대연구 (1)," 『경제인문사회연구회 협동연구총서』 19-17-01 (2019), p. 433.

27) 배기찬, "舊4강' 무게에 버금가는 '新4강'," 『매일경제』, 2018년 7월 15일. https://www.mk.co.kr/opinion/contributors/view/2018/07/445373/ (검색일: 2019.9.27).

참고문헌

강석율. "트럼프 행정부의 군사전략과 정책적 함의: 합동군 능력의 통합성 강화와 다전장영역전투의 수행." 『국방정책연구』 제34권 제3호 (2018년 가을).

김갑식외. "동북아문화공동체 토대연구 (1)." 『경제인문사회연구회 협동연구총서』 19-17-01 (2019).

김병로 외. 『한국형 발전모델의 대외관계사』. 서울: 인간사랑, 2018.

노무현. "광복절 경축사." (2003.08.15).

_____. "통일외교안보관련 자문위원 초청 간담회 발언록." (2005.07.22).

동북아시대위원회. 『평화와 번영의 동북아시대구상』 (2005).

동북아시대위원회·NSC사무처. 『평화와 번영의 동북아시대 구상: 비전과 전략』 (2004.7.27).

배긍찬. 『2018년 ASEAN관련 정상회의 결과분석: 한-ASEAN, ASEAN+3, EAS를 중심으로』. 서울: 국립외교원 외교안보연구소, 2018.

배기찬. "동북아시대구상의 현실과 과제."『한국과 국제정치』제24권 제1호 (2008년 봄).

이기태 외.『동북아플러스책임공동체 형성방안』. 서울: 통일연구원, 2018.

최은미. "한중일 3국협력의 전개와 향후 과제."『국방정책연구』제34권 제3호 (2018년 가을).

http://www.korea.kr/briefing/speechView.do?newsId=132030713&call_from= rsslink (검색일: 2019.9.30).

http://www.mofa.go.kr/www/brd/m_20053/view.do?seq=366571&srchFr=&srchTo= &srchWord=&srchTp=&multi_itm_seq=0&itm_seq_1=0&itm_seq_2=0&company_cd= &company_nm=&page=7 (검색일: 2019.9.30).

https://news.joins.com/article/22100095 (검색일: 2019.9.30).

https://www.mk.co.kr/opinion/contributors/view/2018/07/445373/ (검색일: 2019. 9.27).

https://www.yna.co.kr/view/AKR20170706177400001 (검색일: 2019.9.30).

https://www1.president.go.kr/articles/4022 (검색일: 2019.9.30).

https://www1.president.go.kr/articles/524 (검색일: 2019.9.30).

정책 제언

1. 두 개의 단층선을 극복하기 위해서는 두 개의 단층선 양쪽에 위치하는 국가들과 양자협력 및 3자 협력 등을 통해 관계를 개선하고 협력을 증진시켜야 한다. 남북관계, 한중관계, 한일관계 등 양자관계를 개선하고 동시에 한·중·일, 한·러·일, 한·중·미, 남·북·중 등 3자 관계와 4자회담, 6자회담 등 다자협력을 다양하게 발전시켜야 한다.

2. 경제, 안보, 정치외교 및 사회문화적 측면에서 동북아다자협력을 발전시켜야 한다. 동아시아철도공동체, 동북아에너지협력체, 동북아지역(GTI)개발협력을 통해 동북아에 다자간 경제협력체가 형성되어야 한다. 또한, 유럽의 유럽안보협력회의(CSCE)를 모델로 하여 '동북아평화안보협력회의(CSCN)'을 추진하는 것도 필요하다.

3. 새로운 동북아전략은 궁극적으로 새로운 동아시아전략 및 새로운 세계전략으로 발전해야 한다. 동아시아라는 개념을 확장해 외교정책 및 국가전략의 범위를 유라시아 및 인도태평양으로 확장해야 한다. 이때 아세안, 동아시아정상회담(EAS), ARF는 매우 중요한 외교대상이다. 또한 아세안과 인도, EU와 영연방을 신4강으로 설정하고 이를 중심으로 세계전략을 본격적으로 전개할 필요가 있다.

7장

신국제질서 하의 새로운 한미동맹전략

전재성(서울대학교 정외과)

핵심 논지

1. 한미동맹을 결정하는 요인은 다양하지만 첫째, 지구적, 지역적 강대국 세력 균형의 변화, 둘째, 미국의 지구적, 동아시아 안보전략의 변화, 셋째, 북한의 대남 전략 및 대남 안보위협의 변화, 넷째, 북한 비핵화 추진과정 속에서 나타나는 평화체제 수립의 추이, 다섯째, 4차 산업혁명으로 일컬어지는 기술의 급속한 발전과 전쟁 양상의 변화, 여섯째, 최근의 코로나 사태에서 보듯이 비전통안보 부문에서의 다각적 협력 필요성 등이다.

2. 미중관계의 변화는 장기간 아시아의 안보환경과 한미동맹의 미래를 결정할 가장 중요한 변수이다. 한미동맹은 한반도에 국한된 임무 뿐 아니라 점차 가시화되는 인도태평양 지역에서 미래에 새로운 도전에 부딪힐 것이다. 미국이 범정부적으로 추진하는 안보전략에 따라 향후 인도태평양 지역의 안보상황이 변화하고 또한 한미동맹도 큰 영향을 받을 것이다.

3. 한미동맹은 북한의 비핵화를 추동하는 군사적 기능을 함과 동시에, 북한 비핵화와 평화체제 수립 위에서 한국의 방어를 위해 긴요한 기제이다. 한미동

계속 ▶▶

맹은 한편으로는 북한의 군사적 위협에 대항하는 핵심적 수단이자, 장차 추구하는 한반도 평화프로세스와 통일의 중요한 지원수단이다. 한국전쟁이 공식적으로 종전되고 평화협정이 맺어지면 유엔사의 존립근거가 새롭게 논쟁의 대상이 될 것이고, 한미동맹의 미래 변화 역시 논의 될 것이다.

1. 서론

65년간 역사상 유례없이 장구하게 지속된 한미동맹은 많은 변화 속에서 우여곡절을 맞이했지만 한국의 안보와 미국의 동아시아전략 목표에 공헌에 왔다는 점에 의심의 여지가 없다. 한미동맹은 북한의 군사 위협에 한미 양국이 공동대처하고 변화하는 안보환경에 공동으로 대응하는 목적을 성공적으로 수행해왔다. 냉전기 양대 진영으로 갈려 공산주의 위협에 줄기차게 대처했던 한미동맹은 탈냉전 미단극체제 하에서 테러의 위협에도 나름대로 역할을 했다. 현재 한미동맹은 북한의 군사적 위협에 대처하고 비핵화를 뒷받침하는 억지의 기능을 담당하며, 한반도 평화체제 정착을 위한 지원역할을 하고, 동아시아 지역의 지속가능한 안정과 평화를 위해 새로운 안보기능을 하는데 목적이 있다고 하겠다.

한미동맹을 결정하는 요인은 다양하지만 첫째, 지구적, 지역적 강대국 세력균형의 변화, 둘째, 미국의 지구적, 동아시아 안보전략의 변화, 셋째, 북한의 대남전략 및 대남 안보위협의 변화, 넷째, 북한 비핵화 추진과정 속에서 나타나는 평화체제 수립의 추이, 다섯째, 4차 산업혁명으로 일컬어지는 기술의 급속한 발전과 전쟁 양상의 변화, 여섯째, 최근의 코로나 사태에서 보듯이 비전통안보 부문에서의 다각적 협력 필요성 등이다.

한미동맹의 전통적 역할에 비추어 가장 당면한 과제는 북한의 군사적 도전에 대한 대응이다. 특히 북핵협상의 변화로 야기되는 한반도 안보환경의 변화는 중요한 문제이다. 미국단극체제 하에서 핵무기 개발을 수단으로 생존을 모색해왔던 북한은 급속한 핵무기 개발로 미국 본토 안보를 위협할 능력을 갖추고 되고 2017년 말 핵무력 완성을 선언하였다. 이후 북핵문제는 미국 안보어젠다의 최상위에 위치하게 되었고 2018년 초부터 숨 가쁜 북한 비핵화 협상이 벌어지고 있다. 남북 간에는 2018년 4·27 판문점선언, 9·19 평양선언과 남북 군사합의서 등 성과가 있었고, 미국 역시 2018년 6·12 싱가포르 정상회담 이래 북한이 요구하는 비핵화의 조건으로 한반도 평화체제를 본격적으로 고려하기 시작하였다. 이러한 변화는 향후 한국의 안보상황과 미래 한미동맹에 큰 변화요소가 될 것이다. 동시에 한미동맹의 현안들인 전시작전권 환수, 새로운 지휘체계 수립, 방위비 분담, 유엔사의 지위 등의 문제도 북한의 비핵화와 한반도 평화프로세스와 긴밀한 관계를 맺고 진행될 것이다.

미국 트럼프정부의 전략 변화와 2020년 11월에 예정된 미국 대통령 선거 이후의 안보전략도 한미동맹에 핵심 변수이다. 냉전의 종식이 급격한 안보환경의 변화를 가져오고 9·11 테러 이후 지구적 반테러 전쟁이 미국의 안보전략은 물론 각 지역의 안보상황에까지 영향을 미쳤지만 현재 벌어지고 있는 안보환경의 변화는 오히려 더 급속한 변화를 보여주는 측면이 있다. 무엇보다 미국이 1945년 이후 추구해왔던 안보의 리더십전략을 변화시키고 있다. 미국은 2008년 경제위기 이후 경제회복을 위해 다양한 경제정책을 펴왔지만, 트럼프정부 이후 전반적 안보전략에 큰 변화를 초래했다. 미국 우선주의를 앞세운 트럼프정부는 기존의 동맹전략을 비롯하여 안보전략 전반의 수정을 가하고 있다.

미중관계의 변화 역시 장기간 아시아의 안보환경을 결정할 매우 중요한 변수이다. 미국은 본토안보를 위협하는 북한 핵무기에 적극 대처하면서도 중장기적으로는 중국의 경제적 성장이 미국의 이익을 근본적으로 위협할 것이라는 인식을 가지고 있다. 중국의 경제발전은 군사력 증강으로 이어 지고 있고, 중국의 안보전략은 점차 확장적으로 변하면서 미국을 서태평양 지역에서 밀어내는 소위 반접근, 지역거부전략을 추진하면서 군사현대화를 목표로 빠르게 변화하고 있다. 중국의 성장이 미국에 대한 군사적 도전으로 이어질지 알기 어려운 상황에서 미국이 군사적 우위를 유지하는 가운데 중 국에 대한 선제적 견제를 가할 가능성도 농후하다. 한미동맹은 한반도에 국 한된 임무 뿐 아니라 점차 가시화되는 인도태평양 지역에서 미래에 새로운 도전에 부딪힐 수도 있다. 2018년 6월 1일 미국은 인도태평양 안보전략을 발표한데 이어 11월 4일 국무부의 인도태평양전략도 발표하였다.[1] 미국이 범정부적으로 추진하는 안보전략에 따라 향후 인도태평양 지역의 안보상황 이 변화하고 또한 한미동맹도 큰 영향을 받을 것이다.

한미동맹은 북한의 비핵화를 추동하는 군사적 기능을 함과 동시에, 북한 비핵화와 평화체제 수립 위에서 한국의 방어를 위해 긴요한 기제이다. 동시 에 동아시아에서 강대국들 간 군사적 균형을 이루고 이를 바탕으로 다자적 협력과 안정이 가능하도록 힘을 보탤 수 있다. 또한 지역에서 발생할 수 있 는 인간안보의 제 문제 해결을 위해 역할을 할 수도 있다. 지금은 한미동맹 의 향후 기능을 변화하는 중장기 추세 속에서 새롭게 돌아보고 한미동맹을 통해 한국의 안보이익을 어떻게 실현할 수 있을지 고민해야 할 시점이다.

이 글에서는 국제정세 전반과 미국의 안보전략의 변화에 따른 한미동맹 의 환경 요인을 분석하고, 북핵문제의 추이에 따른 남북 안보상황 변화가 한미동맹에 어떠한 영향을 미치고 있는지 살펴본다. 그리고 향후 중요한 한 미동맹 현안인 전작권 환수, 유엔사의 위상 등에 대해 고찰해본다.

2. 미국의 패권재조정전략과 미중 군사경쟁의 심화

미국의 지구적, 지역적 차원의 안보전략이 한미동맹에 중요한 변화요인이 된 것은 새삼스러운 일은 아니다. 냉전기 미국의 닉슨대통령은 1969년 7월 25일, 미국은 아시아 여러 나라들과의 조약상 약속을 지키지만, 핵무기에 의한 위협의 경우를 제외하고는 아시아 국가들이 스스로 대처해야 한다고 선언하여 큰 충격을 안겨주었다. 이후 1971년 한국에서 제7사단을 철수하여 한국은 대북 방어태세를 확보하는데 큰 어려움을 겪었다. 냉전 종식 이후에도 1989년 넌-워너 수정조항을 통해 미의회는 주한미군의 대폭 감축을 요구했고, 부시행정부는 1991년 제2사단 제3여단을 철수하여 주한미군이 3만 명 수준으로 감축되었다. 2001년 9·11 테러 이후에는 2006년 1월 주한미군의 전략적 유연성이 합의되어 주한미군을 포함한 해외주둔군을 기동군 형태로 전환투입하는 정책이 발표되었다. 신속화, 기동화, 정밀화를 목표로 보다 유연한 해외주둔군의 재배치 정책은 한미동맹의 성격과 기능, 그리고 대북 방어태세에 큰 영향을 준 정책이었다.

미국이 유지해온 강력한 단극체제는 2008년 경제위기로 인한 미국 경제의 침체, 그리고 이미 9·11테러 이후 미국이 과도하게 지출한 군사비로 상당히 취약해졌다. 트럼프정부 이전 오바마 대통령은 해외에 대한 기존의 군사 개입을 점차 줄이고, 새로운 개입을 최대한 자제한 채, 아시아의 경제성장과 동반성장을 추구하는 한편, 중국의 성장을 견제하는 소위 아시아 재균형전략을 폈다. 또한 중국이 중요한 국제규범을 조성하는 것을 막아야 한다는 기치 하에 환태평양파트너십(TPP)을 추구하기도 했다.

트럼프 대통령은 미국 국익 우선주의와 힘을 통한 평화를 내걸고 기존의 미국 패권정책과 매우 다른 모습을 보였다. 중요한 다자주의 국제 조약에서 탈퇴하고 동맹국에 대해 과도한 압박을 가하며 권위주의 국가인 러시아, 중국, 북한 등과 다양한 협상을 시도하는 모습도 보였다. 기존에 존재한 미국

주도의 자유주의 국제질서가 근본부터 흔들리는 모습이다. 그러나 과거와 같은 힘을 가지지 못한 미국이 지구적 리더십을 유지하기 위해 동맹국은 물론 전략적 협력국에게 도움과 희생을 요구한 것은 새삼스러운 일은 아니다. 다만 그 과정이 협의와 이해에 기초하지 않고 압박과 일방주의적 정책전환으로 이루어져 동맹국들이 대처하는데 매우 어려움을 겪은 것이 사실이다.

더욱이 중국의 도전이 점차 강화되고 있다. 중국은 2008년 경제위기 이후 기존의 미국 주도 질서에 대해 정식으로 문제를 제기하였고 미국의 기축통화의 지위, 미국 주도의 국제제도 운영방안, 지구 거버넌스의 기본 원칙 등에 대해 비판의 목소리를 높인 바 있다. 그러나 중국은 미국 주도 자유주의 질서 하에서 성장해온 국가이기 때문에 과연 중국이 미국 주도 질서를 대체하는 세력인지, 아니면 그 속에서 성장한 국력에 맞는 지위와 목소리를 확보하는 것이 목적인지는 향후의 상황 전개에 따라 결정될 것이다.

중국의 경제적 성장은 급속한 군사현대화로 이어지고 있다. 시진핑 주석은 소위 강군몽의 기치 하에 군제를 개편하고 핵무기를 비롯한 전략무기를 현대화하고 있다. 또한 빠른 기술력 향상으로 항공모함을 비롯한 초음속 비행기, 우주무기, 사이버 전력 등을 강화하고 있다. 전략 면에서도 미국을 서태평양 지역에서 밀어내는 반접근, 지역거부 전략을 추진하고, 도련선을 설정하여 점차 동아시아 국가들을 중국의 군사적 영향권에 편입하려는 목적을 추구하고 있다. 동남아 방면에서는 구단선 내 지역을 중국 해양영토로 주장하면서 남중국해의 도서들을 군사화하는 노력을 2010년 이래 꾸준히 강화해오고 있다. 서쪽 방면으로는 일대일로전략을 통해 인프라 지원을 강화하면서 동시에 중요 전략시설과 항만 등을 조차하여 서쪽으로의 진출을 확보하는 안보전략을 추진하고 있다.

미국은 중국이 아시아 지역에 대해 군사적 영향권을 강화하는데 대해 점차 적극적으로 대처하고 있다. 중국이 미군사력을 서태평양과 인도양지역에서 밀어내고 영향권 내 국가들의 자율권을 감소시키는 소위 핀란드화 전략을 추진한다고 보고 대중전략의 군사적 측면을 점차 강화하고 있는 것이다.

미국은 오바마정부 말기부터 중국에 대한 견제를 강화해왔고, 무역 부문에서도 중국에 대한 관세 부과, 공정한 환율을 위한 압박 등을 추구해왔다. 트럼프정부는 중국과 무역분쟁을 벌이면서 한편으로는 무역적자 해소, 다른 한편으로는 중국 내 경제구조조정을 요구하는 정책을 추구했다. 동시에 인도태평양전략을 공식화하여 한편으로는 아시아 국가들에 대한 경제지원정책을 추구하면서 다른 한편으로는 중국에 대한 군사적 견제도 강화했다. 2019년 6월 1일에 발표된 인도태평양 안보전략이 국방부에서 출간되고 구체적인 대중 군사견제전략이 추구되는 것을 보아도 향후 미중 간 군사관계가 점차 긴장될 것을 예측할 수 있다.

미국의 대중 군사전략 역시 빠르게 진화하고 있다. 애초에는 공해전투(air-sea battle)이라고 불리던 중국의 반접근 지역거부전략에 대한 대응전략이 2015년 "국제공역으로의 접근, 기동을 위한 합동개념(JAM-GC: Joint Concept for Access and Maneuver in the Global Commons)"으로 새롭게 명명되었다. 단순히 공군과 해군을 축으로 한 전투 개념에서 지상군의 적극적인 역할을 함께 고려한 합동작전이 강화된 개념이다. 이후 2016년 5월 미 육군협회(AUSA: Association of the United States Army)가 주최한 연례 태평양 육군력(LANPAC) 심포지엄에서 데이빗 퍼킨스 미 육군 교육사령관은 "다영역전투(multi-domain battle)" 개념을 제시하였다. 지금은 "다영역작전(multi-domain operation)"개념으로 변화된 이 개념은 지상, 해양, 공중, 우주, 사이버스페이스 등의 각 전장 영역을 통합하여 중국의 전략에 대응한다는 개념이다.[2]

2020년대 후반을 목표로 2017년 10월 대장급이 지휘하는 사령부인 미래사령부(AFC)가 창설되었고, 미래사령부는 산하에 각 우선순위를 담당할 교차기능팀(CFT)을 두고 있다. 기존에 지휘, 통제, 통신, 컴퓨터(C4)와 정보, 감시 및 정찰(ISR)이 합쳐져 C4ISR로 전개되던 것이 사이버 공간을 포함해

C5ISR로 확대되었으며 미 육군은 전투능력개발사령부(CERDEC)에 C5ISR 센터를 두고 있다. 또한 점차 구체적인 성과를 거두고 있는 다영역전투 개념을 새로운 장비 개발과 기존의 장비 현대화를 서두르고 있다. 장거리 정밀화력(LRPF), 차세대 전투차량(NGCV), 미래 수직이착륙기(FVL), 네트워크, 대공 및 미사일 방어 그리고 병사 살상력 등이 주된 개발 대상이다.

미국은 트럼프정부 하에서 중국을 기존의 질서를 해하는 수정주의 세력으로 명시하였고 이러한 흐름은 트럼프 대통령 개인의 입장을 떠나 미국의 국방정책의 골간을 이룰 가능성이 커져가고 있다. 인도태평양안보전략 보고서는 이미 기존 동맹국들과의 긴밀한 협력, 그리고 동맹국들 간의 수평적 협력과 소다자 협력 등도 강조하고 있다. 다영역작전 개념 속에서 동맹국들은 비단 전투시 같이 싸우기만 하는 동맹이 아니라 평시에도 매우 긴밀하게 군사정보를 상호간에 교류하고 분석하고, 상호운용성을 높이는 긴밀한 협력을 강조하게 될 것이다. 미국이 인도태평양전략을 강조할 때 이는 비단 아시아 지역에 대한 공동의 경제적 노력을 넘어 안보적 함의를 가진다고 할 때 향후 한미동맹은 트럼프정부를 넘어선 새로운 역할에 부딪힐 확률이 크다고 하겠다.[3]

3. 미국 안보전략의 변화에 따른 한미동맹의 새로운 과제

트럼프정부의 지구적 차원과 아시아 차원의 안보전략은 중국에 대한 군사적 견제를 추구하면서도 미국의 자원투입을 최소화하고, 동맹국들의 적극적 거부(active denial)에 의존하면서 동맹국들 간의 협력도 촉진하는 전략이다. 냉전기처럼 아시아에서 견제 세력인 중국을 상정하고 있지만 적극적인 전진 배치를 통한 개입전략과 미국과 동맹국들 간의 바퀴살체제를 더 이

상 유지하지 않는다는 점에서 냉전기와는 차이가 난다. 미국은 동맹국들의
자원투입과 역할분담을 더 많이 요구할 것이다.

이러한 맥락에서 트럼프정부의 과도한 방위비 분담금 요구는 여러 의미
를 가진다. 물론 트럼프 대통령이 2020년 대통령 선거를 앞두고 경제적 이
익을 최대한 끌어낸 훌륭한 외교적 성과를 과시하고자 하는 개인적 동기도
작동했다. 미국 경제가 어려워진 이유로 미국에 대한 세계의 불공정한 대우
를 들고 있는 트럼프 대통령으로서는 부자동맹이자 미국의 안보적 헌신에
무임승차하는 동맹국들에게 더 많은 방위비 분담금을 받아내는 것이 당연
한 일이자 정치적 소득일 수 있다.

그러나 2019년 트럼프 대통령이 요구한 50억 달러 수준의 인상이 터무
니없다는 것은 미국의 국방전문가들도 모두 아는 일이다. 한국의 높은 국방
비 지출과 방위비 분담은 한국은 물론 미국의 대다수 전문가들이 인정하는
바이다.[4] 현재 방위비 분담금은 미국이 주한미군의 주둔 비용을 부담하고
한국은 주둔에 필요한 시설과 공역을 제공하는 것을 전제로 하고 있다. 만
약 미국이 이를 새로운 관점에서 접근하여 전반적인 책임과 분담의 문제로
상정할 경우 기존의 분담금에 더해 한국은 미국 무기구매, 토지임대료, 해
외파병 등 한국이 분담하고 있는 상당한 공헌이 있기 때문에 이 역시 대응
할 수 있다.

문제는 중장기 미래를 상정할 때 한미동맹이 비단 북한의 위협만을 대비
하기 위해 기능한다면 미국으로서는 한미동맹의 효용을 더욱 낮게 평가할
것이라는 점이다. 북한의 군사 위협과 대량살상무기의 생산, 사용, 확산 저
지가 중요하기는 하지만, 미국이 많은 비용을 들여가면서 한미동맹을 유지
하는 이유가 되기는 어렵다. 미국은 냉전기에 대공산권 봉쇄를 위한 지역
차원의 동맹으로 한미동맹을 인식하였고 현재는 대중 견제를 위한 네트워
크의 한 단위로 한미동맹을 인식해가고 있다. 그렇다고 한국이 미국이 원
하는 바대로 대중 견제의 기능을 맡아 갈 수는 없다. 중국과의 긴밀한 경제

관계도 고려해야 하고, 대북전략에서 중국이 차지하는 역할도 크기 때문이다. 미국의 대중전략 역시 여전히 형성 중에 있기 때문에 향후 전략의 방향을 미리 상정하기도 어렵다. 미국 내에도 여전히 중국에 대한 군사적 견제를 유지하면서도 미중 간 상호관여를 추구하는 목소리가 높은 것이 사실이다. 한국은 중국이 국제규범을 저해한다는 미국의 논의에 귀를 기울이면서도 이를 외교적으로 해결하는 방안을 모색함과 동시에 미중 간 군사적 충돌과 대결 구도를 막고 미중 간 협력을 촉진하는 노력을 지속적으로 기울여야 한다. 이 과정에서 중국의 안보적 위협이 가시화되지 않는 한, 한미동맹을 명시적으로 대중 압박과 견제용으로 사용하기에는 많은 부담이 따르는 것이 사실이다.[5] 한국은 한편으로는 한미동맹을 통해 군사력을 강화하면서도 한미동맹이 중국의 반발과 보복을 불러일으키지 않도록 지역의 안정을 위한 노력을 강화해야 한다.[6]

이러한 방향이 쉬운 일은 아니다. 미국은 현재 인도태평양 안보전략에 미온적으로 대응하는 한국에 대해 의구심을 품고 있으며, 특히 일본의 적극적 참여와 비교하여 한국의 동맹정책을 비판하고 있다. 일례로 미일 안보관계의 전문가이자 국무부 부장관을 지낸 리처드 아미티지와 한국 연구자이자 국가안전보장회의의 아시아 담당을 역임한 빅터 차는 66년 된 한미동맹이 '심각한 곤경(deep trouble)'에 빠져 있다고 주장하고 있다. 미중 간 무역 전쟁이 진행되면서 한국의 외교적, 경제적 난관이 심각해지고 있고, 한국이 점차 중국에 기울어지는 모습을 보이고 있으며, 트럼프 대통령은 동맹을 이익 거래의 측면에서 보면서 다차원적 문제에 빠져있다는 것이다. 특히 문재인정부가 일본의 수출규제에 대한 대응책으로 한일 간 군사정보보호협정(지소미아)을 종료하기 결정했던 것은 미국을 한일 문제에 부당하게 끌어들이기 위한 "동맹 남용 행위(an act of alliance abuse)"였다고 비판하고 있다. 이러한 가운데 어쩌면 북한의 핵위협이 가중되고 중국의 지역 지배가 점차 심각해지는 때에 너무 일찍 주한미군이 철수하는 결과가 올지도 모른

다고 경고하고 있다.[7]

이에 대해 이슬리 교수는 적절한 비판을 가하고 있는데, 미국이 한일 간 역사 분쟁이나 해상 레이더 사건 등 중요한 동맹국들 간 문제에 대해 소극적이었고 과도한 방위비 분담금을 요구하여 동맹에 대한 미국의 접근을 의심하게 하였다고 지적하고 있다. 또한 한국이 미국의 인도태평양전략에 대해 신남방 정책과의 공동부분을 찾아 적극적으로 대응하고 중국에 편향되는 것이 아니라 오히려 중국의 경제적 강압에 대비하기 위해 인도와 동남아시아국가연합(ASEAN)에서 적극적으로 새로운 파트너를 구하는 노력을 기울이고 있다고 강조하고 있다.[8]

4. 북핵문제의 변화와 한미동맹

한미동맹은 한편으로는 북한의 군사적 위협에 대항하는 핵심적 수단이자, 장차 추구하는 한반도 평화프로세스와 통일의 중요한 지원수단이기도 하다. 1953년 10월 한미 간 상호방위조약이 체결된 이래 북한의 군사적 위협은 한미동맹의 존립 근거였다. 한미 양국은 동맹을 통해 냉전기 북한의 군사도발과 전쟁 기도를 억지하고 안정을 유지하는 것을 목표로 하다가 냉전 종식 이후 북한의 핵개발에 따른 한국의 방어, 북한의 핵 공격에 대한 억지, 그리고 북한의 비핵화 환경 조성 및 한반도 평화프로세스의 지원에 이르는 노력을 해왔다. 2011년 12월 김정일 사후 김정은 위원장은 2013년 3월 핵무력 건설과 경제발전이라는 병진전략을 본격적으로 추진하였고, 2017년 말 미국 본토를 타격할 수 있는 핵장거리미사일 개발 완성을 선언함으로써 사실상 핵무력 건설의 노력이 완결되었다고 공언하였다.

남북, 북미 간 군사적 긴장이 최고조에 이른 이후 2018년 1월 북한은 신년사에서 평창올림픽 참가 의사를 밝히고 이후 한반도 비핵화 협상에 적극적으로 임하면서 상황은 일변하였고, 2019년 말에 이르기까지 북핵문제는 빠른 변화를 겪어왔다. 북한은 그간 병진전략을 변화하면서 핵무력 완성과 경제건설 총력 노선을 선언하고 한반도 비핵화라는 목표를 내걸고 한국, 미국, 중국과 일련의 정상회담을 벌여왔다. 4월 20일 당 전원회의의 결정서에서 북한은 경제건설에 총력을 기울인다고 선언하였고, 이후 과연 북한이 경제발전을 위해 진정으로 핵을 포기하는 전략적 결단을 내렸는가를 두고 많은 논란이 이어지고 있다. 북한이 비핵화를 진정으로 결단하고 한반도 평화체제, 북미관계 정상화, 더 나아가 북한의 정상국가화를 추진한다면 한국의 안보상황은 급격하게 변화되고 한미동맹 역시 재조정될 수밖에 없다. 문제는 북한의 결단을 가능하게 하는 남북관계, 북미관계 등 북한을 둘러싼 국제관계가 순조롭게 조성될 수 있는가, 북한이 비핵 안보전략을 추진할 수 있는 북한에 대한 안전보장, 그리고 북한의 완전하고 검증가능한 비핵화가 이루어질 수 있는가이다.

북핵문제의 해결을 둘러싸고 당초 남북한, 미국과 중국 등 주요 당사자들은 서로 다른 해법을 제시했고 현재까지 소위 한반도 비핵화의 셈법을 놓고 줄다리기를 계속하고 있다. 특히 북미 간에 2018년 6·12 정상회담 이후 2019년 2월 28일 하노이 회담이 결렬되었고, 이후 줄다리기를 거듭하다가 10월 5일 스톡홀름에서 실무회담이 개최되었다. 그러나 북한은 미국이 만족할만한 새로운 셈법을 제시하지 않았다는 이유로 회담을 중단시켰다. 셈법의 핵심은 북한이 핵을 포기하고도 중장기적으로 생존할 수 있는 소위 생존권, 그리고 경제가 발전할 수 있는 발전권을 보장받을 수 있는가, 그리고 이러한 보장에 대해 국제사회는 검증가능한 완전한 북한의 비핵화의 결과를 가질 수 있는가의 문제이다. 북한의 비핵화가 검증가능하게 이루어지는 과정은 곧 북한에 대한 안보위협이 신뢰할 수 있는 방법으로 소멸되는 것이고, 이에 대해 한미 양국은 이를 보장할 수 있는 평화체제의 보장조치를 해야 할 것이다. 이는 한미동맹의 일정한 변화를 수반할 가능성이 높다.

현재 벌어지고 있는 북미 간 협상의 갈등과 난관은 이미 비핵화의 핵심적 접근 방법을 놓고 의견이 엇갈리는 데에서 출발했다. 북한은 동시적, 단계적 방안, 한국은 단계적, 포괄적 방안, 중국은 북한의 핵미사일 실험 중단 및 한미 군사훈련 중단의 쌍중단과 비핵화, 평화체제 쌍궤병행 협상을 주장했다. 이에 대해 미국은 애초에 최대압박과 관여전략에 기초하여 완전한 비핵화를 추구하다가 싱가포르 회담 이후 단계적이면서 완전한 비핵화를 추구하는 듯 했다. 그러나 하노이 회담에서 미국은 다시 일괄적이고 완전한 비핵화를 주장하여 북한과 핵협상이 난관에 처해있다.

원칙적으로 남북미 3국은 판문점선언과 싱가포르선언을 통해 한반도의 완전한 비핵화, 남북한 평화정착, 남북 간 다차원 교류, 북미관계 정상화, 한반도 평화체제 정착을 약속했다. 북한은 완전한 비핵화를 위해서 미국의 대북 적대시 정책이 완전히 철폐되어야 한다고 주장하고 있으며, 한미 군사훈련의 완전 중단, 대북 제재의 중대한 해제를 요구하고 있다. 이에 대해 미국은 북한의 핵동결을 우선적 목표로 삼고 이를 위해 북한의 핵물질, 시설, 무기의 신고, 혹은 신고의사 표명, 이에 대한 검증과 완전한 비핵화의 로드맵 설정 등을 요구하고 있다.

북미 간 협상이 난관을 겪으면서 북한이 과연 비핵안보의 새로운 목적을 추구하고 있는지, 이에 대해 한미 양국의 의견이 일치하는지 등에 대한 우려가 계속되어 왔다. 대체로 한국정부는 북한이 비핵화의 전략적 결단을 내렸다고 보는 반면, 미국의 트럼프 행정부는 완전한 확신보다는 협상의 진전을 보면서 결정한다는 입장을 보였다. 비핵화의 개념을 놓고 한미 간에 큰 차이는 없다고 볼 수 있다. 문재인 대통령은 2018년 10월 12일 BBC와의 인터뷰에서 북한의 비핵화가 "추가적인 핵실험과 핵미사일 실험을 하지 않는 것에서 시작해서 핵 생산 시설과 미사일 시설을 폐기하는 것, 현존하는 핵무기와 핵 물질을 없앤다는 것 전부가 포함된 약속"이라고 정의하고 있다. 또한 "김정은 북한 국무위원장은 경제 발전을 위해 핵을 포기하겠다고 했고, 제재라는 어려움을 겪어가며 핵을 갖고 있을 이유가 전혀 없다고 했다"고 전한 바 있다.

그러나 북한이 완전한 비핵화의 의지가 있으면 핵시설, 핵물질, 핵무기에 대한 완전한 신고를 시작으로 협상을 시작해야 한다고 관련국 모두가 간주하고 있다. 그러나 북한은 대북체제안전보장, 혹은 생존권과 발전권의 보장이라는 상응하는 조치에 따라 조건부로 협상하고 있는데, 미국이 싱가포르 합의 이후 의미 있는 보상조치를 전혀 취하고 있지 않다는 주장이다.

5. 남북 간 군사관계의 변화

남북 간 평화정착을 둘러싸고 9·19 평양선언과 판문점선언 이행을 위한 군사 분야 합의서가 채택되면서 많은 논의가 시작되었다. 남북은 통상전력 분야의 기초적인 신뢰구축과 긴장완화, 운용적 군비통제의 첫발을 내디뎠다. 다양한 조치 중에는 남과 북이 당사자가 되어 추구할 수 있는 조치도 있지만, 미국이 관할하는 유엔군사령부(이하 유엔사)의 관할이 되는 이슈도 존재한다. 유엔사가 정전체제 관리의 책임을 맡고 있는 만큼, 비무장지대와 정전체제에 영향을 미치는 사안에 한국과 다른 입장을 표명할 가능성도 있다. 한미연합사령부 사령관 및 유엔사 사령관인 로버트 애이브람스(Robert Abrams)는 취임 즈음부터 남북 간 군사 합의의 일정 부분이 유엔사 관할이라는 견해를 피력한 바 있다. 향후 평화체제의 일부를 이루게 될 통상전력의 남북 협상 관련, 미국과 긴밀한 협의가 필요하게 될 것이며 이는 한미동맹의 사안으로 등장하게 될 것이다.[9]

더불어 남북 간의 다차원 교류는 한반도의 진정한 평화를 이룰 중요한 기제이다. 평화체제를 이루게 될 평화협정과 다양한 평화보장 장치들은 사실 전쟁과 분쟁을 방지하는 소극적 기제일 뿐이다. 전쟁 부재라는 소극적 평화와 평화의 구조적 요건을 조성한다는 적극적 평화의 관점에서 평화체제는 소극적 평화에 관한 것이고 진정한 평화는 남북 간, 그리고 북한과 국제사회 간의 심도 있는 교류와 협력을 통해 이루어질 수밖에 없다. 그러한 점에서 남북 간 경제교류, 사회문화 교류는 시장을 매개로 한 대북 구조적 관여를 심화시키고, 북한이라는 정치체의 정체성을 변화시키는 중요한 기제가 될 것이다.

현 단계에서 한국의 대북 경제교류는 국제사회의 대북 제재와 충돌한다. 특히 향후 비핵화 협상이 순조롭게 진행되지 않을 경우, 대북 제재는 북한에 대해 협상에 계속 나오도록 하는 중요한 압박수단이 될 것이다. 협상의 성공을 확신할 수 없는 상황이 강화된다면 한국의 대북 교류 계획은 한미관계와 일정한 긴장을 만들어낼 가능성이 존재한다. 그러나 북한의 진전된 행보를 이끌어내기 위해서는 구체적이고 매력적인 향후 협력 대안을 제시하는 것도 필요한 일이다. 비핵화 협상이 순조롭게 진행되고 남북 교류의 제재 장벽이 점차 사라진다면 북한의 전략 방향이 변화하고 북미관계 정상화도 점진적으로 이루어질 것이다. 이는 북한의 미국의 소위 대북 적대시 정책에 대한 인식을 변화시킬 것이다. 북한의 인식변화는 북한이 가하는 안보위협의 변화로 이어질 것이고 이는 궁극적으로 한미동맹의 존재 근거와 연결되는 중요한 요인이 될 것이다. 미국 역시 비핵화가 진행되면서 북한과 수교에 이어 협력적 관계를 고민하게 될 것이고 이 과정에서 한미동맹의 새로운 역할이 설정될 수 있다.

북미관계 정상화는 한미동맹과 직접 연결되는 사안이다. 북한은 역사적으로 미국을 주적으로 간주해왔고 향후 북미관계 정상화로 이어질 변화들은 북한에게는 심대한 변화이다. 당장은 협상이 난관을 겪고 있지만 북한의 비핵화가 진행되면서 이에 대한 상응조치로 미국이 종전 선언, 연락사무소 개설, 경제제재 완화, 평화체제 수립, 그리고 궁극적으로 북미 수교를 이루게 된다면 북미는 상당 수준의 교류, 협력을 이루게 될 것이다. 미국의 대북

투자 및 사회문화 교류가 이루어질 것이며, 미북 간 군사긴장은 완화될 것이다. 문재인 대통령도 위의 BBC인터뷰에서 상응조치 관련, "당장 경제 제재의 완화가 어렵다면 경제 제재하고는 무관한 인도적 지원을 허용해 나간다든지, 그리고 또 문화예술단이 서로 교환 방문을 한다든지, 또는 앞으로 경제 제재가 풀리고 난 이후의 준비를 위해서 경제시찰단을 서로 교환한다든지, 또는 북한에 미국의 연락사무소를 개설한다든지 하는 등의 조치들"을 언급한 바 있다. 비핵화된 북한이 미국의 안전 보장 하에 대미 적대정책을 중지하고, 주변 지역의 안보에 기여하는 주한미군의 존재를 인정하게 된다면 한미동맹은 기본 목적, 군사태세, 운용방안 등 다양한 변화를 시도하게 될 것이다.

무엇보다 한반도 평화체제 역시 한미동맹에 직접 영향을 미치게 되는 사안이다. 평화체제라 함은 "남북한 간의 군사적 대결상태를 종식시키고 화해, 공존 및 협력의 관계를 지향하기 위하여 상호간의 관계를 질서 있게 규율함으로써 실질적으로 평화적 통합의 방향으로 발전시켜 나가는 체제"를 말한다. 평화체제 수립을 위해서는 "현재의 불안정한 정전체제 하에 공고한 평화를 조성, 유지, 증진하는 것을 가능케 하는 협정(합의), 규범, 절차, 관행 및 기구 등의 총체에 의해 뒷받침되는 평화구축 메커니즘"을 수립해야 한다.[10] 향후 수년 간 북한의 완전한 핵 신고, 합의에 기초한 검증과 불가역적 폐기, 경제제재 완화 및 평화체제협상이 마무리되는 것이 가장 바람직한 목표이다. 이를 위해서는 조속한 협상 진전이 필요하고 특히 평화체제의 다양한 요소들이 합의되어야 한다. 남북 간의 신뢰구축과 운용적, 구조적 군비통제, 국제사회의 평화유지에 필요한 지원제도 마련, 한미동맹의 미래 기능에 대한 합의 등 과제가 산적해 있다. 이러한 변화 역시 한미동맹의 미래와 직결되는 사안이다. 특히 한국전쟁이 공식적으로 종전되고 평화협정이 맺어지면 유엔사의 존립근거가 새롭게 논쟁의 대상이 될 것이고, 한미동맹의 미래 변화 역시 논의 될 것이다.

6. 북핵협상의 미래

김정은 위원장의 장기 전략을 둘러싸고 다양한 논쟁이 존재한다. 2018년에 비해 2019년은 협상의 정체기와 긴장의 시기로 규정될 수 있고, 2020년과 그 이후를 예측하기는 어렵다. 비핵화의 결단 하에 정상국가를 이루고 국제사회에 본격적으로 편입되고자 하는 전략적 결단을 내렸다는 관측, 여전히 핵무기를 보유한 채 핵무기 국가로 인정받고자 노력하고 있으며 제재를 회피하고 한미 등 주요 주변국들 간의 전략 차이를 극대화하려는 전략을 추구한다는 관측이 맞서고 있다. 전자가 한국정부와 진보 측의 관측이라면, 후자는 한국 내 보수 의견 및 미국 내 주류담론 일부의 견해라고 보여진다. 트럼프정부, 특히 트럼프 대통령은 대통령 재선을 앞두고 가능한 한 많은 성과를 기대하는 가운데, 북한의 의도에 대한 잠정적 신뢰 하에 검증을 통한 합의 가능성을 위해 노력했다고 할 수 있다. 북한의 의도보다 북한의 핵개발 능력 및 경제 건설 능력과 북한에 대한 제재전선의 유지 가능성 및 군사적, 외교적 압박의 수단 간의 균형을 우선 보아야 한다는 원칙적 견해도 설득력을 가진다.

김정은 위원장은 장기 집권을 상정하고 국내 정치 안정성을 바탕으로 경제발전 및 외교적 입지 공고화를 통해 성과에 기초한 정당성을 얻고자 할 것이다. 비핵화 이후 한국민이 원하는 대로 개혁, 개방을 추진하고 독재에서 완화된 권위주의를 거쳐, 시민사회의 성장과 시장에 발전에 힘입은 남북 간 동질성 증가, 그리고 평화적 통일로 이루어지면 가장 바람직하겠으나, 현재 북한이 원하는 바와는 편차가 있을 것이다. 김정은 위원장은 비핵과 과정을 통해 한국과 미국으로부터 군사안보 및 체제안보를 보장받고, 경제발전에 필요한 우호적 환경을 조성하는 한편, 외교적 고립을 탈피하여 발전의 기회를 잡고자 할 것이다. 이를 통해 일인 수령체제를 강화하고 국내적 정당성을 얻는 것도 목표이다. 평화체제와 군사적 균형이 이루어진다고

해서 남북 간의 경쟁이 자동적으로 사라지는 것은 아니다. 북한은 힘의 강화를 통해 한국과 새로운 차원의 본격적 경쟁을 추구할 가능성도 높다. 현재 강화되고 있는 미중 간의 세력경쟁에서 북한의 외교적 입지가 확대될 가능성도 있다. 미중 사이에서 이익을 극대화하면서 과거 등거리 외교의 전술을 새롭게 추구한다면 북한의 선택지도 넓어질 것이다.

따라서 김정은 위원장의 장기 전략적 의도는 비핵화를 통한 정상국가화와 힘의 강화를 통한 체제유지 및 입지 강화라는 다양한 차원에서 보아야 한다. 북한의 장기 미래를 둘러싼 주변국의 이해관계도 다양하다. 한국은 북한의 정상국가화를 통해 평화를 유지하고 구조적 관여를 유지하면서 한국 주도의 평화통일 기반을 구축하는 것을 목표로 하고 있다.

반면 중국은 점차 강화되는 미중경쟁 구도에서 북한이 중국식 개혁, 개방을 추구하고 북중관계를 강화하여 미국의 대중 견제에 힘을 보태기를 원하고 있다. 과거 혈맹을 강조하고 사회주의 이념적 유대를 새삼스럽게 언급하는 것은 그러한 맥락에서 볼 수 있다.

이에 비해 미국은 비핵화 이후의 북한, 그리고 한반도에 대한 전략적 비전을 결여하고 있다. 과거 미국의 행정부도 대부분 그러하였지만 북한의 비핵화를 통해 핵무기 확산을 막고 미국 본토에 대해 있을 지도 모르는 핵테러의 근원을 제거한다는데 주력하는 모습이다. 더욱이 트럼프정부는 대중 경제 마찰 이외에 본격적인 대중 안보전략 및 동아시아 안보전략을 결여하고 있는 모습을 보인 바 있다. 인도태평양전략을 제시하기는 했지만 정확한 전략 목적과 추진 방안을 둘러싸고 미국 내에서도 논란이 일었다. 이러한 상황에서 한반도, 보다 구체적으로 비핵화된 북한이 미국의 지역전략에서 어떠한 지위를 가지게 될지 명확한 비전이 보이지 않는다. 따라서 미국은 비핵화 과정에 열의를 보이지만, 이후의 전략 목적이 구체적이지 않으므로 평화체제 및 북미 수교에 대한 동기가 약한 것이 사실이다.

북핵문제가 어떠한 방식으로 해결 또는 교착되는가에 따라 한미동맹을 둘러싼 현안들이 다른 모습을 띠게 될 것이다. 첫째의 가능성은 순조로운 북핵문제 해결이다. 이러한 가능성이 현실화된다면 한국전쟁의 종료 선언이 이루어지는 것은 물론 평화구축이 이루어졌다고 간주할 것이므로 유엔사와 한미동맹의 여러 현안들이 직접적인 영향을 받게 될 것이다.

둘째의 가능성은 북핵문제가 해결을 향해 나아가되 장기화되는 전망이다. 2019년 말까지를 협상 시한으로 정해놓은 북한은 2020년부터 소위 새로운 길을 걷겠다고 선언한 바 있다. 새로운 길이 북한의 추가 핵능력 제고로 북미 간 본격적 대결의 모습을 보일지, 아니면 북한의 중국, 러시아관계 강화로 현상유지 속 경제발전의 길을 의미할지 쉽게 알기는 어렵다. 그러나 북핵협상이 정체되는 가운데, 점차 한국과 미국은 행정부 교체가 일어나고 북핵전략과 대북전략의 향방 또한 바뀔 수 있다.

셋째, 현재의 북핵협상이 결국 파탄되고 다시 힘겨루기에 돌입하는 경우이다. 북한은 자신의 선제적 비핵화조치에 상응하는 미국의 보상이 없다고 생각되면 경제의 내구성에 대한 판단을 통해 협상에서 물러나는 새로운 길을 택할 수 있다. 미중 간의 경쟁이 치열해지는 가운데 중국은 미국이 주도하는 대북 제재 전선에서 이탈할 동기가 강화되고 있다. 현재에도 북한에 대한 제재가 북중 국경지역에서 완화되고 있으며, 북한은 경제발전의 계기를 마련하고자 다양한 방면으로 노력하고 있다. 미국이 북한에 대해 별다른 상응조치를 하지 않는 것으로 북중러 간에 의견이 모아질 경우 미국 주도의 제재는 회복되기 어려울 수도 있다.

한국은 한미관계의 관점에서 미국의 전략과 상반되는 제재 해제로 나아가기는 어렵고 대북 교류, 협력의 전반적 기조가 난관에 처할 가능성이 높다. 미국은 유엔 제재를 강화하고 대북 독자제재와 세컨더리 보이콧 등의 수단을 동원하여 협상에서 이탈한 북한에 대한 경제 제재를 강화하는 동시에, 다시 군사적 수단에 의한 북한 압박 최대화에 힘을 기울일 수도 있다.

북한은 다시 미국 본토를 공격할 수 있는 대륙간탄도미사일 완성에 속도를 낼 수 있고 미국은 이를 저지하는 한편 북한의 공격에 대비한 억지력 강화로 대응할 수 있다. 결국 상황이 더욱 악화되어 새로운 차원에서 협상이 시작되어야 하는데, 이때의 힘겨루기가 어느 쪽에 더 유리한 상황으로 귀결될지 다양한 변수들이 결정하게 될 것이다. 한국정부는 그간의 협상 중재 노력이 실패하고 새로운 협상이 시작되는 가운데 역할 찾기와 대북정책 수립에 어려움을 겪을 수 있다.

　이러한 세 가지 경우를 가정해 볼 때, 한미동맹의 주요 사안들은 직접적인 영향을 받게 될 것이다. 유엔사의 존속 혹은 폐지 문제, 전시작전권 환수 및 연합사의 지위 문제 등 현안들이 모두 북핵문제의 향방에 영향을 받을 것이기 때문이다. 다음에서는 이러한 상황변화를 보다 구체적으로 알아보기로 한다.

7. 한미동맹 현안 I: 유엔사령부의 향후 지위

한국전쟁 발발 직후 1950년 7월 7일 국제연합은 안보리 결의 84조에 기초하여 한국을 지원하는 유엔군사령부 설립을 지원하였다. 미국은 총 16개국의 다국적연합군을 창설하고 유엔기를 사용하는 한국 지원 사령부로 통합군사령부(Unified Command)를 설치하였다. 현재에는 유엔군사령부로 부르지만 정식 명칭은 통합사령부이며 미국이 주도하여 동경에 본부를 두어 사실상 극동사령부와 함께 운용하였다. 한국 전쟁이 정전에 이르면서 유엔사는 정전체제의 한 축을 담당하게 되고 이후 정전체제 관리의 주체가 된다. 잘 알려진 바대로 유엔사는 전시작전통제권을 1978년에 창설된 한미연합사에 이양하게 되고 이후에는 정전관리 임무에 집중하게 된다.

　현재의 시점에서 가장 논란이 되는 부분은 정전선언, 더 나아가 평화체제 수립과 이후의 유엔사의 지위 문제이다. 유엔사는 한국 전쟁에서 한국을 지원하기 위해 창설되었지만, 더불어 한반도의 평화와 한국 주도의 통일정부 수립을 목표로 하고 있다. 목적상으로는 전쟁 승리를 넘어 한반도의 평화와 안정까지를 언급하고 있다. 설치근거에 대해서는 유엔이 설치를 권고하고 지원하고 있지만 유엔 창설 직후 다국적군의 체제가 자리 잡지 않은 상황에서 유엔군이라고 보기 어렵고 미국이 유엔의 지원을 받아 창설한 다국적군이라는 국제법적 견해가 강하게 존재한다. 유엔사는 또한 유엔평화유지활동과 달리 유엔의 예산으로 운영되지 않고 1950년 이래 유엔연감에 유엔의 보조기관으로서 등재되어 있지도 않다. 만약 유엔사의 지위를 한국 지원과 한반도 안정으로 창설된 미국 주도의 다국적군이라고 국제법적 정의를 할 경우 종전 선언 이후 존폐의 문제는 쉽게 결정되기 어렵다.

우선 유엔 안보리를 거쳐 창설되었기 때문에 폐기 역시 안보리를 거쳐야 하는가 하는 문제이다.[11] 북핵문제가 진전됨에 따라 종전선언이 중요한 협상 수단으로 등장하고 있고, 종전선언의 성격을 둘러싼 논란도 계속되고 있다. 북한은 미국이 종전선언에 동의하도록 종전선언을 정치적 선언에 불과한 것이라고 언급하는가 하면, 한국의 문재인 대통령 역시 9월 미국 방문 중에 있었던 폭스 텔레비전과의 인터뷰에서 종전선언을 실행한 이후 취소할 수도 있다는 취지의 발언을 하기도 하였다. 모두 종전선언의 상징성을 강조하여 미국의 정치적, 군사적 부담을 덜어보고자 하는 노력의 일환으로 이해할 수 있다.

그러나 만약 유엔사가 안보리를 통해 존폐가 결정되는 문제라면, 북한이 아닌 중국과 러시아가 한국전쟁 종전선언 이후 안보리에 이 문제를 상정할 가능성이 있다. 종전이 된 상황에서 유엔사 존속의 논리적 근거가 사라졌다고 논의할 수 있기 때문이다. 이 경우 미국, 영국, 프랑스 등 다른 안보리 상임이사국의 견해가 중요해지겠지만 유엔사 해체의 논의가 조명받을 것은 확실하다.

만약 유엔사가 안보리의 결정에 의해 폐지되는 것이 아니라 미국 주도의 다국적군으로 미국의 결정에 따라 폐지되는 것이라면 종전선언 이후 미국의 유엔사 전략이 가장 중요한 문제로 대두할 것이다. 1994년 5월 28일 북한은 부트로스-갈리(Boutros Boutrous-Ghali) 유엔사무총장에게 정전협정의 대체와 유엔군사령부 해체를 위한 조처를 시작해 달라고 공식적으로 요청해 왔다. 6월 24일 부트로스-갈리 총장은 "미국만이 유엔군사령부의 존속이나 해체에 대해 결정할" 권한을 가지고 있다고 답변한 바 있다.

　미국은 종전선언이 상징적 조치라는 전제 하에 실질적 평화가 정착되는 평화체제 수립 이후로 유엔사 해체의 시점을 미룰 확률이 매우 크다. 종전선언이 이루어지고 현재 합의된 남북 군사합의서의 내용이 철저히 시행되더라도 여전히 군사 충돌의 가능성이 존재하고, 더구나 남북 간 군사적 신뢰구축 조치들이 선행되었다고 보기는 어렵다. 군사적 신뢰구축이 실행되려면 상호간의 군사에 대한 정보 공유, 투명성 증가, 상호 참관 등 다양한 조치들이 선행되어야 하는데 현재의 운용적 군비통제의 내용들은 일단 결정되고 실행되는 사항으로 제시되어 있기 때문이다.[12] 이러한 상황에서 미국은 유엔사의 정전관리 기능을 강조하면서 완전한 평화체제의 기제들이 실행될 때까지 미국의 권한으로 유엔사 해체를 지연할 것이다.

　이러한 전망은 북핵문제 해결이 단기간에 순조롭게 해결되거나 혹은 장기에 걸치더라도 해결에 이른다는 것을 전제로 한 논의들이다. 종전선언과 평화체제가 북한의 비핵화와 더불어 이루어져야만 유엔사 해체의 논의가 현실화되기 때문이다. 만약 북핵협상이 다시 난관에 봉착하고 북한의 핵미사일 개발 지속, 이를 통한 한반도 군사적 긴장 상승의 기운이 생겨나면 유엔사 해체의 논의는 가시권에서 멀어질 것이다. 유엔사는 유사시 국제사회의 한국에 대한 지지와 유엔군사령부 회원국들의 신속한 참전을 유도하는 기능을 수행하며, 일본에 주둔한 7개의 유엔사 후방기지(요코스카[橫須賀], 사세보[佐世保], 요코다[橫田], 자마[座間], 후텐마[普天間], 화이트비치[white beach], 가데나[嘉手納])는 향후 미국 군사전략의 중심이 될 아시아 지역 내 군사적 상황 발생 시 다국적 군대를 신속하게 집결하고 운용하는 데 매우 유리한 기반을 여전히 제공한다.

사실 미국은 오히려 유엔사 기능을 강조하며 내용적으로도 강화의 움직임을 보이고 있다. 한국 국방부는 남북 군사합의서 관련, "GP 철수 등을 포함한 모든 군사분야 합의서 체결에 관해서 유엔사와 그간 긴밀히 협의를 해 왔다"는 입장을 표명한 바 있다. "유엔사 등 미측과 3개 채널로 52번 사전협의를 했다"며 "게다가 DMZ 내 GP는 정전협정 정신에 어긋나기 때문에 (정전협정 준수 책임이 있는) 유엔군사령관 입장에선 지지를 안 할 수 없다"는 것이다. 최근 국정감사 중에 외교부 장관의 발언 속에 군사합의서를 둘러싸고 폼페이오 장관과 논란이 있었던 것으로 알려지고 있다. 군사분계선의 비행금지구역 설정을 둘러싸고 미국의 입장이 충분히 반영되지 않았다는 것이며, 내용상의 한미 협의가 불충분했다는 지적이다. 주한미군 사령관인 에이브럼스 장군은 미 상원 군사위원회 인준청문회 당시 "남북이 합의한 DMZ 초소 축소에 우려가 없느냐"는 질문에 "DMZ 내 모든 활동은 유엔군사령부의 관할"이라며 "그들(남북)이 대화를 계속하더라도 모든 관련 사항은 유엔군사령부에 의해 중개·판단·감독·집행돼야 한다"고 밝히기도 하였다. 결국 북핵문제의 진전에 따라 유엔사의 역할이 약화되는 결과로 향하더라도 그 과정에서 유엔사를 통한 미국의 목소리는 유지될 가능성이 크다.

평화체제 정착 이후 유엔사 해체가 자연스러운 순서로 따라올지도 논의의 여지가 있다. 김정은 위원장의 목표가 평화체제 이후 본격적인 남북 경쟁과 북한의 입지 강화라고 할 때, 비핵화된 북한이 완전히 군사적으로 비무장되는 것은 물론 아니다. 여전히 의미 있는 군사력을 확보하면서 한국과의 평화와 안정을 위한 조치들을 취할 것이다. 그러나 한국이 그러한 것처럼 지역 내 불특정 안보위협을 언급할 수도 있고, 이러한 북한의 노력은 남북 간 안보딜레마를 불러올 수도 있다. 안보딜레마는 상호 간에 공격적 의도가 없어도 최대한의 상호 소통과 투명성이 보장되지 않으면 발생할 수 있다. 남북 간의 비군사적 경쟁, 지역 내 불안에 대비하기 위한 군사태세가 남북 간 안보딜레마를 불러올 수 있다. 이러한 상황이 지속적으로 발생할 경우 유엔사를 통한 미국의 노력이 새로운 차원에서 전개될 수 있다. 특히 전작권 환수의 문제와 겹쳐 연합사를 대체할 기구와의 관계 속에서 결정될 것인데 이에 대해서는 후술하기로 한다. 한국 내에서 평화체제 정착 이후 유엔사 존속에 대해서는 많은 반론이 제기될 것이다.

이러한 논의와 관련하여 최근 유엔사의 변화도 눈여겨 볼 필요가 있다. 오바마정부는 2014년 유엔사 재활성화 프로그램을 추진하기 시작했는데, 그 내용으로 연합사 참모가 겸직 중인 유엔사 참모 겸직 해제, 유엔사 임무, 기능 수행에 최적화한 참모부 편성, 유엔 전력제공국의 참여 확대 등을 주요 내용으로 하였다. 유엔사의 영관급 자리도 연합사의 인원과 별도로 임명하고 있고 유엔사 참모직 100여 자리 중 20%는 한국군, 30%는 미군, 나머지 50%는 유엔사 회원국으로 채운다는 원칙을 설정하기도 하였다.

유엔사는 2018년 6월 말 유엔사 부사령관에 웨인 에어 캐나다 육군 중장을 임명했고 2019년에는 스튜어트 메이어 호주 해군 소장을 임명했다. 그간 유엔사 부사령관은 주한미군 부사령관 겸 미 7공군사령관이 자동으로 맡아왔으며, 1950년 유엔사 창설 이후 유엔사 부사령관에 타국 장성이 임명된 것은 처음 있는 일이다. 유엔사는 사령부 참모장에 미군 소장을 임명했으나 주한미군사령부 직위를 겸하지 않도록 했는데, 그간 주한미군사령부 소장급 참모가 유엔사 참모장을 겸임해왔던 것과는 다른 변화이다. 또한 미국은 유엔사의 핵심보직에 제3국 장교를 추가로 임명할 계획을 추진 중인 것으로 알려졌다. 결국 이런 변화는 유엔사가 한미연합사령부와 주한미군으로부터 독립적으로 운용되는 방향으로 나아가는 한 표현으로 볼 수 있는데, 언론에 따르면 빈센트 브룩스 전유엔군사령관은 "유엔사 독립성 보장을 위해 군사정전위원회 간부도 유엔사의 보직만 맡도록 할 것"이라고 밝힌 것으로 알려진 바 있다.[13]

한국으로서는 평화체제 확립 시까지 유엔사의 정전 체제 유지, 평화 보장의 역할을 하는 것을 환영할 수는 있지만 미중 안보 협력 도모라는 목적 하에서는 유엔사의 대중 집단안보 제도화는 경계해야 할 사안이다. 한반도의 평화를 보장하기 위한 다자제도로서 유엔사가 중국을 배제하고 견제하는 제도로 변화된다면 한중관계는 매우 악화될 것이다. 또한 아시아의 대중 집단안보는 아시아 국가들 간의 의견차이를 노정할 가능성이 높고 그 가운데 한국의 위상 역시 어려움에 처할 수 있다.[14]

8. 한미동맹 현안 II: 전시작전권 환수와 한미 연합전력의 미래

전시작전권 환수 문제는 노무현정부 시기부터 현재까지 꾸준히 논란이 되어 온 문제이다. 2012년과 2015년에 시한에 기초한 환수, 전환에 합의했다가 현 정부에 들어서는 조건에 기초한 환수의 기조를 지키고 있다. 과거 한미는 2014년 10월 한미안보협의회의(SCM)에서 조건에 기초한 전작권 환수를 추진하기로 합의했고, 전작권 환수의 조건으로 연합전력을 주도적으로 행사할 수 있는 한국군의 군사능력, 북한 핵·미사일에 대한 대응체계 구축, 한반도 주변 안보환경 등 3가지를 설정한 바 있다. 또한 2013년 4월 한미는 2015년 전작권 환수를 앞두고 현 한미연합사와 유사한 형태의 연합지휘구조를 전작권 환수 이후에도 유지하기로 한미 합동참모본부 수준에서 합의한 바도 있다.[15]

현재까지 한국정부는 세 가지 조건 충족을 위해 다양한 노력을 기울여 왔다. 군 정찰위성 등 감시·정찰 전력을 확보하고, 미래의 다양한 도전들에 효과적으로 대응하도록 한국형 미사일 방어체계를 구축하고, 원거리 정밀타격 능력을 강화하는 등 전략적 억제 능력을 지속해서 확보해 가는 것을 목표로 하고 있다. 국방부는 최근 한국형 패트리엇으로 불리는 탄도탄요격 미사일 철매-II 7개 포대를 당초 계획대로 2023년까지 전력화하기로 했다. 국방부는 북한 핵·미사일 (위협에 대한) 대응능력 구비, 수출기반 조성, 예산 활용의 효율성 등을 종합적으로 검토한 결과, 철매-II 전력화를 기존 계획대로 추진하기로 했다고 밝힌 바 있다. 3축 체계 구축(한국형미사일방어체계·킬체인·대량응징보복)도 추진하고 있다. 전력구조 개편은 국내 과학기술 선도와 방위산업 능력 강화에 기여할 것이며 이를 통해 자주 국방력이 확충하도록 노력하고 있다. 안보환경은 현재 진행되고 있는 북핵협상에 큰 영향을 받을 것이다.

문재인 대통령은 대선 기간 중에 임기 내 전작권을 환수하겠다는 공약을 제시한 바 있지만 2017년 7월 국정기획자문위원회가 굳건한 한미동맹 위에 전작권 조기 환수를 국방 분야 국정운영 과제로 제시한 이후 전작권에 관한 정부의 방침은 현 정부 임기 내 환수가 아닌 조기 환수로 정해졌다. 정부는 전작권을 조속한 시일 내에 환수한다는 방침을 갖고 국방개혁 2.0과 연계해 추진하고 있는 것으로 보이고 2023년 전작권 환수론은 특정한 시점이라기보다는 대략적인 목표를 제시한 것으로 보인다. 국방부는 전작권 환수의 조건이 충족되면 2023년 이전에도 전작권 환수가 가능하다는 견해를 보이고 있다. 국방부는 전작권 전환 이후 적용하는 연합방위체제 관련 공동의 추진지침 마련, 조건에 기초한 전작권 전환계획(COTP) 최신화, 미래 연합군사령부 편성안 승인, 전략문서 발전 등을 2018년 중점과제로 선정한 것으로 알려져 있다.

보다 구체적으로 2018년 10월 말 제50차 한미안보협의회의(SCM)에서 전시작전통제권 전환과 관련한 주요 문서에 합의했다. 한미 국방부는 제14차 한미통합국방협의체(KIDD) 회의의 하나로 진행된 '전작권 전환 실무단(COTWG)' 회의에서 전작권전환 이후의 연합방위지침, 전작권전환계획, 미래지휘구조 등 전작권 전환과 관련한 주요 내용에 합의했다.

한국은 전작권 환수 조건 충족을 위해 국방비 증가를 추구해왔는데, 한국 정부는 2019년 국방비 증가율을 8.2%로 잡아 46조 7,000억 원을 산정하였는데 이는 2008년(8.8%) 이후 최고 수준의 증가율이다. 또한 2010년부터 2017년까지의 평균 증가율 4.4%를 3배가량 상회한다. 방위력개선비 증가율은 13.7%이고 국방비 중 방위력개선비 비중은 32.9%로 2006년 방위사업청 개청 이후 가장 높은 수준의 국방비를 산정하고 있다. 전작권 전환 여건으로 한국형 3축 체계가 중요한데, 4조 4,000억 원의 예산을 16.4% 증가한 5조 1,000억 원으로 확대한 것으로 알려졌다. 현무 계열의 탄도미사일 수량은 계획대로 확보하고 대량응징보복(KMPR) 구현 전력 예산도 늘어난 것이다. 더불어 국방 연구개발(R&D) 투자 확대와 방위산업 차세대 전략산업화 추진도 중요한 계획으로 국방 R&D 투자는 2조 9,000억 원에서 3조 1,000억 원으로, 무기체계 개조개발은 22억 4,000만 원에서 200억 원으로 793% 증액되었다. F-35A 스텔스 전투기와 군 정찰위성 개발을 비롯해 철매-II 등 공격·방어용 유도무기, 현무 계열 탄도미사일 확보 등에도 투입되는 예산이다. 이와 더불어 전작권 적기전환을 위한 자체 군사능력 확보에 1조 5,864억 원을, 국방개혁2.0에 따른 작전지역 확장과 병력감축 등에 대비한 지휘통제 및 기동능력 강화에 4조 6,528억 원을 산정한 것으로 보도되었다.

이상의 정책 방향을 보면 현 정부는 전작권 환수를 위한 조건 충족에 박차를 가하고 있는 것으로 보인다. 한편, 미국 측의 견해로, 브룩스 전사령관은 "전작권 전환(환수)을 위한 조건이 충족되는지를 평가하는 절차를 구축하고 있다"며 "한국군이 핵심군사능력을 확보했는지, 전작권 전환을 위한 적절한 시기라고 판단할 수 있는 환경이 조성됐는지 등을 평가하는 것"으로 보도되었다. 분야별로 조건을 달성해가고 있지만, 아직은 전작권 전환에 적절한 시기는 아니라고 본다는 견해도 보도된 바 있다.[16]

전작권 전환 이후 가장 중요한 것은 한미 연합전력의 주도 문제인데, 전작권이 환수되면 한국군 4성 장군을 사령관, 미군 4성 장군을 부사령관으

로 임명하는 한미연합사령부가 새롭게 편성되고 작전계획을 한국군이 주
도하는 것으로 알려져 있다. 국방부가 2018년 7월 27일 발표한 '국방개혁
2.0'은 우리 합참의장이 한미 연합군사령관을 겸직하는 내용으로 연합사령
부를 개편하고, 27개 국방부 직할부대를 축소하는 내용 등을 담고 있다.

북핵협상이 진행되면서 종전선언, 평화체제 구축, 유엔사 지위 변경 등
과 더불어 전작권 전환 및 연합사 해체가 어떠한 순서로 연결될지가 매우
중요한 문제이다. 가장 조속한 변화 방향은 북핵협상이 순조롭게 진행되어
평화체제가 온전히 구축되고 유엔사가 해체되며, 한국 주도의 새로운 연합
사가 자리 잡으면서 한미동맹이 새로운 형태로 재편되는 것이다. 이 경우
전작권의 문제는 자연히 한국군 주도로 해결되며 이후 한미 연합전력은 한
미 간의 긴밀한 협의에 의해 그 방향이 결정될 것이다.

만약 북핵협상이 장기적으로 지연될 경우 북핵의 완전한 폐기 및 평화체
제가 수립되기 이전에 전작권 환수가 이루어질 수 있다. 이 경우 상징적 종
전선언이 이루어졌다 하더라도 유엔사는 여전히 존속하며 정전관리를 하게
될 것이고, 한국군이 전작권을 행사하고 미군이 지원하는 형태를 띠게 될 것
이다. 미국의 경우 유엔사는 전작권 전환 이후 한반도 작전과 관련하여 유일
하게 직접 지휘 통제할 수 있는 기구이자 나아가 동아시아 전략 구상에 있어
중추적인 역할을 담당할 수 있는 기구이다. 일부 견해로 유엔사가 전작권을
연합사에 이양한 것이므로 한국군이 행사하는 전작권은 여전히 유엔사의 관
할로 여겨져야 한다는 견해가 있을 수 있지만 현실적으로 유엔사가 존속하
더라도 전작권은 한국군이 단독으로 행사하는 것으로 보아야 할 것이다.

문제는 유엔사가 독립적인 군사력을 가지고 있지 못하므로 정전체제 관
리 및 유사시에 한국군과 협력해야 하는데 그 기제가 온전히 마련되어 있지
못하다는 것이다. 이러한 문제는 일찍부터 제기된 바가 있는데, 일례로 벨
전 사령관은 2007년 1월 18일 서울 프레스센터에서 실시한 연합군사령관
의 외신기자 클럽 초청연설에서 전시작전통제권이 전환되면 유엔군사령관

은 비무장지대 및 타 지역에 배치된 한국군 전투부대에 대한 접근허가 권한을 상실함으로써 권한(authorities)과 책임(responsibilities)에 있어서 불일치(mismatches) 문제가 생긴다고 지적하였고, 북측이 1995년 중립국 감독위원회 대표단을 강제 철수시킨 뒤 사실상 기능이 정지된 중립국감시위원회 및 군사정전위원회 역할을 강조하면서, "중립국감시위원회 및 군사정전위원회는 한반도 평화 유지에 중요한 요소"이므로 "새로운 한미지휘구조가 발전함에 따라 중립국감시위원회 및 군사정전위원회의 역할에 대한 토의가 이뤄져야 한다고 언급한 바 있다. 또한 유엔사는 지속적으로 한반도 전쟁억제 및 전쟁수행에 중요한 역할을 수행해야 한다고 논하였는데 이는 앞에서 유엔사 부분을 살펴보면서 논한 바와 같다.

만약 북핵문제가 완전히 해결되지 않았더라도 남북 간에 군사신뢰구축이 진행되고 군비통제가 상당부분 진행되면서, 북미 간에도 관계 정상화의 성과가 축적된다면 유엔사의 정전관리 부담이 줄어들 것이다. 전작권이 전환되더라도 한국군과 유엔사의 협의 사항이 상대적으로 적을 것이며 함께 평화체제 마련을 위해 노력하는 방법이 보다 용이할 것이다.

그러나 북핵문제가 앞서 살펴본 바대로 쉽게 해결되지 못하고 난관에 봉착할 경우 남북 간에 군사적 긴장이 유지될 가능성도 있다. 이 경우 우선 북한의 핵미사일에 대비한 전력 강화가 중요한 문제로 등장할 것이고, 한국 주도의 위기관리 능력이 배양되어야 할 것이다. 유엔사와 한국군 간의 협력 문제, 한국군과 미군 간의 군사협력도 중요한 문제로 등장해 있을 것이다. 현 정부는 전작권 전환 이후 북한의 완전한 비핵화가 달성되지 않았다고 가정하더라도, 군은 북한의 핵·미사일 위협에 대처한 초기 필수대응 능력을 확보하는 노력을 지속하고 있고, 미국은 확장억제 수단과 전략자산을 제공하기 때문에 대북 억제력에는 문제가 없을 것으로 논하고 있는데 이를 유지하는 것이 중요하다.

전작권 환수 이후 한국의 중견국 안보의 비전을 제시하는 것도 중요하다. 한국군이 주도가 되는 한미동맹이 북한에 대한 억지, 방어를 하는 것도 중요하지만 한편으로는 미중 전략경쟁에서 의미 있는 군사력을 확보하면서도 한미동맹이 미중 협력관계를 도모하는 역할을 하도록 노력해야 한다.

9. 한미동맹의 미래를 위한 노력들

한미동맹의 미래와 관련하여 문재인 대통령은 9월 25일 폭스 텔레비전과의 인터뷰에서 한미동맹의 미래에 대해 다음과 같이 언급하였다: "지금 주한미군은 남북관계에서 평화를 만들어내는 대북 억지력으로서 큰 역할을 하지만 나아가 동북아 전체의 안정과 평화를 만들어내는 균형자 역할을 합니다. 한국의 안보에도 도움이 되지만, 동시에 미국의 세계전략하고도 맞닿아 있습니다. 그래서 나는 평화협정이 체결되고 난 후에도, 심지어는 남북이 통일을 이루고 난 후에도 동북아 전체의 안정과 평화를 위해 주한미군이 계속 주둔할 필요가 있다고 생각합니다." 북핵문제가 해결되고 남북평화체제가 이룩된 뒤, 미중 전략경쟁이 진행되는 와중에 지역의 안정을 위해서 한미동맹의 필요성에 대해 언급한 내용이다.

남북 화해협력, 더 나아가 통일 이후에도 한미동맹이 중요하다는 점에 대해서 남북 간에 간헐적으로 논의된 바가 있다. 1992년 김용순-캔터 회담이나 2000년 김대중 대통령과 김정일 위원장의 정상회담에서 북한은 통일 이후 한미동맹의 지속에 대해 긍정적 견해를 피력한 것으로 알려져 있다. 한미동맹이 과거와 달리 미중 전략경쟁의 시대 속에서 남북관계를 떠나 어떠한 중요성과 의미를 가지게 될지 새롭게 고민해야 할 시점이다.

한국은 북핵문제 해결과정에서 평화체제가 정착되면 평화와 협력, 더 나아가 통일 기반을 더욱 공고히 하는 과정에서 한미동맹의 여러 요소들을 변화시켜야겠지만 이를 더욱 활용하는 방안도 생각해 볼 수 있다. 첫째 남북 간 소극적 평화의 측면이다. 북한이 비핵화된 이후 평화체제가 정착된다면 남북이 평화롭게 공존할 수 있는 훌륭한 기반이 마련될 것이지만 남북 간 경쟁은 지속될 수 있다. 김정은 위원장은 북핵 비핵화 과정에서 미국으로부터 안전보장, 국제사회로부터 경제발전의 지원, 정상국가의 지위, 그리고 국내 정치기반 강화의 목적을 달성하고자 하며, 이후 한국과 본격적인 협력과 경쟁의 이중관계를 이루어나갈 것이다. 미중 간 경쟁이 더 격화될 경우 북한의 외교적 입지는 확대될 수 있다. 한국이 원하는 바대로 시장을 매개로 한 협력관계, 사회문화적 교류를 축으로 한 동질성 회복, 이를 통한 평화적 통일 기반 마련이 이루어진다면 가장 바람직하겠지만, 북한은 힘을 축적하면서 독자적인 외교, 강력한 경제력과 일정한 수준의 군사력을 가지고자 할 것이다. 남과 북이 두 개의 정상국가로 공존하면서 통일을 지향한다고 해도 일정한 경쟁이 없을 수는 없을 것이다. 한미동맹은 평화체제 이후의 평화를 공고히 하는데 요긴한 수단일 수 있다. 남북 간에 갈등 사안이 발생하여 상승할 때 평화를 해치는 방향으로 남과 북 모두 나아가지 않도록 한미동맹이 소극적 평화의 보장 역할을 할 수 있을 것이다.

둘째, 적극적 평화의 측면이다. 북핵문제의 해결로 평화체제가 정착된다면 전쟁 부재의 소극적 평화의 기반이 이룩되지만 구조적 협력 요인이 발전하는 적극적 평화가 자리 잡기 위해서는 더 많은 노력이 필요하다. 근대국제정치에서 진정한 평화는 이룩하기 매우 어려운 것으로 시장을 매개로 한 경제적 평화, 민주주의 국가들 간에 시민사회의 긴밀한 교류를 통한 정치적 평화, 그리고 갈등을 완화하고 해결하는 제도적 기반이 마련될 때 가능한 제도적 평화 등을 이야기 한다. 평화체제 이후 북한이 어떠한 경제개발과 정치 변화, 자구적 발전을 이룰지 현재로서는 알기 어렵지만 지금의 체제를 유지하는 것을 우선 목표로 할 가능성이 높다. 현 체제의 북한과 한국이 적극적 평화를 이루기 위해 경제교류를 하고, 사회문화 협력을 해나갈 때 과연 어느 수준까지 적극적 평화를 이룰지 예측이 쉽지 않다. 평화체제는 평

화를 보장하기 위한 국제적 보장체제를 필요로 하고 대북 경제지원을 위한
국제사회의 관심도 필요하다. 미국 역시 북한과의 수교, 평화체제 이후의
북한에 대한 전략적 접근이 필요하게 될 것이다. 현재로서 미국은 비핵화된
북한이 미국에게 어떠한 의미일지, 평화체제 이후의 한반도가 전략적으로
어떻게 유용할지 별다른 전략적 비전이 없는 것으로 보인다. 한미동맹은 한
미 간의 긴밀한 관계를 통해 미국이 남과 북 모두와 협력적 관계를 갖게 하
는데 중요한 소통과 협력의 통로가 될 수 있다. 북미관계가 비단 수교를 넘
어 긴밀한 전략적 협력의 요소들을 발견해 갈 때, 남북 간에도 적극적 평화
가 더욱 공고해지고 통일기반도 한층 발전할 것이다.

셋째, 급변하는 미중관계 속에서 한미동맹의 기능을 설정하는 일이 중요
한 과제로 대두되고 있다. 한국은 평화체제를 이루면서 남북 군사적 신뢰구
축, 군비통제 등에 골몰하게 될 것이다. 그러나 북핵문제 해결과정에서 목
도하였듯이 미중관계는 한반도 문제에 지대한 영향을 미치는 핵심적 요소
이다. 향후 한국이 미중관계에서 국익을 극대화하기 위해 어떠한 수단을 축
적해야 할지, 특히 군사적으로 의미 있는 행위자가 되기 위해 어떠한 형태
의, 어느 정도의 군사력을 축적해야 하는지를 고민해볼 필요가 있다.

트럼프정부는 미국 우선주의를 앞세워 중국에 대한 경제적 이익을 보호
하기 위해 무역 갈등을 심화하면서 중국에게 공정하고 상호적인 경제관행
을 요구한 바 있다. 중국이 WTO에 가입하여 자유주의 무역규범을 내재화
하도록 추동했지만 결국 실패하게 되었다는 오랜 역사의 흐름에서 비롯된
부분이 크다. 미국은 중국의 관세장벽, 정부의 산업보조금 정책, 미국 투자
기업에 대한 강제 기술이전 요구, 미국으로부터 지적재산권, 기술 불법유
출, 산업스파이 행동 등을 총체적으로 비판하고 있다. 4차 산업혁명이 다가
오는 있는 지금, 중국이 추구하는 제조2025를 위해 미국의 경제기반인 기
술을 불법적으로 탈취해가고 있다고 믿는다. 2018년 10월 4일 펜스부통령
은 허드슨연구소 연설을 통해 중국이 비단 경제 뿐 아니라 국내정치, 사회

문화, 외교 등 모든 분야에서 지구적 보편규범을 어기며 공격적 대미전략을 추진하고 있다고 비난한 바 있다. 중국은 이를 소위 신냉전의 선언으로 받아들이면서 미국에 대한 협력을 거부하는 분위기를 보이는 것도 사실이다. 미국 내에서도 대중 무역 전쟁이 가열되어 중국의 반발을 불러오면 미중 간 경쟁이 군사, 외교안보영역으로 확산될 것을 경고하고 있다.

트럼프 대통령의 대중 무역전략이 경제에서 비롯된 것이고 일면 개인적인 국내정치적 동인이 있는 것도 사실이지만, 이미 오바마정부 시기부터 존재해 온 장기적은 대중 견제의 흐름이 이와 결합되는 모습을 보이고 있다. 바이든정부 시기 미중 무역전쟁 이후에도 미국의 대중 견제는 지속될 것이며 이 과정에서 동아시아 내 미중갈등은 주변국에게 큰 영향을 미칠 것이다.

미중경쟁이 격화되어 지정학적 경쟁이 가열된다고 할 때, 남북 공존에도 불구하고 한반도를 둘러싼 외교환경이 점차 어려워질 수도 있다. 평화공존 시대 한미동맹을 축으로 미국의 동아시아 전략 방향에 한국의 국익을 실현하고, 이를 자산으로 중국에 대해 효과적인 외교를 하는 노력이 필요하다. 이 과정에서 강하고 의미 있는 군사력을 중장기 관점에서 배양하는 것도 지금부터 추진해야 할 일이다.

주

1) US Department of Defense, Indo-Pacific Security Strategy, 1 June 2019: US State Department, *A Free and Open Indo-Pacific: Advancing a Shared Vision*, 4 November 2019.

2) 김재엽, "중국의 반접근 지역거부 도전과 미국의 군사적 응전: 공해전투에서 다중영역전투까지,"『한국군사학논집』75집 1호 (2019), pp. 125-154.

3) Michael O'Hanlon, "The Long-Term Basis for a U.S.-Korea Alliance," *The Washington Quarterly* 41-4 (2018), pp. 103-116.

4) Michael E. O'Hanlon, "What is going on with the United States alliance with South Korea?" *Brookings* (27 November 2019); Lindsey Ford and James Goldgeier, "Who are America's Allies and Are They Paying Their Fair Share of Defense?," *Brookings Policy* 2020 (17 December 2019); David Maxwell, "U.S.-ROK Relations: An Ironclad Alliance or a Transactional House of Cards?," *National Bureau of Asian Research, Congressional Outreach* (November 2019).

5) Michael Fuchs and Abigail Bard, "How to Create a Durable U.S.-South Korea Alliance Finding Common Ground Among Progressives," *Center for American Progress* (20 August 2019).

6) 신범철, "방위비분담금 1.5조원이 적정," 아산정책연구원 블로그, 2019.09.30.

7) Richard Armitage and Victor Cha, "The 66-year alliance between the U.S. and South Korea is in deep trouble," The Washington Post (23 November 2019).

8) 레이프-에릭 이슬리, "한미동맹의 과제 규명과 양국 간 신뢰유지,"『EAI 논평』, 2019.12.24.

9) 합의서를 둘러싼 논란에 관해서는 정경영, "판문점선언 이행을 위한 군사분야 합의서의 오해와 진실,"『세종연구소 정세와 정책』2018년 12호 참조.

10) 제성호,『한반도 안보와 국제법』(서울: 한국국방연구원, 2010), pp. 360-361.

11) 이기범, "유엔군사령부의 미래 역할 변화와 한국의 준비,"『아산정책연구원 이슈브리프』, 2019.07.08.

12) 구본학, "북핵 위협과 한반도 군비통제의 과제,"『신아세아』24-1 (2017), pp. 80-105.

13) "주한미군 신속기동군화·유엔사 독자화 뚜렷,"『연합뉴스』, 2018년 10월 7일.

14) 정경영, "유엔사의 기능강화 추세와 전작권 전환 이후 역할,"『EAI 논평』, 2019.10.14.

15) 문정인, "전시작전통제권 환수 연기, 무엇이 문제인가?,"『내일을 여는 역사』58 (2015), pp. 14-23; 정재욱, "전시작전통제권 전환과 한미동맹: 유엔군사령부의 역할 정립을 중심으로,"『JPI 정책포럼』(2014), p. 141.

16) "브룩스 연합사령관 'DMZ GP 철수'는 남북 신뢰구축 조치,"『연합뉴스』, 2018년 8월 22일.

참고문헌

구본학. "북핵 위협과 한반도 군비통제의 과제." 『신아세아』 24-1 (2017).
김재엽. "중국의 반접근 지역거부 도전과 미국의 군사적 응전: 공해전투에서 다중영역
　　전투까지." 『한국군사학논집』 75집 1호 (2019).
레이프-에릭 이슬리. "한미동맹의 과제 규명과 양국 간 신뢰유지." 『EAI 논평』, (2019.
　　12.24).
문정인. "전시작전통제권 환수 연기, 무엇이 문제인가?." 『내일을 여는 역사』 58 (2015).
신범철. "방위비분담금 1.5조원이 적정." 아산정책연구원 블로그, 19.09.30.
이기범. "유엔군사령부의 미래 역할 변화와 한국의 준비." 『아산정책연구원 이슈브리
　　프』 2019.07.08.
정경영. "유엔사의 기능강화 추세와 전작권 전환 이후 역할." 『EAI 논평』, 2019.10.14.
＿＿＿. "판문점선언 이행을 위한 군사분야 합의서의 오해와 진실." 『세종연구소 정세
　　와 정책』, 2018년 12호.
정재욱. "전시작전통제권 전환과 한미동맹: 유엔군사령부의 역할 정립을 중심으로."
　　『JPI 정책포럼』 141 (2014).
제성호. 『한반도 안보와 국제법』. 서울: 한국국방연구원. 2010.

Armitage, Richard, and Victor Cha. "The 66-year alliance between the U.S. and
　　South Korea is in deep trouble." *The Washington Post*, 23 November 2019.
Ford, Lindsey, and James Goldgeier. "Who are America's Allies and Are They
　　Paying Their Fair Share of Defense?." *Brookings Policy 2020* (17 December
　　2019).
Fuchs, Michael, and Abigail Bard. "How to Create a Durable U.S.-South Korea
　　Alliance Finding Common Ground Among Progressives." *Center for American
　　Progress* (20 August 2019).
Maxwell, David. "U.S.-ROK Relations: An Ironclad Alliance or a Transactional
　　House of Cards?." National Bureau of Asian Research, Congressional Outreach,
　　November 2019.
O'Hanlon, Michael. "The Long-Term Basis for a U.S.-Korea Alliance," *The Washington
　　Quarterly* 41-4 (2018).
＿＿＿. "What is going on with the United States alliance with South Korea?."
　　Brookings (27 November 2019).
US Department of Defense, *Indo-Pacific Security Strategy*, 1 June 2019.
US State Department, *A Free and Open Indo-Pacific: Advancing a Shared Vision*.
　　4 November 2019.

1. 비핵화가 추진되는 과정에서 남북 간 상호 군사적 안전보장을 위해 한 미동맹이 기능할 수 있도록 노력해야 한다. 남북 간에 갈등 사안이 발생하여 상승할 때 평화를 해치는 방향으로 남과 북 모두 나아가지 않도록 한미동맹이 소극적 평화의 보장 역할을 우선적으로 해야 한다.

2. 북핵문제의 해결로 평화체제가 정착된다면 전쟁 부재의 소극적 평화의 기반이 이룩되지만 구조적 협력 요인이 발전하는 적극적 평화가 자리 잡아야 한다. 한미동맹은 한미 간의 긴밀한 관계를 통해 미국이 남과 북 모두와 협력적 관계를 갖게 해야 하며, 북미관계가 수교를 넘어 긴밀한 전략적 협력의 요소들을 발견해 나갈 수 있도록 노력해야 한다.

3. 급변하는 미중관계 속에서 한국이 군사적으로 의미 있는 행위자가 되기 위해 어떠한 형태의, 어느 정도의 군사력을 축적해야 하는지를 결정하고 추구해야 한다. 평화공존 시대 한미동맹을 축으로 미국의 동아시아 전략 방향에 한국의 국익을 실현하고, 이를 자산으로 중국에 대해 효과적인 외교를 하는 노력이 필요하다. 이 과정에서 강하고 의미 있는 군사력을 중장기 관점에서 배양해야 한다.

8장

한국의 사이버안보전략:
중견국 외교론의 시각

김상배(서울대학교 정외과)

핵심 논지

1. 최근 첨단기술 분야에서 미중 간에 벌어지는 사이버안보 갈등은 해킹 공격이나 시스템의 교란과 파괴, 금전탈취나 정보절취 등을 노리는 단순한 해킹의 문제를 넘어서, 기술-산업-통상-데이터-군사-외교-정치-법제도-국제규범 등에 걸친 미래 패권경쟁의 복합적인 쟁점으로 진화하고 있다.
2. 사이버안보 분야에서 형성되는 세 차원의 구조, 즉 미중경쟁이 창출하는 지정학적 이해갈등의 권력구조, 서방 및 비서방 진영 또는 선진국 및 개도국 진영 간의 대립이 형성하는 제도적 구조, 글로벌 인터넷 거버넌스의 방식을 둘러싼 관념형성의 구조 등은 중견국 한국의 사이버안보전략에 영향을 미치는 주요 변수이다.
3. 한국은 사이버안보 분야에서 전개되는 세계정치 구조변동에 대응하는 전략이 단순한 기술 선택의 문제나 해킹 공격에 대비하는 차원을 넘어서, 전통적인 동맹과 외교의 문제를 포함한, 좀 더 복잡한 지정학적 또는 외교전략적 선택을 강요할 가능성이 높은 문제라는 점을 인식하고 이에 대한 적절한 대응책을 마련해야 할 것이다.

1. 서론

최근 미중갈등의 불꽃이 어느 한 영역에만 국한되지 않고 미중관계 전반으로 번져가는 양상을 보이고 있다. 그야말로 미중경쟁은 미래권력을 놓고 벌이는 패권경쟁을 방불케 한다. 이러한 면모를 단적으로 보여주는 사례가 '선도부문(leading sector)'으로서 '4차 산업혁명' 부문에서 벌어지는 양국의 기술패권 경쟁이다. 역사적으로 해당 시기의 선도부문에서 벌어졌던 기술패권 경쟁의 향배는 패권국과 도전국의 승패를 가르고 국제질서의 구조를 변동시켰다. 오늘날 선도부문의 미중경쟁도 그러한 의미를 갖는다. 다만 이전의 경우와 다른 특징이 있다면, 지금의 경쟁은 사이버 공간을 매개로 한 네트워크 환경에서 진행되며, 이러한 과정에서 사이버안보가 중요한 현안으로 불거졌다는 사실이다. 실제로 2010년대 초중반을 거치면서 사이버안보는 명실상부한 국제정치학의 어젠다로 자리 잡았다.[1)]

　이제 사이버안보는 시스템의 교란과 파괴, 금전탈취나 정보절취 등을 노리는 단순한 해킹의 문제를 넘어서 기술-산업-통상-데이터-군사-외교-정치-법제도-국제규범 등에 걸친 미래 패권경쟁의 복합적인 쟁점으로 진화하고 있다. 미시적 차원의 안전 문제일지라도 그 수량이 늘어나고, 여타 이슈들과 연계되면서, 거시적 차원의 지정학적 위기로 창발(創發)하는 '신흥안보(emerging security)' 현상의 전형적인 특징을 보이고 있다. 사이버 공격은 더 이상 해커들의 장난거리나 범죄집단의 사기행각, 또는 테러집단의 저항수단만은 아니다. 타국의 주요 기간시설에 대한 해킹의 이면에 국가 차원의 체계적 지원이 있음은 공공연한 비밀이 되었다. 국가안보를 이유로 사이버안보에 위협이 되는 IT보안제품의 수출입 규제가 가해지며 데이터의 초국적 유통이 통제되기도 한다. 국제적으로도 사이버안보는 동맹세력을 규합하는 명분이자 첨단 군비경쟁의 빌미가 된다.

　사이버안보 문제가 국가 간 갈등을 야기할 가능성이 커지면서, 전통 지정학의 시각을 원용하여 이 문제를 보려는 경향도 득세하고 있다. 그야말로 기술 문제가 '지정학적 리스크(geopolitical risk)'를 야기하는 변수가 되었다. 실제로 사이버 공격의 문제는 전쟁 수행이라는 군사전략 차원에서 고려되고, 이를 지원하는 물적·인적 자원의 확보가 중시된다. 자국의 주요 기반시설을 노린 사이버 공격에 대해서는 맞공격을 가해서라도 억지하겠다는 행보가 힘을 얻고 있다. 그럼에도 사이버안보의 세계정치는 과거의 현실에서 잉태된 전통 지정학의 시각을 그대로 적용하여 이해하기에는 너무나도 복잡한 양상으로 진화해 가고 있다. 이러한 문제의식을 바탕으로 이 글은 전통 지정학의 경계를 넘어서는 다양한 변수들을 포괄적으로 고려하는 새로운 시각으로서 '복합지정학(Complex Geopolitics)'을 제안한다.[2]

복합지정학의 시각에서 본 미중 사이버안보 갈등은 다양한 영역에 걸쳐서 진화하고 있다. 제일 눈에 띄는 것은 기술패권 경쟁이라는 명목으로 벌어지는 지정학적 경쟁이다. 이는 '화웨이 사태'와 같은 사이버안보 논란뿐만 아니라 여타 민군겸용기술과 관련된 정치·군사안보 문제와 연계될 조짐을 보이고 있다. 이러한 갈등은 표면적으로는 미국의 기술경쟁력 하락에서 비롯된 양국 간 통상마찰 문제와 이에 수반된 보호주의적 법·제도의 마찰 문제로 나타나고 있다. 게다가 이렇게 복합적인 양상을 보이는 미중 사이버 갈등의 전면에서 첨단기술의 문제를 국가안보 문제로 '안보화(securitization)'하는 미중 두 나라의 안보담론 경쟁이 벌어지고 있다.[3] 이러한 안보담론 경쟁을 통해 미중 양국은 동맹국들을 결속하고 동지국가들과 연대하면서 자국에 유리한 사이버 공간의 국제규범을 마련하려는 경쟁을 벌이고 있다.

이렇듯 복합지정학적 지평을 펼쳐놓고 있는 미중경쟁에 한국은 어떻게 대응해야 할까? 최근 어느 국내업체의 화웨이 장비 도입을 둘러싼 논란에서도 나타난 바와 같이, 미중 사이버안보 갈등은 단순한 기술과 산업의 문제가 아니라 안보와 정치의 문제로 다가올 가능성이 있다. 자칫 미중 기술패권 경쟁이 그 사이에 낀 한국에 지정학적 위기를 야기하는 상황이 벌어질

지도 모른다. 다시 말해, 미중 사이버 경쟁은 한국으로 하여금 단순한 기술 선택의 문제가 아니라, 전통적인 동맹과 외교의 문제를 포함한, 좀 더 복잡한 지정학적 선택을 강요할 가능성도 없지 않다. 복합지정학의 시각에서 미중 사이버안보 경쟁에 대한 적절한 대응책을 마련하는 지혜가 절실하게 필요한 시점이다. 이 글은 한국에 닥친 전략적 선택의 문제를 중개외교, 연대외교, 규범외교 등으로 대변되는 중견국 외교론의 시각에서 검토하였다.[4]

이 글은 크게 네 부분으로 구성되었다. 제2장은 미중 사이버안보 경쟁의 복합지정학을 미중 사이버 갈등과 기술패권 경쟁, 데이터 레짐마찰, 국제규범 경쟁 등의 사례를 통해서 살펴보았다. 제3장은 중개외교의 시각에서 본 한국의 사이버안보전략을 미중이 벌이는 기술과 제도 및 담론의 표준경쟁이라는 시각에서 살펴보았다. 제4장은 연대외교의 시각에서 본 한국의 사이버안보전략을 미중이 벌이는 동맹과 연대의 네트워크 외교라는 맥락에서 살펴보았다. 제5장은 규범외교의 시각에서 보는 한국의 사이버안보전략을 사이버안보의 국제규범 형성과정에서 나타나는 중견국 규범외교 모델에 대한 논의에 비추어 살펴보았다. 끝으로, 맺음말에서는 이 글의 주장을 종합·요약하고 대외적으로 사이버안보의 중견국 외교를 추진하기 위해서 필요한 국내 추진체계 정비의 과제를 짚어보았다.

2. 미중 사이버안보 경쟁의 복합지정학

1) 미중 사이버안보 갈등의 진화

길게 보면 사이버안보를 둘러싼 미중갈등의 역사는 20여 년 전으로 거슬러 올라간다. 1999년 5월 미군이 유고 주재 중국 대사관을 오폭하여 당시 중국 해커들이 미국 내 사이트에 대해 보복 해킹을 가한 사건이 발생하였다.

2001년 4월 중국 전투기가 미군 정찰기와 충돌 후 중국 하이난에 추락하는 사고가 발생하자 중국 해커들이 사이버 공격을 감행하기도 했다. 당시 언론에서 '미중 사이버 전쟁'이라는 말이 처음으로 사용되기도 했다. 2003년 중국산으로 추정되는 웰치아 바이러스가 미국정부 전산망을 공격하여 비자 발급업무가 일시 중단되는 일이 발생하고, 같은 해 미국 내 군사연구소와 미 항공우주국, 세계은행 등을 해킹한 '타이탄 레인 공격'은 미중 사이버 공방의 본격적인 신호탄이 됐다. 2009년에는 구글, 어도비, 시스코 등 30여 개 미 IT기업들에 대한 중국 해커들의 대대적인 공격이 있었는데, 이는 '오로라 공격'으로 알려져 있다. 2011년의 '쉐이디 랫(Shady RAT) 공격'은 미국의 정부, 국제기구, 기업, 연구소 등 72개 기관에 대한 중국의 해킹 공격이었다.

미국의 주요 기반시설에 대한 중국 해커들의 공격은 2010년대로 넘어오면서 오바마 행정부로 하여금 군사적 방안까지 포함한 맞대응 카드를 꺼내들게 했다. 이른바 '중국 해커 위협론'은 2010년대 초중반 미중관계를 달구었던 뜨거운 현안 중의 하나였다. 2013년 미국의 정보보안업체인 맨디언트의 보고서는, 1997년에 창설된 중국의 해커 부대인 61398부대가 미국의 기업과 공공기관을 해킹하여 지적재산을 탈취하고 있다고 폭로했으며, 이는 2014년 5월 미 법무부가 이들 61398부대의 장교 5인을 기소하는 조치로 이어졌다. 이때에 즈음하여 오바마 행정부는 국가 기간시설에 대한 해킹을 국가안보 문제로 '안보화'하고 때로는 미사일을 발사해서라도 대응하겠다는 '군사화'의 논리를 내세우며 사이버안보를 국가 안보전략의 핵심 항목으로 격상시켰다. 급기야 사이버안보 문제는 2013년 6월 미중 정상회담의 공식의제로 채택되는 상황에까지 이르렀다.

2017년 트럼프 행정부 출범 이후 미중 사이버 갈등은 좀 더 복합적인 양상으로 전개되었다. 예상과는 달리 미중 사이버 공방은 군사적 충돌로 비화되기보다는 오히려 산업과 통상 문제와 긴밀히 연계되는 양상을 보였다. 트

럼프 행정부는 이른바 '중국산 IT보안제품 위협론'을 내세워 중국 기업들의
IT보안제품에 대한 규제를 강화했다. 특히 5G 이동통신 분야와 같은 4차
산업혁명 분야에서 기술경쟁력을 쌓고 있는 중국 기업들에 대한 미국의 견
제가 가해졌다. 실제로 화웨이, ZTE, 차이나모바일, DJI, 하이크비전, 푸
젠진화 등과 같은 중국 IT기업들이 미국 시장에 진출하는 과정에서 다양한
문제들이 빌미가 되어 발목이 잡혔다. 기술경쟁과 통상마찰의 외양을 한 이
들 문제는 사이버안보나 데이터 주권 등의 쟁점과 연계되면서 그 복잡성이
더해갔다. 국가안보의 함의가 큰 민군겸용기술(dual-use technology) 분야
에서 벌어졌던, 과거 1990년대 미일 패권경쟁의 전례를 떠올리게 하는 양
상이 벌어졌다.[5]

2) 화웨이 사태와 미중 기술패권 경쟁

미중 사이버안보 갈등의 가장 핵심적인 쟁점은 중국의 통신장비 업체인 화
웨이를 둘러싼 논란이었다. 그전에도 미국정부와 화웨이의 갈등은 없지 않
았지만, 그것이 미중 양국의 기술패권 경쟁이라는 맥락에서 이해될 정도로
격화되기 시작한 것은, 2018년 2월 CIA, FBI, NSA 등 미국 정보기관들이
화웨이 제품을 사용하지 말라는 경고를 내리면서 부터였다. 미국은 2018
년 8월에는 '국방수권법'을 통과시키며 미 공공기관 등에서 중국산 네트워
크 장비의 사용을 금지했다. 2018년 12월에는 화웨이 창업자의 큰 딸인 멍
완저우 화웨이 최고재무책임자(CFO) 겸 부회장이 대이란 제재 위반 혐의로
체포되며 화웨이 장비 도입 문제를 둘러싼 미중 양국의 갈등은 클라이맥스
에 다다랐다.[6]

이른바 '화웨이 사태'로 불리는, 이러한 사이버안보 논란의 과정에서 5G
이동통신 기술 분야에서 선두를 달리는 화웨이의 네트워크 장비가 표적이
되었다. 화웨이 장비가 이른바 백도어를 통해서 미국의 국가안보에 크게 영

향을 미칠 수 있는 정보를 유출시킬 가능성이 있기 때문에 미국의 정부기관 뿐만 아니라 민간 기업들도 이를 도입하지 말아야 한다는 것이었다. 4차 산업혁명 시대의 초연결 사회에서 화웨이 장비의 위험성은 단순한 기술의 문제가 아니라 국가안보의 문제라는 것이 강조되었다. 이러한 과정에서 화웨이 백도어가 실재하는 안보위협이라는 주장과 이는 단지 미국이 '안보화'의 과정을 통해서 구성해 낸 위협일 뿐이라는 주장이 팽팽히 맞섰다.

미국정부가 주장하듯이 중국산 네트워크 장비의 도입은 보안위협이 될 수 있다. 특히 중국정부의 지원을 받아 성장한 화웨이의 행보나 투명성이 부족한 기업문화와 성격을 보면 이러한 주장은 '합리적 의심'으로 인정될 수 있다. 그렇지만 정작 미국정부가 보안위협의 객관적 증거를 제시하고 있는 것도 아니어서 문제의 복잡성이 커졌다. 이러한 공세에 대해 화웨이도 자사의 제품이 보안위협이 아니라는 명백한 증거를 제시하고 있는 것도 아니다. 화웨이의 입장은 자사 장비의 보안문제가 발생한 적이 아직까지 없으며, 만약에 문제가 발생한다면 회사 문이라도 닫겠다는 식이었다. 마치 '블랙박스'를 가운데 두고 누구 말이 맞는지 믿어달라고 '말싸움'을 벌이는 모습이었다.

화웨이의 통신장비가 미국의 국가안보에 실제 위협인지에 대해서는 논란의 여지가 있을지 몰라도, 화웨이로 대변되는 중국 기업들의 기술추격이 5G시대 미국의 기술패권에 대한 위협임은 분명하다. 화웨이 제품은 가격경쟁력을 보유하고 있을 뿐만 아니라 기술력도 세계 최고의 수준을 자랑하며, 2018년 현재 화웨이의 글로벌 이동통신 장비 시장점유율은 28%로 세계 1위이다. 화웨이 사태의 이면에 중국의 '5G 기술굴기'에 대한 미국의 견제의식이 강하게 깔려 있음을 추측할 수 있게 하는 대목이다. 특히 미국의 불만은, 중국이 기술기밀을 훔치거나 기술이전을 강요하는 행태를 보이면서 성장했다는 데 있다. 미국정부가 '중국제조 2025'와 같이 중국의 정부 주도 정책에 불만을 제기하는 것도 비슷한 맥락에서 이해할 수 있다.

화웨이 사태는 2019년 5월 14일 트럼프 대통령의 행정명령으로 새로운 국면에 접어들었다. 미국 당국은 국가안보를 위협한다는 이유로, 화웨이를 거래 제한 기업 리스트에 올렸고, 주요 민간 IT기업들에게 거래 중지를 요구했다. 트럼프 행정부는 화웨이와 거래하는 자국 기업의 피해를 최소화한다는 이유로 이러한 제재조치를 180일 간 유예했으나, 화웨이의 숨통을 죄기 위한 조치들은 여기서 그치지 않았다. 구글, 마이크로소프트, 인텔, 퀄컴, 브로드컴, 마이크론, ARM 등 주요 기업들은 화웨이와 제품 공급 계약을 중지하고 기술 계약을 해지하기도 했다.

3) 데이터 레짐마찰과 국제규범 경쟁

이상에서 살펴본 미중 사이버 갈등의 이면에는 데이터 레짐에 대한 이익갈등도 걸려 있다. 2013년 에드워드 스노든 사건 이후 개인정보보호와 데이터 안보는 미중 국가안보의 쟁점이 됐다. 미국의 다국적 기업에 의한 데이터 유출의 경계는 중국에서 '인터넷안전법'(또는 네트워크안전법)을 출현시켰다. 이 법에 의하면, 중국에서 수집된 개인정보를 다루는 외국 기업들은 반드시 중국 내에 데이터 서버를 두어야 하며, 사업상의 이유로 데이터를 해외로 옮기려면 중국 공안당국의 보안평가를 받아야 한다. 미국 기업들의 중국 내 서비스를 검열·통제하고, 개인정보가 담긴 데이터의 국외 이전을 데이터 주권이라는 명목으로 금지하려는 취지로 해석되었다. 이 법은 2018년 7월부터 본격 시행됐지만 외국 기업들이 반발해 법 시행이 2019년 초로 유예되기도 했다.

실제로 이 법에 의거해서 중국정부는 구글을 비롯한 페이스북, 유튜브, 인스타그램, 와츠앱 등의 외국 기업들의 인터넷 서비스를 규제했다. 2017년 7월 31일 애플은 중국 앱스토어에서 인터넷 검열시스템을 우회하는 가상사설망(VPN) 관련 애플리케이션 60여 개를 삭제해야만 했다. 또한 아마

존웹서비스(AWS)도 2017년 11월 중국사업부 자산을 매각했다. 2018년 초 마이크로소프트와 아마존은 자사 데이터를 각기 베이징과 닝샤의 데이터센터로 옮겼다. 또한 '인터넷안전법' 시행 직후 애플도 중국 내 사용자들의 개인정보와 관리권을 모두 중국 구이저우 지방정부에 넘겨야 했으며, 2018년 2월에는 제2데이터센터를 중국 네이멍 자치구에 건설할 계획을 발표했다.

이러한 중국의 행보가 인터넷을 대하는 미중 양국의 정책과 이념의 차이를 반영하는 것이었다면, 2014년부터 시작해서 2018년의 제5회에 이르기까지 중국이 저장성 우전에서 개최하고 있는 '세계인터넷대회'는 사이버 공간의 국제규범 형성에 대한 양국의 입장 차이를 보여주는 사례이다. 중국의 세계인터넷대회 개최는 글로벌 인터넷 거버넌스에 대한 미국의 주도권에 맞불을 놓으려는 의도를 담고 있다. 출범 당시부터 세계인터넷대회는 '사이버공간총회'로 대변되는 서방 진영의 행보에 대항하는 성격을 띠었다. 특히 2013년 스노든 사건 이후 중국은 글로벌 인터넷 거버넌스를 주도하는 미국을 견제하고, 중국이 주도하는 비(非)서방 국제진영을 결집하고자 했다. 미국이 주도하는 현행 체제 하에서는 중국의 사이버 주권이 제약될 수밖에 없다는 인식을 바탕으로 한 도전적 행보였다.[7]

이러한 태세의 이면에는 중국 국내체제의 성격뿐만 아니라 사이버 공간의 미래질서를 보는 중국의 구상이 담겨 있다. 이러한 구상은 서방 진영에 대항하여 사이버 공간의 독자적 관할을 모색하는 세계인터넷대회의 정치적 비전과도 통한다. 아마도 중국의 속내는 미국이 주도하는 체제에 단순히 편입하기보다는 중국이 중심이 되는 새로운 질서를 구축하는 데 있을 것이다. 사이버 공간의 미래질서를 구축하는 과정에서 '아메리칸 드림'을 대신하여 '중국몽(中國夢)'을 밑그림으로 삼고 싶을 것이다. 아마도 그 과정은 과거 화려했던 중국의 천하질서(天下秩序)를 디지털 시대로 옮겨와서 재현하려는 시도일 가능성이 크다.

요컨대, 사이버안보 분야에서 복합적으로 벌어지는 미국과 중국이라는 두 강대국이 벌이는 경쟁은 단순히 두 나라의 관계에만 그치는 것이 아니라, 세계정치와 동아시아 정치의 구조 전반을 엿보게 하는 중요한 주제이다. 그도 그럴 것이 21세기 세계정치에서 자웅을 겨룰 강대국인 두 나라의 관계는 단순한 양자관계의 의미를 넘어서 한국을 포함한 세계 모든 나라에 영향을 미치는 세계정치 구조의 양대 축을 의미하기 때문이다. 이런 점에서 두 강대국의 경쟁이 야기하는 변화의 소용돌이로부터 한국도 자유로울 수는 없다. 특히 최근 양국 사이에서 중견국으로서 외교전략을 고민하고 한국의 입장에서 볼 때 사이버안보의 문제는 전통안보의 문제에 못지않게 중요한 국가적 사안임이 분명하다.

3. 미중경쟁 사이 한국의 중개외교?

이상에서 살펴본 사이버안보의 미중경쟁은 기술경쟁의 문제일 뿐만 아니라 사이버 공간의 새로운 질서와 국내외 제도 및 규범 형성을 놓고 벌이는 담론과 법제도 경쟁의 문제라고 할 수 있다. 미중의 '사이버 전쟁'은 실제로 해킹 공격이 가해지고 이를 막기 위한 방책을 고안하는 차원을 넘어서는 좀 더 추상적인 경쟁의 양상으로 나타난다. 이 글은 이러한 사이버 경쟁을 3차원적인 표준경쟁, 즉 기술-제도-담론의 표준경쟁이라는 시각에서 이해한다. 최근 미국과 중국 사이에서 중견국으로서 외교전략을 고민하고 있는 한국의 입장에서 볼 때, 이러한 복합적인 양상으로 전개되고 있는 사이버안보 분야 미중경쟁의 동향을 제대로 파악하는 것은 중요한 사안이 아닐 수 없다.

1) 미중 기술표준경쟁 사이에서

사이버안보 분야에서 벌어지는 미국과 중국의 경쟁은 미국이 주도하고 있는 인터넷과 사이버안보 분야의 기술패권에 대항하는 중국의 독자적인 표준전략에서 발견되는 기술표준경쟁으로서 이해할 수 있다. 사실 PC시대부터 정보통신산업 분야에서 미국의 IT기업들과 중국정부(또는 중국 기업)가 벌인 기술표준에 대한 논란은 잘 알려져 있는 사실이다. 인터넷 시대의 사이버안보 분야에서도 이러한 기술표준을 둘러싼 경쟁은 미국과 중국이 사이버 갈등을 치루는 수면 아래에서 치열하게 벌어지고 있다. 주로 미국의 IT기업들이 제공하는 컴퓨터 운영체계나 인터넷 시스템 장비에 대한 보안 문제가 중국정부의 큰 우려사항이었다.

한국은 사이버안보 분야에서 경합하는 미국과 중국의 상이한 기술표준 사이에서 기회와 도전에 동시에 맞닥뜨릴 가능성이 있다. 사실 사이버안보 분야의 중개 이슈는 미국과 중국 사이에서 기술표준을 선택하는 문제와 관련된다. 한국은 미국의 지배표준과 호환성을 유지해야 하는지, 아니면 지배표준의 문턱을 넘어서 중국이 구축하려는 대안표준의 진영으로 이동해야 하는지가 관건일 수밖에 없다. 중국이 사이버안보 분야에서 기술표준의 공세를 벌일 경우 마이크로소프트의 운영체계와 인터넷 익스플로러, 시스코의 네트워크 장비 등과 같은 미국의 기술표준에 크게 의존하고 있는 한국은 어떠한 결정을 내려야 할까? 실제로 이와 유사한 사태가 2014년 초 중국의 통신업체인 화웨이로부터 한국의 정보통신기업인 LG 유플러스가 네트워크 장비를 도입하려 했을 때 미국이 나서서 만류했을 때 나타난 바 있다.

사실 화웨이는 미중 사이버안보 갈등에서 미묘한 위치에 놓여 있다. 화웨이는 스마트폰뿐만 아니라 안테나와 무선 송수신기기 등 통신장비를 생산하는데, 중국정부가 이를 이용해 미국에서 첩보활동을 한다는 논란이 2012년부터 일었다. 당시 미국 하원 정보위원회가 중국의 스파이 활동에 화웨이가 협조한다는 의혹을 제기한 뒤 미국 행정부에 화웨이 통신장비 구매금지를 요구했다. 미 CIA 전직 국장이 하원에 출석해 "화웨이가 세계 각국에서 구축한 통신시스템 비밀 정보를 중국 당국과 공유해왔다"고 증언한

후, 미국뿐만 아니라 유럽과 캐나다에서도 화웨이 통신장비 규제론이 제기된 바 있었다. 100여 개국에 통신장비를 수출하는 화웨이는 스웨덴 에릭슨과 함께 세계 최대 통신장비 공급업체로 꼽힌다.[8]

한국에게 이러한 종류의 선택이 부과된다는 것은 쉽지 않은 일인데, 외교적 문제와 관련되는 경우 더욱 그러하다. 예를 들어, 사이버안보 분야에서 한국은 한미동맹을 고수할 것이냐 아니면 한중협력을 강화할 것이냐의 선택에 놓일 수도 있다. 참으로 이러한 선택은 한편으로는 새로운 관계를 수립하고 다른 한편으로는 기존의 관계를 끊는 '맺고 끊기' 또는 비대칭적 관계조율의 과정을 의미한다. 이러한 관계의 연결과 단절의 과정은 중개외교의 핵심인데, 간혹 중개의 과정은 네트워크의 구조를 바꾸고 완전히 새로운 네트워크 환경을 만들어 네트워크 게임의 의제 자체를 바꾸기도 한다. 그러나 이렇게 한국이 미국과 중국 사이에서 비대칭적 관계조율을 추구하는 중개외교를 모색함에 있어서 두 나라를 허브로 하는 강대국 간의 망제정치에서 호환성을 잃지 말아야 함을 명심해야 할 것이다.

그렇다면 미중 간의 사이버안보 관련 논란에서 한국이 할 만한 일이 얼마나 있느냐가 관건이다. 예를 들어 소니 영화사에 대한 북한의 사이버 공격 이후 미국이 북한의 소행임을 입증하는 과정에서 한국이 정보를 제공했던 사례를 들 수 있다. 그러나 한국이 긴히 필요한 것은 첨단 사이버 공격 및 방어 기술이지만, 이와 관련된 한미협력은 원활치 못하다. 게다가 군사적 용도를 전제로 한 사이버 기술을 미국으로부터 도입하는 것에 대해서 중국이 반길 리 만무하다. CERT 차원의 한중 협력은 잘 진행되고 있는 것으로 알려져 있다. 그런데 한국이 정작 필요로 하는 것은 북한의 사이버 공격과 관련된 경유지 정보인데, 이 부분에서는 한국과 중국 두 나라 간의 협력이 쉽지 않다. 게다가 최근 미국은 한국이 중국과 너무 가까워질까 봐 우려하고 있다.

2) 미중 제도표준경쟁 사이에서

사이버안보 분야에서 벌어지는 미국과 중국의 표준경쟁은 사이버안보와 관련된 인터넷 정책과 제도를 놓고 벌어지는 제도표준경쟁의 양상으로 나타나고 있다. 기술표준 분야의 도전에서는 중국이 미국 IT기업들의 벽을 쉽게 넘을 수 없었던 반면, 제도표준의 분야에서는 나름대로 효과적으로 미국의 공세를 견제하고 있다. 중국 시장에 진출하려는 기업은 누구라도 중국정부의 규제지침을 따라야만 중국 시장에 진출할 수 있기 때문이다. 게다가 중국의 인구와 시장 규모의 힘은 일차적으로는 무역장벽으로 작동할 수 있으며 장기적으로는 독자표준을 추구할 배후지가 된다. 중국이 아직까지는 역부족이었지만 지속적으로 독자적인 기술표준을 모색하는 것은 바로 이러한 맥락에서 보아야 한다.

미중 사이에서 사이버안보 문제가 한국의 중개외교에 부과하는 기회와 도전은 양국의 인터넷 관련 정책과 규제제도, 즉 인터넷 거버넌스 상의 차이에서도 발견된다. 미국 내에서 IT기업들이 상대적으로 정부의 간섭을 받지 않고 사실상 표준을 장악하기 위한 경쟁을 벌인다면, 중국에서는 아무리 잘나가는 기업이라도 정부가 정하는 법률상 표준을 따르지 않을 수 없는 상황이다. 이는 사이버안보 분야에서 양국이 국내정책과 제도모델을 모색하는 과정의 차이와도 연결된다. 이러한 와중에 한국은 어느 쪽의 손을 들어주어야 할 것인가? 미국이 주창하는 민간 주도의 이해당사자주의 모델인가, 아니면 중국이 고수하려고 하는 국가 주도의 인터넷 통제 모델인가? 만약에 사이버안보 분야에서 워싱턴 컨센서스나 베이징 컨센서스와 같은 정치경제 모델을 설정할 수 있다면, 그 사이에서 중견국으로서 한국이 추구할 사이버안보 분야의 새로운 모델을 제시하는 것이 가능할까?

인터넷 거버넌스 모델을 세움에 있어서 한국의 선택은 미국이 추구하는 민간 주도 모델과 중국이 지지하는 국가 개입 모델을 복합하는 방향으로 갈

수밖에 없다. 그렇다면 한국은 일견 호환되지 않는 양국의 인터넷 거버넌스 모델 사이에서 중개의 역할을 할 가능성이 있는가? 이 대목에서 중개자로서 중견국의 역할은, 완전히 새로운 모델을 창출하는 것보다는, 기존 모델들을 결합하고 복합하는 전략과 친화성에 있다는 사실에 주목할 필요가 있다. 이 글은, 이를 실질적으로 새로운 콘텐츠를 생산하는 모델과 대비되는 의미에서, '메타모델'이라고 부르고자 한다. 중개자로서 중견국은, 비록 완전히 새로운 것을 발명할 수는 없더라도, 이미 존재하는 것들을 창의적으로 엮는 '메타능력'을 발휘할 수 있다. 중개자의 역할이 매력적이냐 아니냐의 문제는 그 나라가 채택한 전략의 콘텐츠 문제가 아니라, 기존의 다양한 콘텐츠들을 어떻게 통합하고 엮어서 주변 국가들이 무난하게 수용하게 만들 수 있느냐에 달려 있다.

이른바 '서울 컨센서스'로 대변되는 한국의 정치경제 모델은 이와 관련된 좋은 사례를 제공한다.[9] 정치경제 분야에서 이른바 '한국모델'은 개도국들의 관심사뿐만 아니라 선진국들의 관심사를 모두 품으면서 결합한다는 의미에서 성공적인 '메타모델'의 사례이다. 실제로 한국모델은 최근 '베이징 컨센서스'로 개념화되는, 경제성장을 추구하는 권위주의 모델에서 시작했지만, 괄목할만한 경제발전을 달성한 이후에는 정치적 민주주의의 목표도 달성하는, 이른바 '워싱턴 컨센서스'로 이르는 동태적인 모델이다. 이러한 맥락에서 보면, 사이버안보에서도 이른바 서울 컨센서스의 모델을 개발하여 대외적으로 알리는 방안은 미국과 중국을 동시에 만족시키고, 더 나아가 선진국과 개도국 진영을 모두 끌어안는 그럴듯한 시나리오가 될 수 있다. 그러나 최근 한국의 상황을 돌아보면, 민간부문이 주도하는 인터넷 경제의 번영을 달성하였음에도 불구하고, 아직도 사이버 공간의 시민사회의 활동에 대해서 국가가 개입하는 나라로 간주되는 현실은 이러한 시나리오의 실효성을 떨어뜨리는 큰 한계로 작용한다.

3) 미중 담론표준경쟁 사이에서

사이버안보 분야의 미중 표준경쟁은 사이버 위협의 원인이 무엇이고 사이 버안보의 대상과 주체가 무엇인지에 대한 담론을 둘러싸고 벌어지는 표준 경쟁이다. 현재 미국과 중국 간에 벌어지는 사이버안보와 관련된 논점의 차 이는 문제 자체를 보는 시각의 차이에서 비롯된다. 미국의 사이버안보담론 은 미국 내뿐만 아니라 글로벌 차원의 물리적 네트워크 인프라의 안정성을 확보하는 데 주 관심을 두는데, 그 이면에는 인터넷 자유와 프라이버시의 보호에 대한 관심이 있다. 이에 비해 중국은 반(反)패권주의적이고 민족주 의적인 국가주권의 안보담론을 펼치고 있는데, 사이버 공간을 국가 차원의 정보인프라 위에 구축된 공간으로 간주하고 그 안에서 이루어지는 활동은 국가주권의 관할권 하에 있는 것으로 인식하고 있다.

사이버안보 분야 한국의 중개외교는 글로벌 인터넷 거버넌스와 관련하여 발견되는 두 가지 상이한 입장 사이에서 기회와 도전을 동시에 맞고 있다. 최 근 한국은 글로벌 인터넷 거버넌스의 미래를 그리는 두 가지 상이한 비전 사 이에서 자국의 위치를 잡는 데 큰 어려움을 겪고 있다. 이러한 상황을 이해하 고 타개하는 데 있어 한국의 공식적인 입장은 유엔, ITU, OECD, ICANN 등 이 주도하는 글로벌 인터넷 거버넌스에 대해 개방적이고 유연한 자세를 취하 여 모두 참여하고 모두 지지하는 '망라(網羅)형 모델'로 알려져 있다. 이러한 입장은 현재 경합하고 있는 두 가지 비전을 복합하는 전략으로 이해될 수 있 다. 그러나 이렇게 모든 것을 망라하는 스타일의 혼합전략은 일종의 딜레마 상황에 처했을 때 한국의 구조적 위치잡기에 큰 도움을 주지 못한다.

이러한 연속선상에서 볼 때, 서방과 비서방 진영, 좀 더 구체적으로는 미 국과 중국 사이에서 어느 쪽을 선택해야 할까? 한국의 전략적 선택으로 먼저 생각해 볼 수 있는 것은 미국식 민간 주도 모델을 지지하고 커뮤니티와 전문 활동가를 활성화하는 것이다. 그런데 영미권의 사회문화에 기반을 둔 미국식

인터넷 거버넌스 모델을 다른 사회문화권에 속하는 한국에서 구현하기란 쉽지 않다. 오랫동안 정부가 주도하는 정책 모델에 익숙한 한국에서는 민간 중심의 의사결정권을 강조하는 '다중이해당사자주의(multistakeholderism)' 모델이 정착하기도 쉽지 않다. 다중이해당사자주의 담론과 이를 추진하는 사회경제세력 사이의 괴리 문제도 간단치 않다. 글로벌 스탠더드로서 미국 모델에 마음은 가지만, 한국의 현실에서는 실제로 몸이 따라가지 못하는 상황이 발생하곤 한다.

그렇다면 생각해 볼 수 있는 한국의 대안적 선택은 국가 모델 또는 국가간다자주의 모델의 지지이다. 지난 산업화와 정보화의 역사를 되돌아보면, 한국은 정부 중심의 프레임 짜기에 익숙한 것이 사실이다. 이러한 역사에서 한국에서는 이른바 이해당사자들이 이미 '존재'해 있었다기보다는 정부에 의해서 위로부터 그 이해관계가 '구성'되고 '동원'된 측면이 없지 않다. 인터넷 거버넌스나 사이버안보 분야의 국제적 해법을 모색함에 있어서도 정부가 나서서 한미 또는 한중의 정부 간 협의를 활용하려는 경향이 강하다. 그러나 한국이 이러한 접근을 지속할 경우 국제적으로는 국가중심 접근의 경향을 추수할 가능성이 크다. 그러나 인터넷 거버넌스와 사이버안보 분야에서 '국가간다자주의(multilateralism)'의 표방은 '안보 변수'를 근간으로 하는 한미관계를 불편하게 만들 가능성이 있다. 이러한 선택은 중국식 글로벌 인터넷 거버넌스 모델의 지지, 유엔과 같은 전통 국제기구 중심 사이버 외교 추진, 사이버 공간에서 국가주권의 역할 강조 등을 의미할 것이기 때문이다.

결국 한국의 전략적 선택은 미국식과 중국식 논의에 동시에 참여하는 복합외교전략 또는 좀 더 적극적으로 말해 중개외교전략일 수밖에 없다. 현재 한국은 사이버안보와 관련된 중개외교에서 글로벌 거버넌스 모델과 국제기구를 모두 모색하는 개방적이고 유연한 접근(open and flexible approach)을 취하고 있다. 이는 사이버안보의 미중경쟁과 세계정치 과정에서 위치잡기를 하기 위한 기본적인 전제이다. 그러나 한발 더 나아가 현재 한국의 사이버안보 외교전략에서 필요한 것은 이 분야에서 경합을 벌이고 있는 양국의 관계를 조율하는 중개외교의 발상이다. 이를 실현하기 위해서 한국은 진화하는 사이버안보 분야의 구조적 조건 하에서 다층적으로 형성되는 비대칭적인 관계를 조율하는 외교적 능력을 발휘해야 한다. 이를 통해서 한국은 단순한 연결자가 아니라 상이한 행위자들 간의 관계에 상호작동성과 호환성을 제공하는 적극적 중개자로서 행동할 수 있을 것이다.

4. 미중경쟁 사이 한국의 연대외교?

1) 미국의 사이버 동맹외교와 그 균열

2018년 초부터 미국은 오프라인 첩보동맹을 맺고 있는 영국, 캐나다, 호주, 뉴질랜드 등, 이른바 '파이브 아이즈(Five Eyes)' 국가들에 화웨이 통신장비를 도입하지 말라고 요청했다. 이에 따라 영국정부는 2018년 초 중국산 통신장비의 보안취약성 문제를 제기하였으며, 캐나다의 경우도 2018년 초 의회가 나서서 캐나다 업체들이 화웨이와 교류하는 것을 자제하도록 요청했으며, 캐나다정부도 사이버 보안에 필요한 조치를 약속하였다. 호주는 미국에 대해 화웨이에 대한 행동을 촉구했다고 알려질 정도로 적극적인 입장을 취했는데, 2018년에는 5G 장비입찰에 화웨이 도입을 반대했을 뿐만 아니라 남태평양 국가들이 장거리 해저 케이블망 부설 사업의 계약자로 화웨이를 선택하지 말라고 압력을 행사했다. 이밖에 독일과 프랑스도 미국의 화웨이 견제 전선에 동참하였다.[10]

  2018년 들어 트럼프 행정부는 동맹국들에 대한 화웨이 제재의 요구를 강화하였다. 영국은 대형 통신업체인 BT그룹이 화웨이와 ZTE 제품을 5G 사업에서 배제하려는 움직임을 보였다. 캐나다는 중국과의 무역마찰을 무릅쓰고 미국의 요청에 따라 화웨이의 부회장인 멍완저우를 체포했다. 호주와 뉴질랜드는 5G 이동통신 사업에 중국 업체가 참가하지 못하도록 하는 방침을 내렸다. 여기에 일본까지 가세해서, 정부 차원의 통신장비 입찰에서 화웨이와 ZTE를 배제하기로 결정했으며, 일본의 3대 이동통신사도 기지국 등의 통신설비에서 화웨이와 ZTE 제품을 배제하기로 했다.[11] 이러한 행보를 보고 기존의 '파이브 아이즈'에 일본, 독일, 프랑스 등 3개국이 합류한 '파이브 아이즈+3'의 출현이 거론되기도 했다.

그런데 2019년 2월말을 넘어서면서 미국의 압박에 동참했던 영국과 뉴질랜드 등 '파이브 아이즈' 국가들이 '사이버 동맹전선'에서 이탈하는 조짐을 보였다. 영국 국가사이버보안센터(NCSC)는 화웨이 장비의 위험을 관리할 수 있어 그 사용을 전면 금지할 필요는 없다는 잠정 결론을 내렸다. 미국의 요청에 따라 화웨이를 배제했던 뉴질랜드도 저신다 아던 총리가 직접 나서서 화웨이를 완전히 배제하지 않았다는 점을 분명히 했다. 이밖에도 독일 역시 특정 업체를 직접 배제하는 것은 법적으로 가능하지 않다는 점을 밝혔고, 프랑스도 특정 기업에 대한 보이콧은 하지 않겠다는 입장을 내놨으며, 이탈리아도 화웨이를 5G 네트워크 구축 사업에서 배제하였다는 보도를 부인했다. 또한 일찍이 화웨이 장비의 배제 입장을 내놓았던 일본 역시 그러한 제한은 정부기관과 공공부문 조달에만 해당되며, 5G 네트워크 구축에는 포함되지 않는다고 한발 빼기도 했다.

이들 국가들이 입장을 변화한 이유는, 화웨이를 배제한 채 자체 기술로 5G 네트워크를 구축하는 것이 현실적으로 어려운 상황이 작용한 때문으로 해석되었다. 만약에 이들 국가들이 화웨이 장비를 도입하지 않는다면 5G 출범이 2년가량 지체되는 차질을 빚을 것이라는 전망도 나왔다. 역설적으로 미국이 제기한 '미국 우선주의'의 영향을 받아 이들 국가들이 자국 우선주의로 돌아섰다는 분석이다. 여기에 더해서 2019년 초 파리평화회담과 뮌헨안보회의 등을 거치면서 미국이 '이들 동맹국을' 무리하게 밀어붙인 것도 반발을 초래했다. 2019년 2월 마이크 폼페이오 미 국무부 장관은 "만약 어떤 나라가 화웨이 장비를 채택하고 중대한 정보를 넣는다면 우리는 그들과 정보를 공유할 수 없다. 우리는 그들과 함께 일할 수 없을 것"이라고 경고했다. 또한 리처드 그리넬 독일 주재 미국대사도 올라프 슐츠 독일 재무장관에게 "독일이 5G 네트워크를 구축하면서 화웨이 또는 다른 중국 기업의 설비를 사용할 경우 미국의 정보를 얻지 못할 것"이라는 서한을 보냈다.[12]

화웨이의 5G 장비 도입을 금지하는 '사이버 동맹전선'이 흔들리면서 트럼프 행정부는 몇 가지 추가조치를 취했다. 표면적으로는 초강경 자세를 다소 완화하는 제스처를 보였는데, 2019년 2월 21일 트럼프 대통령은 자신의 트위터에 "미국이 가능한 한 빨리 5G, 심지어 6G 기술을 원한다"며 "미국 기업들이 노력하지 않으면 뒤처질 수밖에" 없으니, "더 선진화된 기술을 막기보다는 경쟁을 통해 미국이 승리하길 바란다"고 적었다.[13] 이는 트럼프 대통령이 화웨이에 대한 입장을 바꿀 조짐으로 해석되기도 했으나, 2019년 5월에 이르러서는 오히려 더 강경한 대응전략을 채택하는 양면전술을 드러냈다. 게다가 화웨이 제재의 '사이버 동맹전선'이 흔들리는 조짐을 보이자, 트럼프 대통령은 화웨이 통신장비의 국내 도입 금지뿐만 아니라 5G 네트워크 구축에 필요한 핵심 부품을 제공해온 미 기업들의 화웨이에 대한 수출을 금지하는 행정명령을 내리기에까지 이르렀다.

사이버안보를 내세운 미국의 동맹결속전략은 미국의 인도태평양전략에서도 나타났다. 2019년 4월에는 미국을 위협하는 북한과 중국의 사이버 공격에 대응하기 위한 국제협력체 신설을 골자로 하는 '인도·태평양 국가 사이버 리그(CLIPS)' 법안이 상원에서 발의됐다. 이 법안에 따르면, 클립스(CLIPS)에는 인도태평양지역의 미국 동맹국과 파트너 국가들이 참여한다. 한편 미 국방부는 2019년 6월 1일 공개한 '인도태평양 전략보고서'에서 중국의 일대일로(一帶一路)전략에 맞서 인도태평양 전략을 강화하였으며, 화웨이 사태를 '하이브리드 전쟁'의 개념을 빌어 이해하는 모습을 보였다. 하이브리드 전쟁은 핵무기를 사용하기 힘든 상황에서 재래전뿐만 아니라 정치, 경제 등 비군사적 요소와 사이버전, 심리전 등을 포함하여 전방위로 전개하는 새로운 개념의 전쟁을 의미한다.[14]

한국의 입장에서 볼 때 관건은, 이렇게 미국이 주도하는 아태 지역 동맹체제의 구축과정에 한미동맹이라는 양자 협력 차원을 넘어서 얼마나 더 적극적으로 참여할 것이냐의 문제일 것이다. 다시 말해, 최근 한중 경제협력의 진전과 북한과 대치하고 있는 특수한 상황을 고려할 때, 만약에 미국이 사이버안보 분야에서 한미관계와 아태 지역동맹을 유럽의 수준으로 강화하려고 할 경우, 한국은 어떠한 선택을 할 것인가가 쟁점이 될 가능성이 있다. 다시 말해, 유럽에서 나토가 상정하는 적 개념이 주 위협으로서 러시아의 사이버 공격을 상정하고 있다면, 아태 지역에 미국 주도의 사이버 동맹이 상정하는 적 개념은 무엇이며, 그리고 이러한 대결구도에서 한국이 취할 수 있는 입장은 무엇인지에 대한 고민이 필요할 것이다.

2) 화웨이의 항변과 중국의 일대일로 행보

화웨이 사태가 불거지기 전부터 '파이브 아이즈'로 대변되는 미국의 우방국들은 화웨이 통신장비를 사용하고 있다. 영국은 2005년 유럽에서 처음으로 화웨이 통신장비를 도입했으며, 현재 영국의 양대 통신사인 BT그룹과 보다폰은 화웨이 장비를 사용한다. 영국 이외에도 캐나다, 호주, 뉴질랜드 등도 화웨이 장비를 사용한다. '이들 국가가' 화웨이 장비를 도입한 이유는 경쟁사 대비 저렴한 가격과 앞선 기술력 때문이다. 런정페이 화웨이 창업자 겸 회장은 2019년 1월 CCTV와의 인터뷰에서 "5G와 마이크로파 통신 장비를 동시에 가장 잘 만드는 회사는 세계에서 화웨이가 유일합니다. 기술은 경쟁입니다. 다른 국가들이 화웨이 제품을 사지 않고 배길 수 있을까요?"라고 말한 바 있다.[15]

이러한 상황에서 화웨이는 "사이버 보안 강화를 위해 최선을 다하고 있으며, 보안과 관련해 의혹을 제기 받은 사안은 단 한 번도 없다"는 입장을 취했다. 또한 화웨이는 "현재 전 세계 주요 이동통신사, 포춘(Fortune) 500대 기업, 170여 개 이상 국가의 소비자들이 화웨이의 제품과 솔루션을 사용하고 있다. 화웨이는 '글로벌 가치사슬' 전반에 걸쳐 전 세계 기업들의 신뢰를 얻은 파트너로 자리매김한지 오래"라며 자신감을 보였다. 아울러 화웨이는 "전 세계 선도적인 글로벌 ICT 솔루션 제공업체로서 비즈니스를 운영하는 해당 지역의 관련 법과 규정을 준수"하고 있으며, "미국뿐만 아니라 유엔과 유럽연합을 비롯한 국제사회에서 공포된 수출 규제 조치를 따르는 데 최선을 다하고 있다"는 입장을 보였다.[16)]

미국이 우방국들을 동원하여 화웨이 제품을 도입하지 말라는 압력을 목소리를 높여가는 와중에, 화웨이는 보안 강화를 위한 20억 달러 투자 계획을 발표했고, 보안을 최우선 강령으로 내세우겠다며 맞대응하기도 했다. 이와 더불어 화웨이는 자사가 스페인의 정보보안 평가기관인 E&E(Epoche and Espri)에서 'CC(Common Criteria)인증'을 받는다는 사실을 강조하는 등 자사 통신장비가 보안에 문제가 없다는 점을 적극적으로 소명하고 있다. E&E는 통신 장비 설계·개발을 포함해 실제 고객사에 납품되는 최종 장비에 이르기까지 모든 범위에 대해 보안 평가를 수행하는데, 그 중 대표적인 것이 CC인증이다. CC인증은 IT 장비의 보안을 검증하고 인증을 발급하는 과정을 말한다.[17)]

또한 화웨이는 사이버 보안의 국제표준에 부합하는 조치를 위하는 일환으로, 2019년 3월 5일 벨기에 브뤼셀에 사이버안보연구소를 개설했다. 화웨이가 다른 곳이 아닌 유럽연합 본부가 있는 브뤼셀에 관련 연구소를 연 것은 자사 통신장비가 중국정부에 기밀을 빼돌리는 스파이 행위에 이용될 수 있다는 미국의 주장에 적극적으로 대응하기 위한 조치로 풀이된다. 화웨이는 유럽연합의 정책 담당자들을 상대로 미국이 제기하는 보안논란을 불식시키는 데 초점을 맞춰 왔다. 화웨이는 이미 2018년 11월 독일 본에 브뤼셀과 비슷한 연구소를 개설했으며, 영국정부가 구성한 화웨이 사이버보안평가센터(HCSEC·Huawei Cyber Security Evaluation Centre)를 지원하기도 했다.

화웨이는 미국에 국방수권법에 대해서도 적극적으로 문제제기했다. 화웨이는 2019년 3월 4일 자사 제품 사용을 금지한 미국정부에 소송을 제기할 예정이라고 밝혔다. 소송 내용은 2018년 미국 연방정부가 '심각한 안보위협'을 이유로 자사제품 사용을 금지한 방침이 부당하다는 것이다. 미 국방수권법 제889조는 미국정부가 화웨이, ZTE 등 중국 통신장비 업체들의 기술을 이용하거나, 이들 기업의 기술을 이용하는 다른 사업체와 거래하는 것을 금지하는 규정을 담고 있다. 화웨이는 이 법안이 헌법 위반이라고 주장할 것이며, 재판 없이 개인이나 단체를 처벌하는 법안을 의회가 통과시켜서는 안 된다는 주장을 펼친다는 것이다.

미국의 화웨이 견제에도 불구하고 중국정부는 일대일로 추진 차원에서 해외 통신 인프라 확충을 가속화하고 있다. 2018년 4월 시진핑 중국 국가주석은 일대일로 건설을 계기로 관련 국가들, 특히 개도국에 인터넷 기반시설을 건설하고 디지털 경제와 사이버 보안 등 다방면에서 협력을 강화하여 '21세기 디지털 실크로드'를 건설해야 한다고 강조한 바 있다. 이러한 맥락에서 보면 동남아 국가들이 화웨이를 선호하는 조치를 취한 최근의 행보를 이해할 수 있다. 태국은 2019년 2월 8일 5G 실증 테스트를 시작하면서 화웨이의 참여를 허용했으며, 말레이시아, 싱가포르, 인도 등도 화웨이 장비로 5G 테스트를 진행할 계획을 밝혔다.

이밖에도 화웨이와 중국정부는 서방국가들에 대한 우호적 공세도 진행했다. 2018년 2월초 테레사 메이 영국 총리는 쑨 야팡 화웨이 회장과 면담을 가졌고, 3월 화웨이는 영국에 향후 5년간 30억 유로(42억 달러)를 투자하겠다고 선언했다. 화웨이는 2019년 2월 캐나다에서 연구개발 투자를 확대하고 일부 지적재산권을 넘기겠다고 밝히는 등 주요국들을 설득하기 위한 여론전에도 나섰다. 2019년 3월 25일에는 시진핑 주석이 이탈리아와 일대일로 양해각서를 체결했다. 한편, 유럽연합의 집행기관인 EC는 화웨이가 사이버 보안을 위협한다는 미국의 주장이 근거가 없다고 발표했다. 특히 EC는 이러한 발표를 시진핑 주석이 파리에서 에마뉘엘 마크롱 프랑스 대통령, 앙겔라 메르켈 독일 총리, 장 클로드 융커 EU 집행위원장과 회동하는 행사에 맞춰서 진행했다.

이러한 행보에 힘입은 덕분인지 유럽의 이동통신사들은 여전히 화웨이 장비를 선택하는 추세이다. 화웨이는 2019년 6월말 기준으로 전 세계에서 50건의 5G 장비 공급 계약을 맺은 것으로 알려졌다. 이 가운데 28건은 유럽에서 맺은 계약으로 전체 56%에 달한다. 같은 기간 화웨이의 경쟁사인 노키아와 에릭슨은 각각 43건, 22건의 계약을 맺었다. 화웨이의 중국 경쟁자인 ZTE는 25건의 계약을 체결했다. 화웨이는 2018년 최대 시장인 유럽·중동·아프리카에서 모두 2,045억 위안(약 34조 9,347억 원)의 매출을 올렸으며 이는 전체 매출 가운데 28.4%를 차지하는 금액이다. 해당 금액은 미국과 아시아·태평양(중국 제외) 시장의 매출을 모두 합한 것보다 많다.[18]

3) 동아태 사이버안보 연대외교

중견국 연대외교는 주로 글로벌 거버넌스의 장이나 국제규범의 형성과정에서 나타나는데, 사이버안보 분야의 국제규범 형성과정에서도 마찬가지이다. 예를 들어 강대국들의 입장이 대립하는 경우, 그 사이에서 외로이 입장을 설정하려하기보다는 비슷한 처지에 있는 국가들과 공동보조를 맞추는 것이 좀 더 유용할 수가 있다. 이러한 연대외교의 노력은 사이버안보 분야에서 서로 상이한 해법을 가진 강대국들 사이에서 발생할 수도 있는 중개자로서의 딜레마를 완화시키는 데도 도움이 될 것이다. 사실 미국과 중국 사이에서 복합적으로 얽혀 있는 사이버안보 분야의 이익구조 하에서 한국이 혼자 나서서 효과적인 결과를 얻어내기는 쉽지 않기 때문이다. 이러한 상황에서 한국이 처한 특수한 상황의 보편적 의미를 잘 설파하여 생각을 공유하고 행동을 같이할 수 있는 동지국가들을 모으는 것은 유용한 대안일 수 있다.

이러한 맥락에서 최근 동아태 지역 국가들 간의 역내협력의 모색에 주목할 필요가 있다.[19] 이러한 노력은 사이버안보 문제를 다루는 새로운 제도적 틀을 고안하는 것일 수도 있겠지만, 아세안, 'ARF(ASEAN Regional Forum)', APEC 등과 같은 기존의 제도적 틀 안에서 사이버안보 문제를 다루는 구체적인 협력방안을 모색하는 것일 수도 있다. 이러한 정부 간 협력과 제도화의 시도는 구성주의 시각에서 보는 역내 구성원들의 지역안보 정체성 및 규범형성에 대한 논의로 연결된다. 이러한 정체성과 규범에 대한 논의는 유럽 지역에서 진행되는 논의와는 구별되는 동아태 지역의 지정학적 특성을 고려하는 것이어야 한다.[20]

이와 관련하여 최근 아세안 국가들이 제기하고 있는 사이버안보 협력과 규범에 대한 논의에 주목할 필요가 있다. 예를 들어, 2018년 4월 27일 싱가포르에서 열린 제32차 아세안 정상회담에서 사이버 위협의 긴박성에 공감하여 역내 국가들의 복원역량 및 협력방안 강화가 논의됐을 뿐만 아니라, 책임 있는 국가행동을 보장하기 위한 국제규범의 필요성이 거론됐다. 2018년 10월에는 아세안 10개국이 모두 합류하여 동남아시아 역내 테러에 대응하는 정보공유 네트워크인 '아워 아이즈(Our Eyes)'를 결성하기도 했다. 아워 아이즈는 파이브 아이즈를 벤치마킹한 것으로 2018년 1월 인도네시아에 의해 제안되어, 1차로 아세안 6개국이 발족한 이래, 동년 10월에 이르러 10개국이 모두 참여하게 된 것이다. 아워 아이즈는 지역평화 및 대테러협조 강화, 공해 안전 및 사이버안보를 위해 협력하는 것으로 목표로 내걸었다.

아세안이 한 목소리를 모아 사이버안보 규범의 필요성을 강조하는 데 비해, 동북아 3국인 한중일의 사이버안보 분야 협력은 지지부진하지만 협의의 틀은 계속 유지해 오고 있다. 사실 역사적으로 볼 때 동북아에서 한중일 3국은 IT장관회의를 통해 협력해온 경험이 있다. 한중일 IT장관회의는 2002년에 모로코에서 제1차 회의가 개최된 이후 2003년에 제주에서 제2차 회의와 2004년에 일본 삿포로에서 제3차 회의가 개최되었고, 2006년 3월에 중국 샤먼에서 제4차 회의가 개최된 바 있었다.[21] 그러던 것이 2000년대 후반 3국간 IT협력이 다소 소강상태를 거치고 나서 최근 사이버 위협에 대한 공동대응의 차원에서 협력에 대한 논의가 다시 피어나고 있다. 2014년 10월 베이징에서 사이버안보 분야의 3국 간 첫 고위급 회의로서 제1차 한중일 사이버정책협의회가 열린 이후 2015년 10월 제2차(서울), 2017년 2월 제3차(일본)가 열려 각국별 사이버 정책 및 제도, 사이버 공간에 적용 가능한 국제규범, 지역적·국제적 사이버 협력, 3국 간 향후 협력이 가능한 분야 등에 대한 논의를 펼쳤다.

아울러 아태 지역 국가들이 역내 안정을 추구하기 위해 1994년 출범시킨 다자간 정치·안보 협의체인 'ARF' 차원에서 진행되는 사이버 협력에도 주목할 필요가 있다. 역내 안정을 위해 1994년 출범한 다자간 정치·안보 협의체인 ARF에는 아세안 10개국, 아세안 대화상대국 10개국, 기타 아시아 지역 국가 7개국이 회원국으로 가입했으며 2000년대 중반 이후 중국의 적극적 참여와 2010년 미국의 참여로 영향력이 확대되고 있다. 2007년에는 한국의 주최로 ARF 사이버 테러 세미나를 서울에서 개최하였으며, 2012년 제19차 프놈펜 회의에서는 중국의 주도 하에 사이버 위협에 공동 대처하기 위한 합동전략의 개발 협력에 합의했다. 2013년 7월 브루나이에서 열린 제20회 ARF에서는 대테러 작전과 초국가 범죄와 관련해 사이버안보 이슈가 핵심 의제로 논의되었다. 2015년 8월 ARF 외교장관회담에서는 회원국 간 신뢰구축을 통해 분쟁을 방지하고, 상호 이해를 제고하기 위해 사이버안보 작업계획을 채택했다. 2018년 8월 싱가포르에서 개최된 제25차 ARF 외교장관회담에서도 역내의 사이버안보 문제가 심도 있게 다루어졌다.

그럼에도 향후 동아태 지역에서 의미 있는 사이버안보 국제규범을 도출하기 위해서는 ARF와 아세안 정상회담의 사례처럼 선언적 차원에서 협력과 규범을 논하는 수준을 넘어서야 한다. 유엔 GGE 활동이 성과를 내기만을 바라보고 있을 수도 없다. 동아태 지역에서는 유럽과 같은 형태의 협력과 규범의 틀을 그대로 적용할 수 없음도 알아야 한다. 우선 유사한 생각을 가진 국가들의 정부가 나서서 원칙과 관행을 개발하고 역내 국가들이 준수할 규범을 만드는 것이 중요하다. 민간 부문이나 시민사회가 나서 규범 개발을 주도할 수도 있을 것이다. 유럽 지역보다도 지정학적 영향이 큰 동아태 지역에서는 사이버안보 거버넌스의 모색에 더 많은 시간이 걸릴 가능성이 없지 않다.

동아태 지역 거버넌스를 주도하려는 한국의 구상을 보여준 사례로는 박근혜정부의 '동북아 평화협력 구상'(이하 동평구)이 있었다. 동평구는 동북아 지역의 공동 위협요인이 되는 원자력 안전, 에너지 안보, 기후변화와 환경, 재난관리, 사이버 공간, 마약 및 보건 분야에서의 협력 사업을 지속적으로 진전시켜 참여국가들 간에 공감대가 형성되면 점진적으로 정치군사적 갈등이 주류를 이루는 전통안보 의제로 논의를 확대시켜 나간다는 것이었다. 이는 문재인정부의 '동북아 평화협력 플랫폼' 구상으로 이어져 온다. 동북아 평화협력 플랫폼은 문재인정부 100대 국정과제인 '동북아플러스 책임공동체 형성'의 세부 실천과제 중 하나로서, 테러, 전염병, 자연재난, 사이버 범죄 등과 같은 초국가적 위협에 효율적으로 대응하기 위한 협력의 모색을 명시하고 있다.

사실 사이버안보 분야의 연대외교를 추진함에 있어서 연대 파트너를 선정하는 것만큼이나 중요한 것은 적절한 연대외교의 이슈를 개발하고 상호 연계하는 문제이다. 사이버안보의 중견국 연대외교를 추진함에 있어 일차적으로는 글로벌 인터넷 거버넌스의 다양한 이슈들이 이슈연계의 후보가 될 수 있을 것이다. 더 나아가 인터넷 거버넌스의 경계를 넘어서 연대외교의 효과성을 증진시키기 위해서 여타 경제와 안보 이슈들을 사이버안보의 이슈들과 연계하는 방안도 실현 가능성이 높은 선택지이다. 예를 들어, 공적개발원조(ODA)는 사이버안보 분야의 중견국 외교와 연계시켜서 의미 있는 효과를 볼 수 있는 분야로 거론되고 있다. 또한 원자력 안전, 환경안보, 보건안보 등과 같은 여타 신흥안보 분야의 이슈들도 중견국 외교의 차원에서 사이버안보와 결합될 수 있는 아이템들이다.

5. 미중경쟁 사이 한국의 규범외교?

1) 사이버안보 규범경쟁 사이에서

최근 사이버안보의 국제규범에 대한 논의는 크게 세 가지 차원에서 진행되었다. 첫째, 글로벌 인터넷 거버넌스의 차원에서 진행되는 사이버안보 관련 국제규범에 대한 논의이다. 초창기부터 인터넷을 관리해온 미국 캘리포니아 소재 민간기관인 ICANN과 이에 대비되며 관할권을 넓혀 가고 있는 ITU와 WSIS(World Summit on the Information Society), 그리고 그 후속 포맷으로 진행되고 있는 IGF(Internet Governance Forum) 사이에서 경합구도가 형성되고 있다. 둘째, 전통적인 국제법(특히 전쟁법)과 국제기구의 틀을 원용하여 사이버 공간에서 발생하는 해킹과 공격에 대응하려는 시도이다. 기존 국제법의 틀을 원용하는 사례로서 나토의 탈린 매뉴얼과 유엔 GGE를 중심으로 한 국제법 적용의 검토작업이 여기에 해당된다.[22] 끝으로, 사이버안보의 국제규범을 마련하기 위해서 서방 선진국들이 원용하는 일종의 클럽 모델이다. 2011년에 시작된 사이버공간총회가 대표적인 사례이며, 2001년 조인된, 유럽사이버범죄협약(일명 부다페스트 협약)이나 상하이협력기구(SCO)와 같은 지역협력기구 등에서 다루어지는 사이버안보 국제규범에 대한 논의이다.

이렇게 세 가지 층위에서 복합적으로 전개되고 있는 사이버안보의 제도화 과정에 크게 두 진영의 관념과 이익이 대립하고 있다. 우선 ICANN 모델이 추구하는 다중이해당사자주의와 유엔이나 ITU같은 전통 국제기구를 원용한 국가간다자주의로 대별되는 두 가지 관념이 각을 세우고 있다. 이러한 관념의 대립 이면에는 미국과 유럽 국가들이 주도하는 서방 진영을 한편으로 하고, 러시아와 중국을 중심으로 한 비서방 진영을 다른 한편으로 하는 두 진영이 대립하는 지정학적 구도가 겹쳐진다. 넓은 의미의 글로벌 인터넷 거버넌스에서도 이러한 입장 차이가 드러난다. 서방 진영은 사이버 공간에서 표현의 자유, 개방, 신뢰 등의 기본 원칙을 존중하면서 개인, 업계, 시민사회 및 정부기관 등과 같은 다양한 이해당사자들의 의견이 수렴되는 방향으로 글로벌 질서를 모색해야 한다고 주장한다. 이에 대해 러시아와 중국으로 대변되는 비서방 진영은 사이버 공간은 국가주권의 공간이며 필요시 정보통제도 가능한 공간이므로 기존의 인터넷 거버넌스를 주도해 온 서방 진영의 주장처럼 민간 중심의 다중이해당사자주의에 의해서 사이버 공간을 관리할 수는 없다고 주장한다. 요컨대, 현재 사이버안보(넓게는 인터넷 거버넌스)의 국제규범 형성과정은 두 개의 네트워크가 다층적으로 경쟁하는 양상을 보이고 있다.[23]

　이러한 복합적인 국제규범 모색의 과정에서 각국은 자국에게 유리한 국제규범을 실현하기 위한 '프레임 경쟁'을 벌이고 있다.[24] 이 글에서 파악한 사이버안보 분야 프레임 경쟁의 양상은 앞서 언급한 세 가지 층위 또는 프레임 내에서 벌어지는 규범경쟁인 동시에, 더 중요하게는 세 가지 층위를 가로질러서 나타나는 '프레임 간 규범경쟁'의 모습이다. 이러한 프레임 경쟁의 기저에는 미국과 유럽 국가들이 주도하는 서방 진영을 한편으로 하고, 러시아와 중국을 중심으로 한 비서방 진영을 다른 한편으로 하는 두 진영 간의 지정학적 대립구도가 겹쳐진다. 서방 진영이 글로벌 거버넌스의 프레임을 앞세우고 정부 간 프레임으로 지원하면서 자신들에게 유리한 국제규범의 도출을 위한 노력을 펼친다면, 이에 대항하는 러시아나 중국 등 비서방 진영의 프레임은 국가 간 프레임을 고수하는 모양새를 나타내고 있다. 서방 진영이 정부 간 프레임과 글로벌 거버넌스 프레임을 결합한 복합 아키텍처의 국제규범을 모색한다면, 비서방 진영의 시도는 근대 국제질서의 아키텍처를 기반으로 하는 국가 간 프레임에 입각해 있다.

이러한 프레임 경쟁의 가장 밑바닥에는 글로벌 질서의 미래상과 관련하여 서방 진영과 비서방 진영이 지닌 근본적으로 상이한 관념이 자리잡고 있음에도 주목해야 한다. 서방 진영은 사이버 공간에서 표현의 자유, 개방, 신뢰 등의 기본 원칙을 존중하면서 개인, 업계, 시민사회 및 정부기관 등과 같은 다양한 이해당사자들의 의견이 수렴되는 방향으로 글로벌 질서를 모색해야 한다고 주장한다. 이에 대해 러시아와 중국으로 대변되는 비서방 진영은 사이버 공간은 국가주권의 공간이며 필요시 정보통제도 가능한 공간이라는 주장하며 이에 동조하는 국가들의 국제연대담론을 내세우고 있다. 다시 말해, 전자의 입장이 민간 영역의 인터넷 전문가들이나 민간 행위자들이 전면에 나서야 한다는 이른바 다중이해당사자주의의 관념으로 요약될 수 있다면, 후자는 인터넷 분야에서도 국가 행위자들이 나서 합의의 틀을 만들어야 한다는 국가 간 프레임의 외연확대 담론으로 요약해 볼 수 있다.[25)]

이러한 국제규범 형성의 구도에서 한국은 어떤 입장을 취해야 할까? 한국은 중견국 외교의 시각에서 강대국들이 주도하는 국제규범 형성에 단순히 참여하는 전략의 차원을 넘어서 사이버안보 분야의 특성에 부합하는 규범을 제시하는 적극성을 보일 필요가 있다. 사실 역사적으로 국제규범을 설계하는 외교는 강대국의 몫이었다. 그러나 중견국도 강대국이 만든 세계질서의 규범적 타당성에 문제를 제기하고 좀 더 보편적인 규범의 필요성을 강조하는 이른바 규범외교를 모색할 수 있을 것이다. 특히 규범외교의 전략은 기성 세계질서의 운영방식에 대한 보완적 비전을 제시함으로써 강대국 위주의 논리에 대한 어느 정도의 반론을 제기하는 효과가 있다. 여기서 강대국들이 주도하고 있는 사이버안보 국제규범의 정당성을 문제시하는 중견국 규범외교의 설 자리가 생긴다. 군사적 능력이나 경제적 자원이 부족한 중견국에게 있어, 권력지향적 외교와 대비되는 의미에서 보는, 규범지향적인 외교는 효과적인 방책이 될 수 있다. 보편적 규범에 친화적인 외교는 글로벌 청중에게 매력적으로 비칠 뿐만 아니라, 중견국이 추구할 규범외교의 매우 중요한 내용이 될 수 있다는 것이다.

2) 중견국의 사이버안보 규범외교

그렇다면 구체적으로 사이버안보의 국제규범 형성 과정에서 중견국이 담당할 역할이 무엇인가? 전통안보 분야의 국제규범 형성이 그러했듯이, 사이버안보의 국제규범도 강대국들이 주도하여 만들 것인가? 아니면 강대국이 아닌 나라들, 특히 중견국도 자신들의 구상을 제시하고 이해관계를 반영하는 역할을 담당할 수 있을까? 중견국 규범외교는 얼마만큼 가능하며 그 내용과 범위는 어디까지인가? 개별 국가의 이익을 반영하는 차원을 넘어서 중견국이 보편적 규범을 주도할 가능성은 얼마나 있을까? 그리고 중견국 한국은 사이버안보 분야에서 어떠한 규범외교를 추진해야 할 것인가? 강대국들이 서로 상이한 사이버 공간의 안보담론을 내세우며 경쟁을 벌이는 와중에 한국이 제시하는 대안은 무엇인가? 중견국으로서 한국이 새로운 안보담론을 생성할 여지는 있을까?

중견국도 세계질서 전체를 설계할 수는 없더라도 주어진 분야의 하위 설계자 정도의 역할은 할 수 있다. 예를 들어, 강대국이 만든 세계질서의 규범적 타당성에 문제를 제기하고 좀 더 보편적인 규범의 필요성을 강조하는 규범외교의 모색이 가능할 것이다. 이러한 과정에서 강대국 중심의 제로섬 게임 담론의 구조적 공백을 공략하는 중개외교와 이러한 행보에 힘을 싣기 위한 연대외교의 전략이 복합적으로 동원될 수 있다. 상대적으로 군사력이나 경제력에서 약세인 중견국의 입장에서 볼 때 이러한 규범외교의 추구는 일정한 효과를 얻을 수 있는 것이 사실이다. 특히 규범외교의 전략은 기성 세계질서의 운영방식에 대한 보완적 비전을 제시함으로써 강대국 위주의 논리에 대한 어느 정도의 반론을 제기하는 효과가 있다.

이러한 문제의식을 바탕으로 김상배[26]는 최근 사이버안보 분야에서 활발한 활동으로 주목받고 있는, 에스토니아, 네덜란드, 핀란드, '스위스'[27] 등의 네 가지 사례를 비교분석하였다. 이들 국가는 사이버안보의 국제규범과 관련하여 유사한 입장을 갖고 있는 동지국가들이라고 할 수 있다.[28] 그럼에도 자세히 살펴보면 이들 네 가지 사례는 서로 대비되는 중견국 규범외교의 경로를 추구하는 특성을 보여준다. 각 사례는 사이버안보의 규범외교를 국가동맹, 정부간레짐, 지역협력체, 평화윤리 등으로 각기 다르게 초점을 두어 접근하는데, 일견 상호 경쟁하는 양상을 보이고 있다. 또한 이들 네 가지 사례는 각기 현실주의, 자유주의, 구성주의(공동체주의), 범세계주의 등으로 대변되는 국제정치이론의 시각에서 본 국제규범에 대한 논의의 스펙트럼 전반을 보여주는 사례들이기도 하다.

이러한 비교분석의 이론틀에 비추어 본 네 가지 사례는 사이버안보 분야에서 나름의 경로를 따라서 모색되고 있는 중견국 규범외교의 각기 다른 모델을 대표한다. 이러한 차이는 이들 사례가 처해 있는 구조적 상황과 이에 대응하는 행위자의 성격, 그리고 구체적으로 추진되는 전략의 과정에서 나타난다. 김상배[29]는 각 모델이 설정한 기본 프레임과 전략적 지향이라는 두 가지 잣대에 의거하여, 네 가지 유형의 프로세스를 개념화하였다. 이렇게 볼 때, 사이버안보의 중견국 규범외교는 에스토니아가 주도하는 '탈린 프로세스', 네덜란드가 주도하는 '헤이그 프로세스', 핀란드가 주도하는 '헬싱키 프로세스', 스위스의 중립국 이미지를 빌어서 마이크로소프트가 제안한 '제네바 프로세스' 등의 네 가지 모델로 요약된다. 이들 프로세스는 아직 어느 것도 '표준'으로 정착되지 못하고 상호 경쟁하고 있으며, 강대국들이 벌이는 규범경쟁의 틈바구니에서 중견국 외교의 독자적 공간을 확보하기 위한

표 8.1   중견국 규범외교의 네 가지 모델

	탈린 프로세스 (현실주의 국가동맹 모델)	헤이그 프로세스 (자유주의 정부간레짐 모델)	헬싱키 프로세스 (구성주의 지역협력체 모델)	제네바 프로세스 (범세계주의 평화윤리 모델)
구조적 상황	• 러시아 대 나토 • 약소국, ICT강국	• 서방 대 비서방 • 상업국가	• 유럽 대 러시아 • 탈핀란드화 정체성	• 국가 대 민간 • 초국가적 네트워크
프레임 짜기	• 현실주의 발상 • 국가 안보관 • 사이버전 대응의 군사 프레임	• 자유주의 발상 • 이해당사자 안전관 • 사이버 안보협력의 외교 프레임	• 구성주의 발상 • 범유럽 포괄안보관 • 사이버 위협대응의 실무협력 프레임	• 범세계주의 발상 • 세계사회 안보관 • 민간인 보호의 평화윤리 프레임
맺고 끊기	• 러시아 방어 위한 나토가입 • 나토 가입의 노력 • 사이버안보의 동맹허브	• 친서방 확대를 통한 대(對)비서방 • 서방진영내 차별화 • 다자포럼외교의 중개허브	• 러시아와의 갈등을 피하는 비(非)나토 유럽화전략 • 디지털 탈핀란드화 중립허브	• 군사-민간의 분리 접근 • 초국적 민간협력 • 기술 적십자형 평화허브
내편 모으기	• 나토CCDCOE • 싸이콘(CyCon) • 반(反) 러시아 동맹의 결속	• 사이버공간총회 • 자유온라인연합 • 서방 선진국 진영의 연대	• 나토, EU 등과 사이버 모의훈련 • 유럽하이브리드위협대응센터	• 사이버안보 기술협약 • 다보스포럼 GCCS • 파리 콜
표준 세우기	• 탈린매뉴얼1.0 • 사이버 정전론 • 사이버 교전수칙	• 탈린매뉴얼2.0 • 이해당사국 포럼 • 정부간 다자레짐	• 범유럽 차원의 지역안보협력기구 • 디지털 시대 CSCE	• 디지털 제네바협정 • 디지털 적십자모델 • 초국가적 윤리규범

출처: 김상배, "사이버안보와 중견국 규범외교: 네 가지 모델의 국제정치학적 성찰," 『국제정치논총』 59-2 (2019), p. 78.

노력을 벌이고 있다 (표 8.1 참조).

이러한 네 가지 모델이 한국이 모색할, 이른바 '서울 프로세스'에 주는 실천론적 함의도 크다. 어느 나라 못지않게 복잡한 구조적 상황에 놓인 한국이 추구할 사이버안보 규범외교의 방향과 내용은 무엇일까? 미·중·일·러 사이에서, 그리고 서방 및 비서방 진영 사이에서 한국이 내세울 프레임의 구도는 무엇이며, 이를 풀어갈 전략적 지향성의 내용은 어떻게 채워야 할까? 탈린 프로세스와 같은 동맹의존 모델인가, 헤이그 프로세스와 같은 정부간레짐 모델인가, 헬싱키 프로세스 같은 지역협력체 모델인가, 아니면 제네바 프로세스와 같은 평화윤리 모델인가? 이 글의 주장은 이들 모델 중에 서울 프로세스가 벤치마킹할 어느 하나의 모델이 있다기보다는, 한국이 처한 구조적 상황을 고려하여 이들 네 가지 모델이 담고 있는 유용한 요소들을 선별적으로 추출해야 한다는 것이다. 결국 서울 프로세스가 지향하는 사이버안보의 국제규범은 기존 모델을 복합적으로 엮어내는 '메타규범 모델'의 고안에서 찾아져야 할 것이다.

3) 사이버안보의 '서울 프로세스' 모색

이상의 네 가지 사례에 비해 한국이 이상의 국가들과는 상이한 구조적 상황에 처해 있음을 명심해야 한다. 이들 국가에 비해서 한국의 사이버안보 중견국 규범외교가 헤쳐 나가야 할 구조적 딜레마의 상황은 좀 더 복잡하다. 우선, 동북아 지역 차원에서 보면 한국은 패권경쟁을 벌이는 미국과 중국 사이에 놓여 있다. 이러한 미중경쟁은 최근 사이버안보 분야에서도 치열하게 벌어지고 있다. 동아태 지역 차원에서 벌어지는 지역규범 모색에 있어서도 한국은 한미관계에 기반을 둔 미국 주도 아태동맹 정체성과 한중일과 아세안 지역협력을 기반으로 하는 동아시아 정체성 사이에서 껴 있는 양상이다. 또한 글로벌 차원에서도 한국은 서방 진영과 비서방 진영 사이에서 또는 선진국 진영과 개도국 진영 사이에 껴 있는 중견국의 신세이다.

　이렇게 복합적으로 펼쳐지는 구조적 딜레마에 직면하여 한국은 한미동맹이냐 한중협력이냐, 아태 국가냐 동아시아 국가냐, 선진국 편이냐 개도국 편이냐 등의 선택을 요구받고 있다. 게다가 한국은 'ICT강국'으로서 역량은 있으면서도 사이버 공격에 대한 대비 정도는 상대적으로 낮은 나라이면서, 외부로부터의 사이버 위협은 상존하지만 법제도는 제대로 정비하지 못하는 이중의 패러독스를 안고 있다. 이러한 상황에서 한국이 추구할 사이버안보 중견국 외교의 방향은 어디인가? 좀 더 구체적으로 서울 프로세스에 담길 내용은 무엇인가? 그리고 이상에서 살펴본 네 가지 프로세스가 주는 함의와 이를 실제로 한국의 사례에 적용할 경우 발생할 문제점은 무엇일까? 사실 이러한 문제제기는 지난 5~6년 동안 한국이 추구해온 사이버안보전략의 고민과정에서 나타났으며, 앞으로의 전략 모색과정에서도 제기될 문제이기도 하다.[30]

　첫째, 에스토니아가 추진한 탈린 프로세스의 현실주의 처방이 한국에 주는 함의는, 북한(또는 중국)의 사이버 위협이 엄존하는 상황에서 강대국 정치군사 동맹규범에 의지하는 모델이 가장 쉬운 처방임을 보여줬다는 데 있다. 이는 한미동맹의 강화나 미국이 주도하는 아태동맹, 한미일 협력, 또는 파이브 아이즈 네트워크 등에 적극적으로 편입하는 모델이다. 한국에 나토 CCDCOE와 같은 성격의 '아태 CCDCOE'를 설립하는 방안도 고려될 수 있다. 사실 한국이 외부로부터 당한 사이버 피해나 ICT강국으로서의 역량을 고려하면 충분히 추구해 봄직한 대안이며, 실제로 박근혜정부 초반에 제기된 전략안이기도 하다. 그러나 이 모델은 한중관계의 특수성 때문에 현실적 대안이 되기는 쉽지 않다. 냉전 이후 러시아 변수가 에스토니아에 주는 의미와 최근 중국 변수가 한국에 주는 의미는 큰 차이가 있을 수밖에 없다. 사드(THAAD)의 한반도 배치 사태에서 경험한 바와 같이, 경제 분야에서 한중협력이 긴밀하게 진행되고 있는 상황에서 대미 편중의 노선은 한국에 예기치 않은 피해를 초래할 가능성이 있다. 이와 더불어 이 모델이 갖는 한계는 복합적인 네트워크 환경에서 사이버 정전론의 국제법적 적용과 같은 전통적인 발상이 얼마나 실효성이 있겠느냐는 의구심에서도 발견된다.

둘째, 네덜란드가 추진한 헤이그 프로세스의 자유주의 처방이 한국에 주는 함의는, ICT 강국이자 서방 국가들과 활발한 온라인·오프라인 교역을 벌이고 있는 한국이 사이버 공간을 안전한 환경으로 만들기 위해 친서방 외교를 펼치는 데 참고가 되는 모델이라는 데 있다. 실제로 한국은 2013년 제3차 사이버공간총회를 개최한 바 있으며, OECD차원에서도 다양한 사이버 안보 분야의 협력을 주도한 바 있기 때문에, 이 모델의 적극적 채택을 통해서 동지국가들의 내편 모으기를 모색하고 선진국들의 자유주의적 규범을 확산하는 계기를 마련하는 효과가 있을 것이다. 그러나 외부로부터의 사이버 위협이 엄연히 존재하는 상황에서 한국에게는 사이버 공간에서의 안전한 환경의 조성을 단순히 경제적 관심을 우선시하는 민간 주도 질서구축의 문제로만 볼 수 없는 속사정이 있다. 실제로 한국의 인터넷 및 사이버안보 정책은 국가가 주도적인 역할을 담당했던 역사적 유산이 있어서 사이버 공간에서의 다중이해당사자들의 무제한적인 자유를 옹호하기에는 어려운 상황이 존재한다. 게다가 서방 진영이 표방하는 다중이해당사자주의 모델을 그대로 수용하기에는 국내적으로 한국의 민간 기업이나 시민사회의 역량이 얼마나 성숙했는가의 문제도 존재한다. 다중이해당사자주의가 한국과 같은 나라에는 이데올로기일 수도 있다는 비판이 나오는 것은 바로 이러한 이유 때문이다.

셋째, 핀란드가 추진한 헬싱키 프로세스의 구성주의 처방이 한국에 주는 함의는, 동아시아 차원에서 벌어지는 사이버안보 다자협의체에 적극 참여하는 문제와 관련된다. 현재 동아태 지역에는 APEC이나 아세안 등과 같은 지역협력체의 형식을 빌려 사이버안보 논의가 지속되고 있다. 한국도 ARF에 참여하고 서울안보대화(SDD)도 주최하고 있다. 이러한 활동을 발전시켜 유럽연합과 나토처럼 동아시아 포괄안보를 해치는 사이버 위협에 대응하는 사이버 모의훈련을 수행하거나, CSCE와 같은 지역안보협력체를 사이버안보 분야에서도 추진하든지, '동아시아하이브리드위협대응센터'를 설치하는 방안을 생각해 볼 수 있다. 그러나 현재 지지부진한 한중일 협력이나 논의만 무성한 아세안 협력이 드러내는 한계로 인해서 동아시아 지역협력이 한국에게 주는 의미는, 신뢰구축과 역량강화를 위한 사이버 외교를 실시하는 것을 넘어서는 실질적 매력은 그리 크지 않다. 게다가 자칫 동아시아 지역협력의 강조가 미국으로 대변되는 태평양 세력과 거리를 두고 중국으로 대변되는 동아시아로의 선회로 비칠 가능성도 없지 않다. 한중일과 아세안 지역협력을 기반으로 하는 동아시아 정체성의 구축에 주력하기보다는, 한미관계에 기반을 둔 미국 주도 아태동맹 정체성을 개방적으로 포용하는 외교적 발상을 병행하는 것이 사이버안보 분야에서도 필요하다.

끝으로, 제네바 프로세스의 범세계주의 처방이 한국에 주는 함의는, 강대국들이 추구하는 힘의 논리에 기반을 둔 사이버 공간의 군사화 담론에 문제를 제기하고 중견국의 보편적 윤리규범으로서 '탈(脫)군사화 담론'을 제시할 필요가 있다는 데서 발견된다. 중견국으로서 한국은 전통적인 제로섬 게임에 기반을 둔 국가안보의 전통적 발상을 넘어서 '탈(脫)국가 평화 발상'의 담론을 제기해볼 필요가 있다. 이는 사이버 윤리 분야에서 새로운 담론을 개발하여 힘의 논리에 기반을 둔 강대국들의 안보담론을 제어하는 의미를 가질 뿐만 아니라 최근 중견국 한국이 추구하는 '신뢰외교'나 '어진(仁) 외교'의 취지와도 맥이 통한다. 그런데 이러한 모델의 채택은 정부 차원의 노력만으로는 안 되고 국내외 시민사회의 참여를 바탕으로 해야만 한다. 그러나 한국 시민사회의 현실을 고려할 때 이 모델의 추진은 다소 추상적 시도로 그칠 가능성이 크다. 게다가 글로벌 차원에서 보아도, 현재 국제정치의 프레임워크 안에서 제네바 프로세스의 시도는 공공 영역의 지원 없이는 민간 영역의 공허한 문제제기가 될 가능성이 없지 않다. 특히 정부의 포괄적 지원이나 세계공동체로의 외연 확대 없이는 제네바 프로세스의 시도가 당위론적 문제제기로 끝날 지도 모른다.

이상의 내용을 종합해서 볼 때, 한국이 추구할 중견국 규범외교의 모델로서 '서울 프로세스'는, 이상의 네 가지 모델 중에서 어느 하나를 선택하기보다는, 각 모델이 지니고 있는 유용한 요소들을 추출하여 복합적으로 구성한 모델일 가능성이 크다. 예를 들어, 서울 프로세스 발상은 현실주의, 자유주의, 구성주의, 범세계주의 중에서 어느 하나에만 근거할 수는 없다. 맺고 끊기를 추구하는 관계조율의 전략도 동맹허브, 중개허브, 중립허브, 평화허브 등을 포괄하는 복합 기능허브이어야 한다. 내편 모으기의 메커니즘도 동맹국가, 선진국정부, 동아시아 이웃국가, 글로벌 시민사회 등을 모두 대상으로 진행되어야 할 것이다. 결국 서울 프로세스 모델은 동맹규범 모델이며 협력레짐 모델이고 지역협력 모델이며 초국적 윤리담론 모델을 모두 포괄하는 '메타규범 모델'이어야 할 것이다.[31]

그러나 이러한 '메타규범 모델'에 대한 논의는 한국이 추구할 전략의 방향성을 제시하는 데는 유용하지만, 그 내용적 요소들을 충분히 제시하지 못하는 한계를 안고 있다. 이 지점에서 이 글에서 수행한 사이버안보 분야 중견국 규범외교 연구의 향후 과제가 제기된다. 다시 말해, 이 글에서 서울 프로세스가 지향할 모델로서 제시한 '메타규범 모델'의 형성 조건과 내용 및 구체적인 정책방안에 대한 좀 더 구체적인 연구가 필요하다. 사실 실천적 정책을 수립하는 관점에서 볼 때 '메타 모델'이라는 개념적 범주의 설정은 다소 막연하게 들릴 수도 있다. 구체적으로 발생하는 구조적 상황에 맞추어 그 대응 모델의 내용을 채우고 실제로 실천하는 데 원용할 수 있는 정책방안에 대한 논의를 도출할 수 있어야 할 것이다. 한국 모델이 '서울 프로세스'가 되기 위해서는 '형식'뿐만 아니라 '내용'을 제시하는 노력이 수반되어야 한다.

6. 결론

한국은 최근 진행되고 있는 사이버안보 관련 국제규범의 논의과정에 거의 모두 참여하고 있지만, 그 참여의 양상은 다소 파편적이고 분산적인 모습을 보이고 있다. 단순참여의 차원을 넘어서 한국의 이익을 반영하고 중견국으로서 역할을 발휘하는 참여외교가 되기 위해서는 적어도 복합지정학의 시각에서 다음과 같은 세 가지 구조 하에서 위치를 설정하는 전략을 구사해야 한다. 첫째, 미국과 중국의 경쟁이 형성하는, 또는 주변4망(網)이 만들어내는 고전지정학적 권력구조이다. 둘째, 서방 진영과 비서방 진영의 경쟁 사이, 또는 선진국과 개도국 사이에서 형성되는 비지정학적 제도의 구조이다. 끝으로, 다중이해당사자주의와 국가간다자주의의 관념이 경합하는 가운데 형성되는 글로벌 인터넷 거버넌스의 구조이다. 이러한 사이버안보 분야의 구조적 조건을 파악하고 이를 활용하는 전략의 프레임을 짜고 그 안에서 상황파악과 위치설정을 하는 것은 한국이 중견국 외교를 성공적으로 추진하는 데 있어 필수적인 사안이 아닐 수 없다.

복합지정학의 시각에서 사이버안보 외교의 필요성을 제기하는 일은 다음의 세 가지 차원에서 근거를 댈 수 있다. 첫째, 북한의 사이버 도발에 대한 국제사회에의 호소와 도움을 요청하는 차원에서 사이버안보외교는 필요하다. 아직 국제규범이 마련되지 않은 상태에서 주변 국가들을 활용하여 간접적으로 견제하거나 기술이 아닌 외교로 문제를 풀어나가는 양자 및 다자 협력의 필요성이 발생한다. 둘째, 미국과 중국의 21세기 패권경쟁의 사이에 놓인 한국의 생존과 번영을 모색하는 차원에서도 사이버안보외교가 필요하다. 전통적인 한미동맹의 틀을 유지하면서도 한중협력을 확대해 나가야 할 과제가 사이버안보 분야에서도 제기된다. 끝으로, 새롭게 형성되는 국제규범 형성과정에 참여하는 외교를 추구하는 차원에서 사이버안보외교가 필요하다. 특히 한국은 신흥 분야 국제규범의 형성 활동에 참여하여 중견국으로서 외교적 리더십을 발휘할 과제를 안고 있다.

이를 위해서 이 글은 중견국 외교의 이론적 자원들을 적용하여 한국이 추구해야 할 사이버안보 분야 외교전략의 방향을 세 가지 차원에서 제안한다. 우선 필요한 것은 사이버안보 분야에서 경쟁하는 행위자들의 관계를 조율하는 중개외교이다. 특히 이 분야의 구조적 공백을 찾아내고 공략함으로써 새로운 관계구도를 창출하는 '맺고 끊기'의 외교적 발상이 필요하다. 둘째, 복합적으로 얽혀 있는 구조 하에서 어느 중견국이라도 혼자 나서서 효과적인 결과를 얻어내기는 쉽지 않다. 이러한 점에서 중견국 외교에서 가장 중요한 것은 생각을 공유하고 행동을 같이하는 동지국가들을 가능한 한 많이 모으는 연대외교이다. 끝으로, 중견국 외교가 염두에 두어야 할 또 하나의 과제는 중견국으로서 나름대로의 세계질서를 구상하는 설계외교를 추구해야 한다는 점이다. 특히 강대국들이 만들어 놓은 질서를 보완하는 차원에서 규범적 가치와 정당성을 추구하는 규범외교를 생각해 볼 수 있다.

부연컨대, 한국은 진화하는 사이버안보 분야의 구조적 조건 하에서 다층적으로 형성되는 비대칭적인 관계를 조율하는 외교적 능력을 갖추어야 한다. 한국은 단순한 연결자가 아니라 상이한 행위자들 간의 관계에 상호작동성과 호환성을 제공하는 적극적 중개자로서 행동할 수 있다. 이러한 중개의 역할을 완수하기 위해서는 생각을 같이 하는 동지국가들을 규합하는 것은 필수적이며 널리 글로벌 차원에서도 지지자들을 끌어 모을 수 있어야 할 것이다. 가장 추상적인 차원에서도 중견국으로서 한국은 전체 시스템의 설계자는 아니더라도 강대국이 운영하는 시스템의 프로그램을 보완하는 하위 설계자의 역할을 담당할 수 있을 것이다. 사이버안보 분야는 이러한 중견국 외교의 복합적 역량을 가늠하는 실험대라고 할 수 있다.

최근 사이버안보 분야에서는, 기존 국제정치의 규칙 하에서 자국의 이익을 추구하는 단순경쟁이 아니라, 게임의 규칙 자체를 자신들에게 유리하게 설정하려는 복합경쟁이 벌어지고 있다. 이 글에서 다룬 중견국 규범외교는 이러한 복합경쟁으로서 규범경쟁 또는 프레임 경쟁이 진행되고 있음을 보여주는 사례이다. 중견국의 입장에서 이러한 규범경쟁에서 뒤지지 않고 적응하기 위해서는, 전통적인 국민국가나 동맹의 프레임에만 갇혀 있어서는 안 되며, 좀 더 복합적인 프레임에서 규범형성의 양상을 이해하고 대응하려는 노력이 필요하다. 아울러 새로운 프레임을 수용하기 위한 인식론적 발상 전환도 병행되어야 할 것이다. 이러한 맥락에서 볼 때, 이 글에서 살펴본 네 가지 모델은 한국이 이러한 복합적인 프레임을 개발하는 데 큰 시사점을 주는 사례가 아닐 수 없다.

중견국의 사이버안보외교를 효과적으로 수행하기 위해서는, 국내 사이버안보의 추진체계 전반의 정비 문제와는 별도로 또는 병행하여, 외교 분야 별도로 추진체계를 정비하는 작업에 대한 고민이 필요하다. 주변4망과의 사이버 협력방안이나 사이버안보 각 분야별 국제규범의 논의동향에 대한 분석, 그리고 사이버 외교업무 영역의 재정의 작업을 바탕으로, 외교 전담부처의 조직을 재정비하고 더 나아가 정부 각 유관 실무부처 및 청와대 컨트롤타워를 포괄하는 추진체계의 정비 작업을 진행할 필요가 있다. 이외에도 전문가들과의 협업 강화를 통해서 지식 집약적인 사이버안보외교 분야의 수요에 부응하는 정책지식 네트워크의 구축도 필요하다. 더 나아가 사이버안보 이슈가 매우 복잡하게 상호 연관되어 있고 국가안보적 함의가 점점 더 커지고 있는 만큼 이러한 상황을 반영하는 국가모델 전반의 혁신에 대한 고민이 병행되어야 함은 물론이다.

이러한 정비작업을 제대로 추진하기 위해서는 사이버안보 분야에서 외교적 접근이 필요한 고유 영역을 확인 또는 발굴하는 것이 우선되어야 하며, 이를 바탕으로 외교업무를 대내외적으로 새롭게 재정의할 필요가 있다. 사이버 공간을 둘러싼 세계정치 현상의 중요성이 커지면서 기존에는 해당 실무부처의 국제협력 부서와 민간 행위자들을 중심으로 진행되었던 사이버 안보의 외교업무에 외교 전담부처가 개입해야 하는 일이 늘어나고 있다. 사이버안보 분야 국제협력의 경우, 표면적으로는 기술문제로 보일지라도 외교 전담부처의 식견과 경험을 요구하는 문제들이 많다. 따라서 유관 실무부처의 전문적인 국제협력 업무와 중복되지 않으면서도 외교 전담부처의 참여가 필요한 부분을 확인하고, 사이버안보 관련 외교업무를 재정의하며, 이러한 작업을 바탕으로 관련 정부 부처들 간의 업무조정과 공조를 진행할 필요가 있다.

주

1) 김상배, 『버추얼 창과 그물망 방패: 사이버안보의 세계정치와 한국』(서울: 한울, 2018a).
2) 김상배 (2018a).
3) Lene Hansen and Helen Nissenbaum, "Digital Disaster, Cyber Security, and the Copenhagen School," *International Studies Quarterly* 53-4 (2009), pp. 1155-1175.
4) 김상배, "제3세대 중견국 외교론의 모색: 네트워크 이론의 시각," 손열·김상배·이승주 편, 『한국의 중견국 외교』(서울: 명인문화사, 2016), pp. 29-63.
5) 김상배, "트럼프 행정부의 사이버안보 전략: 국가지원 해킹에 대한 복합지정학적 대응," 『국제·지역연구』 27-4 (2018b), pp. 1-35.
6) 김상배, "화웨이 사태와 미중 기술패권 경쟁: 선도부문과 사이버안보의 복합지정학," 『국제·지역연구』 28-3 (2019c), pp. 125-156.
7) 김상배 (2018a).
8) 김상배 (2019c).
9) 손열 편, 『매력으로 엮는 동아시아: 지역성의 창조와 서울 컨센서스』(서울: 지식마당, 2007).
10) 김대호, "'중국 화웨이는 위험한 기업' 교류·협력 중단 전세계 확산… 미국+ 캐나다, 호주, 영국 등 '화웨이 주의보'," 『글로벌이코노믹』, 2018년 3월 23일.
11) 고성혁, "美 중국 화웨이 제품 퇴출은 안보전쟁," 『미래한국』, 2018년 12월 26일.
12) *Economist*, 21 March 2019.
13) 조슬기나, "[주말에 읽는 글로벌 뉴스] 화웨이 사태." 『아시아경제』, 2019년 2월 23일.
14) 김상배 (2019c).
15) "런정페이 화웨이 회장, 中 CCTV 인터뷰 동영상 전격 공개!," 『인민망 한국어판』, 2019년 1월 28일.
16) 원병철, "세계 최초 5G 상용화와 화웨이 장비 보안성 논란," 『보안뉴스』, 2018년 7월 26일.
17) 김상배 (2019c).
18) "화웨이, 미국 압박에도 5G 시장 석권," 『미주 한국일보』, 2019년 7월 22일.

19) 김상배, "동아태 사이버안보 거버넌스: 국제협력과 지역규범의 모색," 김상배·신범 식 편, 『동북아 신흥안보 거버넌스: 복합지정학의 시각』 (서울: 사회평론, 2019a), pp. 24–61.

20) Joe Burton, "Small States and Cyber Security: The Case of New Zealand," *Political Science* 65–2 (2013), pp. 216–238.

21) Nicholas Thomas, "Cyber Security in East Asia: Governing Anarchy," *Asian Security* 5–1 (2009), pp. 3–23.

22) Michael N. Schmitt, "International Law in Cyberspace: The Koh Speech and Tallinn Manual Juxtaposed," *Harvard International Law Journal* 54 (2012), pp. 13–37.

23) 김상배 (2018a).

24) Todd Gitlin, *The Whole World Is Watching: Mass Media in the Making and Unmaking of the New Left* (Berkeley: University of California Press, 1980); 조지 레이코프, 『프레임 전쟁: 보수에 맞서는 진보의 성공전략』 (서울: 창비, 2007).

25) 김상배 (2018a).

26) 김상배, "사이버안보와 중견국 규범외교: 네 가지 모델의 국제정치학적 성찰," 『국제 정치논총』 59–2 (2019b), pp. 51–90.

27) 이 글에서 다룬 '스위스'의 사례는, 스위스라는 국가가 일국 차원에서 추구하는 사이 버안보전략의 사례라기보다는, 중립국으로서 스위스의 적십자정신을 상징으로 내걸 고 최근 진행되고 있는 중견국들과 민간 기업들의 행보를 염두에 두고 선정하였다.

28) 흥미롭게도 이들 네 가지 사례는 유엔 정부전문가그룹(GGE: Group of Governmental Experts)의 제5차 회의과정(2016–17)에서 논란이 되었던 '적절한 성의'(DD: Due Diligence)의 원칙을 옹호한 6개국 중에서 유럽의 4개국이다. '적절한 성의'(DD)의 원 칙은 사이버 공격의 경유지가 된 제3국의 책임이 국제법으로 성립되는지 아니면 비 구속적(non-binding) 규범인지에 대한 것으로, 강대국들의 견해와는 달리, 6개 중견 국은 DD의 국제법적 지위를 주장했다. 6개국 중 나머지 두 나라는 한국과 일본이다. ; 이에 대한 자세한 내용은 김상배 (2018a), p. 335를 참조하라.

29) 김상배 (2019b).

30) 김상배 (2019b).

31) 김상배 (2019b).

참고문헌

강하연. "ICT교역의 글로벌 거버넌스." 서울대학교 국제문제연구소 편. 『커뮤니케이션 세계정치』 기획특집 〈세계정치〉 33–2. 서울: 사회평론 2013.

고성혁. "美 중국 화웨이 제품 퇴출은 안보전쟁." 『미래한국』. 2018년 12월 26일.

김대호. "'중국 화웨이는 위험한 기업' 교류·협력 중단 전세계 확산… 미국+ 캐나다, 호주, 영국 등 '화웨이 주의보'." 『글로벌이코노믹』. 2018년 3월 23일.

김상배. "동아태 사이버안보 거버넌스: 국제협력과 지역규범의 모색." 김상배·신범식 편. 『동북아 신흥안보 거버넌스: 복합지정학의 시각』. 서울: 사회평론, 2019a.

_____. "사이버안보와 중견국 규범외교: 네 가지 모델의 국제정치학적 성찰." 『국제 정치논총』 59-2 (2019b).

_____. "제3세대 중견국 외교론의 모색: 네트워크 이론의 시각." 손열·김상배·이승 주 편. 『한국의 중견국 외교』. 서울: 명인문화사, 2016.

_____. "트럼프 행정부의 사이버안보 전략: 국가지원 해킹에 대한 복합지정학적 대 응." 『국제·지역연구』 27-4 (2018b).

_____. "화웨이 사태와 미중 기술패권 경쟁: 선도부문과 사이버안보의 복합지정학." 『국제·지역연구』 28-3 (2019c).

_____. 『버추얼 창과 그물망 방패: 사이버안보의 세계정치와 한국』. 서울: 한울, 2018a.

"런정페이 화웨이 회장, 中 CCTV 인터뷰 동영상 전격 공개!." 『인민망 한국어판』. 2019년 1월 28일.

레이코프, 조지. 『프레임 전쟁: 보수에 맞서는 진보의 성공전략』. 서울: 창비, 2007.

손열 편. 2007. 『매력으로 엮는 동아시아: 지역성의 창조와 서울 컨센서스』 지식마당.

원병철, 2018. "세계 최초 5G 상용화와 화웨이 장비 보안성 논란." 『보안뉴스』, 7월 26일.

조슬기나. "[주말에 읽는 글로벌 뉴스] 화웨이 사태." 『아시아경제』. 2019년 2월 23일.

"화웨이, 미국 압박에도 5G 시장 석권." 『미주 한국일보』. 2019년 7월 22일.

"Are Security Concerns over Huawei a Boon for its European Rivals?." *Economist*. 21 March 2019.

Burton, Joe. "Small States and Cyber Security: The Case of New Zealand," *Political Science* 65-2 (2013).

Gitlin, Todd. *The Whole World Is Watching: Mass Media in the Making and Unmaking of the New Left*. Berkeley: University of California Press, 1980.

Hansen, Lene, and Helen Nissenbaum. "Digital Disaster, Cyber Security, and the Copenhagen School." *International Studies Quarterly* 53-4 (2009).

Schmitt, Michael N. "International Law in Cyberspace: The Koh Speech and Tallinn Manual Juxtaposed." *Harvard International Law Journal* 54 (2012).

Thomas, Nicholas. "Cyber Security in East Asia: Governing Anarchy." *Asian Security* 5-1 (2009)

정책 제언

1. 무엇보다도 미중경쟁 시대의 사이버안보전략이 지니는 의미가 단순히 기술과 공학 분야의 대응책이 아니라 중견국 외교전략의 성격을 띠고 있음을 인식해야 한다. 한국의 사이버안보전략은 미국과 중국의 패권경쟁의 사이에서 생존과 번영을 모색하는 문제인 동시에, 이러한 과정에서 전통적인 한미동맹의 틀을 유지하면서도 새로이 한중협력을 확대해 나가야 할 미래전략 전반의 과제와 연결됨을 명심해야 할 것이다.

2. 좀 더 구체적으로 사이버안보 분야에서 다층적으로 형성되는 '구조적 공백'의 틈새를 공략하는 '적극적 중개자'의 역할을 모색해야 할 뿐만 아니라, 이러한 중개의 역할을 완수하기 위해서 동지국가들을 규합함으로써 국제사회 전반의 지지를 이끌어 내며, 새롭게 형성되는 사이버안보 분야 국제규범의 형성 활동에 참여하는 중견국 외교의 리더십을 발휘하기 위해서 노력해야 할 것이다.

3. 국내 사이버안보전략의 추진체계 전반을 정비하는 노력과 함께 사이버안보외교 분야의 추진체계도 정비하는 작업에 대한 고민이 필요하다. 정부 각 유관 실무부처 및 청와대 컨트롤타워를 포괄하는 사이버안보전략의 추진체계 정비 작업을 진행해야 하며, 이외에도 전문가들과의 협업 강화를 통해서 지식 집약적인 사이버안보외교 분야의 수요에 부응하는 정책지식 네트워크의 구축도 필요하다.

9장

한국의 국방변혁과
신안보전략

부형욱(국방연구원)

핵심 논지

1. 한반도를 둘러싼 국제정세가 크게 요동치고 있다. 코로나19 사태로 미중 전략경쟁이 예상보다 빨리 우리에게 영향을 미칠 것으로 예상되며, 비핵화 협상 교착으로 북핵위협은 지속되고 있다. 이러한 전략적 불안정을 돌파하기 위해서는 자주국방을 강화해야 한다. 자주국방은 융통성 있는 중견국 외교의 기반이 될 것이다.

2. 최근 들어 한반도 상황에서 북한 핵에 대해 재래식 억제가 일정 부분 가능하다는 논의가 활발하다. 북핵위협이 잔존하더라도 비핵·첨단전력 건설을 통한 재래식 억제를 추구할 수 있다.

3. 우리 안보의 중심 바퀴축이 자주국방 역량 강화라면 동맹활용, 다자안보협력, 중견국 외교의 균형적 추구는 바퀴살이 되어야 한다. 자주국방(내부)이 동맹(양자)-다자안보(지역)-중견국 외교(글로벌)로 연결되면 좋다. 한국형 허브(축)와 스포크(바퀴살)전략이다. 튼튼한 바퀴 축을 기반으로 바퀴살이 제대로 펼쳐지면 우리의 의지대로 우리의 안보를 제 궤도에서 굴러가게 할 수 있다.

1. 서론

한반도를 둘러싸고 변화하는 국제정세가 크게 요동치고 있다. 미중 간에 양보할 수 없는 진검 승부가 펼쳐지고 있으며, 그 부정적인 효과가 한반도에 드리워지고 있다. 미국의 사드(THAAD) 배치로 한바탕 홍역을 치른 우리는 이제 INF(중거리핵전력조약)가 파기되면서 미국의 중거리 미사일 배치 문제를 우려해야하는 처지가 되었다. 코로나19 사태가 미중 전략경쟁의 촉매가 될 전망이다. 코로나19 사태로 미중 전략경쟁이 예상보다 빨리 우리에게 영향을 미칠 것으로 예상된다.

　여기에 우리를 괴롭히는 것으로 북한 핵문제가 있다. 2018년 평창 올림픽을 계기로 북핵협상의 큰 문이 열렸고 상당한 진전을 보였다. 그러나 그로부터 1년 후인 2019년 2월 하노이 북미정상회담이 아무런 결실을 맺지 못하고 끝난 이후로 핵협상이 교착되었다. 북한의 방황은 계속되고 있다. 좌충우돌하는 북한을 어떻게 다룰 것인가는 이 시대를 살고 있는 우리 모두의 과제다. 재래식 전력만으로도 상대를 완전히 파괴할 수 있을 정도로 중무장된 남북이다. 이것만으로도 힘겨운데 이 땅에 사는 모든 이들은 절멸을 우려해야할 수준의 핵전쟁 공포를 짊어져야 하는 상황으로 몰리고 있다.

　국내 상황도 역동적으로 변화하고 있다. 출산율 저하는 국방에 엄청난 변화를 요구하고 있고, 북핵 능력이 고도화되면서 이에 대한 대응과 관련하여 국론이 분열되고 있다. 국방개혁 2.0이 착착 추진되고 있지만 한반도에서 전쟁의 위험을 감소시키고, 북한 비핵화를 유도하며, 동북아 지역의 군비경쟁에 대응할 수 있는 큰 그림을 가지고 추진되고 있는지는 의문이다.

　우리 안보의 핵심 축인 한미동맹에 대한 지지도 흔들리고 있다. 자국 우선주의로 무장한 트럼프 행정부의 돌출적인 요구는 한미동맹을 절대적인 가치로 삼는 보수층의 여론마저 악화시켰다.[1] 방위비 분담금 문제에서 그러했으며, 앞으로 닥치게 될 중거리 미사일 배치 문제와 관련해서는 매우 극단적인 상황이 발생할 수도 있다. 이 외에도 국내적으로 국방, 안보와 관련하여 다양한 이슈가 들끓고 있다.

이 장에서는 이렇게 격동의 소용돌이 속에 처한 한국의 국방에 변혁이 필요하며, 이를 견인할 수 있는 신안보전략을 구상할 필요가 있다는 논의를 하고자 한다. 이를 위해서는 안보와 국방의 현실과 관련한 다양한 문제를 살펴보아야 한다. 국방변혁과 신안보전략에 튼튼한 논리적 뒷받침을 제공하기 위해서 그렇다.

이를 위해서 미중 전략경쟁의 군사적 파급효과가 어떻게 한반도에 영향을 미칠 수 있으며, 이것이 북한 핵문제와 어떻게 연결될 수 있는지를 논의한다. 다음으로 북한과의 군비통제가 정체되고 있는 상황, 우리 안보와 국방이 처한 대내적 여건과 관련된 문제를 살펴본다. 이러한 논의 이후에는 신안보전략과 국방변혁의 필요성 및 그 개략적인 그림을 제시한다.

2. 전략환경의 변화와 안보·국방에의 파급효과

1) 미중 전략경쟁의 군사적 효과인 INF 파기가 가져올 충격파

그동안 많은 안보 전문가들이 미국과 러시아간의 중거리핵전력조약(INF) 파기가 우리 안보에 가져올 파급효과를 과소평가했다. 어찌 보면 INF 조약은 먼 나라 일이었다. 유럽의 일이었고, 미러 간의 게임이었다. INF 조약 탈퇴를 감행한 배경에 미국의 대중국 견제 의도가 있다는 점이 드러나면서 상황이 바뀌고 있다. 급기야 미국은 동맹국에 중국 견제를 위한 중거리미사일 배치를 원한다고 얘기하고 있다. 이것은 동아시아는 물론 한반도 안보지형의 근본적 변화를 초래하는 폭풍이 될 것이다.

지난 2019년 8월 2일, 미국은 1987년에 소련과 체결한 INF 조약을 최종적으로 파기했다. INF 조약은 미국과 소련 두 나라만 구속하는 양자 조약이다. 양국은 유럽에 배치된 것은 물론이고 자신들이 갖고 있는 사거리 500km에서 5,500km에 이르는 모든 지상발사 중거리미사일을 폐기하기로 했다. 여기서 유의할 것은 지상발사 중거리미사일이라 하지만 통상 중거리 '핵'미사일을 의미한다는 점이다. 핵 보유국의 어법에서 중거리미사일은 핵 탑재를 전제로 한다.

INF 조약에서 중요한 단어는 '모든', '지상발사', '중거리'이다. 모든 중거리미사일이므로 사거리가 500~5,500km 이내에 있는 탄도미사일과 순항미사일이 포함된다. 해상 및 공중발사 미사일은 포함되지 않는다. 당시 미·소 양국은 지상발사미사일 외에 다른 종류의 핵전력을 다수 보유하고 있었다. 그렇기 때문에 INF 조약은 미·소 양측이 '판돈을 모두 거는 게임'은 아니었다. 어느 정도 상호 견제가 가능하도록 하되 너무 위협적인 무기는 폐기하자는 것이 INF 조약의 정신이다. 상호 적정 수준의 취약성은 공유하는 것이라고나 할까.

1988년에 INF 조약이 발효된 이후 1991년까지 미국과 소련은 총 2,692기의 중거리 핵미사일을 폐기시켰다. 지상발사 중거리 핵전력은 당시 유럽에서의 군사적 긴장을 초래하는 가장 핵심적인 무기체계였다. INF 조약 체결로 유럽에서 군사적 긴장이 즉각적으로 낮아졌다. 냉전 종식의 촉매가 되었고 지난 32년간 유럽에서 평화가 유지되었다. 그런데 왜 지금 이 시점에 판이 깨진 것일까. 미국과 러시아 간에 무슨 일이 있었기에 이렇게 파국적인 상황에 이르게 된 것일까.

표면적으로 미국은 러시아의 INF 조약 위반을 문제 삼았다. 실제로 러시아는 2008년부터 INF 조약에 위반되는 미사일 시험발사를 실시했다. 그 때 진즉 러시아의 위반에 강하게 항의했어야 했다. 성실한 조약 준수가 이루어지지 않는다면 조약 파기도 불사하겠다는 스탠스는 10년 전부터 나왔어야 했다는 얘기다. 그래서 미국이 INF 조약에서 걸어 나간 것이 러시아의 INF

조약 위반 때문 만이라고 설명하는 것은 피상적인 분석이었던 셈이다. 사실 미국을 괴롭힌 더 큰 문제가 있었다. 그것은 중국의 A2/AD(반접근/지역거부) 전력의 급격한 성장이었다.

9·11 이후 미국이 대테러 전쟁에 국력을 쏟아 붓는 동안 중국은 경제를 발전시키면서 군사력을 대폭 강화했다. 과거에는 미군에 비해 보잘 것 없는 전력을 보유하던 중국이었지만 이제는 군사력 투사범위를 저 멀리 해상으로까지 뻗치기 시작했다. 이들 전력이 태평양 지역에 있는 미군 전력에 위협이 되었다. 중국은 INF 조약 당사자가 아니었기에 중거리미사일 전력을 강화하는데 아무런 제지도 받지 않았다. 이 점이 미국의 불만을 야기했다. 중국이 건설한 중거리미사일전력 중 DF-21, DF-26과 같은 미사일은 미군 항공모함을 타격할 수 있다. 미군 항공모함이 중국의 중거리 미사일을 맞고 침몰하는 상황은 미국의 대통령이 감수할 수 있는 위험의 범위를 넘어선다.

미군은 이러한 악몽과 같은 상황을 피하기 위해 많은 고심을 한 것 같다. 공해전투(air-sea battle) 개념을 논의한 것도 실상 미군의 자산을 중국의 중거리미사일로부터 보호하기 위한 것이었다. 해·공군 자산을 활용하여 선제적으로 중국의 전력을 무력화하기 위한 개념이었던 것이다.[2] 그러나 중국의 군사력이 현대화 되면서 대륙 깊숙이 있는 중국군의 중거리미사일전력을 무력화하는 일은 너무나 위험한 과업이 되어버렸다. 미군은 값 비싼 항공자산과 해상자산의 안전이 담보되지 않은 채 작전을 수행해야 했기 때문이다. 미군은 안전이 확보된 지상에서 대량으로 값싸게 중국군의 군사자산을 타격할 수 있는 수단이 필요했다.[3] 그 해답이 지상발사 중거리미사일이다. INF 조약 파기로 미국은 자유롭게 중거리미사일을 생산할 수 있게 되었다.

전쟁 발발 시 지상발사 미사일은 전술적 활용도가 높다. 공중이나 해상에서 발사되는 미사일보다 많이 쏠 수 있고, 빨리 쏠 수 있다. 발사차량을 이곳저곳에 분산시킬 수 있어 전술적 이점도 있다. 물론 이 때문에 중거리 미사일의 배치는 핵전쟁의 가능성을 높인다. 아이러니한 측면이라 할 수 있다. 애스퍼 미 국방장관은 핵이 탑재되지 않은 중거리미사일을 아시아에 배치하는 방안을 얘기했다. 그러나 중국의 핵미사일 전력은 재래식 미사일전력과 혼재되어 있다. 재래식 탄두를 장착한 미국의 중거리미사일이라 할지라도 중국의 핵전력을 위협하게 되므로 재래전이 핵전으로 비화될 가능성을 높여준다. 중거리미사일 아태지역 배치는 역내 군사적 긴장을 극적으로 고조시킬 것이다.

INF 조약 파기 이후 유럽에 중거리 미사일을 배치한다는 논의보다 아태지역에 배치를 고려한다는 얘기가 먼저 나오는 것은 매우 낯선 광경이다. 그만큼 미국이 아태지역의 군사력 균형에 신경을 쓴다는 것이다. 유럽에서 미국은 자제할 것 같다. 과거 바르샤바 조약기구 국가들이 대거 나토 회원국이 된 상황이라 러시아가 궁지에 몰린지 오래다. 여기에다 중거리미사일까지 배치하면 러시아를 너무 몰아세우는 조치가 된다.

반면에 아태지역에서 미국은 괌에서 시작하여 중거리미사일을 동맹국에 배치할 것이다. 동맹국의 의사를 타진하겠지만 매우 소란스러운 상황이 예견된다. 벌써 한국, 일본이 거론되었다. 한국은 중국에 너무 가까이 있어 오히려 배치 고려 대상에서 제외될 가능성도 있다. 이는 지나치게 희망적인 추론이다. 어쨌거나 미중 간 전략경쟁이 군비경쟁으로 비화될 것임은 분명해 보인다.

2) 북한의 도발적 행동과 미중 전략경쟁의 위험한 결합

그동안 여러 전문가들은 비핵화 과정에서 북한이 도발적 행동을 할 가능성을 상정해야 하며 북한이 제기할 수 있는 다양한 선택지를 하이브리드 위협 관점에서 논의하였다. 북한은 외교적 문제 일으키기, 공포심 조장, 불법행위를 통한 압박, 법체계·법적 합의를 활용한 법률전, 미디어전 등을 제기할 수 있을 것으로 보았다. 북한은 비핵화 과정에서 자신들의 체제안전이 위협

받는다고 느끼거나 자신들이 목표로 한 정치적 성과 달성에 미치지 못했을 때 이러한 행위를 할 것으로 예상된다는 것이다.

향후 비핵화 과정에서 벌이는 북한의 다양한 소동은 하이브리드 위협으로 개념화될 수 있을 것인데, 과거에도 북한은 대외적으로 고립된 현실과 국제적으로 비판 및 제재를 받는 데 따른 압박감을 도발로 표출하였다. 예를 들자면 2010년 급변사태 관련 언론 보도 이후 해안포 사격과 천안함 폭침 강행, 카다피 사망 이후 군부대 시찰 급증, 2013년 12월 장성택 처형 이후 국제적으로 북한 내정 문제가 부각된 이후 군사적 긴장을 높인 행위 등에서도 드러난다. 이렇듯 북한은 정치 상황에 따라 국지도발과 핵 위기 상황을 복합적으로 조성함은 물론 여기에 사이버 위협을 추가함으로써 효과를 극대화해왔다. 시차를 두고 도발의 도메인을 달리하는 전형적인 하이브리드 위협을 제기하는 방식이다. 이러한 융합이 향후 비핵화 협상이 교착될 때마다 제기될 가능성이 있다.

불법행위를 통한 방식도 추진될 것이다. 일부 전문가들은 북한이 아프리카 및 중동 지역에 불법적으로 소형화기를 수출하는 것을 지적한 바 있고 북한이 위조화폐, 위조약품 등을 제조하여 국제 암시장에 이를 유포하는 사실을 지적한 바도 있다. 이러한 위법행위는 사이버공간에서 특히 두드러질 것이다. 미 법무성은 2018년 하반기에 북한 해커 박진혁을 기소한다고 발표했다. 박진혁은 소니 픽쳐스 해킹, 방글라데시 은행 해킹 등 불법적 해킹과 온라인 자금탈취를 이끈 북한의 대표적 해커이다. 북한은 이와 같은 불법행위를 한국에 대해서도 감행할 수 있을 것이다. 이러한 다양한 종류의 위협제기 수단을 가지고 북한은 적절한 시기에 창의적 배합을 통해 하이브리드 위협을 제기할 것이다.

그런데 일정 정도의 선을 넘는 도발적 행동이 미중 전략경쟁의 맥락에서 문제가 된다. 하노이 북미 정상회담이 아무런 합의를 도출하지 못한 이래 북핵협상이 교착되고 있는 상황에서 북한은 뭔가 도발적 행동을 할 것만

같아 보인다. 그런데 선을 넘는 북한의 도발적 행동은 한반도를 미중 전략 경쟁의 발화점이 될 가능성을 높인다. ICBM 시험발사 등과 같은 레드라인을 넘는 도발을 하면 미국은 조만간 중거리 미사일을 배치하려 할지도 모른다. 동맹국과 미 본토와 주한 미군을 보호해야 한다는 명분을 들고 나올 것이다. 그렇게 되면 우리는 엄청나게 곤혹스런 상황에 처하고 만다. 요새 중국은 편집증에 걸린 듯하다. 한국의 안보 전문가를 만나기만 하면 매번 같은 얘기를 한다. 중거리 미사일이 배치되면 사드 보복은 우스운 것이었다고 느껴질 것이라고 말이다.

미국은 2019년 8월 중거리핵전력조약(INF)을 파기한 이래 중거리미사일을 착착 준비하고 있다. 북한이 도발하면 이를 명분으로 한반도에, 중국이 도발하면 그것을 명분으로 괌이나 오키나와에 중거리미사일을 배치하려 할 것이다.[4] 북한이 새로운 길을 간다면 사실상 미국의 가려운 데를 긁어주는 격이 된다. 아태지역에서 본격적인 군비경쟁을 시작하여 중국의 체력을 소진시키고 싶었는데 갑자기 명분을 만들 수 없었다. 이러한 상황에서 북한이 도발적 행동을 한다면 북한은 스스로를 불쏘시개로 삼아 한반도를 미중 전략경쟁의 근원지로 만드는 행동을 하는 것이 된다.

3) 비핵화 교착과 확장억제의 신뢰성 문제로 야기되는 핵정치

비핵화 협상이 교착되면서 북한 핵위협에 대한 대응 문제가 다시 부각되고 있다. 이러한 문제의식의 기저에는 핵에 대응할 수 있는 것은 핵뿐이라는 믿음이다. 그리하여 자연스레 논의의 핵심은 핵우산을 포함한 미국의 확장억제를 신뢰할 수 있느냐로 모아진다. 최근 들어 미국의 확장억제의 신뢰성에 대해 우려하는 사람들이 많아지고 있다. 북한이 ICBM과 SLBM을 완성하여 미 본토가 북한 핵위협 하에 놓이게 된다면 이른바 디커플링(decoupling) 현상이[5] 발생한다. 이러한 상황에서 미국이 제공하는 확장억제를 신뢰할 수 있느냐는 것이다.

미중 전략경쟁이 본격화되기 전에는 미국 측은 우리의 이러한 우려에 대해 일축하는 기조였다. 보수 정치인들이 미 행정부와 의회를 방문하여 전술핵 재배치[6]를 요청하거나 자체 핵무장을 언급할 때마다 그럴 필요가 없음을 강조했다.[7] 특히 자체 핵무장 논의에 대해서는 강한 압박을 가해오곤 했다. 그런데 미중 전략경쟁이 심화되면서 분위기가 변하고 있다는 관측이 있다.[8]

전술핵 재배치에 대해서는 미국 측 실무선이긴 하나 긍정적으로 검토하자는 주장이 대두되고 있다. 2019년 8월 미국 국방대에서 나온 논문 하나가 한동안 정치권을 전술핵 재배치 논쟁으로 달구었다. '합동군(JFQ)'이란 저널에 발표된 트럼프정부의 '핵태세 검토 보고서(NPR)'를 구체화하기 위한 정책방향을 논의한 글이었는데 한반도 전술핵 재배치 문제가 다뤄졌다. 이들은 한국, 일본 등 동맹국에 전술핵을 배치하면 중국을 압박하여 북한을 억제하는 데 효과적일 것이라고 주장했다.[9] 기존에 우리 측이 강조하던 전술핵 재배치의 효과와 유사하지만 다소 결이 다른 부분이 돋보였다. 그동안 우리는 한반도에 전술핵을 들여오면 북한 핵을 일거에 억제할 수 있고, 협상을 강제할 수 있다는 점을 강조했었다. 그런데 미 국방대 측은 전술핵 재배치의 효과 중에서 중국 압박 효과도 중시하고 있었다.

자체 핵무장은 물론이고 전술핵 재배치도 비핵화 협상을 무위로 돌리는 극단적인 조치다. 또 전술핵 재배치를 통해 중국을 압박하는 용도로 쓰겠다는 것은 위험한 아이디어다. 과거에는 미국이 우리 정치권의 요구를 일축하는 모습을 보이더니만 최근 들어서는 다른 목소리가 나오는 것은 심상치 않은 일이다. 북핵협상 교착과 이에 안보불안을 느끼는 한국 측의 요구를 명분으로 삼아 중국을 압박하겠다는 의도가 보이기 때문이다. 사실 전술핵 재배치는 위기관리 측면에서도 잃는 게 많은 조치다. 전술핵이 재배치되면 한반도에서는 위기-국지전-재래식 전면전-핵전쟁으로 이어지는 사다리가 없어진다. 위기가 곧 핵전쟁으로 이어질 가능성이 높아진다. 확전을 방지할 기회가 사라지고 안보환경이 급격히 악화된다.

그 이유는 이렇다. 현재 미국이 가지고 있는 전술핵은 폭격기나 전투기에서 떨어뜨리는 형태로 운용된다. 전술핵이 재배치되면 미군 기지에서 날아오르는 어느 전투기에 핵이 있을지 모를 것이기 때문에 북한군은 늘 초조할 것이다. F-35 같은 스텔스기가 운용되면 북한은 더욱 공포에 질릴 것이다. 언제 핵 기습 공격을 당할지 알 방법이 없기 때문이다. 이런 공포가 그들을 어떻게 움직이게 할까. 북한은 감시정찰 능력이 부족하기 때문에 매우 공세적인 핵전략을 선택할 것이다. 경보즉시발사(Launch on Warning) 같은 전략 말이다. 위험 경보가 오는 즉시 버튼을 누르는 전략이다. 그런데 북한의 경보시스템이 오작동이라도 하는 날에는 어떻게 될까. 전술핵 재배치 즉시 한반도는 매일 핵전쟁과 평화의 갈림길에 서게 된다.[10]

북핵위협은 우리가 당면하는 것이기 때문에 태평양 건너에 있는 미국이 제공하겠는 확장억제의 신뢰성에 의문을 제기하는 것은 당연하다. 그러나 자체 핵무장과 전술핵 재배치 문제에 매달려 우리 나름의 대안을 개발하는 것을 도외시 하지 말아야 한다. 이를 위해서는 자체 핵무장과 전술핵 재배치의 논의의 기저에 있는 핵에 대응할 수 있는 것은 핵뿐이라는 믿음을 극복해야 한다. '핵에는 핵'이라는 논리는 일견 타당해 보이지만 사실은 현실을 너무 단순화한 주장이다. 최근 들어 이러한 단순 논리를 비판하는 주장이 부각되고 있다.

김정섭[11]은 한반도 상황에서 북한 핵에 대해 재래식 억제가 일정 부분 가능하다고 주장한다. 그는 한반도는 재래식 전력만으로도 상호 과잉파괴가 가능할 정도로 군사력이 밀집되어 있어 핵을 통한 억제의 효과는 크지 않다고 본다. 한미는 북한에 비해 압도적인 첨단 재래식 전력을 가지고 있기 때문에 미국이 제공하는 기존의 확장억제책에 한미 재래식 전력을 활용한 응징보복능력을 지속 확충한다면 북핵에 대응한 억제가 충분히 가능하다고 주장하는 것이다. 이런 논리를 수용한다면 협상 교착으로 북핵위협이 잔존하더라도 비핵·첨단전력 건설을 통한 재래식 억제를 추구할 수 있다.

4) 남북 군비통제 정체에 따른 군비경쟁 추세의 지속

2019년 2월, 하노이 노딜 이후 군비통제협상은 교착되고 있다. 북한은 자신들이 선제적으로 핵실험장을 폐기하고, 핵·미사일 활동을 중단했으며, 미군 유해를 송환했음에도 한·미가 연합훈련 중단, 전략자산 전개 중지, 전략무기 구매중단 등의 조치를 취하지 않아 대북적대시 정책이 지속되고 있다고 주장하였다. 이러한 맥락에서 북한은 2019년 5월부터 자위적 방위력 강화를 명분으로 단거리 미사일 및 발사체 시험을 진행하여 2018년에 형성된 평화 무드에서 다소 이탈된 행동을 하고 있다. 북한이 자위력 강화를 명분으로 단거리 미사일과 초대형 방사포 개발에 열을 올리는 것은 한국군의 군비증강 추세에 영향을 받은 측면이 있다.

사실 한국군도 북한이 껄끄러워하는 군사력 건설과 연합 훈련을 지속하고 있기 때문이다. 지난 수십 년간 제대로 된 전투기 도입이 없었던 북한으로서는 우리가 F-35를 도입하는 등 전력증강을 지속하는 것에 대해 민감하게 반응할 수 있을 것이다. 또 현 정부의 국방예산을 살펴보면 기존에 계획한 3축 관련 무기체계 획득 사업이 그대로 진행되고 있거나 오히려 더 빠른 속도로 추진되고 있다. 북한이 불편해할 수 있는 대목이다.

결국 남북은 군사적 긴장해소의 결정적 돌파구를 열지 못하고 과거의 관성에 의해 군비경쟁을 지속하는 상태를 지속하고 있다. 북한은 핵·미사일 및 초대형 방사포를 지속적으로 개발하고 있고, 남한은 역대급 군비증강을 지속하고 있다. 우리는 북한 핵이 폐기되지 않았고, 역내 군비경쟁을 고려할 때 군사력 현대화 기조를 중단하기는 어렵다는 이유를 대고 있고, 북한도 나름의 안보불안을 해소하기 위해 비용이 많이 소요되는 재래식 전력 증강은 포기하고 핵 등 대량살상무기로 이를 상쇄하기 위해 미사일 전력증강에 박차를 가하고 있는 것이다.

이렇듯 남북 상호간에 억제만 강조되는 상황은 당분간 지속될 것이 거의 확실시된다. 문제는 이런 상황에서 우발전쟁의 가능성이 증대된다는 것이다. 우발전쟁의 가능성은 과거 정부에서 추진하던 3축 체계 전력 중 선제타격 및 참수작전 등의 개념을 유지하는 경우 특히 고조된다. 북한 미사일이 발사되기 전에 타격하여 무력화하는 개념인 킬 체인은 선제개념 때문에 우발전쟁의 가능성을 높이는 작전개념이다. 이와 같이 현재 남북 간에는 군사적 '압력밥솥'에서 '김'을 빼는 작업'이 절실한 상황인데 군비통제의 동력이 사라지고 있는 것은 우리 국방이 당면하고 있는 딜레마이다.

5) 국방에 대한 다재성의 요구와 대내 국방여건의 악화

전략환경의 급변으로 국방 분야에 다양한 기대가 쏟아지면서 부담이 가중되고 있다. 군의 임무와 역할에 대한 국민적 요구가 한 곳으로 수렴하는 것이 아니라 다양하게 발산하고 있기 때문에 더욱 그렇다. 가장 먼저 부각되는 것은 비핵화 프로세스의 불확실성으로 군은 북한 위협 대응 측면과 잠재 또는 초국가적 위협을 동시에 대응해야 한다는 점이다. 더구나 코로나-19 사태와 같이 감염병이 국가안보 사안으로 다루어지는 상황에 이르게 되면서 군에 높은 수준의 다재성(versatility)이 요구되고 있는데, 이를 만족시키는 것은 대단히 어려운 과업이다.

핵 무장한 북한을 비핵전력으로 대응하는 것도 어려울 뿐 아니라 군사 강국으로 둘러싸인 지정학적 위치를 고려할 때 우리 군이 주변 군사대국에 억제를 구현하는 데는 엄청난 규모의 재원과 긴 시간이 필요하다. 그러나 국민들은 우리 군이 막대한 국방비를 사용한다는 점을 지적하면서 국민적 요구에 즉각적으로 부응하지 못하는 군의 무능을 비판하고 있다. 세계 10위의 국방비를 지출하고 있는데 군의 관료화와 예산 낭비 때문에 그런 것 아니냐고 되묻고 있다는 것이다.

이외에도 부정적인 국방여건은 많다. 국방관련 민군갈등 추이도 그렇다. 사드배치, 제주 해군기지 등에서와 같이 민군갈등은 이익투쟁에서 이념투쟁의 성격을 강하게 보여주고 있다. 방산비리 문제가 부각되면서 온갖 규제가 만들어져 전력건설 관련 부서에서는 복지부동이 문제가 될 정도다. 문민화가 가속화되고, 군내 여성의 역할 확대로 군의 '일하는 방법'의 변화 필요한데 이에 대한 대처는 미흡한 실정이다. 로봇, AI, 빅 데이터, 나노 기술, 3D 프린팅 등 4차 산업혁명 신기술을 활용한 혁신을 위한 준비도 만족스럽지 못해 보인다.

3. 신안보전략과 국방변혁: 전략적 방향성 모색

1) 국가안보비전: 평화·번영 네트워크 중심국가 지향

미중 전략경쟁이 심화되면서 한미, 한중관계가 기존의 안락지대(comfort zone)에서 이탈했다. 이것이 북핵 문제해결에 부정적 영향을 끼칠 가능성을 높이고 있다. 북한의 방황도 점점 심해지고 있다. 단거리 발사체들과 SLBM 시험 발사에 더하여 남북공동연락사무소 폭파와 같은 도발적 행동을 함으로써 우리의 속을 긁어 놓는다. 그러나 미중 전략경쟁이 협력의 길로 나아갈 가능성이 남아 있기에 비핵화와 평화체제 구축의 희망을 놓지 말고 우리의 역할을 꾸준히 찾아야 한다. 북한이 가지고 있는 체제안전에 대한 불안을 불식시키고, 역사의 큰 흐름을 바라보게 해야 한다.

다른 한편으로는 비핵·평화체제에 대한 비전을 가지고 한반도에서 이룩될 평화체제 구축 경험을 토대로 동아시아의 평화 네트워크를 준비해야 한다. 미중 전략경쟁의 한복판에 위치하고 남북으로 분단된 세계 최악의 지정학적 조건을 극복하여 평화·번영의 기반을 마련하자는 것이다. 어떻게 이 과업을 완수할 수 있을까. 중견국 외교를 통해 미중 전략경쟁의 부정적 효과를 최소화하고, 남북의 평화공존을 통해 한반도에서의 항구적 평화와 번영의 토대 구축하는 데서 시작될 수 있다. 이 과업은 한반도에서 평화를 구축하고 번영을 이루며 이를 역내로 확산시키는 네트워크 중심국가 지향하는 국가안보비전을 수립할 것을 요구한다.

이러한 맥락에서 신안보전략은 한반도의 평화와 번영을 역내로 확산시켜 동북아의 안정과 갈등의 평화적 해결 및 번영을 위한 협력에 적극적인 역할을 담당하는 기초 위에 세워져야 한다. 신안보전략을 견인하는 국가안보목표는 ① 한반도에서 항구적 평화를 정착시키고 번영의 기반을 마련하고, ② 지역 내 안정과 갈등의 평화적 해결과 번영을 위한 다자협력을 적극 추진하며, ③ 국제평화에 기여하는 중견국으로서의 역할을 강화하면서 ④ 국민의 생명과 안전을 보호하는 안심사회 구현을 지향하는 것으로 설정할 수 있다.

2) 신안보전략: 자주국방을 주축으로 한 한국형 허브와 스포크전략

미중 전략경쟁 시대의 신안보전략의 허브(주축)는 자주국방이다. 앨리슨 (G. Allison)이 『예정된 전쟁(*Destined for War*)』에서 주장하듯이 미중 전략경쟁이 파괴적으로 갈 가능성이 있는데, 이 때 약소국의 생존전략은 자주적인 국방력을 강화하는 것이다. 이는 역사적인 사례에서도 거듭 확인된다. 고대 펠로폰네소스전쟁에서 스파르타 중심의 동맹(펠로폰네소스 동맹)과 아테네 중심의 동맹(델로스 동맹)에서 국방력이 약했던 멜로스가 아테네로 부터 침략을 당하여도 스파르타로부터 버림받는 것은 현실주의적 국제정치의 단면을 적나라하게 보여주는 사례이다. 반면 국방력이 강했던 코르키라와 테바이는 동맹의 맹주의 존중 받았고 경쟁 진영의 맹주로 부터도 부당한 대우를 받지 않았다. 스파르타와 약한 동맹관계를 유지하다 중립을 선포한 멜로스가 아테네로부터 유린당하는 것으로부터 국방력이 약한 나라의 외교는 결정적인 변수로 작용하지 않는다는 것을 알 수 있다. 이 점을 고려할 때, 미중 전략경쟁시대의 신안보전략의 핵심은 자주국방이어야 함에 이의를 제기하는 이는 없을 것이다.

한국형 허브와 스포크전략에서 자주국방 역량 강화가 허브(중심축)라면 동맹, 다자안보협력, 중견국 외교의 균형적 추구는 스포크(바퀴살)가 된다. 한국형 허브와 스포크전략은 자주국방(내부) – 동맹(양자) – 다자안보(지역) – 중견국 외교(글로벌)로 연결되는 다층적 접근을 지향한다. 튼튼한 바퀴 축을 기반으로 바퀴살이 제대로 펼쳐지면 전략이 우리의 의지대로 굴러가게 되는 것이라 하겠다. 그렇다면 자주국방, 동맹, 다자안보, 중견국 외교가 구체적으로 의미하는 바는 무엇인가.

먼저 자주국방 역량의 구축을 통한 국익수호는 미중 간 전략경쟁으로 휘발성 높은 역내 안보환경이 조성되고, 북한 비핵화 프로세스의 진전 여부에

도표 9.1   한국형 허브와 스포크전략

동맹 활용한 전략적 안정성 창출 및 중재역할 강화

자주국방 역량구축을 통한 국익수호

역내 전략적 안전성 기반 하 다자안보협력 실질화

중견국 외교를 통한 규범에 의한 국제질서 구축 주도

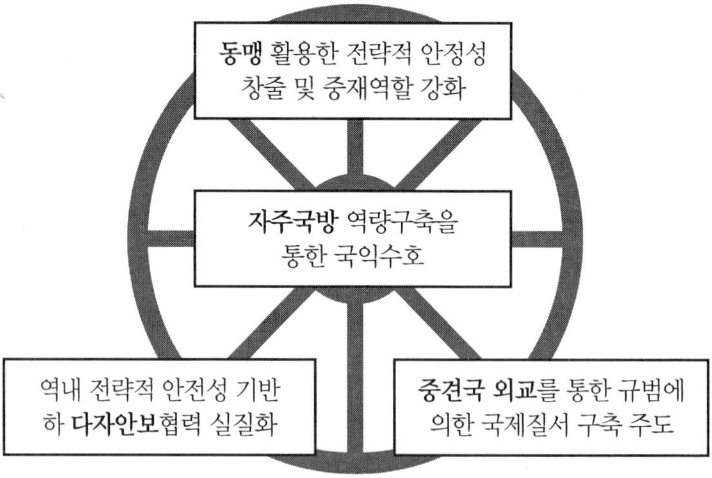

따라 북한으로부터의 군사위협도 역동적으로 변화하는 만큼 자주적인 방위 능력을 튼튼히 하는 것이 국익수호의 필수조건이다. 우리의 자주적 국방력 추구가 한반도 및 지역 내 전략적 불안정을 촉발시킬 수준을 지향하는 것은 아니다. 그러나 국익을 수호할 수 있고 동맹 및 국제사회의 지원과 함께 유사시 전략적 안정성을 파괴하는 국가를 상대로 억제력을 발휘할 수 있는 역량을 갖추는 수준까지는 달성할 필요가 있다는 것이다. 이러한 자주국방 역량의 구축은 신안보전략의 핵심축이 되어야 한다.

둘째 한미동맹을 통한 동북아 지역의 전략적 안정 창출 및 유지는 주한 미군의 규모를 적정하게 유지하고 주둔 여건을 보장하여 한반도 및 역내 평화유지의 든든한 기반이 될 수 있도록 유도함을 의미한다. 이는 한미동맹과 미일동맹 사이의 적절한 균형유지를 통해 일본의 군사대국화 차단하고 미중 사이에서도 전략적 안정성 유지를 위한 중요한 수단이 될 것이다.

셋째, 동북아 다자안보협력 제도화 및 실질화 주도로 전략적 안정성 강화한다는 것은 전 세계로 확대된 패권경쟁(그레이트 게임)의 국력손실 부담 및 우발적 충돌의 위험을 완화하고 상호 간의 전략적 불신 감소 및 갈등 해소 방안에 대한 다자적 접근을 동북아 지역에서 시도함을 의미한다. 중국은 주한미군 및 한미동맹의 존재를 인정하고, 미국은 한미동맹의 중국 견제 지역 동맹화를 자제하는 '교환'을 바탕으로 다자안보협력에 의한 안전보장 제도화에 합의할 수 있도록 하자는 것이다.

마지막으로 중견국 외교를 하자는 것은 중견국 네트워크 형성을 통한 강대국 전횡 견제함을 의미한다. 이는 국제질서의 평화와 안정을 지향하는 중견국 사이의 연대 강화를 통하여 달성할 수 있을 것으로 보인다. 이러한 중견국 간 글로벌 네트워크망은 동북아 및 한반도에 교차시킬 수 있으며, 이는 전략적 안정성 강화 및 규범에 의한 질서 구축에 도움이 될 것이다.

3) 국방개혁 2.0의 진화 발전을 통한 국방변혁 추진

국방개혁은 2005년부터 시작되어 2009년, 2012년, 2014년에 수정을 거치면서 진화해왔지만 문재인정부 하에서 국방개혁의 동력을 새로이 하자는 측면에서 2.0 브랜드를 부여했다. 2018년 7월 발표된 국방개혁 2.0의 주요 내용은 군 구조, 국방운영, 병영문화, 방위사업 분야를 중심으로 구성되어 있다. 국방개혁 2.0은 군에 대한 사회적 요구에 부응하고 정세변화에 적응적으로 개혁을 추진하겠다는 의도를 분명히 했지만 그 성과에 대한 국민적 지지와 평가가 높지 않은 것도 사실이다. 군의 다각적 노력에도 국방개혁 2.0 관련 대국민 인식 및 정책 추진 모멘텀 약화를 우려하는 시각은 여기서 비롯된다.

미중 전략경쟁의 심화와 북핵협상의 교착, 급변하는 국방에 대한 기대와 여건을 감안하여 개혁의 새로운 동력을 창출할 필요가 있다. 작지만 효율적이며, 치명적이고 다재다능하며, 자주적인 국방력 건설을 추진하기 위해서는 국방개혁 2.0 보다 강력한 모멘텀 형성이 필요하다. 이런 맥락에서 '국방변혁'이라는 브랜드로 도약적 혁신을 추진할 필요가 있다. 평화·번영의 네트워크 중심 국가라는 국가안보비전을 군사적으로 뒷받침할 수 있는 국방력 건설을 지향하는 것이 국방변혁이라는 새로운 브랜드의 요체이다. 국방변혁은 기존의 국방개혁이 행정적 조치 위주로 채워졌던 것과는 달리 전략적 방향성을 위주로 한 국방의 큰 그림을 그리면서 이것이 신안보전략을 군사적으로 뒷받침하는 방향으로 구성되어야 할 것이다.

국방변혁 기본 방향 설정 시 고려해야 할 사항은 다음과 같다. 첫째 미중 사이의 전략적 경쟁은 지속될 것이 예상되며 군사적 긴장도 역시 등락을 반복할 것을 상정해야 한다. 둘째, 한국이 공세적 안보·국방·군사전략을 취하지 않는다 해도 한국을 둘러싼 북한 및 주요 강대국들 사이 군비경쟁은 매우 높은 수준에서 지속될 것이 예상된다. 셋째, 한국의 국방은 북한의 핵

위협과 주변국과의 국력 및 군사력의 격차를 상쇄시켜야 하며 군사력 사용 및 사용 위협을 억제해야 한다는 점이다.

위와 같은 전제와 더불어 우리가 핵무기를 개발하지 않고 북한의 핵위협에 대응하고 비핵화를 추동해야 한다는 점, 주변 군사대국의 압력에 대응해야 한다는 점은 상쇄전략의 구동을 요구한다. 결국 국방변혁은 첨단 과학기술을 이용한 자주국방력 건설, 비대칭적 첨단 군사무기와 군사력 사용 방식을 통해 북한의 핵위협과 주변국과의 군사력 격차를 상쇄시키는 전략이 된다. 이는 다음과 같은 차원으로 세분화 될 수 있다. ① 비핵 첨단 군사력 건설로 북한 및 주변국 군사압력을 상쇄하고, ② 한미동맹을 적극 활용하여 방위역량 부족 및 전략적 불안정성을 상쇄하며, ③ 다재성을 지닌 적응군 (adaptive military) 건설로 북한 불안정성 대응, 주변국 및 초국가적 위협 등 다종·다차원 위협을 상쇄하고, ④ 지역·글로벌 차원 국방협력 강화로 규칙기반 질서 도전세력의 전횡을 상쇄하자는 것이다. 이는 한국형 4대 상쇄전략으로 칭할 수 있으며, 국방변혁을 견인하는 주된 전략적 방향성이라 할 수 있다.

이러한 국방변혁을 이끌어 갈 4대 상쇄전략의 틀 안에서 구체적인 안보·국방정책 추진방향은 다음과 같을 것이다. 첫째, 한반도의 항구적 평화를 안보·국방차원에서 뒷받침하는 것이다. 남북 간 평화공존 상태를 유도하고 안정적으로 유지·관리함은 물론, 운용적·구조적 군비통제 추진을 통해 한반도 평화체제가 실현될 수 있도록 추진할 필요가 있다. 둘째는 미중 경쟁구도 하 균형감 있는 안보·국방정책 기조 정립이다. 미중 경쟁으로 인한 부정적 영향을 회피하기 위해 복합 균형외교를 뒷받침할 필요가 있으며, 한미동맹의 안정적 관리와 대중 전략적 협력 관계 유지를 동시·병행 할 수 있는 정책을 구사해야 한다는 것이다.

셋째, 자주적 국방력 건설로 한국형 최소억제전략을 구현할 필요가 있다. 한국형 최소억제전략은 대북 핵 열세, 주변국 핵 및 재래식 열세 하의 군사전략으로 구상하는 것이다. 한국형 최소억제전략은 가급적 전쟁을 피하고 국익 침해 및 분쟁의 발생을 사전에 억제하는데 중점을 둔다. 한반도에서의 전쟁은 너무나 파괴적이기 때문이다. 따라서 이 전략은 공세적이기보다 방어적이고 거부적 억제에 중점을 두는 것이며, 국방차원의 상쇄전략을 뒷받침 하며 억제의 용이성과 재정적 실현가능성을 고려한 억제전력 건설을 통해 주변국의 군사적 압력에 대응할 수 있는 능력 구비하는 방향의 정책으로 연결된다. 넷째, 4차 산업혁명 기술을 활용한 추격전략을 구현해야 한다는 것이다. 이는 첨단 재래식 수단에 AI 등을 가미한 한국형 비대칭 전력을 건설하는 것이 그 요체이다. 특히 사이버 억제력, 특수작전 분야에서는 4차 산업혁명 기술 동원하여 한국형 비대칭 수단을 육성할 수 있는 가능성에 주목한다.

다섯째, 군 구조 및 조직문화 혁신이 필요하다. 2019년 현재 60만이 넘는 군을 국방개혁 2.0 추진을 통해 50만 수준으로 감축하고 여기에서 다시 대대적인 슬림화를 추진해야 할 것이므로 군 구조 및 조직문화 혁신이 매우 중요해진다. 특히 대규모 감축이 예상되는 육군은 현재의 군단 및 사단 중심의 군 구조를 여단을 주단위로 하는 군구조로 혁신시킬 필요가 있다. 또 합동성 강화 및 민간·국제적 행위자들과의 협업 가능하도록 조직문화 혁신도 필요하다. 여섯째, 기후변화, 테러, 사이버 위협 등 다양한 위협에 효과적으로 대응할 필요가 있다. 이를 위해서는 다양한 스펙트럼의 문제해결 능력을 보유해야 한다. 한편 초국가적 위협에 대응하기 위해서는 군 단독역량을 구비하는 것 못지않게 국내적, 국제적 네트워킹 능력 향상을 통하여 집합적 문제해결 능력을 배양하는 것도 중요하므로 이 점에 많은 개선이 필요하다.

일곱째, 역내 안정과 평화를 위한 다자안보협력의 내실화도 요구된다. 한반도에서 항구적 평화를 구축하고 이것이 성공할 경우, 그 경험을 바탕으로 동북아 평화를 위해 다자안보를 적극 추진하며, 현재의 비전통안보분야 다자협력을 전통안보분야로 확장할 수 있도록 이를 내실화할 필요가 있다.

여덟째, 절약과 근검에 기초하여 투명하고 효율적인 국방운영을 지향할 필요가 있다. 향후 군에 대한 대중의 태도가 부정적으로 변할 것이 예상되고, 이에 맞추어 군과 국방예산에 대한 정치적 지지도 낮아질 것이 예상되므로 국방예산의 제약을 상수로 받아들이는 국방운영 혁신이 필요하다. 이를 위해서는 혁신적 관리기법 및 스마트 군수관리로 효율 달성이 요구된다. 아홉째, 4차 산업혁명 기술 기반의 국방 R&D 역량 강화도 추진해야 한다. 정부 주도로 4차 산업혁명 기술을 선정하고 유망한 분야를 중점 육성하여 한국형 비대칭 수단을 우리 손으로 만들 수 있도록 하자는 것이다. 이를 위해서 정부는 미래 첨단무기체계 산업 육성 및 규제완화로 유연한 국방 R&D를 추진할 필요가 있다.

4) 적화 공포 극복 및 군사적 자신감에 기초한 군비통제 추진

향후 비핵화 여건 지속 악화될 가능성이 있다. INF 조약 파기 이후 미국은 중거리 미사일 동맹국 배치를 고려한다는 입장인데, 이는 다른 어떤 전략자산 전개보다 북한에 위협적이다. 새로운 길을 가겠다고 선언한 북한이 핵 다량 양산 체제로 이행할 수도 있다. 북한이 이러한 선택을 하지 않도록 전략적 소통을 해야 한다. 미중 전략경쟁으로 안보환경이 급속히 악화되고 있는 상황에서 남북이 전략적 판단을 잘못할 경우, 전화에 휘말릴 가능성이 있음을 인식시키고, 이를 회피하기 위해 남북 간 전략적 소통이 필요하다.

그런데 우리 사회에는 이런 접근을 정치적으로 지지해 줄 수 있는 여건이 구비되어 있지 않다. 시대착오적인 '적화' 공포가 만연해 있기 때문에 어떤 군사적 융통성도 발휘하기 어려운 여건이다. 이를 극복하고 군비통제를 지원할 수 있는 정치적 지원이 필요하다. 생각건대 이러한 논의의 출발점은 우리가 그동안 건설해온 국력과 국방력의 실체를 정확히 평가해보는 것이며, 이를 통해 시대착오적인 '적화' 공포를 극복해야 한다.

우리의 재래식 군사력은 북한보다 우위이다. 또한 북한의 핵은 미국의 확장억제로 대응하면 되기 때문에 적화 공포에 휩싸여 군비통제 논의나 평화체제 관련 논의를 백안시해서는 안 된다는 것이다. 이와 같은 주장의 근거를 몇 가지 제시하면 다음과 같다. 우선 한국은행에 따르면 2019년 북한의 국민총소득(GNI)은 약 35.6조원이다. 이 수치만을 고려한다면 남한이 북한의 총 GNI보다 훨씬 많은 국방비 지출하고 있다. 북한 재래식 전력의 수량은 남한보다 우세하나 무기체계의 질 고려 시, 남한이 우위라는 것이다. 화력·기동력·생존성을 감안하는 전력지수를 활용한 평가 시 북한의 수적 우위는 상쇄된다. 육해공군 주요 주력 장비의 성능 면에서 남한은 북한에 비하여 대략 30~40년 정도 앞서 가고 있으며 월등한 우위를 보이고 있다.

북한은 한국군이라면 도태했을 장비를 그대로 보유하고 있다. 물론 지상군 장비의 경우 수량이 상대적으로 중요한 의미가 있는 것이 사실이다. 특히 야포와 방사포의 경우 북한의 우위가 실질적 전력의 격차를 초래할 수 있다. 그럼에도 북한 지상군 장비의 전반적인 노후도를 고려 시 남북한 지상군간 전력격차는 미미할 것으로 판단된다. 해군의 경우 북한 함정은 소형함 위주여서 수량의 비교는 무의미 하며, 전력지수를 활용한 비교 시 2000년대 초에 이미 한국의 해군의 전력지수 합이 북한 해군의 전력지수 총합을 넘어섰다. 공군의 경우도 북한 전투기는 저성능기가 대부분이고 노후화가 심각하여 수량의 비교는 무의미 하며, 전력지수를 활용한 비교 시, 한국의 공군의 전력지수 합은 2000년대 초에 이미 북한 공군의 전력지수 총합을 상당 수준 넘어섰다.

이런 상황임에도 일부에서 적화 공포를 조장했고 국방에 관한 이러한 기존 담론이 우리의 행동을 제약하는 상황에 이르고 있다. 이제는 남북이 단독으로 전쟁을 할 경우에도 북한은 재래식 전쟁을 통해 무력 적화통일을 달성하기가 사실상 불가능하다. 공군이 있어야 전쟁을 시작할 수 있고 해군이 있어야 전쟁을 지속할 수 있으며 육군이 있어야 전쟁을 끝낼 수 있다는 말이 있는데 북한 공군과 해군의 능력을 고려 시 북한은 전쟁을 시작할 수 없는 상태에 있다고 보여진다.

북한에 의한 적화가 어렵다는 것은 핵을 갖고 있는 북한을 상정하더라도 마찬가지이다. 오하이오대의 뮬러(John Mueller) 교수는 어떤 국가가 핵을 가지고 할 수 있는 것은 거의 없다고 단언하고 있다. 뮬러 교수는 핵무기의 정치적 효용성에 대해서 의문을 제기한다. 파키스탄이 핵을 가져서 국제사회의 주의를 끌었지만 그것뿐이었고, 중국은 핵을 가지게 되었을 때 보다 경제적으로 부상함으로써 국제사회에서의 위상을 획기적으로 향상시켰다. 또한 프랑스나 영국이 지금보다 핵무기를 두 배 더 갖는다하더라도 정치적으로는 거의 의미 없다고 주장한다.

뮬러 교수에 의하면 핵무기는 비용이 많이 드는 무기인데, 개발과 보유에 있어 기술적, 경제적 비용뿐만 아니라 전략적 비용이 막대하다. 통상 어떤 국가가 핵을 보유하면 그에 대한 반작용으로 대항적 세력균형이 도모됐고, 정작 전쟁에서는 써먹지도 못했다. 핵보유국들이 베트남전, 포클랜드전, 걸프전에서 핵무기를 사용할 수 없었다는 것은 잘 알려져 있다는 것이다. 미국이 핵을 독점한 시기에도 미국은 어떤 나라에게도 복종을 강요할 수 없었고, 그것이 통하지도 않았을 것이라고 주장한다. 이러한 논리에 기초하면 핵을 가진 북한이라 하더라도 남한을 적화시킬 수 없다는 판단이다.

우리는 강력한 재래식 전력을 보유하고 있다. 여기에 미국의 핵우산을 더하여 대북 군사력 균형 내지 우위를 달성했다. 미국의 핵공약을 신뢰하기 때문에 핵 개발을 자제했다. 결과적으로 영리한 국방을 실천한 것이다. 이런 자신감에 기초하여 북한과 마주해야 한다. 이러한 인식하에 군비통제를 추진해야 한다. 한반도에서 항구적 평화정착을 군사차원의 최우선 목표는 전쟁 방지다. 그동안 억제만이 강조되어 남북 간 무한 군비경쟁이 촉발되었으며, 군사적 긴장이 고조됨으로써 우발전쟁의 가능성이 높아지는 것을 우려해야하는 상황이 초래되었다. 협상은 상대가 있는 게임이다. 초조감에 사로잡힌 상태에서는 좋은 결과를 만들어 내기 힘들다. 군사적 자신감에 기반을 두어야 북한을 설득할 힘이 생긴다. 이런 자신감을 가지고 군비통제협상이 열리도록 적극적인 설득 작업을 펼쳐야 할 것이다.

5) 국력에 상응한 국방태세 구축: 비핵·첨단전력 건설

신안보전략을 뒷받침하기 위한 국방변혁을 추진하는 과정에서 또 하나 유념해야 할 사항은 우리 국력에 상응하는 국방태세의 확립이다. 한국의 국가위상은 경제력, 군사력, 소프트 파워를 고려할 때 세계 10위권의 중견국이다. 2018년 명목 GDP 순위로 볼 때, 세계 12위이고, 구매력을 감안한 1인당 GDP 비교 시 한일 간의 격차는 급속히 좁아지고 있으며, 2023년에는 일본을 추월할 것으로 전망된다. 국방비도 세계 10위로 이는 2013년부터 동일 순위를 유지해 오고 있다. 이렇듯 우리의 국력과 국방력은 우리 스스로가 생각하는 것보다 훨씬 높은 평가를 받고 있다. 이제 우리의 능력을 낮춰보는 시각을 버리고 국력에 상응한 국방태세를 갖추는 것을 논의해야 할 시점이 되었다.

우리 국력에 상응한 국방태세 구축의 기본적인 지향은 미중 전략경쟁의 틈새에서 어느 한쪽에 휘둘리지 않을 정도의 군사력을 건설함으로써 동맹으로부터 존중받고 경쟁 진영으로부터도 부당한 대우를 받지 않을 정도의 국방력을 건설하는 것으로 요약될 수 있다. 이러한 목표에 손쉽게 도달하는 방안이 핵무장이지만 우리는 핵무장이라는 선택지를 배제하고 자주적인 비핵 첨단 재래식 전력 건설로 군사력 열세를 상쇄할 수 있도록 해야 한다. 앞서 언급한 한국형 최소억제전략은 대규모의 공세적 군사력 건설을 추구하지 않지만 첨단 과학기술 역량을 바탕으로 주변국의 위협에 대응할 때 '기술에 의한 규모의 상쇄'를 추구하는 것이다. 이를 위해서는 4차 산업혁명을 적극 활용하여, 첨단과학기술군으로 육성하는 것이며, 이를 통해 주변국의 군사적 압력을 상쇄시키고자 하는 것이 핵심이다.

이러한 물리력이 뒷받침된다면 국제평화에 기여하는 중견국으로서의 역할을 보다 용이하게 수행할 수 있으며, 이것인 국력에 상응한 국방태세의 외부적 발현이다. 우리는 글로벌 차원에서 다자안보협력, 비전통 안보분야 국방협력을 주도하여 규칙 기반 질서 도전 세력을 억제하는데 앞장 설 수 있다. 이를 위해 한국군은 다양한 비전통 안보 분야의 국방협력을 창출하고 이를 주도함으로써 협력의 경험을 축적하고 신뢰를 구축해 나가는 역할을 수행할 필요가 있다. 또 우리는 아태지역에서 미중경쟁으로 인한 전략적 스트레스를 헤징하려는 국가들과 연대하여 안보협력을 강화하고 갈등을 중재하기 위한 전략을 적극 추진하는 것도 고려해야 할 것이다.

4. 결론

미중 전략경쟁이 심화되면서 한국 안보에 메가톤급 폭풍이 몰아치고 있다. 한미동맹 측면에서도 상당한 변화가 감지되고 있다. 미국은 인도태평양전략을 추진하면서 대중국 군사적 견제를 노골적으로 표명하고 있고, INF 조약 탈퇴 이후 중거리 미사일을 한국, 일본 등 동맹국에 배치하기를 원한다고 공개적으로 의사표시를 했다. 중국에 대한 군사적 견제를 위해 미국은 한미일 군사협력을 강조하고 있으며 한일 간 갈등이 표면화된 이후에도 인도태평양전략에 적극적으로 참여하고 있는 일본을 상대적으로 지지하는 행태를 보여주고 있다. 향후 미국은 한국군의 인도태평양전략에의 동참, 남중국해에서의 항행의 자유작전(FONOP) 참여 등을 견인할 것으로 보인다.

미국의 이러한 움직임에 어떻게 대처하느냐에 따라 한중관계도 영향을 받을 전망이다. 중국은 한국의 한미일 안보협력 강화, 인도태평양전략 참여, INF 파기이후 중거리미사일 배치관련 한국의 반응 등에 촉각을 곤두세우고 있고, 중국의 안보 이익에 반하는 선택을 할 경우 경제보복은 물론 군사적 압박도 불사하려는 태세를 취할 것이다. 향후 북핵협상 국면과 평화체제 추진도 한국의 정책적 스탠스에 따라 중국의 협조가 연동될 수도 있는 상황으로 보여진다.

미중 간 전략경쟁에서 비롯되는 여러 문제가 한중간에 잠재되어 있다. 화웨이 문제도 미중 간 갈등 구조 하 한국의 선택을 어렵게 할 가능성이 있는 문제였다. 일단 현 정부는 화웨이 관련 미국의 요구를 합리적 수준에서 거부하는 스탠스를 취함으로써 중국의 반발을 초래하지는 않았지만 향후에 다시 부상할 수 있는 문제이다. 화웨이 문제가 미중 간 전략경쟁 구도 하에서 한국의 선택을 어렵게 하는 이슈 중 상대적으로 가벼운 것이었다면 향후 인-태전략, INF 관련 파생이슈에 대한 한국의 선택은 한중관계를 일거에 급변시킬 수 있는 정치 이슈로 보여진다. 만약 한국이 중국의 안보이익을 침해할 수 있는 집합적 행동에 참여할 경우 중국은 이어도 문제를 부각시키고, KADIZ(한국 방공식별구역) 침범, 서해 쪽으로 CADIZ(중국 방공식별구역) 확장, EEZ(배타적 경제수역) 문제 등을 활용하여 한국에 안보 및 경제적 압박을 가할 수 있고 비핵화 및 평화체제 구축 문제에 결정적인 타격을 가할 수 있다.

이 장에서는 미중 전략경쟁이 한반도 안보와 국방에 미치는 영향을 고려하면서 동맹에 존중 받고 경쟁국에게는 부당한 대우를 받지 않고 국익을 수호할 수 있는 방안에 대해 논의했다. 그 핵심은 자주국방이었고 이를 기반으로 한미동맹, 다자안보, 중견국 외교를 추구하자는 주장을 했다. 국방개혁의 성과를 수용하되 한반도를 중심으로 전략적 유동성이 높아지는 상황을 고려하여 남북 간 군비통제와 항구적 평화정착을 위해 실질적 진전을 이뤄 나갈 것을 촉구했다.

이 모든 것이 중요하지만 결국에는 우리가 약하니 어쩔 수 없다는 생각에서 벗어나는 것도 시급하다고 보았다. 적어도 세계 최빈국 중 하나인 북한 위협에도 쩔쩔 매는 모습은 지양해야 한다. 사실 재래식 전력은 우리가 우위이고 만에 하나 북한이 핵을 사용했을 경우에는 미국으로부터 핵우산이 제공되므로 꾸부정한 태도를 견지할 필요가 없다는 것이다. 미중 전략경쟁의 부정적 영향도, 북한 위협도, 우리 내부의 문제도 하나씩 풀어갈 수 있다는 자신감을 가져야 하고, 이러한 결기가 바탕이 되어야 우리의 국방변혁과 신안보전략을 제대로 추진할 수 있다.

주

1) 2019년 11월 13일 조선일보는 방위비 분담금 관련 한·미간에 불협화음이 불거지고 있는 와중에 미 합참의장이 주한미군의 필요성에 의문을 제기한 것에 강력한 어조로 미국이 이렇게 나온다면 우리가 핵무장을 결단할 수 있고, 그러면 주한미군은 필요 없다는 요지의 사설을 게재했다. http://news. chosun.com/site/data/html_dir/2019/11/12/2019111203527.html (검색일: 2019.12.30).

2) Andrew F. Krepinevich Jr. "How to Deter China," *Foreign Affairs*, (March/April 2015). https://www.foreignaffairs.com/articles/china/2015-02-16/how-deter-china

3) Krepinevich는 '군도방어(archipelagic defense)' 개념을 소개하면서 대중국 견제를 위해 제1도련선 상에 있는 미국의 우방국과 동맹국에 지상발사 시스템을 배치하는 방안을 제안했다.

4) 에버스타트(Nicholas Everstadt)는 뉴욕타임즈 칼럼(2019년 8월 5일)에서 북한이 도발할 경우 중거리 미사일을 아시아에 배치할 수 있으며, 이는 북한이 도발하지 못하게 하는 억제장치로 작용할 뿐만 아니라 중국으로 하여금 북한을 압박하게 하는 수단이 될 수도 있음을 강조하고 있다. 미국이 이러한 전략적 사고를 하고 있다는 것은 상황에 따라서는 북한 도발을 명분으로 중거리 미사일 배치로 중국을 견제하는 방안 또한 암암리에 논의되고 있음을 암시하는 것이다. https://www.nytimes.com/2019/08/15/opinion/kim-jong-uns-terrible-horrible-no-good-very-bad-year.html

5) 디커플링(decoupling) 개념은 소련의 핵무기 위협에 놓인 프랑스의 드골 대통령이 미국에게 던진 질문에서 극적으로 드러난다. 드골은 '파리를 지키기 위해 미국이 과연 뉴욕을 희생할 수 있는가?'라고 의문을 제기하고 자체 핵개발의 길로 나섰다. 미국이 핵우산을 제공하겠다고 하지만 미국이 프랑스를 대신하여 소련을 타격하면 소련이 뉴욕을 타격할 것인데 그럼에도 미국이 그 약속을 지킬 수 있느냐는 것이다. 자신의 안보가 중요하기 때문에 상호간에 이익이 커플링(coupling)되지 못한다 해서 디커플링 현상이 발생한다.

6) 미국의 핵무기는 전략폭격기, ICBM, 핵잠수함에서 발사된다. 미국이 가진 6200여기의 핵무기 중에서 전술핵은 대략 500발이다. 유럽에 배치된 150여발을 제외한 350

여발이 미 본토에 있다. 이 중 유럽에 배치된 전술핵의 일부를 들여오자는 주장이다.
7) 미국 측의 주장을 요약하면 미국의 핵이 멀리 있는 것 같지만 사실 그렇지 않다는 것이다. ICBM은 빨리 날아온다. 와이오밍주 어느 기지에서 쏘면 30~40분 정도면 한반도와 동아시아에 떨어진다. 전략폭격기는 좀 느리다. 6시간 정도 걸린다. 그래도 충분히 억제력을 발휘할 수 있다. 태평양 어딘가에 오하이오급 핵잠수함도 있다. 1척에 핵미사일 24기가 실려 있다. 모두 다탄두 미사일(MIRV)이다. 1기의 미사일에 8개의 핵탄두가 실린다. 탄두 하나의 파괴력이 450킬로톤이라고 한다. 잠수함 1척에 이런 핵무기 192개가 있는 셈이다. 미국에 이러한 핵잠수함이 14척 있다. 잠수함 1척에 실린 핵전력만 봐도 북한은 물론이고 중국도 두려워할 만하다. 게다가 이 잠수함들은 어디 있는지 알 수가 없다. 결론적으로 미국 측은 한국이 전술핵을 재배치해달라고 요구하는 것은 미국이 제공하는 이런 핵전력을 신뢰하지 못하겠다는 주장을 하는 것이라고 반박한다.
8) 물론 이러한 미국 조야의 전반적인 분위기를 전하는 이들이 강조하는 바는 미국이 여전히 한국의 핵개발에 반대한다는 점을 전제로 하고 있다는 점이다. 다만 한국이 처한 딜레마적 상황에 대해 미국 조야에서 차츰 동정적 분위기가 형성되고 있다는 취지이다.
9) Ryan W. Kort, et al., "Twenty-First Century Nuclear Deterrence: Operationalizing the 2018 Nuclear Posture Review," *JFQ* 94 (August 2019). pp. 74–79.
10) 이 외에도 전술핵 재배치는 많은 문제를 수반한다. 전술핵이 배치된 곳이 우선 타격 대상이 되는 문제점도 있고 막대한 관리비용도 간단한 문제가 아니다. 무엇보다 전술핵 배치까지 수반되는 반전 여론 확산, 반미 감정 증가 등 정치적 비용도 문제다.
11) 김정섭, "한반도 확장억제의 재조명: 핵우산의 한계와 재래식 억제의 모색," 세종연구소, 『국가전략』 제21권 2호 (2015), pp. 5–40.

참고문헌

김정섭. "한반도 확장억제의 재조명: 핵우산의 한계와 재래식 억제의 모색." 세종연구소. 『국가전략』 제21권 2호 (2015).
박일송·나종남. "하이브리드 전쟁(Hybrid War): 새로운 전쟁양상?." 『한국군사학논집』 제71집 3권 (2015).
폴 브래큰 지음. 이시은 역. 『제2차 핵시대』. 서울: 아산정책연구원, 2012.

Department of Justice, North Korean Regime-Backed Programmer Charged With Conspiracy to Conduct Multiple Cyber Attacks and Intrusions, 6. September 2018. https://www.justice.gov/opa/pr/north-korean-regime-backed-programmer-charged-conspiracy-conduct-multiple-cyber-attacks
Hoffman, David. *The Dead Hand*. New York : Random House Inc., 2010.
Kort, Ryan W., et al. "Twenty-First Century Nuclear Deterrence: Operationalizing the 2018 Nuclear Posture Review." JFQ 94 (August 2019).

Krepinevich Jr., Andrew F. "How to Deter China." *Foreign Affairs* (March/April 2015). https://www.foreignaffairs.com/ articles/china/2015-02-16/how-deter-china

Levine, Nathan. "Why America Leaving the INF Treaty is China's New Nightmare," *National Interest* (Oct. 2018). https://nationalinterest.org/blog /buzz/why-america-leaving-inf-treaty-chinas-new-nightmare-34087

Lieber & Press. *Coercive Nuclear Campaigns in the 21st Century*. U.S. Naval Postgraduate School. 2013.

Mount, Adam. "Conventional Deterrence of North Korea." Federation of American Scientists (2019).

Mueller, John. *Atomic Obsession*. New York: Oxford University Press, 2010.

Posen, Barry. *Inadvertent Escalation: Conventional War and Nuclear Risks*, (Ithaca: Cornell Universtiy Press), 2014.

정책 제언

1. 신안보전략을 뒷받침하기 위해서 국방을 변혁해야 한다. 미중 전략경쟁과 북핵위협 외에도 국방이 처한 대내적 여건이 만만치 않다. 작지만 효율적이며, 치명적이고 다재다능하고, 자주적인 국방력 건설을 추진하기 위해서는 강력한 모멘텀 형성이 필요하다. 이런 맥락에서 '국방변혁'이라는 브랜드로 도약적 혁신을 추진할 필요가 있다.

2. 국방변혁을 견인하는 주된 전략적 방향은 한국형 4대 상쇄전략으로 요약된다. 즉 ① 비핵 첨단 군사력 건설로 북한 및 주변국 군사압력을 상쇄하고, ② 한미동맹을 활용하여 방위역량 부족을 상쇄하며, ③ 다재성을 지닌 적응군(adaptive military) 건설로 다종·다차원 위협을 상쇄하고, ④ 지역·글로벌 차원 국방협력 강화로 규칙기반 질서 도전세력의 전횡을 상쇄하자는 것이다.

3. 우리는 강력한 재래식 전력을 보유하고 있다. 여기에 미국의 핵우산을 더하여 군사적 안정성을 확보했다. 이러한 군사적 자신감과 세계 10위권 국가의 위상을 가지고 북한을 설득하고 미중 전략경쟁이라는 폭풍을 돌파해야 한다.

한반도 비핵·평화체제전략

전봉근(국립외교원)

핵심 논지

1. 2018년 들어 문재인 대통령, 트럼프 대통령, 김정은 국무위원장 등 3인의 우연한 조합이 만들어지면서 한반도 비핵화와 평화정착을 위한 새로운 기회의 창이 열렸었다. 그 결과 판문점선언과 싱가포르공동성명에서 남북미 정상이 처음으로 "완전한 비핵화를 통한 핵 없는 한반도"를 만든다는 목표에 합의했었다. 하지만 실제 비핵화가 순탄하게 진행될 가능성은 낮았다. 북핵협상 역사를 돌이켜보면, 북한은 7번이나 크고 작은 핵합의를 깨뜨렸고, 핵위기를 초래했다. 바이든 행정부 들어 이런 '북핵협상의 악순환' 구조에서 탈피하려면 보다 과감한 비핵화 접근법이 필요하다.

2. 북핵문제가 더욱 악화되는 것을 저지하기 위해, 조기 북핵협상을 통해 핵동결을 추진해야 한다. 핵합의를 타결하기 위해 불가피하게 정치경제적 보상을 제공해야 하는데, 항상 오늘보다 내일 더 많은 비용이 들기 때문이다. 북한 핵능력은 8년마다 약 2배 증가하는데, 북한은 핵능력이 늘어나는 만큼 비핵화 보상액을 더 많이 요구한다.

계속 ▶▶

3. 북핵정책 옵션으로 (1) 북한 비핵화가 사실상 불가능하므로 북핵과 동거, (2) 북핵에 대한 군사적 억제력 강화로 '공포의 균형' 추구, (3) 외과적 공격, 정권교체, 체제붕괴 등으로 강제적 비핵화 추진, (4) 평화체제 구축으로 비핵화 실현 등 4개가 경쟁하고 있다. 그런데 (1)~(3)은 전쟁 위험성이 매우 높고 실현성은 낮아, 현 시점에서 평화체제 구축만이 선택 가능한 플랜 A 옵션이다. 그런데 북한의 핵억제력 확보가 임박했다는 점을 감안할 때, 평화체제 옵션을 위한 시간이 별로 남지 않았다. 이 기회를 놓치면 한국은 원치 않는 옵션을 선택하도록 내몰리게 된다.

1. 서론

지난 30년간 한반도에서 전쟁위기와 핵위기를 야기했던 북핵문제는 아직 진행형이다. 2017년에 한국은 한국전쟁 이후 최악의 북핵위기와 전쟁위기를 겪었고, 2018년에는 남북정상회담과 북미정상회담이 개최되어 비핵화와 평화에 대한 기대감이 최고조에 달했다. 이는 남북관계 개선과 평화정착에 올인하는 문재인 대통령, 경제발전에 집중하는 김정은 국무위원장, 협상의 대가를 자처하며 북미관계의 새로운 역사를 만들려는 도널드 트럼프(Donald Trump) 미국 대통령 등 3인의 보기 드문 조합으로 인해 가능했다. 하지만 남북 분단과 북미 적대관계의 골은 깊고도 넓다. 지난 30년간 북핵합의와 북핵위기가 7번이나 반복되었지만, 아직 그 악순환의 늪에서 빠져 나오지 못하고 있다.

2018년 남북 및 북미 정상회담으로 재가동되기 시작한 한반도 비핵평화 프로세스가 단기간 내 완전한 비핵화와 평화체제 구축의 성과를 낼 것으로 기대하는 사람은 별로 없었을 것이다. 그렇다면 이들 정상회담 결과의 성패

여부를 떠나, 중장기적으로 비핵화와 평화정착을 달성하기 위한 우리의 비핵평화전략은 무엇이 되어야 하는가.

필자는 정부 안팎에서 약 25년간 직간접적으로 북핵정책에 참여하거나 연구했는데, 북한의 강한 핵개발 의지와 빈번한 핵합의 위반이 가장 큰 문제였지만, 한국과 미국의 대응책도 체계적이거나 전략적이지 못했다고 지적하지 않을 수 없다. 필자는 이런 경험과 연구 결과를 바탕으로 여기서 포괄적이고 단계적인 비핵평화 프로세스 추진전략을 제시하였다. 이 글은 다음과 같은 질문에 대해 답하고자 한다.

첫째, 북한은 어떤 핵개발 과정을 거쳤고, 지금 핵능력은 얼마나 되나. 그리고 북한의 핵정책은 무엇인가.

둘째, 북한은 왜 핵무장을 했나. 보통 국가들은 핵무장 동기가 있다고 하더라도 강력한 핵비확산 국제레짐과 국제사회의 반대에 부닥쳐 포기하고 만다. 하지만 북한은 왜 남달리 강한 핵무장 동기를 갖고 있으며, 어떻게 국제사회의 제재압박을 극복할 수 있었나.

셋째, 왜 북핵협상이 반복적으로 실패하는가. 핵합의가 타결되었지만 곧 붕괴되는 북핵협상의 악순환은 왜 발생하나. 어떻게 북핵협상의 악순환 패턴에서 벗어날 것인가.

넷째, 김정은-트럼프의 북미 정상회담은 과연 한반도 비핵화와 평화체제 구축에 어떤 성과를 낳았나. 싱가포르 및 하노이 정상회담의 성과와 한계를 어떻게 평가하며, 북미 정상회담은 어떤 의미가 있는가. 향후 북핵협상의 핵심 쟁점과 해법은 무엇인가.

다섯째, 마지막으로 한국의 북핵정책 옵션은 무엇이며, 무엇을 선택해야 하나. 한반도 비핵평화 프로세스의 로드맵과 구체적인 정책과제는 무엇인가. 비핵평화체제를 구축하기 위한 정치적 기반으로 동북아 평화체제를 구축하는 방안은 무엇인가. 여기서 필자는 포괄적·단계적 비핵평화 프로세스 구축방안을 제시하고자 한다.

그리고 필자는 적극적인 북핵협상을 통한 조기 핵합의의 필요성을 제기했다. 핵합의를 이행하기 위해 불가피하게 정치경제적 보상을 제공해야 하는데, 필자의 분석에 따르면 언제나 오늘보다 내일 더 많은 비용이 든다. 이런 경향이 나타나는 것은 북핵능력에 대한 법칙성 추세 때문이다. 북한 핵능력은 8년마다 약 2배 증가한다. 북한의 핵분열물질 생산시설이 증가하고 기술이 축적된 결과이다. 이때 북한이 요구하는 비핵화 보상액이 항상 증가한다. 북한은 자신의 핵능력이 늘어나는 만큼 비핵화 보상액을 더 많이 요구하는 경향이 있다. 또한 제재압박으로 인해 누적된 고통과 핵무장 투자로 인한 기회비용을 보상받으려고 한다.

마지막으로, 우리는 북한에게 '결정적 양보'를 요구하고, 이것이 가능하다고 믿으려는 유혹에 주의해야 한다. 현 북미 적대관계와 북한의 강한 저항력을 감안할 때, 제재압박을 더욱 강화하며 북한이 결정적으로 양보하기를 기대하는 방법은 항상 그 결과가 좋지 않았다. 거의 예외 없이 더 큰 핵도발과 전쟁위기를 초래했다. 따라서 제재압박을 유지하는 가운데 타협가능한 단계적 접근법을 추진하는 것이 현실적이고 효과적인 비핵화 해법이 될 것이다. 지난 북핵협상 30년 역사를 돌이켜 보면, 북한이 소위 '굴복'에 해당되는 '결정적인 양보'를 한 적이 없다. 만약 그런 행태를 보였으면 이는 '시간벌기'를 위한 기만적 협상전술에 불과했다. 북한은 항상 이익과 세력관계에 부합하는 만큼 합의하고 이행했다는 점을 기억해야 한다.

2. 북한의 핵무장 배경과 동향

1) 북한의 핵개발 이력과 핵능력

북핵문제가 발생한지 거의 30년이 되었다. 북한 핵문제가 국제사회에 처음 등장한 것은 1989년 9월이었다. 당시 영국의 국방정보잡지 『제인스 디펜스 위클리(*Jane's Defense Weekly*)』가 미국 첩보위성이 1985년부터 영변 핵시설의 수상한 핵활동을 관찰하고 있다고 보도했다. 마침내 1990년 2월 프랑스 상업위성이 영변 핵시설의 위성사진을 공개하면서 북핵문제의 실체가 드러나기 시작했다.

북한의 핵개발 역사는 50년대로 거슬러 올라간다. 북한은 1956년에 소련의 핵물리학연구소인 두브나 핵연구소에 유학생을 파견하여, 핵과학자를 육성했다. 북한은 60년대 들어 영변 핵단지를 건설하고 핵개발의 기초를 구축했다. 1962년 영변 핵단지에 소련에서 지원받은 연구용 원자로 IRT-2000을 설치하고, 1965년부터 가동하기 시작했다. 1970년대 들어 원자력 연구가 활성화되었다. 김일성대와 김책공대에 핵물리학과와 핵공학과를 설치하고, 1974년에 국제원자력기구(IAEA: International Atomic Energy Agency)에 가입하는 등 원자력 분야에서 국제협력을 시도했다.

북한은 1980년 들어 독자 기술로 5MW 흑연감속로 건설에 착공하고, 80년대 중반부터 가동하기 시작했다. 플루토늄 재처리시설도 건설하여, 90년대 초 IAEA가 사찰을 시작하기 이전에 이미 핵무기 1~2기에 해당하는 십수 킬로그램의 플루토늄을 추출한 것으로 전문가들은 추정했다. 1989년 초 출범한 부시 행정부는 북핵문제의 심각성을 인식하기 시작했고, 1989년 5월에 처음으로 한국정부에 영변의 핵개발 동향에 대해 비밀 브리핑을 제공했다. 곧 이런 정부 활동이 언론에 유출되면서, 북핵문제가 세간의 관심사로 급부상했다.

1993년 3월 북한이 NPT 탈퇴를 선언하면서, 소위 '1차 북핵위기'가 발생했다. 한편 북미 핵협상을 거쳐 1994년 10월 제네바 북미 기본합의가 체결되었고, 북한 핵활동은 2003년 '2차 북핵위기'가 발생할 때까지 동결되었다.

한국정부는 북한이 1990년대에 이미 무기용 핵물질을 축적한 것으로 평가했다. 2001년 초에 발간된 한국 국방백서(2000)는 북핵능력을 평가하면서, "플루토늄 추출능력을 고려할 때 한 두 개의 초보적인 핵무기를 생산할 수 있는 능력을 보유한 것으로 추정"했다. 하지만 "고도의 정밀기술을 요구하는 기폭장치 및 운반체 개발문제 등으로 인하여 핵무기 완성 및 보유 여부는 확실치 않다"고 덧붙였다. 한편, 미국은 북한의 핵무기 보유에 대하여 좀 더 단정적이었다. 존 맥로글린(John E. McLaughlin) 미 중앙정보국 부국장은 2001년 한 연설에서 "북한은 핵무기 1개 또는 2개를 가지고 있을 것"으로 평가했다.

김일성 시기부터 핵개발 프로그램이 있었지만, 이를 본격적으로 가동하기 시작한 것은 김정일 시기였다. 2002년 10월 북한의 비밀 우라늄농축의 혹이 제기되자 미국 부시행정부는 이에 대한 보복으로 제네바 합의를 파기했다. 이에 반발하여 김정일 국방위원장은 2003년 1월 NPT 탈퇴를 선언했다. 이때부터 북한의 핵무기 개발이 본격화되었다. 북한 핵개발 프로그램이 소위 '협상용 카드'에서 '핵무장용'으로 용도가 전환되었다.

북한은 2003년 8월부터 가동되었던 6자회담에 참여하고 각종 핵합의를 체결했지만, 핵개발을 멈추지 않았다. 북한은 6자회담 도중인 2005년 2월 핵보유를 선언하고, 마침내 2006년 10월 9일 풍계리 핵실험장에서 1차 핵실험에 성공했다. 다만 1차 핵실험의 성공에도 불구하고, 국제사회는 북한을 아직 핵무장국으로 보지는 않았다.

2009년 5월 2차 핵실험은 실제 북한이 핵무장 할지를 판단하는 주요 이정표가 되었다. 사실 북한의 1차 핵실험에도 불구하고, 2005년 9월 6자 공동성명이 있었기 때문에 한미정부와 국제사회는 북한 비핵화에 대한 희망을 버리지 않았다. 하지만 2차 핵실험 이후, 북한 비핵화 전망에 대한 비관론이 급격히 확산되었다. '9·19 공동성명'(2005)에 따른 북한의 핵포기 약속은 문서상으로 유효했지만, 북한은 공공연히 핵무장 의지를 천명했다. 특히 오바마 행정부의 강력한 만류와 압박에도 불구하고 2차 핵실험을 감행했다. 북한 국방위 대변인 성명(2010.7.24)은 "우리가 선택한 핵억제력 강화의 길이 얼마나 정당한가를 다시금 확증하였으며 … 우리의 핵억제력은 자위의 궤도를 따라 비상한 속도로 강화될 것"이라고 핵무장 의지를 재차 강조하였다.

2회 핵실험을 통해 플루토늄 기반의 핵무기 능력을 확보한 북한은 고농축우라늄기반의 핵능력을 갖추는데 집중했다. 플루토늄 생산량은 흑연감속로의 규모와 연소속도에 제약되므로 생산량을 늘리지 못하는 한계가 있다. 하지만 고농축우라늄 생산량은 농축기기를 추가 설치하고 운전시간을 늘리는 만큼 생산량 증가가 가능했다. 북한은 농축시설을 극비리에 가동하다가, 2010년 11월 12일 영변 핵시설을 방문한 전 로스알라모스 국립핵연구소장 지그프리드 해커 박사에게 농축시설을 전격적으로 공개했다. 과거 북한은 자신을 핵활동을 최대한 감추었는데, 2차 핵실험 이후부터는 우라늄농축시설 공개에서 보듯이 핵능력과 핵활동을 과시하는 경향을 보였다.

김정은 시대 들어 북한은 국가노선과 법령을 통해 핵무장을 법제화하였다. 첫째, 개정 사회주의헌법(2012) 서문은 "(김정일은) 우리 조국을 불패의 정치사상 강국, 핵보유국, 무적의 군사강국으로 전변시켰으며, 강성국가 건설의 휘황한 대통로를 열어놓았다"고 기술하였다. 둘째, 2013년 3월 31일 노동당중앙위원회 전원회의에서 발표된 "경제건설과 핵무력건설을 병진시킬 데 대한 새로운 전략노선"은 핵보유의 합법화, 핵무력의 확대 강화, 핵무력의 전투준비태세 완비 등을 최고 수준의 국가정책으로 채택하였다. 2016년 5월 7차 당대회에서 동 병진노선이 재확인되었다. 셋째, 북한은 2013년 4월 1일 최고인민회의에서 "자위적 핵보유국의 지위를 더욱 공고히 할 데 대하여" 법(이하 "핵보유국법")을 채택하여 핵무기 보유와 사용을 법제화하였다.

실제 김정은은 3차(2013.3), 4차(2016.1), 5차(2016.9), 6차(2017.9) 핵실험을 연이어 실시하며, 핵개발을 가속화 했다. 2017년 들어 대륙간 탄도미사일(ICBM) 및 중거리 미사일 시험발사, 수중 미사일 시험발사 등을 통해 미사일능력도 획기적으로 증강시켰다. 2017년 6차 핵실험에서 소위 "수소폭탄"을 실험하고, 또한 ICBM급 미사일 화성 14호와 15호 시험발사에 성공함으로써 북한의 핵능력 증강과 대미 도발은 최고조에 달했다.

김정은은 2018년 신년사에서 "국가 핵무력 완성의 역사적 대업"을 이미 이루었으며, 그 결과 "강력하고 믿음직한 전쟁 억제력"을 보유하게 되었다고 선언했다. 동 신년사는 이어서 "그 위력과 신뢰성이 확고히 담보된 핵탄두들과 탄도로켓들을 대량생산해 실전배치하는 사업에 박차"를 가할 것을 촉구했다. 그런데 신년사가 시사하듯이 앞으로 "(핵무기를) 대량생산하고 실전배치"해야 한다면, 아직 충분한 핵무기가 배치되지 않았고, 따라서 핵억제력도 아직 구축되지 않았다고 평가할 수도 있다.

1989년 처음 북핵문제가 불거지고 약 30년이 지난 후 북한의 핵능력은 얼마나 될까. 한국 『2016 국방백서』는 북한의 핵능력에 대해 "플루토늄 50kg 보유(핵무기 6~12개 분량), 고농축우라늄 프로그램 상당 수준 진행, 핵탄두 소형화 능력 상당 수준 도달, 잠수함발사 미사일 및 장거리미사일 능력 보유, 1만 명 규모의 핵·미사일 전담 전략군 설치" 등으로 기술하여, 북한 핵능력이 높은 수준에 있다고 평가했다. 2019년 초에 발간한 『2018 국방백서』도 2년 전 북핵능력에 대한 평가를 그대로 반복했다.

한편, 대부분의 국내외 전문가들은 북한이 2020년까지 20~50기 핵무기를 보유할 것으로 추정했다. 일부 전문가들은, 북한의 핵물질 생산능력이 증가함에 따라 2030년까지 최대 50~100기 수준까지 증가할 것으로 전망하기도 한다. 또한 북한은 단거리 스커드 미사일, 단중거리 노동미사일, 중거리 무수단 미사일, 장거리 화성미사일 등 1000기 이상의 미사일을 운영 중이다. 북한은 핵미사일을 운영하기 위해 기존의 '미사일지도국' 또는 '전략로 케트군'을 확대 개편하여, 2014년부터 독립된 '전략군'을 운영하고 있다.

2) 북한의 핵무장 배경과 동기

북한은 왜 핵무장을 할까. 사실 안보환경이 열악하고 과학기술능력이 있는 국가들은 모두 잠재적인 핵확산국이다. 동북아에서는 한국, 일본, 대만 등이 이에 해당된다. 하지만 핵확산금지조약(NPT)을 중심으로 하는 강력한 비확산 국제레짐이 가동하고 있고, 초강대국 미국이 양자·다자차원에서 핵확산을 강력히 통제하기 때문에 실제 핵무장을 실제 시도하거나 성공하는 국가는 극소수에 불과하다.

NPT가 인정하는 5개 '핵보유국(nuclear weapon state)'과 NPT 비회원 국으로서 핵무장한 인도·파키스탄·이스라엘 3국을 제외하면, 신규 핵무장국으로서는 북한이 유일하다. 그렇다면 다른 나라들은 핵무장의 외교적·경제적 비용 때문에 모두 포기하였는데, 왜 북한만이 이를 무릅쓰고 핵무장을 감행할까. 그 배경은 다음과 같다.

북한의 핵무장은 하루아침에 만들어지지 않았다. 한반도가 강대국에 포위되어 지정학적으로 세계에서 가장 열악한 안보환경에 놓여 있다는 것은 잘 알려진 사실이다. 더욱이 한반도가 분단되어, 남북한은 서로 "먹고 먹히는" 무한 안보경쟁에 빠졌고 생존을 위해 끊임없이 군사력을 증강하고 투쟁해야 했다. 이때 일견 핵무장은 당연히 검토해야 할 합리적 안보 옵션이었다.

사실 한국도 일찍이 강한 핵무장 동기를 갖고 이를 시도한 바 있다. 하지만 1975년에 동맹국인 미국의 강한 반대와 압박으로 무기용 핵개발을 포기했다. 한국이 동맹국이자 핵강대국인 미국의 핵우산에 안보를 의존하면서, 핵무장을 포기한 것은 합리적이고 현명한 선택이었다. 이런 한국의 선택은 장기적 안보 국익과 경제통상 국익에 부합했다. 또한 이 선택은 국제사회의 핵비확산 규범이 강화되는 추세에도 부합했다. 국제사회는 1970년에 NPT, 1975년에 원자력수출국그룹(Nuclear Suppliers Group)을 각각 출범시켰고, 핵비확산 국제레짐을 급속히 강화했다. 만약 한국이 70년대에 미국의 반대를 무릅쓰고 핵무장을 계속 했더라면, 지금쯤 핵무장국이 되었을 가능성이 높다. 하지만 핵무장한 한국은 국제사회에서 불량국가로 찍혀 만성적인 경제제재와 외교고립에 시달리고 있을 것이다.

그런데 북한의 선택은 달랐다. 북한 지도부는 일찍이 핵무기의 위력과 필요성을 인식하고 있었다. 김일성은 미국이 1945년 핵무기 단 두 발로 일본을 패퇴시켰고, 1950년 말 이후 중공군의 한국전 개입 저지와 한국전 조기 종전을 위해 핵무기 사용을 검토했다는 점을 잘 알고 있었다. 또한 주한 미군이 배치한 전술핵무기와 한미군사훈련에 동원되는 전략자산을 자신에 대한 큰 군사위협으로 간주했다.

핵전문가들이 세계적인 핵확산 현상을 설명할 때 사용하는 "핵확산의 연쇄반응" 이론은 북한의 높은 핵확산 가능성을 전망했다. 핵확산의 연쇄반응 이론이란 적대관계에 있는 국가가 핵무장하면, 이에 대응하기 위해 자신도 핵무장을 선택한다는 주장이다. 적이 핵무기로 군사위협을 가할 때 사실 어떤 재래식무기로도 이를 억제하거나 방어할 수 없기 때문이다.

예를 들면, 미국의 핵개발은 적대관계에 있는 소련의 핵개발을, 미국과 소련의 핵무장은 중국의 핵개발을, 중국의 핵무장은 인도의 핵개발을, 소련의 핵위협은 영국과 프랑스의 핵개발을, 인도의 핵개발은 파키스탄의 핵개발을 촉발했다. 이 이론은 차기 핵확산 국가로 미국과 적대관계에 있고 핵위협을 받는 북한을 지목했다. 더욱이 북한은 국제사회에서 스스로 고립되어, 다른 보통국가와 달리 국제사회의 규범과 압박에 구속되지 않기 때문에 핵무장의 가능성은 더욱 높았다.

탈냉전기 들어 북한이 공산체제와 김씨 정권의 존망을 동시에 위협하는 안보·정치·경제의 총체적 위기에 직면하게 되자, 북한 지도부는 핵무장을 유일한 총체적 타개책으로 간주하고 이에 전력을 기울였다. 북한 지도부는 대외적으로는 한국의 흡수통일과 미국의 체제전복과 군사공격 기도를 거부하며, 대내적으로는 1인 지배를 지속하기 위해 핵무장을 결정한 것으로 보인다.

북한은 핵무장을 추진하면서, 혁명적 공산주의 국제관에 따라 기존의 핵 비확산 국제규범을 전적으로 무시하고 거부하였다. 사실 현 국제사회에서 어떤 국가도 단순히 심각한 안보위기와 경제위기에 빠졌다고 하여 핵무장을 추진할 명분과 실익을 갖고 있지 않다. 그러나 북한 지도부는 국가생존과 정권유지를 위해 핵무장을 최고 국가목표로 결정하고 이를 위해 동원되는 모든 수단과 방법을 정당화하였다. 공산주의 외교관에 따르면, 외교는 전쟁과 투쟁의 연속이다. 북한에게 외교와 협상이란 핵무장 목표를 달성하기 위해 대미, 대남 투쟁에서 이용하는 수단에 불과한 셈이다. 또한 북한은 외교를 전쟁의 일부로 간주하고, 전통적 전략론의 지침에 따라 외교를 수행했다. 북한은 핵무장을 위한 시간을 벌거나, 양보를 압박하기 위해 기만과 협상과 벼랑끝 외교를 효과적으로 구사했다.

90년대 후반 들어 제네바 북미 기본합의(1994)와 김대중정부(1998~2002)의 햇볕정책에 힘입어 일시적으로 북한의 경제와 식량사정이 개선되었다. 하지만 북한의 비밀 핵 농축사건이 발생(2002)했고, 이에 따라 2003년 미 부시 행정부가 제네바 합의를 무효화하였다. 제네바 합의의 폐기는 북한의 국가전략에 큰 충격을 주었던 것으로 보인다. 김 정권의 최대 외교목표인 북미관계 개선과 경제지원의 가능성이 사라졌기 때문이다. 부시 행정부의 이라크 공격(2003)도 북한이 핵무장을 촉진하는 배경이 된다.

90년대 북한은 자신의 위축되는 재래식 군사력으로는 한반도 적화통일은 고사하고, 한미동맹을 억제하거나, 한국의 흡수통일을 거부하는 것조차도 힘들다고 보았을 것이다. 북한은 이후 한국에서 반복적으로 제기되는 '흡수통일론'과 '북한붕괴론'을 보면서, 핵무장 결정의 정당성을 재확인하였을 것이다. 김정은은 2017년 신년사에 수소폭탄과 ICBM 개발성과를 과시하면서, 핵무장을 함으로써 "조국과 민족의 운명을 수호하고 사회주의강국 건설 위업을 승리적으로 전진시켜나갈 수 있는 위력한 군사적 담보가 마련"되었다고 언급하며, 핵무장 결정의 정당성을 강조했다.

3. 북핵외교의 경과와 성과

1) 북핵협상 악순환 주기

(1) 북핵협상의 악순환 패턴과 특징

우리는 지난 30년에 걸쳐 북핵위기 발생, 북핵협상 개시와 핵합의 체결, 북한의 합의 불이행과 핵합의 붕괴 등이 반복되는 것을 지켜보았다. 매번 핵합의가 깨어질 때마다, 상호 불신은 더욱 깊어지고 그만큼 핵협상을 재개하고 핵합의를 이행하기도 어렵게 되었다. 또한 북한도 북핵합의가 깨어질 때마다 그만큼 핵개발을 더욱 가속화하는 경향을 보였다. 그렇다면 왜 북핵위기가 반복되는가. 왜 위기가 발생한 후에야 핵협상이 본격화되고 핵합의가 만들어지는가. 이렇게 만들어진 북핵합의는 왜 이행되지 못한 채 폐기되는가.

필자는 이런 문제의식을 갖고 과거 북핵협상을 분석하다가 북한의 핵도발, 핵위기 발생과 핵협상 개시, 핵합의 일괄 타결, 핵합의 붕괴 등 4단계 악순환 패턴이 반복되는 것을 발견했다. 그렇다면 이런 "북핵협상 악순환 패턴"의 특징은 무엇이며, 왜 그런 현상이 발생하는가. 이런 북핵협상 구조와 패턴을 이해하게 되면, 향후 북핵협상의 전개과정을 예측하고 대비하는 데 도움이 될 것이다.

표 10.1은 지난 30년 발생한 북핵협상 관련 사건을 북핵협상 악순환 주기에 따라 도식화한 것이다.

북핵협상 악순환 패턴은 다음과 같은 특징을 갖는다.

첫째, 고도의 북핵위기 국면이 핵협상과 핵합의를 촉진하는 경향이 있다. 북한은 미국과 국제사회의 비핵화 압력에 대해 '벼랑끝 전술'을 구사하여 국제원자력기구(IAEA) 사찰 거부, NPT 탈퇴, IAEA 사찰관 축출, 재처리시설 재가동, 폐연료봉 무단 인출, 핵실험, 중장거리미사일 시험발사 등 극단적인 조치로 핵위기를 조성하였다. 그런데 이런 위기국면이 발생한 이

표 10.1 북핵협상 악순환 패턴

회수	발단	북핵위기	잠정타결	합의 붕괴
1	• 북: 1980년대 후반 영변핵시설 건설 • 북·미: 북경 비공식 접촉	• 북: IAEA 안전조치협정 체결의무 지체('88.12) • 남북고위급회담 중단('91)	• 북: 비핵화 공동선언 합의, IAEA 안전조치 협정 체결 합의 • 미: 누우욕 미북 고위대화 개최, T/S훈련 중단	• 북: IAEA사찰 비협조, 남북 상호사찰 불이행 • IAEA 불일치 발견
2	• 북: 미신고시설 사찰 거부 • 한·미: 특별사찰 요구	• 북: 준전시 선포, NPT 탈퇴('93.3) • 한·미: T/S훈련 재개 발표('92.10)	• 북미 공동성명('93.6) – 미, 대북 안전보장 대화지속 – 북, 사찰 수용	• 북: IAEA사찰 거부
3	• 북: 사찰 거부 • 한미·IAEA: 안보리 회부	• 북: 폐연료봉 무단 인출('94.5), IAEA 탈퇴, 5MW 재가동 위협 • 미: 영변 폭격설 • IAEA: 대북 기술지원 중지('94.6)	• 북미 제네바 기본합의('94.10): – 북, 핵동결 폐기약속 – 미, 중유·경수로 제공, 제재해제, 수교 약속	• 경수로공사 지연 • 북: 사찰 비협조
4	• 북: HEU 의혹('02.10), 핵동결 해제선언('02.12) • 미: "중유 중단, "악의 축" 발언('02.1)	• 북: 5MW 원자로 재가동, IAEA 사찰관 축출('02.12), NPT 탈퇴('03.1), 핵보유선언('05.2) • 미: 선제공격설, 경수로 중단('03.12), 제네바합의 파기선언	• 6자 공동성명('05.9.19)	• 북: 신경수로 후 해폐기 주장 • 미: BDA 금융제재

계속

표 10.1 계속

회수	발단	북핵위기	일괄타결	합의 붕괴
5	• 북: 6자회담 거부 • 미: 양자회담 거부	• 북: 미사일 발사('06.7), 1차 핵실험('06.10) • 한미·안보리: 1718 제재결의	• 2.13, 10.3 6자합의('07)	• 북, 신고, 검증방안 논란, 6자회담 거부('03)
6	• 북: 검증의정서와 6자회담 거부 • 미: 6자회담 거부, 오바마정부의 북핵 준순위	• 북: 은하2호 시험발사('09.4), 2차 핵실험('09.5), 미사일실험, 천안함 포격('10.3), 연평도 포격('10.11) • 미: UNSC 1874('09.6) 경제제재, 대화 중단, 금융제재	• 북미 2.29 합의('12.2) - 미: 24만 톤 영양식 제공 - 북: 9·19합의 확인, 6자회담 재개, 일체 핵·미사일 활동 중단, 우라늄활동 IAEA 감시 수용	• 북: 평화적 우주이용 은하3호로켓 시험발사('02.4), 실패 • 미: 2.29 합의 파기
7	• 북: 은하3호 재발사 성공('12.12), 3차 핵실험('13.2), 영변원자로재가동('13.4)	• 북: 4차('16.1), 5차('16.9) 핵실험, 6차 수폭실험('17.9) • 광명성4호 로켓발사('16.2), ICBM 시험발사('17.7, 11) • 미: 안보리제재결의, 최대압박, 전략무기 시위, 군사공격 위협	• 남북정상회담, 판문점선언('18.4) • 싱가포르 북미정상회담, 공동성명('18.6) • 하노이 북미정상회담 '노딜'	• 북한 핵·미사일 도발 재개(?)

후에야 미국은 사후적이며 대응적인 반응조치로서 북핵협상에 응하는 경향을 보였다.

그렇다고 북핵협상이 바로 본격적으로 열리지는 않았다. 북한의 핵도발에 대해 우선 미국은 안보리 회부와 제재결의, 군사조치 위협 등으로 대응했다. 그런데 핵위기와 전쟁위기가 고조되어 이를 해소해야 할 필요가 있다고 판단할 때, 미국은 국익의 필요에 따라 겨우 대화에 응하고, 당면한 위기를 해소하려는 의사를 보였다.

예를 들면, 1994년 5월 북한이 임의로 핵연료봉을 인출하여 전쟁위기가 발생한 이후에야 제네바 합의가 타결되었다. 2006년 10월 1차 북핵 실험도 2007년 2.13 6자합의를 촉진시켰다. 2018년 남북정상회담과 북미정상회담도 2017년 하반기에 극단적인 북핵위기와 전쟁위기를 겪은 후에야 개최되었다.

둘째, 북핵위기가 핵협상을 촉진시키는 배경에는 북미 간 적대관계와 뿌리 깊은 불신이 있다. 미정부는 북핵문제의 해결을 위해 대화가 필요하다고 인식하면서도, '불량국가'인 북한과 대화하는 것이 정치적으로 부담스럽기 때문에 적극적으로 협상에 응하지 못했다. 미국은 불량국가와 대화하는 것을 상대방에 대한 인정과 보상으로 간주하는 경향이 있어 좀체 대화에 응하지 않는 경향을 보였다. 이때 북한은 '벼랑끝 외교' 전술을 효과적으로 구사하면서 상대를 협상장으로 끌어들였다. 2018년 북미정상회담이 개최된 것도 워싱턴 정치의 아웃사이더인 트럼프 대통령이 전통적인 미국의 대북접근법을 완전히 무시했기 때문에 가능했다.

셋째, 북핵협상에서 더욱 두드러지는 특징은 핵합의가 붕괴한다는 점이다. 대부분의 북핵합의가 충분한 검토를 거치는 정상적인 교섭과정이 아니라 '위기국면'에서 급하게 만들어졌다. 이때 핵합의는 위기국면을 회피하기 위한 미봉책이 될 가능성이 높다. 위기 국면에서 급조된 핵합의는 지킬 수 없는 약속, 핵심 쟁점의 합의 실패 또는 생략, 애매한 조문 등을 포함했다.

이런 합의 불이행의 배경에는 당초 이행 의지 없이 상대방을 기만한 경우, 또는 국내적 설득에 실패한 경우도 있다. 합의문이 이행과정에서 국내적 반발로 인해 집행이 지연되거나 요구사항이 추가되기도 한다.

그 사례 중 하나로 북한이 1991년 영변 재처리 시설을 건설하고 재처리 실험을 하면서도 기만적으로 이를 금지한 '한반도 비핵화 공동선언'에 서명한 것을 들 수 있다. 미국도 예외는 아니다. 미국이 1994년 대북 경수로 제공의 어려움을 알고서도 "북한의 조기붕괴로 인해 경수로 제공 약속을 이행할 필요성이 없을 것"이라는 판단하에 북미 제네바 합의에 서명했다. 또한, 애매한 합의의 사례로는 '한반도 비핵화 공동선언'의 상호사찰 조항이 있다. 당시에 남과 북은 상호 핵사찰 대상시설을 '지정'하는 데 실패하고, "쌍방이 합의하는 시'''"에 대해 사찰하기로 합의했다. 이후 남북은 수차례 남북 핵통제공동위원회를 개최하였으나, 결국 핵사찰 대상을 합의하는 데 실패하여, 비핵화 공동선언은 사실상 파기되었다.

1994년 '북미 기본합의문'도 대북 사찰시기를 구체화하는 데 실패했다. 2002년 들어 사찰 문제가 재부상 했을 때, 사찰 시기와 방법에 대한 북미 간 이해가 너무 달랐다. 2005년과 2007년 6자 합의에서도 '검증 문제'를 분명히 하지 않아, 2008년 후속 협상에서 북한이 검증합의서 채택을 거부하는 구실을 주었다.

국내적 설득에 실패하여 핵합의를 훼손한 사례도 많다. 제네바 합의에서 미 민주당 행정부는 경수로와 중유 50만 톤 제공을 약속하였으나, 공화당 의회가 이에 필요한 자금지원을 거부하여 합의 이행이 지연되었다. 9·19 6자 합의 직후 북측은 '선 경수로 제공, 후 비핵화 이행'에 합의하였다고 발표했다. 그런데 미정부는 이와 정반대로 '비핵화 완료 후 경수로 제공 검토 가능' 입장을 발표하였다. 이것도 미국과 북한이 각각 내부의 반발을 고려하여 합의문을 재해석한 사례로 볼 수 있다.

마지막으로, 북핵협상 악순환 패턴을 본다면, 2018년 상반기에 남북 및 북미정상회담을 통해 달성한 일괄타결의 미래가 반드시 밝지만은 않다. 과거를 돌이켜 보면, 자칫 합의체제가 붕괴할 가능성은 항상 열려있다. 그런데 2018년 합의체제는 남·북·미의 정치지도자들이 직접 개입하며 만든 합의체제이기 때문에 과거 사례보다 지속성이 더욱 높을 것으로 기대된다. 과거와 같이 국내정치적 합의 유지 문제를 걱정할 필요가 없다. 또한 과거 합의 붕괴의 주요 요인에 국내적 관심 저하가 있었는데, 현재 남·북·미의 정치지도자가 합의 체제를 유지하는 데 높은 이해관계를 갖고 관심도 지속되고 있다. 이는 현 합의 체제를 지속하는 데 긍정적인 요소이다.

(2) 북핵협상의 악순환 현상과 비핵화외교 실패의 원인

북핵협상의 악순환 패턴이 왜 발생하는가. 이렇게 비정상적인 협상행태와 합의 불이행 현상이 반복되는 배경으로 다음과 같은 요인을 들 수 있다.

첫째, 북미 간 극단적인 불신, 근본적인 이해관계의 충돌, 적대감 등이 파행적인 협상의 배경이 된다. 북한은 미국의 궁극적인 대북정책 목표가 북한의 체제전환과 정권교체라는 의구심을 항상 갖고 있다. 한국의 대북정책 목표도 결국 체제변화와 흡수통일이라고 믿고 있다. 미국도 북한이 핵을 포기할 것이라고 생각하지 않는다.

그런데 북한과 미국은 상호 신뢰수준에 비해 너무 높은 협상목표를 추구한다. 미국은 줄곧 북한의 완전한 비핵화, 또는 핵무기와 핵프로그램의 '완전하고 검증가능하며 불가역적인 해체(CVID: Complete, Verifiable, Irreversible Dismantlement)'를 북핵외교의 목표로 추구했다. 반면에 북한은 미국의 대북 적대시 정책 중단, 평화협정 체결, 경제제재 해제, 경제지원, 수교 등을 요구했다. 또한 미국과 북한은 상대를 믿지 못해 각각 상대의 선 이행을 요구했다. 그런데 상호신뢰 없이는 이런 요구를 만족시키기 어렵다. 심지어 상대가 합의 조치를 이행하더라도 이를 모종의 꿍꿍이가 있는 기만적 행동으로 보았다.

특히 탈냉전기 들어 복합적 국가위기를 겪고 있는 북한으로서는 좀체 핵옵션을 전면적으로 포기하기 어려울 것이다. 북한 지도부는 핵무장을 안전보장, 체제보장, 그리고 내부통제를 위한 핵심적인 수단으로 보기 때문이다. 동구국가의 체제전환, 그리고 이라크와 리비아의 지도자 처형도 북한에게 핵포기를 하면 안 된다는 반면교사의 교훈을 주었다.

둘째, 북핵 해결을 위한 미국 측의 외교적 노력은 선제적이고 전략적인 구상에 따른 것이 아니라 북한의 외교공세에 대한 반응으로 나타나는 경향이 있다. 북핵 문제의 완전하고 신속한 해결을 위한 전략과 로드맵과 갖고 체계적으로 접근하지 못했다. 오히려 북한의 벼랑끝 전술과 위기조장 전술에 말려들어 뒤늦게 위기해소 차원에서 최소한의 반응을 보였다. 그 결과 마지못해 타결한 핵합의는 결국 그 내재적 결함으로 인해 합의의 해체와 새로운 핵사태의 반복을 초래한다. 또한 과거 미국의 대북 협상팀은 대북 협상 자체와 합의의 창출에 집착한 나머지, 합의의 실질적 이행 또는 이행 보장장치 마련에 소홀한 경향이 있다. 2018년 싱가포르 북미정상회담도 마찬가지다.

문제는 합의 내용을 좀 더 명확히 하고, 합의 이행보장 장치를 강화하려는 노력도 성과를 거두기 어렵다는 점이다. 이에 대한 북한의 거부감이 높아, 합의 자체가 불가능할 가능성이 높다. 사실 이런 점이 북핵협상과 합의의 내재적인 한계이며, 오늘까지 북핵사태가 계속 악화된 배경이기도 하다. 결과적으로 합의문 작성에는 성공하였으나 합의 이행체제를 확보하고 보장하는 데에는 실패하였다.

셋째, 미국과 한국은 북한체제의 내구성과 핵개발 의지를 과소평가했다. 90년대 초반 미국은 핵비확산의 도덕성과 명분을 과신하고, 북한의 핵개발 의지와 능력, 그리고 협상능력을 과소평가했다. 또한 탈냉전기 들어 구공산국가의 붕괴 필연성을 과신한 나머지, 북한의 체제 내구력을 과소평가하는 잘못을 저질렀다. 90년대 초 유행하였던 북한 '붕괴론'도 이러한 미국의 성급한 판단에 기여하였다. 사실 미국이 북한의 조기 붕괴를 과신한 나머지, 시간을 벌기 위해 제네바 합의와 경수로 제공에 동의했다는 주장도 있다.

미국이 2002년 제네바 합의를 파기하고, 2005년 6자 공동성명을 상당 기간 '방치'한 것도 북한의 핵개발 능력과 의지를 과소평가했기 때문으로 보인다. 북한의 자발적 핵포기 또는 체제붕괴를 기대했던 오바마 행정부의 '전략적 인내' 정책은 오히려 북한이 핵개발 시간을 버는 데 이용되었다. 만약 북한의 핵능력과 의지를 정확하게 판단하였다면, 북핵문제를 그렇게 방치하지는 않았을 것이다. 북한 핵실험도 미연에 방지할 수 있었을 것이다.

넷째, 우리 북핵정책의 혼선을 들 수 있다. 북핵 접근법으로 북한 붕괴론, 방치론, 협상론, 포용론 등이 있다. 그런데 한국과 미국에서 정권교체에 따라, 대북접근법이 극단적으로 바뀌면서 대북정책의 일관성을 상실했다. 또한 국내에서 다양한 접근법이 서로 경쟁하면서 적지 않은 정책혼선을 초래하고, 심지어 정책마비를 초래하기도 했다. 한·미는 각각 국내적으로, 그리고 양국 간에 이러한 접근법의 혼선을 해소하는 데 실패함으로써, 대북관계에서 협상 추동력과 집행의 일관성을 상실하였다. 한국 내 남남갈등, 그리고 미국 내 클린턴 행정부와 공화당 의회 간 갈등, 부시 행정부 내 네오콘 강경파와 국무부 협상파 간 갈등 등이 이러한 정책혼선의 사례였다.

사반세기에 걸친 북한 비핵화 노력에도 불구하고 비핵화에 실패했다는 사실에서 우리의 정세판단과 협상전략에 심각한 오류가 있었다고 인정하지 않을 수 없다. 특히 2017년 들어 북한이 연이어 중장거리 탄도미사일을 시험발사하고 "수소폭탄" 실험을 실시하면서, 북한 핵무장은 기정사실화되었다. 이는 우리 북핵정책에 새로운 의문을 던진다. 과거의 실패를 반복하지 않기 위해서 새로운 비핵화전략은 보다 현실에 바탕을 두고 실현가능한 목표를 내세워야 한다.

2) 김정은-트럼프 북미정상회담

(1) 싱가포르 북미정상회담 개최 배경과 성과 평가

북미정상회담은 트럼프 대통령이 아니었다면 불가능했을 것이다. 과거 클린턴, 오바마 대통령도 북한과 정상회담을 추구했지만, 안팎의 반대로 좌절되었다. 트럼프 후보는 2016년 5월 17일 로이터통신과 인터뷰에서 "대통령이 되면, 북핵문제를 해결하기 위해 김정은과 직접 대화하겠다."고 밝혔다. 그러자 힐러리 클린턴 민주당 후보가 트럼프의 순진함과 외교적 무지를 비판했다. 클린턴 후보의 이런 반응은 민주당과 공화당을 망라하고 워싱턴에 만연한 북한에 대한 깊은 불신과 북미대화 무용론을 반영하고 있다. 미국 외교가는 정상회담 자체가 상대방의 지위를 인정하는 큰 정치외교적 선물이라고 생각하기 때문에 김정은과 같은 불량국가의 불량지도자와 정상회담에 매우 부정적이었다.

그런데 워싱턴 아웃사이더이자 자칭 '협상의 대가'인 트럼프는 북한에 대한 어떤 선험적 판단도 배제한 채 매우 실용적인 입장을 견지했다. 6월 5일 애틀랜타 유세연설에서 대화 의지를 강하게 밝혔다. "대화하는 것이 무엇이 문제인가. 김정은이 미국에 온다면 협상테이블에서 햄버거를 먹을 것이다. 김정은과 직접 대화로 북핵문제를 해결할 가능성이 10%, 20% 있다. 그런 가능성이 있다면 대화해야 한다." 당시 이 "햄버거 미팅" 발언은 외교에 무지하고 충동적인 트럼프 후보의 발언으로 치부되어 별 관심을 끌지 못했지만, 트럼프는 자신의 소신을 실행에 옮겼다.

그렇다면 김정은 국무위원장은 왜 북미정상회담을 추진키로 결정했을까. 2018년 들어 북한은 핵·미사일 도발을 중단하고, 급격히 대화국면으로 전환했다. 그 배경에 대해 '핵무장 완성의 자신감', 또는 '제재압박 효과' 때문이라는 2개의 해석이 있다. 북한은 스스로 전자임을 과시하나, 필자는 후자가 북한정세에 더욱 부합한다고 본다. 김정은은 2018년 신년사에서 '국가 핵무력 완성'을 선언하고, "그 어떤 힘으로도 그 무엇으로도 되돌릴 수 없는 강력하고 믿음직한 전쟁 억제력"을 보유하게 되었기 때문에 "더 이상 미국이 전쟁을 걸어오지 못한다."고 단언했다. 그런데 실은 김정은이 기대하는 병진노선의 경제적·안보적 성과가 충분히 발생하지 않았다. 오히려 정반대로 핵무장의 진전에 따라, 2017년 후반기 들어 오히려 북한의 안보와 경제가 급격히 악화되는 징후가 발생했다.

미국이 대북 예방전쟁과 경제봉쇄를 준비하면서, 북한의 중장기적 안보와 경제 전망은 더욱 어두워졌다. 그런 전망의 배경에는 아이러니하게도 2017년 북한의 대륙간탄도미사일(ICBM) 시험발사와 수소폭탄 실험 성공이 있다. ICBM과 수소폭탄 실험 성공은 북한 핵무장의 엄청난 진전이고, 김정은에게는 정치적 업적이었다. 그런데 동시에 ICBM과 수소폭탄 실험은 미국과 중국의 핵심 안보 이익을 직접 위협하게 되었다. 양대 핵강대국은 이제는 북핵문제를 지역안보나 핵비확산 차원이 아니라, 자신의 국가안보 차원에서 대처하지 않으면 안 되었다. 미국과 중국이 대북 압박과 제재를 강화하면서, 북한의 경화획득, 원유도입과 물자도입이 급감하고, 김정은의 국정운영과 경제발전이 크게 타격받게 되었다.

또한 북한의 핵능력이 증가하자, 한미가 대북 방어·억지·보복 능력을 적극적으로 증강시키기 시작했다. 특히 트럼프 행정부가 북한에 대한 예방공격을 강하게 위협함에 따라 북한의 안보가 핵무장에도 불구하고 되레 취약해지는 현상이 발생했다. 결국 북한은 강화되는 제재압박과 병진노선의 한계에 직면하여, 제재압박의 완화, 경제난과 식량난 완화, 북미 평화협정 등을 목표로 대화공세에 나서는 것이 불가피했을 것이다.

마침내 북미 정상은 우여곡절을 거쳐 2018년 6월 싱가포르에서 정상회담을 가졌다. 싱가포르 북미정상회담의 최대 의의는 양국의 정상이 70년 만에 역사상 처음으로 회동했다는 데 있다. 당초 싱가포르 북미 공동성명이 '비핵화 합의'가 될 것이라는 기대가 많았지만, 결과는 그렇지 않았다. 대신에 양 정상은 새로운 북미관계 수립, 한반도 영구평화체제 구축, 한반도 완전한 비핵화 등 양국 간 3개의 포괄적인 전략목표를 제시하고 이를 달성하기 위한 노력을 약속하는 '정치합의'를 채택했다. 싱가포르 북미 공동성명이 갖는 의의와 한계는 다음과 같다.

첫째, 이번 공동성명을 통해, 북핵에 대한 접근법이 과거 일방적으로 핵폐기를 요구하는 국제법적, 핵비확산 규범적, 관료적 접근법에서 주고받기식의 정치적, 거래적 접근법으로 바뀌었다. 그동안 한미와 국제사회는 북한의 핵개발을 공공연한 국제법 위반과 세계평화 침해행위로 간주했다. 하지만 이번 공동성명에서 양측은 북미관계 개선과 비핵화를 교환하기로 합의했다.

둘째, 북미 협상에서 북핵 의제의 상대적 중요성이 하락했다는 우려가 있다. 공동성명에 총 4개 조항이 있는데, 북핵 조항은 (1조) 새로운 북미관계 수립, (2조) 한반도 평화체제 구축에 이어, (3조)에 위치한다. 북미회담에서 최우선 의제가 되어야 하는 북핵문제가 세 번째로 밀려 상대적 중요성이 감소한 셈이다. 또한 북핵 조항을 북미관계 수립과 평화체제 구축 조항 이후에 위치한 것은 이 순서에 따라, 즉 북미관계 수립과 평화체제 구축 이후에야 비핵화를 추진한다는 잘못된 메시지를 북한에 줄 우려가 있다. 전문의 "상호 신뢰구축이 한반도 비핵화를 촉진"한다는 구절도 북한에게 북미관계가 개선되고 신뢰가 구축되어야 비핵화 한다는 메시지를 줄 우려가 있다.

셋째, 북핵 조항에서 구체성이 부족하다. 북핵 조항의 내용을 보면, 강력한 비핵화 최종상태와 목표를 표시하는 'CVID' 표현이 빠지는 대신, 4.27 판문점 선언(2018)에서 표현된 '한반도의 완전한 비핵화'가 채택되었다. 그리고 당초 논의 과정에서 비핵화 시한, 신고 범위, 검증방법, 초기 비핵화 실행조치 등이 공동성명에 명기될 것으로 기대되었으나 빠졌다. 다만 공동성명 3조에서 "북한은 2018년 4월 27일에 채택된 판문점선언을 재확인하면서, 한반도의 완전한 비핵화를 향하여 노력할 것을 확약하였다."고 합의하여, 북미 공동성명이 남북정상 선언의 북핵합의를 반복하는 데 그쳤다. '비핵화' 개념의 정확한 정의에도 관심이 많았지만, 이도 생략되었다.

(2) 하노이 북미정상회담

트럼프 미 대통령과 김정은 국무위원장은 2019년 2월 27, 28일 양일간 베트남 하노이에서 2차 북미정상회담을 가졌으나, 어떤 합의문도 채택하지 못한 채 헤어졌다. 사실 이런 결말은 누구도 예상치 못했다. 특히 하노이 북미정상회담의 결과로 북미관계, 비핵화, 평화체제 등 3축이 나란히 진전되어, 이를 바탕으로 남북관계 개선과 경제협력을 촉진하려던 우리에게는 적지 않은 충격이었다. "웃으며 헤어졌다"는 북미 양국의 설명에도 불구하고, 하노이 합의 무산의 여파는 오래 남아있다. 과거 사례를 볼 때, 회담 결렬은 종종 상대방에 대한 책임전가와 상호비난으로 이어지고, 협상 중단을 초래했다.

일부 전문가는 올 것이 왔을 뿐이라고 평가했다. 트럼프 대통령의 새로운 정치적 톱-다운식 접근법이 북미 간 모처럼 대화 돌파구를 여는 데 기여했지만, 일인 리더십에 과도하게 의존하는 이런 접근법이 불안정하며, 예측 불가하다는 한계도 드러냈다.

그렇다면 양측이 합의를 이루지 못했던 쟁점은 무엇인가. 첫째, 미국은 영변 핵단지를 넘어서는 "추가적인 비핵화"를 요구했다. 대표적으로, 영변 밖의 농축시설이 있다. 폼페이오 장관의 추가 설명에 따르면, 미국은 영변 외의 미사일 시설, 핵탄두 무기체제의 해체, 핵목록 신고 등도 요구했다. 그러데 북한은 핵폐기의 범위를 "영변 핵시설 폐기"로 한정하는 한편, 그 대가로 민생 관련 유엔안보리 제재결의 5개의 철회를 요구했다.

그런데 미국은 북한의 제재 해제 요구가 "기본적으로 전면적인 제재 해제"로 평가하고 이를 거부했다. 합의 무산 이후 급조된 기자회견(3.1)에서 리용호 외상은 북측의 비핵화 제안을 다음과 같이 부연 설명했다. "영변지구의 플루토늄과 우라늄을 포함한 모든 핵물질 생산시설을 미국 전문가들의 입회하에 양국 기술자들의 공동 작업으로 영구적으로 완전히 폐기한다. 이는 양국의 현 신뢰 수준의 단계에서 북한이 할 수 있는 가장 큰 보폭의 비핵화 조치이다. 둘째, 미국의 우려를 덜기 위해 핵실험과 장거리 로켓 시험발사를 영구적으로 중지한다는 확약을 문서로 제공할 용의가 있다. 셋째, 신뢰조성 단계를 거치면 앞으로 비핵화 과정은 더 빨리 전진할 수 있을 것이다."

하노이 정상회담 사후 논쟁에서 북미 양국은 비핵화와 제재해제의 단계적 병행조치에 대해 중대한 입장차를 드러냈다. 첫째, 미국은 북한의 완전한 비핵화를 달성할 때까지 안보리 경제제재를 주요 압박수단으로 계속 활용하겠다는 입장이다. 실제 유엔안보리의 대북제재결의는 2016년부터 그 성격이 바뀌는데, 그 이전에는 북한 핵·미사일 개발에 필요한 물자·기술을 주로 통제했다. 그럼에도 불구하고, 핵·미사일 개발과 도발이 반복되자, 유엔안보리는 김정은 통치자금과 경제 전체를 타깃으로 현금거래를 동반하는 일체 수출입을 통제하기 시작했다. 그런데 이 제재가 주효했다는 것이 일반적인 평가이다. 따라서 미국과 국제사회는 북한이 완전히 비핵화 할 때까지 이 경제제재 체제를 유지해야 한다는 입장이다.

둘째, 리용호 외상이 기자회견에서 시사했듯이, 북한은 영변핵시설을 제재해제의 상응조치와 교환하는 데 이용하고, 기타 비핵화조치(핵신고, 핵탄두, 미사일 폐기 등)는 미국으로부터 정치군사적 상응조치를 얻는 데 이용한다는 구상이다.

전문가들은 대체로 하노이 담판에서 김정은 국무위원장이 패배했다고 판정했다. 북한 실무협상팀의 처형설까지 떠돌았다. 숙고하던 김정은 국무위원장이 마침내 4월 12일 최고인민회의 시정연설에서 2019년 말을 시한부로 3차 북미정상회담 개최 의사와 조건을 밝혔다. 김 위원장은 "조미 사이에 뿌리 깊은 적대감이 존재하고 있는 조건"이므로 "쌍방이 일방적인 요구조건들을 내려놓고 각자의 이해관계에 부합되는 건설적인 해법을 찾아야"한다고 주장했다. 여기서 김 위원장은 "미국이 올바른 자세를 가지고 우리와 공유할 수 있는 방법론을 찾는 조건"을 제기하여, 결국 미국의 양보를 요구하고 있다.

트럼프 대통령은 김정은 위원장이 시정연설에서 3차 북미정상회담을 제기한 데 대해 즉각 트윗(4.12)으로 호응했다. "나는 우리의 개인적 관계가 아주 좋다는 데 대해 김정은 위원장과 동의한다. 보다 정확히 말하면 우리 관계는 탁월하다. 우리가 서로 어떤 입장에 있는지 충분히 이해하기 때문에 3차 정상회담이 좋다는데 김 위원장과 동의한다." 북미 정상이 서로 정상회담의 끈을 놓지 않겠다는 의사를 명확히 밝혔지만, 실제 차기 정상회담이 개최되고 성과를 거둘지 의문이다. 북미정부가 서로 합의 불발의 책임을 상대에게 떠넘기며, 상대의 입장 변화를 요구하고 있기 때문이다.

(3) 불발된 김-트럼프 3차 북미정상회담

2019년 2월 말 하노이 북미정상회담이 합의 없이 끝난 후 북미관계와 북핵 국면은 연일 아슬아슬한 긴장의 연속이었다. 미국의 반복되는 핵협상 재개 요구에도 불구하고 북한은 협상을 거부하며, 5월부터 시작하여 10여 차례 단거리 미사일과 대형 방사포의 시험발사로 군사도발을 반복했다. 마침내 10월 5일 스톡홀름에서 북미 실무 핵협상이 열렸지만, 북측은 하루 만에 미국의 입장 불변을 이유로 "협상 결렬"을 선언했다. 과거 북미관계를 돌이켜 보면, 이런 북한의 미사일 발사와 일방적인 협상 중단은 미국의 강경대응을 초래하고, 이에 북한이 다시 반발하면서 북핵위기가 재발되었을 것이다.

하지만 김정은 국무위원장과 도널드 트럼프 대통령 간 친서외교와 '번개회동'으로 북미 대화의 끈이 이어졌다. 특히 트럼프 대통령이 다음과 같이 반복적으로 북미관계에 개입하면서 그 파탄을 방지했었다. 첫째, 트럼프 대통령은 김정은 위원장과 좋은 관계를 유지하고 있다고 반복적으로 확인하여, 미국정부와 국제사회의 대북 강경조치 가능성을 선제적으로 방지했다.

또한 미국과 한국 내에서 대북 강경론이 재부상하는 것을 방지하는 효과도 있었다.

둘째, 트럼프 대통령은 단거리 미사일 발사가 북미 합의를 위반한 것이 아니라며 미정부와 국제사회의 강경 대응을 무마시켰다. 이런 입장은 유엔 안보리의 대북결의에 반하므로, 트럼프 대통령이 아니라면 감히 누구도 우기기 어려웠을 것이다.

셋째, 트럼프 대통령은 2019년 9월 10일 트위터를 통해 전격적으로 대북 매파인 존 볼턴 국가안보보좌관을 해고하여, 북미대화를 재개하고 싶다는 신호를 발신했다. 트럼프 대통령은 다음 날 11일 백악관 기자단에게 볼턴 보좌관이 "김정은 국무위원장에게 리비아모델을 따르고, 모든 핵무기를 이전할 것을 요구한 것은 실수"이며 "외교 참상"이었다고 부연 설명했다. 이로써 김정은 위원장에게 더 이상 리비아 모델이나 일괄 핵포기를 강요하지 않을 것이며, 자신의 주도로 새로운 북핵 해법에 기반한 북미협상을 추진하겠다는 의사를 분명히 전달한 셈이다.

9월 들어 갑자기 북미 양측이 대화 분위기를 조성하면서 스톡홀름 북미 실무회담이 열렸다. 그런데 북한이 미국의 준비부족과 입장 불변을 비판하면서 실무회담이 하루 만에 종료되고 말았다. 북미관계와 북핵협상이 다시 중대한 기로에 섰다.

이후 북미관계는 아슬아슬한 줄타기를 하다가, 2020년 초 코로나19 사태로 인해 정체상태에 들어갔다. 김정은 국무위원장은 2019년 4월 12일 최고인민회의 시정연설에서 '연말'의 정상회담 시한을 제시했었다. 북한에서 김정은의 발언이 갖는 절대적 위상을 감안할 때 이 말을 관철하기 위한 노력이 당분간 이어졌다. 또한 김정은 위원장도 당시 경제제재 하에서는 자신이 제시한 경제집중 전략노선이 관철될 수 없다는 것을 알고 있었을 것이다. 따라서 다시 한 번 경제제재 완화를 위해 북핵협상이 재개될 가능성에 대한 기대가 있었다.

그동안 트럼프 대통령은 항상 북미정상회담에 긍정적이면서도 서두르지 않는다는 입장이었다. 그런데 트럼프 대통령의 지지도 하락 추세, 민주당의 탄핵추진, 외교적 성과의 부재 등을 볼 때, 재선에 그렇게 유리한 환경은 아니었다. 따라서 트럼프 대통령은 재선을 위해 모든 카드를 동원할 것으로 보였다. 이때 트럼프 대통령이 북미정상회담을 새로운 외교적 성과물을 창출하는 데 이용하거나, 또는 최소한 사태 악화를 방지하기 위한 방안으로서 활용할 가능성도 있었다. 그런데 2020년 들어 누구도 예상치 못한 돌발변수가 발생했다. 코로나19가 대유행하면서, 전 세계적으로 일체의 외교일정이 중단되었다. 코로나19 위기 속에서 치러진 대선에서는 트럼프 대통령이 낙선하고, 2021년 바이든 민주당 행정부가 새로이 출범했다.

4. 한반도 비핵평화체제 구축전략

1) 대북정책 옵션과 문재인정부의 선택

박근혜 대통령의 탄핵으로 인해 2017년 5월 갑작스럽게 출범한 문재인정부가 직면한 대외환경은 위에서 토론하였듯이 고도의 북핵위협과 전쟁위험이었다. 이런 상화에서 문재인정부는 북핵위기와 전쟁위기의 재발을 방지하기 위한 '평화정착'을 최고 대북정책 목표로 제시하고, 이를 달성하기 위한 방안으로서 '한반도 평화체제 구축'을 제안했다.

사실 북핵위기와 전쟁위기의 상황에서 한국과 미국은 다양한 정책옵션을 갖는다. 그렇다면 왜 문재인정부는 평화체제 구축 옵션을 선택했을까. 다음에서 국내에서 논쟁 중인 다양한 북핵정책 옵션을 제시하고, 이를 비교 평가하였다.

도표 10.1의 가로축은 북한의 핵무장-핵폐기 축이며, 세로축은 한미의

대북 대치·봉쇄-연계·수교 축이다. 가로와 세로 축의 조합에 따라 (A)~(E) 시나리오를 상정할 수 있다. 여기서 (A)는 2017년 당시의 북핵위기 국면이다. 이때 북한은 핵무장을 가속화하고, 미국과 국제사회는 이에 대해 강한 제재압박으로 서로 대치하고 있다.

(A)와 같이 북미 간 대치구도가 지속되면, 결국 수년 내 북한의 핵무장이 더욱 증강되고, 한미의 군사적 대응조치도 강화되어, (B)의 '공포의 균형' 시나리오가 발생할 가능성이 높다. 이 시나리오는 북한의 증강된 핵무장과 한미동맹의 강화된 확장억제가 서로 대치하고 충돌한다. 이런 상황에서 군비경쟁, 선제공격, 우발전쟁 등 전쟁위험이 매우 높아질 것이다. 한반도 전쟁 발발 시 동북아대전으로 확전될 가능성도 높다. (B) 시나리오는 (A) 국면이 통제되지 않고 대치가 악화된다면 자동적으로 발생할 전망이며, 그 가능성이 매우 높다.

(B) 시나리오를 피하는 방법으로 (D), (E), (C) 시나리오와 옵션이 있다.

(D)는 '강제적 비핵화' 정책옵션이다. 구체적으로 예방공격, 체제붕괴, 정권교체 등 방안이 있다. 이 정책옵션은 보수진영과 안보진영이 선호하는 정책옵션인데, 지난 수십 년간 단골 메뉴였다. 하지만 북한의 반발로 인한 전쟁 위험성이 높아 매우 위험하다. 반면에 북한의 체제 내구성과 저항성을 감안할 때 실현성은 낮다. 따라서 많이 논의되었지만, 전면적으로 실행된 적은 없다.

(E)는 북한의 핵무장 현실을 인정하여 "북핵과 동거"하는 시나리오인데, 한국과 미국정부가 절대 거부할 것이므로 가능성이 낮다. 일부 전문가는 미국이 북핵을 인정하고 한반도에서 철수할 것을 주장하는데, 이때 북한은 핵우위를 이용하여 한국을 강압할 가능성이 높고, 이때 한국은 자체 핵무장할 가능성이 매우 높다. 미국과 중국이 한국과 북한을 각각 분할 관리하는 방안도 이와 유사한데, 실현성은 매우 낮다.

마지막으로 한반도 비핵평화체제를 구축하는 (C) 정책옵션이 있다. 이는

도표 10.1 북핵 시나리오와 정책옵션

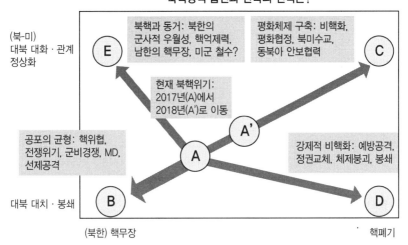

진보진영과 남북대화론자가 선호하는 정책옵션이다. 사실 이는 한국의 국익(북한 비핵화, 남북관계개선, 전쟁방지, 평화정착 등)에 전적으로 부합하여, 최선의 한반도 시나리오이자 정책옵션이다. 그런데 이를 달성하기 위해서는 북한의 핵포기, 평화협정 체결, 북미수교, 북일수교, 동북아 안보협력 등이 포괄적으로 달성되어야 한다. 무엇보다 북한과 주변국의 전적인 협조가 필수적이다. 이 정책옵션의 단점은 실현성이 낮다는 점이다. 무엇보다 북한의 비핵화 수사에도 불구하고 실제 핵포기 할 가능성이 매우 낮기 때문이다. 북한뿐만 아니라 한국, 미국, 일본도 북한과의 관계개선에 적극 나서야 하는데 그 전망도 의문시된다.

그렇다면 우리에게 가장 바람직한 시나리오는 무엇인가. 이 북핵 정책옵션 그림표를 보면, 한국과 주변국의 선택은 명료해 보인다. 공포의 균형(B), 강제적 비핵화(D), 북핵 동거(E) 시나리오 모두 북핵위협과 전쟁위기의 증가를 동반하여, 한국뿐만 아니라 주변국 모두에게 좋은 선택이 아니다. 최근 북한의 핵무장 완성이 임박하자, 미국은 이를 저지하기 위해 군사옵션까지 준비하고 있다. 그런데 매우 제한적인 대북 군사타격을 동반하는 '코피 작전(bloody nose operation)'이라고 하더라도, 전쟁의 불확실성 속성으로 인해 한반도전쟁과 동북아전쟁으로 확전될 가능성이 높아 주의해야 한다.

지난 30년 북핵협상 역사를 돌이켜 보면 북핵위기는 계속 악화되어 왔다. 북한의 핵무장 완성과 핵억제력 확보가 임계점에 거의 도달했다는 점을 감안할 때 우리에게 남은 시간이 별로 없다. 이런 인식이 문재인정부와 트럼프 행정부가 기존 '전략적 인내' 북핵정책을 버리고, 보다 적극적인 북핵협상을 추진하는 배경이 되었다.

2) 한반도 비핵·평화제체 추진 로드맵

필자는 한반도 비핵평화체제 구축을 위해 '비핵화' 진전을 핵심 축으로 하여, '핵동결'과 '핵폐기' 등 2단계에 걸친 단계적 접근을 제안한다. '북핵 동결' 단계를 다시 세분화하여 현재 북한의 자발적인 핵실험 중단을 핵동결의 입구로 하고, 실제 핵물질 생산 중단과 핵물질 생산시설 폐쇄를 핵동결의 완성으로 간주한다.

구체적으로 '북핵 동결'을 완료하는 비핵화 조치로 ▲핵분열물질 생산 중단('미래핵' 중단)과 감시, ▲대륙간탄도미사일(ICBM) 불능화와 생산 중단, ▲핵·미사일 시험 동결 지속, ▲북미 수교회담 개시 등이 있다. 여기서 특히 'ICBM 폐기와 생산 중단'은 트럼프 대통령과 미국 내 안보전문가의 북한 ICBM에 대한 강한 거부감을 감안할 때, 북미관계에서 상징성이 매우 높은 비핵화 조치가 될 것이다.

필자는 한반도 비핵평화체제 구축의 성공을 위해서, 평화체제의 다양한 요소 중에서 독립변수와 종속변수를 구분하고, 특히 독립변수에 주목할 것을 강조하고자 한다. 그동안 국내에서 평화체제 구축의 핵심전략으로 "평화협정 체결(독립변수)을 통한 비핵화 진전(종속변수)"을 추진하자는 주장이 많았다. 그런데 종전선언과 평화협정은 필연적으로 한미동맹, 주한미군, 유엔사 등 복잡한 군사문제와 얽혀있어 남남갈등과 한미갈등을 초래할 가능성이 높다. 특히 국내외 안보진영의 강한 반발을 초래할 가능성이 높다. 사실 1차 북미정상회담을 계기로 문재인정부가 평화체제 구축 조치 중에서도 가장 낮은 단계인 '종전선언'을 추진했지만, 국내외의 반발로 결국 성사시키지 못했다.

따라서 새로운 평화체제 구축전략은 비핵화와 평화협정 체결을 종속변수로 두고, 이를 추동하는 독립변수로 북미관계 정상화, 남북관계 정상화, 북일관계 정상화, 경제에너지 지원, 동북아안보협력 등을 적극 활용해야 한다. 이는 평화협정을 매개로 하는 평화체제 구축이 난관에 봉착한 만큼, 이에 대한 간접적 접근법으로 양자관계 개선을 우선적으로 추진하자는 주장이다. 법적으로 본다면 평화체제의 완성은 평화협정의 체결로 달성된다. 하지만 이 방법이 어렵기 때문에 양자관계의 정상화를 통해 '사실상 평화체제'를 구축하는 방법이 현실적이다. 양자관계 개선으로 충분히 분위기가 좋아졌을 때 최종적으로 평화체제를 확인하는 조치로 평화협정을 체결해도 될 것이다.

최근 미중 세력경쟁 심화가 한반도 평화체제 구축에 미칠 부정적인 영향을 감안할 때, 동북아 안보협력의 진전도 한반도 평화체제 구축에 중요하다

위에서 토론한 비핵평화체제 구상에 따라, 표 10.2에서는 2단계 비핵화 진전에 따른 ▲평화협정, ▲북미관계, ▲남북관계와 군비통제, ▲한미동맹, ▲동북아 안보협력, ▲경제에너지 지원 등에서 필요한 단계적 병행 조치를 제시하였다. 한국정부가 '비핵평화체제 로드맵' 초안을 만들면, 우선 미중의 동의를 얻어야 한다. 그리고 로드맵에 기반하여, 북한과 단계적이고 호혜적인 북핵협상을 진행할 것을 제안한다.

하노이 북미정상회담에서 미국이 북한에게 '비핵화 로드맵'을 요구했고, 북한은 이에 응하지 않은 것으로 알려져 있다. 만약 미국이 북한의 비핵화

로드맵을 진정으로 원한다면, 미국도 북한에게 '상응조치 로드맵'을 제공할 필요가 있다. 북한과 미국이 각각 자신이 할 수 있는 로드맵을 제시할 때, 비로소 의미 있는 비핵화 실무협상도 가능할 것으로 본다.

미국이 북한에게 제공할 '상응조치 로드맵'을 만들 때, 여기서 제시된 '한반도 비핵평화체제 로드맵'은 좋은 참고가 될 것이다. 북미 간 깊은 불신을 감안할 때, 미국이 '상응조치 로드맵'을 제공하더라도 북한이 이를 신뢰할 가능성은 낮다. 만약 미국이 '상응조치 로드맵'을 만들되, 한국, 중국, 일본, 러시아가 이에 동의하고 보증한다면, 그 로드맵의 신뢰성과 실현성이 크게 제고될 것이다. 이때 북한도 미국 단독 로드맵보다는 주변국이 보증한 로드맵을 신뢰할 가능성이 높다.

3) 북미 핵협상의 예상 쟁점과 대응책

향후 열릴 북미 핵협상에서 하노이회담의 '노딜' 사태를 반복하지 않으려면 북미 모두의 새로운 계산법과 충분한 실무협상 시간이 필요하다. 2019년 하노이 정상회담과 스톡홀름 실무협상의 결렬에도 불구하고, 향후 열릴 북미 핵협상에서 예상 쟁점은 무엇이며, 어떻게 해결해야 하나.

첫째, 하노이 정상회담에서 미국이 북한에게 초기 비핵화 조치(영변 플러스 알파), 비핵화 정의(최종상태), 비핵화 로드맵 등 3개 사항을 요구했는데, 이 요구는 유효하다. 다만 북한이 협상테이블에 나오고, 또한 3개 요구사항을 수용토록 견인하기 위해서는 앞에서 토론했듯이 미국도 '상응조치 로드맵'을 제시할 필요가 있다. 이 상응조치 구상의 용도는 북한이 거부하지 못할 정도의 강력한 유인책을 단계적으로 명료히 제시함으로써 북한의 계산법을 바꾸려는 데 있다. 북한의 선택을 압박하기 위해, 북한이 핵합의를 거부할 때 치르게 될 불이익도 명료하게 제시되어야 한다.

구체적으로, 상응조치 구상은 비핵화 조치에 상응하여, 초기 정치외교경

표 10.2 한반도 비핵평화체제 구축 로드맵

	I.준비단계 (기실행)	II. 핵활동 전면중단	III. 핵시설 폐기	IV. 핵무기 폐기 (비핵평화체제 완성)
비해화 조치	• 핵·미사일 시험 중단 • 군사도발 중단	• 미국 3개 요구 1)모든 핵물질생산 시설(영변+알파) 폐기(?), 2)비핵화 정의, 3) 비핵화 로드맵 • 핵무기 생산중단, 핵무기 위협·위험 감소	• ICBM 폐기. 검증 • 핵시설 폐기+검증	• FFVD 완성(핵무기·물질·시설·지식·발사체) • 비핵국으로 NPT 복귀, 전면안전조치 • 평화적 핵이용 허용
북무관리	• 북미정상회담 개최 • 한미연합훈련 중지	• 제재 일부 유예, 상응조치 로드맵 제시 • 북미수교 협상 개시 선언 • 상호 연락사무소 개설 • 인도지원 제공	• 제재 일부완화 • 북미수교 협상 • 북일수교 협상	• 북미수교 • 제재해제 • 유엔사 조정, 주한미군 규모·임무 조정
CTR		• 대북 설명(NTI, Stimson) • CTR 준비: 제재 면제/완화, 내부역량 구비	• 해폐기·핵안보 지원 확대 • 경수로 공급 협의	• 영변핵시설 폐기 • 평양/개성 ISTC 설치 • 중장거리미사일 폐기
평화체제	• 평화선언/종전선언		• 평화협정 협상	• 평화협정 체결

계속 ▲

표 10.2 계속

	I.준비단계 (기실행)	II. 핵활동 전면중단	III. 핵시설 폐기	IV. 핵무기 폐기 (비핵평화체제 완성)
남북관계/ 군비통제	• 남북정상회담 개최 • 남북 군비통제 • 상호연락사무소	• 남북기본협정 체결 • 인도지원 확대 • 남북군사회담, 군비통제 • 남북경협 및 개발지원 로드맵 제시	• 남북경협 재개 (금강산) • 남북FTA협상 개시	• 남북경제공동체 • 남북 FTA 가동
동북아 평화체제		• 6자 외무장관회담 개최 • 북일수교협상 개시 선언 • 동북아평화협력플랫폼 가동 • 역내안보협력 로드맵 제시	• 북일수교협상 • 동북아 다자안보화의 가동 • 동북아 비핵지대 검토 • 동아안보대화	• 동북아지역안보협력체 가동 • 북일수교 • 동북아 비핵지대 협의
경제· 에너지 지원		• 인도지원 제공 • 남북리, 남북중 물류, 에너지 협의 • 대북 경협 로드맵 제시 • 중·러 BRI, 북한 연결	• 북한, AIIB, ADB, 세계은행 가입 추진 • 동북아 에너지,수송망 연결 • 경수로 공급협상	• 북한, 국제금융기구 가입, 개발지원 제공 • 북미인자력협력, 경수로 제공

제적 상응조치, 상응조치 완성의 최종단계(정의), 단계적 상응조치 로드맵 등을 포함한다. 현 단계에서 미국과 북한의 로드맵이 구체적이고 완벽한 필요는 없다. 양국의 상호 깊은 불신을 감안할 때 그런 로드맵을 만드는 것은 사실 불가능하다. 다만 싱가포르 공동성명에서 합의한 목표와 핵심적인 중간 단계를 포함한 '개념적 로드맵'이면 충분하다고 본다.

둘째, 차기 북미 핵협상에서 미국은 '스몰딜' 또는 '잠정합의'를 추구할 가능성이 높다. 이때 가장 주목받을 성과물은 북한의 초기 비핵화 조치가 될 것이다. 이에 대한 합의를 위해서는 무엇보다 하노이 정상회담에서 북한의 '영변 핵시설 포기' 입장과 미국의 '영변 플러스 외부 핵시설 포기' 주장 사이에서 접점을 찾아야 한다.

필자는 북한의 '핵분열물질 생산 중단'을 차기 북미 핵협상의 최소 목표이자 핵심 목표로 제기한다. 그리고 핵무기 생산 중단, 미국의 주 관심사항인 ICBM 불능화와 폐기, 중장거리미사일 이동발사차량 폐쇄 등도 가능하면 포함토록 한다. 사실 김정은 위원장은 이미 시정연설(2019.4.12.)에서 "핵무기 생산 중단"을 선언했다. 경우에 따라서는 핵물질 생산활동 동결과 생산시설 폐쇄는 북한이 이미 자발적으로 선언한 것을 재확인하는 작업이 될 수도 있다.

셋째, 비핵화 조치를 확인하는 검증문제가 있다. 과연 어떤 검증방안을 북한에 적용할 것인가. 우리는 북핵 검증을 말할 때, 핵확산금지조약(NPT) 회원국에 대한 IAEA의 전면안전조치용 핵사찰을 연상시키는 경향이 있다. IAEA의 전면적이고 침투적인 사찰 방식을 북한에 적용하는 것이 가장 이상적이지만, 북한은 일관되게 이를 거부해왔고, 국제사회도 이를 강요할 방법을 찾지 못한 게 현실이다.

따라서 필자는 핵검증에 대한 북한의 강한 거부감과 북미 간 깊은 불신관계를 감안하여, 비핵화 진전 및 북미대화 진전에 맞추어 검증을 단계적으로 강화시켜 나갈 것을 제안한다. 초기 비핵화 단계에서는 합의된 비핵화 조치

의 신고 범위에 한정하여 관찰·봉인·차단·원격감시 등 초보적이거나 간접
적인 검증방법을 적용하는 것이 현실적이다. 비핵화와 북미관계의 진전에
따라 검증 방식도 점차 강화되고, 미래 어느 시점에 북한이 NPT에 가입하
게 되면 전면적인 사찰을 적용하게 된다.

넷째, 비핵화에 대한 보상으로서 어떤 상응조치를 주로 제공하느냐가 큰
쟁점이 될 것이다. 하노이 북미정상회담에서 북한은 일부 비핵화조치의 대
가로 민수경제 부분에 대한 안보리제재결의의 일괄적 철회를 강력히 요구
했지만, 미국은 이를 거절했다. 당시 미국은 북한의 제재해제 요구가 과도
하며, 경제제재는 가장 효과적인 대북 레버리지이므로 완전한 비핵화까지
지속해야 한다는 입장이었다. 북한은 제재해제 요구가 거절당하자, 리용호
북한외상이 야간 긴급기자회견에서 말했듯이 앞으로 구차하게 제재해제 요
구를 하지 않을 것이며, 대신 안전보장을 상응조치로 요구할 것이라고 주장
하기 시작했다.

그런데 필자는 비핵화에 대한 보상으로 적정 수준의 안전보장과 경제지
원을 병행하는 것이 불가피하다고 본다. 그 이유로 첫째, 북한이 안전보장
의 구체적인 내용으로 북미관계 정상화, 대북 안전보장에 대한 미 의회의
보증, 주한미군 철수와 일체 연합훈련 중단, 한국군의 군비증강 중단 등을
요구하고 있지만, 이들은 현재로서 실현 불가능하거나 한미가 수용하기 어
렵다. 둘째, 북한은 김정은 위원장이 경제발전에 집중하고 있고, 또한 핵무
기와 중국의 보호 때문에 안전보장이 담보되었다고 보기 때문에 제재 해제
와 경제협력을 계속 요구할 것으로 보인다. 셋째, 북한이 비록 안전보장 요
구에 집중한다고 했지만, 북한은 미국의 어떤 안전보장 약속도 믿지 않는
경향이 있다. 따라서 비핵화의 상응조치로 안전보장과 경제지원을 혼합하
여 제공하는 것이 불가피하다. 특히 북미수교가 매우 강력한 정치안보적 상
응조치가 될 것이므로, 초기 '핵물질 생산 동결'의 대가로 '북미수교 개시'를
제안한다.

5. 결론 및 동북아 평화체제 구축 방안

2018년 들어 문재인 대통령, 트럼프 대통령, 김정은 국무위원장 등 3인의 우연한 조합이 만들어지면서 한반도 비핵화와 평화정착을 위한 새로운 역사적 기회가 열렸었다. 판문점선언과 싱가포르공동성명에서 남북미 정치지도자가 처음으로 "완전한 비핵화를 통한 핵 없는 한반도"를 만든다는 목표에 합의했다. 이렇게 정치지도자가 직접 비핵화 목표를 확인한 것은 매우 고무적이다.

하지만 누구도 실제 비핵화가 일사천리로 진행될 것으로 기대하기 어렵다. 지난 30년 간 반복된 굴곡의 역사를 돌이켜 볼 때, 쉽지 않은 주문이다. 우선 북한은 이미 사실상 핵무장하고 핵억제력을 확보했는데 그렇게 어렵게 획득한 핵능력을 쉽게 포기할지 의문이다. 필자의 분석에 따르면, 북한이 과거에 7번이나 핵합의를 깨고, 핵위기를 재발시켰다. 이런 북핵협상의 악순환 구조와 패턴을 본다면, 이 핵협상 국면이 8번째 악순환 주기가 될 개연성을 배제할 수 없다.

이런 악조건에도 불구하고, 북한 핵무장으로 인한 전쟁위기 증가, 동북아 핵확산 가능성, NPT체제 붕괴 위험 등을 감안할 때 북한 비핵화의 중요성과 긴박성은 더욱 증가했다. 따라서 차기 북미 핵협상의 조기 개최와 북핵 활동의 완전한 동결이 긴요하다. 매우 불확실하고 유동적인 지역 정세와 국내 정세를 볼 때 이 '기회의 창'이 언제 닫힐지 모르기 때문에 더욱 그렇다.

한반도 비핵화와 평화정착을 위한 정치적 빅딜을 추구할 수 있는 정치적 여건이 조성되었다는 전제하에, 다음과 같이 비핵화의 진전과 양자관계 개선을 병행하는 정치적 해법을 강조하고자 한다. 그동안 수많은 비핵화 노력이 모두 실패했다. 필자는 그 이유가 우리의 제재압박이 적었기 때문이 아니라, 북한 핵무장의 동기, 즉 핵무장이 필요한 안보적·정치적 동기를 해소하는 데 실패했기 때문이라고 본다. 다음과 같은 정치안보적 조치는 역내에서 적대관계를 해소하고, 평화체제를 구축함으로써 핵무장 필요성을 제거하는 기반을 조성하는 효과가 있을 것이다.

첫째, 한미정부가 각각 천명한 '3-노'와 '4-노' 선언을 반복적으로 재확인하고, 대북정책 원칙으로 정착시킨다. 여기서 '3-노'는 북한 붕괴, 흡수통일, 인위적 통일을 반대하는 것이며, '4-노'는 정권교체, 체제붕괴, 통일 가속화, 미군의 이북 진출 등을 반대하는 것이다. 문재인정부는 공약했던 '통일국민협약'에 이 원칙을 포함토록 하고, 미국은 의회결의에 이를 포함하고 지지토록 한다.

둘째, 남북 간 '남북기본협정'을 체결하여, 1991년 남북기본합의의 내용을 업데이트 하고, 판문점선언과 평양선언을 법제화한다. 남북기본협정은 상당기간 한반도 현상유지와 평화정착을 최우선적으로 추진하여, 동서독 기본조약처럼 남북관계를 안정화시키는 효과가 있다.

셋째, 조속히 북미 수교협상을 개시한다. 이것은 싱가포르 북미공동성명 1조의 "새로운 북미관계" 수립 약속을 실현하는 것이다. 북미 수교협상은 북한이 요구하는 미국의 적대시정책 포기와 불가침을 확약하는 효과가 있다. 또한 북일 수교협상을 시작하여, 납치자 문제를 해결하고 한반도 냉전구조 해체에 일본의 참여와 긍정적인 역할을 촉진한다.

넷째, 역내 강대국 세력경쟁을 완화시키기 위해 동북아 공동안보체제를 구축하기 위한 다자안보대화를 추진하고, 한반도와 동북아 비핵지대도 모색한다. 한반도와 동북아 정세가 상호작용하는 만큼 동북아 안보대화를 조기에 가동하도록 한다.

참고문헌

국방부. 『2018 국방백서』. (2019.01).

김동엽. "경제·핵무력 병진노선과 북한의 군사 분야 변화." 『현대북한연구』 제18권 제2호 (2015).

김정은 2018년, 2019년 신년사.

김정은 제1비서 7차 당대회 중앙위원회 사업총화보고(2016.5.7.) 전문.

김태현. "북한의 공세적 군사전략: 지속과 변화." 『국방정책연구』 제33권 1호 (2017).

박용환. 『김정은 체제의 북한 전쟁전략: 선군시대 북한 군사전략』. 서울: 선인출판, 2012.

전봉근. 『비핵화의 정치』. 서울: 명인문화사, 2020.

_____. "10장 북핵문제와 북미관계." 『현대 한미관계의 이해』. 서울: 명인문화사, 2019.

_____. "김정은 시대 북한의 군사와 핵." 윤영관 편저. 『북한의 오늘 2』. 서울: 늘품플러스, 2019.

_____. "문재인 정부 출범 이후 북핵 환경 평가와 비핵화 전략구상 모색." 국립외교원. 『주요국제문제분석』 2017-25 (2017.07).

_____. "북한 핵 교리의 특징 평가와 시사점." 국립외교원. 『주요국제문제분석』 2016-26 (2016.07).

_____. "북한의 평창 동계올림픽 참가와 한국의 대응전략: 세력경쟁론과 전략론의 분석틀 적용." 국립외교원. 『주요국제문제분석』 2018-02 (2018.01.10).

Hymans, Jacques EC. *The psychology of nuclear proliferation: Identity, emotions and foreign policy*. Cambridge: Cambridge University Press, 2006.

Narang, Vipin. *Nuclear strategy in the modern era: regional powers and international conflict*. NJ: Princeton University Press, 2014.

_____. "What does it take to deter? Regional power nuclear postures and international conflict." *Journal of Conflict Resolution* 57-3 (2013).

Office of the Secretary of the State. "Military and Security Developments Involving the Democratic People's Republic of Korea 2015: A Report to Congress." (January 2016). https://www.state.gov/secretary/

Sagan, Scott D. "Why do states build nuclear weapons? Three models in search of a bomb." *International Security* 21-3 (1997).

정책 제언

1. 과거 수많은 비핵화 노력이 모두 실패했다. 그 이유는 제재압박이 적었기 때문이 아니라, 북한 핵무장의 동기, 즉 핵무장이 필요한 안보적·정치적 동기를 해소하는 데 실패했기 때문이다. 북한의 핵무장을 위한 정치안보적 동기를 해소하려면 역내의 모든 양자적 적대관계를 해소하고 평화체제를 구축해야 한다. 이때 비핵화와 평화체제 구축의 선후문제가 발생하는데, 단계적으로 비핵화와 평화체제 구축의 상응조치를 교환하면 된다.

2. 비핵화를 위한 외교안보적 기반조성을 위해, 첫째, 한미정부는 각각 천명한 '3-노'와 '4-노' 선언을 재확인하고, 대북정책 원칙으로 정착시킨다. 여기서 '3-노'는 북한 붕괴, 흡수통일, 인위적 통일을 반대하는 것이며, '4-노'는 정권교체, 체제붕괴, 통일 가속화, 미군의 이북 진출 등을 반대하는 것이다. 한국은 '통일국민협약'에 이 원칙을 포함하고, 미국은 의회결의에서 이를 지지하도록 한다. 둘째, 남북 간 '남북기본협정'을 체결하여, 1991년 남북기본합의의 내용을 업데이트하고, 판문점선언과 평양선언을 법제화한다. 남북기본협정은 한반도 현상유지와 평화정착을 최우선적으로 추진하여, 동서독 기본조약처럼 남북관계를 안정화시키는 효과가 있다. 셋째, 조속히 북미 수교협상을 개시한다. 이는 싱가포르 북미공동성명 1조의 "새로운 북미관계" 수립 약속을 실천하는 것이다. 북미 수교협상은 북한이 요구하는 미국의 적대시정책 포기와 불가침을 확약하는 효과가 있다.

3. 북핵외교를 체계적으로 추진하려면 '비핵평화체제 구축 로드맵'을 한국이 주도적으로 만들고, 관련국의 동의를 얻어야 한다. 비핵화의 단계는 '핵동결'과 '핵폐기'의 2단계로 구성된다. '북핵 동결' 조치는 핵분열물질 생산 중단과 검증, 대륙간탄도미사일(ICBM) 불능화와 생산

계속

중단, 핵·미사일 시험 동결 지속 등을 포함한다. 비핵화의 단계적 진전에 따라, 평화체제, 북미관계, 남북관계와 군비통제, 동북아 안보협력, 경제에너지지원 분야에서 단계적인 상응조치를 북한에 제공한다. 마지막으로 평화체제 구축을 위해, 종전선언과 평화협정을 추진하는데 신중할 것을 제기한다. 종전선언과 평화협정은 한미동맹, 주한미군, 유엔사 등 복잡한 군사문제와 얽혀있어 남남갈등과 한미갈등을 초래할 가능성이 높기 때문이다. 대안으로 북미관계 정상화를 우선 추진한다. 북미관계 개선으로 신뢰가 구축되면, 그 때 종전선언과 평화협정을 추진하도록 한다.

3부

중간국
외교안보전략

11장

딜레마에 빠진 '중간국' 호주의 외교전략

박재적(한국외국어대학교 국제지역대학원)

핵심 논지

1. 호주에서 중국위협론이 급증하고 있다. 호주 주류층은 미국의 강력한 안보 개입이 없다면 역내 권력은 더 빠르게 중국 쪽으로 이동할 것이고, 그렇게 되면 역내 경제 및 안보 질서가 불안정해질 것을 우려하고 있다. 이러한 우려를 반영하여 호주는 최근 안보적으로 미국에 뚜렷하게 경도되고 있다.

2. 호주의 중국에 대한 경제적 의존도가 점증하고 있다. 호주는 경제적 이익을 고려하여, 지나치게 안보적으로 중국을 자극하는 것을 지양하고 있다. 따라서 미국과의 안보협력을 강화하면서도, 중국과 안보 접촉의 면을 넓히고 있다. 일례로 중국과 고위급 안보전략 대화 채널을 가동 중이며, 2014년 이래 미국·호주 간 군사교육 훈련인 '코와리(Kowari)'에 중국군을 초청하여 호주 영토 내에서 미군과 함께 군사 교육훈련을 펼치고 있다.

3. 또한, 호주는 미국, 일본, 인도와의 4자 협의체인 '쿼드(Quad)'가 중국 봉쇄를 위한 도구로 인식되는 것을 우려한다. 호주는 '쿼드'를 4개국이 인도태평양전략 공간에서 '인프라 투자(infrastructure investment)'나 '해양능력 배

계속 ▶▶

양(Maritime Capacity Building)'에 대한 개별적인 기여를 양자나 소다자의 형태로 조율하는 기제로 활용하려 한다.

1. 서론

호주의 면적은 총 7,741,220㎢로 러시아, 캐나다, 중국, 미국, 브라질에 이어 세계에서 6번째이다. 인구는 총 2,488만 명으로 세계 52위이다. 한국으로부터는 약 8,300km나 떨어져 있는 국가로 면적, 인구 및 지리적 위치에서 한국과 많은 차이가 있다. 그런데도, 양국 모두 안보적으로는 미국과의 동맹을 매우 중시하고 있고, 경제적으로는 중국이 제1 교역국이라는 점에서 공통점이 있다. 또한, 호주의 1인당 국민소득이 한국의 두 배이지만 인구가 한국의 절반인바, 양국의 총 경제 규모는 비슷하다.[1] 따라서 세계 12위 규모의 경제력을 지난 한국과 13위인 호주가 역내 중견국으로 미국과 중국 사이에서 취하는 정책이 비교되고, 서로에게 시사점을 던져주곤 한다.

호주 외교·국방정책의 3대 축은 (1) 미국과 굳건한 동맹 유지, (2) 아시아에 대한 관여(engagement), (3) 국제기구 중시이다. 호주의 주요 정당으로는 상대적으로 보수적인 자유당과 상대적으로 진보적인 노동당이 있다. 자유당의 경우 노동당보다는 미국과의 동맹을 더 중시하고, 노동당은 자유당보다 아시아에 대한 관여를 더 강조하는 경향이 있다. 그러나 양당 모두위 3가지 축 모두를 중시하고 있다.

첫째로, 미국과의 동맹의 경우 2004년 총선 시 노동당 당수였던 '마크 라쌈(Mark Latham)'이 '반동맹'을 기치로 선거를 치렀다가 대패한 이래 초당적인 지지를 받고 있다. 호주는 역내 세력균형이 호주의 안보 및 무역 이익을 수호하는데 매우 중요하다고 판단하고 있으며, 이를 위해서 미국이 아태 또는 인태 지역에서 영향력을 유지하는 것이 필요하다고 판단한다. 미호 동맹이 미국·태국 및 미국·필리핀 동맹과 함께 미국이 남태평양 및 동남아에서 군사력을 투사할 수 있는 틀을 제공해주기 때문이다.

둘째, 호주는 중국으로 대표되는 아시아 지역에 대한 적극적 관여(engagement)를 중시하고 있다. 중국, 일본, 한국 및 아세안이 미국, 뉴질랜드와 함께 호주의 최대 교역국이라는 점에서, 역내 국가들과의 관계 증진에 호주의 경제적 사활이 걸려있다. 호주가 영국, 말레이시아, 싱가포르, 뉴질랜드와 '5개국 방위협력(FPDA: Five Powers Defence Arrangement)'을 유지하고 있는 것이 이를 잘 방증하여 준다.

셋째, 호주는 유엔 등 국제기구에 적극적으로 참여하고 있다. 즉, 다자주의를 중시하고 있는 것인데, 기후변화, 식량안보 등 글로벌 이슈를 다루는 국제기구의 역할 강화를 지지한다. 일례로 호주는 유엔의 승인 없는 전쟁에 개입하지 않는 것을 원칙으로 해왔다. 호주가 미국을 도우려고 참전했던 한국전쟁, 베트남 전쟁 등이나, 호주가 주도적 역할을 했던 '동티모르 국제군(INTERFET)'은 모두 유엔의 승인을 받았다. 물론 예외도 있었는데, 호주가 미국이 유엔 승인 없이 수행한 2001년 이라크전에 참전한 것이 대표적이다. 세 번째 기조에 맞추어 호주에서는 이라크전 참전을 외교·국방정책의 원칙을 어긴 정책결정 실패로 간주하는 평가가 우세하다.

그런데 호주는 미국과 중국의 지정학 및 지경학적 대립이 격화되고 있는 가운데 위의 3가지 외교·국방 원칙을 어떻게 고수해 나갈 것인가? 특히, 첫 번째 원칙과 두 번째 원칙은 양립할 수 있는 것인가? 이러한 문제의식 속에 아래 2장에서는 최근 호주에서 급증하고 있는 중국위협론을 점검하고, 3장에서는 호주가 안보적으로 미국에 경도되고 있음을 살펴본다. 이어 4장에서는 미국이 주도하고 있는 인도태평양전략과 중국이 적극적으로 추진하고 있는 일대일로가 경합하는 가운데, 호주가 '중간국'으로 미국과 중국 사이에서 취하고 있는 전략적 선택을 고찰한다. 5장은 결론으로 호주의 행보가 한국과 호주관계에 주는 시사점을 고찰한다.

2. 호주 경제의 점증하는 중국 의존과 호주의 우려

호주는 1991년 6월 경기불황이 종료된 시점부터 경기침체 없이 지난 28년 간 연속으로 플러스 성장 중이다. 호주 정부가 건전한 재정상태를 유지해 왔고, 고용증진과 이에 따른 가계소비 증가, 호주 정부의 금융 및 자본 시장 규제 완화, 중국의 경제적 부상에 따른 원자재 수출 증가가 주요한 요인이었다.[2] 그러나 호주가 세계 최장기 경제성장을 기록하고 있지만, 최근 불안정한 원자재 가격 및 세계 경기둔화로 호주 환율이 하락하고 있다. 2019년 말부터 2020년 초까지 발생한 대형 산불과 2020년 코로나19 사태로 2020년 호주 경제가 마이너스 성장을 기록할 수도 있다는 전망도 대두되고 있다.

현재 호주 경제의 주요한 문제점을 살펴보면 다음과 같다. 첫째, 시간당 15,500원에 달하는 세계 최고의 1인당 최저 인건비와 수출에 불리한 물리적인 거리 등으로 제조업의 발전이 한계에 직면해있다. 전 세계가 '글로벌' 화 되면 될수록 제조기업의 생산공장은 더욱더 중국, 동남아시아 등의 저임금 국가로 이동할 것이다. 따라서 호주의 제조산업은 향후 더욱 쇠퇴할 것으로 전망된다. 또한, 호주에서는 오후 4~5시면 상점이 영업을 종료하는 것이 일반적이라는 점에서 오프라인 소비시장이 정체될 수밖에 없는 상황이다.

둘째, 주요 수출 산업이며 호주 내에서 일자리 창출에 기여하고 있는 광산업이 쇠퇴기로 접어들 가능성이 매우 크다. 만약 미중 무역분쟁, 코로나19 사태 등으로 세계 경제가 침체한다면 아시아에서 자원 수요가 감소하게 될 것인데, 호주 광물 수출에서 아시아가 차지하는 비중이 상당히 높다. 실제로 이미 세계 경기침체가 장기화함에 따라 아시아에서 자원 수요가 감소하였고, 이는 호주 달러의 가치가 하락하는 원인 중 하나가 되었다. 다른 한편으로, 환경문제로 인해 최대 수출 광산물인 석탄 개발을 둘러싼 논쟁이 더욱 심해질 것이다. 호주의 광산업 중 석탄이 차지하는 비중이 큰데, 호주의 1인당 온실가스 배출량이 세계에서 가장 높다. 광산업의 미래에 관해서 호주 내에서 진보와 보수, 환경단체와 경제계의 시각차가 극명하게 갈리고 있다.

셋째, 호주의 에너지정책이 표류하고 있다. 호주정부가 탄소 배출량을 획기적으로 감축하기 위한 정책 입안을 일곱 차례나 시도하였으나 모두 실패한 것이 이를 잘 방증하여 준다. 현 집권당인 자유당-국민당 연합도 안정적인 전력 보강, 전기세 인하, 탄소 배출 감소를 주요 목표로 한 '국가에너지보장정책(NEG)'의 입안을 추진했으나 당내 반대로 무산되었다.[3]

넷째, 인구와 사회 화합의 문제이다. 호주 통계청이 발표한 호주의 인구는 2019년 12월을 기준으로 약 25,522,169명인데, 2030년경에는 약 3,000만 명 정도가 될 전망이다.[4] 10년 사이에 약 500만 명 정도가 증가하는 것인데, 이는 출산율 증가, 이민, 의료의 발달로 인한 사망률 감소 때문이다. 호주는 1973년에 '백호주의 정책(White Australia Policy)'을 폐지하였는데, 자연증가뿐만 아니라 이민의 수용으로 인구가 늘고 있다. 호주 출산율은 1.81 명(여성 1인당)이며, 이민자 수는 년 16만~19만 수준이다. 인구와 관련하여 가장 시급한 문제는 호주 인구의 98%가 해안 지대에 집중되어 있어, 국토이용이 효율적이지 않다는 점이다. 따라서 대도시의 과밀현상을 극복하고 지방 도시에 새로운 활기를 불어넣기 위한 이민정책을 펼쳐야 할 상황이다.

호주 영주권 취득자의 수가 늘어갈수록 호주는 더욱 다문화 사회가 될 것이다. 호주는 다문화 사회의 융합을 위해 다양한 지원을 펼치고 있다. 일례로 2019년 3월 데이비드 콜먼 이민 장관이 호주 연방 정부가 다문화 가정을 위해 7,100만 달러를 투입한다는 계획을 발표했다.

외교·안보 분야에서 호주의 가장 큰 우려 중 하나는 위와 같은 경제·사회적 상황에서 호주의 중국에 대한 의존도가 커지고 있다는 것이다. 현재 호주 경제의 제반 분야에서 중국이 차지하는 비중이 지대하다. 중국은 호주의 최대 무역국으로 호주 전체 수출의 약 32.6%가 중국 시장으로 향하고 있고,[5] 호주-중국 쌍방향 무역액은 2018~2019년 기준 2,350억 호주 달러다.[6] 중국의 호주 광물·에너지원 수입액은 일본의 두 배 이상이다. 2018년 7월부터 2019년 6월까지 1년간 호주를 방문한 중국인 관광객은 143만 명으로, 중국이 뉴질랜드를 제치고 호주에 가장 많은 여행객을 보낸 국가이었다.[7] 한편 중국에 대한 경제적 의존도를 줄인다는 관점에서도, 호주는 동북아뿐만 아니라 동남아도 중시하고 있다. 동남아시아에서 라자다(LAZADA), 알리바바(Alibaba) 등을 중심으로 전자상거래 시장이 확장되고 있는바, 호주가 호주-아세안 간 디지털 무역 성장세가 클 것으로 전망하고 시장 공략을 준비 중이다.

중국과 호주 간의 상호보안성을 고려할 때 중국의 부상이 호주에게 경제적 이득이라는 시각도 존재하지만, 최근 호주정책 서클에서 중국이 경제뿐만 아니라 군사적 측면에서도 괄목 성장하면서, 중국이 호주에 위협이 될 수 있다는 우려가 재부상하고 있다. 데니스 리처드슨 국방차관이 2017년 3월 퇴임하면서 호주 내에 중국 첩자가 많다고 언급한 바 있다.[8] 중국이 호주 다윈항 개발사업 등 호주 인프라 건설 사업에 뛰어들면서 호주 경제의 중국 의존도가 높아지고 있다는 우려가 커졌다. 이러한 우려를 반영하여, 호주 뉴사우스웨일스주 정부는 중국 기업인 선화에너지에 허가하였던 석탄 채굴 개발권을 2017년에 회수하였다. 또한, 호주 연방 정부는 호주 북부 지역의 인프라 개발을 위해 기금을 조성 중인데, 이에 중국의 참여를 배제하였다.[9]

중국이 호주에서 인프라 투자를 늘리고 있다는 우려와 함께, 거액의 현금과 뇌물로 호주 정계 및 내정에 간섭하고 있다는 부정적 여론이 높아지고 있다. 중국계 거부들의 호주 정치인, 학계 인사에 대한 거액 정치 후원금 및 연구비 제공이 전방위적으로 일어나고 있다. 2017년 12월에는 노동당

샘 대스티아리 상원의원이 중국인 사업가가 제공한 기부금으로 개인 빚을 갚은 것이 드러나 사퇴하였다. 평소 대스티아리 의원이 남중국해에서 중국의 공세적 행위를 비판해온 노동당의 당론과 달리 중국을 두둔해 왔기에 더욱 충격적이었다.[10] 중국 화교 자금이 호주 주요 정당에 기부된 정치자금의 80%를 차지하고 있는 상황에서,[11] 2019년 12월에는 중국이 친중적인 인사를 호주 의회에 진출시키기 위해 일부 후보에 선거자금 제공을 제의했다는 보도가 호주 정계를 뜨겁게 달구기도 하였다.[12]

중국위협론이 증폭되고 있는 가운데, 호주는 2017년 말부터 간첩의 최고형을 호주 법정 최고형인 무기징역으로 하는 법안, 전력시설과 농업용지의 외국인 구매를 제한하는 법안, 정당이나 로비 단체에 대한 외국 기부금이 일정 금액을 넘지 못하도록 규제하는 법안 등 중국을 겨냥한 일련의 법안을 정비하고 있다.[13] 2018년에 제정되어 중국의 반발을 불러온 '외국 개입금지(anti-foreign interference legislation)' 법안이 대표적이다.[14] 2018년 8월 5세대(5G) 통신망 사업에 중국 통신장비 업체인 화웨이를 배제하기로 한 것도 같은 맥락이다.[15] 호주 로위(Lowy)연구소의 2019년 설문조사에 의하면 호주인의 중국에 대한 신뢰도가 최근 15년 이래 최저 수준이다. 응답자의 74%는 호주 경제가 중국에 지나치게 의존하고 있다고 판단하고 있으며, 68%는 호주가 중국으로부터 너무 많은 투자를 받아들인다고 우려한다.[16]

2020년 코로나19 사태 이후 호주에서 중국에 대한 경각심은 더욱 높아지고 있다. 호주가 발안한 코로나19의 기원과 대응에 관한 독립조사 요구안이 2020년 5월 '세계보건기구(WHO)'에서 통과되자, 중국은 호주산 보리에 대한 반덤핑 관세 등 무역보복으로 보이는 조치를 취하였다. 호주는 이를 세계무역기구(WTO) 규정 위반이라고 강력하게 반발하고 있다.

3. 최근 호주의 안보정책: 미국으로의 경도 심화

2절에서 살펴본 것과 같이 호주에서 중국위협론이 최근 급증하고 있는 가운데, 호주 주류층은 미국의 강력한 안보 개입이 없다면 역내 권력은 더 빠르게 중국 쪽으로 이동할 것이고, 그렇게 되면 역내 경제 및 안보 질서가 위협받게 될 것이라고 인식하고 있다. 호주 외교부가 가장 최근에 발행한 2017년 외교백서에 나타난 호주의 전반적인 기조는 아시아 지역에서 중국의 영향력 확대를 인정하지만, 미국의 개입주의가 호주 이익에 더 부합한다는 것이었다.[17] 이러한 시각에서 호주는 안보적으로 아래와 같이 미국에 경도되고 있다.

1) 미호동맹 강화

미국, 호주, 뉴질랜드는 1951년에 동맹조약을 체결하였다. 공산주의의 침하에 대비하여 일본을 주권국으로 재건시키려고 한 미국이 미국과 함께 전승국이었던 호주를 일본과의 평화조약(Peace Treaty with Japan)에 참여시키기 위해 호주의 안보를 공약해 주어야 했다. 2차 대전시 일본이 호주 북부 지역을 공습하였던바, 일본은 호주의 직접적 위협이었다. 1951년 이래 양국은 굳건한 동맹관계를 지속하고 있다. 그 이면에는 상당히 높은 수준의 군사정보 공유가 있다. 호주는 1946년에 체결된 '미영 안보협정(UKUSA: UK-USA Security Agreement)'에 1956년에 가입한 '파이브 아이즈(Five eyes, 미국, 캐나다, 호주, 영국, 뉴질랜드)'의 일원이다. 냉전 기간부터 '파인갭(Pine Gap)' 등에서 양국이 공동으로 위성첩보시설을 운영해오고 있다. 그 결과 호주는 미국의 정보자산에 동맹국 중에서 최고 수준의 접근이 가능하다.

호주는 몇몇 예외를 제외하고는 미국이 2차 대전 이후 참전한 주요 전쟁에 참전하여 미국을 도왔다. 따라서 역내 국가 중 일부가 호주를 미국의 '부보안관(deputy sheriff)'이라고 지칭하기도 하였다. 미국과의 안보협력으로 인해 호주가 냉전 기간에는 소련, 탈냉전기에는 국제테러집단의 표적이 되었다. 일례로 2002년 202명의 사상자를 낸 발리 폭탄 테러범은 호주 관광객을 노린 이유가 호주가 이라크 전쟁에 참전했기 때문이라고 강변하였다. 2017년 6월에는 호주 멜버른에서 발생한 총기 인질극으로 인해 시민 1명과 인질범 1명이 사망하였는데, 수니파 무장단체 이슬람국가(IS)가 성명을 통해 동 테러는 호주가 미국이 주도하는 연합군에 합류한 것에 대한 보복이라고 주장하기도 하였다. '말콤 프레이저(Malcolm Fraser)' 전 호주 총리, '마크 비슨 (Marc Beeson)' 교수 등은 호주의 미국 테러전에 대한 협조로 호주의 안위가 오히려 위태로워졌다고 주장한다. 하지만, 호주가 미국의 이익을 너무 일방적으로만 대변하지 않는다면, 미국과 굳건한 동맹관계를 유지하는 것이 역내에서 호주의 안보 위상을 높여준다.

호주는 미국, 인도, 일본과 함께 인태 지역에서 자유로운 항해와 항공의 자유(FOIP)를 주창하고 있다. 호주는 호주의 경제적 이익을 극대화하기 위한 항해의 자유, 법치주의, 시장경제 등과 같은 가치가 미국이 창출·유지해온 '자유주의 질서(liberal order)'에 투영되어 있다고 인식한다. 중국, 일본, 한국, 미국, 인도가 호주의 최대 수출국이기 때문에 인도태평양 안보가 불안정해지면 교역에 직접적인 타격을 받는다. 따라서, 호주는 역내 안정과 평화를 수호하기 위한 수단으로 미국과의 동맹을 굳건히 하고 있다. 미호동맹이 미국이 인태 지역에서 유지하고 있는 동맹체제의 남방 축을 구성하고 있기 때문이다.

미국과 호주는 1985년부터 외교·국방 장관 간 2+2회담을 매년 개최해오고 있다. 또한, 미국과 호주는 격년으로 '탈리즈만 세이버(Talisman Sabre)' 군사훈련을 실시하고 있다. 2017년 6월 7차 훈련 시 약 3만 3천 명 참가하였고, 2019년 7월에는 미국과 호주 이외에 뉴질랜드, 캐나다, 영국, 일본 등이 3만 5,000명을 동원한 가운데 역대 최대 규모로 개최되었다.

2) 미국 해병대 다윈 순환배치

미국이 호주 내에 미국 군사자산을 배치하는데 호주가 적극적으로 협조하고 있다. 대표적인 예가 2011년에 결정된 미 해병대의 호주 다윈(Darwin) 지역 순환배치이다. 2012년에 '로버트슨 바락스(Robertson Barracks)' 해군기지에 순환 배치된 미 해병 공·지 기동부대(Marine Air Ground Task Force) 병력은 250명 수준이었으나, 2019년 4월 제8차 다윈 순환배치 때 그 숫자는 1,700명이었다. 이후 7월에 800명이 추가됨으로써 애초 목표였던 2,500명이 채워졌다.

미국 해병대 다윈 순환배치는 남중국해에서 미국과 중국이 전략적으로 대립하고 있는 것과 연관이 깊다. 만약 미국과 중국이 남중국해에서 군사적으로 충돌하면 미국은 중국의 주요 원유 수송로인 말라카 해협을 봉쇄할 것이다. 이 경우 중국이 롬복(Lombok)해협 또는 순다(Sunda)해협을 통과하는 대안 수송로를 확보하려 한다면, 다윈 지역에 배치된 미국 해병대가 중국을 봉쇄하기 위하여 전략적으로 유용될 수 있다.[18]

주목할 것은 미국 해병대의 순환배치가 2011년 노동당 '줄리아 길라드(Julia Gillard)' 정부하에서 승인되었다는 점이다. 앞서 살펴본 바와 같이 호주의 노동당과 자유당 모두 미호동맹을 중시하고 있는 가운데, 노동당은 국방정책으로 본토방위를, 자유당은 '전진 방위(forward defence)'를 강조해 왔었다. 본토방위는 외부의 침략으로부터 호주 본토를 수호하는 데 역점을 두는 반면, 전진방위는 역내 지역 질서의 안정이 호주의 안보 및 경제적 이익에 지대한 영향을 미친다는 전제하에 역내 안보이슈에 대한 적극적인 개입을 중시한다. 전자를 위해서는 해군력 및 공군력이 중시되고, 후자의 경우에는 신속한 파병이 가능한 육군력이 중시된다. 호주가 자주국방을 추구하기 위해 국방비를 증액하고 있는 것은 '본토방위'에 입각한 것이지만, 한국전쟁, 베트남 전쟁 등 미국이 참전한 주요한 분쟁에 참여하여 미국

을 조력하는 것은 '전진 방위'에 기반을 둔 것이다. 그런데, 미국 해병대의
순환배치가 노동당 집권 시 시작되었다는 것은 정당 구분 없이 호주가 미국
에 안보적으로 경도되어 있는 것을 여실히 보여준다.

3) TSD(미·호·일 삼자 전략대화)와 Quad(4자 안보협력)

미호동맹이 강화되고 있는 가운데, 미일동맹도 강화되고 있고 이에 병행하
여 호주와 일본의 안보협력도 비약적으로 발전하고 있다. 세 나라의 안보협
력을 묶는 매개체가 '삼자 전략대화(TSD: Trilateral Strategic Dialogue)'
이다.

미국, 일본, 호주는 2001년에 고위급 관료 회담인 '삼자 안보대화(Trilat-
eral Security Dialogue)'를 발족시켰다. 동 회담은 2006년에 외교장관 회
담으로 격상되었고, 명칭도 '삼자 전략대화(Trilateral Strategic Dialogue)'
로 변경되었다. 삼국이 매년 정기적으로 회동하여 역내 안보 의제를 논의하
는데, 삼국 정상회담도 세 차례(2007년, 2014년, 2017년) 개최되었다. 삼
국은 비전통안보에 대한 공동 대응을 명분으로 군사훈련을 시행하곤 한다.

TSD가 발전함에 따라, 구성 국가인 호주와 일본의 안보협력도 급격히 증
진되고 있다. 양국은 2010년에 '상호군수지원협정(ACSA)', 2012년에 '군
사정보 보호 협정(GSOMIA)'을 체결하였다. 2010년부터 외교·국방 장관
간 2+2회담을 개최하고 있다. 이어 2017년에는 상호 간 탄약까지 제공하는
것이 가능하도록 ACSA를 개정하였다. 양국이 '방문 군대 지위협정(SOFA)'
의 체결을 2014년부터 논의하고 있는데 사형제도에 대한 견해차로 체결이
지연되고 있지만, 곧 체결될 전망이다. 미국이 주도하는 안보네트워크에서
일본은 북방 축으로, 호주는 남방 축으로 기능하고 있는데, 일본과 호주의
안보협력 관계 증진으로 미국 안보네트워크가 한층 공공화되고 있다.

그런데 삼국 안보협력의 외연을 인도까지 확대하는 '4자 안보협력(Quad)'

이 재추진되고 있다. 이른바 Quad 버전 1은 '민주주의 국가 간의 연대(demo-cratic diamond)'를 명분으로 일본과 미국이 2007년 추진하였었다. 그러나 Quad 버전 1은 당시 호주의 케빈 러드 총리와 인도의 맘모아 싱 총리의 부정적 시각으로 추동되지 못했다. 그러나 2017년부터 Quad가 다시 추진되고 있는데, Quad 버전 2의 기점은 2017년 11월 아시아 순방 시 행해진 미국 트럼프 대통령의 인도태평양 관련 발언과 2017년 11월 아세안 정상회담 시 부속 회담 형식으로 개최된 4국 관료 회동이었다. Quad 버전 2는 인도태평양 공간에서 '항행 및 비행의 자유'와 '법의 지배' 강조하고 있는데, 호주의 2017년 당시 말콤 턴불 총리와 현재 스콧 모리슨 총리뿐만 아니라 인도의 나렌드라 모디 총리도 전략적 측면에서 긍정적으로 접근하고 있다.

Quad와 관련하여 주목받고 있는 것이 미국과 인도의 '말라바' 군사훈련이다. 2007년에 Quad 버전 1은 호주와 일본이 '말라바' 군사훈련에 참여함으로써 붉어졌었다. 호주는 2007년에 한 차례 참여한 뒤 일본과 달리 중국을 의식하여 참여하지 않았으나, 2017년 이후부터는 참여를 타진하고 있다. 그만큼 호주에서 중국에 대한 위협인식이 높아졌기 때문이다. 하지만 중국을 의식한 인도가 호주의 참여를 거부하고 있다. 그러나 호주와 인도는 2014년에 '안보협력을 위한 프레임 (Framework for Security Cooperation)'에 서명하였고, 2015년부터는 양자 군사훈련인 '호주-인도 훈련(AUSINDEX)'를 실시하고 있다. 호주가 인도가 주관하는 다자 해군 합동훈련인 '밀란(Milan)'에도 적극적으로 참가하고 있다.

4) Quad+ 국가와의 협력

주목할 것은 언론에서 Quad+ 의 가능성을 제기하고 있는데, + 에 해당하는 국가들과 호주와의 안보협력도 증진 중이라는 점이다. Quad +는 Quad 국가가 Quad 외 국가와 안보협력을 추동하는 것을 지칭하는데, 이로 인해 미국이 주도하는 안보네트워크가 더욱 강화될 것으로 보인다.[19] 일례로 프랑스 마크롱 대통령은 2018년 5월 호주 방문 시, 중국에 대항하여 호주, 프랑스, 인도가 '전략적 축(strategic axis)'을 구축할 것을 제안하였다. 프랑스는 인태 지역 공간 개념으로 태평양과 인도양이 연계됨에 따라 인태 국가와의 안보협력에 관심이 높아졌다. 프랑스는 과거 제국주의 시기에 인도양 지역에 영토를 확보해 놓았는데, 동 지역에 150만 명의 프랑스인이 거주하고 있으며 8,000명의 병력을 유지하고 있다.[20] 프랑스 전체 '배타적 경제수역(EEZ)'의 93%가 인도양, 태평양 지역에 있다.[21] 프랑스가 '파리-델리-캔버라' 협력을 제안한 이유는 프랑스 레위니옹(reunion), 호주 '코코스 아일랜드(Cocos Island)', 인도 '안다만-니코바르 제도(Andaman and Nicobar Islands)' 등 삼국의 인태 지역 영토에서 취합한 군사정보가 공유되고 상호 영토에 대한 군사적 접근이 가능해지면 인도양의 광범위한 지역을 통제할 수 있기 때문이다. 호주, 프랑스, 인도 삼국 간 소다자 안보협력이 실현된다면 비록 미국이 참여하지 않는다고 하더라도, 이들 3개 국가가 모두 미국과 긴밀한 안보협력을 유지하고 있으므로 인태 지역에서 미국의 안보네트워크가 강화된다.

5) 미국 안보네트워크 구성 국가 및 역내 국가와의 안보협력 증진

호주는 미국이 주도하는 안보네트워크를 구성하고 있는 미국의 동맹국 및 파트너국가와의 접촉면을 넓혀가고 있다. 2019년의 주요한 예는 아래와 같다. 2019년 1월에는 호주가 항행의 자유 및 자유무역 보호를 목적으로 괌 인근 해역에서 개최된 연례 대 잠수함 훈련인 '씨 드래곤(Sea Dragon)'에 참여하였다. 2월에는 미국과 태국이 개최하는 '코부라 골드(Cobra Gold)' 군사훈련을 참관하였고, 필리핀이 역내 국가를 초청하여 3월에 개최한 '태평양 파트너십(Pacific Partnership)' 군사훈련에 참여하였다. '태평양 파트너십'은

2004년 인도네시아 쓰나미에 역내 국가가 공동으로 대응했던 것을 계기로 결성되었는데, 재난구조 및 인도적 지원과 관련된 인도태평양 지역 최대 군사훈련이다. 현재까지 총 14회가 개최되었는데, 각 국가가 순번으로 다수의 역내·외 국가를 초청하여 개최하고 있다. 2019년 초청국 중 하나인 필리핀이 호주, 캐나다, 일본, 말레이시아, 페루, 한국, 태국, 영국 등을 초청한 것이었다. 호주는 이어 4월에 미국과 필리핀의 제35차 '발리카탄(Balikatan)' 훈련에 일본, 한국 등과 함께 참여하였다. 3월~5월에는 호주가 '인도·태평양 엔데버(Indo-Pacific Endeavour)' 군사훈련을 주도하였고, 4월에는 호주와 인도의 정규 군사훈련인 'AUSINDEX'가 실시되었다. 'AUSINDEX'는 2013년에 시작된 격년제 군사훈련으로 2019년 훈련이 제3회째였다. 인도 동부 시비사카파트남에서 실시된 훈련에 양국이 각각 전함 4척과 잠수함 1척을 파견하였고, 미국과 뉴질랜드가 참관하였다. 5월~6월에는 호주군 1,000명이 4척의 함정에 승선하여, 스리랑카, 인도, 인도네시아, 말레이시아, 싱가포르, 태국, 베트남과 차례로 군사훈련을 하였는데, 특히 5월에는 벵골만에서 미국, 프랑스, 호주, 일본이 4국 간 최초로 해양 수색 및 구조 등을 위한 군사훈련을 실시하였고, 괌 인근 해역에서 한국, 미국, 일본, 호주가 4국 간 최초의 해군 훈련인 '퍼시픽 뱅가드(Pacific Vanguard)'를 실시하였다. 2019년 10월에는 미국, 한국, 유엔사령부가 한반도 위기 상황에 대응하기 위해 실시하는 '다국적 기뢰전 및 소해전 훈련(MIWEX)'에 호주가 참여하였다. MIWEX에 참여한 호주 해군이 경북 포항 인근 해상에서 한국·호주 연합훈련인 '해돌이·왈라비 훈련'을 이어서 수행하기도 하였다. 11월에는 미국, 한국, 캐나다, 호주가 참여한 '퍼시픽 뱅가드' 제2차 훈련이 개최되었다.

한편, 호주는 해양협력을 매개로 인도네시아와 양자 안보관계를 증진하고자 한다. 양국은 2018년 2월에 방위협력협정을 체결한 후, 2018년 8월에는 전면적인 전략적 파트너십관계를 정립한 바 있다. 호주는 인도와의 안보협력도 증진시키고 있다. 2020년 6월에 호주와 인도가 상호 물류 지원

협정을 체결하였는데, 이로써 양국 군함과 항공기가 상대방 기지에 있는 정비시설에서 연료를 보급받을 수 있게 되었다.

6) 동남아시아 거점 국가의 '해양능력 배양' 및 '해양 상황인지' 향상에 기여

미국, 일본, 호주가 베트남, 인도네시아, 필리핀(VIP: Vietnam, Indonesia, Philippines)의 '해양능력 배양(maritime capacity building)'에 기여하고 있다. 정찰기, 훈련기, 정찰선, 경비함, 중고 보트, 선박, 감시 레이다 등 군사 장비를 공적개발 원조 등의 형식으로 지원하고, 이들 국가의 군대, 해양경찰, 해안경비대를 교육하고 있다.

미국은 동남아 국가들의 해양능력 배양을 위해 '동남아 국가들을 위한 해양안보 이니셔티브(MSI: Maritime Security Initiative)'를 통해 2016년부터 5년간 4억 2500만 달러를 지원하고 있다. 또한 '외국군대 지원 자금(Foreign Military Financing)'에서도 3,250만 달러를 동남아 국가들의 해양능력 배양을 위해 할당하고 있다.[22] 일본은 '다케시 이와야(Takeshi Iwaya)' 일본 방위상이 2019년 4월 베트남 하노이를 방문하여 '응 주안 리(Ngo Xuan Lich)' 베트남 국방부 장관을 면담하고 남중국해에서 중국의 공세적 행동에 공동대응하기로 합의하면서, 방위산업 증진을 위한 양해각서에 서명하였다.[23]

호주도 동남아시아에서 역내 국가의 '해양능력 배양'에 적극적으로 앞장서고 있는데, 남태평양에서의 경험이 긍정적 영향을 미쳤다. 호주는 '태평양 순찰선 프로그램(Australia's Pacific Patrol Boat Program)'을 통해 남태평양 국가에 순찰선 등을 기증하여 역내 안정에 기여한 경험이 있다. 이와 유사하게 호주는 필리핀에 p-3 오리온 정찰기 2대를 지원하고 소규모의 군대를 필리핀에 파병하여 필리핀 군대를 훈련하는 등 필리핀의 '해양능력 배양'에 조력하고 있다. 실제로 호주뿐만 아니라 미국과 일본도 필리핀의 '해양능력배양'을 위해 군사자산을 공여하고 있는데, 미국과 필리핀 간 최대 군사훈련인 '발리카탄'에 호주와 일본도 참여하고 있어서 동 훈련을 통해 상호 간 호환성을 확보해 나갈 수 있다. 호주는 미국, 일본과 함께 개별적으로 베트남에도 군사 장비를 공여하고 있다. 같은 맥락에서 호주, 일본, 미국이 베트남과 2017년에 실시한 '태평양 파트너십' 군사훈련이 주목받았다.

미국, 일본, 호주가 동남아 국가의 '해양능력'을 배양하는 것은 일면 중국에 대한 헤징(hedging)의 측면이 있다. 역내 국가들이 중국의 해군력 투사 및 '회색지대전략(gray zone operation)'에 대항하기 위해서는 최첨단 장비를 갖추어야 하는데 천문학적 비용이 들어간다. 미국, 일본, 호주가 국방예산이 많지 않은 역내국가와 자국의 국방자산을 공유할 수 있는 기반을 마련해 나갈 수 있기 때문이다.

4. 중간국으로 호주의 고민: 안보적 이익과 경제적 이익 사이에서

호주는 캐나다와 함께 중견국 외교를 펼치는 대표적인 국가이다. 호주와 캐나다의 중견국 외교는 이른바 '틈새외교'로 강대국 간의 지정학적 경합에서 상대적으로 자유로운 비전통안보 영역에서 새로운 의제, 가치, 규범을 개발하고 확산시켜나가면서 자국의 영향력을 넓혀가는 것이었다. 일례로 냉전의 해체기에 호주가 농산물 수출의 공정무역을 지향하기 위해 '케언스 그룹(Cairns Group)'의 결성을 주도했고, 아시아태평양 지역의 무역질서 확립을 위해 '아시아태평양 경제협력체(APEC)'의 결성에 공헌했다. 군축, 평화유지와 같은 비전통안보 분야에서도 캄보디아 평화협정을 중재하였으며, '생화학무기 비확산체제'와 '동티모르(East Timor) 평화유지군' 결성을 주도했다.[24] 또한, 기후변화, 녹색성장 등 환경 관련 이슈에서도 앞장서서 국제적 논의를 이끌어가고 있다. 호주가 경제적 능력과 군사적 잠재력을 활용하여 강대국의 역할을 보완하면서, 강대국 역할의 틈새를 활용하는 중견국 외교를 펼쳐왔다고 할 수 있다.

그런데 주목할 것은 호주가 전통안보의 영역에서도 '중견국'으로 일정한 역할을 감당하려는 의지와 능력을 갖추고 있다는 점이다. 특히, 호주는 미국이 주도하는 네트워크상에 위치하면서, 네트워크 내외에서 연결자로서의 '중간국' 역할을 수행하려 한다.

1) 지나친 중국 자극 지양

호주는 3장에서 살펴본 바와 같이 미호동맹을 외교·안보의 가장 중요한 자산으로 유지할 것이다. 그러나 인도태평양이 미국과 중국의 지정학적 경합의 공간으로 변질되는 것을 방지하기 위해 아래의 두 가지 기조를 병행하고 있다. 첫째, 호주가 미국과 중국 사이에서 안보적으로 미국 편을 일방적으로 들고 있다는 인식이 확산하는 것을 지양한다. 미중 대결 구도에서 미국으로의 지나친 경도는 역내에서 호주의 영향력을 감소시킬 것이다. 또한, 호주가 중국의 안보·경제적 이익에 반하여 지나치게 미국에 기울어지면, 중국이 철광석 등 광물자원의 수입과 중국인 유학 및 관광 등에 있어서 호주에 보복할 것이다.

중국은 이미 호주산 광산물 수입을 정치·안보적 수단으로 활용하고 있다. 미국의 중국 통신업체 화웨이에 대한 제재에 호주가 동참함에 따라 중국과 호주의 긴장이 높아지는 가운데, 중국이 중국의 주요 항구에서 환경검사를 명분으로 호주 석탄의 통관 기한을 연장했다. 다롄 항 등에서는 호주 석탄 수입을 금지했으며, 중국이 중국 내 여러 항구에서 약 1500만 톤의 호주산 발전용 석탄을 압류하고 있다는 추정도 제기되었다.[25]

이러한 상황을 방지하기 위해서 호주는 중국의 반발을 예의주시하고, 중국과 안보 접촉의 면을 넓히고 있다. 1998년에 양국이 국방협의를 진행하기로 합의하였는데, 2019년 11월에 제22차 회의가 개최되었다. 2011년 중국 후진타오 주석과 호주 길라드 총리가 '호주-중국 전략적 동반자관계' 형성에 합의하고, 공해상에서의 실전 사격 훈련과 중국 군함의 호주 항구 기항 등을 포함한 군사협력을 시작하기로 하였다. 그러나 양자 군사훈련 등 아직 실질적인 협력이 추동되지는 못하고 있다. 하지만, 호주는 다국적 군사훈련에 중국의 참여를 끌어내곤 한다. 일례로 호주, 뉴질랜드, 중국이 2012년 10월~11월에 재난 구호 훈련을 실시하였는데 중국은 지휘조와 의료 전문부대 30여 명을 파견하였다. 2018년 9월에는 호주가 23개국을 초청하여 개최한 재난 구호 훈련인 '카카두(Kakadu)'에 중국이 참여하기도 하였다. 이러한 경향을 미루어볼 때, 남중국해에서 미중 전략적 경쟁이 격화되고 있는 가운데서도 중국과 아세안이 2018년에 공동 군사훈련을 개최한 것처럼, 호주와 중국도 비전통안보 영역에서 양자 군사훈련을 개최할 가능성이 있다.

주목할 것은 2014년 이래 호주와 미국이 군사교육 훈련인 '코와리(Kowari)'에 중국군을 초청하여 호주 영토 내에서 3자 군사 교육훈련을 펼치고 있다는 것이다. '코와리'는 매년 개최되고 있는데, 2019년 8월~9월에는 호주 '북 퀸스랜드(North Queensland)'에서 개최되었다. 불모지 지역에서 생존력 향상을 위한 기본 원칙, 과정, 기술 및 장비 활용을 습득하는 매우 소규모의 훈련이지만, 3국은 동 훈련을 통해서 좀 더 실질적인 군사협력을 추동하는데 필요한 경험과 신뢰를 축적하고 있다.

2) 미국이 주도하고 있는 소다자 안보협력 강화에 전략적으로 대응

미국과의 동맹관계와 중국과의 전략적 협력 동반자관계를 모두 고려해야

할 호주는 중국의 입장을 고려하여 인태 지역에서 점증하고 있는 미국이 주
도하는 소다자 안보협력에 전략적으로 접근하고 있다. 미국은 역내 국가 간
의 정치·경제·종교·문화적 이질성을 고려할 때, 소다자주의가 인태 지역
에서 효율적인 다자안보 협력체를 추동하기 위한 효과적인 대안이라고 주
장한다. 그러나 중국은 미국이 주도하고 있는 소다자 안보협력이 자국을 봉
쇄하기 위한 수단이라고 인식한다. 이와 같은 인식의 차로 인해 새로운 냉
전 구도가 형성될 공산이 크다.

앞서 살펴본 바와 같이 미국은 '인도-태평양 지역주의(Indo-Pacific region-
alism)' 강조하고, Quad 버전 2 및 Quad+를 추동하고 있다. 이에 맞서 중
국은 '범 아시아 지역주의(pan-Asian regionalism)'를 내세우면서 일대일
로를 적극적으로 추진하고 있다. 이처럼 역내 질서를 둘러싼 미국과 중국의
지정학 및 지경학적 대립이 격화된다면, 호주 등 역내 국가가 (소)다자 영역
에서도 미국과 중국 사이에서 선택을 강요받을 가능성이 점증하게 된다.

호주는 미국과 중국 사이 (소)다자협력의 문제가 대두되면, 전략적 고려
보다는 규범·원칙 및 국익에 따라 판단한다는 원칙을 세우고, 역내 국가들
과의 공조를 강화하고자 한다. 호주는 미국이 주도하는 소다자 협력에 동참
하면서도, 미국, 중국 양국 모두가 참여하거나, 미국이 배제되는 소다자 협
력에도 참여하고 있다. 호주는 인태 지역에서 자생적인 안보협력을 추동하
기 위해서는 미국의 동맹국, 파트너국가만이 아닌 타 국가와도 소다자 안보
협력관계를 확대할 필요성을 인지하고 있다.

실제로 호주는 인도태평양이 미중 간 경합의 공간으로 변질되는 것을 방
지하기 위해 역내 국가가 주도하는 소다자 안보협력을 발전시켜왔다. 2013
년에 18개국이 참여한 '아세안 확대 국방장관회의(ADMM+)'의 첫 번째 해
군 훈련 장소를 제공한 국가가 호주이었다. 호주는 말레이시아, 싱가포르,
영국, 뉴질랜드와 함께 '5개국 방위 협정(FPDA)'의 일원인데, 이들과 다양
한 양자 군사훈련을 펼치고 있다. 이에 더해 FPDA 국가 간 다자군사훈련인

'베르사마 리마(Bersama Lima)'에도 호주가 적극적으로 참여하고 있다. 호주는 인도태평양 국가들과 호주 내에서 군사교육 훈련의 수를 늘리고, 해외에 파견되는 연락장교의 수도 늘려나 갈 계획이다. 아울러, 호주 내에 배치되는 외국군 연락장교의 수도 늘려 역내 국가의 군대와 '상호운용성'을 높이고, 연합 작전에 쉬운 환경을 조성하려 하고 있다. 인도, 싱가포르, 말레이시아, 인도네시아 등 역내 국가들이 호주 북부지역의 광활한 군사 훈련장을 사용하는 것도 긍정적으로 검토 중이다.

또한, 호주는 일본·호주와 일본·인도의 양자관계 증진에 기반을 두고 2015년부터 시작된 일본·호주·인도 간 차관급 전략대화와 2017년에 시작된 호주·인도·인도네시아 간 국장급 삼자 협의를 지속해서 발전시켜 나갈 것이다. 후자의 경우 2017년 11월 인도네시아 보고르(Bogor)에서 고위급 관료 대화로 시작되었는데, 2018년 9월에는 캔버라에서 2차 고위급 관료 대화가 개최되었다. 역내외 국가와의 중층적 소다자 외교를 활성화한다는 측면에서 호주는 '믹타(MIKTA, 멕시코, 인도네시아, 한국, 터키, 호주)'에도 적극적이며, MIKTA 내의 소그룹으로 한국-인도네시아-호주 간의 소다자 협력(KIA: Korea, Indonesia, Australia)의 재가동에도 관심이 높다. KIA는 과거 한국이 글로벌녹색성장연구소(Global Green Growth Institute) 사무소를 송도에 유치하는데 협력한 경험이 있다.[26] 향후 20~30년 후를 바라보는 장기적인 관점에서, 인도네시아의 경제적 부상 및 아세안 지도국으로서의 위상과 상위 중견국인 호주와 한국의 경제·군사력을 고려하면 KIA가 역내에서 주요한 협의체로 부상할 가능성이 매우 크다. 2017년 11월에 제1차 고위급 관료 회담을 가진 호주, 인도, 인도네시아 간 삼자 협의도 삼국이 모두 환인도양연합(IORA)의 회원국이라는 점에서 IORA의 틀에서 발전할 가능성이 있다. 삼국 해군은 2019년 11월 호주에서 '인도양 해양안보 워크숍(Trilateral Indian Ocean Maritime Security workshop)'을 개최하였다.

3) Quad에 인프라 건설 투자의 조정 역할 부여

호주의 중국 경제에 대한 의존도를 고려할 때, Quad 4개국 중 중국이 상대적으로 가장 다루기 쉬운 회유와 협박의 대상은 호주이다. 따라서, 호주는 중국을 고려하여 Quad를 군사적 측면으로 활용하기보다는, 미국, 일본, 호주, 인도가 인도태평양 국가를 대상으로 한 역내 인프라 투자나 '해양능력 배양' 및 '해양 상황인지 능력'에 대한 개별적인 기여를 조율하는 메커니즘으로 발전해나가게 노력할 가능성이 크다.

실제로 호주는 아세안과 남태평양에 대한 인프라 투자에 지대한 관심이 있다. 아세안의 경우 호주가 중국에 대한 경제적 의존도를 줄인다는 관점에서 매우 중요한 지역이다. 중국과 인도뿐만 아니라 아세안도 급격한 경제성장을 이루고 있다. 아세안은 향후 10년간 연 5.4% 이상의 경제성장을 할 것으로 전망되는데, 인구도 6억에 이르는 잠재력이 큰 시장이다. 동남아시아에서 전자상거래 시장이 급증하는바, 호주가 호주-아세안 간 디지털 무역 성장세가 클 것으로 전망하고 아세안 시장 공략을 준비 중이다. 평일 오후 4~5시, 주말에도 오후 5~6시면 영업을 종료하는 호주 소매시장의 특성상 디지털 거래가 구매의 편리함을 제공해준다. 최근 호주에서 온라인 비즈니스가 급성장하고 있는데, 호주는 2019년에 5G 서비스를 거점 도시에서 상용화하는 등 디지털 무역에 유리한 환경을 조성 중이다. 잠재성이 큰 아세안 시장을 공략하기 위해서도 호주는 아세안 국가에 대한 인프라 투자에 관심이 많다.

미국, 일본, 호주, 인도 고위 당국자들이 2017년 11월 이래, 2018년 2월, 7월, 11월, 2019년 5월, 9월, 11월까지 총 7번의 Quad 협의를 진행하였다. 2019년 9월 협의에는 4국의 외교부 장관이 참석하였다. 7번의 회의에서 인프라 투자가 주요 이슈 중 하나였다. 중국이 해상실크로드 구축의 맥락에서, 역내 국가들의 항구 건설 및 인프라 확충을 지원하는 것에 대해 미국도 인프라 투자로 대응할 필요성을 인식했고, 이를 Quad 차원에서 논의한 것이다. 이러한 맥락에서 마이크 폼페이오 미국 국무장관이 미국상공회의소가 2018년 7월에 워싱턴에서 개최한 '인도-태평양 경제포럼'에서 총 1억1,300만 미국 달러(약 1,260억 원) 규모의 신규 투자 착수금을 제공할 것을 선언하였다.

Quad 국가들은 중국 일대일로에 대한 지경학적 대응을 위해 인태 지역에서 항만과 기타 기간산업을 발전시키는데 삼자의 형태로도 협력하고 있다. 일례로 2018년에 미국, 일본, 인도는 '인도태평양 삼자 인프라 포럼(Trilateral Infrastructure Forum)'을 발족시켰고, 미국, 일본, 호주는 '인도태평양 삼자 인프라 기금(Trilateral Infrastructure Fund)'을 조성하고, '작업반(Trilateral Infrastructure Working Group)'을 가동하고 있다.

호주가 미국, 일본, 인도와 함께 동남아시아, 남아시아, 남태평양 지역 국가의 인프라 건설에 대한 투자를 증가하고 있는 이유는 인프라가 부족한 국가들이 중국의 인프라 투자를 수용하지 않도록 '빚의 함정(Debt Track)' 논리로만 설득할 수 없기 때문이다. 역내 국가가 인프라 건설에 중국 외에도 투자할 수 있는 국가가 있다는 것을 보여줄 필요가 있다. 호주는 특히 태평양 섬나라들이 중국의 영향력에 빨려 들어가는 것을 방지하기 원한다. 스콧 모리슨 호주 총리가 2018년 11월에 '신 태평양 이니셔티브'를 발표하였는데, "태평양 섬나라에 20억 호주 달러 규모의 인프라 조성 기금과 10억 호주 달러 규모의 저리(低利) 차관을 지원하는 방안"을 담고 있다.[27]

호주는 한국과의 협력 가능성도 타진하고 있다. 한국은 한국국제협력단(KOICA)의 무상원조, 수출입은행의 유상원조 형태로 역내 국가에 원조를 제공하고 있으나, 아직 Quad 국가와 역내 인프라 건설 투자를 조율하고 있지는 않다. 그런데 호주가 한국과 일본에 3자 인프라 개발 기금, 작업반, 포럼 등을 결성하여 남태평양 투자에 나서자고 제안할 수도 있다. 삼국 모두 기술 선진국이므로, 첨단 기술이 필요하거나 보안 문제에 민감한 인프라 사업에 공동으로 입찰하거나 재원을 조달하는 것을 고려할 수 있다. 이는 신남방정책이 추구하고 있는 3P(People, Prosperity, Peace) 중 상생번영(Prosperity)과 접합점이 있고, 실질적으로는 한국의 경제적 이익에도 부합한다.

호주가 호주의 인프라 투자정책을 Quad 국가 및 한국 등과 조율하는 것은 중국의 지경학적 세력 확장에 대한 견제의 측면이 있다. 그런데 다른 한편으로는 그러한 역할을 Quad 협의에 부여함으로써 Quad가 군사적 측면에 초점이 맞추어지는 것을 방지하여 지나치게 중국을 자극하는 것을 피하려는 측면도 있다.

4) 인도네시아와의 '해양 상황인지' 협력에 신중한 접근

'해양 상황인지(MDA: Maritime Domain Awareness)'는 '해상에서 발생하고 있는 현상에 대해 가용할 수 있는 지식을 생산하고 축적하는 것'으로 정의된다.[28] 최근 미국이 역내 국가와 함께 MDA를 배양하는 데 힘쓰고 있다. 이는 중국에 대한 대응의 측면이 크다. 중국은 역내에서 영토분쟁을 재점화시키고 있을 뿐만 아니라, 중국 선박이 불법적이고(Illegal), 신고하지 않고(Unreported), 규정에 제어되지 않는(Unregulated) 어업, 즉 IUU 어업을 일삼는 등 회색지대 분쟁(grey zone conflicts)을 확산시키고 있다. 따라서 역내 국가들이(특히 미국의 안보 우호국이나 중국과 영토분쟁 중인 국가들이) MDA를 위한 협력을 추진하는 것은 역내 비전통안보 이슈에 대한 대응 능력을 배양시키는 것에 더해, 궁극적으로는 중국의 군사적 부상에 대한 헤징(hedging)을 위함이다. 만약 MDA 협력의 과정에서 관련국들이 각종 데이터를 종합하여 공통작전상황도(Common Operational Picture)를 생산하고 공유한다면, 이는 비전통안보뿐만 아니라 중국과의 전통안보 영역 분쟁에도 활용될 수 있다.

호주도 미국, 일본과 함께 VIP 국가의 MDA 향상에 기여하고 있다. 명분은 역내에서 급증하고 있는 비전통안보 의제에 대한 수원국의 대응 능력을 향상하는 것이다. 그러나 삼국이 동맹국들이고, 주요 수원국이 현재 중국과 영토분쟁 중이거나 향후 분쟁 가능성이 크다는 측면에서 전통안보 영역과 무관하지만은 않다. 또한, 더욱 중요한 것은 비전통안보 영역에서의 협력을 통해 축적된 상호 신뢰와 경험은 언제든지 전통안보 영역으로 투영될 수 있다.[29]

최근 호주가 MDA와 관련하여 취하는 행보가 주목받고 있다. 일부 언론이 호주가 코코스 제도에서 미국, 인도 및 인도네시아와 함께 '해양 상황인지'를 위해 공동으로 무인기를 전개할 가능성을 제기하기도 하였다.[30] 코코스섬은 인도양과 남중국해 양쪽 모두에 전략적인 요충지인데, 삼국이 무인정찰기를 공동으로 운영하는 거점으로 활용하면 MDA 능력을 향상시킬 수 있다. 이를 위해 호주와 인도네시아가 남중국해에서 공동으로 '해양 순찰(joint maritime patrols)'을 추진할 것을 검토하기도 하였다. 그러나 인도네시아 나투나(Natuna) 제도가 중국과 인도네시아의 잠재적 영토분쟁 지역이라는 점에서, 호주가 인도네시아와의 해상협력에 신중히 접근하고 있다. 일례로 인도네시아 조코 위도도 대통령이 2017년 2월 호주를 방문하였을 때 양국 간 해상협력 강화를 강조하였지만, 한 달 후 인도네시아를 방문한 호주 턴불 총리는 '공동해양순찰'을 추진할 의사가 없음을 분명히 하였다. 불필요하게 중국을 자극하지 않겠다는 것이었다.

5. 결론

한국과 호주는 약 8,300km 떨어져 있다. 거리상 제약에도 불구하고 한국은 호주의 4대 교역국이며, 호주는 한국의 8대 교역국이다. 양국은 2014년 12월에 자유무역협정(FTA)를 체결하였다. 그런데 경제협력과 비교하면 수준이 낮지만, 안보협력도 꾸준히 증가하고 있다. 2013년부터 격년으로 외교·국방 장관의 2+2 회의를 개최하고 있으며, 2012년 시작된 양자 연합해상 군사훈련인 '해돌이-왈라비 (Haedori-Wallaby)'는 2019년까지 총 5차례 개최되었다.

한국과 호주 모두 미국의 동맹국이고, 미국이 동맹 간의 연계를 추진하고 있는바 한·미·호 3자 안보협력의 가능성이 논의되곤 한다. 2014년에 개최된 한호 정상회담에서 한·미·호 삼각 안보협력의 중요성을 확인하였고, 미국과 호주는 연례 외교·국방 장관의 2+2회담 때마다 선언문에 한국과 북핵문제 해결 등 한반도 안정을 위해 협력할 것이라고 강조하고 있다. 특히, 미국의 관점에서, 한국과 일본의 역사적 구원 및 영토분쟁으로 한·미·일 국방협력이 장기간 정체된다면, 한·미·호 안보협력관계 증진이 대안이 될 수 있다. 일례로 언론 보도로는 2017년 11월 트럼프 대통령의 아시아 순방 시 미국이 한·미·일 군사훈련을 개최하자고 제안하였으나 한국이 거부하였다. 한국이 중국과의 '사드(THAAD) 분쟁'으로 인한 경색관계를 복원하는 과정에서 중국을 고려한 결정으로 이해되었다. 그러나 대신에 한국, 미국, 호주 해군이 11월 6~7일 제주도 인근 해상에서 대량살상무기(WMD) 확산 차단을 위한 연합 해양차단훈련을 시행하였다.

그런데 한국과 호주는 미국의 동맹국이지만, 다른 한편으로는 중국이 최대 무역국이다. 따라서 양국은 미국과 굳건한 안보관계를 유지하면서도, 중국과의 경제적 이해관계를 고려해야 한다. 그렇다면 이와 같은 상황에서 양국이 역내 안정과 번영을 위해 어떻게 협력해나가야 하는가? 호주는 한국전에 참전하였고, '한반도에너지 개발 기구(Korean Peninsula Energy Development Organization, KEDO)'의 회원국이었다. 북한의 수교국인 호주는 북한이 핵·미사일 개발을 가속하기 전까지 북한에 인도적 지원을 제공하였으나, 이후에는 북한의 핵·미사일 개발을 저지시키기 위한 국제사회의 공조에 적극적이다. 일례로 2017년에는 호주 턴불 총리가 북한이 미국을 향해 대륙간탄도미사일(ICBM)을 시험 발사할 경우, 동맹조약을 발동하여 미국이 북한 미사일을 격침하는 것을 도울 것이라고 공헌하였다. 유엔의 북한에 대한 경제제재를 이행하는 데 호주가 적극적인데, 2020년 2월에도 해상에서 북한의 불법 환적을 감시하기 위해 초계기를 일본에 배치하였다.

2018년 이래 진행되고 있는 국제사회의 북한 비핵화 협상 국면에서 호주가 직접 관여할 수 있는 외교적 공간은 넓지 않다. 그러나 향후 북한의 비핵화 과정에서 북한에 대한 경제협력과 투자가 본격적으로 시작되면, 호주가 한반도 평화정착을 위해 이바지할 수 있는 공간이 넓어지게 될 것이다. 즉, 현재로서는 한국과 호주가 한반도 평화를 목표로 공동보조를 취할 수 있는 안보의 영역은 제한적이다. 그런데도, 양국이 한반도 평화를 위한 안보환경을 조성하는 데는 서로 협력할 수 있다. 한국과 호주 모두 미국과 중국이 역내에서 대립과 분쟁으로 치닫지 않고, 협력적으로 관계를 정립해나가는 것이 자국의 국익에 절대적으로 유리하다. 한국의 관점에서 미중관계가 대립과 반목으로 점철되는 한 북핵 문제가 순조롭게 해결될 수 없다. 호주도 중국, 일본, 한국이 최대 교역국들이라는 점에서 안정된 교역을 위해서도 미중관계가 협력적으로 유지되는 것이 국익에 절대적으로 유리하다.

한국과 호주는 미국과 중국이 전략적으로 경합하는 가운데, 어느 한쪽으로의 선택을 강요받는 것에 대한 우려가 크다. 따라서 한국과 호주가 역내 중견국으로 현재 미국이 주도하고 있는 인태전략이 불필요하게 중국을 자극하지 않는 방향으로 추진될 수 있도록 협력하는 것이 필요하다. 앞서 살펴본 바와 같이 미국은 기존의 아태 지역협력 개념이 확대된 인태 공간 개념을 가동하고 있다. 아직 동 개념이 구체화되지 않았으나, 군사·안보적 측면에서는 미국이 주도하는 삼자 협력과 미국·호주·일본·호주 간 Quad가 주목받고 있다. 중국이 미국이 추진하고 있는 인태전략의 군사적 측면을 냉전의 유산이라고 비판하고 있는 가운데 호주는 미국의 인태전략에 협력하고 있고, 한국은 상대적으로 소극적이다.

미국이 한국에 인태전략에 적극적인 동참을 요구하고 있는 가운데 한국은 '신남방정책(New Southern Policy Initiative)'을 추진하고 있다. 한국 외교의 다변화를 추구하는 신남방정책은 아세안 국가와 인도를 중점 대상으로 한다. 군사·안보 영역에서 한국은 미국·태국 간 군사훈련인 '코브라 골드(Cobra Gold)'에 참여하고 있으며, 미국·필리핀 간 군사훈련인 '발리카탄'에는 참관자(observer)로 참여하고 있다. 또한, 인도와는 실질적 안보협력을 증진할 방안을 모색하고 있다. 한편 호주도 아세안 국가 및 인도와의 협력을 증진해나가고 있다. 특히, 호주는 앞에서 살펴본 바와 같이 필리핀, 베트남, 인도네시아와 같은 아세안 국가들의 '해양능력 배양'에 적극적으로 기여하고 있다. 호주와 인도와의 양자 안보협력도 증가하는 추세다. 그런데 주목할 것은 호주뿐만 아니라 미국과 일본도 아세안 국가 및 인도와 안보협력을 증진하고 있다는 점이다. 미국과 미국의 굳건한 동맹국인 일본, 호주가 중국과 영토분쟁 중이거나 '반 중국' 정서가 강한 베트남, 필리핀, 인도네시아 및 인도와 안보협력을 증진하는 것을 중국에 대한 헤징(hedging)의 관점에서 바라보는 시각도 존재한다. 이처럼 미국이 주도하는 인태전략이 중국 봉쇄로 인식될 가능성 때문에 적극적인 참여를 주저하고 있는 한국이 그동안 호주를 신남방정책의 중점 대상 국가에 포함하지 않았던 이유가 여기에 있을 수 있다.

그러나 지난 2018년 11월에 개최되었던 한호 정상회담에서 문재인 대통령은 모두 발언에서 '호주는 한국정부가 추진하는 신 남방정책의 협력국'이라고 언급하였다.[31] 동 발언이 외교적 수사에 그치지 않게 하려면 호주가 추구하는 인태정책과 한국의 신남방정책이 상호 간 협력할 수 있는 공간을 찾아야 한다. 이를 위해서는 무엇보다 먼저 한국과 호주가 아세안 국가 및 인도와 안보협력관계를 증진하는 목적이 무엇인지에 대한 상호 간의 이해가 선행되어야 한다. 그러한 목적은 (1) 미국이 주도하는 인태 지역 경제·안보 질서를 유지하기 위한 환경조성, (2) 미국에 대한 안보 의존을 줄여나가면서 역내 국가가 주도하는 소다자·다자 안보협력 촉진, (3) 아세안 국가 및 인도에 대한 방산수출을 위한 분위기 조성 등으로 요약될 수 있다.[32] 현재 한국정부는 (2)에 초점이 맞추어져 있는 것으로 보인다. 이는 결코 미국을 배척하는 것을 의미하는 것이 아니다. 한편 호주는 (1)에 강조점을 두고 있는 것처럼 보이는데, 이 또한 미국에 대한 일방적 의존이나 중국을 배척하는 것을 의미하는 것은 아니다.

한국과 호주는 서로의 전략적 입장을 숙지하고, 인태 지역 중견국으로 역내에서 미국과 중국의 지정학적 갈등이 심화하지 않고 협력적으로 전개되도록 힘써야 한다. 역내 중견국들이 주도할 수 있는 지역 담론을 제시하고, 실질적인 협력이 구동될 수 있는 촉진자 역할을 하여야 하는데, 이를 위해서 호주는 강대국 정치에 함몰되지 않는 인태전략의 구체적 비전을 제시하여야 하며, 한국은 신남방정책에 오세아니아를 포함하면서 역내 협력의 비전을 제시하여야 한다.

한반도 평화정착 여부는 역내에 '친화적인 안보 질서(associative security order)'가 조성되는지와 절대 무관하지 않다. 역내에서 대립적인 미중관계가 지속되면, 한반도 이슈가 강대국 정치의 부산물로 전락할 공산이 크다. 한반도 평화를 위한 한국과 호주의 협력 방향은 한반도 자체에 있다기보다는 역내에서 '친화적 안보 질서'를 구현하는 것으로 설정되어야 한다. 다만, 객관적으로 호주와 한국은 중국과 북한에 대한 '위협 인식(threat perception)'의 정도에 있어 차이가 있으므로 실질적인 협력을 위해서는 먼저 비전통안보 영역 등에서의 신뢰와 협력의 경험을 축적해야 한다. 일례로 한국·호주 수소협력, 한·호주 액화천연가스(LNG) 협력 강화 등은 양국의 안보협력을 강화할 수 있는 밑바탕이 되거나 정당성을 제공해 줄 수 있다.

주

1) "한국 GDP 순위 12위 유지 … 1인당 국민소득은 세계 30위권," 『연합신문』, 2019년 7월 7일. https://www.yna.co.kr/view/AKR20190706050300002

2) 코트라, "2019 국별 진출전략: 호주," 코트라 자료 19-032 (2019).

3) 호주 대한민국 대사관, "호주 국가에너지보장정책(NEG) 공식 철회," 최근시장정보 (2018). http://overseas.mofa.go.kr

4) Australian Bureau of Statistics, "Demographic Statistics, Dec 2019," (2020). https://www.abs.gov.au; "통계청 '호주 인구 2029년 3천만 명, 2031년 이후 시드니 제치고 멜버른이 최대 도시," SBS, (2018). https://www.sbs.com.au/yourlanguage/korean/ko/article/2018/11/22/tonggyeceong-jeonmang-hoju-ingu-2029nyeon-3ceonman-myeong-sideuni-jecigo?language=ko

5) Frances Mao, "How reliant is Australia on China?," BBC News, 17 June 2020. https://www.bbc.com/news/world-australia-52915879

6) Australian Department of Foreign Affairs and Trade, "China country brief," (2020). https://www.dfat.gov.au/geo/china/Pages/china-country-brief

7) Camper Champ, "Chinese Tourism in Australia-Statistics," 10 March 2020. https://camperchamp.com.au/statistics/australia/chinese-visitors/

8) "호주 국방차관, 퇴임하며 '중국은 친구·미국은 동맹'," 『연합신문』, 2017년 5월 13일. https://www.yna.co.kr/view/AKR20170513025500093?site=popup_share_copy

9) "반중으로 돌아선 호주, 미국과 '반(反)일대일로' 연합전선," 『한국경제』, 2018년 2월 25일. https://www.hankyung.com/international/article/2018022581251

10) 이장훈, "중국 '샤프 파워'를 조심하라!," 『동아일보』, 2017년 12월 31일. http://www.donga.com/news/article/all/20171231/87967384/1

11) 『한국경제』 (2018).

12) 차승윤, "중국, 호주 선거에 개입한 정황 포착-호주 총리 '깊이 우려스럽다'," 『한국일보』 2019년 11월 25일. https://www.hankookilbo.com/News/Read/201911251807724878

13) 『한국경제』 (2018); 이재준 (2017).

14) 코트라 (2019).

15) "美·호주 이어 독일서도 화웨이 5G 장비 배제 움직임," 『연합뉴스』, 2018년 11월 14일. https://www.yna.co.kr/view/AKR20181114109600009

16) Lowy Institute, "Lowy Institute Poll 2019" (2019). https://www.lowyinstitute.org/publications/lowy-institute-poll-2019

17) Australian Government, *Foreign Policy White Paper* (Canberra: 2017).

18) 박재적, "미호동맹의 진화와 글로벌 파트너십," 정구연 편, 『동맹의 진화와 글로벌 파트너십』 (통일연구원: 서울, 2017), pp. 86-88.

19) 박재적, "인도·태평양 전략 공간에 대한 미국, 호주, 일본, 인도의 접근," 『안보학술논집』 제29집 (2018), pp. 326-329.

20) 주한 프랑스 대사관, "인도-태평양 지역, 프랑스의 우선 과제," (2019). https://kr.

ambafrance.org

21) 주한 프랑스 대사관 (2019).

22) 박재적 (2018), pp. 248–249; Prashanth Parameswaran, "America's New Maritime Security Initiative for Southeast Asia," *The Diplomat* (2 April 2017). https://thediplomat.com

23) "日방위상, 내달 베트남서 남중국해 문제 논의… '中활동 우려'," 『한국경제』, 2019년 4월 26일. https://www.hankyung.com/international/article/201904268232Y

24) 문경희·이희진, "호주 노동당 정부의 중견국 외교에 대한 고찰," 『21세기정치학회보』 22–2 (2012).

25) "中, 호주산 석탄 1천500만t 압류 … '화웨이 금지' 괘씸죄?," 『연합뉴스』, 2019년 7월 16일. https://www.yna.co.kr/view/AKR20190716043300009

26) Iain Watson, "Middle Powers and Climate Change: The Role of KIA," *International Relations of the Asia-Pacific* 15–3 (2015), p. 505.

27) 이경민, "호주, 태평양 섬나라들에 '2조 원 인프라' 지원 … 中 영향 견제," 『조선일보』, 2018년 11월 8일. http://news.chosun.com/site/data/html_dir/2018/11/08/2018110802549.html

28) Christian Bueger, "Notes on Maritime Domain Awareness," *Safe Seas* (2019). http://bueger.info/wp-content/uploads/2019/02/Bueger-MDA-Singapore-January-2019.pdf

29) 이정훈·박재적, "인도·태평양 지역 '해양상황인지' 현황과 '쿼드(Quad)'국가의 기여," 『국가안보와 전략』 20–1 (2020), pp. 17–18.

30) 이장훈, "삐걱대는 한·미동맹 … '호주 모델'을 주목하라," 『조선일보』. 2019년 11월 17일; 박재적, "미국의 인도태평양 전략과 신남방정책 추진방안," 국립외교원 외교안보연구소 아세안·인도 연구 센터, 『신남방정책의 전략환경 평가 및 추진방안』. (서울: 국립외교원, 2019), pp. 252–253. http://news.chosun.com/site/data/html_dir/2019/11/15/2019111503397.html

31) "文대통령 '신남방 정책, 호주 인도·태평양 전략과 시너지 효과'," 『중앙일보』. 2018년 11월 17일, https://news.joins.com/article/23133044

32) 박재적 (2019), pp. 255–258.

참고문헌

Australian Bureau of Statistics. "Demographic Statistics, Dec 2019" (2020). https://www.abs.gov.au

Australian Department of Foreign Affairs and Trade. "China country brief" (2020). https://www.dfat.gov.au/geo/china/Pages/china-country-brief

Australian Government. 『2017 Foreign Policy White Paper』. Canberra: 2017.

Bueger, Christian. "Notes on Maritime Domain Awareness." Safe Seas. "http://bueger.info/wp-content/uploads/2019/02/Bueger-MDA-Singapore

Camper Champ. "Chinese Tourism in Australia — Statistics." 10 March 2020. https://camperchamp.com.au/statistics/australia/chinese-visitors/-January-2019.pdf

Lowy Institute. "Lowy Institute Poll 2019" (2019). https://www.lowyinstitute.org/publications/lowy-institute-poll-2019.

Mao, Frances. "How reliant is Australia on China?." *BBC News*. 17 June 2020. https://www.bbc.com/news/world-australia-52915879

Parameswaran, Prashanth. "America's New Maritime Security Initiative for Southeast Asia." *The Diplomat*. 2 April 2017. https://thediplomat.com

Watson, Iain. "Middle Powers and Climate Change: The Role of KIA." *International Relations of the Asia-Pacific* 15-3 (2015).

"文대통령 '신남방 정책, 호주 인도·태평양 전략과 시너지 효과'." 『중앙일보』. 2018년 11월 17일 https://news.joins.com/article/23133044

문경희·이희진. "호주 노동당 정부의 중견국 외교에 대한 고찰." 『21세기정치학회보』 22-2 (2012).

"美·호주 이어 독일서도 화웨이 5G 장비 배제 움직임." 『연합뉴스』. 2018년 11월 14일. https://www.yna.co.kr/view/AKR20181114109600009

박재적. "미국의 인도태평양 전략과 신남방정책 추진방안." 국립외교원 외교안보연구소 아세안·인도 연구 센터. 『신남방정책의 전략환경 평가 및 추진방안』. 서울: 국립외교원, 2019.

박재적. "미호동맹의 진화와 글로벌 파트너십." 정구연 편. 『동맹의 진화와 글로벌 파트너십』. 서울: 통일연구원, 2017.

박재적. "인도·태평양 전략 공간에 대한 미국, 호주, 일본, 인도의 접근." 『안보학술논집』 제29집 (2018).

"반중으로 돌아선 호주, 미국과 '반(反)일대일로' 연합전선." 『한국경제』. 2018년 2월 25일. https://www.hankyung.com/international/article/2018022581251

이경민. "호주, 태평양 섬나라들에 '2조원 인프라' 지원…中 영향 견제." 『조선일보』. 2018년 11월 8일. http://news.chosun.com/site/data/html_dir/2018/11/08/2018110802549.html

이장훈. "삐걱대는 한·미동맹… '호주 모델'을 주목하라." 『조선일보』. 2019년 11월 17일. http://news.chosun.com/site/data/html_dir/2019/11/15/2019111503397.html

이장훈. "중국 '샤프 파워'를 조심하라!." 『동아일보』. 2017년 12월 31일. http://www.donga.com/news/article/all/20171231/87967384/1

이재준. "호주, 중국 염두 스파이 무기징역으로 엄벌 법안." 『중앙일보』. 2017년 12월 5일. https://news.joins.com/article/22178053

이정훈·박재적. "인도·태평양 지역 '해양상황인지' 현황과 '쿼드(Quad)'국가의 기여." 『국가안보와 전략』 20-1 (2020).

"日방위상, 내달 베트남서 남중국해 문제 논의 … '中활동 우려'." 『한국경제』. 2019년

4월 26일. https://www.hankyung.com/international/article/201904268232Y

주한 프랑스 대사관. "인도-태평양 지역, 프랑스의 우선 과제." (2019). https://kr.
ambafrance.org

"中, 호주산 석탄 1천500만t 압류 … '화웨이 금지' 괘씸죄?." 『연합뉴스』. 2019년 7월
16일. https://www.yna.co.kr/view/AKR20190716043300009

차승윤. "중국, 호주 선거에 개입한 정황 포착-호주 총리 '깊이 우려스럽다'." 『한국일보』.
2019년 11월 25일. https://www.hankookilbo.com/News/Read/201911251807724878

코트라. "2019 국별 진출전략: 호주." 코트라 자료 19-032 (2019).

"통계청 '호주 인구 2029년 3천만 명, 2031년 이후 시드니 제치고 멜버른이 최대 도시'."
SBS. 2018년. https://www.sbs.com.au/yourlanguage/korean/ko/article/2018/
11/22/tonggyeceong-jeonmang-hoju-ingu-2029nyeon-3ceonman-myeong-sideuni-
jecigo?language=ko

"한국 GDP 순위 12위 유지 … 1인당 국민소득은 세계 30위권." 『연합신문』. 2019년 7월
7일. https://www.yna.co.kr/view/AKR20190706050300002

"호주 국방차관, 퇴임하며 '중국은 친구·미국은 동맹'." 『연합신문』. 2017년 5월 13일.
https://www.yna.co.kr/view/AKR20170513025500093?site=popup_share_copy

호주 대한민국 대사관. "호주 국가에너지보장정책(NEG) 공식 철회." 최근시장정보 (2018).
http://overseas.mofa.go.kr

정책 제언

1. 2018년 11월에 개최되었던 한국·호주 정상회담에서 문재인 대통령은 모두 발언에서 '호주는 한국정부가 추진하는 신 남방정책의 협력국'이라고 언급하였다. 미국의 인도태평양전략에서 호주의 위상이 높다는 것을 고려할 때, 동 발언이 외교적 수사에 그치지 않게 하여야 한다.

2. 한국과 호주는 인도태평양 지역 중견국으로 역내에서 미국과 중국의 지정학적 갈등이 심화하지 않고 협력적으로 전개되도록 힘써야 한다. 이를 위해서 호주는 강대국 정치에 함몰되지 않는 인도태평양전략의 구체적 비전을 제시하여야 하며, 한국은 신남방정책에 오세아니아를 포함하면서 역내 협력의 비전을 제시하여야 한다.

3. 한반도 평화를 위한 한국과 호주의 협력 방향은 한반도 자체에 있다기보다는 역내에서 '친화적 안보질서'를 구현하는 것으로 설정되어야 한다. 다만, 객관적으로 호주와 한국은 중국과 북한에 대한 위협인식의 정도에 있어 차이가 있기에 실질적인 협력을 위해서는 먼저 신뢰와 협력의 경험을 축적해 나가야 한다. 방산협력을 증진하고, '해돌이-왈라비' 군사훈련을 연례훈련으로 정례화할 필요가 있다. 아울러, 수소, 천연액화가스(LNG) 등 에너지 분야에서 협력 증진은 양국이 안보협력을 강화할 수 있는 밑바탕이 되거나 정당성을 제공해 줄 수 있다.

12장

동남아시아의 헤징전략:
미중갈등과 베트남,
미얀마, 필리핀의 대응*⁾

최경준(제주대학교 사회교육과)

핵심 논지

1. 베트남은 중국에 대해 미국을 통한 균형(Balancing)전략의 가능성을 열어 둔 헤징(Hedging)전략을 구사하며 중국과의 경제적 교류를 통한 경제발전과 남중국해에서의 영토분쟁에 대비하고 있다.
2. 미얀마는 오랫동안 중국에 대해 편승(Bandwagonging)전략을 취해왔으나 중국에 대한 지나친 종속에 대한 우려와 국내적 민주화의 진전으로 인해 미국, 인도 등을 통한 헤징전략으로의 전환을 모색하고 있다.
3. 필리핀은 미국과의 동맹관계에 기반하여 중국에 대한 균형전략을 채택해 왔으나 미국과의 군사적 협력과 의존을 줄이고 중국과 경제 및 안보적 협력을 증진시키는 등거리 실용외교로 전환하고 있다.
4. 세 국가의 헤징전략 외교정책은 각 국가들에 대한 미국과 중국의 대외정책뿐만 아니라 각국이 직면한 지정학적 위치, 역사적 경험, 엘리트와 대중의 대외 인식, 정치 및 경제체제의 특성과 체제전환 등 대내외적 요인에 의해 영향을 받고 있다.

1. 서론

동남아시아 지역은 전통적으로 인도문명과 중국문명이 만나는 단층지역이자 인도양과 태평양을 잇는 중요한 지정학적 위치에 놓여 있다. 제국주의 시기에는 영국, 프랑스 등 서구세력에 의한 지배, 제2차 세계대전 당시에는 일본의 지배를 받았으며, 냉전기에는 비동맹주의를 내세웠음에도 소련, 중국, 미국이 각기 세력경쟁을 벌이던 각축장이었다. 그리고 탈냉전 이후에는 증대된 경제력과 군사력을 바탕으로 이 지역에 대한 영향력을 확장하려는 중국과 이를 봉쇄하려는 미국 사이의 갈등이 첨예하게 벌어지고 있다.

이 글은 이 지역에서 발현되고 있는 미중갈등의 양상이 어떻게 나타나고 있으며, 이에 대한 동남아시아 국가들의 개별적, 집단적 대응과 외교전략이 무엇인지를 동남아시아를 구성하는 여러 국가들 중 베트남, 미얀마, 필리핀의 사례를 중심으로 살펴보는 것을 목표로 한다. 이를 통해 지정학적 단층선에 놓여 있는 상대적으로 취약한 국력을 지닌 국가들이 강대국 사이에서 전개되는 갈등에 대응하는 외교정책 상의 공통점과 차이점이 무엇인지 분석하고 이것을 야기한 원인에 대해 규명하여 미중갈등에 직면한 중간국에게 주는 함의를 모색하고자 한다.

중국의 윈난성(雲南省)을 비롯한 남부지역과 지리적으로 인접한 베트남은 지정학적으로 동남아시아로 진출하려는 중국의 주요 관문에 위치하고 있다. 중국과 베트남은 오랜 역사적 기원을 지닌 전쟁 경험을 갖고 있으며, 국경 및 영토문제, 베트남정부의 화교 박해문제, 베트남의 과거 친소정책과 캄보디아 침공 등 갈등과 분쟁의 유산을 오늘날까지도 간직하고 있다. 미얀마는 지정학적 측면에서 중국과 인도 사이에 위치하고 있으며, 인도양과 태평양을 잇는 해상 안보의 전략적 요충지에 위치하고 있다. 중국의 입장에서 미얀마는 인도양 진출의 관문이며, 냉전기 이후 전개되고 있는 미국의 대중국 포위전략에 대응할 수 있는 중요한 전략적 수단으로 인식되고 있다. 한편 남중국해에서의 영토분쟁을 포함하여 중국과 군사·안보적 갈등을 겪고 있는 필리핀은 중국의 해양 팽창에 대한 견제와 항행의 자유 확보를 필리핀과의 동맹을 통해 이루고자 하는 미국의 주요 전략적 이익이 걸려 있는 지정학적 중요성을 지니고 있다.

이 글은 경쟁하는 두 개의 강대국 사이에 놓인 '지정학적 조건'에 위치한 상대적으로 취약한 '물질적 능력'을 지닌 국가를 중간국으로 규정하고, 베트남, 미얀마, 필리핀의 사례를 통해 중간국이 선택하고 실행 및 추진해 나가는 외교정책의 전략적 특성이 무엇인지를 분석하고자 한다. 표 12.1에서 보듯, 베트남, 미얀마, 필리핀은 인구 규모에 있어 각각 9,000만 명, 5,000만 명, 1억 명가량이며, 영토 면적에 있어 각각 한반도의 1.5배, 3배, 1.3배에 이르는 인구적·영토적 조건을 지니고 있다. GDP에 기반한 경제력에 있어서는 베트남이 약 2,400억 달러, 미얀마가 약 700억 달러, 필리핀이 약 3,500억 달러이다. 경제규모 면에서 미얀마가 과연 중간국에 해당하는가라는 의문이 제기될 수 있다. 그러나 베트남과 미얀마 모두 중국과 육상 국경을 접하고 있으며, 베트남과 필리핀은 남중국해에서 중국과 해상영토를 놓고 분쟁을 겪고 있다. 세 국가 모두 강력한 경제력을 바탕으로 자신의 영향력을 확대하려는 중국과 이를 견제 및 봉쇄하려는 미국의 갈등 라인 위에 위치해 있다는 면에서 '지정학적 중간국'으로서의 조건을 갖추고 있다고 볼 수 있다.

중국의 부상은 동남아시아 국가들에게 새로운 경제적 기회를 제공함과 동시에 군사·안보적 위협을 가하고 있다. 그러나 베트남, 미얀마, 필리핀이 인식하는 중국위협은 서로 큰 차이를 보이고 있다. 1979년 중국-베트남 전쟁을 비롯하여 중국과 오랜 군사갈등을 겪었고 남중국해에서 중국과 영토분쟁을 벌이고 있는 베트남이 중국위협을 보다 현실적으로 받아들이고 있는 반면, 미국을 위시한 서방국가들에 의한 오랜 경제제재에 놓여 있던 미얀마는 비록 과도한 중국 의존성을 우려하고 있으나 중국을 중요한 경

표 12.1 베트남, 미얀마, 필리핀 국가개관

	베트남	미얀마	필리핀
인구	9,458만 명	5,283만 명	1억 831만 명
면적	33만 ㎢(한반도 1.5배)	67.7만 ㎢(한반도 3배)	30만 ㎢(한반도 1.3배)
민족 구성	비엣족(86%) 외 53개 소수민족	버마족(70%), 소수족 (25%), 기타(5%, 중국계, 인도계)	말레이계가 주된 인종 중국·미국·스페인계 혼혈
정부 형태	사회주의 공화제 (공산당 유일정당)	대통령 중심제	대통령제
경제	GDP: 2,414억 달러 1인당 GDP: 2,553달러	GDP: 715억 달러 1인당 GDP: 1,354달러	GDP: 3,568억 달러 1인당 GDP: 3,294달러

출처: 대한민국 외교부, 국가/지역 정보

제 및 군사적 후원국가로 인식하고 있다. 필리핀은 미국과 오랜 안보적 동맹관계를 통해 중국을 견제해 왔으나 국내적 경제 문제를 해결하기 위한 새로운 기회로 중국을 인식하고 있다. 중국에 대한 외교전략의 측면에서 베트남이 균형(Balancing)에 가까운 헤징(Hedging)전략을 활용하고 있는 반면, 미얀마는 편승(Bandwagoning) 일변도에서 최근 헤징전략으로의 방향전환을 모색하고 있으며, 필리핀은 미국과의 동맹을 바탕으로 한 대중국 균형전략에서 벗어나 미국과 중국 사이의 등거리외교를 지향하는 헤징전략으로 전환하고 있다. 이 글은 강대국들을 상대하는 세 국가가 외교정책 상에서 보여주는 공통점과 차이점, 변화와 연속성을 지정학적 위치, 역사적 경험, 그리고 국내 정치·경제 구조의 상호작용 속에서 그 원인을 탐색하고 중간국외교의 성과와 한계를 평가하고자 한다.

1980년대 개혁·개방 이후 급속한 경제성장과 강력한 군사력 구축을 바탕으로 강대국으로 부상한 중국은 동남아시아 국가들에게 새로운 경제적 기회와 군사·안보적 위협을 동시에 제공하고 있다. 중국이 2013년 발표한 '일대일로(一帶一路)' 계획은 중국의 인접국들뿐만 아니라 아시아, 아프리카, 유럽을 연결하는 협력 강화를 통해 '운명공동체, 책임공동체, 이익공동체'를 건설하자는 기치하에 추진되고 있으며, 특히 개도국들과 신흥국들과의 무역 확대 및 이들 국가들에 대한 대규모 인프라 건설 투자를 통한 협력이 강조되고 있다.[1] 그 일환으로 중국은 표 12.2가 보여주듯 인도네시아(1,710억 달러), 베트남(1,520억 달러), 캄보디아(1,040억 달러), 말레이시아(980억 달러), 싱가포르(700억 달러), 미얀마(270억 달러), 필리핀(90억 달러) 등 ASEAN 국가들을 대상으로 대규모 투자를 단행해 왔다.[2]

그러나 이는 아시아에서 중국의 부상을 우려하며 이를 견제하고자 하는 미국과 대립하는 양상 속에서 진행되고 있다. 따라서 중국과 국경을 접하고 있는 동남아시아 국가들에게 중국과의 국경경제협력은 자국의 경제발전을 위한 새로운 기회이지만 중국에 대한 경제적 종속과 군사·안보적 위협 그리고 중국과 대립하는 미국의 압력에 대응해야 하는 새로운 과제를 동시에 안겨 주고 있다.

미국은 이러한 중국의 부상과 일대일로 정책에 대해 '인도태평양전략(Indo-Pacific Strategy)'으로 대응하고 있다. 인도태평양전략은 2017년 트럼프 대통령이 "자유롭고 열려 있는 인도태평양(a Free and Open Indo-

표 12.2 중국의 일대일로 프로젝트의 ASEAN 국가별 규모 (단위: 억 달러)

국가	인도네시아	베트남	캄보디아	말레이시아	싱가포르
규모	1,711.1	1,516.8	1,039.6	984.6	700.9
국가	라오스	브루나이	미얀마	태국	필리핀
규모	477.0	359.0	272.4	241.1	94.0

출처: Yan Jinny, "The Belt and Road Initiative in Southeast Asia," *China's Belt and Road Initiative(BRI) and Southeast Asia* (London: CIMB, ASEAN Research Institute, 2018), p. 8.

Pacific)"을 언급하면서 미국의 주요 외교정책 비전으로 등장하였다. 그 주요 내용은 모든 국가들의 주권과 상호의존에 대한 존중, 분쟁의 평화적 해결, 공개적인 투자와 투명한 합의, 연결성에 기반한 자유롭고 공정하며 호혜적인 무역, 항행의 자유를 포함한 국제적 규칙과 규범에 대한 준수를 포함하고 있다. 미국 국방부는 2019년 6월 '인도태평양전략 보고서'를 통해 중국을 단기적으로는 인도태평양 지역에서 장기적으로는 글로벌 차원에서 헤게모니를 추구할 뿐만 아니라, 규칙에 기반한 질서의 가치와 원칙을 위협하는 현상 변경국(a revisionist power)으로 규정하였다. 그리고 이러한 중국에 대응하기 위해 인도태평양 지역에서 동맹국과 협력국들의 지역적 네트워크를 구축할 것임을 천명하였다.[3] 미국 국무부 역시 2019년 11월 발표한 보고서를 통해 인도태평양 지역의 동맹 및 협력국, 그리고 ASEAN과 같은 지역기구들과의 협력을 통해 자유롭고 개방적인 지역질서를 유지하는 것이 미국의 주요 외교정책 상의 목표임을 밝혔다.[4]

동남아시아를 둘러싼 중국과 미국 사이의 새로운 경쟁과 갈등이라는 지역구도에 직면한 동남아시아 국가들은 지역협력체인 ASEAN을 통해 동남아시아 지역 질서에 대한 비전과 공동 노력의 방안을 표명하였다. 먼저 2019년 6월 "인도태평양에 대한 아세안 전망(ASEAN Outlook on the Indo-Pacific)"을 발표하여 이 지역의 경제성장이 빈곤퇴치, 생활수준 향상을 위한 협력의 가능성을 증대시키고 있으나, 경제적·군사적 차원의 물질적 강대국들의 부상이 상호불신과 '영합적 게임(zero-sum game)'을 초래하는 문제를 야기하고 있음을 지적한 후, ASEAN이 상이한 이익이 충돌하는 전략적 환경 속에서 '정직한 중개자(an honest broker)'로서의 역할을 지속해 나갈 것임을 천명하였다. 그와 동시에 인도태평양 지역에서 협력을 형성하고 이를 증대시키기 위해 ASEAN이 집단적인 리더십을 발휘해 나갈 것이며, 지역 및 글로벌 차원의 지역 환경을 현재와 미래에 구축하는 것을 주도해 나갈 것임을 강조하였다.

한편, 2019년 11월에는 중국과의 공동성명("ASEAN-China Joint State-ment on Synergising the Master Plan on ASEAN Connectivity[MPAC] 2025 and the Belt and Road Initiative[BRI]")을 통해 동남아시아의 평화와 안정, 경제적 번영과 지속적 발전, 지역적 연결성을 지향하는 ASEAN이 인프라 연결성, 인적 연계망의 확대, 방해받지 않는 무역, 금융 통합 등을 지향하는 일대일로를 추진하는 중국과 공개성, 투명성, 포용성, ASEAN 중심주의 등의 원칙하에 호혜적인 전략적 파트너십을 구축해 나갈 것을 선언하였다. 이는 중국과의 경제적 협력관계를 강화해 나가되 미국이 주장하는 자유롭고 열려 있는 인도태평양 지역의 원칙을 중국과의 관계에 포함시켜 미국과 중국 사이의 중개자 역할을 수행하며 지역 질서의 창출에 주도적인 역할을 담당하겠다는 의도를 드러내는 것이었다.

이렇듯 동남아시아 국가들은 중국과 미국에 대해 ASEAN을 통한 공동대응을 모색함과 동시에 국가별로 개별적인 외교적 대응을 통해 미중경쟁 속에서 자신의 생존과 번영의 방안을 모색하고 있다. 이들 국가들이 대체로 추종 전략의 경향성을 보인다는 주장과 균형전략의 양상을 띤다는 주장이 동시에 존재해 왔다.[5] 그러나 대중국 정책에 있어 동남아 국가들은 추종과 균형이라는 두 극단 사이에서 국가별로 다양성을 보여주고 있으며, 또한 시기와 이슈에 따라 개별 국가들의 정책 또한 변화되어 왔다. 다음 절에서는 베트남, 미얀마, 필리핀이 미중갈등 속에서 보여주는 대외정책을 비교 분석하여 세 국가의 외교정책 상의 유사점과 차이점, 연속성과 변화를 규명하고 이를 야기한 원인을 추적한다. 그런 다음 세 국가의 중간국외교가 보여주는 성과와 한계에 대해 평가하여 이것이 중간국외교를 이해하고 바람직한 방향을 모색하는데 주는 함의가 무엇인지 살펴본다.

2. 베트남의 중간국외교

1) 미국-베트남관계

통일 직후 베트남정부의 최대 외교목표 중 하나는 경제재건을 위한 미국과의 관계개선이었다. 베트남은 미국과의 관계정상화 조건으로 1973년 1월 27일 파리평화협정(Paris Peace Accords)에 규정된 미국의 전후복구원조 조항의 이행을 요구하였다. 그러나 베트남이 1978년 코메콘(COMECON)에 가입하는 등 일련의 친소진영 외교노선을 취하면서 미국은 베트남을 소련의 팽창주의적 동맹권의 일부로 인식하게 된다. 1975년 이후 미국은 대베트남 경제제재조치, 미국 내 베트남인의 자산 동결 정책을 시행하였고, 베트남의 UN 가입 신청에 대해 거부권을 행사하는 등 베트남에 대한 적대적인 외교정책을 견지하였다.

특히 1978년 베트남의 캄보디아 침공은 미국으로 하여금 인도차이나반도에서 베트남의 급격한 영향력 행사를 우려하게 만들었다. 곧이어 중국이 베트남을 공격하자 미국은 중국-베트남전쟁이 베트남을 후원하는 소련과 중국 사이의 중소전쟁으로 확대될 것을 경계하였고, 베트남의 캄보디아 철수와 중국의 베트남 철수를 양측에 요구하였다. 미국은 캄보디아로부터 베트남군 완전철수와 미군실종자 문제 해결을 베트남과의 관계정상화의 조건으로 내세우는 한편, IMF로 하여금 대베트남 경제복구 원조제공을 미루게 하고, 베트남이 IMF와 세계은행(World Bank)으로 차관을 받는 것을 봉쇄하였다.[6]

그러나 1986년 베트남의 도이모이(Doi Moi) 개혁, 1989년 베트남의 캄보디아 철수, 1991년 소련의 해체와 함께 미국과 베트남관계에 있어 변화가 나타나기 시작했다. 미군실종자문제에 대한 베트남의 적극적인 협력, 미국에 의한 경제봉쇄의 완화 및 해제, 그리고 일련의 양국 간 대화 과정은 1995년 7월 11일 미국과 베트남 사이의 관계정상화로 이어졌다. 이후 2001년 미국-베트남 양자 무역협정 체결이 이루어졌고, 2006년 미국은 베트남에게 항구적 정상무역관계를 부여하였으며, 2007년 베트남의 WTO 가입이 이루어졌다. 미국은 베트남의 전체 무역교역량에서 1, 2위를 유지하고 있는데, 미국의 베트남에 대한 주요 수출 품목은 전자기계, 자동차, 항공기, 육류, 목재, 철강, 플라스틱, 동물사료 등이며, 베트남의 대미 주요 수출 품목은 의류, 수산물, 가구, 신발, 향신료, 커피 등이다.[7]

베트남과 미국 사이의 무역은 표 12.3에서 보듯 2000년대 중반 이후 특히 베트남의 대미 수출 부문에서 급격한 증가를 보여 왔다. 2000년에 약 7억 달러에 불과하던 베트남의 대미 수출액은 2008년 100억 달러를 넘게 되고, 2016년에는 380억 달러를 상회하게 된다. 베트남 총수출에서 미국이 차지하는 비중은 2000년 5.06%에서 2008년 18.99%로, 2016년에는 21.79%로 증가한다. 미국으로부터의 수입 역시 2000년 3억 6,000만 달러 규모에서 2016년에 87억 달러를 넘어서는 액수로 증가한다. 베트남 총수입에서 미국이 차지하는 비중은 2.33%에서 4.98%로 증가한다. 그러나 베트남의 대미 수출 규모와 비중에 비해서는 작은 액수와 비중으로서 베트남이 미국으로부터 대규모의 무역수지 흑자를 기록하고 있음을 보여주고 있다.

베트남과의 교역 증대를 비롯한 미국의 대베트남 정책 변화는 베트남 시장을 일본과 유럽에 내줄 수 있다는 경제적 관점에서의 판단에서 기인한 바도 있지만, 인도차이나 지역에서 중국과 미국 사이의 새로운 세력균형에 대한 안보적 고려 속에서 이루어졌다. 즉, 미국은 베트남을 경제적으로 활성화시킴으로써 소련을 대신하여 미국에게 위협을 가하는 강대국으로 부상하는 중국을 인도차이나 지역에서 견제하도록 만드는 것이 자국의 이익에 부합한다고 판단하고 있다. 과거 중소갈등으로 중국과 소련의 사이가 좋지 않고 미국이 소련과 냉전을 치르고 있던 시기 미국은 소련과 밀접한 베트남보다 중국을 자신의 안보적 파트너로 선택하여 소련을 견제하고자 하였다. 그

표 12.3	베트남의 대미국 무역 규모							(단위: 억 달러)	
	2000	2002	2004	2006	2008	2010	2012	2014	2016
수출	7.32 (5.06)	24.53 (14.68)	50.26 (18.98)	78.5 (19.71)	119.02 (18.99)	142.5 (19.73)	196.8 (17.18)	286.49 (19.07)	384.73 (21.79)
수입	3.63 (2.33)	4.58 (2.32)	11.37 (3.56)	9.87 (2.20)	26.52 (3.29)	37.79 (4.46)	48.41 (4.26)	62.86 (4.25)	87.12 (4.98)

출처: World Bank, World Integrated Trade Solution.
* 괄호 안의 수치는 전체 수출/수입 중에서 미국이 차지하는 비중(%)

러나 소련 붕괴와 냉전의 종식, 그리고 중국의 부상이라는 새로운 상황 속에서 미국은 중국을 견제하기 위해 베트남 카드를 활용하는 방안을 모색하고 있다.[8]

반면 베트남은 통일 이후 사회주의 경제모델의 실패로 인한 경제적 난관과 위기를 해결하기 위해 자본주의 경제체제로의 전환을 내용으로 하는 도이모이 개혁을 추진하면서 미국과의 관계정상화를 통해 미국으로부터의 자본과 기술을 이전받고 이를 바탕으로 다른 자본주의 국가들과의 협력을 도모할 필요성을 절감하게 되었다. 도이모이 경제개혁 이후 베트남의 주요 관심사는 공산당 독재에 기반한 권위주의 체제의 정치적 안정성을 해치지 않으면서 성공적인 경제개혁을 추진 및 운영해 나가는 것이었다. 베트남은 세계경제로의 통합과 경제발전을 위해 자신의 경제개혁 모델이었던 중국과의 관계보다는 미국과 일본과의 관계를 중심으로 하는 대외경제정책을 운영해 왔다.

안보 분야에 있어 베트남은 남중국해 해상에서 일본, 미국, 인도와의 협력을 강화시키고자 하는 태도를 견지하고 있다. 미국은 비록 남중국해에서 직접적인 영토적 이익을 지니고 있지는 않으나 이 해역에서 자유로운 항행을 필요로 하기에 미국-베트남 국방협력 양해각서 체결(2011), 베트남 해안

경비대 지원, 캄란 만의 미 해군함정 입항 등에서 보듯 남중국해 분쟁에서 베트남을 간접적으로 지원하는 방식으로 중국을 견제하고 있다.[9] 반면, 베트남은 중국과의 직접적인 마찰을 피하면서 미국과의 초기 단계 안보협력을 받아들임으로써 중국을 견제하는 조용한 노력을 기울여 왔다. 미국과 베트남 양국은 대테러리즘, 마약밀수 단속, 수색 및 구조, 재해구호 등 중국을 직접적으로 자극하지 않는 상대적으로 덜 민감한 분야에서의 협력을 진행해 나가고 있다.[10]

동남아시아 지역에 대한 중국의 장기적 야심을 견제할 수 있는 유용한 수단으로 베트남의 가치를 인식하고 있는 미국과 부상하는 중국의 위협에 대응하고자 하는 베트남은 안보 분야에 있어 서로 이익이 맞닿아 있다. 그러나 여전히 베트남의 인권문제는 미국이 우려하는 대상이며 미국-베트남관계의 걸림돌로 작용하고 있다. 미국 하원은 2003년 베트남 인권법(Legislation on Human Rights in Vietnam)을 통과시켰고, 미국은 2004년 베트남을 특별 관심 국가(Country of Particular Concern)로 지정하였다.[11] 베트남의 민주화와 인권문제와 함께 미국과 베트남의 과거 전쟁 경험에 대한 기억, 경제 대국으로 부상한 중국이 베트남에게 제공할 수 있는 경제적 기회에 대한 고려는 미국이 바라는 바와 같이 베트남이 미국의 대중국 봉쇄정책에 적극적으로 가담할 가능성을 제약하고 있다.

2) 중국-베트남관계

베트남에게 중국은 안보와 경제의 측면에서 공히 매우 중요한 국가이다. 중국과의 지리적 인접성은 육상 및 해상의 국경문제, 군사갈등과 전쟁발발 가능성 등의 안보상 위협을 야기하지만, 이와 동시에 중국의 경제적 성장은 경제개혁과 세계경제와의 통합을 통해 자국의 경제발전을 도모하는 베트남에게 중요한 기회로 여겨지고 있다. 지리적으로 동남아시아로부터 떨어져 있으며 이 지역에 직접적인 영토적 이해를 갖고 있지 않는 미국과 달리, 베트남과 직접적으로 국경을 접하고 있으며 경제와 군사적인 차원의 국력 면에서 베트남보다 우위에 있는 중국은 베트남의 외교정책에서 반드시 중요하게 고려되어야 하는 항구적인 인접세력이다. 반면, 중국에게 베트남은 ASEAN 지역으로 진출하는 최전선으로 인식되고 있으며, 남중국해에 대한 영유권을 놓고 군사적 갈등을 빚는 전략적 의미를 지닌 국가로 인식되고 있다.[12]

1978년 베트남의 캄보디아 침공과 캄보디아 내 친베트남 정권의 수립은 베트남 전쟁 당시 북베트남을 지원했던 중국이 1979년 베트남에 대한 군사행동을 감행하도록 만들었다. 중국의 이러한 군사행동 이면에는 중소분쟁을 겪으며 중국과 이념적, 영토적, 군사적으로 갈등하던 소련과 긴밀한 관계를 맺고 있던 베트남이 인도차이나반도에서 패권국으로 부상하는 것을 막고자 하는 중국의 견제 의도와 소련이 베트남을 후원하고 있다는 의구심이 동시에 내재해 있었다. 베트남은 캄보디아 침공 이후 중국과 서방국가들 모두로부터 비난을 받는 국제적 고립 상황에 직면하면서 전통적 우방국인 소련과의 유대 강화를 추구하였다.[13]

그러나 중국의 개혁개방과 이에 따른 경제성장을 목격한 베트남은 정치개혁과 경제개혁을 동시에 추진했던 소련과 달리 권위주의 정권을 유지하며 자본주의 체제의 도입과 세계경제로의 통합을 통해 경제발전을 추구하는 중국식 모델을 자신의 개발 모델로 받아들였으며, 1991년 중국과의 국교정상화를 이룬 이후 2008년 중국과 '전면적 전략 협력관계(comprehensive strategic cooperative partnership)'를 체결하였다. 이는 러시아(2012)와 인도(2016)에 앞서 베트남이 체결한 최초의 포괄적 전략 파트너십이며, 베트남이 자국의 대외관계에 있어 중국을 우선순위에 지정한다는 의미를 지니고 있었다.

베트남은 중국에 대해 양국 사이에 존재하는 정치제도(권위주의 체제)와 국가발전전략(정치개혁 없는 자본주의적 경제개혁) 상의 유사성에 바탕을 둔 운명공동체임을 표방하며, 경제사회발전을 도모할 중요한 시기에 중국으로부터 발전 경험을 이전받고 양국 사이의 경제협력을 통해 자국의 발전을 지향해 나가고 있다. 이를 위해 베트남은 ASEAN-중국 자유무역협정(ACFTA: ASEAN-China Free Trade Area), 역내 포괄적 경제동반자협정(RCEP: Regional Comprehensive Economic Partnership) 회담 등 중국 중심의 지역협의체에 적극적으로 참여하고 있다.[14]

도이모이 경제개혁 이후 베트남은 ASEAN 국가들 중에서 중국의 최대 교역국으로 성장하였다. 중국은 기계, 통신장비, 의약품, 비료, 차량 등을 베트남에 수출하고, 베트남은 원유, 석탄, 커피, 수산물 등을 중국에 수출한다.[15] 그러나 미국과의 교역을 통해 베트남이 대규모의 무역흑자를 기록해 온 반면, 중국과의 무역에 있어서는 이와 상이한 현상이 나타나고 있다. 표 12.4에서 보듯 2000년에 베트남의 대중국 수출액이 중국으로부터의 수입액보다 많았던 상황은 이후 수입액수가 수출액수를 크게 상회하는 양상으로 바뀌면서 양국 간의 경제교역의 확대가 베트남에게 대규모의 대중국 무역적자를 안겨주고 있다.

그러나 베트남의 무역 구조가 지닌 독특성을 고려한다면 베트남의 대중국 무역수지 적자가 반드시 부정적인 것만은 아니다. 베트남은 미국이 중국산 제품에 대해 높은 관세를 부과하는 상황에서 중국으로부터 제품을 수입하여 이를 베트남 제품으로 원산지를 바꿔 다시 미국으로 수출하는 전략을 채택해 왔다. 이를 통한 베트남의 대미 무역흑자가 누적되면서 미국의 트럼프정부는 베트남에 대해서도 중국과 동일한 수준의 관세를 부과하는 방안을 포함한 새로운 통상 압력을 고려하고 있다.[16]

한편 중국은 일대일로 사업을 통해 중국과 인접한 개도국들과 인프라 연계성을 기반으로 하여 경제, 외교정책, 금융, 문화협력 분야에서의 교류와 소통을 증대시키고 이를 통한 공동발전을 추구하는 대외정책을 추진하고 있다. 이는 중국과 베트남 사이의 경제협력 가능성에 대한 전망과 기대를 높이

표 12.4	베트남의 대중국 무역 규모							(단위: 억 달러)	
	2000	2002	2004	2006	2008	2010	2012	2014	2016
수출	15.36 (10.61)	15.18 (9.09)	28.99 (10.95)	32.42 (8.14)	48.50 (7.74)	77.42 (10.72)	128.35 (11.21)	149.28 (9.94)	219.50 (12.43)
수입	14.01 (8.96)	21.58 (10.93)	45.95 (14.37)	73.91 (16.47)	159.73 (19.79)	202.03 (23.81)	290.34 (25.52)	436.47 (29.52)	500.37 (28.60)

출처: World Bank, World Integrated Trade Solution.
* 중국 수치에서 홍콩은 제외. 괄호 안의 수치는 전체 수출/수입 중에서 중국이 차지하는 비중(%)

고 있다. 특히 베트남의 양랑일권(兩廊一圈) 사업과 중국의 일대일로 사업을 연결하는 방안이 모색되고 있다. 베트남의 양랑일권은 중국의 일대일로 사업이 발표되기 이전인 2004년에 계획된 발전전략으로서 베트남정부가 중국 서부지역을 공략할 거점을 마련하고자 하는 목적으로 만들어진 베트남 북부지역 경제 장기발전구상의 일환이다. 이는 중국과 2개의 회랑을 인프라로 연결(베트남 북동과 서북에 2개의 철도라인 건설)하여 하나의 경제협력 지대를 건설하고, 중국과 연결된 통킹만 경제권을 하나의 경제벨트로 구축한다는 계획이다. 중국과 베트남 사이의 경제적 이해가 일치할 수 있다는 기대에 따라 베트남의 양랑일권과 중국의 일대일로를 연결하기 위한 협의가 그동안 양국 사이에 진행되어 왔다. 베트남이 구상한 '북부만(통킹만)-광시자유무역구' 건설계획은 중국의 해양실크로드 경제출구의 시작점이며, 중국의 입장에서는 베트남으로 연결되는 회랑을 이용한다면 하이퐁 항구를 통해 대양으로 진출하는 출구를 확보할 수 있다. 베트남은 북부지역에서 중국과의 협력을 통해 한국, 일본의 투자로 성장한 북부지역의 산업을 더욱 크게 발전시킬 것을 기대하고 있다. 그러나 국경경제지대를 어떻게 양국이 공동관리를 할 것인가에 대해 의견일치를 이루지 못하며 두 사업의 연결은 지체되고 있다.[17]

한편, 군사 안보적 측면에서는 양국 사이에 갈등의 요소가 보다 강하게 잠재되어 있다. 1993년 조인된 양국 간 '국경문제 해결을 위한 기본원칙협정서'와 1999년 체결된 영토와 관련한 국경협정에 의해 더 이상 육지영토에 대한 갈등이 두 국가 사이에 존재하지 않는다는 입장을 양국은 취하고 있다. 그러나 남중국해에서의 양국 간 해상영토 갈등은 여전히 현재 진행 중이다. 파라셀 제도는 중국이 100% 점령하고 있으나 중국과 베트남 양국이 모두 영유권을 주장하고 있다. 스프래틀리 제도는 주변 6개국(베트남 21개, 중국 7개, 말레이시아 8개, 필리핀 7개, 대만 1개)이 영유권과 해양관할권을 주장하고 있다. 스프래틀리 제도에서 중국은 "논쟁의 여지가 없는 자국 주권"을 주장하고 있다.[18] 중국이 남중국해에서 "구단선(九段線)"에 기반하여 자국의 영해로 주장하는 해양영토의 범위는 분쟁을 겪고 있는 남중국해 전체 영역의 약 90%를 포함하고 있다.[19]

베트남은 중국과의 분쟁을 먼저 표면화하지 않는다는 원칙과 함께 영유권 문제는 양보할 수 없다는 입장 역시 강하게 견지하고 있다. 반면, 미국과 일본은 남중국해의 자유로운 항행의 문제에만 관여하고 있기에 베트남이 영토문제 해결을 위해 이들 국가들을 포함한 국제사회의 도움을 얻어내기에는 일정한 한계가 있다. 따라서 베트남은 남중국해 갈등문제를 부각시키지 않으면서 베트남의 경제적 국가이익을 확보하고, 남중국해 해상에서 중국의 불법적 행동을 금지하는 내용을 담는 남중국해행위준칙(South China Sea Code of Conduct)을 ASEAN이 최종 합의하여 중국에 대해 ASEAN과의 협력을 통해 대응하고자 하는 전략을 모색하고 있다.[20]

현재 중국의 국가이익은 과거 냉전 시기에 받았던 것에 비해서는 상대적으로 작은 수준의 위협을 베트남으로부터 받고 있다. 이는 베트남을 통한 소련의 위협이 사라졌으며, 베트남이 정책의 우선순위를 자국의 경제발전에 두고 있으며, 또한 캄보디아에 대한 베트남의 영향이 감소하였기 때문이다. 그러나 베트남이 캄보디아에 대해 다시 적대적인 군사적 태도를 보이거나, 미국과 지나치게 가까운 관계를 형성하거나, 남중국해에서 분쟁의 대상이 되고 있는 스프래틀리 제도에 대한 공격적 영토 주장을 할 경우 중국은 베트남에 대해 강경한 태도를 보일 가능성이 크다. 중국은 영토적 이익을 규정하는 데 있어 그동안 매우 공격적이었으며, 따라서 베트남은 중국에 대한 공격적 입장과 직접적인 외교적 대결을 가급적 피하는 정책을 취하고 있다.[21] 중국을 자극하지 않으면서 견제하기 위해 베트남은 "군사동맹 거부", "베트남 영토 내 타국 군대 주둔 거부", "다른 국가와의 전투를 목적으로 하는 타국과의 동반자 관계 거부"라는 "3무(無)원칙(three no's principle)"을 주요 외교정책의 독트린으로 설정하고 있다.[22] 그러면서 ASEAN과 동남아시아 지역 내 국가들과 관심과 이해를 공유함으로써 성장하는 중국의 힘에 공동으로 대응하려는 노력을 기울이고 있다.

3. 미얀마의 중간국외교

1) 미국-미얀마관계

1988년 미얀마 민주화 시위가 일어나기 전까지 미국의 미얀마에 대한 정치 및 경제적 관심은 그다지 높지 않았다. 그러나 민주화 운동에 대한 미얀마 정부의 탄압, 쿠데타에 의한 정권 장악, 그리고 군부에 의한 인권 유린이 발생한 이후 미국은 미얀마에 대해 민주주의를 촉구하며 포괄적인 경제제재를 단행하였고, 반군부-아웅산 수치 지지정책을 대미얀마 외교의 주요 노선으로 설정하였다.

미국은 민주주의, 보편적 인권, 마약 문제를 이유로 1990년부터 미얀마 군부 정권의 정통성을 인정하지 않았다. 2005년 콘돌리자 라이스(Condoleezza Rice) 미 국무장관은 미얀마를 '폭정의 전초기지(outpost of tyranny)' 중 하나로 언급하였다. 미국은 미얀마가 ASEAN에 가입하려 하자 이에 대한 반대의사를 보였고(미얀마는 결국 1997년 ASEAN에 가입), 국제사회에서 미얀마를 고립시켜 군부정권을 붕괴시키는 것을 추구하였다. 또한, 경제제재와 함께 미얀마 공무원의 입국 사증 발급 중지, 미얀마 제품의 수입 금지, 미얀마에 대한 투자 및 원조 금지 등 포괄적 수준의 제재를 실시하였다. 이로 인해 서방국가 기업들은 미얀마에 대한 투자계획을 철회하였고, 세계은행(World Bank)과 아시아개발은행(Asian Development Bank)도 미국의 압력으로 인해 미얀마에 대한 원조를 제공하지 않았다. 미국은 인종적 소수집단과 정치적 반대세력을 미얀마정부가 탄압함으로써 이 지역의 안보를 위협하고 있다는 이유로 2005년과 2007년 두 차례에 걸쳐 미얀마 문제를 UN 안보리에 상정하였으며, 2006년에 예정된 미얀마의 ASEAN 의장직 수임에 대해 유럽연합(EU)과 함께 공동으로 압력을 가해 미얀마가 스스로 의장직 진출을 포기하도록 만들었다.[23] 미국은 미얀마 내 민주주의 상황의 변화에 따라 미얀마에 대한 다양한 경제 및 금융상의 제재를 시행 또는 철회해 왔다.[24]

미국의 미얀마에 대한 반복적인 경제 제재로 인해 양국 사이의 무역은 수출과 수입 면에서 모두 뚜렷한 성장을 이루지 못해 왔다. 표 12.5에서 보듯, 2010년 미얀마의 대미 수출은 불과 400만 달러에 불과하였으며, 미국으로부터의 수입 역시 2,500만 달러 수준이었다. 이는 미얀마의 전체 수출에서 1%도 차지하지 않는 규모였다. 비록 2017년에 수출은 2억 7,000만 달러, 수입은 6억 9,000만 달러로 그 규모가 증가하였지만, 양국 간 교역의 규모는 동남아시아 지역 국가들 및 중국과의 교역과 비교할 때 여전히 매우 낮은 수준에 머물고 있다.

미국은 미얀마에서 민주화를 지원하여 이곳에 친미정권을 수립하고 인도-미얀마-태국을 잇는 군사동맹벨트를 구축하여 인도양으로 남진하려는 중국을 견제하려는 의도를 지니고 있다. 미국의 대중국 봉쇄정책에서 미얀마가 미국에게 가장 취약한 연결고리이기에 미국은 미얀마에서 오랜 동안

표 12.5	미얀마의 대미국 무역 규모					(단위: 억 달러, 괄호 안의 수치는 %)			
	2010	2011	2012	2013	2014	2015	2016	2017	2018
수출	0.04 (0.05)	0.08 (0.10)	0.12 (0.13)	0.11 (0.10)	0.43 (0.38)	0.61 (0.54)	1.50 (1.29)	2.78 (2.00)	4.92 (2.95)
수입	0.25 (0.51)	2.00 (2.34)	0.65 (0.84)	1.11 (0.93)	4.92 (3.03)	1.03 (0.61)	2.16 (1.38)	6.94 (3.61)	3.24 (1.68)

출처: World Bank, World Integrated Trade Solution.
* 괄호 안의 수치는 전체 수출/수입 중에서 미국이 차지하는 비중(%)

지속되어 온 친중적인 정권을 교체하는 것을 희망해 왔다.[25] 그러나 미얀마 군부는 유럽 식민주의자들과 미국 신식민주의자들이 미얀마의 안정성을 깨뜨리고 이곳을 통제하기 위해 아웅산 수치와 민주주의 운동가들을 정치적 도구로 활용하고 있다고 인식하였고, 미국의 미얀마에 대한 경제제재가 오히려 자국의 경제와 내부 문제에 대한 서구 세력들의 간섭과 지배를 막아주는 효과가 있다고 선전하였다. 역설적으로 미국의 경제제재는 미얀마 정치세력이 미얀마의 열악한 경제 상황과 문제를 자신들의 잘못이 아닌 서구국가들에 의한 제제로 인해 야기된 것으로 합리화하며 책임을 회피할 수 있는 명분을 제공하였다.[26]

그러나 정치적으로 민감하지 않은 분야에서는 미국과 미얀마 양국 사이에 협력관계도 존재하였는데, 제2차 세계대전 당시 실종된 미군 병사의 유해발굴에 대해 미얀마정부가 동의하였고, 1990년대 초부터 미얀마는 미국과 공동으로 마약 생산 및 밀매에 대해 공동으로 대처하고 있다.[27] 미국의 오바마(Barack Obama) 행정부는 급속히 부상하고 있는 중국을 견제하기 위하여 '아시아로의 귀환정책(Return-to-Asia Strategy)'을 추진하였고 이에 따라 미얀마가 지닌 전략적 가치가 증대되었다. 미국에게 미얀마는 남중국해와 호주에 대한 미국 해병의 순환 배치, 베트남과의 군사적 관계 강화

등 일련의 대중국 압박을 동남아시아 지역에서 완성하는 데 있어 중요한 의미를 지니고 있다.[28)]

한편 미국을 중심으로 한 서방국가들에 의한 경제제재 속에서 친중적인 외교정책을 채택할 수밖에 없었던 미얀마는 경제적, 정치적 측면에서 지나치게 심화되고 있는 중국에 대한 의존을 상쇄하기 위해 미국과의 관계 증진에 관심을 갖기 시작하였다. 2009년 미얀마정부는 중국과 접하는 미얀마 북동쪽 국경지대에 사는 소수민족에 대해 군사 공격을 감행하여 약 3,700명의 중국계 이민자들의 원난성 이주를 초래한 바 있다. 소수민족에 대한 탄압은 미얀마로 하여금 국제사회의 비난을 받도록 만들었지만, 이는 역설적으로 미얀마가 중국에 완전히 종속된 국가가 아님을 국제사회에 보여주고 싶어 한다는 중요한 신호로 받아들여졌다. 그러나 중국의존 탈피를 위한 미얀마의 노력은 미얀마를 통해 인도양 지역으로 진출하고자 하는 중국의 영향력 확대에 대해 직접적인 위협을 느끼고 있는 인도와의 관계 증진을 통해 보다 가시화되고 있다.[29)]

2) 중국-미얀마관계

중국과 미얀마 사이의 긴밀한 협조적 관계는 미국의 미얀마에 대한 제재적 외교정책의 효과를 그동안 상쇄시켜 왔다. 중국은 미국이 내세우는 민주주의와 인권의 가치에 반발하며 미얀마 군부를 옹호해 왔으며, 미얀마가 미국 등 서방국가들로부터 경제제재를 받는 위기를 미얀마에 대한 자국의 영향력을 확대할 수 있는 기회로 활용하였다. 특히 1990년대부터 국경무역과 경제적 지원을 통한 중국의 미얀마에 대한 영향력 증대가 이루어져 왔다.[30)] 또한, 중국은 전력, 댐 등 사회간접시설의 건설비용으로 매년 2억 달러 상당을 미얀마에 원조해 왔는데, 이는 미얀마의 주요 산업인 봉제 산업이 미국의 경제제재로 인해 입은 손실금과 거의 비슷한 수준으로 경제제재와 국

제적 고립 속에서 미얀마가 생존할 수 있는 바탕이 되었다.[31)]

미얀마와 중국 간의 무역은 표 12.6에서 보는 바와 같이 2010년 이후 지속적인 성장을 기록해 왔다. 미얀마의 대중국 수출 규모는 2010년 2억 6,000만 달러 수준에서 2013년에는 30억 달러 수준으로 증가하였고, 2018년에는 55억 달러를 상회하게 된다. 미얀마의 전체 수출에서 중국이 차지하는 비율은 같은 기간 2.98%에서 33.35%로 급증하였다. 중국으로부터의 수입은 이보다 큰 규모로 이루어져 2010년 약 10억 달러 수준에서 2013년에는 36억 달러를 넘는 수준으로 증가하고, 2018년에는 62억 달러 이상을 기록하게 된다. 미얀마 전체 수입에서 중국이 차지하는 비중은 같은 기간 19.81%에서 32.17%로 증가하였다. 1990년 이전에는 수출과 수입 측면에서 모두 미얀마의 5대 교역국 안에 들지 못했던 중국은 1990년에 미얀마의 전체 수출 비중에서 8.1%를 차지하며 5위를, 전체 수입 비중에서는 20.6%를 차지하며 1위를 기록한 후 미얀마의 주요 무역 대상국으로 자리잡았다.[32)]

양국 간의 교역에 있어 미얀마는 중국에 주로 목재, 가구 등을 수출하고, 중국은 미얀마에게 농기구 등을 수출한다.[33)] 중국은 에너지 안보의 일환으로 미얀마의 광업, 석유, 천연가스, 수력발전 등에 관심을 보이며 인프라건설에 필요한 자본을 저리 또는 무이자로 제공해 왔다. 중국과 미얀마

표 12.6　미얀마의 대중국 무역 규모　(단위: 억 달러)

	2010	2011	2012	2013	2014	2015	2016	2017	2018
수출	2.60 (2.98)	15.15 (18.64)	13.82 (15.27)	30.53 (26.70)	40.16 (35.07)	45.11 (39.47)	47.66 (40.84)	53.98 (38.89)	55.59 (33.35)
수입	9.64 (19.81)	23.03 (26.88)	24.96 (31.81)	36.62 (30.50)	50.24 (30.96)	64.32 (38.05)	54.03 (34.42)	61.15 (31.76)	62.22 (32.17)

출처: World Bank, World Integrated Trade Solution.
* 중국 수치에서 홍콩은 제외. 괄호 안의 수치는 전체 수출/수입 중에서 중국이 차지하는 비중(%)

는 2018년 9월 "중국-미얀마 경제회랑 합의(China-Myanmar Economic Corridor Agreement)"에 서명하여 약 20억 달러 상당의 가치가 있는 24개 프로젝트를 추진하기로 상호 합의하였다. 이 계획은 미얀마의 주요 상업도시인 양곤과 만달레이, 그리고 차우크퓨에 있는 경제특구를 중국의 쿤밍과 연결하여 하나의 경제지대를 형성하는 것을 목표로 하고 있다.[34]

한편 군사 및 정치적 측면에서 중국은 미얀마에게 무기 판매와 기술지원을 통해 미얀마 군대의 현대화를 지원하면서, 국제사회에서 고립되어 있던 미얀마 군사정권을 외교적으로 지지해 왔다. 중국은 미얀마에게 군수품과 군사장비를 제공하는 최대 국가이며, 중국이 미얀마에 건설자금을 대 주는 고속도로는 상업적인 용도뿐만 아니라 군사적 갈등과 소요가 발생할 경우 미얀마 내륙 깊이까지 중국 군대를 신속히 이동시키는데 사용될 수 있는 잠재적인 군사·안보적 가치를 지니고 있다.[35]

중국은 자국의 지속적인 경제성장을 위해 미얀마가 가진 천연자원을 확보 및 이용하고 미얀마를 경유하는 에너지 자원의 운송 루트를 개발하는 에너지 안보전략을 추구해 왔다. 특히 중국은 좁은 말라카 해협을 통해서만 석유를 비롯한 각종 에너지를 실어 나를 수밖에 없는 '말라카 딜레마(Malacca dilemma)'의 상황을 해소하고 안정적인 석유 수송로를 확보하기 위해 미얀마를 주요 대안으로 인식해 왔다. 서미얀마 해안으로부터 중국의 윈난성에 이르는 천연가스, 원유 파이프라인을 건설하여 자원수송을 미얀마를 경유하여 운송하면 최소 3,000킬로미터 이상의 거리를 단축할 수 있고, 무엇보다 중국은 미군이 통제하고 있는 말라카 해협을 통과하지 않고 중동지역에서 인도양을 거쳐 원유를 수송할 수 있다. 중국과 미얀마를 연결하는 석유와 천연가스관의 건설을 위해 중국은 해당 파이프라인이 지나가는 미얀마 건설지역에 대한 토지 사용료를 지급하고 대규모 원조계획을 단행하였다.[36] 천연가스 수송관은 3년간의 공사를 거쳐 2013년 완공되어 가동을 시작하였고, 가스관과 나란히 건설된 원유수송관은 2017년부터 가동되어, 2019년까지 각각 240억㎥의 가스와 2,500만t의 원유를 중국으로 수송 및 운반하였다. 이는 중국이 미얀마를 발판으로 서남아시아, 중동 및 아프리카로 진출하는 주요 통로를 확보하게 되었음을 의미한다.[37)]

그러나 미얀마에 대한 서방의 제재가 계속되는 동안 중국에 대한 미얀마의 경제적 의존이 우려될 정도로 심화되면서 미얀마 내에서 중국에 대한 의존을 줄이고 중국의 속국화를 방지하고자 하는 움직임이 나타나고 있다. 특히 중국 자본의 범람으로 인한 미얀마 내 반중국 정서는 중국인들과 현지인들의 물리적 충돌로도 이어지고 있다. 미얀마 내 반중국 정서의 등장은 미얀마 군부에게 새로운 과제로 인식되고 있다. 미얀마 군부가 중국정부와 긴밀한 관계를 유지해 왔던 반면, 미얀마의 민주화 운동 세력과 시민사회는 미국을 비롯한 서구와 강한 유대감을 형성하였고, 이로 인해 미얀마 내 엘리트와 대중 사이의 균열이 나타나고 있다. 이는 중국과 미국에 대한 미얀마정부의 대외 정책이 국내정치의 문제와 결부되어 있음을 의미한다. 미얀마 군부는 미얀마 사회 내에 존재하는 반중국 정서와 중국에 대한 속국화의 우려로 인해 인도와 전략적 동반자관계를 구축함으로써 탈중국 정책을 모색하고 있다.[38)]

미얀마와 중국 사이의 긴밀한 관계가 균열 양상을 띨 수 있음은 미얀마와 중국이 공동으로 추진하여 왔던 미트소네댐의 건설사업이 2011년 중단되면서 표면화되었다. 중국은 전력수급을 위해 수력발전소 건설에 필요한 소요경비 36억 달러 대부분을 부담하되 생산된 전력의 90%를 중국으로 가져가기로 합의하고 댐 건설을 추진하였다. 그러나 미얀마 야당과 시민사회 단체들은 강의 흐름을 위협하고 주민 이주문제가 발생할 것을 우려하여 이를 반대하였다. 특히 카친 주 소수민족들이 정부군과 충돌하면서 미얀마정부는 댐 건설의 중지를 발표하였다.[39)] 일대일로 정책을 통한 중국의 미얀마에 대한 접근은 2018년 미얀마정부가 부채상환에 대한 부담감으로 인해 라킨 주에 위치한 차우크퓨 항에 대한 73억 달러 상당의 투자를 축소시키면서 또

다른 걸림돌에 직면하였다.[40]

한편 2011년 출범한 떼인 세인(Thein Sein)정부 이후 나타나고 있는 미얀마의 민주화 개혁은 미얀마-미국관계의 개선을 가져왔고, 이로 인해 미국의 대중국 포위전략에 대응해야 할 중국은 미얀마와의 전략적 협력을 위한 동반자관계를 더욱 강화해야 할 필요성을 느끼게 되었다. 중국은 미국의 미얀마에 대한 접근정책을 글로벌 차원에서 이루어지는 미국의 대중국 포위전략의 일환이자 동남아시아에서 중국의 영향력을 약화시키고 중국을 고립시키려는 것으로 인식하고 있다. 반면 미얀마가 민주화 개혁을 통해 미국과의 관계를 개선하려는 것은 중국의 영향력에 대한 하나의 헤징전략을 구사하여 미중경쟁 속에서 국익을 극대화하려는 노력으로 이해될 수 있다. 아울러 미중갈등 속에서 미얀마는 중국과의 유대관계를 미국에 대한 자신의 협상력을 높이는 수단으로 활용하고 있다. 헤징전략을 모색하는 미얀마는 중국의 자국에 대한 경제적 투자를 확보함과 동시에 국제사회에서 자신의 정치적 지원자로 중국을 활용하고자 한다. 그와 동시에 미얀마는 자신이 지닌 천연자원을 이용하고자 하는 타국 또는 국제적 에너지 회사들과 협상할 때 중국과의 관계를 지렛대로 활용하고 있다.[41]

4. 필리핀의 중간국외교

1) 미국-필리핀관계

군사·안보적인 차원에서 필리핀과 미국은 오랜 시기 동안 지속된 협력의 역사를 지니고 있다. 두 국가는 1951년 상호방위조약을 체결했고, 이후 일정 규모의 미군이 필리핀에 주둔하며 동맹국으로서 양국 간의 안보협력을 이어갔다. 1992년 필리핀의 요구로 미군이 필리핀에서 철수했지만, 1999

년 필리핀에서 미군의 순환 및 일시적 주둔과 연합훈련을 허용하는 내용을 담은 '방문군 지위협정(VFA: Visiting Force Agreement)'을 체결함으로써 양국 사이의 군사 협력을 지속시켜 나갔다. 또한, 미국은 필리핀에 대한 무기 판매와 군사원조 등을 단행해 왔다.[42]

양국 간 군사적 협력은 2014년 8월 오바마 미국 대통령의 필리핀 방문을 통해 더욱 강화될 수 있었다. 이때 양국은 향후 10년간 미 전투기와 군함 등이 필리핀에 주둔하고 미군이 무상으로 필리핀 군사 시설물을 이용할 수 있도록 필리핀이 허가하는 내용 등을 담은 '방위협력확대협정(EDCA: Enhanced Defense Cooperation Agreement)'을 체결하였다. 이 협정을 통해 필리핀 영토에 미군이 추가병력을 배치하는 것이 가능해졌고, 미군 병력과 군함 및 전투기가 필리핀 현지 군부대의 기지를 사용할 수 있게 되었다.[43] 비록 영구시설로서 미군 기지는 필리핀에 반환되었지만, 미군은 군사적 필요에 따라 언제든지 필리핀 군사 시설을 이용할 수 있게 되었고, 이를 통해 양국 간 군사 협력이 강화되는 계기를 마련하였다.[44]

그러나 경제적 측면에서는 이와 상이한 양상이 나타났다. 필리핀과 미국 사이의 경제적 교역관계는 2000년대 초반 이후 수출과 수입 면에서 모두 지속적인 비중 축소를 보이고 있다. 표 12.7에서 보듯 2002년에 미국은 필리핀 전체 수출의 약 25%를, 필리핀 전체 수입의 약 24%를 차지하는 중요한 교역 상대국이었다. 그러나 필리핀의 교역에서 미국이 차지하는 비중은 이후 지속적으로 줄어들어 2018년에 미국은 수출에서 약 15%, 수입에서 약 7%만을 차지하고 있을 뿐이다.

미국과 필리핀 사이의 안정적인 군사·안보적 협력관계도 2016년 6월 두테르테(Rodrigo Duterte) 필리핀 대통령의 취임으로 큰 위기와 변화를 맞이하게 된다. 두테르테는 취임 후 필리핀 최대 우방인 미국을 방문하지 않으면서 중국을 매년 방문하며 중국과 정상 회담을 가졌고, 미국에 대해서는 불편한 심기를 토로해 왔다. 이는 미국정부가 필리핀에 대해 두테르테

표 12.7 필리핀의 대미국 무역 규모   (단위: 억 달러)

	2000	2002	2004	2006	2008	2010	2012	2014	2016	2018
수출	114.05 (29.95)	86.90 (24.68)	72.07 (18.16)	86.97 (18.35)	82.16 (16.74)	75.69 (14.70)	74.06 (14.24)	87.32 (14.13)	86.70 (15.40)	105.50 (15.63)
수입	68.20 (18.43)	96.30 (23.44)	85.47 (18.54)	86.98 (16.09)	77.38 (12.81)	63.23 (10.82)	75.90 (11.61)	59.96 (8.86)	76.80 (8.94)	82.97 (7.21)

출처: World Bank, World Integrated Trade Solution.
* 괄호 안의 수치는 전체 수출/수입 중에서 미국이 차지하는 비중(%)

가 수행한 '마약과의 전쟁'으로 인해 야기된 인권문제를 외교적으로 거론해 왔기 때문이다. 두테르테 대통령은 마약에 대한 강력한 법 집행을 실행하였고, 이 과정에서 많은 희생자가 발생하였다. 2018년 12월까지 그가 수행한 '마약과의 전쟁'으로 인해 사망한 사람은 경찰 집계 약 4,900여 명이며, 인권 단체에서는 약 1만 2,000여 명이 넘는 것으로 추정하고 있다. 2016년 7월 말 필리핀을 방문한 존 케리(John Kerry) 미 국무장관은 범죄소탕 작전으로 인해 야기된 필리핀 내 인권문제를 공식 거론하였다. 그러나 두테르테 대통령은 인권문제를 거론하는 미국정부에 대해 과거 미국이 필리핀에서 벌인 민간인 학살(발랑기가 주민 학살 사건)의 역사를 상기시키며, 미국이 필리핀에 대해 인권문제를 제기할 수 있는 입장이 아님을 주장하였다. 두테르테 대통령은 2016년 오바마 대통령이 '마약과의 전쟁'을 비판하자 노골적으로 미국과 체결한 EDCA의 폐기 가능성을 내비치며 반발하였다.[45]

미국에서 2017년 트럼프(Donald Trump) 대통령의 집권과 함께 두 국가의 외교·안보적 관계는 협력과 갈등 양극단 사이에서 오가는 예측 불가능한 양상을 보여주고 있다. 트럼프 대통령의 집권 직후인 2017년 5월 초 필리핀이 미국과 실시한 합동 군사훈련은 양국 간의 군사적 협력이 소원해 지고 있음을 단적으로 보여주었다. 이때 양국 간 합동 군사훈련은 중국을 자극하지 않게 이례적으로 대폭 축소된 형태로 진행되었고, 훈련의 위치도 과거에는 필리핀과 중국이 영유권 갈등을 빚고 있는 남중국해에서 이루어졌던 것과는 대조적으로 그해에는 남중국해 반대편에 있는 필리핀 북동부와 중부 지역에서 진행되었다. 또한, 실탄 훈련이 생략되었고, 훈련의 목표 역시 군사훈련이 아니라 테러대응과 재난구호 등 인도주의적 목적에 집중되었다.[46]

그러나 2017년 11월 13일 양자 회담에서 트럼프 대통령은 두테르테 대통령과 매우 좋은 관계라며 양국 간 우호를 과시했고, 과거 오바마정부와 달리 필리핀의 '마약과의 전쟁' 문제에 대해서는 언급을 자제하였다. 미국과 필리핀은 정상 회담 이후 공동성명을 통해 "양국이 1951년 맺은 상호방위조약과 2014년 체결한 EDCA의 이행을 재확인하고 지속적인 방위협력을 다짐했다"고 밝혔다. 공동성명에서 두 정상은 남중국해 항행의 자유를 지지하는 입장을 재확인하였고, 이 지역의 군사화를 포함하여 지역 내 긴장을 고조시킬 수 있는 어떠한 행동도 자제할 필요가 있음을 강조하였다. 그해 정상회담을 통해 두테르테 대통령은 국내 정치에 대한 미국의 비판을 피해 가면서 미국과의 군사적 공조는 유지하는 성과를 이루었다.[47]

양국 간의 관계 회복을 증명하듯 2018년 9월 필리핀은 미국과의 군 고위급 회의에서 연례 군사훈련을 포함한 합동 안보 미팅 회수를 2019년에는 연 261회에서 연 281회로 늘리기로 합의했다. 2019년 4월 1일부터 12일까지 필리핀은 미국과 2019 바리카탄(Balikatan) 연합 훈련을 실시했다. 이 훈련은 필리핀이 중국과 영유권 분쟁을 겪고 있는 남중국해의 스카버러와 파가사 등을 방어하는 것에 초점을 두었으며, 미군 3,500여 명과 필리핀군 7,500여 명 등 약 11,000명의 인원이 참가한 대규모 연합 해상훈련으로 거행되었다.[48]

그러나 2020년 들어 양국 간의 관계는 다시 한번 위기 국면으로 접어들었다. 두테르테는 2020년 2월 11일 VFA의 종료를 일방적으로 발표했다. 그는 2016년 대선 때부터 미국-필리핀 군사동맹의 종료를 주장하며 중국 및 러시아와의 관계증진을 모색한 바 있다. VFA 종료를 발표하게 된 직접적인 계기는 두테르테정부에서 '마약과의 전쟁'을 수행한 전 경찰 총수에 대해 미국이 비자 취소를 내렸기 때문이다. 두테르테 대통령이 미국과의 VFA 종료를 일방적으로 통보하자 트럼프 대통령은 이에 대해 협정을 종료해도 좋다며 강경하게 응수했다. 비록 두테르테는 6월 VFA 파기결정을 중지한다고 밝혔으나, 이 사건 이후에도 양국 간의 갈등과 불협화음은 여전히 지속되고 있다.[49] 2020년 8월 4일 델핀 로렌자나 필리핀 국방장관은 "대통령이 우리 해역에서 12마일 이내를 제외한 남중국해에서 실시되는 군사훈련에 참가해서는 안 된다는 지시가 있었다"고 밝히면서 이는 "남중국해역에서 미군이 최근 순찰과 감시를 강화하면서 고조되는 긴장을 차단하려는 조치"라고 설명하였다.[50] 이는 필리핀이 미국 일변도의 군사정책에서 벗어나 중국과의 협력관계를 모색하고 자국의 이익을 위해 두 국가의 경쟁을 활용하는 등거리 실용외교를 지향하고 있음을 보여주고 있다.

2) 중국-필리핀관계

중국과 필리핀은 1975년 수교한 이래 남중국해 영유권을 둘러싸고 군사·안보적으로 갈등 및 충돌해 왔다. 중국은 1995년 2월 필리핀이 영유권을 주장하는 난사군도의 황옌다오(黃巖島, Mischief Reef)를 점령하였고, 이후 어선 대피소 명목으로 이곳에 해군 구조물을 설치하였다. 또한, 중국은 2007년 11월 남중국해에 있는 섬들을 합쳐 현(縣)급인 싼사(三沙)시를 신설하여 이를 자국의 하이난(海南)성에 귀속시켰다. 이에 대해 필리핀 의회는 2009년 2월 황옌다오를 자국 영토로 규정하는 법안을 통과시켰다. 중국은 2010년경부터 미국의 '아시아로의 귀환' 전략에 맞서 더욱 공세적으로 남중국해 지역에 대한 영향력 강화를 추구하였고, 중국과 필리핀은 2011년 중국 순시선의 필리핀 석유 탐사선에 대한 강제 진로 변경 지시, 2012년 중

국 해양 순시선과 필리핀 해군함정의 해상 대치 등으로 대립을 이어갔다.[51]

필리핀은 남중국해 분쟁과 관련하여 2013년 1월 22일 네덜란드 헤이그의 상설국제중재재판소(PCA: Permanent Court of Arbitration)에 중국이 주장하는 9단선의 적법성 등을 포함한 제반 문제를 해결하기 위해 UN 해양법협약의 중재조항인 제287조를 원용하여 중국을 제소하였다. 2016년 7월 12일 PCA는 "중국이 주장해온 남중국해 대부분에 대한 영유권 주장에 대한 법적 근거가 없다"고 판결하여 필리핀의 손을 들어 주었다. 반면 중국은 중재재판의 성립 자체가 무효임을 주장하며 처음부터 재판을 받아들이지도 않고 재판 절차에 참여하지 않을 것임을 표명하였다. 재판의 진행과 무관하게 중국은 2015년 난사군도에서 7~8개의 산호초를 매립하여 인공섬을 건설하였고, PCA 판결 이후에도 9단선에 의해 남중국해의 80~90% 정도가 자국의 해역임을 여전히 주장하며 판결 결과에 불복하였다.[52]

그러나 필리핀에서 두테르테 대통령의 집권은 중국과 필리핀 사이의 이러한 영토 및 안보적 갈등 양상을 크게 변화시켰다. 두테르테는 취임 이후 친미 일변도의 외교 노선을 버리고 미국과 중국이 대립하는 지정학적 위치와 강대국들의 역학관계를 이용하여 실리를 챙기는 외교전략을 취하고 있다. PCA의 승소 판결이 있었지만, 그는 중국으로부터 경제적 실익을 얻는 것에 주력하며 판결에 대한 이행을 중국 측에 촉구하는 것을 자제하였다. 미국의 케리 국무장관은 필리핀 방문 당시 중국이 PCA 판결을 준수하는 것을 지켜본 다음에 필리핀이 중국과 대화에 나서야 함을 강조하며 양국 간 대화에 신중할 것을 주문하였다. 그러나 두테르테는 PCA에서의 승소를 중국과의 협상에서 경제적 지원을 얻어내기 위한 지렛대로 활용하고자 했다. 재판의 결정 이후 필리핀은 중국과 우호적인 관계를 형성하여 중국으로부터의 경제 지원과 양국 간 공동 에너지 개발 등 중국과의 경제협력을 모색하였다.[53]

필리핀의 경제에서 중국이 차지하는 비중은 2000년대 이후 지속적으로 증가해 왔다. 필리핀의 교역에 있어 미국의 비중이 2000년대 초반 이후 급격히 감소해 온 반면, 중국의 비중은 수출과 수입에서 모두 큰 폭으로 증가하고 있다. 표 12.8에서 보듯 2000년에는 필리핀의 수출에서 중국이 차지하는 비중이 1.74%에 불과했지만, 2018년도에는 12.89%로 증가하게 된다. 수입에 있어서도 2000년에는 2.37%에 머물던 중국으로부터의 수입은 2018년에는 19.63%로 크게 증가하였다.

중국과의 이러한 증진된 교역관계의 바탕 위에서 안보와 경제 영역을 함께 아우르는 중국과의 관계개선을 위한 시도가 2017년 11월 11일 베트남 다낭에서 열린 APEC 정상회의 때 가시화되었다. 필리핀과 중국은 양국 사이의 우호를 강조하며 고위급 교류 증진, 일대일로 협력 등을 주문하였다. 시진핑 주석은 두테르테 대통령과의 만남에서 "중국은 남중국해 지역의 평화와 안정, 번영을 위해 ASEAN 국가들과 계속 일할 것"과 "필리핀은 안전한 남중국해 통행권을 갖고 있으며 이는 모든 나라에 적용될 수 있다"고 표명하였다.[54] 양국은 남중국해 영유권 분쟁과 관련하여 상호 이익 증진과 협력 방안을 논의할 것임을 공식적으로 천명하였다. 중국과 남중국해 지역에서 공동으로 자원을 개발할 것을 필리핀이 제안하고 중국이 이를 긍정적으로 받아들이면서 양국 간의 관계개선의 양상이 나타나게 되었다.[55]

중국에 대한 국제법적 해결 등 강경한 정책을 구사하던 아키노정부와 달

표 12.8　필리핀의 대중국 무역 규모　　　　　　　　　　(단위: 억 달러)

	2000	2002	2004	2006	2008	2010	2012	2014	2016	2018
수출	6.63 (1.74)	13.55 (3.85)	26.53 (6.69)	46.27 (9.76)	54.69 (11.14)	57.24 (11.12)	61.59 (11.85)	80.33 (13.00)	61.92 (11.00)	86.98 (12.89)
수입	8.75 (2.37)	13.51 (3.29)	28.16 (6.11)	38.69 (7.16)	45.61 (7.55)	49.54 (8.47)	71.36 (10.92)	102.83 (15.19)	159.16 (18.53)	225.79 (19.63)

출처: World Bank, World Integrated Trade Solution.
* 중국 수치에서 홍콩은 제외. 괄호 안의 수치는 전체 수출/수입 중에서 중국이 차지하는 비중(%)

리 중국과의 협력을 지향하는 두테르테의 이러한 외교정책은 자국 내 경제적 문제를 중국으로부터의 투자와 원조를 통해 해결하고자 하는 목적과 관련이 있다.[56] 그는 대통령 후보 시절 경제성장을 주요 대선공약 중의 하나로 제시하였고, 당선 이후 두테르테정부의 경제 운영 방향은 국가 주도형 개발 정책으로 나타나고 있다. 과거 마르코스 독재 정권 시기 수탈적 국가 정책의 폐해를 경험했던 필리핀은 1986년 민주화 이후 작은 정부와 시장 친화적 정책을 중심으로 하는 자유주의적 경제정책을 지향해 왔다. 그러나 두테르테 정부는 경제 운영에 있어 정부의 주도적 역할을 강조하는 방향으로 선회하였다. 특히 북부 루손섬의 마닐라에서 남부 민다나오섬을 철도로 연결하는 사업 등 정부 주도의 인프라 건설에 중점을 두고 있다. 이전 아키노정부에서 인프라 건설에 평균적으로 GDP의 약 2.6%를 투입했던 것에 비해, 두테르테 정부는 2018년도에 GDP의 6.1%를 투입하여 수도권과 지방에서 35개의 주요 인프라 건설 프로젝트를 추진하고 있다. 인프라 건설에 있어서 과거 정부는 민간 자본을 유치하여 건설하는 방식을 택했던 반면, 두테르테정부는 국가가 직접 재정을 투입하여 건설하는 방식을 사용하고 있다. 그리고 막대한 건설사업에 필요한 재정을 확보하기 위해 해외자본 유치에 적극 나서고 있으며, 특히 중국으로부터 원조와 투자에 큰 관심과 노력을 기울이고 있다.[57]

　이러한 필리핀의 노력에 호응하여 중국 역시 필리핀에 대한 투자와 협력에 관심을 보여 왔다. 2019년 7월 태국에서 열린 ASEAN 외교안보포럼(ASEAN Regional Forum)에서 왕이(王毅) 중국 외교부장은 "중국은 필리핀을 중국 주변 외교의 우선으로 삼고 있다"라며 일대일로를 통한 인프라 건설과 통신, 에너지 개발 등에 필리핀이 협력할 것을 제안하였고, 록신 필리핀 외무장관은 필리핀이 향후 중국과 해상 자원 개발 등에 협력할 것임을 확인하였다.[58]

　중국과 필리핀 사이의 우호적 관계는 경제와 투자 협력 영역뿐만 아니라 군사·안보 영역에서의 협력에서 더욱 극명하게 나타나고 있다. 필리핀은

2018년 10월 22~29일 사이 중국 해군의 남해 함대사령부가 위치해 있는 광둥성(廣東省) 진강(湛江)시에서 중국과 ASEAN 10개국이 공동으로 개최한 최초의 해군 합동 훈련에 참가했다. 이 훈련은 ASEAN 국방장관 플러스 회담(ADMMPlus)에서 중국이 제안한 것을 ASEAN 측이 받아들여 성립된 것으로서 미국과 일본이 참여하지 않는 새로운 지역 군사훈련이 동남아시아에서 등장함을 보여주었다. 필리핀이 자신의 전통적인 우방인 미국을 제외하고 미국과 안보적 경쟁관계에 있는 중국과 합동 군사훈련을 실시하는 것은 미중갈등 속에서 필리핀의 안보정책뿐만 아니라 동남아시아 지역 차원의 안보 체계가 급속히 변화할 수 있음을 상징적으로 보여주는 것이었다.[59]

필리핀은 두테르테정부의 출범과 함께 자주 외교와 실리 외교를 표방하며 이를 실천해 왔다. 자주 외교는 특히 '마약과의 전쟁'에 대해 인권문제를 제기하는 것을 내정간섭으로 간주하는 형태로 나타나고 있으며, 실리 외교는 과거의 외교적 우호와 적대관계에 연연하지 않고 명분보다는 실익을 중시하는 방식으로 표출되고 있다. 두테르테 대통령의 이러한 외교정책은 이익을 위해 한 국가에 과도하게 의존하지 않고 협력관계를 분산한다는 의미의 헤징 외교로 평가받고 있다. 필리핀은 아시아태평양 지역에서 미국과의 군사적 연대는 유지하되 대미 의존도를 낮추고, 대신 중국과의 경제 및 안보관계를 개선하는 정책을 추진하고 있다.[60]

5. 강대국 갈등과 동남아 중간국

1) 중간국의 강대국 상대하기

중국의 일대일로 정책과 미국의 인도태평양전략의 전개와 함께 본격화되고 있는 중국과 미국 사이의 강대국 경쟁 구도 속에서 베트남, 미얀마, 필리핀은 큰 틀에서는 중국에 대한 헤징전략을 추구하고 있다는 점에서 공통점을 지니고 있다. 베트남은 중국으로부터의 외침과 지배, 미국과의 베트남전 수행이라는 역사적 경험으로 인해 중국과 미국에 대해 모두 거리를 둔 채 소련과 우호적 관계를 맺으며 인도차이나 지역 내에서의 패권을 지향하였다. 그러나 도이모이 개혁 이후 중국 및 미국과 경제적 교류를 확대하고 미국과 ASEAN을 통해 중국으로부터의 안보 위협을 상쇄시키고자 하는 외교정책으로 그 방향을 수정해 왔다. 이는 베트남의 외교전략이 중립에서 헤징으로 변화되어 왔음을 의미한다 (T_0: Ⅲ → T_1 Ⅱ). 중국과의 군사·안보적 충돌의 경험이 상대적으로 적은 미얀마는 미국의 제재로 인해 국제사회로부터 고립된 상황 속에서 중국 일변도의 편승적 외교정책을 추진해 왔으나 중국에 대한 지나친 의존과 종속에 대한 우려로 미국과 인도 등을 활용한 헤징전략을 모색하고 있다 (T_0: Ⅳ → T_1: Ⅱ). 한편 필리핀은 미국과의 군사적 동맹관계를 통해 중국에 대한 균형전략을 취해왔으나 미국에 대한 군사적 의존을 줄이고 중국과 경제 및 안보적 협력을 추구하고 있다. 즉, 과거의 일방적인 친미 외교에서 벗어나 미국과 중국 사이에서 자신의 국가이익을 최대화하는 헤징전략으로 전환하고 있다 (T_0: Ⅳ → T_1: Ⅱ). 도표 12.1은 세 국가의 외교정책이 어떻게 시기적으로 변화했는가를 요약적으로 보여주고 있다.

그러나 중국에 대한 헤징전략이라는 큰 틀에서의 유사점에도 불구하고 세 국가가 계획 및 실행하는 중국에 대한 외교전략은 서로 차이점 역시 지니고 있다. 베트남은 중국과의 경제관계에 있어서는 협력적 관계를 모색하고 영토문제에 있어서는 언제든 미국 등을 이용한 강한 균형전략으로 돌아설 수 있는 가능성을 유지하는 안보와 경제 이슈의 분리를 지향하고 있다. 반면, 미얀마는 중국에 대해 경제와 군사·안보 분야에 있어서 여전히 편승전략에 근접해 있으면서 지나친 중국 의존을 탈피하기 위해 미국과 인도 등을 활용한 헤징전략을 모색하고 있다. 한편, 필리핀은 미국과 중국 사이에서 어떠한 명확한 입장을 표명하기보다는 중국과의 관계를 통해 더 많은 경

| 도표 12.1 | 미중 갈등 속 동남아 국가들의 중견국 외교 |

<table>
<tr><td colspan="2" rowspan="2"></td><td colspan="2" align="center">중국과 협력</td></tr>
<tr><td align="center">약함</td><td align="center">강함</td></tr>
<tr><td rowspan="2">미국과
협력</td><td>강함</td><td>균형(I)
필리핀(T$_0$)</td><td>헤징(II)
필리핀(T$_1$), 베트남(T$_1$), 미얀마(T$_1$)</td></tr>
<tr><td>약함</td><td>중립(III)
베트남(T$_0$)</td><td>편승(IV)
미얀마(T$_0$)</td></tr>
</table>

제적 이익을 얻기 위해 미국과의 군사적 협력을 지렛대로 활용하는 이슈 연계전략을 활용하고 있다. 즉, 미국과의 군사안보 협력을 대중국 협상 카드로 활용하고 반대로 중국과의 관계개선을 국내 인권문제에 간섭하고자 하는 미국의 압력을 줄이는데 활용하는 방식을 보여주고 있다.

2) 중간국외교의 결정 요인

미국과 중국 사이에서 서로 상이한 외교정책을 채택해 왔던 이들 세 국가가 중국에 대한 헤징전략으로 전환하게 된 것과 이들 사이에 여전히 존재하는 외교전략 상의 차이는 다음과 같이 세 국가가 직면한 대내외적 환경이 미치는 영향과 제약 속에서 이해될 수 있다.

첫째, 엘리트와 대중이 지니고 있는 중국에 대한 역사적 경험의 차이가 이들 국가 사이에 존재한다. 베트남은 중국과의 오랜 전쟁이라는 역사적 경험과 이에 대한 기억으로 인해 중국에 대한 강한 저항의식을 갖고 있다. 중국과의 뿌리 깊은 군사적 갈등 경험은 베트남이 중국에 대해 군사안보 분야에 있어 편승전략보다 균형전략의 방향을 지향하도록 만드는 요인이다. 그러나 서구에 의한 식민지 지배와 미국과의 전쟁 경험은 중국을 겨냥한 직접적인 균형전략의 수단으로 미국을 활용하는 것을 제약하고 있다. 반면, 중

국으로부터의 군사적 침략에 대한 경험과 기억을 크게 지니고 있지 않은 미
얀마는 베트남과 달리 중국과 영토문제를 둘러싼 갈등 상황에 놓여 있지 않
아 중국에 대한 편승전략을 선택하는 것이 상대적으로 수월하다. 그러나 자
국에 대한 경제제재를 가한 미국에 대한 군부 엘리트의 반감과 영국 식민지
시기 미얀마에서 식민지 지배 세력과 결탁한 인도에 대한 엘리트와 대중의
역사적 반감은 미국과 인도를 활용한 헤징전략의 폭을 제약하고 있다.

둘째, 권위주의 체제라는 국내 정치체제와 이와 결부된 인권과 민주주의
의 문제가 이들 국가의 중국에 대한 외교정책에 영향을 주고 있다. 중국, 베
트남, 미얀마는 권위주의 체제라는 공통점을 지니고 있다. 특히 중국과 베
트남은 공산주의 일당독재에 기반한 사회주의 정치체제를 지닌 국가라는
점에서 체제 유사성의 정도가 더욱 크다. 미국은 미얀마와 베트남의 권위주
의 정권에 의한 인권탄압, 소수민족 억압을 양자관계와 국제사회 속에서 지
속적으로 비판해 왔고, 특히 미얀마에 대해서는 다양한 직접적인 제재를 가
해 왔다. 그러나 중국은 오히려 두 국가(특히 미얀마)의 권위주의 정치체제
를 UN을 비롯한 국제사회에서 옹호해 왔으며, 타국의 인권을 문제 삼는 미
국의 대외 정책을 주권국가에 대한 내정간섭으로 비판해 왔다. 베트남, 미
얀마, 중국 사이에 존재하는 정치체제 상의 유사성과 미국에 의한 인권문제
의 국제적 이슈화는 베트남, 미얀마가 미국을 통해 중국에 대해 균형전략을
구사하는 것을 제약하고 있다. 다만, 최근 미얀마에서 나타나고 있는 정치
적 민주화의 진전은 미얀마와 미국 사이의 외교적 협력 가능성을 보다 증진
시키고 있다. 한편 필리핀은 오랜 민주주의 역사를 지니고 있음에도 두테르
테 정권 수립과 함께 이루어진 '마약과의 전쟁'은 많은 희생자를 초래하였
고 이는 미국에 의한 인권문제의 제기를 야기하였다. 필리핀은 미국이 제기
하는 인권문제에 대한 비판을 중국과의 관계개선을 통해 역으로 미국을 압
박하는 방식으로 타개하는 전략을 활용하고 있다.

셋째, 경제체제의 측면에서 베트남, 미얀마, 중국은 모두 사회주의 경제

체제의 경험을 공유하고 있다. 그러나 중국과 베트남은 자본주의 경제체제를 도입하여 세계시장과의 통합을 통해 경제발전을 모색하고 상당한 성과를 이룩한 반면, 미얀마는 서방국가들의 경제제재 속에서 폐쇄적이고 고립된 경제체제를 운영해 왔으며 여전히 경제적 저발전 상태에 머물고 있다. 베트남은 중국과의 갈등보다는 사회-경제적 발전을 위한 국제체제의 안정성을 강조하며, 중국과 경제협력을 확대해 자국의 경제성장을 도모하고 있다. 반면, 미얀마는 중국이 제공하는 경제적 이익을 놓치지 않으면서 중국에 대한 지나친 경제적 의존을 미국, 인도 등과의 관계개선 및 협력을 통해 탈피하는 것을 모색하고 있다. 한편 필리핀은 자유주의 시장경제 체제를 유지해 왔으나 두테르테 정권 이후 주요 인프라 구축 사업 등 국가주도형 경제체제로 전환해 가고 있으며 이를 위한 자본조달을 중국으로부터 받기 위해 중국과의 협력 강화를 모색하고 있다.

넷째, 정치 또는 경제체제의 전환이 이들 국가의 외교정책에 영향을 미치고 있다. 베트남과 미얀마는 체제전환을 경험하고 있으나 그 전환의 성격은 각기 상이하다. 베트남은 1980년대 중반 이후 정치개혁 없는 경제체제 전환을 추진한 반면, 미얀마는 명확한 경제개혁의 성과가 부재한 상태에서 2000년대 이후 민주주의를 향한 정치체제 전환을 이루어 가고 있다. 베트남의 경제개혁은 안정적인 국제질서의 유지와 중국과의 경제교류를 통한 경제적 발전에 대한 정책적 선호를 가져오지만, 정치개혁의 부재는 민주주의와 인권을 문제 삼는 서방국가들과의 관계에 제약을 주고 있다. 미얀마의 정치개혁은 서방국가들과의 관계개선의 가능성을 크게 넓혀주고 있으나, 경제개혁의 부재와 낙후된 경제는 중국에 대한 의존을 지속시키고 있다. 향후 베트남의 정치개혁, 미얀마의 경제개혁은 두 국가의 미국과 중국에 대한 정책에 있어 새로운 기회와 제약을 동시에 가져다줄 것으로 전망된다.

마지막으로 개인적 변수가 지니는 중요성이 필리핀의 사례를 통해 나타나고 있다. 필리핀의 대통령 선거는 정당이나 이념보다는 인물에 초점이 맞추어지는 경향이 있으며, 당선된 대통령의 개인적 성향과 정책 선호는 필리핀 정치와 외교 전반에 많은 영향을 미친다. 필리핀의 경우 특히 대통령의 권한이 전 세계 대통령제 국가들과 비교해서도 월등히 강한 특성을 지니고 있다.[61] 두테르테는 대통령 후보시절부터 미국과의 군사적 안보협력을 줄여나갈 것을 공언하였으며 실제로 그의 집권 이후 미국과의 관계가 소원해진 반면 중국과의 관계가 강화되는 양상을 보여 왔다. 그의 '마약과의 전쟁'은 인권문제를 야기하여 미국으로부터의 비판을 초래하였으며, 그의 국가주도형 경제정책은 자본 조달을 위해 중국과의 관계개선을 도모하도록 만들었다. 필리핀의 사례는 개인 차원의 변수가 극대화될 수 있는 정치 제도의 환경 속에서 이것이 국내 정치 및 경제정책 등과 결합하여 외교정책에 있어서의 급격한 변화를 초래할 수 있음을 보여주고 있다.

6. 함의와 제언

이 글은 동남아시아 지역에 위치한 베트남, 미얀마, 필리핀 사례를 통해 중국과 미국이라는 두 강대국 사이에서 벌어지는 갈등 구조 속에서 중간국이 보여주는 외교전략의 특성을 분석하였다. 동남아시아 지역은 제국주의 시기 열강에 의한 식민지 지배와 세력 다툼의 각축장이었으며, 냉전기에는 미국과 소련이라는 두 거대 진영 사이에서 벌어진 갈등의 장이었고, 탈냉전 이후에는 부상하는 중국의 세력 확장과 이를 저지하려는 미국 사이의 새로운 대립과 경쟁의 무대가 되고 있다. 점증하는 미중 간의 갈등 구조 속에서 베트남은 중국에 대해 미국을 활용한 균형전략의 가능성을 열어둔 헤징전략을 구사하며 중국과의 경제적 교류를 통한 경제발전과 남중국해에서의 영토분쟁에 대비하고 있다. 반면, 미얀마는 오랫동안 중국에 대한 편승전략을 취해왔으나 중국에 대한 지나친 종속에 대한 우려와 국내적 민주화의 전진으로 인해 미국과 인도를 통한 헤징전략으로의 전환을 모색하고 있다. 한편 필리핀은 미국과의 공고한 동맹을 통한 중국에 대한 균형전략에서 벗어나 양국 사이에서 실리를 추구하는 헤징전략으로 나아가고 있다. 세 국가의 상이한 외교정책은 각 국가들에 대한 미국과 중국의 외교적 접근뿐만 아니라 세 국가가 직면한 지정학적 위치, 역사적 경험, 엘리트와 대중의 대외 인식, 정치 및 경제체제의 특성과 체제전환의 방식 등 대내외적 요인에 의해 영향을 받고 있다.

베트남, 미얀마, 필리핀의 사례는 중간국외교에 대해 다음과 같은 함의를 주고 있다. 첫째, 동남아 3국과 미중관계에 있어 인권과 민주주의가 주요 쟁점으로 부각되고 있다. 이는 이들 국가들과의 외교관계를 형성할 때 민주주의 규범과 가치가 중요한 요인이 될 수 있으며, 단순히 경제발전을 통한 물질적 능력의 증대와 경제성장을 위한 기회의 제공만이 중간국외교의 성격을 부여하는 것이 아님을 말해 준다. 한국을 포함한 중간국의 외교정책은 경제발전을 통해 확보한 물질적 능력뿐만 아니라 민주주의 체제전환의 성과에 바탕을 둔 규범적 능력을 개발하여 물질적 수단과 규범적 수단을 동시에 활용하는 전략수단의 다양성을 모색해야 한다. 둘째, 동남아 국가들은 큰 틀에서는 헤징전략을 추구하고 있으나 개별 국가들의 대응전략은 차이점 역시 보이고 있다. 따라서 '동북아 플러스 책임공동체'와 '신남방정책' 등 한국정부의 외교정책을 동남아시아 국가와 지역을 대상으로 추진할 때 이 지역 개별 국가들이 추구하는 중국에 대한 균형, 편승, 중립, 헤징 전략이 한국정부의 전략과 협력 및 공생관계를 맺을 수 있도록 각 국가별로 구체화된 정책플랜을 수립할 필요가 있다. 셋째, 동남아시아의 사례를 통해 유념할 점은 미중경쟁과 갈등 구조 속에서 동남아시아 국가들이 개별 국가수준의 외교전략 뿐만 아니라 지역협력기구인 ASEAN을 통한 공동대응 노력을 모색하고 있다는 것이다. 한국의 대 동남아시아 외교정책은 ASEAN이 표명하는 공동가치, 규범 및 목표를 한국의 그것과 조화시키는 비전을

제시하고 이를 ASEAN과 동남아 개별 국가들과의 협력을 확보하는 데 적
극 활용해야 한다. 지역 및 국제적 차원의 다자기구들이 과연 강대국을 상
대로 얼마나 자율적이며 효과적인 정책들을 실행할 수 있는지에 대해 의구
심과 논쟁이 존재하고 있지만, 동남아시아 국가들의 사례는 한국 역시 강대
국을 상대하는 규범적, 제도적 수단으로 지역 및 국제기구들을 적극적으로
활용할 필요가 있음을 보여주고 있다.

주

*) 이 글은 2020년 "미-중 갈등과 동남아시아: 베트남, 미얀마, 필리핀의 대응전략과 중
  간국 외교"라는 제목으로 『아태연구』 27권 4호에 게재된 논문을 수정 및 보완하여 작
  성한 것임을 밝힙니다.

1) 정혜영, "중국과 베트남 관계의 새로운 모색: 일대일로와 양랑일권의 전략 연계,"
  『국제지역연구』 제23권 1호 (2019), p. 107.

2) Yan Jinny, "The Belt and Road Initiative in Southeast Asia," *China's Belt and
  Road Initiative (BRI) and Southeast Asia* (London: CIMB, ASEAN Research In-
  stitute, 2018), p. 6.

3) The US Department of Defense, Indo-Pacific Strategy Report: Preparedness, Part-
  nerships, and Promoting A Networked Region (1 June 2019). https://media.
  defense.gov/2019/Jul/01/2002152311/-1/-1/1/DEPARTMENT-OF-DEFENSE-
  INDO-PACIFIC-STRATEGY-REPORT-2019.PDF (접속일: 2019년 12월 19일)

4) The US Department of State, A Free and Open Indo-Pacific: Advancing A Shared
  Vision (November 4, 2019). https://www.state.gov/wp-content/uploads/2019/11/
  Free-and-Open-Indo-Pacific-4Nov2019.pdf (접속일: 2019년 12월 19일).

5) David Kang, "Hierarchy, Balancing, and Empirical Puzzles in Asian International
  Relations," *International Security* 28-3 (2003), pp. 165-180; Amitav Acharya,
  "Will Asia's Past Be Its Future?" *International Security* 28-3 (2003), pp. 149-164.

6) 권경희, "베트남-미국 관계정상화 과정에 대한 연구(1975-1995)," 『국제정치논총』
  제36집 1호 (1996), pp. 251, 256.

7) Frederick Z. Brown, "Rapprochement Between Vietnam and the United States,"
  Contemporary Southeast Asia 32-3 (2010), pp. 322-324.

8) 권경희 (1996), pp. 264-265.

9) 정혜영 (2019), p. 117.

10) Roy (2005), p. 315.

11) Brown (2010), p. 323.

12) Brown (2010), pp. 334–345.
13) Stephen J. Morris, *Why Vietnam Invaded Cambodia: Political Culture and the Causes of War* (Stanford: Stanford University Press, 1999), pp. 16–19.
14) 정혜영 (2019), pp. 100–101.
15) Lawrence E. Grinter, "China, the United States, and Mainland Southeast Asia," *Contemporary Southeast Asia* 28–3 (2006), p. 453.
16) David Hutt, "Southeast Asian Nation Has Dramatically Whipsawed between US-China Trade War Winner to Potential Next Big Tariffed Loser," *Asia Times*, 16 July, 2019.
17) 정혜영 (2019), pp. 108–111.
18) 정혜영 (2019), pp. 101–102, 105.
19) Jonathan Stromseth, "The Testing Ground: China's Rising Influence in Southeast Asia and Regional Responses," *Global China*, Brookings Institute (2019), p. 4.
20) 정혜영 (2019), pp. 106, 117.
21) Clifford J. Shultz II and William J. Ardrey IV, "The Future Prospects of Sino-Vietnamese Relations: Are Trade and Commerce the Critical Factors for Sustainable Peace?" *Contemporary Southeast Asia* 17–2 (1995), p. 128.
22) Stromseth (2019), p. 6.
23) 장준영, "미얀마-미국 관계의 반목과 갈등: 경제제재를 중심으로," 『국제지역연구』 제13권 2호 (2009), p. 374.
24) Zichang Wang, "The Focus Change of American Sanction Policies to Myanmar: From Democracy to National Reconciliation," in Li Chenyang, Chaw Chaw Sein, and Zhu Xianghui (eds.), *Myanmar: Reintegrating into the International Community* (Singapore: World Scientific, 2016), pp. 127–130.
25) 장준영 (2009), pp. 383–384.
26) Priscilla Clapp, "Prospects for Rapprochement Between the United States and Myanmar," *Contemporary Southeast Asia* 32–3 (2010), p. 422.
27) 장준영 (2009), p. 388.
28) 변창구, "미얀마의 민주화 개혁과 대중미 관계변화와 전망," 『한국동북아논총』 제63호 (2012), p. 182.
29) Clapp (2010), pp. 416–417.
30) 변창구 (2012), p. 176.
31) 장준영 (2009), p. 387.
32) Toshihiro Kudo, 2008. "Myanmar's Economic Relations with China: Who Benefits and Who Pays?" in Monique Skidmore and Trevor Wilson (eds.), *Dictatorship, Disorder, and Decline in Myanmar* (Canberra: The Australian National University Press, 2008), p. 90.
33) Helen James, "Myanmar's International Relations Strategy: The Search for Security," *Contemporary Southeast Asia* 26–3 (2004), p. 536.
34) Balazs Ujvari, "The Belt and Road Initiative: The ASEAN Perspective," Security Policy Brief (EGMONT, Royal Institute for International Relations, 2019), p. 2.

35) James (2004), p. 535.
36) 변창구 (2012), pp. 175-176.
37) "중국-미얀마 가스관 전노선 가스 수송개시,"『연합뉴스』, 2013년 10월 20일; "시진 핑의 첫 해외 방문국 미얀마는 중국과 에너지 밀착 중,"『아시아경제』, 2020년 1월 17일.
38) 장준영 (2009), p. 387.
39) 변창구 (2012), pp. 177-178.
40) Ujvari (2019), p. 2.
41) 변창구 (2012), pp. 181-184.
42) 김택연, "미중 관계와 남중국해 분쟁,"『아태연구』제23권 2호 (2016), p. 49.
43) 윤지원, "남중국해 영유권 분쟁의 변환과 필리핀의 전략적 선택,"『국방과 기술』제 460호 (2017), p. 121.
44) 김동엽·정법모, "필리핀 2017: 호전적 내치와 줄타기 외교,"『동남아시아연구』제28 권, 2호 (2018), pp. 200-201.
45) 김동엽, "필리핀 2018: 권력 집중, 경기 위축, 자주 외교,"『동남아시아연구』제29권 1호 (2019), pp. 82, 94-95.
46) 윤지원 (2017), pp. 122.
47) 김동엽·정법모 (2018), pp. 200-201.
48) 임경한, "중국의 일대일로 전략과 미국의 인도-태평양 전략 경쟁 하 주변국의 대응전 략,"『국제정치연구』제22집 4호 (2019), p. 97.
49) 정의길, "남중국해 세력 대결...호주는 미국에, 필리핀은 중국에?"『한겨레신문』, 2020년 7월 30일; 정의길, "두테르테 미군 협정 종료에 트럼프 많은 돈 절약될 것 응수,"『한 겨레신문』, 2020년 2월 13일.
50) 이승우, "두테르테 남중국해서 미군과 합동해상훈련 금지,"『세계일보』, 2020년 8월 5일.
51) 현승수 외,『주변국 국경안보: 사례와 검증』(서울: 통일연구원, 2017), p. 31.
52) 윤지원 (2017), pp. 117-119.
53) 안문석, "두테르테의 미중 등거리외교와 그 함정,"『인물과 사상』제221호 (2016), p. 116.
54) 김동엽·정법모 (2018), p. 198.
55) 현승수 외 (2017), p. 37.
56) 안문석 (2016), p. 115.
57) 김동엽 (2019), pp. 89-90.
58) 임경한 (2019), p. 95.
59) 김동엽 (2019), p. 98.
60) 김동엽·정법모 (2018), p. 201.
61) 김동엽·정법모 (2018), p. 182.

참고문헌

권경희. "베트남-미국 관계정상화 과정에 대한 연구(1975-1995)." 『국제정치논총』 제 36집 1호 (1996).

김동엽. "필리핀 2018: 권력 집중, 경기 위축, 자주 외교." 『동남아시아연구』 제29권 1호 (2019).

김동엽·정법모. "필리핀 2017: 호전적 내치와 줄타기 외교." 『동남아시아연구』 제28권 2호 (2018)

김진호·강병철. "스웨덴과 핀란드의 중립화의 정치: 국제-지역-국내정치의 다이내믹스." 『유럽연구』 제25권 3호 (2007).

김택연. "미중관계와 남중국해 분쟁." 『아태연구』 제23권 2호 (2016).

변창구. "미얀마의 민주화 개혁과 대중미 관계: 변화와 전망." 『한국동북아논총』 제63호 (2012).

안문석. "두테르테의 미중 등거리외교와 그 함정." 『인물과 사상』 제221호 (2016).

윤지원. "남중국해 영유권 분쟁의 변환과 필리핀의 전략적 선택." 『국방과 기술』 제460호 (2017).

임경한. "중국의 일대일로 전략과 미국의 인도-태평양 전략 경쟁 하 주변국의 대응전략." 『국제정치연구』 제22집 4호 (2019).

장기영. "'지도자-중심 접근법'을 통해서 본 중간국 한국의 안보외교: 2018년 북미 핵 협상 과정을 중심으로." 김상배·이승주·전재성(편), 『중간국 외교의 세계정치: 글로 벌-지역-국내 삼중구조 속의 대응전략』, 서울: 사회평론아카데미, 2020.

장준영. "미얀마-미국 관계의 반목과 갈등: 경제제재를 중심으로." 『국제지역연구』 제 13권 2호 (2009).

정혜영. "중국과 베트남 관계의 새로운 모색: 일대일로와 양랑일권의 전략 연계." 『국 제지역연구』 제23권 1호 (2019).

현승수 외. 『주변국 국경안보: 사례와 검증』, 서울: 통일연구원, 2017.

Acharya, Amitav. "Will Asia's Past Be Its Future?." *International Security* 28-3 (2003).

Brown, Frederick Z. "Rapprochement Between Vietnam and the United States." *Contemporary Southeast Asia* 32-3 (2010).

Choi, Kyong Jun. "Weapons Brushed By the Enemy: The Bounded Autonomy of Taiwan's Middle Power Foreign Policy." *The Korean Journal of International Studies* 18-1 (2020).

Clapp, Priscilla. "Prospects for Rapprochement Between the United States and Myanmar." *Contemporary Southeast Asia* 32-3 (2010).

Cooper, Andrew F., Richard Higgott, and Kim Nossal. *Relocating Middle Powers: Australia and Canada in a Changing World Order.* Vancouver: UBC Press, 1993.

Copeland, Dale C. "Economic Interdependence and War: A Theory of Trade Expectations." *International Security* 20−4 (1996).

Foyle, Douglas C. "Public Opinion and Foreign Policy: Elite Beliefs as a Mediating Variable." *International Studies Quarterly* 41−1 (1997)

Grinter, Lawrence E. "China, the United States, and Mainland Southeast Asia." *Contemporary Southeast Asia* 28−3 (2006).

Hiep, Le Hong. "Vietnam's Hedging Strategy against China since Normalization." *Contemporary Southeast Asia* 35−3 (2013).

Horowitz, Michael C., and Allan C. Stam. "How Prior Military Experience Influences the Future Militarized Behavior of Leaders." *International Organization* 68−3 (2014), pp. 527−559.

James, Helen. "Myanmar's International Relations Strategy: The Search for Security." *Contemporary Southeast Asia* 26−3 (2004).

Jinny, Yan. "The Belt and Road Initiative in Southeast Asia." *China's Belt and Road Initiative (BRI) and Southeast Asia*. London: CIMB, ASEAN Research Institute, 2018.

Kang, David. "Hierarchy, Balancing, and Empirical Puzzles in Asian International Relations." *International Security* 28−3 (2003).

Kudo, Toshihiro. "Myanmar's Economic Relations with China: Who Benefits and Who Pays?" in Monique Skidmore and Trevor Wilson (eds.). *Dictatorship, Disorder, and Decline in Myanmar*. Canberra: The Australian National University Press, 2008.

Lobell, Steven E., Neal G. Jesse, and Kristen P. Williams. "Why Do Secondary States Choose to Support, Follow or Challenge?" *International Politics* 52−2 (2015).

Morris, Stephen J. *Why Vietnam Invaded Cambodia: Political Culture and the Causes of War*. Stanford: Stanford University Press, 1999.

Robertson, Jeffrey. "Middle-Power Definitions: Confusion Reigns Supreme." *Australian Journal of International Affairs* 71−4 (2017).

Roy, Denny. "Southeast Asia and China: Balancing or Bandwagoning?" *Contemporary Southeast Asia* 27−2 (2005).

Shultz II, Clifford J. and William J. Ardrey IV. "The Future Prospects of Sino-Vietnamese Relations: Are Trade and Commerce the Critical Factors for Sustainable Peace?" *Contemporary Southeast Asia* 17−2 (1995).

Stromseth, Jonathan. "The Testing Ground: China's Rising Influence in Southeast Asia and Regional Responses." *Global China*. Brookings Institute, 2019.

Ujvari, Balazs. "The Belt and Road Initiative: The ASEAN Perspective." *Security Policy Brief*, EGMONT, Royal Institute for International Relations, 2019.

Wang, Zichang. "The Focus Change of American Sanction Policies to Myanmar: From Democracy to National Reconciliation." in Li Chenyang, Chaw Chaw Sein, and Zhu Xianghui (eds.). *Myanmar: Reintegrating into the International Com-*

munity. Singapore: World Scientific, 2016.

Tessman, Brock F. "System Structure and State Strategy: Adding Hedging to the Menu." *Security Studies* 21 (2012).

Hutt, David. "Southeast Asian Nation Has Dramatically Whipsawed between US-China Trade War Winner to Potential Next Big Tariffed Loser." Asia Times. 16 July 2019.

아시아경제. "시진핑의 첫 해외 방문국 미얀마는 중국과 에너지 밀착중." 『아시아경제』. 2020년 1월 17일.

연합뉴스. "중국-미얀마 가스관 전노선 가스 수송개시." 『연합뉴스』. 2013년 10월 20일.

이승우. "두테르테 남중국해서 미군과 해상훈련 금지." 『세계일보』. 2020년 8월 5일.

정의길. "남중국해 세력 대결...호주는 미국에, 필리핀은 중국에?" 『한겨레신문』, 2020년 7월 30일.

정의길. "두테르테 미군 협정 종료에 트럼프 많은 돈 절약될 것 응수." 『한겨레신문』, 2020년 2월 13일.

대한민국 외교부, 국가/지역정보. http://www.mofa.go.kr/www/wpge/m_3483/contents.do (접속일: 2019년 7월 18일).

ASEAN. ASEAN Outlook on the Indo-Pacific. https://asean.org/asean-outlook-indo-pacific/ (접속일: 2019년 12월 19일).

ASEAN. ASEAN-China Joint Statement on Synergising the Master Plan on ASEAN Connectivity (MPAC) 2025 and the Belt and Road Initiative (BRI). https://asean.org/asean-china-joint-statement-synergising-master-plan-asean-connectivity-mpac-2025-belt-road-initiative-bri/ (접속일: 2019년 12월 19일).

The US Department of Defense, Indo-Pacific Strategy Report: Preparedness, Partnerships, and Promoting A Networked Region (June 1, 2019). https://media.defense.gov/2019/Jul/01/2002152311/-1/-1/1/DEPARTMENT-OF-DEFENSE-INDO-PACIFIC-STRATEGY-REPORT-2019.PDF (접속일: 2019년 12월 19일)

The US Department of State, A Free and Open Indo-Pacific: Advancing A Shared Vision (November 4, 2019). https://www.state.gov/wp-content/uploads/2019/11/Free-and-Open-Indo-Pacific-4Nov2019.pdf (접속일: 2019년 12월 19일).

The World Bank, World Integrated Trade Solution. https://wits.worldbank.org/Default.aspx?lang=en (접속일: 2020년 8월 23일).

정책 제언

1. 한국을 포함한 중간국의 외교정책은 경제발전을 통해 확보한 물질적 능력뿐만 아니라 민주주의 체제전환의 성과에 바탕을 둔 규범적 능력을 개발하여 물질적 수단과 규범적 수단을 동시에 활용하는 전략수단의 다양성을 모색해야 한다.

2. '동북아 플러스 책임공동체'와 '신남방정책' 등 동남아시아를 대상으로 추진하는 한국정부의 외교정책은 이 지역 개별 국가들이 미국과 중국을 상대로 추구하는 외교전략이 한국정부의 그것과 협력 및 공생 관계를 맺을 수 있도록 각 국가별로 구체화된 정책플랜을 수립할 필요가 있다.

3. 미중경쟁과 구조 속에서 동남아시아 국가들은 개별 국가 수준의 외교전략뿐만 아니라 지역협력기구인 아세안(ASEAN)을 통한 공동대응 노력을 모색하고 있다. 한국의 대 동남아시아 외교정책은 아세안이 표명하는 공동가치, 규범 및 목표를 한국의 그것과 조화시키는 비전을 제시하고 이를 ASEAN과 동남아 개별 국가들과의 협력을 확보하는 데 적극 활용해야 한다.

13장

우크라이나의 대외전략:
지정학적 중간국으로서의 딜레마[*]

신범식(서울대학교 정외과)

핵심 논지

1. 탈냉전기 유라시아의 대표적 중간국 우크라이나는 러시아와 서방 사이의 전형적 중간국으로 그 외교전략 수립에 있어서 딜레마적 상황에 봉착하였다. 유라시아 신거대게임의 각축이 고조되면서 이동한 지정학적 단층선이 우크라이나의 새로운 도전적 외교환경을 설정하였으며, 내부적으로 활성화된 정체성의 정치가 그 국내정치적 동학을 결정하였다.

2. 이러한 외적 및 내적 조건은 우크라이나의 대외정책에서 균형 잡히고 일관성 있는 전략의 수립을 불가능하게 만들었고, 특히 국내정치에서 정체성 정치의 동학에 따른 분열이 결정적이었다.

3. 우크라이나의 외교지향성의 잦은 변동과 불안정성 그리고 커다란 변화의 진폭은 러시아와 유럽의 한층 고조된 경쟁과 개입의 빌미를 제공하였고, 2014년 러시아에 의한 크림반도의 병합과 이후 우크라이나 내전 사태는 우크라이나 중간국외교의 실패가 치르게 된 값비싼 대가를 보여주었다.

1. 서론

2014년 러시아의 크림반도 병합 및 그 이후 우크라이나 사태의 장기화에 따른 러시아와 서방 사이의 대립은 소위 '지정학의 귀환'[1]을 화두로 만들었다. 러시아와 서방, 특히 러시아와 미국 사이의 긴장의 고조는 '지정학적 단층(geopolitical fault line)'[2]에 위치한 국가들의 운명에 대한 새로운 관심을 환기하였다. 하지만 이는 비단 러시아와 미국 사이의 문제만은 아니다. 최근 고조되고 있는 중국과 미국 사이의 '전략적 경쟁'의 심화는 '지정학적 단층대'를 전지구적 수준에서 활성화시키고 있다. 국제정치의 변동기 피치 못하게 반복되는 이러한 지정학적 단층대의 활성화는 그 위에 위치한 국가들의 외교에 대한 깊은 관심을 불러일으킨다.

우크라이나 사태는 탈냉전 이후 국제정치에서 분기점을 형성하며 '진영질서' 구축을 가속화하는 계기를 형성하였다고 해도 과언이 아니다. 팍스아메리카나의 짧은 시기를 뒤로하고 벌어진 9·11사태, 테러와의 전쟁, 이란 및 북한에 의한 핵확산은 국제적 평화의 기본축을 흔들었으며, 색깔혁명, 러시아-조지아전쟁, 크림합병과 우크라이나 사태, 중국의 부상과 미중 전략경쟁으로 이어지는 일련의 사건들은 미국을 중심으로 하는 단극질서 내지 단다극 질서 침식의 계기가 되었다. 이 과정에서 자유주의적 세계질서에 적응해 보려 했던 신생 러시아는 초기의 '방어적 방어전략'을 포기하고 푸틴 대통령의 주도하에 '공세적 방어전략'[3]을 정형화하면서 미국과 서방이 주도하는 세계질서에 도전하고 있다. 이러한 '지정학의 귀환' 현상은 지정학적 단층선과 구조적으로 연루된 국가들의 외교환경을 더욱 악화시키고 있다.

이런 맥락에서 이 글이 제기하는 질문은 다음과 같다. 중간국 대외정책의 전략적 지향성이 추구하는 균형점의 변화를 추동하는 요인은 무엇인가, 그리고 그 변동 시도의 성패에 영향을 미치는 요인은 무엇인가? 이러한 질문에 답하기 위하여 필자는 서부 유라시아의 전형적 중간국인 우크라이나의 대외정책 지향성의 변천 과정을 추적하여 중간국외교의 전략적 지향 변화에 영향을 미치는 요인과 결과를 살펴보려 한다. 이러한 관찰은 유라시아의 반대편 지정학적 단층대에 위치한 한국의 중간국외교에 어떤 시사점을 가지는지 유추하는 데 도움이 될 것이다.

2. 우크라이나 대외전략의 내·외적 환경

1) 유라시아 국제정치 변동과 지정학적 단층대의 이동

중간국 우크라이나의 외교정책을 본격적으로 살피기에 앞서 먼저 우크라이나가 처한 대외환경을 확인할 필요가 있다. 탈냉전 이후 유라시아를 둘러싼 서구(미국, 유럽), 러시아, 중국 간 강대국 정치의 경쟁과 상호작용은 흔히 '신거대게임(New Great Game)'으로 자주 묘사된다. 신거대게임은 표 13.1에서 보는 바와 같이 1991년 소련 해체 이후부터 시기적으로 따져볼 때 2001년 9.11 테러 이후, 2000년대 중반 색깔혁명, 그리고 세계경제위기 및 중국 부상 등을 계기로 커다란 변화를 보이며 전개되어 왔다.[4]

[1기] 소련해체 이후 시기에는 지구적 차원에서 미국이 주도하는 패권체제가 지속되는 가운데, 부분적으로 지역질서가 변형되는 모습을 보였다. 유라시아의 지역질서도 이러한 커다란 맥락과는 크게 다르지 않았다. 미국과 유럽은 소련 해체 이후 유라시아 지역질서의 형성과 신생국에 대한 영향력을 확대하기 위한 전략을 추구하였다. 먼저, 미국은 클린턴 정부 시절부터 지구적 다자주의의 확대 및 지역질서 재편을 위한 노력을 경주하였다. 그 성과로 '평화를 위한 동반자계획(Partnership for Peace, 1994)'과 구암(GUAM: Georgia-Ukraine-Azerbaijan-Moldova, 1997) 연합이 조직되었다. 유럽은 이 시기 유럽연합(EU)을 위한 통합이 진행되었으며, 그 과정에서

겪은 보스니아, 코소보 사태 등으로 인하여 유럽 이외의 지역으로의 영향력 확대가 요구되었다. 이에 북대서양조약기구(이후 NATO)는 탈소비에트 공간 내 신생국들과 파트너십을 체결하였으며, 러시아도 이 시기 NATO와 합동위원회를 조직하였다. 또한, 과거 소련의 영향력 아래 있던 폴란드, 헝가리, 체코는 NATO의 1차 확대에 따라 1999년 회원국 자격으로 가입하였다.

한편 러시아는 옐친 초기 NATO와 협력 확대, IMF와 세계은행 가입을 추진하면서 친서방 노선을 추구하다가, 90년대 중반 이후 유라시아가 '사활적 이해' 지역임을 선언하면서 동향성이 증대된 유라시아주의적 외교 노선을 채택하였다. 이런 기조에 따라 러시아는 몰도바와 타지키스탄에 평화유지군을 파견하였으며, 근외(Near Abroad)정책을 정비하면서 선언적 대서방 균형 외교를 강화하였다. 중국은 장쩌민 시기 도광양회(韜光養晦)를 기조로 서북부 지역의 국경 확정 및 안정화, 신장위구르자치구를 비롯한 본토 내 분리주의 테러세력의 유입 차단, 중앙아시아와의 양자관계를 강화하는 정책을 추진하였다. 러시아와 중국은 1996년 '전략적 동반자관계'를 선언하면서 과거 중소분쟁 이후 만들어진 양국 간 경색 관계를 해소하는 한편 협력의 범위를 확대하기 시작하였다.

[2기] 9·11테러 이후 미국이 테러와의 전쟁(Global War on Terrorism)을 전개하면서 지구적 차원에서 일방주의적인 체제를 구축하였다. 또한, EU가 부상하면서 미국의 패권 체제 안에서 부분적으로 다극적 협조체제가 이루어지기도 하였다. 이 시기 유럽 지역에서는 NATO의 동진, 남아시아 지역에서는 미국의 아프가니스탄 진출 등이 이루어지면서 유라시아 지역에서 미국 주도의 테러전 전개에 따른 강대국 협력이 이루어졌다. 부시 1기 테러와의 전쟁 수행, 민주주의 국가 간 연대가 이루어지면서 대테러 연합이 구성되었고, 미군이 동유럽, 중앙아시아, 남아시아에 주둔하였다. 또한, 미국이 유라시아 지역 내에서 민주주의 및 자유 시장을 확대하면서 자신의 입지를 공고히 하고자 하였다. 유럽은 안보제도의 강화, 테러 대응을 위하여

표 13.1 탈냉전 이후 미·유럽-러-중 신거대게임과 유라시아 지역질서

	1기 (소련해체 이후~)	2기 (9·11테러 이후~)	3기 (색깔혁명 이후~)	4기 (세계경제위기 이후~)
	미국패권의 확립기	미국 주도의 테러전쟁과 강대국 협력기	미국패권 상대적 후퇴와 새로운 균형 모색기	중국의 부상과 세계질서의 재편기
미 국 · 유 럽	클린턴: 지구적 다자주의 확대 및 지역질서 재편 노력	부시 1기: 테러전과 자유· 민주주의 연대	부시 2기: 이라크전 이후 지역별 영향력 침식	오바마: 불완전 테러전 종식과 아시아 재균형화정책 한계
	유럽연합 통합 진행기: 역외 영향력 확장을 위한 NATO 1차 확대	유럽 안보제도 강화: 유럽신속대응군 창설 시도, 2004년 NATO 2차 확대	단일 공동외교안보정책 추진: NATO 3차 확대(Ukr, Mol, Gor 대상) 시도 Energy Charter Treaty 확산 추진	
	미국 패권과 미러 비대칭 협력	테러전쟁전략 협력과 미러 간 실용주의적 대칭성 모색	미국 일방주의와 러시아의 적극적 균형화 간 불협 화음	관계악화와 리셋 정책 실패에 따른 미러 전략적 갈등
러 시 아	NATO-Russia Founding Act & Permanent JC (1997~1999)	NATO-Russia Council (2002~2014)		우크라이나 사태 이후 NATO· 유럽-러시아 간 협의 채널 중단
	옐친: '수세적 방어전 략'과 영향력보 존 노력의 한계	푸틴 1기: '적극적 실용주의' 기초한 중층적 전방위 외교	푸틴 2기·메드 베데프: '강대국 외교'와 다극질서 지향 균형화정책	푸틴3기·4기: '공세적 방어 전략'과 세력 유지·강화정책
중 국	전략적 동반 자관계 선언 (1996) 제한적 전략협력	러중 선린·우호 협력조약 (2001) 순응적 전략협력 모색	21세기 신(新) 국제질서 선언 (2005.7.) 포괄적 전략협력 모색	러중 정상 선언 (2014.9.) 포괄적·전면적 전략협력
	장쩌민: 韜光養晦	후진타오: 有所作爲 / 和平崛起	후진타오: 和平發展 / 調和世界	시진핑: 中國夢 / 新型大國關係

계속 ▶▶

표 13.1 계속

	1기 (소련해체 이후~)	2기 (9·11테러 이후~)	3기 (색깔혁명 이후~)	4기 (세계경제위기 이후~)
	미국패권의 확립기	미국 주도의 테러전쟁과 강대국 협력기	미국패권 상대적 후퇴와 새로운 균형 모색기	중국의 부상과 세계질서의 재편기
중 국	**미중 비대칭 협력**	**미중 전략관계 조정**	**미중 긴장고조와 갈등**	**미중 전략경쟁 시동**
지역 질서	미국 주도의 현 상변경적 지역 질서변동 시기	테러전수행과 단·다극적 강대 국협조체제 시기	러중 연대 통한 견미 균형화 시기	견미 균형화체제 심화와 미중 전략 경쟁 시기

출처: 신범식, "신거대게임으로 본 유라시아 지역질서의 변동과 전망." 『슬라브학보』 제23권 2호 (2008)의 표 1과 신범식, "강대국 영향력과 중앙아시아 지역 정치 변동." 신범식 (편), 『유라시아의 심장이 다시 뛰다: 중앙아시아 지역의 형성과 역동성』 (서울: 진인진, 2017), pp. 345–373의 표 1의 내용을 기초로 재구성.

신속대응군을 창설하려는 논의를 시작하였으며, 2002년 'NATO-러시아 위원회'가 수립되었으며, 러시아는 테러전쟁을 위하여 유라시아 내 미군이 진출하는 것을 허용하고 나아가 지원하였다. 하지만 이러한 러시아의 협조적 입장에도 불구하고 그 와중 2004년에 동유럽 7개국이 NATO에 가입함으로써 NATO의 2차 확대가 이루어졌다.

2000년에 출범한 푸틴 정부는 중층적 차원에서 전방위 실용외교를 추진하였다. 이 시기 푸틴 정부는 서방과 테러 대응 및 경제 분야에서 실용주의적 협력을 추진하였다. 하지만 러시아는 유라시아 지역 내 국가들과의 관계를 강화하여 자국의 입지를 다져나갔는데, 양자 차원에서 실용적 국가관계를 강화하였으며, 다자 차원에서는 소지역협력인 집단안보조약기구(CSTO), 유라시아경제공동체(EurAsEC)를 설립하고 광역기구인 독립국가연합(CIS)를 강화하는 한편, 중국과 함께 상하이협력기구(SCO)를 창설하기도 하였다. 중국은 후진타오 주석이 제창한 유소작위(有所作爲), 화평굴기(和平屈起)를 전략적 기조로 유라시아 지역 내 국가들과 경제, 안보 분야에서의 협력을 확대하였다. 특히 중국은 러시아와 함께 주도적으로 상하이협력기구를 창설하였을 뿐만 아니라, '전략적 경제' 개념을 도입하여 유라시아에 대한 투자를 확대하면서 중앙아시아로의 적극적 진출의 기초를 다졌다. 2001년 러시아와 중국은 러중 우호협력조약을 체결한 이후 본격적인 전략적 협력의 길로 나서게 되었다.

[3기] 조심스럽게 모색되던 유라시아 지역질서의 균형은 2000년대 중반 이후 고조된 색깔혁명의 연쇄적 열기로 요동치게 되었고, 이후 유라시아 지역질서는 커다란 전환을 겪는다. EU가 부상하고 BRICS 또한 부상하면서 지구적 차원에서 다극성이 점증하는 가운데 과거 미국이 주도하던 일극체제가 다소 이완되는 모습을 보였다. 또한, 중국과 러시아 그리고 인도가 전략적 상호작용을 강화하면서 미국의 일방주의를 견제하는 모양새가 강화되었다. 특히 유라시아 지역 내에서는 미국 영향력이 상대적으로 약화되면서 새로운 균형이 모색되는 시기가 도래하였다. 2기 부시 행정부는 이라크전의 무리한 감행의 역풍으로 주요 지역에서의 미국 영향력이 침식되는 현실과 직면해야 했으며, 민주주의 및 인권 레짐 확산을 위한 외교를 추진하면서 유라시아 내에서 강력한 저항에 직면하게 되었다. 미국의 이러한 외교정책 기조를 강화하기 위해 GUAM 등과 같이 미국 친화적 국가들을 결집하는 노력을 기울이는 한편, 중동부 유럽에 미사일방어체계(MD)를 배치함으로써 러시아와의 전략적 갈등을 촉발하기도 하였다. 유럽은 단일 공동외교안보정책 체제의 확립을 추진하였으며, 몰도바, 우크라이나, 조지아를 NATO에 가입시키기 위한 의도를 밝힘으로써 러시아로부터의 강력한 반발을 야기하였으며, 에너지헌장조약(Energy Charter Treaty)의 확대를 통해 러시아의 에너지 분야에서의 영향력에 제동을 걸기 위한 노력을 기울이기도 했다.

러시아는 푸틴 2기 정권에 접어들어 강대국 외교와 균형화(balancing) 전략 기조를 바탕으로 대미, 대서방 견제를 위하여 내적, 외적 균형화를 동시에 추구하였으며, 고유가를 배경으로 외교전략에서 에너지 분야의 영향력을 십분 활용하는 정책을 강화하였다. 또한, 푸틴 정부는 서쪽에서 지속적으로 러시아의 영향권을 압박하는 서구를 견제하기 위하여 중국과의 협력을 확대하였으며, 상하이협력기구 참여국을 늘림으로써 반(反)서구 연대를 확대하고자 하였다.

[4기] 이런 가운데 유라시아 지역질서의 변화를 더 확실하게 추동하게 된 것은 2008년 세계경제위기 이후 급속하게 세계무대에 G2로 부상한 중국의 영향력 확대이다. 지정학적 압력의 수위가 꾸준히 증대된 동아시아에서의 영향력 보존과 중국 견제를 위해 오바마 정부는 불완전한 테러전의 종식과 아시아 재균형화정책으로의 선회를 택하게 된다. 하지만 러시아의 서쪽 경계로부터의 압박을 늦추지는 않았다. 지구적 수준에서 미국의 전략적 입지가 축소되었음에도 불구하고 미국은 MD체제의 중동부 유럽 배치를 감행하였고, NATO는 구소련 소속의 우크라이나, 몰도바, 조지아에 대한 확장 노력을 포기하지 않았다.

이미 옐친 시기의 '수세적 방어전략'을 포기하고 푸틴 2기 후반부터 가시화되기 시작한 러시아의 '공세적 방어전략'은 미국 및 서방과의 강경한 대립구조를 확산시키는 중요한 추동력이 되었다. 러시아는 소련 붕괴 이후 중앙아시아 지역에서 위축되었던 입지와 역할을 다시 회복하였으며, SCO와 CIS 정상회담 등을 통해 경제, 군사적으로 미국과 서방의 중앙아시아 진출을 견제하고 자국의 기득권을 상당히 회복하였다. 러시아는 이와 함께 자국이 주도하는 집단안보조약기구(CSTO), 가스수출국포럼(GECF), 유라시아경제연합(EAEU) 등을 통하여 러시아 중심의 지역질서를 강화하기 위해 노력하고 있다. 특히 유라시아의 지정학적 이해관계와 관련하여 러시아는 중앙아시아 지역을 러시아 남부 국경지역의 완충지대로 남기려는 전략을 포기하지 않은 것으로 보인다.

미국은 러시아의 공세에 대하여 '분리대응정책'을 추구하였다. 러시아 인권문제에 대해서는 강하게 비판하면서도 아프간전과 이란 핵개발 의혹, 세계적 핵 비확산 논의 등 국제적 의제에서는 러시아와 협력기조를 유지하였다. 그럼에도 미러 사이의 '냉평화(Cold Peace)'를 극복하기 위한 양국의 관계 리셋(reset) 시도는 성과를 거두지 못하고, 2012년 이후 미국의 대러정책은 '무시와 불협'으로 후퇴하게 되었고, 결국 2014년 우크라이나 사태를 계기로 양국은 명백한 적대적 관계로 선회하였다. 우크라이나 사태 이후 격화된 미러 간 충돌은 '신냉전(New Cold War)'으로 불리며 미국의 러시아에 대한 봉쇄정책이 재연되고 있다.

이 같은 신거대게임의 결과를 정리해 보자면, 도표 13.1과 같이 유라시아 주변의 양대 지정학적 단층대가 유라시아 외부세력(미국과 유럽)과 내부세력(러시아와 중국) 사이에 크게 동쪽 프론트와 서쪽 프론트를 중심으로 형성되었다고 할 수 있다.[5] 미중 사이의 충돌로 일컬어지는 상황은 동북아와 동남아로 이어지는 동아시아 지역에서 주로 관찰된다. 서쪽에는 탈냉전 이후 지속적으로 시도되어 온 NATO의 확대로 인한 지정학적 단층선의 활성화가 극명하게 나타났다. 냉전 시기 소련이 주도한 바르샤바조약기구에 대응하기 위한 군사동맹체였던 NATO는 소련의 붕괴 이후에도 확대를 계속하여 전(前)바르샤바조약기구국가들을 NATO에 흡수하며 동진하였다. 1999년에는 비제그라드 3국(폴란드, 체코, 헝가리)이, 2004년에는 에스토니아, 라트비아, 리투아니아, 슬로바키아, 루마니아, 불가리아 등 중동부 유럽 7개국이 NATO에 합류하였다. 2009년에는 알바니아와 크로아티아가, 2017년에는 몬테네그로가 그 뒤를 이었다. 또한, 우크라이나, 몰도바, 조지아의 NATO 가입에 대한 논의가 이어지면서 'NATO의 동진'은 현재 진행형이라 할 수 있다. NATO의 확장은 지정학적 단층대의 이동 및 활성화를 야기하였다. NATO의 동진은 긴장 관계에 있던 서구와 러시아 간의 지정학적 단층대를 활성화시켰으며, 그 위에 위치한 중간국들의 중추국으로서의 가치를 고양하였으며, 이들에게 지구적·지역적·국내적 상황에 따른 복잡한 선택의

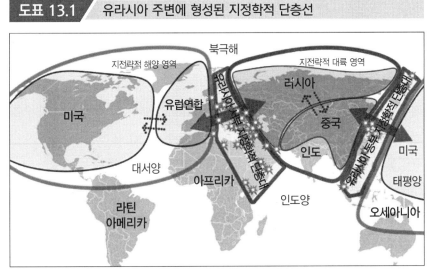

도표 13.1   유라시아 주변에 형성된 지정학적 단층선

출처: Active Geostrategic Faults in the World[6]

숙제를 부과하였다.

　결국 유라시아의 지정학적 변동은 크게 소련 붕괴 이후 나토의 동진과 중국의 부상을 통해 거대한 구조적 변화의 성격을 띠면서 일어나게 되었고, 과거와 유사하거나 상이한 지점의 지정학적 단층대를 활성화시키고 있다. 이 글이 주목하는 우크라이나야말로 유라시아의 서쪽 단층선 상에 새롭게 위치하게 된 대표적 중간국이다. 우크라이나를 둘러싼 대립은 유럽과 러시아는 물론이고 우크라이나 자신에게도 처음 직면하게 된 상황인 것이다.

2) 탈소비에트 국가들의 국가건설, 정체성 정치, 그리고 대외전략

앞서 언급한 대로 강대국의 상호작용이 지역질서 형성에서 중요하지만, 지역정치의 특성을 파악하기 위해서는 지정학적 단층대에 위치한 중간국 내부의 국내정치적 동학에 대한 이해도 필요하다.

　탈소비에트 시기 신생 독립국들은 독립과 더불어 '국민국가 건설(nation-state building)'이라는 매우 복잡한 과제에 직면하게 되었다.[7] 물론 소련에 병합되기 전에 독립국가 형성의 유경험 국가도 있었지만, 그렇지 못한 국가도 있었다. 그런데 이런 역사적 경험의 유무와 상관없이 신생국들이 국가(재)건설 과정에서 소련의 국제법적 지위를 계승한 러시아와의 관계를 설정하는 문제는 핵심적 숙제로 떠오를 수밖에 없었다. 이 대러시아 관계 정립의 과제는 결국 스스로를 어떻게 규정할 것인가, 즉 국가정체성을 어떻게 규정할 것인가라는 질문과 연관될 수밖에 없었다.

개인 정체성의 문제를 넘어 집단 정체성의 문제와 관련해 하버마스(Jurgen Habermas)는 사회는 개인에게 '정체성을 지키는 해석체계'를 제공한다는 점에 주목하여 정체화(identification)에 대한 심리적 욕구는 개인적 차원 및 사회적 차원의 행동의 주요한 동인임을 주장하였으며, 블룸(W. Bloom)은 그 연장선상에서 국민정체성의 동학을 논의하였다.[8] 이 국민정체성의 동학은 탈소비에트 국가들의 국가(재)건설 과정에서 국내정치적 핵심적 배경이 되었는데, 이들 국가의 정체성의 위기는 즉각적으로 정당성의 위기(legitimacy crisis)로 연결될 수 있기 때문이다.[9] 특히 블룸은 정체성의 안정은 심리적인 안전과 행복의 필수조건이기에 이에 대한 도전과 불안정성의 증대는 그 반작용으로 집단정체성의 안정화를 위한 집단행동을 가져올 수 있음에 주목하였다. 이러한 집단정체성의 형성은 근대 국민국가의 탄생과정에서 전쟁이 가져온 정체화의 효과에서 볼 수 있듯이 외부 타자와의 관계가 중요 동인이 되지만, 최근 들어서는 국내정치적 전환기에 나타나는 '민주화' 등과 같은 과정이 국민의 주인의식을 강화함으로써 가장 강력한 집단정체성인 국민정체성을 자극하기도 한다. 이처럼 강력한 국민정체성이 스스로의 이익을 보호하고 국가정체성을 강화하기 위한 강력한 정치동학을 형성하는 과정을 국민정체성의 동학이라 부를 수 있다. 따라서 국민정체성의 경험을 함께 한 사람들은 그 정체성을 위협하는 외부의 조건이 있거나, 그를 고양할 필요가 있다고 느낄 경우 강력한 집단행동을 분출할 수

| 도표 13.2 | 민주화, 정체성의 정치, 대외정책 |

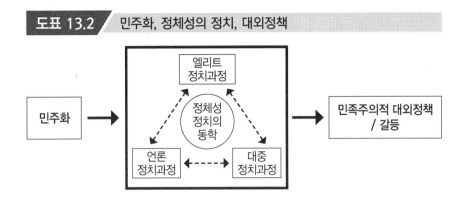

있다. 그리고 이 동학은 정치엘리트들의 국가이익과 국가위신에 대한 호소나 대중언론매체에 의한 정서적 측면에 대한 호소로 국가나 정치세력이 통제하기 어려운 수준의 정치적 동학을 형성하게 되는 경우가 나타난다.[10]

이와 관련하여 맨스필드와 스나이더의 연구는 큰 시사점을 지닌다.[11] 그는 낙관적 자유주의자들에게 사회주의국가들의 붕괴는 민주주의의 승리와 체제경쟁의 종식으로 이해되고 '역사의 종언'이 선언되었으나,[12] 1990년대에 이들은 민주화 과정을 겪는 과정에서 일반적 기대와 달리 '민족주의의 부흥'을 경험하게 된다. 이미 1991년의 걸프전과 유고슬라비아 내전, 1999년 코소보 사태 등은 민주주의 전파가 평화를 진작시킬 것이라는 전제에 대한 반증으로 제기되었고, 1993년 러시아의 '지리노프스키 현상'과 탈공산주의 국가들의 선거에서 나타난 공산당의 재기, 그리고 1994년 르완다사태 등은 민주화가 낙관적 자유주의자들의 기대와는 달리 전개되고 있음을 보여주었다.

이러한 1990년대 상황과 관련해 스나이더는 탈공산주의국가 등 민주화를 경험한 국가들에서 나타난 민족주의의 발흥을 지적하면서 민주화 과정 자체가 민족주의와 인종갈등을 야기할 수 있는 토양을 제공할 수 있음을 경고하였다.[13] 하지만 그는 민주화가 평화파괴적 대외정책이나 분쟁으로 연결되는 이유와 관련해서 '정치엘리트의 조작'이라는 위로부터의 설명 방식에 의존함으로써 고전적 설명의 한계를 벗어나고 있지 못하다.[14] 즉 민주화를 통하여 위협을 받게 된 정치엘리트들은 여론에 대한 영향력을 활용하고 제도적 미비를 틈타 수동적 대중을 선동함으로써 대내적 혹은 대외적 분쟁에 빠지게 된다는 것이다. 그리고 이 과정에서 나타나는 민족주의 이데올로기의 역할에 대해서는 엘리트의 대중선동 및 조작을 위한 도구적 성격의 측면에서 주목하고 있다. 이같이 민주화를 통해 형성된 지배엘리트가 불안한 정세의 돌파를 위해 민족주의적 대외정책을 추진한다는 스나이더식의 가설은 대중과 연결이 안 된 민주화나 대중이 소외된 채 엘리트들의 타협에 의해서 민주화가 진행될 경우, 아래로부터 발생하는 압력에 대응하기 위하여 지배 엘리트들이 대중을 조작할 필요성에서 민족주의적 요소들을 강조할 수 있다는 점에서 타당성을 가진다. 하지만 민주화 과정과 정치변동은 대중들로 하여금 정체성의 정치를 통하여 아래로부터의 압력을 형성하게 함으로써 외부로부터의 압력에 대하여 정서적으로 민감하게 반응하게 만드는 한편 민족적 자의식을 공세적이든 수세적이든 강화시킴으로써 민족의 새로운 지위에 대한 요청을 대내외적으로 고양시키기도 한다. 바로 이런 아래로부터의 압력을 강조하는 설명틀은 탈소비에트 국가들의 '색깔혁명'과 이들 국가들이 그 이후 러시아와의 관계 악화를 경험하게 되는 과정을 설명하는 효과적인 수단이 될 수 있다. 우크라이나와 조지아는 러시아와 준(准)전쟁을 치르는 경험에까지 도달하게 했다는 점에서 이 같은 설명의 강력한 사례가 될 수 있을 것이다.

결국, 민주화 과정은 대중의 자의식의 변화와 맞물려 정체성의 동학을 수반하게 되며, 이러한 정체성의 동학은 새로운 자의식과 함께 새로운 '국제적 지위'나 '국가적 위신'을 요청하는 주체적 동학으로 발전하면서 선거를 통하여 정권을 교체하면서 대외정책의 급격한 변화를 야기하며, 이같은 정체성의 변동에 기초하여 새로운 국가적 위신을 추구하는 대외정책은 '강변적(assertive)' 성격을 띠고 민족주의적 경향과 친화적으로 발전할 가능성이 높다. 이런 류의 대외정책의 발현은 중간국 외교에서 요청되는 균형적 대외전략을 적절하게 추구하는데 대단히 어려운 국내정치적 환경을 조성하게 만든다.

물론 탈소비에트 국가들이 모두 이러한 패턴을 보이는 것은 아니다. 가령, 중앙아시아의 우즈베키스탄과 카자흐스탄은 중간국 균형전략의 상이한 실천을 보인다는 점에서 특기할 만하다. 카자흐스탄의 경우 연성 균형화를 추진하여 주변 강대국인 러시아, 중국, 미국, 유럽 등과 우호적인 관계를 유지하면서 자신의 이익을 모색하는 모습을 보인다. 특히 경성 이슈인 안보와 신흥 이슈인 테러, 사이버 안보, 환경 등에 대한 각기 다른 전략을 추진하면서 카자흐스탄은 중층적 수준에서 펼치는 '다면(multi-vectorial)외교'를 실천하고 있다. 한편 우즈베키스탄은 독자성을 위한 외적 균형화정책을 적극 활용하였다. 이를테면 우즈베키스탄은 2000년대 대테러전쟁과 관련하여 미국의 중앙아시아 진출에 가장 협력적인 모습을 보임으로써 안보, 경제 차원에서 이익을 취하였다가, 조지아, 우크라이나, 키르기스스탄 등지에서 색깔혁명이 일어나자 정권 안보를 위해 다시 러시아와의 협력을 강화하는 입장으로 전환하기도 했다.

조지아와 우크라이나는 중앙아시아의 두 국가와는 상이한 노선을 추구하였다. 조지아는 독립 이후 서방에의 편승을 통한 외교정책적 지향으로 전환하였다. 이러한 서방 편승전략은 2003년 장미혁명, 2008년 러시아-조지아 전쟁을 통하여 반러시아 정서와 더불어 한층 강화되었다. 우크라이나의 경우 일정한 편승정책을 취하였다기보다는 정권에 따라 친서방 외교정책과 친러 외교정책 노선을 번갈아가면서 적정 외교를 모색하려는 노력을 기울여 왔으며, 친서방, 친러시아 외교정책 지향은 우크라이나의 정치 엘리트들의 성향을 결정하는 주요 지표였다. 그런데 다른 탈소비에트 국가들에 비하여 민주주의 체제가 더 강하게 작동하고 있으며, 두 차례의 대중 봉기를 통한 정권교체를 경험한 우크라이나의 국내정치 특성상, 대중의 의견과 선호가 외교정책에 다대한 영향을 끼친 것이 사실이다.

이처럼 유라시아 중간국의 대외정치와 연관되는 환경은 크게 지구적 (global) 및 지역적(regional) 수준에서 진행된 강대국 신거대게임으로 인한 환경 변동과 국가(state) 수준에서 진행된 정체성의 정치의 동학으로 대별될 수 있을 것이다. 후자와 관련하여 엘리트의 외교정책 지향, 국내 여론, 국민의 선호 등 국내정치적 요인도 중요한 변수이다. 다만 이러한 변수들을 고려할 때 주의할 점은 유라시아 지역 내 소지역별 강대국 분포 및 그 힘의 상관관계가 다르다는 점이다. 중앙아시아, 카프카스, 우크라이나-벨로루시 등 소지역별로 강대국의 세력이 달라진다는 것을 염두에 두어야 할 것이다. 중앙아시아의 경우 러시아-중국이 연대하여 미국과 경합하고, 카프가즈 지역에서는 미국이 EU와 연대하여 러시아와 대립하고 있다.

우크라이나의 경우 지역 환경은 카프카즈형 세력구도에 가깝지만, EU의 영향력이 더욱 강하게 나타난다. 우크라이나-벨로루시 지역에서 미국과 EU는 연대하여 러시아와 대립하는 구도를 보인다. 이러한 구도 속에서 우크라이나의 외교정책을 설명할 때 러시아 요인은 여전히 중요한 변수로 자리 잡고 있다. 특히 탈냉전 이후 시간이 흐름에 따라 다른 환경 변수들에 대한 대칭적 변수로서의 위상이 강해지는 모습을 보인다. 따라서 2014년 우크라이나 사태 이전까지 대외환경 변수와 관련해서는 러시아에 대한 전략적 입지를 정하는 문제가 매우 중요하다고 할 수 있을 것이다. 그런데 이 대러관계의 정립을 위해서 우크라이나가 가지고 있는 내부적 분열구도는 우크라이나 중간국 외교의 균형적 지향의 원천이 될 수도 있지만 동시에 국내 정치의 균열적 구도를 형성하는 근원이 될 수도 있다는 점에서 양가적이다.

또한, 국내 수준에서 이루어지는 국가건설 과정과 민주화 및 정체성 정치가 고려되어야 한다. 우크라이나는 그 역사 속에서 형성된 동서 지방 간 격차는 우크라이나 중간국 외교를 설명하는 결정적인 배경이 된다. 도표 13.3에서 보이듯이 우크라이나 동서 지방은 언어, 문화, 역사적 측면에서 상이한 모습을 보인다. 하리코프(Kharikov)와 돈바스(Donbass) 등 동부 지역은 17세기부터 러시아 제국의 통치를 받아 러시아와 역사, 종교, 문화, 경제적 상호의존을 형성하였다. 특히 우크라이나 동부 지역에는 광업과 철강 산업, 군수 산업 등이 발전하였으며, 동부의 러시아어 사용자 인구는 90%가 넘는 곳도 있다. 한편 리비우(Lviv)를 중심으로 하는 우크라이나 서부는 폴란드, 오스트리아-헝가리 제국의 영향을 받아 서구적인 역사, 사회, 문화적 전통이 자리 잡았다. 서부지역은 경제적 측면에서 소련 시기부터 소외되어 독립 이후 지금까지도 산업이 낙후되었으며, 농업이 주를 이루고 있다. 따라서 동서의 차이는 단순히 지역 간 차이에서 그치는 것이 아니라, 각 지방에 기반한 지역주의, 각 지역의 정치적 선호가 지지 정당, 정치 엘리트, 정부의 국내외정책에 영향을 끼치는 모습을 보인다. 서부의 경우 강력한 우크라이나 민족주의 색채를 띠며, 반러시아, 유럽 지향적인 외교정책을 선호한다. 반면 러시아와 언어, 문화적으로 유사성과 경제적 상호의존성이 높은 동부 지역의 경우 우크라이나-러시아 이중 국적 허용, 러시아어 공용화, 대러 경제통합 등 러시아 지향적인 모습을 보인다.[15]

결국 우크라이나에서의 동서 지방 간 차이는 역사·문화적으로 오랜 기간

도표 13.3　우크라이나 내 러시아어 인구 분포와 동서분열 구도

출처: *The McGil International Review*, 『세계일보』[16]

고착화되어 온 내부적 균열구도이다. 문제는 이 균열구도가 지정학적 단층
대가 활성화되는 외부 환경적 요인과 맞물리게 되면서 우크라이나 국내정
치를 치명적 분열로 이끌었다. 이미 우크라이나는 선거 및 국내정치과정에
서 '탈러시아 정치'가 활성화될 때에 파괴적 정체성의 정치가 재연되는 경
험을 하였다. 탈소비에트 국가건설 과정에서 늘 복병으로 자리 잡고 있는
'정체성의 정치'의 활성화는 국내 정치엘리트들의 어설픈 활용과 대응을 넘
어선 파괴력을 가지는데, 이 과정 자체가 내부적 동력으로 자가 발전하는
단계로 쉽게 발전하기 때문이다. 결국 우크라이나에서 '정체성의 정치'[17]의
활성화는 민주화에 따른 대외정책의 강성화(assertiveness)와 맞물리면서
국내정치적 균열구도를 더욱 악화시킴으로써 우크라이나는 외부적 및 내부
적 지정학적 단층대가 교차하는 열점(熱點)이 되고 말았다.

3. 우크라이나의 중간국 외교와 외교안보적 균형점의 변동

중간국 우크라이나 외교의 균형점 변동을 살펴보기 위해서는 위에서 언급
한 것처럼 우크라이나를 둘러싼 지역질서와 서구 및 러시아와의 관계, 우
크라이나의 정체성 정치의 활성화, 외교지향성의 변동을 차례로 관찰하여
야 한다. 우크라이나 입장에서 러시아와 서구는 '중요한 타자(significant
other)'였으며,[18] 이들과의 관계 설정이 우크라이나 외교정책 결정 과정
의 주요한 외생적 요인으로 작용한다. 또한, 우크라이나 내부에 우크라이
나어 및 러시아어 사용자의 거주 분포, 해당 지역의 산업 등 내부적 요인
과 이러한 내부적 요인에 기반한 정치세력의 변화에 따라 대외관계의 선호
또한 차별화되었다. 독립 이후 우크라이나는 다면 외교정책(Multi-Vector
Foreign Policy)을 구사하였으나, 각 정권별로 친서구 및 친러시아적 성향

사이를 오가는 모습을 보여 왔다.

먼저, 크라프추크(1991~1994) 정권은 냉전 붕괴 우크라이나의 정체성 형성, 외교정책 지향성이 결정된 시기였다. 냉전 시기 소련 치하의 우크라이나는 주변 소비에트 공화국들과 높은 수준의 상호의존을 보였으며, 이데올로기, 안보 차원에서 갈등하던 서구와 인접한 최전선이었다. 하지만 이러한 구도는 소련의 붕괴 이후 변화하였다. 서구는 탈소비에트 공간 내 국가들에게 영향력을 확대하고자 하였으며, 소련의 국제적 위상을 승계한 러시아는 IMF, 세계은행 가입, NATO와의 협력 등을 통하여 서방 선진국의 일원이 되고자 하였다. 이러한 상황에서 신생국 우크라이나는 국가 체계와 정체성을 확립하여야 하는 상황에 직면하였다. 우크라이나는 소련 시기를 재해석하고 자국을 서구 사회의 일원으로 표명하면서 새로운 정체성을 형성하는 작업에 착수하였다. 당시 우크라이나 정치인과 대중들은 소련 시기를 소련의 우크라이나 점령(occupation)으로 이해하였다.[19] 이러한 이해와 더불어 서구 국가들과의 관계 형성이 진행되면서 우크라이나의 정체성은 '소련의 일부'에서 '서구 사회의 일원'으로 전환되었으며, 유럽을 지향하는 유럽에 대한 환상(European Myth)을 지닌 것으로 보였다. 이러한 새로운 정체성과 외교정책적 지향성이 반영된 것이 『우크라이나 주권 선언(*Declaration of State Sovereignty of Ukraine*)』(1990)이다.[20] 우크라이나는 주권 선언을 통하여 소련으로부터 우크라이나의 분리와 독립을 주장하였다. 또한, 1993년 발표된 『외교정책의 기본 방향(*Basic Directions of Ukraine's Foreign Policy*)』에서는 인접 지역 국가들과의 양자관계 수립, 서유럽 국가 및 서유럽 국제기구들과 관계 발전 모색에 입장을 피력하였다. 한편 우크라이나는 1993년 작성된 CIS 헌장에 서명하지 않음으로써 탈소비에트 공간 내에서 러시아가 주도하는 국제기구에 불참하거나 소극적인 형태의 참여만 하는 모습을 보였다. 하지만 국내적으로 우크라이나는 통일된 정체성의 형성과 국가건설, 경제 위기 극복, 국민과 지역 통합이라는 과제에 직면하였다. 일례로 당시 우크라이나 내부에서는 국가적 인식이 상당히 낮았던 것으로 나타났다.[21] 이러한 통일된 국가 정체성의 부재, 미진한 국민 및 지역 통합은 향후 정체성의 정치가 활성화될 수 있는 기반이 되었다.

쿠츠마 정권은 친서방정책을 추진하였던 1기(1994~1999), 친러정책으로 전환되었던 2기(1999~2004)로 나누어 볼 수 있다. 쿠츠마 정권이 있던 시기 우크라이나를 둘러싼 서구와 러시아의 관계가 변화하였다. 당시 유럽 내에서는 EU 통합이 진행되고 있었다. 또한, NATO의 코소보 전쟁(1999)은 탈소비에트 공간 내 국가들의 경각심을 일으켰다. 이후 러시아는 서구주의적 노선에서 수세적 방어전략으로 전환하였으며, CIS 내에서 자국의 영향력을 보존하는 것을 목표로 삼았다. 이러한 변화 속에서 초기 쿠츠마 정권도 자신만의 독자 외교노선을 마련해야 했다. 쿠츠마 정권은 유라시아적 시각에서 우크라이나를 슬라브 정교회 문명의 대표라는 정체성을 새로이 설정하였다. 서구적 정체성을 강조하고 서구 사회의 일원이 되고자 하였던 이전 크라프추크와 확실한 차이를 보인다. 쿠츠마 정권이 내세운 정체성은 서구 기독교가 아닌 슬라브 정교를 내세움으로써 우크라이나의 독자성을 비롯하여 러시아와의 관계를 긴밀히 하는 외교정책의 기반이 되었다.[22] 하지만 이러한 기조 아래서도 쿠츠마 정권은 서구와의 관계를 강화하기 위해 EU의 준회원국 자격을 희망하면서 서구와의 관계를 지속적으로 확대하는 정책도 추진하였다. 하지만 국내에서 점차 지지를 잃게 된 쿠츠마 정권은 러시아와의 관계를 강화함으로써 국내정치적 위기를 해결하고자 하였다. 당시 쿠츠마 정권은 공산주의 및 민족주의 성향을 지닌 양측 정치 엘리트들의 위협을 받았는데, 특히 크림 자치공화국의 분리주의움직임은 본질적 도전이 되었다. 이러한 상황에서 쿠츠마 정권은 러시아와 현안 해결을 위한 차원에서 '우-러 우호·협력·동반자조약(Treaty of Friendship, Cooperation and Partnership between Ukraine and Russia)'을 맺고 경제교류 활성화정책을 추진하였다.[23] 이를 통하여 우크라이나-러시아 간의 사회경제적 상호의존이 긴밀해졌으며, 우크라이나 외교정책에서 동향(東向) 벡터가 강화되었다.

쿠츠마 정권 2기 국내 경제 상황 악화와 개혁 부진, 통제 강화 등이 악재로 작용하여 국내 지지가 하락하는 한편 서구로부터 비난을 받으며 정치적으로 고립되었다.[24] 이 시기 우크라이나 입장에서 러시아는 우크라이나의 주권을 유지하는데 불가결한 동반자로 여겨졌으며, 이에 따라 우크라이나는 CIS 내에서 자신의 위치를 지킬 필요성을 인식하게 되었다.[25] 쿠츠마 정권 2기에는 러시아, CIS와의 협력정책으로 우크라이나 외교정책의 동향 벡터가 강화되면서 CIS 회담에 적극 참가하였고, 친서방 성향의 협력기구인 GUUAM에 대한 관심은 저하되었다. 국내 측면에서 쿠츠마 정권은 경제상황 악화와 체제개혁 부진으로 강력한 저항에 직면하게 되었으며, 이러한 저항은 오렌지 혁명으로 이어졌다.

쿠츠마 정권의 다면 외교정책 및 러시아와의 관계 강화의 기조는 오렌지 혁명(Orange Revolution, 2004)을 거쳐 유셴코 정권(2004~2008)이 등장하면서 변화하였다. 당시 유라시아 전역에서 발생한 색깔혁명을 새로운 민주주의 시민운동으로 보는 시각과 유라시아 내 권위주의 정권에 대한 서구의 공세라는 시각이 공존한다. 색깔혁명 이후 러시아는 서구의 일방주의를 비판하면서 적극적 대서방 균형정책을 추구하는 전략을 추진하게 된다. 이 상황에서 우크라이나의 유셴코 대통령과 오렌지 혁명의 주역들은 정치개혁 및 유럽 정체성을 강조하면서 일방적 서향(西向) 벡터를 강화했다.[26] 이에 따라 우크라이나는 유럽과 유로-대서양(Euro-Atlantic) 연대로의 통합이 필연적이라는 점을 일방적으로 선언하고 서구와의 통합에 박차를 가하였다.[27] 유셴코 정부는 2008년 세계무역기구(WTO)에 가입하였으며,[28] 안보 차원에서도 NATO 가입 의사를 천명하였다. 또한, EU의 유럽근린정책에의 참여를 통해 서구 기준에 맞춘 정치 및 경제적 개혁을 시도하였다. 이러한 우크라이나의 서구 지향적 정책에 러시아는 강력한 보복 조치를 시행하였다.

러시아는 유셴코 정권의 강력한 서구 지향적 정책에 제동을 걸기 위하여 천연가스 공급가 인상, 수출 물자 엠바고 등 실질적 제재 조치를 단행했으며, 가즈프롬은 대(對)우크라이나 천연가스 공급 중단을 선언하였다. 물론 국내적으로 서구 지향적 외교정책이 국민들의 전적인 지지를 받은 것은 아니었다. 엘리트 사이에서도 오렌지혁명을 이끌었던 티모셴코(Timoshenko) 등이 유셴코와 대립하면서 친서방 혁명파의 국내적 지지 기반이 침식되었으며. 이는 2006년 3월 총선에서 야누코비치가 이끄는 지역당이 제1당으로 올라서면서 확인되었다.[29] 총선 이후 진행된 갤럽(Gallup) 조사에서도 우크라이나의 당시 외교정책과 지도부에 대한 국민들의 회의가 드러났다. 2008년 진행된 우크라이나의 외교정책에 대한 설문조사에서 현재 우크라이나 지도부가 국가를 잘못된 방향으로 이끌고 있다고 답한 응답자는 전체의 65%였으며, 옳은 방향으로 나가고 있다고 답한 응답자는 14%에 그쳤다. 또한 "미국과 러시아 사이에서 어떤 국가와 더 긴밀한 관계를 맺어야 하는가?"라는 질문에 7%만이 "러시아와 관계가 악화되더라도 미국과 가까워져야 한다"고 답하였으며, 39%는 "미국과 관계가 악화되더라도 러시아와 가까워져야 한다"고 답했다. 42%는 양쪽 모두와 가까워져야 한다고 응답하였다. 유럽과 러시아와의 관계를 묻는 질문에서도 EU와 가까워져야 한다는 응답자는 전체 13%, 러시아와 가까워져야 한다는 측은 32%, 양측과 모두 가까워져야 한다는 측은 45%를 기록하였다.[30] 2009년 갤럽이 진행한 지지도 조사에 따르면, 지도부에 대한 국민들의 지지율은 4%, 유셴코에 대한 지지율은 7%, 총리였던 티모셴코의 지지율은 20%를 기록하였다.[31]

유셴코 정권 이후 동부 지역의 지지를 받고 등장한 야누코비치 정권(2010~2014)은 서구 일변도의 정책에서 벗어나 다시 쿠츠마 정권 시기 보였던 다면 외교정책으로 회귀하였다.[32] 이 시기 미러 간 전략적 갈등이 고조되면서, 우크라이나는 지정학적 단층대의 활성화에 따른 중간국외교의 영민한 선택을 요구받게 되었다. 야누코비치 정권은 '동서의 교두보'라는 정체성을 표방하였으며,[33] 이에 따라 야누코비치 정권의 외교정책도 서구와의 우호적 관계를 재확인하면서 과거 러시아와의 관계를 회복하고 개선하는 데 역점을 두게 되었다. 특히 이 시기 EU와의 FTA, 비자면제협정 체결 절차를 이행함으로써 과거 정권이 추진하였던 친서구적 정책을 유지하였다. 동시에 야누코비치 정권은 러시아와의 관계개선 노력에도 적극적이었다. 2008년 러시아-조지아전쟁 발발이 러시아-우크라이나 간 관계에 걸림돌로 작용하였음에도, 2010년 4월 메드베데프 대통령과 정상회담을 통해 관계개선을 추진하였다. 양국 정상은 유럽 안보, 트란스니스트리아 갈등 해결, 흑해 지역 안보, 양국 간 위원회 회담 등 다양한 분야에서의 협력에 합의하였다.[34] 나아가 야누코비치 정부는 유셴코 정부가 선언한 NATO 가입을 유보하겠다는 뜻도 밝혔다. 중간국 외교의 균형을 위한 노력을 기울이는 듯했다.

하지만 문제는 경제였다. 세계경제위기와 그에 따른 유로존의 위기의 여파로 어려워진 국내 경제 상황이 야누코비치 정권의 발목을 잡았다. 그는 서방과 러시아 모두와 경제적 부분에서 협력을 확장하려 했다. 먼저 유럽과 관계를 강화하여 2012년 '동방 파트너십' 제휴 협상에 나서면서, 동시에 러시아가 추진하는 관세동맹 '유라시아경제연합' 가입도 추진하였다. 하지만 정적인 티모셴코의 구금과 경제 위기의 심화로 그의 국내적 지지도는 계속 하락하여 2011년 10월 국정 수행 지지는 10%, 반대는 54.6%에 달하였다.[35] 낮은 지지율의 야누코비치 정권은 초기 EU와의 자유무역협정 체결 등을 통한 협력확대를 약속하였으나, 그것을 이행할 어떠한 성공적 조치도 취하지 못했다. 급박한 경제상황을 잠재울 러시아로부터의 차관 약속을 받은 야누코비치의 유럽연합 가입 협상 중단 발표는 국민들을 거리로 나서게 만들었으며, 경찰, 정부군 등과 충돌하면서 2014년 유로마이단(Euromaidan) 사태가 촉발되었다.[36]

유로마이단 광장에 모인 집회 참가자들은 야누코비치 정권에 EU와 협력을 강화하는 서안에 서명하고 실질적 조치를 촉구하였다. 야누코비치 정권은 이러한 집회를 유혈 진압하였으며, 집회 참가자들은 광장에 바리케이트를 쌓고 대치하였다. EU 측은 야누코비치 정권의 비인권적 대응을 비판하며, 제휴 협정을 조속히 체결할 것을 요구하였다. 한편 유로마이단 집회로 우크라이나 국내 상황이 혼란에 빠진 가운데, 우크라이나 동부 친러시아계 주민들은 분리·독립을 주장하면서 무장 투쟁에 나섰으며, 러시아는 크림반도 내에서 국민투표를 실시하여 합병하였다. 이에 따라 유로마이단 집회 참여자들, 서부지역에서 반러시아 정서는 격화되었다.

우크라이나 사태와 러시아의 크림반도 합병 이후 서구와 러시아 간 협의채널이 중단되었으며, 우크라이나를 둘러싼 서구와 러시아 간 갈등이 고조되었다. 우크라이나 내부에서도 서구와 러시아에 대한 입장 차이가 극명하게 드러났다. 유로마이단 집회 이후 탄생한 포로셴코 정권(2014~2019)은 당연히 우크라이나 민족주의와 유럽 지향성을 크게 강화하였다. 포로셴코 대통령은 취임 이후 강력한 반러시아 외교를 표방하였으며, 우크라이나 민족주의를 강조하면서 영토 회복을 역설하였다. 서구와의 협력을 넘어 경제·안보적 통합을 시도하였다. 그는 EU와 동방파트너십을 체결하여 정치와 경제개혁을 위한 지원을 받았으며, 'EU-우크라이나 간 깊고 포괄적 FTA'(DCFTA: Deep and Comprehensive FTA)의 시행과 우크라이나인들의 유럽 비자 면제는 이러한 포로셴코 정부의 서구 지향성이 빚어낸 성과이다.[37] IMF, EBRD도 우크라이나의 정치, 경제개혁을 위한 지원금과 융자를 지속적으로 지원하였다. 안보 분야에서도 우크라이나는 NATO와의 협력을 강화하여 효율적 안보체계를 수립하고자 하였다. 이 시기 우크라이나 정부 입장에서 러시아 및 자국 동부에서 분리·독립을 주장하며 러시아의 지원을 받는 러시아어 사용 주민들은 자국의 주권과 영토적 온전성을 훼손하는 위협요인으로 여겼다.[38] 또한, 포로셴코 정부는 러시아의 크림반도 합병과 우크라이나 동부 분리주의자 지원을 우크라이나의 주권을 훼손하는 적대 행위로 인식하여 2018년 자국 내 CIS 사무소를 폐쇄하고, 러시아와 체결한 우호

표 13.2 우크라이나 대외전략적 지향성의 변동

	레오니드 크라프추크 1991~1994	레오니드 쿠츠마 1994~1999	레오니드 쿠츠마 1999~2004	빅토르 유셴코 2004~2008	빅토르 야누코비치 2010~2014	페트로 포로셴코 2014~2019
정체성 전환	느슨한 유럽 정체성, '유럽에 대한 환상'	유라시아 관점에서 우크라이나를 슬라브 정교회 문화의 대표로 인식		'부여된' 유럽 정체성	동서의 교두보	우크라이나 민족주의 및 유럽 지향성의 강화
외교정책 수립	지역 통합을 위한 목표 설정. 그러나 이를 달성하기 위한 도구나 제도적 메커니즘이 결여됨.	다면 외교정책 • 무역 파트너로서 러시아와의 관계개선 • 서구와의 관계 강화 - 2002년에서 촛선에서 동부 지역 산업 엘리트들이 승리하면서 동방(러시아 측) 벡터의 강화		유럽 및 유로-대서양 통합의 필요성 선언	서구와의 관계 재확인 + 러시아와의 관계 재개선 진행	유럽과 정체성, 안보적 통합 시도 + 영토 통합성의 회복, 효율적 안보 체제의 수립
러시아 이미지	소비에트 점령의 해방에 대한 냉전적인 감성.	우크라이나의 주권 유지 등 다양한 측면에서 무시할 수 없는 동반자로 인식 → CIS 내 입지 유지의 필요성 인정		러시아 공세적 정책으로 국가 이익을 해손당 하는는 반감	내부 여론 분열로 긴장 존재(러 문제적 정체에대한 반발 vs. 서구로의 통합의 높은 가격에 대한 우려)	러시아와 러시아의 지원을 받는 동부 분리주의자들을 비리주의로 분류

(칸 사이 세로 표기) 오렌지 혁명

(칸 사이 세로 표기) 야로마이단

조약을 파기하였다.[39] 이러한 포로셴코 정권의 외교정책 지향성은 일부 국민들로부터 지지를 받았다. 2014년 당시 갤럽 조사에 따르면, 러시아와의 관계가 악화되더라도 EU와의 관계를 강화하여야 한다고 답한 사람은 43%였으며, 지역별로는 중부와 북부 46%, 남부와 동부 24%, 서부 66%에 달하였다. 한편 EU와의 관계가 악화되더라도 러시아와의 관계를 강화하여야 한다는 쪽은 응답자 중 14%를 기록하였으며, 지역별로 중부와 북부 7%, 남부와 동부 26%, 서부 6%를 기록하였다. 정체성의 정치가 활성화되면서 포로셴코 정권에 대한 지지도가 지역별로 상이하게 나타나는 점을 확인할 수 있다.[40]

2019년 5월 취임한 젤렌스키(Volodymyr Zelensky) 대통령은 포로셴코 전임 대통령과는 또 다른 노선을 추구하고 있는 것으로 보인다. 젤린스키 대통령은 유럽 일변도의 외교정책에서 벗어나 동부 지역의 무장 갈등을 해소하고, 러시아와도 협상할 의사가 있음을 피력했다. 먼저, 그는 10월 브뤼셀을 방문하여 고위 EU, NATO 관계자들과 회담하고 우크라이나 내 정치 개혁과 동부 상황에 대한 논의를 이어갔다. 특히 스톨텐버그 사무총장, 터스크 EU 위원회장과의 개별회담에서 젤렌스키 대통령은 우크라이나가 EU와 NATO 가입을 희망하고 있다는 점을 재확인하였다.[41] 한편 반군 및 러시아와 협상하겠다는 그의 의도는 2019년 10월 초부터 동부 지역에서 정부군의 철군을 시작하면서 실질적 행동으로 나타났다.[42] 국제적으로도 12월 파리에서 진행된 노르망디 4국 정상회담에서 젤렌스키 대통령은 푸틴 대통령, 메르켈 총리, 마크롱 대통령과 만나 동부 지역의 분쟁 종결 및 휴전, 포로 교환 및 병력 철수, 인도주의 지원 등에 대해 논의하고 공동성명을 발표하였다.[43] 이러한 발표에는 회의적 반응도 있었으나, 12월 29일 우크라이나 정부와 친러시아 분리주의자들 간 포로교환이 실질적으로 진행되면서 나름의 성과를 보였다.[44] 향후 젤렌스키 대통령의 실용성이 얼마나 발현될 수 있을지 관찰이 필요하다.

이상에서 살펴본 우크라이나와 러시아의 정체성 전환, 외교정책, 러시아에 대한 인식 변화를 통해서 우크라이나가 중간국외교에서 적정 균형점을 모색하는 과정을 평가해보면 다음과 같은 결론에 도달할 수 있을 것으로 보인다. 탈냉전 이후 서구와 러시아 사이의 경쟁에 따른 지정학적 단층대가 이동하고 활성화되면서 그 위에 위치하게 된 우크라이나는 외부로부터 발생한 압력에 대응하면서 자신의 정체성을 모색하게 되었는데, 국가의 외교적 지향을 결정할 정체성의 안정화는 국내정치의 구조적 분열에 의해 달성되지 못하였다. 따라서 국내정치에서 대외적 지향성 논쟁으로 분출되는 정체성의 정치가 활성화되면서 그에 따라 외교정책 지향이 큰 폭으로 변동해 왔다 (도표 13.4 참조). 중간국외교의 적절한 균형은 고사하고 커다란 진폭을 가진 대외전략적 변화는 외부 세력에 의한 개입의 조건을 마련해 줌으로써 생존과 번영을 위협하게 되었으며, 그 결과 정부와 동부 분리주의자들 간의 무장 투쟁 등으로 영토적 통합성과 국가 주권이 크게 훼손되는 뼈아픈 대가를 치르게 되었다.

도표 13.4　우크라이나 중간국 외교 균형점의 변동

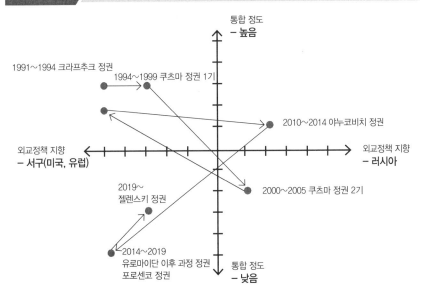

4. 정책적 함의

중간국으로서 우크라이나의 대외정책은 크게 동서 사이의 균형을 모색하기 위한 일련의 과정으로 이해될 수 있다. 먼저, 크라프추크 시기 친서방정책을 실시하였으며, 이후 쿠츠마 정권 시기에는 서방과의 관계 개선을 지속하는 가운데 러시아와의 관계도 강화하는 균형점을 모색하는 모습을 보이기도 하였다. 또한, 쿠츠마 정권은 안보, 경제적인 측면에서 NATO 및 EU 가입을 위한 시도를 하는 등 서방 편승정책을 천명하기도 하였다.

하지만 국내정치적으로 활성화된 '정체성의 정치'는 민주화시기에 흔히 나타나는 '외교의 강성화'로 연결되면서 오렌지혁명과 유로마이단 사태를 전후로 중간국 우크라이나 대외정책의 동서 사이에서의 균형점을 크게 변화시켰다. 특히 정치 엘리트들의 지향성과 민주화 이후 내부 지지자들의 여론과 지지 등의 변동 같은 국내정치적 요소는 지정학적 단층대의 활성화 같은 외적 조건보다 더 크게 우크라이나 중간국외교의 변동에 영향을 미쳤다. 중간국 우크라이나 대외적 지향의 균형점 이동을 성공적으로 관리하는데 실패한 이유도 국내적 요인, 특히 엘리트의 관리 실패와 대중정치의 폭발에 더 크게 기인한다. 초기 쿠츠마 정권이 러시아와의 관계를 재강화한 점, 오렌지혁명 연대였던 유셴코와 티모셴코 등의 갈등으로 인하여 실각 이후 야누코비치 정권이 서구 일변도의 정책에서 다면주의 정책으로 회귀한 점, 유로마이단 전후 동서 지방의 대외정책 지향에 대한 균열을 보인 점 등은 이같은 국내정치적 변동의 결정적인 계기가 되었다. 중간국외교가 얼마나 신중하게 관리되어야 하는지 잘 보여준다.

이러한 우크라이나 중간국외교의 경험은 유라시아 국제정치를 설명하는 세 차원(상층부 강대국정치와 신거대게임, 중층부 지역주의와 다자협력의 동학, 하층부 역내 국가들의 국내정치) 중 국내정치의 중요성을 잘 드러내주는 사례이다. 이는 향후 유라시아 질서 변동에서 역내 국가들의 국내정치

변동이 대단히 중요한 영향을 미치게 될 것이라는 점을 보여준다. 특히 이러한 분석틀은 우크라이나와 같이 민주화가 역동적으로 진행되면서 지배 엘리트와 지지 집단의 성향에 따라 외교정책의 노선이 바뀔 가능성이 높은 조지아, 몰도바의 행보를 이해하는데 크게 기여할 수 있을 것으로 사료된다.

유라시아 서부 지정학적 단층대에 위치한 우크라이나의 중간국외교의 경험은 유라시아 동부 지정학적 단층대에 위치한 중간국 한국의 대외정책에 일정한 함의를 제공한다. 미국과 중국 사이에 위치한 중간국인 한국의 대외정책 지향에 대한 고민은 우크라이나가 처한 서구와 러시아 사이에서의 고민과 구조적으로 유사한 부분이 있다. 하지만 국내정치적인 동학의 구조는 차이가 있어 보인다. 그렇다면 우크라이나의 중간국외교는 우리에게 어떤 교훈을 주는가?

첫째, 한국의 입장에서 새롭고 창의적인 중간국 외교의 모색이 필요하다. 미중이 무역 갈등으로 첨예하게 대립하는 가운데 안미경중(安美經中)이 더 이상 대안이 될 수 없는 상황에서 급격한 편승 파트너의 변경이나 어설픈 균형점 변동은 심각한 지정학적 혼란을 초래할 수도 있다. 따라서 필자는 동북아시아 내 중간국 연대나 소다자협력의 추동 등의 창조적 전략으로 다차원 구도에서 균형을 모색하는 복합지정학적 사고 기반의 대책마련이 필요하다고 제언한다.

둘째, 우크라이나 동부의 무장 갈등의 예에서 볼 수 있듯이, 경쟁하는 양극 중 일방이 타방을 완전히 압도하지 못하는 상황에서 분단과 분할은 강대국들에게 차선의 대안이 될 수 있다는 점이다. 우크라이나 동부의 분쟁 지역화, 완충지대화는 중간국 우크라이나의 축을 크게 변화시키지 않는 한도 내에서 균형을 모색한 서구와 러시아 간 대결의 결과물일 수 있다. 이는 분단 혹은 분할이 강대국 간 세력균형 유지를 위한 차선의 대책이라면, 중간국에 입장에서 이를 일거에 타개하기 위한 노력을 기울이기보다 분단구조에서 협력적 공존을 모색하면서 네트워킹을 강화하는 대응이 균형점 모색의 근거 강화를 위해 유리할 수 있다.

셋째, 주변 강대국의 반응을 고려하면서 균형점을 살펴야 한다는 점이다. 서유라시아 지정학 구도에서 러시아가 우크라이나에 취한 대응을 중국과 러시아가 북한에 대하여 취할 수 있는지 면밀히 검토해 볼 필요 있다. 지난 2015년 중국이 고려한 것으로 알려진 북한 분할 시나리오를 살펴보면, 중국이 함경남도, 평안북도, 자강도, 양강도를 차지한다는 내용을 담고 있다.[45] 이러한 내용이 실현되기는 어렵다고 하더라도, 유사시 강대국 간의 충돌을 막기 위하여 한반도의 일부가 우크라이나 동부와 같이 분쟁 지역 내지 완충 지역화가 이루어질 가능성을 완전히 배제하기는 쉽지 않다. 따라서 이러한 우려가 현실이 되지 않게 하기 위하여 중러 간 연대 고리 등에 대한 면밀한 관찰이 필요하며, 북한 급변사태 시 중국과 러시아의 대응에 대한 한국, 일본, 미국의 대응 의지 등에 대한 평가도 이루어져야 할 것이다.

주

*) 본 장은 『국제·지역연구』 29권 1호(2020년)에 게재된 원고를 수정·보완한 글임.
1) 우크라이나 사태로 촉발된 국제정치적 영향과 지정학의 귀환에 대한 논의로는 Mead, Walter Russel. "The Return of Geopolitics: The Revenge of the Revisionist Powers." *Foreign Affairs* 93(3): 69-79 (2014)를 참조.
2) 카플란(Robert D. Kaplan)은 『지리의 복수(*The Revenge of Geography*)』(2012)에서 '분쟁 지대'(crush zone) 개념에 주목하였는데, 이는 고전지정학자인 페어그리브(James Fairgrieve)가 처음 사용하고 맥킨더(Halferd Mackinder)에 의해 한층 더 중요한 지정학적 의미를 부여받게 된 용어이다 (로버트 D. 카플란, 이순호 역, 『지리의 복수』[서울: 미지북스, 2017]). 학자들에 따라서는 이를 파쇄지대(shatter zone)로 부르기도 한다.
3) 신범식, "푸틴3기 러시아의 한반도정책: 변화하는 동북아에서의 적극적 역할 모색," 『한국과 국제정치』(경남대 극동문제연구소) 29권 1호 (2013).
4) 이에 대한 자세한 논의는 신범식, "신거대게임으로 본 유라시아 지역질서의 변동과 전망," 『슬라브학보』 제23권 2호 (2008), pp. 165-200; 신범식, "중국의 부상과 중앙아시아 국가들의 대응," 『슬라브학보』 제30권 2호 (2015), pp. 205-245를 참조하였고, 표 13.1도 마찬가지이다.

5) Hafeznia (2017).
6) http://irangeopol.com/2017/04/05/active-geostrategic-faults-in-the-world/ (검색일: 2020.01.09.)
7) Taras Kuzio, *Ukraine: State and Nation Building* (London: Routledge, 1998).
8) Bloom, William, *Personal Identity, National Identity and International Relations* (Cambridge: Cambridge University Press, 1990).
9) 이같은 상황은 탈소비에트 국가로서 러시아의 경우에도 해당된다. 탈소비에트 러시아가 경험한 정당성 위기에 대해서는 L. Holmes, "Normalisation and Legitimation in Postcommunist Russia," in S.White, A.Pravda, Z.Gitelman (eds.), *Developments in Russia and Post-Soviet Politics* (London: Macmillan, 1994)과 신범식, "탈소비에트 우즈베키스탄의 국민국가 건설과 이슬람," 『세계지역연구논총』 제36권 제2호 (2018), pp. 163-190 등을 참조.
10) Bloom (1990).
11) 맨스필드와 스나이더의 민주화의 전쟁에 대한 연구의 틀을 이용하여 러시아 대외정책을 분석한 글로 신범식(2006)의 논의를 참조. 이하 부분의 주요 논지는 이 글에서 개진된 바 있다. Edward D. Mansfield, and Jack Snyder, "Democratization and the Danger of War," International Security 20-1 (1995), pp. 5-38; Jack Snyder, *From Voting to Violence: Democratization and Nationalist Response* (New York: W.W. Norton & Company, 2000).
12) Francis Fukuyama, "The End of History?" *The National Interest*, No. 16 (Summer 1989).
13) Snyder (2000).
14) 이런 외교정책 연구로는 국가 위기 시 '깃발 아래 뭉치기(rally-round-the Flag)'나 대외분쟁을 통해 국내 정치를 돌파하는 엘리트의 수법으로 '관심 전환(diversion hypothesis)' 관련 논의가 대표적이다. 이에 대한 내용은 Charles W. Ostrom, Jr. and Dennis M. Simon, "Promise and Performance: A Dynamic Model of Presidential Popularity," *The American Political Science Review* Vol. 79, No. 2 (Jun., 1985)을 참조.
15) 홍완석, "'동'과 '서; 사이에서 우크라이나의 대외전략," 『한국과 국제정치』 제26권 1호 (2010), pp. 163-198.
16) https://www.mironline.ca/reactions-to-ukraines-new-language-law/ (검색일: 2020.01.09); http://m.news.zum.com/articles/12811771 (검색일: 2020.01.09).
17) 우크라이나 내 정체성의 정치에 대해서는 Grigore Pop-Eleches and Graeme B. Robertson, "Identity and political preferences in Ukraine – before and after the Euromaidan," *Post-Soviet Affairs* 34-2-3 (2018), pp.107-118을 참조.
18) 우크라이나의 엘리트와 대중이 러시아를 중요한 타자로 인식한다는 Taras Kuzio, "Identity and nation-building in Ukraine – Defining the 'Other'," *Ethnicities* 1-3 (2001), pp. 343-365의 연구 참조. 우크라이나 내 유럽에 대한 인식과 정체성에 대한 논의는 Stephen White and Valentina Feklyunina, "Ukraine and 'Europe': Elite Discourses," *Identities and Foreign Policies* (New York: Palgrave Macmillan, 2014)을 참조.
19) White and Feklyunina (2014).

20) Verkhovna Rada, *Declaration of State Sovereignty of Ukraine*, (1990.07.16), http://static.rada.gov.ua/site/postanova_eng/Declaration_of_State_Sovereignty_of_Ukraine_rev1.htm (검색일: 2020.01.08.).
21) Taras Kuzio, "National Identity in Independent Ukraine," *Nationalism and Ethnic Politics* 2-4 (1996), pp. 582-608.
22) White and Feklyunina (2014); Karina Shyrokykh, "The Evolution of the Foreign Policy of Ukraine External Actors and Domestic Factors," *Europe-Asia Studies* 70-5 (2018), pp. 832-850.
23) Andrew D. Sorokowski, "Treaty on Friendship, Cooperation, and Partnership between Ukraine and the Russian Federation," *Harvard Ukrainian Studies* 20 (1996), pp. 319-329.
24) Taras Kuzio, "Neither East Nor West: Ukraines's Security Policy Under Kuchma," *Problems of Post-Communism* 52-5 (2014), pp. 59-68.
25) 홍완석 (2010); 고재남, 『우크라이나 포로셴코 정부의 외교정책과 주요국 관계』 (서울: 국립외교원, 2017).
26) White and Feklyunina (2014).
27) Dmitry Gorenburg, "Ukraine After Yushchenko," *Russian Politics & Law* 49-5 (2011), pp. 3-7.
28) The Foreign Ministry of Ukraine, "Ukraine and WTO," https://mfa.gov.ua/en/about-ukraine/international-organizations/wto (검색일: 2020.01.08.).
29) 홍완석 (2010).
30) Neli Esipova and Cynthia English. 2008. "Ukrainians May Oppose President's Pro-Western Goals," *Gallup*, https://news.gallup.com/poll/110848/Ukrainians-May-Oppose-Presidents-ProWestern-Goals.aspx (검색일: 2020.01.08.).
31) Julie Ray and Neli Esipova. 2009. "Approval Ratings in Ukraine, Russia Highlight Differences," *Gallup*, https://news.gallup.com/poll/121976/approval-ratings-ukraine-russia-highlight-differences.aspx (검색일: 2020.01.08.).
32) Shyrokykh (2018).
33) Elena Kropacheva, "Ukraine's Foreign Policy Choices after the 2010 Presidential Election," *Journal of Communist Studies and Transition Politics* 27-3 (2011), pp. 520-540.
34) President of Russia, "Russian-Ukrainian summit talks," http://en.kremlin.ru/events/president/news/7777 (검색일: 2020.01.08.).
35) 허승철, "우크라이나 야누코비치 정권의 외교정책 평가," 『러시아어문학연구논집』 제40집 (2012), pp. 361-389.
36) *France 24*, "Opposition protests President Yanukovych's pro-Russia shift," (2010.05.11.), https://www.france24.com/en/20100511-ukraine-opposition-protest-president-yanukovychs-pro-russia-shift-tymoshenko (검색일: 2020.01.08.).
37) 고재남 (2017).
38) *RadioFreeEurope/RadioLiberty*, "Poroshenko Calls Russia 'Biggest Threat' To International Security," (2017.09.20.), https://www.rferl.org/a/ukraine-russia-poroshenko-un/28747377.html (검색일: 2020.01.08.).

39) *RadioFreeEurope/RadioLiberty*, "Poroshenko officially ends Ukraine's membership in CIS," (2018.08.28.), https://www.rferl.org/a/ukraine-shuts-down-offices-in-cis-member-states/29457859.html (검색일: 2020.01.08.); RadioFrccEuorpe/RadioLiberty, "Ukraine's Parliament Approves Bill To Terminate Friendship Treaty With Russia" (2018.12.06.), https://www.rferl.org/a/ukraine-s-parliament-approves-bill-to-terminate-friendship-treaty-with-russia/29641280.html (검색일: 2020.01.08.).

40) Elizabeth Keating and Cynthia English, Ukrainians Prefer European Union, U.S. to Russia. https://news.gallup.com/poll/180182/ukrainians-prefer-european-union-russia.aspx (검색일: 2020.01.08.).

41) *euronews*, "Ukraine's President Zelensky meets senior EU, NATO officials in Brussels," (2019.10.24.), https://www.euronews.com/2019/06/04/ukraine-s-president-zelensky-meets-senior-eu-nato-officials-in-brussels (검색일: 2020.01.08).

42) *BBC*, "Ukraine conflict: Zelensky plans frontline troop withdrawal," (2019.10.04), https://www.bbc.com/news/world-europe-49931755 (검색일: 2020.01.08).

43) Katya Gorchinskaya, 2019. "The Normandy Summit Ended With No Breakthroughs. What Has It Achieved?," Forbes, December, 10. https://www.forbes.com/sites/katyagorchinskaya/2019/12/10/the-normandy-summit-ended-what-has-it-achieved/#5b08e2c53061 (검색일: 2020.01.08.).

44) *euronews*, "Pro-Russia separatists swap prisoners with Ukraine – but is Putin the real winner?," (2019.12.30.), https://www.euronews.com/2019/12/28/pro-russian-separatists-announce-ukraine-prisoner-swap-for-sunday (검색일: 2020.01.08).

45) "한반도 통일 시나리오, 4개국이 분할통제?," MBN (2015.08.04.), http://www.mbn.co.kr/news/politics/2479602 (검색일: 2020.01.08.).

참고문헌

고재남. "우크라이나 사태의 주요 쟁점과 국제적 함의." 『주요국제문제분석』 (2014년 3월 25일).

고재남. 『우크라이나 포로셴코 정부의 외교정책과 주요국 관계』. 서울: 국립외교원, 2017.

손열, 김상배, 이승주 (편). 『한국의 중견국 외교: 역사, 이론, 실제』. 서울: 명인문화사, 2016.

신동혁. "푸틴의 노보로시야: 명분인가, 궁극적 목표인가?" Russia-Eurasia Focus 제287호 (2014년 9월 29일).

신범식. "강대국 영향력과 중앙아시아 지역 정치 변동." 신범식 (편), 『유라시아의 심장이 다시 뛰다: 중앙아시아 지역의 형성과 역동성』. 서울: 진인진, 2017.

_____. "신거대게임으로 본 유라시아 지역질서의 변동과 전망." 『슬라브학보』 23권 2호

(2008).

_____. "중국의 부상과 중앙아시아 국가들의 대응." 『슬라브학보』 제30권 2호 (2015).

_____. "중앙아시아 국가들의 대외 지향성 비교연구: 대러 편승도와 체제전환 관련 지수들의 상관성을 중심으로." 『슬라브학보』 25권 4호 (2010).

_____. "탈소비에트 우즈베키스탄의 국민국가 건설과 이슬람." 『세계지역연구논총』 제36권 제2호 (2018).

신성원. "우크라이나 사태가 국제 질서와 동북아 지역에 미치는 영향." 『주요국제문제분석』 (2014년 6월 10일).

허승철. "우크라이나 야누코비치 정권의 외교정책 평가." 『러시아어문학연구논집』, 제40집 (2012).

홍완석. "'동'과 '서' 사이에서 우크라이나의 대외전략." 『한국과 국제정치』 제26권 1호 (2010).

홍현익. "우크라이나 사태와 한국의 대외 국가전략 위기 대응 방안." 『Russia-Eurasia Focus』 제286호 (2014년 9월 22일).

Burke-White, William W. "Crimea and the International Legal Order." *Survival* 56-4 (2014).

Council on Foreign Affairs(Russian Federation). "Russia Wants 'Hot Peace,' Not War." 2014.09.05. (Interviewee: Mark Galeotti, Interviewer: Bernard Gwertzman).

Fitzpatrick, Mark. "The Ukraine Crisis and Nuclear Order." *Survival: Global Politics and Strategy* 56-4 (2014).

Foxall, Andrew. "A 'New Cold War': Re-drawing the MAP/map of Europe." *Political Geography* 28 (2009).

Gorenburg, Dmitry. "Ukraine After Yushchenko." *Russian Politics & Law* 49-5 (2011).

Haass, Richard N. "The Sources of Russian Conduct." *Project Syndicate* (16 April 2014).

Ikenberry, John. "The Illusion of Geopolitics: The Enduring Power of the Liberal Order." *Foreign Affairs* (May/June 2014).

Ivashentsov, Gleb A. "The Crisis around Ukraine," 서울대학교아시아연구소 발표문 (2014년 8월 12일).

Kropacheva, Elena. "Ukraine's Foreign Policy Choices after the 2010 Presidential Election." *Journal of Communist Studies and Transition Politics* 27-3 (2011).

Kuzio, Taras. "National Identity in Independent Ukraine." *Nationalism and Ethnic Politics* 2-4 (1996).

_____. "Identity and nation-building in Ukraine – Defining the 'Other'." *Ethnicities* 1-3 (2001).

_____. "Neither East Nor West: Ukraines's Security Policy Under Kuchma." *Problems of Post-Communism* 52-5 (2014).

Legvold, Robert. "Managing the New Cold War" *Foreign Affairs* (July/August 2014).

Lukin, Alexander. "What the Kremlin Is Thinking: Putin's Vision for Eurasia." *Foreign Affairs* (July/August 2014).

Mansfield, Edward D., and Jack Snyder. "Democratization and the Danger of War," *International Security* 20−1 (1995).

Marantidou, Virginia, and Ralph A. Cossa. "The great game in Central Asia." *PacNet* 73 (30 September 2014).

Mead, Walter Russel. "The Return of Geopolitics: The Revenge of the Revisionist Powers." *Foreign Affairs* 93−3 (2014).

Mearsheimer, John. "Why the Ukraine Crisis Is the West's Fault: The Liberal Delusions That Provoked Putin." *Foreign Affairs* (Sep/Oct 2014).

Nye, Joseph S. "A Western Strategy for a Declining Russia." *Project Syndicate* (3 September 2014).

_____. "Putin's Calculus." *Project Syndicate* (10 April 2014).

Pop-Eleches, Grigore, and Graeme B. Robertson. "Identity and political preferences in Ukraine − before and after the Euromaidan." *Post-Soviet Affairs* 34−2−3 (2018).

Shyrokykh, Karina. "The Evolution of the Foreign Policy of Ukraine External Actors and Domestic Factors." Europe-Asia Studies 70−5 (2018)

Sorokowski, Andrew D. "Treaty on Friendship, Cooperation, and Partnership between Ukraine and the Russian Federation." Harvard Ukrainian Studies 20 (1996)

White, Stephen and Valentina Feklyunina. "Ukraine and 'Europe': Elite Discourses." Identities and Foreign Policies, New York: Palgrave Macmillan, 2014.

Zadra, Roberto. "NATO, Russia and Missile Defence." Survival (23 July 2014).

BBC, "Ukraine conflict: Zelensky plans frontline troop withdrawal," 2019.10.04., https://www.bbc.com/news/world-europe-49931755 (검색일: 2020.01.08).

Esipova, Neli and Cynthia English. 2008. "Ukrainians May Oppose President's Pro-Western Goals." Gallup. https://news.gallup.com/poll/110848/Ukrainians-May-Oppose-Presidents-ProWestern-Goals.aspx (accessed 08 January 2020).

Euractiv, "Putin wants 'statehood' for Novorossiya," 2014.09.01., https://www.euractiv.com/section/global-europe/news/putin-wants-statehood-for-novorossiya/ (accessed 08 January 2020).

euronews, "Pro-Russia separatists swap prisoners with Ukraine − but is Putin the real winner?," 2019.12.30., https://www.euronews.com/2019/12/28/pro-russian-separatists-announce-ukraine-prisoner-swap-for-sunday (accessed 08 January 2020).

euronews, "Ukraine's President Zelensky meets senior EU, NATO officials in Brussels," 2019.10.24., https://www.euronews.com/2019/06/04/ukraine-s-president-zelensky-meets-senior-eu-nato-officials-in-brussels (accessed 08 January 2020).

France 24, "Opposition protests President Yanukovych's pro-Russia shift," 2010. 05.11., https://www.france24.com/en/20100511-ukraine-opposition-protest-president-yanukovychs-pro-russia-shift-tymoshenko (accessed 08 January 2020).

https://news.gallup.com/poll/121976/approval-ratings-ukraine-russia-highlight-differences.aspx(accessed 08 January 2020).

Kyiv Post, "Poroshenko at NATO summit: Our goal is to prepare Ukraine for membership," 2018.07.12., https://www.kyivpost.com/ukraine-politics/poroshenko-at-nato-summit-our-goal-is-to-prepare-ukraine-for-membership.html (accessed 08 January 2020)

President of Russia. 2010. "Russian-Ukrainian summit talks," 2010.05.17., http://en.kremlin.ru/events/president/news/7777 (accessed 08 January 2020).

RadioFreeEuorpe/RadioLiberty, "Ukraine's Parliament Approves Bill To Terminate Friendship Treaty With Russia", 2018.12.06., https://www.rferl.org/a/ukraine-s-parliament-approves-bill-to-terminate-friendship-treaty-with-russia/29641280.html), (accessed 08 January 2020).

RadioFreeEurope/RadioLiberty, "Poroshenko Calls Russia 'Biggest Threat' To International Security," 2017.09.20., https://www.rferl.org/a/ukraine-russia-poroshenko-un/28747377.html (accessed 08 January 2020).

RadioFreeEurope/RadioLiberty, "Poroshenko officially ends Ukraine's membership in CIS," 2018.08.28., https://www.rferl.org/a/ukraine-shuts-down-offices-in-cis-member-states/29457859.html (accessed 08 January 2020).

Ray, Julie and Neli Esipova. 2009. "Approval Ratings in Ukraine, Russia Highlight Differences." Gallup.

The Foreign Ministyr of Ukraine. "Ukraine and WTO.", https://mfa.gov.ua/en/about-ukraine/international-organizations/wto (accessed 08 January 2020).

Katya Gorchinskaya. 2019. "The Normandy Summit Ended With No Breakthroughs. What Has It Achieved?," Forbes, December 10., https://www.forbes.com/sites/katyagorchinskaya/2019/12/10/the-normandy-summit-ended-what-has-it-achieved/#5b08e2c53061 (accessed 08 January 2020).

Verkhovna Rada, Declaration of State Sovereignty of Ukraine, 1990.07.16., http://static.rada.gov.ua/site/postanova_eng/Declaration_of_State_Sovereignty_of_Ukraine_rev1.htm (accessed 08 January 2020).

연합뉴스. 우크라이나 사태 일지. http://www.yonhapnews.co.kr/bulletin/2014/09/05/0200000000AKR20140905229300081.HTML (검색일: 2020.01.09.)

동아닷컴. '노보로시야' 앞세운 푸틴, 서방 제재에도 우크라이나 점령 폭주. http://news.donga.com/Issue/List/0205000001/3/0205000001/20140901/66131355/1 (검색일: 2020.01.09.)

MBN, "한반도 통일 시나리오, 4개국이 분할통제?", http://www.mbn.co.kr/news/politics/2479602, (검색일: 2020.01.08.)

정책 제언

1. 우크라이나의 균형적 외교안보전략의 실패는 정교한 구상과 전략이 준비되지 않은 상황에서 나타나는 급격한 외교안보전략의 방향성 전환이 가져올 수 있는 위험성에 대해 경고한다. 급격한 편승 파트너의 변경이나 어설픈 균형점 변동은 심각한 지정학적 혼란을 초래할 수 있다. 이는 미국과 중국의 전략적 각축 사이에 끼인 한국에게도 무관하지 않음을 보여준다. 따라서 동북아시아 내 중간국 연대나 소다자 협력의 추동 등의 창조적 전략으로 다차원 구도에서 균형을 모색하는 복합지정학적 사고 기반의 대책마련이 필요하다.

2. 지정학적 중간국은 특히 국내정치적 불안정과 분열로 큰 위기를 맞을 수 있으며, 이런 위기 상황은 주변 경쟁국 내지 적대국의 수정주의적 정책을 야기할 수 있다. 따라서 대북관계의 안정적 관리와 함께 국내정치의 극심한 분열과 위기를 사전에 방지하는 것이 매우 중요하다. 또한, 성공적 중간국 균형 외교를 위해 외교안보정책 관련 범국민적 합의의 구축이 필요하며, 외교안보정책의 정치화나 돌발적 상황 압력에의 노출을 막아야 한다. 따라서 범국민적 동의가 가능한 일관된 외교안보정책의 추진을 위해 중장기적 비전과 가치 그리고 전략적 우선순위에 대한 합의를 만들어 가는 것이 필요하다.

3. 유사시 강대국 간의 충돌을 막고 한반도의 일부가 우크라이나 동부와 같이 분쟁 지역 내지 완충지대화가 이루어질 가능성을 차단하기 위해 중러 간 연대 고리에 대한 면밀한 관찰과 북한 급변사태 시 중국과 러시아의 대응에 대한 한국, 일본, 미국의 대응 의지 등에 대한 평가가 필요하고, 특히 한국에 대한 한반도 위기 관리자로서의 주변국의 평가를 높이고 신뢰를 쌓아가는 정책이 필요하다.

14장

폴란드의 대외전략:
중추적 중견국가의 관점에서[*]

이수형(국가안보전략연구원)

핵심 논지

1. 근대 국제체제 작동 이후 폴란드는 국력의 상대적 열세와 전략적 요충지로서의 자신의 지정학적 위치로 주변 강대국들의 주기적인 침탈의 대상이 되어 주권을 상실하고 영토가 분할되는 역사적 비극을 경험하였다.

2. 냉전 종식이라는 국제체제의 근본적 변화 속에서 폴란드는 과거와 같은 지역적 안보 딜레마 구조가 재현되어 자신이 그러한 지정학 구조의 희생자가 되는 것을 우려하였다. 이에 폴란드는 스스로를 중견국가로 정의하고 자구적(self help) 지역 정세보다는 타자 친화적(other help) 역내 정세를 구축하여 보다 자율적인 안보정책을 추진하기 위한 중추적 역할을 수행하였다.

3. 지역적으로나 국제적으로나 안보환경이 변화하는 과도기적 상황에서 폴란드는 과거 자신이 경험했던 역사적 비극이 재현되는 것을 우려하여 이를 해소하기 위한 방책으로 주변 국가 및 서유럽과 러시아 모두를 아우를 수 있는 가교전략을 신중하고 점진적으로 추진하여 궁극적으로 지역의 안보 딜레마를 극복해 나갔다.

1. 서론

근대 국제체제 출범 이후 국제정치의 주된 행위자인 국가의 안보정책은 무엇보다도 변화하는 국제체제의 성격과 특징으로부터 상당한 영향을 받는다. 국가의 국제적 위상에 따라 정도의 차이는 있을지라도 대다수 국가들은 자신의 안보정책을 구상하는데 국제체제의 성격과 변화 여부에 민감하게 반응할 수밖에 없다. 특히, 국제적 위상이 강대국의 역량에 못 미치고 지정학적 위치로 주변 강대국으로부터 주기적이면서도 지속적인 도전에 직면해 있는 국가일수록 지역적·국제적 정세변화에 민감하게 반응할 수밖에 없다. 즉, 이런 국가에게 있어서 지역적·국제적 정세의 성격과 특징은 그 나라의 안보정책 목표와 이를 효율적으로 달성하기 위한 안보전략을 구상하는데 가장 중요한 독립변수로 작용한다.

　근대 국제정치가 시작된 이래 아마도 폴란드가 이런 기준에 매우 부합하는 국가 중의 하나라는 것은 의심의 여지가 없을 것이다. 1648년 베스트팔렌체제 출범 이후 20세기 후반 냉전체제가 해체되기 전까지 폴란드의 국제관계는 국권 상실을 비롯하여 전반적으로 안보 자율성을 갖지 못한 고통과 비극의 역사로 점철되었다. 19세기 유럽협조체제에서 폴란드는 유럽의 안정과 평화의 담보기제인 세력균형체제의 희생국이 되어 러시아·프로이센·오스트리아에 의해 나라가 3등분되는 역사적 치욕을 경험하였다. 제1차 세계대전 이후 새롭게 독립한 폴란드는 제2차 세계대전을 전후로 독일과 러시아에 의해 나라가 또 다시 양분되는 비극을 경험하였다. 지난 냉전시대에는 소련의 통제와 간섭을 받을 수밖에 없는 주변 강대국의 위성국가로 전락했다.

　폴란드가 이러한 역사적 고통과 비극의 국제관계를 겪을 수밖에 없었던 것은 무엇보다도 폴란드의 지정학적 위치와 국제적 위상에서 연유한 것이었다. 예나 지금이나 폴란드의 국력은 약소국의 위상을 넘어섰지만 지역적·국제적 정세를 주도할 정도의 강대국의 위상은 결코 아니다. 즉, 폴란드는 강대국과 약소국의 중간 정도에 위치한 중견국가(middle power)이다. 하지만 폴란드의 지리적 위치는 서부로는 독일과 동부로는 러시아라는 전통적 강대국의 중간에 위치해 있다. 강대국의 관점에서 폴란드는 지정학적으로 전략적 요충지이거나 아니면 완충지대로 인식될 수밖에 없는 지정학적 특성을 갖고 있다.

폴란드는 근대 국제체제 작동 이후 국력의 상대적 열세와 전략적 중요성을 갖고 있는 지정학적 위치로 주변 강대국들의 주기적인 침탈의 대상이 되어 주권을 상실하고 영토가 분할되는 역사적 비극을 경험하였다. 냉전체제에서도 진영논리로 인해 주권을 제약받고 자율적인 안보정책과 국가전략을 추진할 수 없었다. 따라서 냉전 종식 이후 폴란드 안보정책의 목표는 새롭게 재편되는 유럽의 안보환경에서 또 다시 과거와 같은 지역적 안보 딜레마 구조가 재현되어 자신이 지정학 구조의 희생자가 되는 것을 미연에 방지하는 것이다. 이를 위해 폴란드는 스스로를 중견국가로 정의하고[1] 과거의 역사적 경험을 되풀이하지 않기 위해 자구적(self help) 지역 정세보다는 타자친화적(other help) 역내 정세를 구축하여 보다 자율적인 안보정책을 추진하기 위한 중추적 역할을 수행하였다.

이런 맥락에서 이 글은 중추적 중견국가(pivotal middle power)라는 관점에서 냉전체제 붕괴를 계기로 폴란드가 지역의 안보 딜레마를 극복하면서 나토에 가입하기로 결정하기까지의 안보정책의 변화를 살펴보는 것이다. 이를 통해 이 글에서는 폴란드의 사례분석이 한국의 안보전략에 던져주는 역사적 교훈이나 전략적 함의를 도출하고자 한다. 이러한 연구목적을 달성하기 위한 이 글의 논리체계는 다음과 같다. 이 글의 제2절(중추적 중견국가의 개념과 외교 행태)에서는 중추적 중견국가에 대한 개념정의와 중추적 중견국가의 일반적인 외교 행태 등을 분석하고자 한다. 제3절(국제체제의 변화와 폴란드 안보정책의 전개)에서는 냉전 종식 이후 변화된 안보환경에서 폴란드가 나토 회원국이 되기로 결정하기까지 폴란드 안보정책이 국제체제의 변화에 어떻게 대응해 왔는가를 살펴본다. 그 과정에서 폴란드가 중추적 중견국가의 외교안보적 역할과 행태를 일관되게 견지했는지, 변화되었다면 타자 친화적 역내 정세를 구축하고자 하는 폴란드의 안보정책에 어떤 요인이나 변수가 영향을 미쳤는가를 분석하고자 한다. 마지막으로 제4절 결론부분에서는 이상의 내용을 요약·정리함과 아울러 폴란드 안보정책의 사례가 한국의 안보정책이나 안보전략에 던져주는 역사적 교훈이나 전략적 시사점을 도출하고자 한다. 폴란드의 사례가 한국적 상황에 꼭 부합하지 않는다 할지라도 동북아 정세에서 중추적 중견국가의 위상과 역할을 견지하고자 하는 한국에게 던져주는 함의가 그렇게 가볍지 않다고 생각하기 때문이다.

2. 중추적 중견국가의 개념과 외교 행태

20세기 초반 지정학 전략가인 맥킨더(Mackinder)가 심장지대(heartland)와 역사의 지리축이라는 용어를 통해 중추국가라는 표현을 처음 사용한 이후 중추국가라는 용어는 강대국 분쟁의 중심에서 물리적·정치적 대상이 된 지역이나 국가가 수행한 상이한 안보 역할에 따라 다양한 표현으로 사용되어 왔다. 중추지역 또는 중추국가에 대한 상이한 표현들은 파쇄지대(shatterbelts), 압착지역(crush zone), 린치핀 국가(lynchpin states), 정치변화지대(belts of political change), 비대칭 국가, 통로 국가(gateway states), 틈새 국가(cleft countries), 중간층 국가(middle tier states), 경첩 국가(hinge states), 제2질서 국가(second-order states) 등이 대표적인 예이다.[2]

이러한 표현들은 기본적으로 중추국가에 대한 개념정의와 관련하여 특정 국가의 역할과 관련된 기능적 측면과 그 국가가 위치하고 있는 지리의 전략적 성격이라는 지정학 측면을 내포하고 있다. 예를 들면, 라이커(Riker)와 김우상, 그리고 디트머(Dittmer)는 특정 국가의 역할에 초점을 두고 중추국가를 개념정의하고 있다. 라이커는 체제 내에서 정치적 행위자들이 연합을 구성할 때, 그 연합의 규모는 승리할 수 있는 최소한의 크기인 '최소승자연합'으로 이루어진다고 주장한다. 여기서 최소승자연합을 구성하기 위해서는 반드시 필요한 행위자를 중추적 행위자라고 한다. 즉, 최소승자연합을 구성하기 위해서 특정 행위자를 그 연합에 포함시켜야만 하는 필요성이 높아질수록 그 행위자는 중추적 행위자의 입장에 놓이게 된다.[3] 김우상은 라이커의 중추적 역할(pivotal role)을 활용하여 중추적 중견국가의 개념을 제시한다. 그에 따르면, 중추적 중견국은 한쪽 강대국이 라이벌 강대국과 경쟁하는 구도에서 상대방보다 더 우세할 수 있는 승자연합을 구성하기 위해서는 반드시 자국과 연합을 형성해야 하는 중견국가 파트너를 의미한다. 또한 여러 중견국과 약소국이 포함된 지역체제에서 뜻을 같이하는 다자체제를 구성할 때, 특정 국가가 포함될수록 그 다자체제가 더 강력한 영향력을 발휘할 수 있을 것으로 간주되는 국가를 의미한다. 강대국들 사이에서든 중견국가나 약소국들 사이에서든 연합을 형성할 때, 인기가 가장 높은 중견국 파트너 국가를 중추적 중견국가 또는 중추적 동반자라고 한다.[4]

한편, 디트머는 4가지 유형의 전략적 삼각관계 모델을 제시하는 가운데 낭만적 삼각관계(romantic triangle)에서 특정 국가의 중추적 역할을 강조한다.[5] 낭만적 삼각관계는 중추국가(pivot state)가 B국가, C국가와 각각 양자적 우호협력관계를 유지하고 있지만, B국가와 C국가는 서로 적대관계에 있는 유형이다. 이 유형에서는 어느 한 국가가 중추국가에 위치해 있다면 그 국가는 가장 많은 이익을 누릴 수 있다. 즉, 중추국가는 항상 B국가, C국가로부터 늘 구애를 받고 있기 때문에 양국으로부터 최대의 이익을 얻어낼 수 있는 것이다. 그러나 중추국가는 B국가, C국가에 대해 아주 공정한 대우를 해야만 낭만적 삼각관계를 유지해 나갈 수 있다. 반면, 중추국가하고만 우호적 관계를 맺고 있는 B국가, C국가는 상호간의 적대관계와 중추국가와의 관계 악화 가능성은 물론 중추국과 자국을 제외한 다른 국가와의 적대적인 제휴나 동맹결성 가능성으로 항상 불안한 상태이다.

이와는 달리 지정학적 관점에서 중추국가에 대한 개념정의는 명시적이든 묵시적이든 강대국의 세계전략과 연계되어 있다. 이런 측면에서 중추국가에 대한 개념정의는 일정 정도 이상의 인구와 어느 정도의 경제력을 보유하고 있으면서 자신이 속한 지역에서 전략적 위치를 점하고 있는 국가를 지칭한다.[6] 특히, 중추국가는 지역적·국제적 안정에 영향을 미칠 수 있는 능력을 보유하고 있어야 하며, 이러한 능력으로 중추국가의 붕괴는 초국경적 피해(난민, 오염, 질병 등)를 야기할 것이나 다른 한편 중추국가의 지속적인 경제성장과 안정은 지역의 경제적 활력과 정치 안정을 도모할 것이다. 따라서 지정학적 관점에서 바라본 중추국가에 대한 개념정의는 탈냉전 이후 미국의 세계전략의 부산물로 냉전 당시 도미노 이론의 변형된 형태라 할 수 있다. 왜냐하면 지정학적 관점에서 정의된 중추국가는 기본적으로 그 국가

도표 14.1 낭만적 삼각관계와 중추 국가

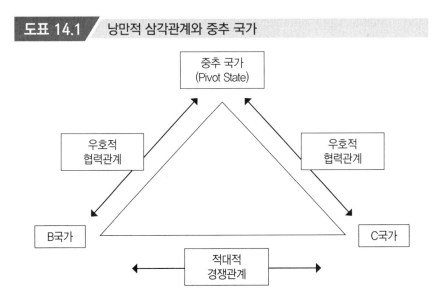

가 미국의 이익에 사활적이냐의 여부를 가장 중요한 기준으로 제시하고 있기 때문이다.

이와 관련하여 브레진스키(Brzezinski)는 21세기 미국의 세계전략을 논하면서 유라시아 지도에서 우크라이나·아제르바이잔·대한민국·터키·이란을 지정학적 중추로 규정하고 있다.[7] 브레머(Bremmer)도 미국이 지구적 차원의 지도력을 행사하지 않는 세계에서 새로운 기회들을 활용할 수 있는 지역적 중량감(regional heavyweights)을 가진 국가를 중추국가로 규정했다. 즉, 중추국가는 특정한 몇몇 국가에 지나치게 의존하기보다는 여러 다양한 국가들과 더불어 서로 이익이 되는 관계를 구축해 나갈 수 있는 능력을 가진 나라를 의미한다.[8] 권력의 중심이 다양한 지역으로 분할되고 글로벌 리더가 사라져버린 세계에서 각국 정부들은 스스로 기회를 만들어나가야 한다. 이것이 바로 중추국가들의 핵심 경쟁력이다.[9]

추가적으로 특정 국가의 기능적 역할과 지리적 위치의 전략적 중요성, 그리고 강대국과의 관계 등을 종합적으로 고려하여 중추국가를 개념정의하면 다음과 같다. 중추국가는 강대국들이 탐내는 군사적·경제적 혹은 이념적 전략자산들을 보유하고 있다. 중추국가는 강대국들의 영향권(sphere of influence)이 겹치는 지역의 중앙에 위치해 있는 국가이다. 중추국가는 다른 국가들과의 군사·경제적 합의나 문화적 유대라는 결속력과 무기와 상품 경제, 그리고 지적 교류라는 관계로 구성되는 연합(associations)에서의 변화가 지역적·지구적 안보에 중요한 반향을 일으킬 수 있는 국가이다.[10]

이상의 논의과정에서 특정 국가가 중추국가로 규정되기 위해서는 적어도 다음과 같은 두 가지 조건을 충족시켜야 한다. 첫 번째 조건은 지정학적 관점에서 강대국이 특정 국가를 바라보는 전략적 가치에 대한 평가이다. 이런 측면에서 중추국가는 강대국의 행동이 주기적으로 나타나는 임계점(critical points)이다. 두 번째 조건은 자신이 처해있는 전략 환경에 대한 인식과 수동적 혹은 능동적 역할 수행이라는 자신의 의지에 대한 평가이다. 따라서 중추국가의 개념정의와 관련하여 중요한 변수는 특정 국가의 지정학적 측면과 그 국가의 역할의지라 할 수 있다. 즉, 특정 국가가 위치해 있는 지정학적 측면이 강대국이나 주변 국가들의 안보적 이해관계에 지대한 영향을 미친다면 그 국가는 일차적으로 중추국가의 성격을 갖고 있는 것으로 받아들여 질 수 있다. 이러한 지정학적 변수 못지않게 중요한 것은 중추국가의 역할 의지이다. 왜냐하면 중추국가라 할지라도 그 국가가 자신이 처한 전략환경에서 수동적 역할을 하는 경우에는 강대국의 정책에 따라 흔들리는 노출국가(exposed state)[11]나 자율성 부재 국가(shadow state)[12]가 될 수 있기 때문이다. 여기에서는 중추적 중견국가를 다음과 같이 정의하고자 한다. 중추적 중견국가는 특정 국가에 대한 의존을 지양하고 변화하는 전략 환경에 능동적으로 대처하는 가운데 주변 국가들과의 협력 강화를 통해 역내 평화와 안정을 도모하는 국가이다.

3. 국제체제의 변화와 폴란드 안보정책의 전개

1) 전환기 유럽안보환경의 특징과 폴란드의 안보 딜레마

1989년 베를린 장벽의 붕괴, 독일 통일, 바르샤바조약기구와 소연방의 해체 등으로 상징되는 냉전 종식은 유럽의 안보환경을 급격히 변화시켰다. 특히, 냉전 종식 이후 유럽의 안보환경은 지구화 및 탈국가화 과정의 결과로 외교안보적 관계의 상이한 유형과 국내의 사회-경제적, 그리고 정치-문화적 발전의 상이한 과정들로 특징화된 3개의 광범위한 지역으로 나누어졌다. 즉, 서유럽으로 대변되는 안정된 평화지역인 핵심지역(core zone), 역사적으로 유럽의 문화적·지적 운동과 밀접한 관련이 있으며 유럽으로의 복귀에 강한 열망을 보이고 있는 중유럽 중심의 중간지역(intermediate zone), 마지막으로 민족주의적 정체성이 혈연과 영토의 측면에서 정의되고, 종종 소수 공동체에 대한 불관용과 국가건설이 정치적 의제의 핵심을 차지하고 있는 동유럽과 발칸지역의 외부지역(outer zone)이다.[13] 요컨대, 냉전 종식 이후의 유럽안보상황은 지역에 따라 상당한 차이를 보이면서 복잡하고 모호하며, 통합과 분열, 협력과 갈등, 그리고 동질성과 다양성 등 상호 모순적인 양상이 나타났다. 그럼에도 불구하고 유럽의 핵심지역인 서유럽에 있어서는 다원주의적 안보공동체(pluralisitc security communities)[14]가 형성되었다. 냉전 종식 이후 서유럽 국가들은 안보 거버넌스(security governance)[15]에 입각하여 더 이상 서로를 잠재적 위협국가로 인식하지 않을 뿐만 아니라 상호 간에는 제로 섬 게임의 안보 딜레마나 지정학적 경쟁논리에 입각한 세력균형의 두려움을 해소할 수 있는 기회를 맞이하였다.

이런 맥락에서 보았을 때, 냉전 종식 이후 유럽의 안보환경에서 주된 안보위협은 중간지역과 외부지역에서 연유하는 정치적·경제적·사회적 곤경에서 파생되는 인종분규와 영토분쟁 등으로 인한 난민과 이민, 인권유린 등의 비전통적 안보개념에 해당하는 것들 이었다.[16] 이러한 안보위협의 속성은 기본적으로 다면적·전방향적이고 예측과 평가가 어렵기 때문에 어느 한 국가의 권력으로 통제·유지될 수 없다. 그러므로 냉전 종식 이후 유럽안보환경에서 가장 핵심적인 안보문제는 유럽의 중간지역과 외부지역에서 발생하는 불안정 등을 어떻게 다룰 것이며, 그와 동시에 어떠한 방법을 통해 유럽의 핵심지역에서 보여주고 있는 안보 거버넌스를 이들 지역으로 확산시켜 나갈 것인가의 문제였다.

급작스런 냉전체제의 붕괴에 따른 유럽안보질서의 대변환은 우선적으로 평화의 경계선을 만들어냈다. 즉, 유럽이라는 지역적 안보환경에서 서유럽으로 대변되는 안정된 평화지역과 냉전 종식에 따른 체제 이행과 다양한 분야에서 비롯되는 불안정이 목격되는 중동유럽과 발칸 지역사이의 경계가 바로 그것이었다. 특히, 과거 소련의 지배권에 있었던 중유럽 지역은 소비에트 연방의 해체로 인해 힘의 공백이 생기게 되었다. 따라서 중유럽의 새로운 안보정책은 첫째, 소비에트 연방의 해체 결과, 둘째, 발칸 지역의 상황, 셋째, 새로운 유럽의 안보질서를 구축하고자 하는 시도, 그리고 마지막으로는 국제안보정책의 새로운 차원으로 묘사될 수 있는 위협과 도전의 복잡한 영역이라는 4가지 요소에 의해서 정의될 수 있다.[17] 이중에서도 소비에트 연방의 해체 결과에 따른 서유럽과 러시아의 관계가 무엇보다 중요하였다.

역사적으로 서유럽과 러시아의 관계는 항상 불안정하였고 나폴레옹 전쟁이나 양차 세계대전은 물론 냉전의 경험처럼 전쟁과 갈등으로 점철되어 왔다. 이러한 불안정은 무엇보다도 양측 간에 경계를 이룰 자연적인 방벽이 존재하지 않는다는 지리적 조건에서 비롯되고 있다. 역사적으로 러시아의 광활한 영토와 엄청난 부존자원이 유럽을 압도하는 가운데 러시아가 방어 가능한 국경을 확보하기 위하여 서쪽으로 영토 확장과 세력 확대를 도모하고 반면 유럽의 강대국들은 동쪽으로 세력팽창을 시도하였다. 특히, 동유럽 지역에는 국가들이 대부분 약소국가이거나 또는 소수민족들이 거주하고 있었기 때문에 강대국들의 팽창이 더욱 자극되어 서로 충돌함으로써 러시아와 유럽간에는 안보상의 중대한 딜레마가 존재하여 왔다.[18] 이러한 역사인식은 냉전종식에 따른 전환기 유럽안보상황에서 보다 부각되는 양상을 보여 주었다. 러시아의 많은 군사지도자들과 정치인들은 서방측이 여전히 러시아의 안보에 위협을 가하고 있다는 믿음을 가지고 있다. 이와 동시에 서방측 또한 러시아가 현재의 어려움을 극복하게 되면 틀림없이 유럽의 안보에 주된 위협세력으로 재부상할 것이라는 신념을 버리지 않고 있다. 따라서 러시아는 러시아대로 다시 군사력의 효율성에 집착하는 경향을 보이는 반면, 서방측에서는 차제에 러시아를 완전히 굴복시킬 필요가 있다는 강경한 주장도 제기되었다.[19]

냉전 종식 이후 나타나고 있는 이러한 유럽의 안보상황은 역사적 경험 및 기억과 결합되면서 중유럽 국가들에게 가장 중요한 안보적 과제를 던져주었다. 특히, 폴란드에게 있어서 통일에 따른 독일의 재부상과 소 연방 붕괴 이후에도 현실적 강대국으로 남아있을 러시아의 상황은 20세기 초반 폴란드가 직면했던 전략적 곤경을 회상시키기에 충분하였다. 20세기 초반 당시 폴란드는 1900년 제정 러시아와 제국주의 독일, 1921년 소비에트 러시아와 바이마르 독일, 1934년에서 1939년에 걸친 스탈린의 러시아와 히틀러의 제3제국 간의 세력경쟁에 직면하여 자신의 생존을 도모할 수 있는 현실적이고 전략적인 방책을 찾을 수가 없었다. 연루와 중립, 그리고 1932년 소련과의 불가침 조약, 1934년 독일과의 불가침 조약을 통해 독일과 러시아 사이에서 균형자 역할을 추구하고자 했던 폴란드는 단지 러시아와 독일의 중유럽 진출 시기를 연장시켰을 뿐 이었다.[20] 적절한 유럽 안보질서가 존재하지 않았고 주요 국가들간에 영토적 긴장이 지속적으로 고조되는 당시의 상황에서 폴란드가 어떠한 전략을 취한다 하더라도 그를 통해 국가의 생존을 담보해 낼 수는 없었던 것이다. 그러므로 냉전 종식에 따른 유럽의 전환기적 안보상황에서 폴란드의 안보 딜레마는 자신을 포함해서 중동유럽 국가들 지역이 향후 서유럽과 러시아 사이에 있을지도 모르는 경쟁관계에 따른 완충지역이나 이들 사이의 장벽으로 남게 되는 상황도래, 나아가 그로 인한 국가 생존의 불확실성에 대한 두려움에서 연유하는 것이었다.

2) 폴란드의 안보 딜레마 극복전략과 나토 가입 추진

(1) 가교 전략을 통한 서유럽과 러시아에 대한 이중적 협력관계 추구

폴란드가 속해 있는 중유럽 지역은 역사적으로 독일과 러시아의 패권이 직접적으로 충돌하는 권력투쟁의 무대였으며, 이들 국가들의 운명은 앞에서 서술했듯이 자신들이 선택한 안보전략의 성격에 관계없이 독일과 러시아의 안보정책결과에 따라 좌우되었다. 이러한 역사적 기억을 갖고 있는 폴란드는 전환기적 유럽안보상황에서 지역의 중추적 역할을 담당할 것을 구상하면서 독일과의 화해 및 주변의 약소국, 중견국, 그리고 강대국과의 관계 구축에 있어서 유럽의 재통합을 위한 특화된 역할을 증진시키기 위해 노력하였다.[21] 특히, 폴란드의 외상 스쿠비제스키(Krzysztof Skubiszewski)는 1990년 11월 북대서양의회에서 행한 연설에서 폴란드는 회색지대, 완충국가 혹은 중립지역이라는 구상을 거부할 것이라는 입장을 표명하였다.[22] 이에 따라 폴란드는 주변 국가들과의 긴장을 유발하거나 지역의 안보 딜레마 상황을 초래하지 않으면서 자신의 생존을 담보해 낼 수 있는 방책의 일환으로 가교전략에 입각하여 서유럽과 러시아에 대한 이중적 협력관계를 점진적으로 추구하였다.

20세기 후반 폴란드가 직면한 안보상황은 20세기 초반의 상황과 유사한 측면이 존재했지만, 그럼에도 불구하고 폴란드가 가교전략에 따라 서유럽과 러시아에 대한 이중적 협력관계를 추구할 수 있었던 것은 다음과 같은 요인들이 폴란드의 안보전략에 긍정적으로 작용했기 때문이었다. 무엇보다도 먼저, 유럽의 안보질서를 구조적으로 안정화시킬 수 있는 다양한 국제제도의 존재였다. 20세기 초반 독일과 러시아 사이에서 폴란드가 추진했던 균형자 역할이 실패했던 것은 내재적 요인보다도 당시 유럽의 안보 상황을 안정적으로 유지·조정할 수 있는 안보기제가 존재하지 않았기 때문이었다. 그러나 20세기 후반에는 비록 폴란드가 속한 중동유럽 지역과 발칸 지역이 전환기적 상황에서 유동적이고 불안정한 안보상황을 보이고 있었지만 서유럽 핵심지역에는 나토, 유럽연합(EU), 서유럽연합(WEU), 그리고 유럽안보협력회의(CSCE)와 같은 국제안보제도들이 상호작용을 하면서 전환기 유럽안보상황을 안정적으로 이끌어갈 수 있는 제도적 기반이 충분히 발전되어 있었다. 특히, 1990년 6월 나토 런던 정상회담은 지역의 안보 딜레마를 극복하기 위한 폴란드의 가교전략에 상당히 중요한 기회를 제공하였다. 나토는 런던 선언(London Declaration)을 통해 중동유럽 국가들과의 정치·군사적 협력관계 증진 모색을 표명하였다. 나아가 나토는 1991년 11월 로마 정상회담을 통해 북대서양협력이사회(NACC)를 수립하여 나토 회원국가와 25개국의 중동유럽 국가들간의 공식적인 협의과정을 제도적으로 구축하였다.[23] 따라서 폴란드는 이를 통해 서유럽 국가들과의 협력을 제도적 차원에서 발전시켜 나가면서 과거 의심의 잔재와 불안정한 중동유럽 상황을 극복해 나갈 수 있는 구조적 환경을 갖게 되었던 것이다.

폴란드의 가교전략이 작동할 수 있게 된 또 다른 요인은 주변 국가들과의 협력안보에 바탕을 두고 있었다. 특히, 폴란드와 체코, 그리고 헝가리는 동일 지역에 위치해있다는 지리적 차원을 넘어 냉전체제 때부터 유사한 국가발전과정을 밟아 왔다. 이들 국가들은 지난 냉전체제에서도 기존 공산체제 엘리트들과 다른 접근방법을 통해 민주화를 이룩하려 했으며, 냉전종식 이후에는 중유럽 민주화와 유럽으로의 복귀라는 공통의 국가목적을 폭넓게 공유하고 있었다. 이에 따라 이들 국가들은 1990년 초반부터 서방과 동구에 대한 이중적 협력관계 추구를 결정하였다. 어느 일방에 대한 서방과 동구를 균형시키는 것 대신에 이들 국가들은 주로 중개 무역이라는 경제적 유인과 평화적 의도를 갖고 있는 정치적 선언을 통해 서방과 러시아 사이를 연결시키고자 하는 노력을 증진시켜 나갔다.[24]

따라서 폴란드는 이들 국가들과 협력안보를 구축하여 지역적 유대관계를 강화시켜 나가면서 한편으로는 서방과의 우호적 협력관계 발전[25]과 다른 한편으로는 러시아의 의구심을 완화시켜 나갈 수 있는 대외 행보를 점진적으로 추진해 나가면서 자신이 직면한 지역적 안보 딜레마를 극복하고자 했던 것이다.

(2) 비제그라드(Visegrd) 국가들과의 협력안보와 나토 가입 결정 배경

폴란드에게 있어서 가장 중요한 것은 가교전략을 통해 서유럽과 러시아 간의 우호적 환경을 마련하는 데 일조하는 것이 아니라 자국의 생존과 번영을 담보해 낼 수 있는 확실한 안보제도에 가입하여 과거의 쓰라린 경험을 되풀이 하지 않음과 동시에 지역적 안보 딜레마 해결을 제도적 차원에서 마련할 수 있는 계기를 조성하는 것이었다. 이를 위해서는 무엇보다도 체코, 헝가리와 같은 중유럽 국가들과 마찬가지로 민주주의적 지배를 확보하고 공산주의자와 소련의 통제 잔재들을 청산하는 일이 급선무였다. 이 문제는 폴란드의 영토에서 소련 군대를 철수시키고 소련의 공식적인 제국주의 체제인 바르샤바조약기구와 상호경제원조이사회(CMEA)를 해체시키는 어려운 국가적 과제와 직결된 문제였다.

이러한 상황에서 폴란드와 매유 유사한 상황에 놓여 있는 헝가리와 체코는 소련과의 협상을 통해 1991년 말까지 자국 영토에서 소련군을 철수시키는데 합의하였다. 그러나 폴란드는 좀 더 더디게 움직였다. 왜냐하면 폴란드는 통일 독일과의 서부 국경선에 관한 최종 해결에 있어 소련의 지지에 의존하고 있었고 또한 독일에서의 소련 군대의 철수에 폴란드가 일조하고 있었기 때문이었다. 그러나 보다 본질적인 문제는 소련 군대의 철수가 아니라 중유럽 국가들이 몸담고 있는 바르샤바조약기구 자체를 해체하는 것이었다. 당시 소련은 새로운 기반에 근거하여 바르샤바조약기구의 유지를 희망하고 있었고 1990년 6월 초 모스크바에서 열린 바르샤바조약기구 정상회담에서 이러한 문제를 논의하였다.[26] 이 과정에서 체코와 헝가리는 최종 결정을 하지 않은 채 바르샤바조약기구의 장래 문제를 차후에 다시 논의하기로 합의하였다. 그 과정에 있어서 폴란드, 헝가리, 체코는 이 문제에 있어 상호 협력을 굳건히 하기 위해 헝가리 도시인 비제그라드(Visegrd)에서 비제그라드 그룹을 결성했다. 이후 1991년 1월 비제그라드 국가들은 부다페스트에 모여 바르샤바조약기구의 해체를 공식적으로 표명했다. 나아가 1991년 2월 초 비제그라드 국가 지도자들이 만났을 때, 루마니아와 불가리아가 이에 합류하였다.

　이러한 상황 진전으로 소련은 마지못해 바르샤바조약기구의 군사구조 해체에 동의했으나 여전히 정치 구조의 지속을 유지하기를 원했다. 소련은 이때까지도 이들 국가들에 대한 자신의 영향력을 유지하고자 했던 것이다. 소련 외상 베스메트니크(Bessmetnykh)는 중동유럽 국가들의 외상에게 소련은 바르샤바조약기구의 해체에는 동의하지만 이들 국가들이 유럽 공동체나 나토에 가입하는 것은 용인할 수 없다고 말했다.[27] 1990년 12월과 1991년 3월 사이에 소련은 중동유럽 국가들이 새로운 동맹에 가입하지 않고 군사적 혹은 정보 협력을 시작하고 외국 군대의 배치나 제3자에 의한 이양권리를 인정하는 조항을 담은 새로운 쌍무 조약 체결을 위한 초안을 마련하였다. 그러나 루마니아를 제외하곤 이들 국가들 모두는 이를 거절하였다.[28] 결과적으로 7월 1일 바르샤바조약기구는 공식적으로 해체되었다. 이로써 얄타체제는 공식적으로 사망선고를 하였고 새로운 출발을 할 수 있는 여건이 조성되었다.

　이에 따라 폴란드가 자신의 생존을 제도적으로 확고히 하기 위해 활용할 수 있는 국제안보제도로는 크게 유럽안보협력회의, 유럽연합, 그리고 나토가 존재하였다. 이중에서 폴란드를 비롯하여 헝가리와 체코는 우선적으로 나토가 아닌 유럽안보협력회의와 유럽연합을 고려하였다. 그러나 이들 국가들은 이미 유럽안보협력회의의 회원국으로 가입한 상태였고 또한 미국을 포함하여 서유럽 국가들은 유럽안보협력회의를 유럽안보의 보완재 측면에서 인식하고 있었다. 비록 일부 서방 국가들은 유럽안보협력회의를 동유럽의 안보 문제를 표명할 수 있는 주도적 제도로도 바라보면서 서유럽과 동유럽간의 정치적 대화를 위한 포럼으로 제도화하는 다수의 조치를 취하기도 했지만,[29] 유럽안보협혁회의가 유럽의 냉전 분단을 극복하고 중동유럽 국가들에게 안보를 제공하기 위한 제도로서는 비현실적이었다. 유럽안보협력회의가 충분하지 못했다면 유럽연합은 너무 느렸다. 1990년대 초반 다수의 중동유럽 국가들의 초기의 희망은 유럽연합이 신속하게 문호를 개방하여 자신들을 정치·경제적으로 받아들일 것이라고 기대하였다. 그러나 1990년 초반 유럽연합은 이들 국가들에 대한 제한적인 시장 접근과 정치적 협의를 제공하는 새로운 유럽협정을 협상하였으나 이들 국가들을 회원국으로 받아들이는 약속을 피하였다.[30] 이 당시 유럽연합 내부에서는 유럽연합의 미래 발전방향을 둘러싸고 확대와 심화에 대한 상이한 입장차이가 존재하였다. 이에 따라 중동유럽 국가들은 유럽연합을 서유럽 통합과 자신들의 안보적 욕구를 충족시킬 수 있는 대안이 되기에는 어렵다는 입장을 갖게 되었다. 또한 중동유럽 국가들이 보기에 유럽연합은 보스니아 사태에 대한 적절한 해결방안을 제시하지 못했다는 점과 미국을 배제하고 있다는 문제점이 있었다.

이제 마지막으로 남아있는 유럽의 안보제도는 나토뿐이었다. 중동유럽 국가들이 나토 가입을 추진하게 된 동기에는 러시아의 영향력 회복에 따른 두려움, 미국의 관여로 다른 유럽국가들, 특히 통일된 독일을 견제하고자 하는 바람 등이 존재했지만 냉전 종식의 초기 상황에서는 나토 가입에 대한 열망은 그렇게 명백하지 않았다. 따라서 비제그라드 국가들은 처음에는 회원국 자격이 아니라 나토와의 밀접한 관계를 추구하는 것이었다. 그러나 보스니아 사태와 1991년 여름 소련의 실패한 군부 쿠데타는 비제그라드 국가들이 완전한 나토 회원국 자격을 추구하게 만드는 결정적 요인으로 작용하였다. 이에 따라 1992년 5월 6일 프라하 모임에서 비제그라드 국가들의 정상들은 자신들의 목적은 완전한 나토 회원국이 되는 것임을 공개적으로 천명하였다. 그리고 그해 말까지 완전한 나토 회원국이 되고자 하는 그들의 목적은 이들 국가들에 있어서 공식적인 국가안보전략이 되었다.[31]

4. 한국 외교안보전략에 대한 함의

폴란드를 중심으로 한 비제그라드 국가들이 전환기 안보환경에서 발생할 수 있는 지역적 안보 딜레마 구조를 극복하기 위한 방안으로 나토 회원국이 되고자 하는 바람과 맞물려 나토는 1991년 1월 브뤼셀 정상회담에서 중동 유럽으로의 확대정책을 공식적으로 선언했다. 물론, 중동유럽 지역으로의 나토 확대정책은 미국의 나토 정책의 산물이었지만, 그럼에도 불구하고 폴란드를 위시한 비제그라드 국가들의 나토 가입 노력은 나토 확대정책을 촉진시키는데 중요한 역할을 담당했음을 부정할 수 없을 것이다.

폴란드를 중심으로 한 비제그라드 국가들은 자신의 국가적 독립과 소련 지배의 해체를 확신한 후 서방과 통합할 수 있는 방법을 찾는 과정에서 동쪽으로의 나토 확대정책에 대한 서유럽과 미국의 주저함을 극복하기 위해 부단한 노력을 기울였다. 그 과정에서 폴란드가 전개한 가교전략은 매우 성공적이라 할 수 있겠다. 지역적으로나 국제적으로나 안보환경이 변화하는 유동적이고 과도기적 상황에서 폴란드는 우선적으로 과거 자신이 경험했던 역사적 비극이 재현되는 것을 무엇보다 우려하였고, 이러한 우려를 해소하기 위한 방책으로 주변 국가 및 서유럽과 러시아 모두를 아우를 수 있는 가교전략을 신중하고 점진적으로 추진하여 궁극적으로 지역의 안보 딜레마를 극복해 나갔다.

폴란드가 지역의 안보 딜레마를 극복하기 위해 선택한 가교전략이 제대로 작동할 수 있었던 것은 다음과 같은 배경이 작용했기 때문이었다. 무엇보다도 먼저, 불안정하고 유동적인 지역의 안보 상황을 나름대로 관리할 수 있는 다양한 지역안보제도들이 존재했다는 점이다. 냉전 종식 이후 전환기 안보상황에서 유럽의 정세는 불안정하고 유동적인 성격이 강했지만 그럼에도 나토를 비롯하여 유럽연합의 공동외교안보정책과 유럽안보협력회의 등의 지역적 다자안보제도가 중동유럽의 불안정한 안보 정세를 충분히 관리할 수 있는 튼튼한 방파제 역할을 담당했다. 다음으로는 소연방 해체로 인한 러시아의 힘의 약화와 러시아 자체의 체제이행에 따른 확고한 안보정책 및 중유럽정책이 부재한 점도 한몫했다. 마지막으로는 폴란드가 주변 국가들과의 협력관계 강화와 이들과의 공동보조 등을 전략적으로 활용하였다는 점이다.

이런 측면에서 서방과 러시아와의 협력관계를 유지하면서 주변 국가들과의 협력적 안보정책을 추진한 폴란드의 가교전략은 중추적 중견국가의 외교안보전략에 많은 시사점을 던져주고 있다고 판단된다. 그러나 당시 폴란드가 보여주었던 가교전략은 기본적으로 러시아의 힘이 약화되어 중동유럽에 대한 러시아의 강한 압박이 부재한 상황에서 가능했다는 점을 주시해야 한다. 만약 전환기의 유럽 안보환경에서 중동유럽에 대한 러시아의 영향력이 지속되었더라면 폴란드의 가교전략과 나토 가입이 성공했을 것이라고 단언할 수 없기 때문이다.

이러한 경험을 보여주는 좋은 사례가 바로 2014년에 발생한 우크라이나 위기이다. 친서방정책과 나토 가입을 도모하고자 했던 우크라이나는 러시아의 강한 압박과 반발에 직면하여 거의 내전 상태에 빠지는 상황에 처하게 되었다. 폴란드에게 있어서 우크라이나 위기는 서방과 러시아의 마찰로 인식됨과 동시에 러시아로부터의 안보위협을 새롭게 인식하는 가장 결정적 계기가 되었다. 사실, 폴란드의 입장에서 1989년부터 2014년 기간 동안 폴란드에 대한 실질적인 군사위협은 부재한 상태였지만 러시아가 다시 주변국에 대한 제국주의적 정책으로 복귀할지도 모른다는 두려움은 지속적으로 존재해왔다.[32] 따라서 우크라이나 위기 이후 폴란드의 안보정책은 러시아와의 관계가 다소 악화되더라도 나토의 동쪽 전선을 강화하는데 기여함과 동시에 자신의 국방력을 확충하는 방향으로 전환되었다. 즉, 러시아의 위협이 살아나는 상황에서 폴란드의 가교전략은 상대적으로 그 중요성을 상실하는 것이며, 그 대안으로 현실주의적 성향의 동맹 강화와 억지력 강화 등이 중시되는 것이다.

지역적·국제적 정세가 변화하는 전환기 안보환경에서 폴란드의 사례가 한국의 외교안보전략에 던져주는 시사점은 무엇인가? 지정학적으로 볼 때,

폴란드와 한국은 다음과 같은 측면에서는 매우 유사한 성격을 가지고 있다. 폴란드는 독일과 러시아라는 전통적인 지역적 강대국에 끼여 있는 구조라면, 한반도는 대륙세력과 해양세력이 교차하는 반도국가라는 점이다. 그렇기 때문에 폴란드와 한국은 자신의 의사와 상관없이 주변 지역의 강대국에게 전략적 요충지로 인식되어 왔고, 그에 따라 지역적 권력정치의 장으로서 중심무대가 되어 왔다는 점이다. 오늘날 이러한 역사적 경험은 폴란드보다는 한국에게 더 중요하다.

그러나 이러한 유사한 지정학적 구조에도 불구하고 한국은 폴란드처럼 중추적 중견국가의 역할을 적극적으로 전개할 수 있는 안보환경을 갖고 있지 못하다. 즉, 전환기의 안보환경에서 폴란드가 가교전략을 통해 중추적 중견국가의 역할을 수행하거나 러시아의 위협에 맞서 동맹 강화에 적극적으로 나설 수 있는 배경에는 상호 중첩적인 다자안보제도가 작동하고 있기 때문이다. 그러나 한국이 처해있는 동북아에는 강대국의 권력정치를 완화시켜 줄 수 있는 다자안보협력제도가 부재하기 때문에 지역 정세를 안정적으로 관리해 나갈 수 있는 한국의 중추적 중견국가의 역할은 상당히 제한적일 수밖에 없을 것이다. 더군다나 폴란드와는 달리 한국은 여전히 분단국가의 처지를 극복하지 못하고 있다. 이런 측면을 고려했을 경우, 미중 전략적 경쟁이 보다 심화되는 한반도 및 동북아 지역 정세에서 한국이 지역의 평화와 번영을 도모할 수 있는 중추적 중견국가의 역할을 적극적으로 수행해 나가기 위해서는 무엇보다도 먼저 남북한의 적대적 상호경쟁성을 극복해야 함과 동시에 상황이 힘들더라도 지속적이고 일관되게 지역다자안보제도 구축을 위해 우리의 외교안보 자원을 집중할 필요가 있다는 점이다.

지난 냉전시대는 말할 것도 없고 냉전 종식 이후에도 한국의 외교안보전략의 핵심 과제는 한반도 평화와 안보, 안보와 평화의 문제였다. 즉, 한국의 외교안보전략의 핵심 과제는 남북관계와 한미동맹이라는 불가분적 구조의 작용과 반작용의 선순환, 부조화, 그리고 파열음에 따른 제반 문제들을 관리하는 것이었다. 따라서 역대 한국정부의 외교안보정책은 남북관계와 한미동맹이라는 양축의 외교안보쟁점을 놓고 어느 축의 쟁점을 더 중시하느냐에 따라 정책의 성격과 방향이 규정되어 왔다. 보다 냉정하게 평가했을 경우, 역대 한국정부의 외교안보정책이 이러한 역사적 궤적을 보일 수밖에 없었던 가장 근본적인 이유는 분단이라는 태생적 한계에서 분출되는 남북관계의 '적대적 상호 경쟁성'을 제거하지 못했기 때문이다. 한미동맹은 그에 대한 반작용의 과정이자 결과라 말할 수 있을 것이다.

과거는 말할 것도 없이 1993년 북한의 핵확산금지조약(NPT) 탈퇴 선언 이후 오늘에 이르기까지 우리가 목격해 온 북한의 핵정치, 한미동맹의 군사력 강화, 대북정책과 한미동맹을 중심으로 펼쳐지는 남남갈등에 따른 한국사회의 분열, 우리의 자의식 및 역량과는 상관없이 강대국 편승정책을 펼칠 수밖에 없었던 한국 외교안보정책의 구조적 제약 등 이 모든 것들은 지난 70년 동안 이어져 온 남북관계의 '적대적 상호 경쟁성'의 부정적 산물들인 것이다. 그렇기 때문에 남북관계의 역사적 악순환 고리를 끊어내는 것이 전환기 안보 정세를 극복하고 지역의 평화와 안정을 도모할 수 있는 전제조건인 것이다.

다음으로 한국은 동맹과 다자안보협력체의 병행·공존 방안을 모색하는 것이다. 전환기 안보환경에서 국가의 생존과 번영을 담보하면서 중추적 중견국가의 역할을 수행하기 위해서는 평화공존의 남북관계 이상으로 중요한 문제가 바로 공동안보에 기초한 동북아 다자안보협력체를 구축하는 것이다. 비록 미중 전략적 경쟁 심화로 역내 다자안보협력 구축이 그 어느 때 보다도 힘들지라도 한국에게는 역설적으로 동북아 다자안보협력체 구축이 절실한 것이다. 요컨대, 한국은 평화공존의 남북관계와 동맹과 병행하는 역내 다자안보협력체 구축을 발판으로 지역적 평화와 번영을 주도해 나갈 수 있는 중추적 중견국가의 역할을 적극적으로 수행해 나가야 한다.

주

*) 이 글은 다음의 글을 인용·수정했음을 밝힌다. 이수형, "중추적 중견국가로서의 폴란드와 국제안보제도: 안보 딜레마 극복전략과 나토(NATO) 가입 결정 배경,"『한국과 국제정치』제25권 제4호 (2009), pp. 63–85.

1) Justyna Zajac, *Poland's Security Policy: The West, Russia, and the Changing International Order* (London: Palgrave Macmillan, 2016), pp. xiii–xvi.

2) Philip L. Kelly, "Escalation of Regional Conflict: Testing the Shatterbelt Concept," *Political Geography Quarterly* 5–2 (1986), p. 163.

3) William Riker, *The Theory of Political Coalition* (New Haven: Yale University Press, 1962); 김우상,『신한국책략: 동북아시아 국제관계』(서울: 나남출판, 1998), p. 46; 김우상,『중견국 책략: 미·중 사이 한국의 스마트 외교』(서울: 세창출판사, 2016), p. 30에서 재인용.

4) 김우상 (2016), p. 30.

5) Lowell Dittmer, "The Strategic Triangle: A Critical Review," in Kim Ilpyong(ed.), *The Strategic Triangle: China, the United States, and the Soviet Union* (New York: Paragon House, 1987), pp. 29–47.

6) Robert Chase, Emily Hill and Paul Kennedy, "Pivotal States and US Strategy," *Foreign Affairs* 75–1 (1996), pp. 33–51.

7) Zbigniew Brzezinski 지음, 김명섭 역,『거대한 체스판: 21세기 미국의 세계전략과 유라시아』(서울: 삼인, 2000), p. 62–72.

8) Ian Bremmer 지음, 박선연 역,『리더가 사라진 세계』(서울: 다산 북스, 2014), p. 203.

9) Ian Bremmer (2014), p. 204.

10) The Hague Centre for Strategic Studies(HCSS), Why Are Pivot States So Pivotal? The Role Of Pivot States In Regional and Global Security, *HCSS Report* (2014), p. 8.

11) 노출국가란 미국의 힘과 동맹국들을 지키고자 하는 미국정부의 의지에 지나치게 의존하고 있는 나라들을 뜻하는 것으로 대표적으로 일본과 이스라엘을 들 수 있다. Ian Bremmer (2014), p. 234.

12) 자율성 부재 국가란 중추국가가 되어 자유를 누리고 싶어 하지만 강대국의 그림자 아래에서 꼼짝달싹하지 못하는 나라를 뜻한다. 대표적인 예로 멕시코와 우크라이나를 들 수 있다. Ian Bremmer (2014), pp. 235–238.

13) Adrian Hyde-Price, "European security in the twenty-first century: towards a stable peace order?," in Andrew Cottey and Derek Averre(eds.), *New security challenges in postcommunist Europe: Securing Europes's East* (Manchester and New York: Manchester University Press, 2002), pp. 190–212.

14) 도이취(Karl Deutsch)에 의하면, 다원주의적 안보공동체 내에서는 2개국 이상의 국가들이 많은 거래와 거의 지속적인 상호작용을 갖고 있으나 반드시 협력을 위한 공식적인 기구를 갖추고 있는 것은 아니다. 그러나 다원주의적 안보공동체의 특징은 단위들간의 모든 관계가 평화롭고 예측할 수 있다는 것이며, 분쟁이 발생할 경우 억지, 위협, 그리고 무력에 의해서가 아니라 타협, 회피, 및 재정(재정)에 의하여 해결된다는 것이다. 도이취는 정치제도 또는 권력이 결합되어 있지 않은 다원주의적 안보공동체를 2개국 이상의 독립된 정치단위가 공통의 정치권력 구조를 가진 보다 큰 단위를 창

설하기 위해 통합하는 합병적 안보공동체(amalgamated security community)로부터
구별했다. 도이취의 안보공동체에 대해서는 다음을 참조. K. J. Holsti, *International
Politics: A Framework for Analysis*, 곽태환·김왕헌 역, 『국제정치학: 분석의 틀』(서
울: 박영사, 1990), pp. 675-678.; James E. Dougherty and Robert L. Pfaltzgraff,
Jr., *Contending Theories of International Relations: A Comprehensive Survey*
(New York: Harper Collins Publishers, 1990), pp. 435-437.

15) 안보 거버넌스는 상호 영향을 받는 대다수 국가들의 승낙에 기초한 의도적인 규칙체
계로서 공식·비공식적인 규제 메커니즘을 통해서 안보 범위와 안보와 관련된 쟁점
영역에 걸친 행위들의 거버넌스로 정의될 수 있다. 이러한 안보 거버넌스에서는 공고
한 위계주의와 억압보다는 협상과 조정, 그리고 참여가 중요시된다. Mark Webber,
"Security governance and the excluded states of postcommunist Europe," in Andrew
Cottey and Derek Averre(eds.), *New security challenges in postcommunist Europe:
Securing Europes's East* (Manchester and New York: Manchester University Press,
2002), p. 44.

16) 이수형, 『북대서양조약기구와 유럽안보』(서울: 한울 아카데미, 2004), p. 171.

17) Theodor Winkler, "Central Europe and the Post-Cold War European Security Order,"
in Jacob Kipp(ed.), *Central European Security Concerns: Bridge, Buffer or Barrier?*
(London: FRANK CASS & CO. LTD, 1993), p. 15.

18) 진장철, "신유럽 안보체제에서 러시아의 역할." 이호재 외, 『유럽통합과 신유럽안보
질서』(서울: 민음사, 1998), pp. 113-114.

19) 진장철 (1998), p. 114.

20) Joshua Spero, "Deja Vu All Over Again: Poland's Attempt To Avoid Entrapment
Between Two Belligerents," in Jacob Kipp(ed.), *Central European Security Concerns:
Bridge, Buffer or Barrier?* (London: FRANK CASS & CO. LTD, 1993), p. 92.

21) Paul Schroeder, "Historical Reality vs. Neo-Realist Theory," *International Security*
19-1 (Summer 1994), pp. 108-148.

22) "Poland and European Security," Address by the Polish Foreign Minister Krzysztof
Skubiszewski to the North Atlantic Assembly, London (29 November 1990).

23) NATO, *NATO Handbook* (Brussels: NATO Office Information and Press, 1995),
pp. 43-44.

24) Joshua B. Spero (2004), p. 252.

25) 일례로, 폴란드는 1992년 6월 프랑스, 1992년 그리스, 1993년 1월 독일과 군사협력
에 관한 협정을 체결하였다. 또한, 폴란드는 1992년 11월 영국과 군사분야 공동사업
추진에 합의하면서 서방과의 협력을 강화시켜 나갈 수 있는 법적·제도적 장치들을
점진적으로 추진하였다.

26) Alexander Konovalov, "Central European Security: A View from Moscow," in
Jacob Kipp (1993), pp. 65-79 참조.

27) Ronald D. Asmus, *Opening NATO's Door: How The Alliance Remade Itself for
a New Era* (New York: Columbia University Press, 2002), p. 10.

28) F. Stephen Larrabee, *East European Security After the Cold War* (Santa Monica:
RAND, 1993), pp. 154-156.

29) Asmus (2002), p. 11.

30) James B. Steinberg, *An Ever Closer Union* (Santa Monica, CA.: LAND, 1993).

31) Asmus (2002), pp. 15-17.

32) Zajac (2016), p. 185.

33) 이 글은 다음의 글을 인용·수정했음을 밝힌다. 이수형, "중추적 중견국가로서의 폴란드와 국제안보제도: 안보 딜레마 극복전략과 나토(NATO) 가입 결정 배경," 『한국과 국제정치』 제25권 제4호 (2009), pp. 63-85.

참고문헌

김우상. 『중견국 책략: 미·중 사이 한국의 스마트 외교』. 서울: 세창출판사, 2016.

김우상. 『신한국책략: 동북아시아 국제관계』. 서울: 나남출판, 1998.

김치욱. "국제정치의 분석단위로서 중견국가: 그 개념화와 시사점," 『국제정치논총』 제49집 1호 (2009년).

이수형. 『북대서양조약기구와 유럽안보』. 서울: 한울 아카데미, 2004.

이수형. "중추적 중견국가로서의 폴란드와 국제안보제도: 안보 딜레마 극복전략과 나토(NATO) 가입 결정 배경." 『한국과 국제정치』 제25권 제4호 (2009년).

진장철. "신유럽 안보체제에서 러시아의 역할." 이호재 외. 『유럽통합과 신유럽안보질서』. 서울: 민음사, 1998.

Asmus, Ronald D. *Opening NATO's Door: How The Alliance Remade Itself for a New Era*. New York: Columbia University Press, 2002.

Behringer, Ronald M. "Middle Power Leadership on the Human Security Agenda." *Cooperation and Conflict*, 40-3 (2005).

Belanger, Louis, and Gordon Mace. "Middle Powers and Regionalism in the Americas: the Case of Argentina and Mexico," in Andrew F. Cooper(ed.), *Niche Diplomacy: Middle Powers After the Cold War*. New York: St. Martins's Press, 1997.

Bremmer, Ian 지음. 박세연 역. 『리더가 사라진 세계』. 서울: 다산 북스, 2014.

Brzezinski, Zbigniew 지음. 김명섭 역. 『거대한 체스판: 21세기 미국의 세계전략과 유라시아』. 서울: 삼인, 2000.

Chase, Robert, Emily Hill and Paul Kennedy. "Pivotal States and US Strategy." *Foreign Affairs* 75-1 (1996).

Cooper, Andrew, Richard A. Higgott and Kim Richard Nossal. *Relocating Middle Powers: Australia and Canada in a Changing World Order*. Vancouver: UBC Press, 1993.

Dittmer, Lowell. "The Strategic Triangle: A Critical Review," in Kim Ilpyong(ed.), *The Strategic Triangle: China, the United States, and the Soviet Union*. New York: Paragon House, 1987.

Dougherty, James E., and Robert L. Pfaltzgraff, Jr. *Contending Theories of International Relations: A Comprehensive Survey*. New York: Harper Collins Publishers, 1990.

Handel, Michael. *Weak States in the International System*. London: FRANK CASS &

CO., LTD, 1993.

Holsti, K. J. *International Politics: A Framework for Analysis*. 곽태환·김왕헌 역. 『국제정치학: 분석의 틀』. 서울: 박영사, 1990.

Hyde-Price, Adrian. "European security in the twenty-first century: towards a stable peace order?." in Andrew Cottey and Derek Averre(eds.). *New security challenges in postcommunist Europe: Securing Europes's East*. Manchester and New York: Manchester University Press, 2002.

Kanner, Aimee. *The Impact of Regional Integration on the Foreign Policy Options of Small and Middle Power States: The Case of Argentina, Portugal, Spain, and Uruguay*. Coral Gables, Florida: University of Miami, 2001.

Kelly, Philip L. "Escalation of Regional Conflict: Testing the Shatterbelt Concept," *Political Geography Quarterly*, 5-2, 1986.

Konovalov, Alexander. "Central European Security: A View from Moscow." in Jacob Kipp(ed.), *Central European Security Concerns: Bridge, Buffer or Barrier?*. London: FRANK CASS & CO. LTD, 1993.

Larrabee, F. Stephen. *East European Security After the Cold War*. Santa Monica: RAND, 1993.

NATO, *NATO Handbook*. Brussels: NATO Office Information and Press, 1995.

Ozkan, Mehmet. "A New Approach to Global Security: Pivotal Middle Powers and Global Politics." *Perceptions* 11-1 (2006).

Riker, William. *The Theory of Political Coalition*. New Haven: Yale University Press, 1962.

Schroeder, Paul. "Historical Reality vs. Neo-Realist Theory." *International Security* 19-1 (Summer 1994).

Spero, Joshua. "Deja Vu All Over Again: Poland's Attempt To Avoid Entrapment Between Two Belligerents." in Jacob Kipp(ed.), *Central European Security Concerns: Bridge, Buffer or Barrier?*. London: FRANK CASS & CO. LTD, 1993.

Steinberg, James B. *An Ever Closer Union*. Santa Monica, CA.: LAND, 1993.

The Hague Centre for Strategic Studies(HCSS). Why Are Pivot States So Pivotal? The Role Of Pivot States In Regional and Global Security. *HCSS Report*, 2014.

Webber, Mark. "Security governance and the excluded states of postcommunist Europe." in Andrew Cottey and Derek Averre(eds.). *New security challenges in postcommunist Europe: Securing Europes's East*. Manchester and New York: Manchester University Press, 2002.

Winkler, Theodor. "Central Europe and the Post-Cold War European Security Order." in Jacob Kipp(ed.). *Central European Security Concerns: Bridge, Buffer or Barrier?*. London: FRANK CASS & CO. LTD, 1993.

Wood, Bernard. *Middle Powers and the General Interest, Middle Powers in the International System*. Ottawa: North-South Institute, 1990.

Zajac, Justyna. *Poland's Security Policy: The West, Russia, and the Changing International Order*. London: Palgrave Macmillan, 2016.

정책 제언

1. 미중 전략경쟁이 보다 심화되는 한반도 및 동북아 지역 정세에서 한국이 지역의 평화와 번영을 도모할 수 있는 중추적 중견국가의 역할을 적극적으로 수행해 나가기 위해서는 무엇보다도 먼저 남북한의 적대적 상호경쟁을 극복해야 함과 동시에 상황이 힘들더라도 지속적이고 일관되게 지역다자안보제도 구축을 위해 우리의 외교안보 자원을 집중할 필요가 있다.

2. 한국이 중심을 잡고 외교안보 원칙을 지켜 나가면서 "고래 싸움에 새우등 터진다"는 수동적이면서도 자기비하적인 세계관을 떨쳐버리고 남북한 적대적 상호경쟁의 악순환을 끊어내기 위한 새로운 남북관계의 틀을 짜야 한다.

3. 한반도 안보는 우리가 책임진다는 중추의 자의식을 갖고 한미동맹을 관리할 수 있는 동맹관리전략을 마련해야 한다. 상황과 여건에 따라 '따로 또 같이' 할 수 있는 한국의 동맹전략을 준비해야 한다.

15장

한국의 신외교안보 전략을 찾아서

김흥규(아주대학교)

한국은 세기적인 전환의 시기를 맞이하고 있는 국제질서와 자국 이기주의, 북한의 핵무장, 강대국 간 각축의 시대에 직면하여 대위기에 직면해 있다. 동시에 세계 속에 강국으로 우뚝서는 새로운 시대를 열 기회의 창도 열리고 있다. 이 기회를 살릴 수 있는 전략과 안목이 요구된다. 정치 현실주의의 입장에서 볼 때, 한국의 지정학적인 위상은 세계에서 가장 취약성을 가진 국가 중 하나이다. 국립외교원의 전봉근 교수, 서울대 신범식 교수가 이 책의 서문에서 잘 지적하였듯이, 한국은 지정학적으로 대륙과 해양세력 사이에, 그리고 복수의 강대국 틈바구니에 '낀' 국가, '중간지대' 국가이다. 세계 10위권의 경제대국이 된 지금도 한국은 여전히 주변 강대국 외교에 취약하다. 역사적으로 효과적인 강대국 외교전략을 입안하고, 국민합의를 도출하고, 국익을 보호한 경험이 일천하다. 특정 강대국에 편승하는 데만 익숙하다.

지금으로부터 150여 년 전 동아시아는 중국 중심의 국제질서가 서구 중심의 국제질서로 전환되는 대격변의 시기를 맞이했었다. 당시 우리 조상들은 중국 중심의 관성에서 헤어나오지도 못한 체, 중국과 더불어 몰락하였다. 시대의 본질이 무엇이지, 어떻게 대응해야 하는지 분별하기도 전에 그 희생양이 되고 말았다. 그런 한국이 제2차 세계대전 이후 미국 주도의 자유주의 국제체제 질서에 잘 적응하여 산업화와 민주화에 성공하였고, 안정과 평화, 번영을 누리었다. 지난 수천 년의 역사에서 한국이 세계적으로 이처럼 위상이 높아진 적도 없었을 것이다. 이 성공에서 불구하고 새로이 닥친 위기는 대단히 위협적이다.

21세기 들어 미국 중심의 자유주의 국제질서는 중국을 위시한 권위주의 체제의 심각한 도전에 직면해 있다. 미중 전략경쟁은 강화되고 있다. 이는 현재 상수에 가깝다. 미중 전략충돌의 우려도 커지고 있다. 일부의 우려처럼 조만간 중국이 주도하는 새로운 국제질서 혹은 지역질서가 등장할지도 모른다. 아니면 상당 기간 혼돈과 불안정으로 채워질 패권이 부재한 대공위(Interregnum, G-Zero)의 시대가 지속될 수도 있다. 바이든 행정부가 끝나는 4년 후에는 어떤 상황이 될지 여전히 알 수 없다. 현재의 미중 전략경쟁은 마치 일회성의 '죄수의 딜레마' 게임과 같다. 자체적으로 해결은 하지 못하고, 보다 갈등적인 미중 전략경쟁이 한동안 지속될 것이라는 가정이 합리적이다. 타협을 먼저 추구하는 세력이 주도권을 잃는 상황에 놓여있다. 미중 간에 남중국해나 대만 문제 등으로 인한 군사적 갈등은 최악의 경우에는 군사적 충돌은 물론이고 핵전쟁으로까지 비화할 수도 있다. 모든 시나리오가 가능하다.

최근 바이든 행정부의 등장은 국제정치 무대에서 안정성이 증가할 것이라는 기대치를 높여주었다. 바이든 행정부는 당연히 중국의 빠른 부상과 영향력 확대를 견제하려 할 것이다. 트럼프처럼 요란하지는 않지만, 동맹과 우방국들의 힘을 결집하고, 다자주의적이고 규범적으로 중국을 더욱 옥죄이려 할 것이다. 그러나 미국 정치의 분열과 혼란은 내전이라 표현할 정도로 여전히 강력해 결집된 대외정책의 추진이 쉽지 않다. 트럼프 시대에 약화된 미국의 리더십 회복은 여전히 불확실성의 영역이다. 바이든 행정부가 표방한 대외정책의 실현 가능성은 여전히 미지수이다. 우리는 변화하고 있는 미중 전략 경쟁관계와 이 모든 불확실성에 대비해야 한다.

현재 진행되고 있는 미중 전략경쟁의 양상은 기존 냉전과는 다르다는 점을 이해하는 것도 중요하다. 미중은 어느 누구도 세계를 양분할 정도로 충분한 정치, 이데올로기, 경제 역량을 구비하고 있지 않다. 미중은 아직 상대방의 소멸이나 체제붕괴를 추구할 정도의 목표를 지니고 있지 않다. 설사 냉전적 인식과 대결 의지를 지니고 있다 할지라도 세계의 나머지 국가들은 이러한 구도에 흔쾌히 동의하지 않는다. 미중 전략경쟁이 본격화되면서 세계 각국이 각자도생을 시도하는 변동기와 혼란기에 접어들었다. 세계적 차원에서의 경제적 가치 사슬이 해체되고, 지역적 가치사슬로 재편되는 현상이 강화되고 있다. 6G와 같은 새로운 과학기술의 발전을 둘러싼 동맹의 형성이 곳곳에서 지역적으로 가시화되고 있다. 어느 편에 서느냐에 따라 그 나라의 미래 국운을 좌지우지되는 과학기술 동맹전쟁이 시작되었다. 세계의 거의 모든 국가들이 주변화하면서 선택의 상황으로 몰리고 있다.

21세기에 들어서서 시작된 세기적인 변화의 국면에 한국은 미래를 예측하기 어려운 위기를 맞이하고 있다. 한반도는 미중 갈등의 주요 대상이다. 미국은 일본을 인도태평양 지역전략의 주춧돌(cornerstone)이라 하였고 한국은 동북아 안정의 핵심축(lynchpin)이라 규정하였다.[1] 중국의 입장에서 보면 북한이 중국의 전략적 완충지대인 주춧돌이며, 한국은 핵심축이다. 미국의 패권질서 속에서 산업화와 민주화에 성공한 가장 우등생이었던 한국의 가치는 국제무대에서 강력한 상징성을 띤다. 미국에게 한미동맹은 군사적으로 상호운영이 최적화된 가장 효과적인 동맹이다. 한국은 미중 전략경쟁에서 중국이 절실히 필요로 하는 반도체를 공급할 수 있는 거의 유일한 국가이다. 한국의 지원만 있으면 중국은 미중 전략경쟁의 파고를 버틸 힘을 얻게 된다. 이 시기 한국은 진정으로 미중 외교안보 정책의 '핵심축'이 되었다. 그만큼 강한 선택의 압박에 시달리게 된다.

우리의 외교·안보 생태계는 국제정치의 변화에 극히 취약하다. 국제정치의 변환기에는 국내정치적 불안정과 분열로 큰 위기를 맞을 수 있다. 신범식 교수의 우크라이나 사례연구는 이러한 위험성을 설득력있게 말해준다. 주변 강대국들의 흡인력이 그만큼 강하게 작동하기 때문이다. 이런 위기 상황은 주변 경쟁국이나 적대국의 현상변경을 위한 수정주의 정책을 야기할 수 있어, 한국은 '위기의 시대'를 맞이하고 있다.[2] 국제질서의 변동에 따라 국운이 좌지우지되는 지정학적 특성에도 불구하고, 한국에서 외교는 여전히 정치지도자들과 대통령 선거의 주관심이 아니다. 그 연유로 국가 최고지도자를 희망하는 정치인들은 대부분 외교·안보 사안에 전문적인 경험이나 지식을 결여하고 있다. 정무적 판단이 외교·안보 영역을 지배한다. 4강 외교조차도 전문성을 배제한 인사는 다반사이다. 중국 중심의 질서에, 혹은 미국 중심의 질서에 적응하고 안주하는 데 익숙하다. 이런 생태계에서 기존 국제질서가 흔들리기 시작하면, 한국은 그 희생양이 될 개연성이 높다. 한반도에서 북한의 핵 능력은 이미 통제불능에 방어할 수 없는 지경에 이르렀다. 북한은 당장(黨章) 개정을 통해 무력에 의한 통일전략을 앞당기겠다고 공언하고 있다. 강대국 간 군비경쟁의 파고는 높아지고 있다. 그러나 정부는 아직 이렇다 할 대응책을 내놓지 못하고 있다. 이 상황은 우리 외교안보 생태계의 당연한 귀결일지도 모른다.

한국은 통상국가, 자유민주주의 국가, 분단국가라는 특성을 지녔다. 약소국도 아니고 그렇다고 강대국도 아닌 수준의 국력을 보유하고 있다. 이 상황에서 한국이 미중 전략경쟁기에 취해야 할 바람직한 새로운 외교안보의 비전은 무엇인가? 우선, 평화와 안보 추구 사이의 균형감 회복이 중요하다. 평화 지상주의나 이상주의에서 탈피하여야 한다. 정치지도자의 가장 중요한 덕목이자 국민에 대한 의무는 결과에 책임을 져야 하는 것이다. 이상의 집착은 종종 현실을 가리고 맹목으로 변한다. 그 대가는 국민들이 치른다. 안보를 위한다는 명목으로 국민의 희생을 강요하는 안보 중심주의로부터도 벗어나야 한다. 둘째, 국민 화합형 안심국가를 추구해야 한다. 남남갈등의 분열을 극복하지 않으면 안보는 취약하다. 광범위한 의견수렴을 촉진하고, 소수자와 전문가의 목소리에도 귀 기울여야 한다. 국민들이 진정으로 안심하고 만족해할 수 있도록 국가의 외교·안보·통일 역량을 강화해야 한다. 전통적 안보 이외에도 국민의 일상생활에 영향을 미칠 수 있는 방역·환경·다문화융합 등 新안보 이슈들에 대한 견실한 대응능력을 갖출 필요가 있다. 셋째, 국제협력 촉진국가로 자리매김해야 한다. 통상국가이자 개방형 국가로서 한국은 자기 동굴에 갇힌 정책을 추구하는 독불장군이나 은둔형 국가가 되어서는 안된다. 민주주의, 시장경제, 자유무역, 인권, 비확산, 신(新)안보 대응 등 국제사회가 공감할 수 있는 가치들을 지지하고, 적극 제안하는 역할을 해나갈 필요가 있다. 전통적 지정학을 넘어 오프라인과 온라인 모두에서 세계를 하나로 연결해나가며 개방형 협력을 촉진하는 국가가 되어야 한다. 이 비전은 국민 모두가 안전한 한국, 비핵·평화 한반도, 협력 속의 건전한 경쟁이 자리 잡은 지역 및 세계질서를 만들어나가는 길이다. 그 길은 자연히 생겨나는 것이 아니고, 강대국들이 만들어주는 것도 아니다.

이러한 새로운 시대를 열기 위해서는 그에 걸맞은 외교·안보·통일전략을 수립해야 한다. 원칙을 가지면서도 합목적적이고 실리적인 외교안보정책을 추진해야 한다. 편 가르기를 벗어나지 못하고, 현실을 도외시한 '희망적 사고(wishful thinking)'에 안주하며, 주어진 환경에 순응하는 자세로는 결코 새로운 시대를 열어나갈 수 없다. 오늘날 목도하고 있는 남북한 간의 무한대립과 군비경쟁, 그리고 강대국 간 힘의 경쟁이 고착화된다면 세계 10위권의 국력을 가진 한국이라도 그 미래를 낙관하기 어렵다. 이제는 과거의 방식을 넘어 보다 나은 미래를 만들기 위해 새로운 출발선에 서야 한다. 한반도에 평화를 정착시키고, 주변국과 협력하며, 지구촌의 공영 발전을 위해 모두의 지혜를 모아 우리가 할 수 있는 최선의 방안을 강구해야 한다.

새로운 전략적 비전은 대북 정책의 인식과 틀을 바꾸기를 요구한다. 남북관계는 이제 북핵으로 인해 양자관계를 넘어 국제적인 성격을 띠게 되었다. 장기적인 경쟁상태에 놓이는 것은 불가피하다. 부형욱 박사의 연구는 '공포의 균형'을 달성하는 것이 남북한 평화와 안정의 조건이라는 것을 말해준다. 한국은 "고래 싸움에 새우등 터진다"는 수동적이면서도 자기비하적인 세계관을 떨쳐버리고, 막연한 이상적인 기대를 넘어서서 새로운 남북관계의 틀을 짜야 한다. 북한의 핵 역량 확대는 이제 우리가 직면할 보다 장기적인 상수가 되었다. 국제정치의 '죄인의 딜레마 게임'은 북한 핵에 대해 보다 적극적으로 대비책을 강구해야 한다는 것을 설득력 있게 말해준다. 현재로서는 한미동맹이 중요하지만, 우리 안보의 중심 바퀴 축은 궁극적으로 자주국방 역량 강화이다. 안보적 자율성을 확대해야 한다. 동맹활용, 다자안보협력, 중간국 외교의 균형적 추구는 바큇살이 되어야 한다. 자주국방(내부)과 동맹(양자)-다자안보(지역)-중견국 외교(글로벌)로 연결할 필요가 있다.

강조할 점은 비핵국가로서 핵무장한 북한에 대응할 수 있는 군사적 역량을 여하히 갖출것인가가 관건이다. 그래서 이 군비경쟁이 북한에게 결코 유리하지 않고 위험한 일이라는 것을 김정은 위원장에게 인식시켜야 한다. 북한에 대한 김대중 대통령식의 햇볕정책은 이제 더이상 유효하지 않은 시기에 도달했다는 것을 우리는 냉정하게 인정해야 한다. 북한과의 관계에 있어서 현존하는 '대항성'을 인정하고, '대항'을 통해 '공존'을, '군비경쟁'을 통해 '군비통제'를, '갈등'을 통해 '평화'를, 북한 문제를 다루기 위해 오히려 공간적으로 북한을 벗어나 사고할 수 있는 유연성을 갖춰야 하는 어려운 국면에 처해 있다. 다가오는 미소 간의 충돌을 냉전적 방식을 통해 관리하려 했던 조지 케넌(George Kennan)이 직면했던 약 75년 전의 고뇌가 필요하다.

바이든 시대 미중 전략경쟁에 대한 한국의 대응책은 '결미연중(結美聯中) 플러스' 전략을 추진할 것을 제안한다. 중장기적으로는 우리의 외교·안보·경제적 자율성을 확대하는 '중강국' 전략, 그리고 비전으로는 '강국으로 약진하는 새로운 국가' 상을 정립해야 한다. 조바심에 기인하여 미중 간에 섣부른 선택을 하는 것은 자제해야 한다. 이처럼 불확실한 전환기의 외교·안보정책은 성급한 선택의 도박(benefit-maximizer)전략보다는 비용을 최소화(cost-minimizer)하는 전략이 우선이다. 한국은 이 혼돈의 시기에 기존의 전략자산인 미국과 포괄적·호혜적 전략동맹을 추구하고, 중국과는 '전략적 협력동반자' 관계를 실제화하는 신중하고도 실리적인 정책을 견지해야 한다.

한미동맹은 기존의 대북한 군사동맹 위주에서 사이버, 통신, 우주, 통상, 질병, 생태환경, 핵문제 등 다양한 영역에서 새로운 국제 규범과 질서 수립은 물론이고, 세계적 문제에 공동 대처하는 방향으로 영역을 과감히 확대해야 한다. 북한이 전술핵으로 무장한 상황에서 한미 군사적 동맹은 앞으로 더욱 긴밀할 수밖에 없다. 북핵·미사일 위협에 대한 미국의 핵확장 억제 역량은 한국 방어의 초석이다. 동아시아의 안정자 역할을 담당하는 미국의 역할도 결코 간과할 수 없다. 다만, 미국이 현재 추진 중인 기존의 대북한동맹에서 점차 대중국 동맹으로의 한미동맹을 전환하는 것은 동맹의 이익과 국익의 범위를 넘어서는 것이므로 신중하게 거부되어야 한다.

기존의 한중 '전략적 협력 동반자'관계는 존중해야 한다. 문재인 정부의 대중정책 기조는 "실질적 한중 전략적 협력 동반자관계"의 구현이었다. 현재 '미중 전략적 경쟁' 시대에 미국이 대중 압박을 강화할 것이라는 데에는 이견이 없어 보인다. 미국으로부터 전략 관련 산업에 대한 탈동조화 압력은 더욱 거세질 것이다. 이에 입각한 새로운 대중 정책의 수립이 필수불가결하고 세심한 점검이 필요한 시점이다. 정부가 할 수 있는 최선의 길은 미국이 제기한 보안문제를 적절히 고려하면서도, 가능한 각 기업들이 선택할 수 있도록 시간을 벌어주는 일이다. 중국은 현재 우리 무역의 거의 34% 정도를 차지하고 있다. 중국에 대한 대체재는 당분간 찾기 어렵다. 국제통화기금(IMF)이 최근 발표한 바처럼 현 상태라면 2029년 이전에 중국의 경제 규모가 미국을 추월할 것이다. 미래의 시장은 여전히 중국에 있다. 중국으로

부터의 탈출 전략보다는 어떻게 하면 최대한 활용할 수 있을까를 고민해야 한다. 한국은 중국을 포함하여 향후 비강대국도 공존할 수 있는 세계질서를 형성하는 데 적극적인 역할을 하여야 한다. 북핵 문제 해결이나 한반도 문제에 대해 중국에 대한 지나친 기대는 금물이다. 하지만 한반도 문제의 전략적 협력자로 중국을 구성해나가는 것은 여전히 중요하다.

'결미연중 플러스' 전략의 새로운 상상력은 국익에 부합하는 새로운 국제질서 수립을 위한 제3공간 외교와 국제다자연대를 적극 추진해 나갈 것을 요구한다. 우리가 선택할 외교적 자원과 공간을 적극적으로 확대해 나가는 길이다. 통상국가로서 한국은 다양한 다자적인 접근을 적극적이고 긍정적으로 추진해야 한다. 미국의 강력한 대중 압박 동참에 대해서는 조급한 선택이나 굴복보다는 서유럽의 강대국, 일본 등 다른 유사 환경 국가들의 선례에 맞춰나가는 전략을 권고한다.

제3의 공간 외교에서 아태지역 핵심축은 한국-호주관계이다. 현재 대중외교의 반면교사이기도 한 호주의 외교·안보 상황은 전반적으로는 한국과 대단히 유사하다. 중국에 대한 무역의존도도 한국에 비해 낮지 않다. 호주는 기존 세계질서 유지의 한 축인 5개의 눈(5 Eyes) 구성원으로 국제질서 운용의 경험도 풍부하다. 한국-호주는 아태지역에서 외교·안보·경제적 상호 보완관계를 형성할 여력이 가장 크다.

인도와의 협력 역시 중요하다. 지정학적으로 우리의 에너지 수송 해상라인의 핵심공간이다. 인도는 국제적으로 중국과 전략적 균형을 맞추고, 잠재적으로는 중국 대체시장이라는 점에서 기대가 크다. 그러나 실제 그 형성여부는 여전히 미지수라는 평가가 보다 객관적이다. 그럼에도 인도가 전략적 다변화의 대상이고 잠재력이 크다는 점은 중요하다.

서유럽에서는 한국-독일 축을 전략동맹으로 강화해야 한다. 독일은 냉전적인 상황에서 분단의 경험을 공유하고 있다. 대서양동맹이 약화되고 있는 가운데 새로이 자율성을 강화하고 있는 서유럽 지역의 리더이다. 일본과의 갈등이 해소되지 않은 상황에서 우리가 필요한 기술력을 동시에 보유하고 있는 국가이기도 하다. 그 밖에도 캐나다, 영국, 스웨덴, 덴마크, 뉴질랜드, 인도네시아, 베트남 등을 제3연대의 네트워크에 포함시켜 다자적인 전략연대를 구성해야 한다. 이들과 함께 연대하여 규범, 규칙, 국제기구, 레짐의 형성에 앞장서서 새로운 국제질서의 수립을 추동하는 역할을 적극 수행해야 한다.

결론적으로 미중이 패권경쟁을 본격화하는 상황에서 우리의 새로운 전략은 그 전략공간을 한반도나 동아시아가 아니라 세계로 확대하여야 한다. 중장기적으로는 안보·경제적 자율성을 동시에 강화해나가야 한다. 아울러 두 개의 단층선을 극복해야 한다. 현재 휴전선에서 그어져 있는 해양세력과 대륙세력의 지정학적 대분단선을 극복해야 하고, 다른 한편으로는 대한해협을 가로지르는, 한일 간의 역사적 분단선을 극복해야 한다. 이 두 개의 단층선을 극복하는 '다리놓기 전략(bridging strategy)'은 우리의 생존전략에 필수적이다. 한국의 새로운 외교·안보·경제정책은 배제나 배척(zero-sum)게임 혹은 축소지향(minus-sum)게임이 아니라 확대지향(plus-sum)게임의 원칙을 적용해야 한다. '글로벌 평화·교량국가'라는 국가비전을 달성하기 위해 갈 길은 멀지만, 지금부터라도 시작해야 한다.

주

1) 한미동맹과 미일동맹에 대한 규정은 아래 백악관의 브리핑에서 참조. https://www.whitehouse.gov/briefing-room/statements-releases/2021/02/03/readout-of-president-joseph-r-biden-jr-call-with-president-moon-jae-in-of-the-republic-of-korea/; https://www.whitehouse.gov/briefing-room/statements-releases/2021/01/27/readout-of-president-joseph-r-biden-jr-call-with-prime-minister-yoshihide-suga-of-japan/
2) 이러한 문제의식을 담은 글이 윤영관, 『외교의 시대』(서울: 미지북스, 2015) 일독을 권한다.

저자 소개

김상배 (sangkim@snu.ac.kr)

서울대학교 외교학과 졸업
서울대학교 외교학 석사
인디애나대학교 국제정치학 박사

현 서울대학교 정치외교학부 교수
　서울대학교 국제문제연구소 소장
　정보세계정치학회 부회장

정보통신정책연구원(KISDI) 책임연구원
한국국제정치학회 총무이사 역임

주요 논저
『버추얼 창과 그물망 방패: 사이버 안보의 세계정치와 한국』(한울)
『아라크네의 국제정치학: 네트워크 세계정치이론의 도전』(한울)
『정보혁명과 권력변환: 네트워크 정치학의 시각』(한울)
『정보화시대의 표준경쟁: 윈텔리즘과 일본의 컴퓨터산업』(한울) 외 다수

김흥규 (bemoderate@hanmail.net)

서울대학교 외교학과 졸업
서울대학교 국제정치학 석사
미시간대학교(Ann Arbor) 정치학 박사

현 아주대학교 정치외교학과 교수
　미중정책연구소 소장

청와대 국가안보실 / 국방부 / 육군 정책 자문위원
대통령 직속 정책기획위원회 외교통상 소분과 위원장 / 외교부 혁신위원회 위원장
외교부 외교안보연구원(현 국립외교원) / 성신여자대학교 정치외교학과 교수
한·중 전략대화 및 한·중 전문가 공동위원회 참여 성원 역임

주요 논저
"Enemy, Homager or Equal Partner?: Evolving Korea-China Relations"
　(Journal of International and Area Studies)
『중국의 정책결정과정과 중앙-지방 관계』(폴리테이아)
『중국 신외교전략과 당면한 이슈들』(오름, 공저)
『북한의 오늘 I, II』(늘품플러스, 공저)
The Sino-ROK-U.S. Triangle: Awaiting the Impact of Leadership Changes
　(KEI, 공저)
『한반도 2022』(사회평론 아카데미, 공저)
『현대 중국의 이해, 3판』(명인문화사, 역서) 외 다수

박재적 (jjpark@hufs.ac.kr)

연세대학교 정치외교학과 졸업
노스웨스턴대학교 정치학 석사
호주국립대학교 국제정치학 박사

현 한국외국어대학교 국제지역대학원 부교수

통일연구원 부연구위원
국립외교원 객원교수 역임

주요 논저

"The Quad's Search for Non-Military Roles and China's Strategic Response:
  Minilateralism, Infrastructure Investment, and Regional Balancing"
  (Journal of Contemporary China, 공저)
"Asymmetrical security dilemma between North Korea and the US: A
  reflection and implications'" (International Area Studies Review, 공저)
"Security Hedging Strategies of US allies and Partners in the era of Trump:
  the ROK, Japan and Singapore as Case Studies" (Korean Journal of
  Defense Analysis, 공저)
"To double down or decouple? North Korea and China as challenges to the
  U.S.-South Korea alliance" (Asian Politics & Policy, 공저) 외 다수

배기찬 (baekichan@gmail.com)

서울대학교 동양사학과 졸업
서울대학교 행정학 석사

현 민주평화통일자문회의 사무처장

청와대 동북아비서관/정책조정비서관
대통령직속 정책기획위원회 평화번영분과 위원
대통령직속 신남방특별위원회 위원
국립외교원 겸임교수 겸 고문 / 국가안보전략연구원 고문 역임

주요 논저
『코리아 다시 생존의 기로에 서다』 (위즈덤 하우스)
『코리아 생존 전략』 (위즈덤 하우스) 외 다수

부형욱 (soyareen@gmail.com)

서울대학교 응용곤충학과 졸업
서울대학교 행정대학원 정책학 석사
서울대학교 행정대학원 정책학 박사 수료
버지니아텍 공공정책학 박사

현 한국국방연구원 책임연구위원
　　한국국방연구원 미래전략위원회 부위원장
　　Korean Journal of Defense Analysis 편집위원장
　　청와대 국가안보실 정책자문위원
　　해군발전자문위원

청와대 국가안보실 선임행정관
국방대·세종대 겸임교수
국방정책학회 연구이사 역임

주요 논저
『코로나 19의 거버넌스와 중견국 외교』(서울대, 편저)
『동북아 군사력과 전략동향』(국방연구원, 편저)
『한국의 안보와 국방』(국방연구원, 편저)
An Assessment of North Korean Cyber Threats (INSS)
Deterrence and the Third Offset Strategy: A Korean Perspective (CNAS,
　　편저) 외 다수

신범식 (sbsrus@snu.ac.kr)

서울대학교 외교학과 졸업
서울대학교 정치학 석사
모스크바국제관계대학교(MGIMO) 정치학 박사

현 서울대학교 정치외교학과 교수
　서울대아시아연구소 부소장, 서울대국제문제연구소 복합안보센터장
　동아시아연구원 연구위원, 한반도평화연구원 연구위원
　북방경제협력위원회 전문위원, 외교부정책자문위원, 합동참모부 정책자문위원
　국회사무처 산하 (사)유라시아21 회장

한국정치학회부회장 / 한국슬라브유라시아학회총무이사
국방부정책자문위원 역임

주요 논저

『유라시아의 도전과 국제관계』 (한울아카데미, 편저)
『중국의 부상과 중앙아시아』 (진인진, 편저)
『에너지국제정치의 변환과 동북아시아』 (사회평론아카데미, 편저)
"Russia's Place in the Changing Strategic Triangle in the Post-Cold War
　Northeast Asia" From an Outcast to a Strategic Player?" (Journal of
　International and Area Studies) 외 다수

이상현 (shlee@sejong.org)

서울대학교 외교학과 졸업
서울대학교 외교학 석사
일리노이주립대학교(어바나-샴페인) 정치학 박사

현 세종연구소 수석연구위원, 미국연구센터장
　한국핵정책학회(KNPS) 회장, 한국핵물질관리학회(INMM-K) 이사,
　동아시아연구원 국가안보패널 위원,
　핵비확산 및 군축을 위한 아태리더십 네트워크(APLN) 멤버

한국국방연구원 연구원, 외교통상부 정책기획관 역임

주요 논저

『미중 패권경쟁 시대 한국의 대외정책』(세종연구소, 공저)

『국가정체성과 한중일 관계』(역사공간, 공저)

『신 외교안보 방정식: 네크워크 경쟁과 전략문화』(전략문화연구센터, 공저)

『현대 한미관계의 이해』(명인문화사, 공저)

『김정은 체제 5년, 북한을 진단한다』(민화협, 공저)

『동북아 국제질서의 변화와 우리의 대응전략』(KDI, 공저)

"트럼프 행정부의 국가안보전략(NSS): 국제정세 및 한반도에 대한 함의" (국가전략)

『국제관계이론』(명인문화사, 역서) 외 다수

이수형 (soophd@hanmail.net)

한국외국어대학교 정치외교학과 졸업

한국외국어대학교 정치학 석사

한국외국어대학교 정치학 박사

현 국가안보전략연구원 수석연구위원

　　제19기 민주평통 상임위원

　　북한대학원대학교 겸임 교수

　　2021년도 한국국제정치학회 부회장

인하대 국제관계연구소 연구교수

국가안전보장회의(NSC) 사무처 전략기획실 행정관

노무현대통령비서실 통일외교안보정책실 전략비서관실 행정관

한국국제정치학회 기획이사 및 대외협력이사

서울대, 연세대, 서강대, 이화여대, 성균관대, 한국외대, 가톨릭대 강사 역임

주요 논저

『중추적 중견국가로서 한국의 외교안보전략 3.0』(국가안보전략연구원)

『맷돌의 굴대전략: 한반도 평화통일 전략구상』(국가안보전략연구원)

『북대서양조약기구(NATO): 이론·역사·쟁점』(서강대학교출판부)

『미국과 유럽의 21세기 국제질서』(한울 아카데미, 역서)
『미국외교정책사: 루스벨트에서 레이건까지』(한울 아카데미, 역서) 외 다수

이승주 (seungjoo@cau.ac.kr)

연세대학교 정치외교학과 졸업
연세대학교 정치학 석사
캘리포니아 버클리대학교 정치학 박사

현 중앙대학교 정치국제학과 교수
　한국국제정치학회 부회장
　한국정치학회 이사

싱가포르국립대 정치학과 교수
한국국제정치학회 연구위원장
한국정치학회 편집이사
현대일본학회 연구이사 역임

주요 논저

『미중 경쟁과 글로벌 디지털 거버넌스』(사회평론, 편저)
『사이버 공간의 국제정치경제』(사회평론, 편저)
*The Political Economy of Change and Continuity in Korea: Twenty Years
　after the Crisis* (Springer, 공저)
"Evolution of Korea's Disaster-Management Diplomacy: Disaster Management
　as a Nexus between ODA Policy and Middle-Power Diplomacy" (Natural
　Hazards Review)
"탈냉전 이후 세계화: 심층 통합, 보호주의, 그리고 민주주의의 위기" (한국과 국
　제정치)
"트럼프 행정부의 등장과 미중 무역 전쟁: 다차원적 복합 게임의 시각" (국제·지
　역연구)
"Institutional Balancing and the Politics of Mega FTAs in East Asia" (Asian
　Survey) 외 다수

이왕휘 (leew@ajou.ac.kr)

서울대학교 외교학과 졸업
서울대학교 외교학 석사
런던정경대학교(LSE) 국제정치학 박사

현 아주대학교 정치외교학과 교수
　한국국제정치학회 연구이사

주요 논저
『미중의 아태질서 건축 경쟁』(동아시아연구원, 공저)
『일대일로: 중국과 아시아』(명인문화사, 공저)
"일대일로 구상의 지경학: 중아합작(中俄合作) 대 연아타중(連俄打中)"(국가안
　보와 전략)
"핀테크(金融科技)의 국제정치경제: 미국과 중국의 경쟁"(국가전략) 외 다수

전봉근 (jun2030@mofa.go.kr)

서울대학교 외교학과 졸업
서울대학교 외교학 석사
오레곤주립대학교 정치학 박사

현 국립외교원 교수(외교안보연구소 안보통일연구부)
　한국핵정책학회 부회장
　남북정상회담 준비위원회 전문가 자문단

대통령비서실 국제안보비서관
KEDO 뉴욕본부 전문위원
통일부 장관정책보좌관
국립외교원 외교안보연구소장 직무대리 역임

주요 논저

『비핵화의 정치』(명인문화사)

『미중 경쟁 시대 한국의 중간국 외교전략 모색』(국립외교원 정책연구시리즈)

『중소 중추국 외교전략과 한국 외교』(국립외교원 정책연구시리즈)

"북한 핵 교리의 특징 평가와 시사점"(국립외교원 주요국제문제분석)

"북핵위기의 데자뷰와 북핵협상 악순환 차단 전략"(국립외교원 주요국제문제분석)

"미중 경쟁 시대 정체성 기반 국익과 신 외교원칙 모색"(국립외교원 주요국제문
　　제분석) 외 다수

전재성 (cschun215@gmail.com)

서울대학교 외교학과 졸업

서울대학교 외교학 석사

노스웨스턴대학교 국제정치학 박사

현 서울대학교 정치외교학부 교수

숙명여자대학교 교수

동아시아 연구원 국제관계연구센터 소장

한국 국제정치학회장

외교부 정책자문위원회 위원장

국방부, 통일부, 외교부 정책자문위원 역임

주요 논저

"The ROK-US Alliance and North Korea's Nuclear Crisis" (Journal of Peace
　　and Unification)

『복잡성과 복합성의 국제정치』(사회평론, 편저)

『동아시아 지역질서 이론 : 불안전 주권과 지역갈등』(사회평론아카데미, 편저)

『동아시아 지역질서의 보편과 특수 : 이론과 현실』(사회평론아카데미, 공편)

『한국형 발전모델의 대외관계사』(인간사랑, 공저) 외 다수

최경준 (kjpol@jejunu.ac.kr)

서울대학교 외교학과 졸업
서울대학교 외교학 석사
워싱턴대학교 정치학 박사

현 제주대학교 사회교육과 교수

서울대학교 국제문제연구소 선임연구원 역임

주요 논저

『법집행의 정치: 신생민주주의 국가의 법집행과 공권력의 변화』(도서출판 이조)
"미-중 갈등과 동남아시아: 베트남, 미얀마, 필리핀의 대응전략과 중간국 외교"
   (아태연구)
"중국의 부상과 동아시아: 투영된 과거, 블랙박스 처리된 현재, 추정된 미래" (국
   제정치연구)
"Weapons Brushed By the Enemy: The Bounded Autonomy of Taiwan's
   Middle Power Foreign Policy." (The Korean Journal of International
   Studies) 외 다수

명인문화사 정치학 관련 서적

정치학 분야

정치학의 이해 Roskin 외 지음 / 김계동 옮김

정치학개론: 권력과 선택, 15판
Shively 지음 / 김계동, 민병오, 윤진표, 이유진
최동주 옮김

비교정부와 정치, 제10판
Hague, Harrop, McCormick 지음 / 김계동,
김 욱, 민병오, 윤진표, 이유진 옮김

정치학방법론
Burnham 외 지음 / 김계동 외 옮김

정치이론 Heywood 지음 / 권만학 옮김

정치 이데올로기: 이론과 실제
Baradat 지음 / 권만학 옮김

민주주의국가이론
Dryzek, Dunleavy 지음/ 김욱 옮김

신자유주의
Cahill, Konings 지음 / 최영미 옮김

정치사회학 Clemens 지음 / 박기덕 옮김

복지국가: 이론, 사례, 정책   정진화 지음

포커스그룹: 응용조사 실행방법
Krueger, Casey 지음 / 민병오, 조대현 옮김

문화로 읽는 세계
Gannon, Pillai 지음 / 남경희, 변하나 옮김

거버넌스의 정치학: 한국정치의 새로운
패러다임 모색   김의영 지음

한국현대사의 재조명   한국전쟁학회 편

성공하는 리더십의 조건
Keohane지음 / 심양섭, 이면우 옮김

여성, 권력과 정치
Stevens 지음 / 김영신 옮김

국제관계 분야

국제관계와 세계정치
Heywood 지음 / 김계동 옮김

국제정치경제
Balaam, Dillman 지음 / 민병오 외 옮김

국제관계이론 Daddow 지음 / 이상현 옮김

국제기구의 이해: 글로벌 거버넌스의
정치와 과정, 제3판
Karns, Mingst, Stiles 지음 / 김계동, 김현욱,
민병오, 이상현, 이유진, 황규득 옮김

현대외교정책론, 제3판
김계동, 김태효, 유진석 외 지음

외교: 원리와 실제
Berridge 지음 / 심양섭 옮김

세계화와 글로벌 이슈, 제6판
Snarr 외 지음 / 김계동, 민병오, 박영호,
차재권, 최영미 옮김

세계화의 논쟁: 국제관계 접근에서의 찬성과
반대논리, 제2판
Haas, Hird 엮음 / 이상현 옮김

현대 한미관계의 이해
김계동, 김준형, 박태균 외 지음

글로벌 환경정치와 정책
Chasek, Downie, Brown 지음 / 이유진 옮김

핵무기의 정치 Futter 지음 / 고봉준 옮김

비핵화의 정치   전봉근 지음

비정부기구(NGO)의 이해
Lewis, Kanji 지음 / 최은봉 옮김

한국의 중견국 외교
손열, 김상배, 이승주 외 지음

자본주의 Coates 지음 / 심양섭 옮김

지역정치 분야

동아시아 국제관계
McDougall 지음 / 박기덕 옮김

동북아 정치: 변화와 지속
Lim 지음 / 김계동 옮김

일본정치론
이가라시 아키오 지음 / 김두승 옮김

현대 중국의 이해, 제3판
Brown 지음 / 김흥규 옮김

현대 미국의 이해
Duncan, Goddard 지음 / 민병오 옮김

현대 러시아의 이해
Bacan 지음 / 김진영 외 옮김

현대 일본의 이해
McCargo 지음 / 이승주, 한의석 옮김

현대 유럽의 이해
Outhwaite 지음 / 김계동 옮김

현대 동남아의 이해, 제2판   윤진표 지음

현대 아프리카의 이해
Graham 지음 / 김성수 옮김

현대동아시아의 이해
Kaup 편 / 민병오, 김영신, 이상율, 차재권 옮김

미국정치와 정부
Bowles, McMahon 지음 / 김욱 옮김

한국정치와 정부
김계동, 김욱, 박명호, 박재욱 외 지음

미국외교정책: 강대국의 패러독스
Hook 지음 / 이상현 옮김

세계질서의 미래   Acharya지음/마상윤옮김

알자지라 효과   Seib 지음 / 서정민 옮김

일대일로의 국제정치   이승주 편

중일관계   Pugliese&Insisa지음/최은봉옮김

북한, 남북한 관계 분야

북한의 외교정책과 대외관계: 협상과 도전의
전략적 선택   김계동 지음

북한의 체제와 정책: 김정은시대의 변화와 지속
체제통합연구회 편

북한의 통치체제: 지배구조와 사회통제
안희창 지음

남북한 체제통합론: 이론·역사·경험·정책, 제2판
김계동 지음

한국전쟁, 불가피한 선택이었나
김계동 지음

한반도 분단, 누구의 책임인가?
김계동 지음

한류, 통일의 바람   강동완, 박정란 지음

안보, 정보 분야

국제안보의 이해: 이론과 실제
Hough, Malik, Moran, Pilbeam 지음 /
고봉준, 김지용 옮김

전쟁과 평화
Barash, Webel 지음 / 송승종, 유재현 옮김

국제안보: 쟁점과 해결
Morgan 지음 / 민병오 옮김

전쟁: 목적과 수단
Codevilla 외 지음 / 김양명 옮김

국가정보: 비밀에서 정책까지
Lowenthal 지음 / 김계동 옮김

국가정보의 이해: 소리없는 전쟁
Shulsky, Schmitt 지음 / 신유섭 옮김

테러리즘: 개념과 쟁점
Martin 지음 / 김계동 외 옮김